코로나19 바이러스
"친환경 99.9% 항균잉크 인쇄" 전격 도입

언제 끝날지 모를 코로나19 바이러스
99.9% 항균잉크(V-CLEAN99)를 도입하여 「**안심도서**」로
독자분들의 건강과 안전을 위해 노력하겠습니다.

항균잉크(V-CLEAN99)의 특징

- 바이러스, 박테리아, 곰팡이 등에 항균효과가 있는 산화아연을 적용
- 산화아연은 한국의 식약처와 미국의 FDA에서 식품첨가물로 인증받아 **강력한 항균력**을 구현하는 소재
- 황색포도상구균과 대장균에 대한 테스트를 완료하여 **99.9%의 강력한 항균효과** 확인
- 잉크 내 중금속, 잔류성 오염물질 등 **유해 물질 저감**

TEST REPORT

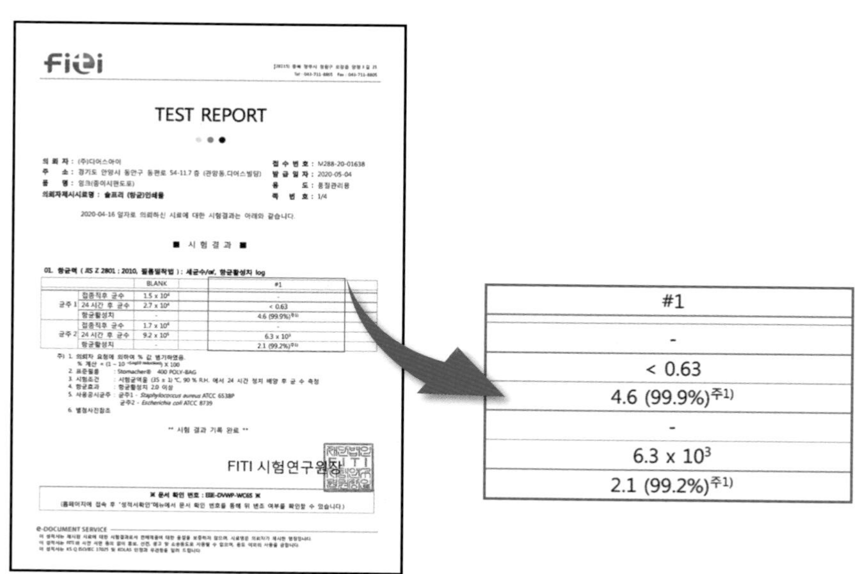

fiti

TEST REPORT

의 뢰 자 : (주)디어스아이
주 소 : 경기도 안양시 동안구 동편로 54-11.7 층 (관양동,디어스빌딩)
품 명 : 잉크(종이시편도포)
의뢰자제시시료명 : 솔프리 (항균)인쇄물

접 수 번 호 : M288-20-01638
발 급 일 자 : 2020-05-04
용 도 : 품질관리용
쪽 번 호 : 1/4

2020-04-16 일자로 의뢰하신 시료에 대한 시험결과는 아래와 같습니다.

■ 시 험 결 과 ■

01. 항균력 (JIS Z 2801 : 2010, 필름밀착법) : 세균수/㎠, 항균활성치 log

		BLANK	#1
균주 1	접종직후 균수	1.5×10^4	-
	24 시간 후 균수	2.7×10^4	< 0.63
	항균활성치	-	4.6 (99.9%)주1)
균주 2	접종직후 균수	1.7×10^4	-
	24 시간 후 균수	9.2×10^5	6.3×10^3
	항균활성치	-	2.1 (99.2%)주1)

주) 1. 의뢰자 요청에 의하여 % 값 병기하였음.
% 계산 = (1 − 10 ^(-Log10 reduction)) X 100
2. 표준필름 : Stomacher® 400 POLY-BAG
3. 시험조건 : 시험균액을 (35 ± 1) ℃, 90 % R.H. 에서 24 시간 정치 배양 후 균 수 측정
4. 항균효과 : 항균활성치 2.0 이상
5. 사용공시균주 : 균주1 - *Staphylococcus aureus* ATCC 6538P
균주2 - *Escherichia coli* ATCC 8739
6. 별첨사진참조

** 시험 결과 기록 완료 **

FITI 시험연구원장

※ 문서 확인 번호 : EBE-DVWP-WC65 ※
(홈페이지에 접속 후 "성적서확인"메뉴에서 문서 확인 번호를 통해 위 변조 여부를 확인할 수 있습니다)

e-DOCUMENT SERVICE

#1
-
< 0.63
4.6 (99.9%)주1)
-
6.3×10^3
2.1 (99.2%)주1)

2021년 공개채용

합격의 공식 시대에듀

공기업

직업기초능력평가+직무수행능력평가

NCS

BASIC 통합편

고졸(일반계/특성화/마이스터고)

& 무기계약직 채용

Always **with you**

사람이 길에서 우연하게 만나거나 함께 살아가는 것만이 인연은 아니라고 생각합니다.
책을 펴내는 출판사와 그 책을 읽는 독자의 만남도 소중한 인연입니다.
(주)시대고시기획은 항상 독자의 마음을 헤아리기 위해 노력하고 있습니다.
늘 독자와 함께 하겠습니다.

PREFACE

머리말

정부는 공공기관을 통해 청년 일자리 확대를 앞장서서 추진하고 있으며, 공공기관 고졸자 채용 확대를 위한 계획을 추진하고 있다. 공공기관은 2015년부터 NCS(국가직무능력표준) 기반의 채용제도를 본격적으로 시행하여, 대부분의 공공기관에서 불필요한 스펙 대신 지원자의 직무능력을 중심으로 채용함에 따라, 정부는 각 공공기관이 NCS를 적용하여 인재를 채용할 수 있도록 공공기관에 NCS기반 채용 도구 개발을 지원하고 채용 컨설팅을 진행하고 있다. 또한 NCS를 도입함으로써 취업준비생의 부담을 경감시키고, 능력 있는 인재라면 누구에게나 취업의 기회가 주어질 수 있도록 노력하고 있다.

한편, 대부분의 공기업에서 직업기초능력평가뿐만 아니라 전공과목의 신규 도입 및 출제비중이 늘어나는 만큼, 공기업 취업을 준비하는 취업준비생들은 지원하는 기업이 어떤 전공과목을 출제하는지 미리 파악해 두는 것 또한 중요하게 되었다.

이에 **(주)시대고시기획**에서는 NCS 도서 시리즈 1위의 출간경험을 토대로 『2021 최신판 공기업 NCS 직업기초능력평가+직무수행능력평가 BASIC 통합편 고졸(일반계/특성화/마이스터고)&무기계약직 채용』 교재를 통해 NCS직업기초능력평가는 물론, 대표 직렬의 전공 필기시험을 함께 대비할 수 있도록 구성하여 취업준비생이 단 한 권으로도 공기업 취업의 꿈을 이룰 수 있도록 하고자 하였다.

도서의 특징

첫 째 주요 공기업 기출복원문제(고졸&무기계약직 포함) 수록!

주요 공기업의 NCS직업기초능력평가 필기시험 기출복원문제를 수록하였으며, 특히 고졸 및 무기계약직 채용을 진행한 기업(한국토지주택공사, 한국산업인력공단 등)의 기출복원문제를 포함하여 실제 난도 및 유형을 익힐 수 있도록 하였다.

둘 째 모듈형부터 PSAT형까지, 기출변형문제로 학습!

NCS 직업기초능력 10가지 영역의 학습모듈을 핵심만 압축하여 수록하였으며, 특히 본서에 수록된 모든 문제는 지금까지 공기업 필기시험에 출제되었던 유형의 문제를 변형한 것으로, 이를 통해 실제 시험에서 어떤 문제가 나오더라도 대비할 수 있도록 하였다.

셋 째 직무수행능력평가 완벽 대비!

대부분의 공기업에서 채용하는 사무직(경영 · 경제), 기술직(전기 · 기계) 전공 필기시험을 대비하여 각 분야의 기출예상문제 및 모의고사를 수록하여 전공 시험에 대비할 수 있도록 하였다.

끝으로 본 도서를 통해 공사 · 공단 채용을 준비하는 모든 수험생 여러분이 합격의 영예를 안길 바란다.

NCS직무능력연구소 씀

주요 공기업 적중 예상문제

2020년 코레일 한국철도공사

포럼 유형 적중

05 다음 글의 내용과 일치하지 않는 것은?

최근 4차 산업혁명과 사물인터넷의 관심이 매우 증대하고 있다. 제4차 산업혁명은 디지털, 바이오, 물리학 등 다양한 경계를 융합한 기술혁명이 그 핵심이며 기술융합을 위하여 사물인터넷을 적극적으로 활용한다는 것이 주요내용이라 할 수 있다. 제4차 산업혁명은 2016년 초 세계경제포럼의 가장 중요한 회의인 다보스포럼의 주제로 '제4차 산업혁명의 이해'가 채택됨으로써 전 세계 많은 사람들의 주목을 받는 어젠다로 급부상하게 된다. 제4차 산업혁명을 촉발시키는 중요한 기술 중 하나는 사물인터넷이다.
미국의 정보기술 연구회사 가트너(Gartner)는 2011년 10대 전략기술 중 하나로 사물인터넷을 선정한 이후 사물인터넷과 그 확장개념들이라 할 수 있는 만물인터넷 및 만물정보 등을 현재까지 매년 10대 전략기술에 포함시키고 있을 정도로 사물인터넷은 정보통신기술 중 가장 중요한 기술로 자리잡았다.
사물인터넷을 활용하는 정보통신기술의 변화를 반영하는 스마트도시가 전 세계적으로 확산 중에 있다. 그 결과 2008년 선진국 중심으로 20여 개에 불과하던 스마트도시 관련 프로젝트는 최근 5년 사이 중국, 인도, 동남아시아, 남미, 중동 국가들을 포함하여 600여 개 이상의 도시에서 스마트도시 관련 프로젝트들이 추진 중에 있다.
우리나라는 한국형 스마트도시라고 할 수 있는 유비쿼터스도시(U-city) 프로젝트를 해외 도시들에 비하여 비교적 빠르게 추진하였다. 한국에서는 2003년부터 시민 삶의 질 향상 및 도시 경쟁력 제고를 목표로 신도시 개발과정에 직접 적용하는 U-city 프로젝트를 추진하였으며 해외 국가들에 비하여 빠른 정책적 지원 및 스마트도시 구축과 운영을 위한 재정투자 등을 통하여 실무적 경험이 상대적으로 우위에 있다.
하지만 최근 신도시형 스마트도시 구축 위주의 한국형 스마트도시 모델은 한계점을 노출하게 된다. 최근 국내 건설경기 침체, 수도권 제2기 신도시 건설의 만료 도래 등으로 U-city 투자가 위축되었으며 대기업의 U-city 참여 제한 등으로 신도시 중심의 U-city 사업 모델 성장 동력이 축소되는 과정을 최근까지 겪어왔다. 또한 U-city 사업이 지능화시설물 구축 혹은 통합운영센터의 건설로 표면화 되었지만 공공주도 및 공급자 중심의 스마트도시 시설투자는 정책 수혜자인 시민의 체감으로 이어지지 못하는 한계가 발생하게 된다.
※ 어젠다 : 모여서 서로 의논할 사항이나 주제

① 제4차 산업혁명은 디지털, 바이오, 물리학 등 다양한 경계를 융합한 기술혁명이 그 핵심이다.
② 제4차 산업혁명을 촉발시키는 중요한 기술 중 하나는 사물인터넷이다.
③ 만물인터넷 및 만물정보 등은 사물인터넷의 확장개념으로 정보통신기술의 중요한 기술로 자리 잡았다.
④ 우리나라는 한국형 스마트도시라고 할 수 있는 유비쿼터스도시(U-city) 프로젝트를 비교적 빠르게 추진하였다
⑤ 스마트도시 시설투자의 수혜자인 시민의 체감으로 이어지지 못하는 이유는 대기업 주도의 투자이기 때문이다.

요일 구하기 유형 적중

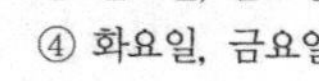

☑ 오답 Check

06 다음 글을 근거로 판단할 때, B구역 청소를 하는 요일로 옳은 것은?

甲레스토랑은 매주 1회 휴업일(수요일)을 제외하고 매일 영업한다. 甲레스토랑의 청소시간은 영업일 저녁 9시부터 10시까지이다. 이 시간에 A구역, B구역, C구역 중 하나를 청소한다. 청소의 효율성을 위하여 청소를 한 구역은 바로 다음 영업일에는 하지 않는다. 각 구역은 매주 다음과 같이 청소한다.
• A구역 청소는 일주일에 1회 한다.
• B구역 청소는 일주일에 2회 하되, B구역 청소를 한 후 영업일과 휴업일을 가리지 않고 이틀간은 B구역 청소를 하지 않는다.
• C구역 청소는 일주일에 3회 하되, 그중 1회는 일요일에 한다.

① 월요일, 목요일
② 월요일, 금요일
③ 월요일, 토요일
④ 화요일, 금요일
⑤ 화요일, 토요일

TEST CHECK

2020년 한국전력공사

스마트시티 주제 적중

20 상반기 적중

※ 다음 기사를 읽고 이어지는 질문에 답하시오. [18~19]

> 한국전력(이하 '한전')은 본격적인 정부3.0 시대를 맞아 다양한 고객맞춤형 서비스를 선제적으로 발굴하여 국민에게 제공하고 있는 가운데, 상반기 코엑스 정부3.0 체험마당에 이어 하반기 부산 벡스코 국민체험마당에도 참가하여 정부3.0 우수사례들을 시현하고, 방문객들이 직접 체험할 수 있는 장을 마련하였다.
>
> (A) 한전이 개발한 스마트폰 앱 서비스는 실시간 전력 사용 정보 및 요금, 전력사용 패턴, 월 예상요금 및 전력사용량 이웃비교, 누진단계 변경 시 알람 서비스, 절전 커뮤니케이션(절전 Talk, 절전 Tip, 절전게임), 요금 캘린더 등을 제공하며, 실시간 전력사용 및 요금정보를 고객에게 제공함으로써 효율적인 전기사용을 가능하게 한다. 한전 사장은 "한국전력은 정부3.0 추진 4년차를 맞아 국민이 서비스를 체감할 수 있도록 정부3.0 생활화와 내재화에 역량을 집중하고 있으며, 에너지신산업분야 수익창출 등 변화의 중심에서 정보의 개방과 공유, 소통과 협력의 정부3.0 기조에 맞춰 다양한 사업을 진행하고 있는데, 앞으로도 국민이 필요로 하는 서비스를 선제적으로 제공함으로써 정부3.0의 비전인 '국민 행복 시대'를 만들어 가는 데 최선을 다하겠다."고 밝혔다.
>
> (B) 전력IoT를 활용한 사회안전망 서비스는 한전의 원격검침망인 지능형 검침 인프라(AMI)에 사물인터넷(IoT) 기술을 활용하여, 웨어러블 기기 기반의 위치 확인시스템 개발을 통한 치매노인 실종 예방, 전력사용량 분석을 통한 독거노인 신변 이상 확인서비스 등을 제공하여 새로운 사회문제로 부상하고 있는 고령화시대에 국민안전을 제고할 수 있다. 이의 일환으로 한전은 광주광역시와 '사회안전망 서비스 구축사업 협력' 협약을 맺고, 광주시 광산구 치매독거노인을 대상으로 인프라를 구축하고 시범사업을 추진하고 있는데, 최근 국토교통부 주관 '스마트시티 서비스 경진대회'에서 최우수상(장관상)을 수상한 바 있다.
>
> (C) 하반기 정부3.0 국민체험마당은 '국민과 함께, 세계와 함께'라는 슬로건 하에 부산 벡스코에서 11월 9일부터 11월 12일까지 열리며 정부부처, 지자체와 공공기관이 올해 추진한 정부3.0 과제 중 우수사례를 선정하여 국민들에게 체험의 장을 제공함으로써 성과를 현장에서 직접 공유하고 정부3.0 정책의 이해와 공감대를 확대하는 자리이다.
>
> (D) 내년에는 타 지역으로 서비스를 확대하고 기능을 추가 개발하는 등 사회안전망 서비스 고도화 사업을 추진할 계획이다. 파워플래너 앱은 전기사용량 및 요금을 실시간으로 고객에게 제공하는 스마트폰 앱 서비스이며, 현재 지능형 전력량계 인프라가 구축되어 있는 고객에게 시범적으로 서비스를 시행 중에 있다. 2020년까지 2,200만 전 고객에 대하여 지능형 전력량계 인프라를 구축하고 서비스를 제공할 예정이다.
>
> (E) 한전은 지역난방공사, 가스안전공사, 한국에너지공단과 공동으로 '함께 만들어 가는 따뜻하고 안전한 세상'이라는 주제로 산업부 에너지관을 개설하였고, 사회안전망 서비스 체험관, 파워플래너 앱 전기요금 절감 컨설팅 체험관을 통해 방문객들이

원형 테이블 유형 적중

☑ 확인 Check!

06 남자 2명과 여자 2명 총 4명이 원탁에 앉아 있다. 다음 중 옳은 것은?

> • 네 사람의 직업은 각각 교사, 변호사, 자영업자, 의사이다.
> • 네 사람은 각각 검은색 원피스, 파란색 자켓, 하얀색 니트, 밤색 티셔츠를 입고 있으며, 이 중 검은색 원피스는 여성용, 파란색 자켓은 남성용이다.
> • 남자는 남자끼리, 여자는 여자끼리 인접해서 앉아 있다.
> • 변호사는 하얀색 니트를 입고 있다.
> • 자영업자는 남자이다.
> • 의사의 왼쪽 자리에 앉은 사람은 검은색 원피스를 입었다.
> • 교사는 밤색 니트를 입은 사람과 원탁을 사이에 두고 마주보고 있다.

① 교사와 의사는 원탁을 사이에 두고 마주 보고 있다.
② 변호사는 남자이다.
③ 밤색 티셔츠를 입은 사람은 여자이다.
④ 의사는 파란색 자켓을 입고 있다.
⑤ 검은색 원피스를 입은 여자는 자영업자의 옆에 앉아 있다.

도서 구성

1 고졸채용 최신기출복원문제로 출제 경향 파악

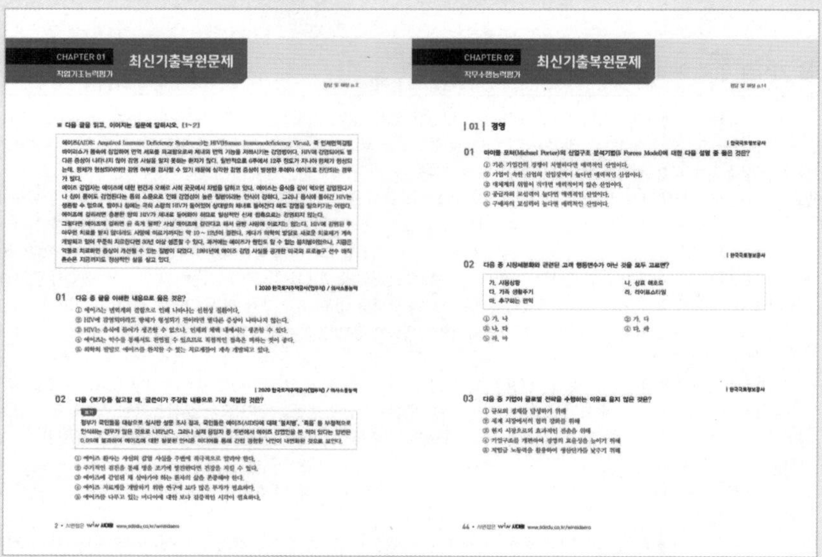

고졸 및 무기계약직 채용을 진행한 기업의 NCS 직업기초능력평가 및 직무수행능력평가(전공) 기출복원문제로 최근 출제 유형을 확인한다.

2 NCS 모듈 학습으로 모듈형까지 대비

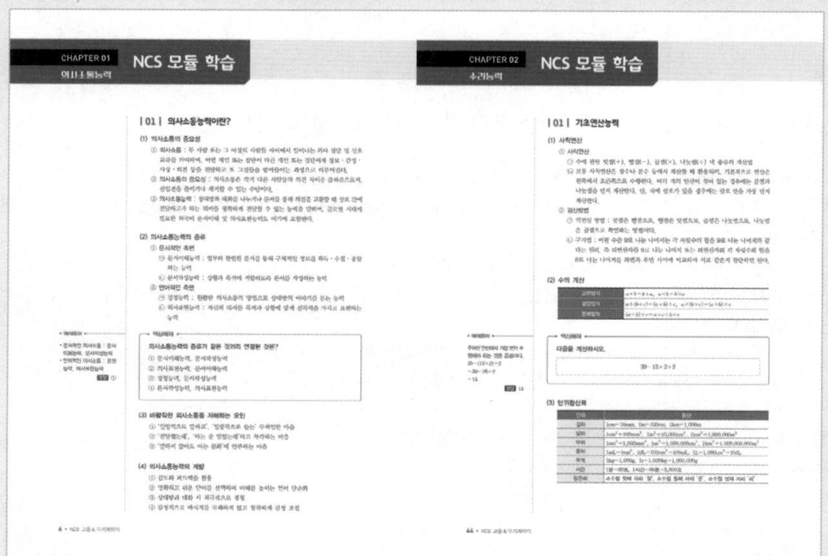

NCS 직업기초능력평가 10개 영역의 학습모듈 워크북을 알차게 정리한 핵심이론으로 모듈형 NCS에 대비한다.

FEATURES

3 직무수행능력평가를 통한 전공 대비

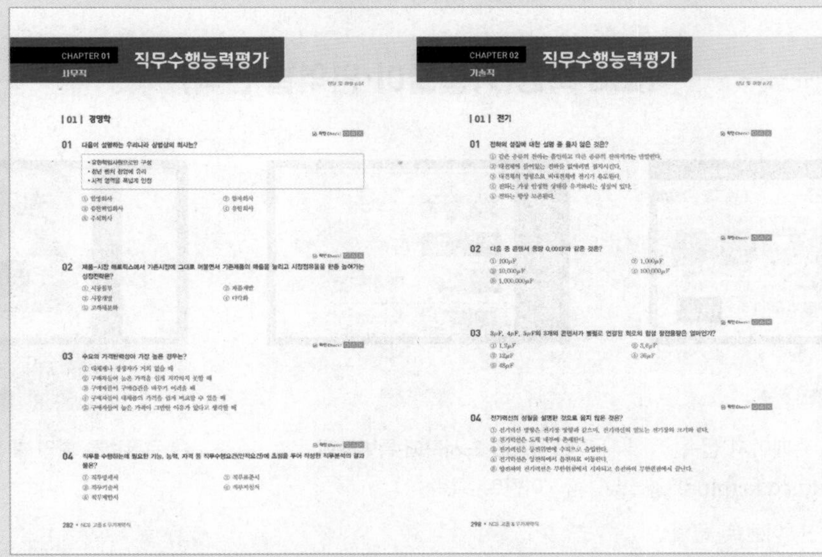

응시하고자 하는 직렬의 전공 기출예상문제를 통해 변화되는 필기전형에 완벽 대비한다.

- **사무직 :** 경영·경제
- **기술직 :** 전기·기계

4 실전모의고사를 통한 실전 연습

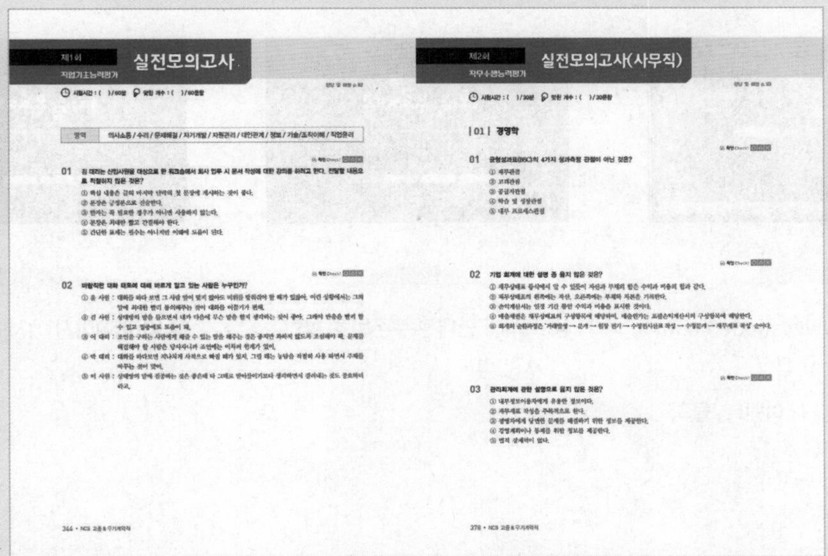

NCS 직업기초능력평가 1회분과 직렬별 직무수행능력평가 1회분의 모의고사를 통해 실전과 같이 연습한다.

무료혜택 안내

NCS 특강(기출풀이·영역별 전략)

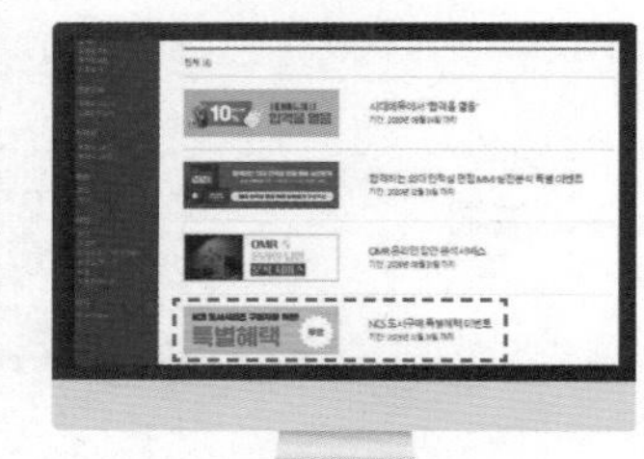

❶ 시대플러스 홈페이지 접속 (www.sdedu.co.kr/plus)

❷ 홈페이지 상단 「**이벤트**」 클릭

❸ 「**NCS 도서구매 특별혜택 이벤트**」 클릭

❹ **쿠폰번호 확인 후** 입력

AI면접

❶ 윈시대로(www.sdedu.co.kr/winsidaero) 접속

❷ 홈페이지 상단 「**이벤트**」 클릭

❸ 도서에 안내된 **쿠폰번호 확인** 후 입력

❹ 「**마이페이지**」에서 AI면접 실시

INTRODUCE

취달프(취업 달성 프로젝트)

채용정보
- 대기업 채용정보
- 공기업 채용정보
- 고 · 초대졸 채용정보
- 최신 채용 뉴스 및 정보

기업별 무료 온라인 스터디
- 대기업 스터디
- 공기업 NCS 스터디
- 강의 동영상 제공

NCS 무료 온라인 스터디
- 강의 동영상 제공

※ 네이버에 '취달프'를 검색하세요.

무료제공 쿠폰

AI면접 1회	OPE3-00000-D091D	NCS 통합 모의고사	IBD-00000-EEBF3
NCS 특강	FEH-28633-13159	핏모의고사(50문항)	IOH-00000-69F77

시험장 TIP

INTRODUCE

시험 전 CHECK LIST

※ 최소 시험 이틀 전에 위의 리스트를 확인하시면 좋습니다.

체크	리스트
□	수험표를 출력하고 자신의 수험번호를 확인하였는가?
□	수험표나 공지사항에 안내된 입실 시간 및 유의사항을 확인하였는가?
□	신분증을 준비하였는가?
□	컴퓨터용 사인펜 · 수정테이프 · 여분의 필기구를 준비하였는가?
□	시험시간에 늦지 않도록 알람을 설정해 놓았는가?
□	고사장 위치를 파악하고 교통편을 확인하였는가?
□	고사장에서 볼 수 있는 자료집을 준비하였는가?
□	인성검사에 대비하여 지원한 공사 · 공단의 인재상을 확인하였는가?
□	확인 체크표의 × 표시한 문제를 한 번 더 확인하였는가?
□	자신이 취약한 영역을 두 번 이상 학습하였는가?
□	도서의 모의고사를 통해 자신의 실력을 확인하였는가?

시험 유의사항

※ 최소 시험 하루 전 리스트를 확인하시면 좋습니다.

체크	리스트
□	시험 전 화장실을 미리 가야 합니다.
□	통신기기(휴대폰, 태플릿PC, 무선호출기, 스마트워치, 스마트밴드, 블루투스 이어폰 등)를 가방에 넣어야 합니다.
□	휴대폰의 전원을 꺼야 합니다.
□	시험 종료 후 시험지와 답안지는 제출해야 합니다.

시험 후 CHECK LIST

※ 시험 다음 날부터 위의 리스트를 확인하며 면접 준비를 미리 하시면 좋습니다.

체크	리스트
□	시험 후기를 작성하였는가?
□	상하의와 구두를 포함한 면접복장이 준비되었는가?
□	지원한 직무의 분석을 하였는가?
□	단정한 헤어와 손톱 등 용모관리를 깔끔하게 하였는가?
□	자신의 자기소개서를 다시 한 번 읽어보았는가?
□	1분 자기소개를 준비하였는가?
□	도서 내의 면접 기출 질문을 확인하였는가?
□	자신이 지원한 직무의 최신 이슈를 정리하였는가?

이 책의 차례 CONTENTS

Add+ 고졸채용 최신기출복원문제

PART 1 직업기초능력평가

PART 2 직무수행능력평가

이 책의 차례 CONTENTS

PART 3 NCS 기반 블라인드 채용 가이드

PART 4 실전모의고사

별 책 정답 및 해설

Add+ 고졸채용 최신기출복원문제

최신기출복원문제

정답 및 해설 p. 2

※ 다음 글을 읽고, 이어지는 질문에 답하시오. [1~2]

에이즈(AIDS; Acquired Immune Deficiency Syndrome)는 HIV(Human Immunodeficiency Virus), 즉 인체면역결핍 바이러스가 몸속에 침입하여 면역 세포를 파괴함으로써 체내의 면역 기능을 저하시키는 감염병이다. HIV에 감염되어도 별다른 증상이 나타나지 않아 감염 사실을 알지 못하는 환자가 많다. 일반적으로 6주에서 12주 정도가 지나야 항체가 형성되는데, 항체가 형성되어야만 감염 여부를 검사할 수 있기 때문에 심각한 감염 증상이 발생한 후에야 에이즈로 진단되는 경우가 많다.

에이즈 감염자는 에이즈에 대한 편견과 오해로 사회 곳곳에서 차별을 당하고 있다. 에이즈는 음식을 같이 먹으면 감염된다거나 침이 묻어도 감염된다는 등의 소문으로 인해 감염성이 높은 질병이라는 인식이 강하다. 그러나 음식에 들어간 HIV는 생존할 수 없으며, 땀이나 침에는 극히 소량의 HIV가 들어있어 상대방의 체내로 들어간다 해도 감염을 일으키기는 어렵다. 에이즈에 걸리려면 충분한 양의 HIV가 체내로 들어와야 하므로 일상적인 신체 접촉으로는 감염되지 않는다.

그렇다면 에이즈에 걸리면 곧 죽게 될까? 사실 에이즈에 걸린다고 해서 금방 사망에 이르지는 않는다. HIV에 감염된 후 아무런 치료를 받지 않더라도 사망에 이르기까지는 약 10 ~ 12년이 걸린다. 게다가 의학의 발달로 새로운 치료제가 계속 개발되고 있어 꾸준히 치료한다면 30년 이상 생존할 수 있다. 과거에는 에이즈가 원인도 알 수 없는 불치병이었으나, 지금은 약물로 치료하면 증상이 개선될 수 있는 질병이 되었다. 1991년에 에이즈 감염 사실을 공개한 미국의 프로농구 선수 매직 존슨은 지금까지도 정상적인 삶을 살고 있다.

| 2020 한국토지주택공사(업무직) / 의사소통능력

01 다음 중 글을 이해한 내용으로 옳은 것은?

① 에이즈는 면역계의 결함으로 인해 나타나는 선천성 질환이다.
② HIV에 감염되더라도 항체가 형성되기 전이라면 별다른 증상이 나타나지 않는다.
③ HIV는 음식에 들어가 생존할 수 없으나, 인체의 체액 내에서는 생존할 수 있다.
④ 에이즈는 악수를 통해서도 전염될 수 있으므로 직접적인 접촉은 피하는 것이 좋다.
⑤ 의학의 발달로 에이즈를 완치할 수 있는 치료제들이 계속 개발되고 있다.

| 2020 한국토지주택공사(업무직) / 의사소통능력

02 다음 <보기>를 참고할 때, 글쓴이가 주장할 내용으로 가장 적절한 것은?

보기

정부가 국민들을 대상으로 실시한 설문 조사 결과, 국민들은 에이즈(AIDS)에 대해 '불치병', '죽음' 등 부정적으로 인식하는 경우가 많은 것으로 나타났다. 그러나 실제 응답자 중 주변에서 에이즈 감염인을 본 적이 있다는 답변은 0.6%에 불과하여 에이즈에 대한 잘못된 인식은 미디어를 통해 간접 경험한 낙인이 내면화된 것으로 보인다.

① 에이즈 환자는 자신의 감염 사실을 주변에 적극적으로 알려야 한다.
② 주기적인 검진을 통해 병을 조기에 발견한다면 건강을 지킬 수 있다.
③ 에이즈에 감염된 채 살아가야 하는 환자의 삶을 존중해야 한다.
④ 에이즈 치료제를 개발하기 위한 연구에 보다 많은 투자가 필요하다.
⑤ 에이즈를 다루고 있는 미디어에 대한 보다 검증적인 시각이 필요하다.

| 2020 한국토지주택공사(업무직) / 의사소통능력

03 다음 중 밑줄 친 ㉠과 ㉡의 관계와 다른 것은?

제천시의 산채건강마을은 산과 하천이 어우러진 전형적인 산촌으로, 돌과 황토로 지은 8개 동의 전통 ㉠ 가옥 펜션과 한방 명의촌, 한방주 체험관, 황토 게르마늄 구들 찜질방, 약용 식물원 등의 시설을 갖추고 있다.
산채건강마을의 한방주 체험관에서는 전통 가양주를 만들어 보는 체험을 할 수 있다. 체험객들은 개인의 취향대로 한약재를 골라 넣어 가양주를 담그고, 자신이 직접 담근 가양주는 ㉡ 집으로 가져갈 수 있다.

① 친구(親舊) : 벗
② 수확(收穫) : 벼
③ 금수(禽獸) : 짐승
④ 계란(鷄卵) : 달걀
⑤ 주인(主人) : 임자

| 2020 한국토지주택공사(업무직) / 의사소통능력

04 다음 밑줄 친 ㉠ ~ ㉤ 중 단어의 사용이 적절하지 않은 것은?

서울시는 '공동주택 공동체 활성화 공모 사업' 5년 차를 맞아 아파트 단지의 ㉠ 자생력(自生力)을 강화하도록 지원 내용을 변경할 예정이다. 기존에는 사업비 자부담률이 지원 연차와 관계없이 일괄적으로 적용되었지만, 앞으로는 연차에 따라 ㉡ 차등(次等) 적용된다. 한편, 서울시는 한 해 동안의 공동체 활성화 사업의 성과와 우수사례를 소개하고 공유하는 '공동주택 공동체 활성화 사업 우수사례발표회'를 개최하고 있다. 지난해 개최된 발표회에서는 심사를 거쳐 ㉢ 엄선(嚴選)된 우수단지의 사례를 발표한 바 있다. 올해도 이웃 간 소통과 교류를 통해 아파트 공동체를 회복하고 각종 생활 불편들을 자발적으로 해결해나가는 방안을 ㉣ 도출(導出)하여 '살기 좋은 아파트 만들기 문화'를 확산해 나갈 예정이다. 서울시 관계자는 "공동주택이라는 주거 공동체가 공동체 활성화 사업을 통해 ㉤ 지속적(持續的)으로 교류하고 소통할 수 있도록 적극적으로 지원해나가겠다."고 말했다.

① ㉠
② ㉡
③ ㉢
④ ㉣
⑤ ㉤

| 2020 한국토지주택공사(업무직) / 의사소통능력

05 다음 빈칸 ㉠ ~ ㉣에 들어갈 단어로 적절한 것은?

시중에 판매 중인 손 소독제 18개 제품을 수거해 에탄올 ___㉠___의 표준 제조 기준 검사를 실시한 결과, 식약처 표준 제조 기준에 미달하는 제품 7개를 적발하였다. 이들 제품 중에는 변경 허가 없이 다른 소독제 ___㉡___을 섞거나 ___㉢___에 물을 혼합해 생산한 제품도 있었다. 식약처 의약외품 표준 제조 기준에 의하면 손 소독제는 54.7 ~ 70%의 에탄올을 ___㉣___해야 한다.

	㉠	㉡	㉢	㉣
①	함량	성분	원료	함유
②	함량	성분	원료	내재
③	함량	성질	원천	내재
④	분량	성질	원천	함유
⑤	분량	성분	원천	함유

| 2020 한국토지주택공사(업무직) / 문제해결능력

06 A회사는 한국어, 중국어, 영어, 일본어를 사용하고, B회사는 중국어, 러시아어를, C회사는 한국어, 영어, D회사는 러시아어, 일본어, E회사는 중국어, 영어, 러시아어를 사용한다. 다음 중 언어가 통하지 않는 회사끼리 연결된 것은?

① A, B
② A, C
③ B, C
④ B, E
⑤ D, E

| 2020 한국토지주택공사(업무직) / 문제해결능력

07 총무팀 A, B, C, D, E 5명은 주중에 돌아가면서 한 번씩 야근을 하려고 한다. 총무팀 5명 중 가장 마지막에 야근을 하는 팀원은?

- B는 E의 하루 뒤에 야근을 하고, B의 이틀 뒤에는 A가 야근을 한다.
- D보다 먼저 야근을 하는 사람은 없다.
- C는 목요일에 야근을 한다.

① A
② B
③ C
④ D
⑤ E

| 2020 한국토지주택공사(업무직) / 수리능력

08 L공사는 최근 문서정리를 위해 머신러닝알고리즘을 배치하였다. 8월 4일에 머신러닝알고리즘은 문서를 몇 건 정리하였는가?

- 7월 29일에는 테스트로 10건만 문서정리를 진행하였다.
- 7월 30일부터는 전날 정리한 양의 2배보다 10건 더 문서정리를 진행하였다.
- 7월과 8월 모두 31일까지 있다.
- 문서정리는 쉬는 날 없이 매일 진행하였다.

① 630건
② 640건
③ 1,270건
④ 1,280건
⑤ 1,300건

❙ 2020 한국토지주택공사(업무직) / 수리능력

09 A사원은 콘퍼런스에 참석하기로 했다. 공항버스, 비행기, 시외버스를 모두 이용하여 도착한다고 할 때, A사원이 콘퍼런스에 제시간에 도착하지 못할 확률은?(단, 확률은 소수점 이하는 버림한다)

- 공항버스를 타고 제시간에 □□공항에 도착할 확률은 95%이다.
- □□공항에서 비행기를 타고 제시간에 ○○공항에 도착할 확률은 88%이다.
- ○○공항에서 시외버스를 타고 제시간에 콘퍼런스에 도착할 확률은 92%이다.

① 20%
② 23%
③ 25%
④ 28%
⑤ 30%

❙ 2020 한국토지주택공사(업무직) / 문제해결능력

10 다음은 독감의 변인 3가지에 대한 실험을 하고 난 보고서이다. 다음과 같은 변인 3가지 외에 다른 변인은 없다고 했을 때, 이를 해석한 〈보기〉 중 옳은 것을 모두 고르면?

선택 1. 수분섭취를 잘하였고, 영양섭취와 예방접종은 하지 않았는데 독감에 걸리지 않았다.
선택 2. 수분섭취는 하지 않았고, 영양섭취와 예방접종은 하였는데 독감에 걸리지 않았다.
선택 3. 영양섭취와 예방접종, 수분섭취를 모두 하였는데 독감에 걸리지 않았다.
선택 4. 영양섭취는 하였고, 예방접종을 하지 않았으며, 수분섭취는 하였는데 독감에 걸렸다.

보기

ㄱ. 선택 1, 2를 비교해 보았을 때 수분섭취를 하지 않아 독감에 걸렸을 것으로 추정된다.
ㄴ. 선택 1, 4를 비교해 보았을 때 영양섭취를 하지 않아 독감에 걸리지 않았을 것으로 추정된다.
ㄷ. 선택 2, 4를 비교해 보았을 때 예방접종을 하여 독감에 걸렸을 것으로 추정된다.
ㄹ. 선택 3, 4를 비교해 보았을 때 예방접종을 하면 독감에 걸리지 않는 것으로 추정된다.

① ㄱ
② ㄴ, ㄷ
③ ㄷ, ㄹ
④ ㄴ, ㄹ
⑤ ㄱ, ㄴ, ㄹ

※ 다음은 법 개정에 따른 일·가정 양립 휴가 지원제도의 변화를 나타낸 표이다. 다음 자료를 바탕으로 이어지는 질문에 답하시오. [11~12]

휴가 분류	변경 전	변경 후
출산 전후 휴가 (배우자)	– 3~5일 사용가능(유급 3일) – 정부지원 없음 – 출산한 날부터 30일 이내 청구 – 분할 사용 불가 – 같은 자녀에 대해 부부 동시 육아휴직 불가	– 유급 10일 사용가능 – 유급 5일분 정부지원(통상임금 100%) – 출산한 날부터 90일 이내 청구 – 1회 분할 사용 가능 – 같은 자녀에 대해 부부 동시 육아휴직 가능
출산 전후 휴가 (임신 당사자)	– 통상임금 100%, 상한액 180만 원 – 90일(다태아 120일) / 출산 후에 45일 이상의 기간 보장(다태아 60일)	– 통상임금 100%, 상한액 200만 원 – 기간 동일
가족 돌봄 휴직	– 가족의 질병·사고·노령 사유만 인정 – 연간 90일(사용기간 단위 최소 30일) – 부모, 배우자, 자녀 또는 배우자의 부모	– 현행 휴직 사유+자녀 양육 사유 – 연간 휴직기간 90일 중 10일은 1일 단위로 사용 – 부모, 배우자, 자녀 또는 배우자의 부모+조부모, 손자녀
육아기 근로시간 단축	– (육아휴직)+(근로시간 단축)=최대 1년 – 하루 2~5시간(주 10~25시간) – 통상임금 80% 지원(상한액 150만 원)	– (육아휴직 최대 1년)+(근로시간 단축)=[최대 2년(근로시간 단축 1년 이상 가능)] – 하루 1~5시간(주 5~25시간) – 하루 1시간까지 통상임금, 나머지 단축분은 80% 지원(상한액 200만 원)

| 2020 한국토지주택공사(업무직) / 문제해결능력

11 다음 중 변경 후 내용에 대한 설명으로 옳은 것은?

① 다태아가 아닐 경우 출산 50일 전에 출산 전후 휴가를 신청할 수 있다.
② 아내와 같은 직장에 다니고 있는 남편은 아내의 육아휴직 기간이 끝나야 육아휴직을 할 수 있다.
③ 손자의 양육을 사유로 가족 돌봄 휴직을 신청할 수 없다 .
④ 1시간에 해당하는 통상임금이 1만 원이라면 육아기 근로시간 단축 중 한 주 최대 20만 원을 지원받을 수 있다.
⑤ 임신한 아내의 배우자가 출산 전후 휴가를 최대로 사용하여도 그 달의 통상임금은 변화가 없다.

| 2020 한국토지주택공사(업무직) / 문제해결능력

12 다음 중 ㉠~㉣에 들어갈 수의 총합은?

- 쌍둥이를 임신한 배우자를 둔 남편은 출산 전후 휴가를 총 ___㉠___일을 쓸 수 있다.
- 육아기 근로시간 단축을 신청하려는 A씨는 출산 휴가를 2개월만 썼기 때문에 총 ___㉡___개월을 신청할 수 있다.
- 아내가 출산한 지 27일(당일 포함)이 지났다면 남편은 ___㉢___일 내에 출산 전후 휴가를 청구해야 한다.
- 출산 전후 휴가 중인 B씨의 월급이 100만 원이라면, 한 달에 최고 ___㉣___만 원을 받을 수 있다.

① 165
② 195
③ 205
④ 235
⑤ 315

| 2020 한국토지주택공사(업무직) / 수리능력

13 K공장은 상품을 만들면서 안정성 검사와 기능 검사를 병행하고 있다. 1시간 동안 안정성 검사와 기능 검사를 동시에 받는 상품은 몇 개인가?

> • 상품은 15초에 1개씩 만들어진다.
> • 안정성 검사는 12번째 상품마다 검사한다.
> • 기능 검사는 9번째 상품마다 검사한다.

① 12개
② 10개
③ 8개
④ 6개
⑤ 4개

| 2020 한국토지주택공사(업무직) / 수리능력

14 다음 중 신입사원 5명 중 가장 나이가 적은 사람과 가장 나이가 많은 사람의 나이 차는?

> • 신입사원은 5명이다.
> • 신입사원의 평균 나이는 28.8세이다.
> • 중앙값은 28세, 최빈값은 32세이다.

① 7세
② 9세
③ 11세
④ 13세
⑤ 15세

15 다음 한국산업인력공단의 임직원행동강령을 참고할 때, 〈보기〉에 대한 설명으로 옳은 것은?

〈임직원행동강령〉

제25조 금품 등의 수수(收受) 금지

① 임직원은 직무 관련 여부 및 기부·후원·증여 등 그 명목에 관계없이 동일인으로부터 1회에 100만 원 또는 매 회계연도에 300만 원을 초과하는 금품 등을 받거나 요구 또는 약속해서는 아니 된다.

② 임직원은 직무와 관련하여 대가성 여부를 불문하고 제1항에서 정한 금액 이하의 금품 등을 받거나 요구 또는 약속해서는 아니 된다.

③ 제37조의 외부강의 등에 관한 사례금 또는 다음 각호의 어느 하나에 해당하는 금품 등은 제1항 또는 제2항에서 수수(收受)를 금지하는 금품 등에 해당하지 아니한다.

1. 공공기관의 장이 소속 임직원이나 파견 임직원에게 지급하거나 상급자가 위로·격려·포상 등의 목적으로 하급자에게 제공하는 금품 등
2. 원활한 직무수행 또는 사교·의례 또는 부조의 목적으로 제공되는 음식물·경조사비·선물 등으로서 별표 2-2에서 정하는 가액 범위 안의 금품 등
3. 사적 거래(증여는 제외한다)로 인한 채무의 이행 등 정당한 권원(權原)에 의하여 제공되는 금품 등
4. 임직원의 친족(민법 제777조에 따른 친족을 말한다)이 제공하는 금품 등
5. 임직원과 관련된 직원상조회·동호인회·동창회·향우회·친목회·종교단체·사회단체 등이 정하는 기준에 따라 구성원에게 제공하는 금품 등 및 그 소속 구성원 등 임직원과 특별히 장기적·지속적인 친분관계를 맺고 있는 자가 질병·재난 등으로 어려운 처지에 있는 임직원에게 제공하는 금품 등
6. 임직원의 직무와 관련된 공식적인 행사에서 주최자가 참석자에게 통상적인 범위에서 일률적으로 제공하는 교통, 숙박, 음식물 등의 금품 등
7. 불특정 다수인에게 배포하기 위한 기념품 또는 홍보용품 등이나 경연·추첨을 통하여 받는 보상 또는 상품 등
8. 그 밖에 사회상규(社會常規)에 따라 허용되는 금품 등

… (중략) …

제51조 위반 여부에 대한 상담

① 임직원은 알선·청탁, 직무권한 등을 행사한 부당행위, 금품 등의 수수, 외부강의 등의 사례금 수수, 경조사의 통지, 감독기관의 부당한 요구 등에 대하여 이 강령을 위반했는지가 분명하지 아니할 때에는 행동강령책임자와 상담한 후 처리하여야 하며, 행동강령책임자는 별지 제19호 서식에 따라 상담내용을 관리하여야 한다.

② 소속기관의 장은 제1항의 규정에 의한 상담이 원활하게 이루어질 수 있도록 전용 전화·상담실 설치 등 필요한 조치를 취하여야 한다.

제52조 위반행위의 신고 및 확인

① 누구든지 임직원이 이 강령을 위반한 사실을 알게 되었을 때에는 행동강령책임자나 소속기관의 장 또는 이사장, 국민권익위원회에 신고할 수 있다.

② 제1항에 따라 신고하는 자는 별지 제20호 서식에 의하여 본인과 위반자의 인적사항과 위반내용을 구체적으로 제시해야 한다.

③ 행동강령책임자는 제1항에 따라 신고된 위반행위를 확인한 후 해당 임직원으로부터 받은 소명자료를 첨부하여 소속기관의 장에게 보고하여야 한다.

<table>
<caption>〈금품 등 수수(授受) 금지 위반 징계양정기준〉</caption>
<tr><th colspan="2">비위 유형 / 수수행위 / 금액</th><th>100만 원 미만</th><th>100만 원 이상 200만 원 미만</th><th>200만 원 이상 500만 원 미만</th><th>500만 원 이상</th></tr>
<tr><td rowspan="2">직무와 직접적인 관계없이 금품 등을 직무관련자 또는 직무관련공무원으로부터 받거나 직무관련공무원에게 제공한 경우</td><td>수동</td><td>감봉·정직·강등</td><td>강등·면직·파면</td><td>면직·파면</td><td>파면</td></tr>
<tr><td>능동</td><td>정직·강등·면직</td><td>면직·파면</td><td colspan="2">파면</td></tr>
<tr><td rowspan="2">직무와 직접 관련하여 금품 등을 수수하였으나, 위법·부당한 처분을 하지 아니한 경우</td><td>수동</td><td>정직·강등·면직</td><td>면직·파면</td><td colspan="2">파면</td></tr>
<tr><td>능동</td><td>강등·면직·파면</td><td colspan="3">파면</td></tr>
<tr><td rowspan="2">직무와 직접 관련하여 금품 등을 수수하고, 위법·부당한 처분을 한 경우</td><td>수동</td><td>강등·면직·파면</td><td colspan="3">파면</td></tr>
<tr><td>능동</td><td>면직·파면</td><td colspan="3">파면</td></tr>
</table>

보기

한국산업인력공단에 근무 중인 김 대리는 하청 업체 이 사장에게 요청하여 220만 원 상당의 금품을 수수하였고, 이와 같은 사실을 상급자인 박 부장이 알게 되었다.

① 김 대리가 받은 금품은 한도액을 초과하지 않으므로 김 대리는 아무런 처벌을 받지 않는다.
② 김 대리는 직무관련자로부터 금품을 받았으나, 위법한 처분을 하지 않았으므로 감봉 처분을 받게 된다.
③ 김 대리는 직무관련자로부터 금품을 받았으므로 파면 처분을 받게 된다.
④ 이 사장은 직무와 관련하여 김 대리에게 금품을 제공하였으므로 더 이상 공단과 관련된 업무를 수행할 수 없다.
⑤ 박 부장은 행동강령책임자와 먼저 상담한 후에 국민권익위원회에 김 대리의 위반 행위를 신고할 수 있다.

| 2020 한국산업인력공단 6급 / 의사소통능력

16 다음 중 결재에 대한 설명으로 옳지 않은 것은?

① 안건에 따라서는 상위자가 직접 기안하거나 처리지침을 지시할 수 있다.
② 보조 기관의 명의로 발신하는 문서는 보조 기관의 결재를 받아야 한다.
③ 전결이란 결재권자가 결재할 수 없을 때 그 직무를 대리하는 자가 행하는 결재를 의미한다.
④ 대결한 문서 중 내용이 중요하다고 판단되는 문서는 결재권자에게 사후에 보고하여야 한다.
⑤ 결재받은 문서의 일부분을 수정할 때에는 수정한 내용대로 재작성하여 결재를 받아야 한다.

17 다음 한국산업인력공단의 인사규정을 참고할 때, 승진 대상자에 해당하는 사람은?(단, A ~ E는 모두 동일 직렬에 근무하였다)

> **제28조(승진)**
> ① 직원을 승진 임용할 때에는 동일 직렬의 바로 하위직급에 재직하는 직원을 제37조의 직원평가방법에 의하여 작성한 승진후보자 명부를 기초로 하여야 한다.
> ② 직원 중 근무성적 또는 근무수행능력이 특히 우수하거나 공단발전에 현저한 공적이 있다고 인정되는 직원에 대하여는 제29조에도 불구하고 본부 각 국(실)장, 부설기관장 또는 소속기관장의 추천을 받아 중앙인사위원회 심의를 거쳐 특별승진 임용할 수 있다.
> ③ 승진에 관하여 필요한 사항은 이사장이 따로 정하는 바에 의한다.
>
> **제29조(승진 소요 최저 연수)**
> ① 직원이 승진함에 있어서는 공단 발족 이후 다음 각호의 기간 당해 직급에 재직하여야 한다.
> 1. 일반직, 출제연구직 2급 ·························· 4년 이상
> 2. 일반직, 출제연구직, 상시검정직 3급 ············ 3년 이상
> 3. 일반직, 출제연구직, 상시검정직 4급 ············ 2년 이상
> 4. 일반직, 상시검정직 5급 ·························· 2년 이상
> 5. 일반직, 상시검정직 6급 ·························· 2년 이상
>
> ② 제1항에 따라 승진 소요 기간을 계산함에 있어서는 징계처분 기간 및 제30조의 승진임용 제한 기간은 이를 산입하지 아니한다. 다만, 다음 각호에 해당하는 휴직 기간은 이를 산입한다.
> 1. 병역법, 기타 법률의 규정에 의한 업무를 수행하기 위하여 휴직한 기간
> 2. 직무상 질병으로 휴직한 기간
> 3. 국제기구 또는 외국기관에 임시로 고용되어 휴직한 기간
> 4. 만 8세 이하 또는 초등학교 2학년 이하의 자녀(입양한 자녀를 포함한다)를 가진 직원이 그 자녀의 양육을 위하여 휴직한 기간. 다만, 자녀 1명에 대한 총 휴직 기간이 1년을 넘는 경우에는 최초의 1년으로 하되, 셋째 자녀부터는 총 휴직 기간이 1년을 넘는 경우에도 그 휴직 기간 전부로 한다.
>
> ③ 강임되었던 자가 강임 전의 직급으로 승진된 경우에는 강임 전의 기간은 이를 통산한다.
> ④ 퇴직하였던 직원이 퇴직 당시와 동일 직렬, 동일 직급 이하의 직급으로 임용된 경우에는 퇴직 전의 재직 기간 중 현 직급 이상의 직급으로 재직한 기간은 현 직급의 재직 연수로 통산한다.
> ⑤ 직렬을 달리한 직원의 승진 소요 최저 연수는 현 직급 이전 직렬의 상당 직급에서 재직한 기간을 현 직급 재직 연수로 통산한다.
>
> **제30조(승진의 제한)**
> ① 직원이 다음 각호의 어느 하나에 해당하는 경우에는 승진 임용할 수 없다.
> 1. 징계처분, 직위 해제 또는 휴직 중에 있는 자
> 2. 징계처분의 집행이 완료된 날로부터 다음의 기간(금품 및 향응 수수, 공금의 횡령·유용, 성폭력, 성희롱 및 성매매, 채용 비위, 갑질 행위에 따른 징계처분의 경우에는 각각 6개월을 더한 기간)이 지나지 아니한 자
>   강등·정직 ·· 18월
>   감봉 ·· 12월
>   견책 ·· 6월
> 3. 임금피크제 적용 대상자
>
> ② 제1항 제2호에 따라 승진임용 제한 기간 중에 다시 징계처분을 받은 경우의 승진임용 제한 기간은 전 처분에 대한 제한 기간이 만료된 다음 날부터 새로 기산한다.

① 직무상 질병으로 휴직한 6개월을 포함하여 총 3년 6개월 동안 공단에 재직 중인 일반직 2급 A씨
② 휴직 기간 없이 4년 동안 공단에 재직한 상태에서 육아 휴직에 들어간 출제연구직 3급 B씨
③ 휴직 기간 없이 3년 동안 공단에 재직하였으나, 6개월 전 공금 횡령으로 3개월의 감봉 처분을 받은 상시검정직 4급 C씨
④ 휴직 기간 없이 2년 동안 공단에 재직한 상태에서 소속기관장의 임용 추천을 받은 일반직 3급의 D씨
⑤ 1년 전 중대한 실수로 2개월의 견책을 받았으나, 입사 이후 휴직 기간 없이 1년 10개월 동안 공단에 재직 중인 상시검정직 6급 E씨

18 다음 중 글의 내용과 일치하지 않는 것은?

> 스마트폰, 태블릿 등의 각종 스마트기기가 우리 생활 속으로 들어옴에 따라 회사에 굳이 출근하지 않아도 업무 수행이 가능해졌다. 이에 따라 기업들은 일하는 시간과 공간에 제약이 없는 유연근무제를 통해 업무 생산성을 향상시켜 경쟁력을 키워가고 있다. 유연근무제는 근로자와 사용자가 근로시간이나 근로 장소 등을 선택・조정하여 일과 생활을 조화롭게(Work-Life Balance) 하고, 인력 활용의 효율성을 높일 수 있는 제도를 말한다.
> 젊은 인재들은 승진이나 금전적 보상과 같은 전통적인 동기부여 요소보다 조직으로부터의 인정, 성장 기회, 업무에 대한 자기 주도성, 일과 삶의 균형 등에서 더 큰 몰입과 충성도를 느낀다. 결국 유연근무제는 그 자체만으로도 큰 유인 요소로 작용할 수 있다.
> 유연근무제는 시차출퇴근제, 선택근무제, 재량근무제, 원격근무제, 재택근무제 등의 다양한 형태로 운영될 수 있다. 시차출퇴근제는 주5일, 1일 8시간, 주당 40시간이라는 기존의 소정근로시간을 준수하면서 출퇴근 시간을 조정할 수 있다. 선택근무제 역시 출퇴근 시간을 근로자가 자유롭게 선택할 수 있으나, 시차출퇴근제와 달리 1일 8시간이라는 근로시간에 구애받지 않고 주당 40시간의 범위 내에서 1일 근무시간을 자율적으로 조정할 수 있다. 선택근무제는 기업 상황과 여건에 따라 연구직, 일반 사무관리직, 생산직 등 다양한 직무에 도입할 수 있으나, 근로시간이나 근로일에 따라 업무량의 편차가 발생할 수 있으므로 업무 조율이 가능한 소프트웨어 개발, 사무관리, 연구, 디자인, 설계 등의 직무에 적용이 용이하다.
> 재량근무제는 근로시간 및 업무수행 방식을 근로자 스스로 결정하여 근무하는 형태로, 고도의 전문 지식과 기술이 필요하여 업무수행 방법이나 시간 배분을 업무수행자의 재량에 맡길 필요가 있는 분야에 적합하다. 재량근무제 적용이 가능한 업무는 신기술의 연구개발이나 방송 프로그램・영화 등의 감독 업무 등 법으로 규정되어 있으므로 그 외의 업무는 근로자와 합의하여도 재량근무제를 실시할 수 없다.
> 원격근무제는 주1일 이상 원격근무용 사무실이나 사무실이 아닌 장소에서 모바일 기기를 이용하여 근무하는 형태로, 크게 위성 사무실형 원격근무와 이동형 원격근무 두 가지 유형으로 구분할 수 있다. 위성 사무실형 원격근무는 주거지, 출장지 등과 가까운 원격근무용 사무실에 출근하여 근무하는 형태로, 출퇴근 거리 감소와 업무 효율성 증진의 효과를 얻을 수 있다. 이동형 원격근무는 사무실이 아닌 장소에서 모바일 기기를 이용하여 장소적 제약 없이 근무하는 형태로, 현장 업무를 신속하게 처리하고 메일이나 결재 처리를 단축시킬 수 있다는 장점이 있다. 원격근무제는 재량근무제와 달리 적용 가능한 직무의 제한을 두지 않으나, 위성 사무실형 원격근무는 개별적・독립적으로 업무수행이 가능한 직무에, 이동형 원격근무는 물리적 작업공간이 필요하지 않는 직무에 용이하다.
> 마지막으로 재택근무제는 근로자가 정보통신기술을 활용하여 자택에 업무공간을 마련하고, 업무와 필요한 시설과 장비를 구축한 환경에서 근무하는 형태로, 대부분의 근무를 재택으로 하는 상시형 재택근무와 일주일 중 일부만 재택근무를 하는 수시형 재택근무로 구분할 수 있다.

① 시차출퇴근제는 반드시 하루 8시간의 근무 형태로 운영되어야 한다.
② 선택근무제는 반드시 주5일의 근무 형태로 운영되어야 한다.
③ 일반 사무 업무에서는 근로자와 사용자가 합의하여도 재량근무제를 운영할 수 없다.
④ 현장에서 직접 처리해야 하는 업무가 많은 직무라면 이동형 원격근무제를 운영할 수 있다.
⑤ 근로자를 일주일 중 며칠만 자택에서 근무하게 하더라도 재택근무를 운영하고 있다고 볼 수 있다.

19 다음 한국산업인력공단의 조직도를 참고할 때, 〈보기〉와 관련된 사업에 관여하는 부서로 옳은 것은?

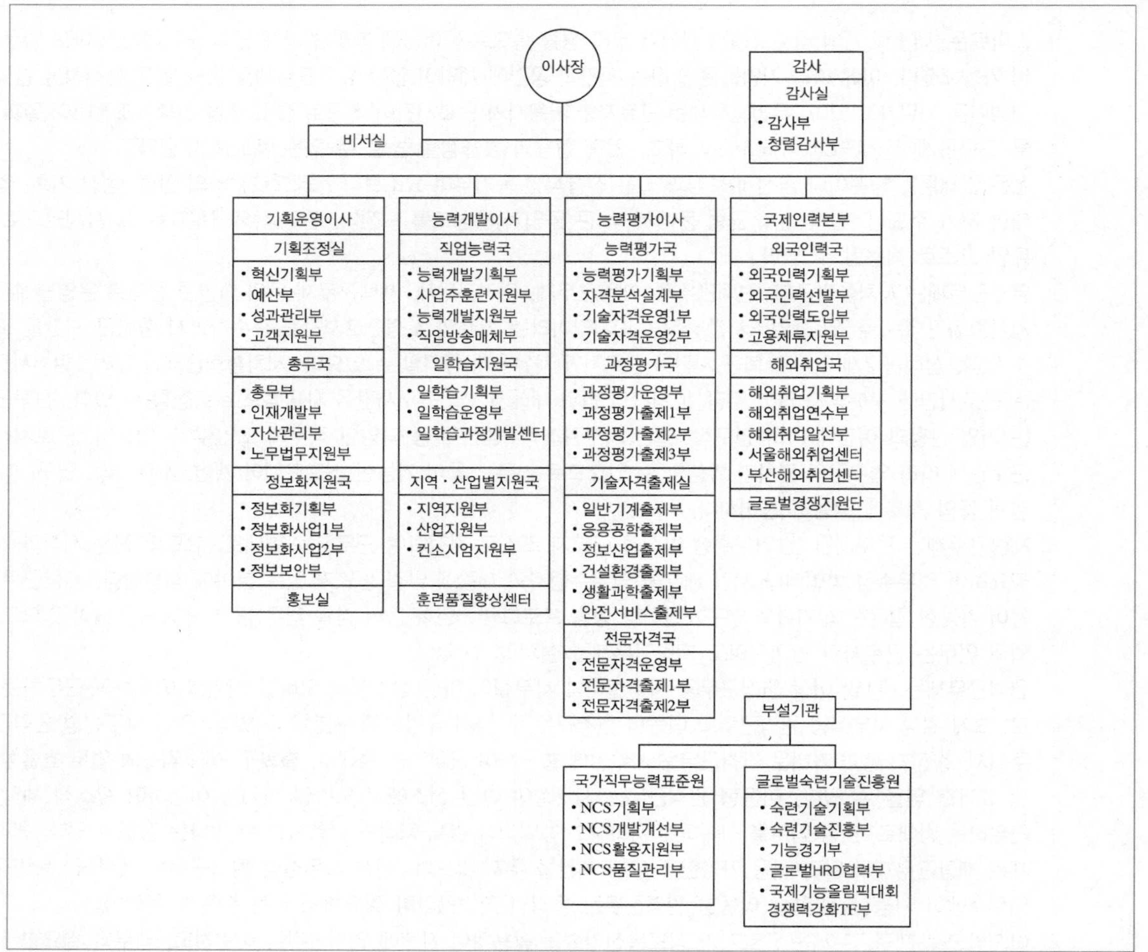

보기

고용노동부는 새로 개발한 50개의 국가직무능력표준(NCS)과 개선한 106개의 국가직무능력표준(NCS)을 확정 · 고시했다. 새로 개발된 50개의 국가직무능력표준(NCS) 중에서 특징적인 분야는 무인기(드론) 콘텐츠 제작, 스마트 설비 · 설계 등의 4차 산업 혁명 분야, 해양 관광 분야와 골프 캐디 분야, 반려동물로 인한 사회적 갈등 예방을 위한 반려동물 행동 교정 분야이다. 개선이 이루어진 106개 국가직무능력표준(NCS) 분야 중에서 특징적인 것은 건설 분야의 안전 강화를 위한 도로 · 공항 설계 국가직무능력표준(NCS), 관련 법령 개정에 따른 수질 오염 분석 및 수질 환경 관리 국가직무능력표준(NCS) 등이다.

한국산업인력공단의 관계자는 "스마트 설비 · 설계 등의 국가직무능력표준(NCS) 개발로 국가직무능력표준에 기반한 특성화고 교육과 직업 훈련, 관련 자격 신설, 일자리 창출 등이 활발하게 이루어질 전망이다."라고 강조하면서, "국가직무능력표준은 우리나라 산업 현장과 직업교육, 훈련 및 자격을 하나로 잇는 핵심 기반이자, 자격이 아닌 능력으로 인정받는 능력 중심 사회를 여는 열쇠이다."라고 밝혔다.

① 능력평가기획부
② NCS활용지원부
③ NCS개발개선부
④ 능력개발기획부
⑤ 전문자격운영부

※ 다음 글을 읽고 이어지는 질문에 답하시오. [20~21]

(가) 사실 19세기 중엽은 전화 발명으로 무르익은 시기였고, 전화 발명에 많은 사람이 도전했다고 볼 수 있다. 한 개인이 전화를 발명했다기보다 여러 사람이 전화 탄생에 기여했다는 이야기로 이어질 수 있다. 하지만 결국 최초의 공식 특허를 받은 사람은 벨이며, 벨이 만들어낸 전화 시스템은 지금도 세계 통신망에 단단히 뿌리를 내리고 있다.

(나) 그러나 벨의 특허와 관련된 수많은 소송은 무치의 죽음, 벨의 특허권 만료와 함께 종료되었다. 그레이와 벨의 특허 소송에서도 벨은 모두 무혐의 처분을 받았고, 1887년 재판에서 전화의 최초 발명자는 벨이라는 판결이 났다. 그레이가 전화의 가능성을 처음 인지한 것은 사실이지만, 전화를 완성하기 위한 후속 조치를 취하지 않았다는 것이었다.

(다) 하지만 벨이 특허를 받은 이후 누가 먼저 전화를 발명했는지에 대해 치열한 소송전이 이어졌다. 여기에는 그레이를 비롯하여 안토니오 무치 등 많은 사람이 관련돼 있었다. 특히 무치는 1871년 전화에 대한 임시특허를 신청하였지만, 돈이 없어 정식 특허로 신청하지 못했다. 2002년 미국 하원 의회에서는 무치가 10달러의 돈만 있었다면 벨에게 특허가 부여되지 않았을 것이라며 무치의 업적을 인정하기도 했다.

(라) 알렉산더 그레이엄 벨은 전화를 처음 발명한 사람으로 알려져 있다. 1876년 2월 14일 벨은 설계도와 설명서를 바탕으로 전화에 대한 특허를 신청했고, 같은 날 그레이도 전화에 대한 특허 신청서를 제출했다. 1876년 3월 7일 미국 특허청은 벨에게 전화에 대한 특허를 부여했다.

| LH한국토지주택공사(업무직) / 의사소통능력

20 다음 중 (가) ~ (라) 문단을 논리적 순서대로 바르게 연결한 것은?

① (가) – (라) – (다) – (나)
② (가) – (다) – (라) – (나)
③ (라) – (가) – (다) – (나)
④ (라) – (나) – (가) – (다)
⑤ (라) – (다) – (나) – (가)

| LH한국토지주택공사(업무직) / 의사소통능력

21 다음 중 글의 내용과 일치하는 것은?

① 법적으로 전화를 처음으로 발명한 사람은 벨이다.
② 그레이는 벨보다 먼저 특허 신청서를 제출했다.
③ 무치는 1871년 전화에 대한 정식 특허를 신청하였다.
④ 현재 세계 통신망에는 그레이의 전화 시스템이 사용되고 있다.
⑤ 그레이는 전화의 가능성을 인지하지 못하였다.

※ 다음 글을 읽고 이어지는 질문에 답하시오. [22~23]

변혁적 리더십은 리더가 조직 구성원의 사기를 고양하기 위해 미래의 비전과 공동체적 사명감을 강조하고, 이를 통해 조직의 장기적 목표를 달성하는 것을 핵심으로 한다. 거래적 리더십이 협상과 교환을 통해 구성원의 동기를 부여한다면, 변혁적 리더십은 구성원의 변화를 통해 동기를 부여하고자 한다. 또한 거래적 리더십은 합리적 사고와 이성에 호소하는 반면, 변혁적 리더십은 감정과 정서에 호소하는 측면이 크다.
이러한 변혁적 리더십은 조직의 합병을 주도하고 신규 부서를 만들어 내며, 조직문화를 창출해 내는 등 조직 변혁을 주도하고 관리한다. 따라서 오늘날 급변하는 환경과 조직의 실정에 적합한 리더십 유형으로 주목받고 있다. 변혁적 리더는 주어진 목적의 중요성과 의미에 대한 구성원의 인식 수준을 제고시키고, 개인적 이익을 넘어서 구성원 자신과 조직 전체의 이익을 위해 일하도록 만든다. 그리고 구성원의 욕구 수준을 상위 수준으로 끌어올림으로써 구성원을 근본적으로 변혁시킨다. 즉, 거래적 리더십을 발휘하는 리더는 구성원에게서 기대되었던 성과만을 얻어내지만, 변혁적 리더는 (   )
변혁적 리더가 변화를 이끌어내는 전문적 방법의 하나는 카리스마와 긍정적인 행동 양식을 보여주는 것이다. 이를 통해 리더는 구성원들의 신뢰와 충성심을 얻을 수 있다. 조직의 비전을 구체화하여 알려주고 어떻게 목표를 달성할 것인지를 설명해 주거나 높은 윤리적 기준으로 모범이 되는 것도 좋은 방법이 된다.
지속적으로 구성원의 동기를 부여하는 것도 매우 중요하다. 팀워크를 장려하고, 조직의 비전을 구체화하여 개인의 일상 업무에도 의미를 부여할 수 있도록 해야 한다. 변혁적 리더는 구성원이 조직의 중요한 부분이 될 수 있도록 노력하게 만드는 데에 초점을 둔다. 따라서 높지만 달성 가능한 목표를 세워 구성원의 생산력을 향상시키고, 구성원에게는 성취 경험을 제공하여 그들이 계속 성장할 수 있도록 만들어야 한다.
현재 상황에 대한 의문은 새로운 변화를 일어나게 한다. 변혁적 리더는 구성원들의 지적 자극을 불러일으켜 조직의 이슈에 대해 적극적으로 관심을 갖도록 만들며, 이를 통해서 참신한 아이디어와 긍정적인 변화가 일어날 수 있도록 한다.
변혁적 리더는 개개인의 관점을 소홀히 생각하지 않는다. 각각의 구성원들을 독특한 재능, 기술 등을 보유한 독립된 개인으로 인지한다. 리더가 구성원들을 개개인으로 인지하게 되면 그들의 능력에 적합한 역할을 부여할 수 있으며, 구성원들 역시 개인적인 목표를 용이하게 달성할 수 있게 된다. 따라서 리더는 각 구성원의 소리에 귀 기울이고, 구성원 개개인에게 관심을 표현해야 한다.

| LH한국토지주택공사(업무직) / 의사소통능력

22 다음 중 빈칸에 들어갈 내용으로 적절한 것은?

① 개개인의 성과를 얻어낼 수 있다.
② 구체적인 성과를 얻어낼 수 있다.
③ 기대 이상의 성과를 얻어낼 수 있다.
④ 참신한 아이디어도 함께 얻어낼 수 있다.
⑤ 구성원들의 신뢰도 함께 얻어낼 수 있다.

| LH한국토지주택공사(업무직) / 의사소통능력

23 다음 중 글의 내용과 일치하지 않는 것은?

① 변혁적 리더는 구성원의 합리적 사고와 이성에 호소한다.
② 변혁적 리더는 구성원의 변화를 통해 동기를 부여하고자 한다.
③ 변혁적 리더는 구성원이 자신과 조직 전체의 이익을 위해 일하도록 한다.
④ 변혁적 리더는 구성원에게 카리스마와 긍정적 행동 양식을 보여준다.
⑤ 변혁적 리더는 구성원 개개인에게 관심을 표현한다.

| LH한국토지주택공사(업무직) / 의사소통능력

24 다음 밑줄 친 단어와 의미가 유사한 것은?

> 흑사병은 페스트균에 의해 발생하는 급성 열성 감염병으로, 쥐에 기생하는 벼룩에 의해 사람에게 전파된다. 국가위생건강위원회의 자료에 따르면 중국에서는 최근에도 <u>간헐적</u>으로 흑사병 확진 판정이 나온 바 있다. 지난 2014년에는 중국 북서부에서 38살의 남성이 흑사병으로 목숨을 잃었으며, 2016년과 2017년에도 각각 1건씩 발병 사례가 확인됐다.

① 근근이
② 자못
③ 이따금
④ 빈번히
⑤ 흔히

| LH한국토지주택공사(업무직) / 문제해결능력

25 A대학생은 현재 보증금 3천만 원, 월세 50만 원을 지불하면서 B원룸에 거주하고 있다. 다음 해부터는 월세를 낮추기 위해 보증금을 증액하려고 한다. 다음 규정을 보고 A대학생이 월세를 최대로 낮췄을 때 월세와 총 보증금으로 올바르게 짝지어진 것은?

〈B원룸 월 임대료의 임대보증금 전환 규정〉

- 월 임대료의 56%까지 보증금으로 전환 가능
- 연 1회 가능
- 전환이율 6.72%
- (환산보증금=(전환 희망 임대료)÷(전환이율)

① 월세 22만 원, 보증금 7천만 원
② 월세 22만 원, 보증금 8천만 원
③ 월세 30만 원, 보증금 8천만 원
④ 월세 22만 원, 보증금 9천만 원
⑤ 월세 30만 원, 보증금 9천만 원

| LH한국토지주택공사(업무직) / 수리능력

26 H사원은 엘리베이터를 이용하여 A4용지가 들어있는 박스를 사무실로 옮기고 있다. 이 엘리베이터는 적재용량이 305kg이며, 엘리베이터에 이미 몸무게가 60kg인 J사원이 80kg의 사무용품을 싣고 타 있는 상태이다. 50kg인 H사원이 한 박스당 10kg의 A4용지를 최대 몇 박스까지 가지고 엘리베이터에 탈 수 있는가?

① 9박스
② 10박스
③ 11박스
④ 12박스
⑤ 13박스

| LH한국토지주택공사(업무직) / 수리능력

27 다음은 Q사진관이 올해 찍은 사진의 용량 및 개수를 나타낸 자료이다. 올해 찍은 사진을 모두 모아서 한 개의 USB에 저장하려고 할 때, 최소 몇 GB의 USB가 필요한가?[단, 1MB=1,000KB, 1GB=1,000MB이며, 합계 파일 용량(GB)은 소수점 이하 버림한다]

〈올해 사진 자료〉

구분	크기(cm)	용량	개수
반명함	3×4	150KB	8,000개
신분증	3.5×4.5	180KB	6,000개
여권	5×5	200KB	7,500개
단체사진	10×10	250KB	5,000개

① 3.0GB
② 3.5GB
③ 4.0GB
④ 4.5GB
⑤ 5.0GB

| LH한국토지주택공사(업무직) / 의사소통능력

28 다음 자료를 바탕으로 '한국인의 수면 시간과 수면의 질'에 대한 글을 쓸 때, 글의 주제로 적절하지 않은 것은?

현대인들이 부족한 잠으로 인해 만성 피로를 겪고 있다. 성인 평균 권장 수면 시간은 7 ~ 8시간이지만 이를 지키는 이들은 우리나라 성인 기준 단 4%에 불과하다. 2016년 국가별 일 평균 수면시간 조사에 따르면, 한국인의 하루 평균 수면 시간은 7시간 41분으로 OECD 18개 회원국 중 최하위를 기록했다. 또한, 직장인의 수면시간은 이보다도 짧은 6시간 6분으로 권장 수면시간에 2시간 가까이 부족한 수면 시간으로 현대인 대부분이 수면 부족에 시달린다 해도 과언이 아닐 정도이다.
수면시간 총량이 적은 것도 문제지만 더 심각한 점은 '어떻게 잘 잤는지', 즉 수면의 질 또한 높지 않다는 것이다. 수면장애 환자는 '단순히 일이 많아서', 또는 '잠버릇 때문에' 발생한 일시적인 가벼운 증상 정도로 여기는 사회적 분위기를 감안하면 실제 더 많을 것으로 추정된다. 특히 대표적인 수면장애인 '수면무호흡증'은 피로감 불안감 우울감은 물론 고혈압·당뇨병과 심혈관질환·뇌졸중까지 다양한 합병증을 유발할 수 있다는 점에서 진단과 치료가 요구된다.

① 수면의 질을 높이는 방법
② 수면 마취제의 부작용
③ 숙면에 도움을 주는 식품
④ 수면 장애의 종류와 예방법
⑤ 수면 시간과 건강의 상관관계

| LH한국토지주택공사(업무직) / 수리능력

29 다음 〈조건〉에 해당하는 자연수로 옳은 것은?

조건

- 두 자리 자연수이다.
- 이 자연수는 각 자릿수를 더한 값의 8배이다.
- 이 자연수는 각 자릿수의 자리를 바꾼 값보다 45가 많다.

① 55
② 27
③ 68
④ 86
⑤ 72

❙ LH한국토지주택공사(업무직) / 의사소통능력

30 다음 중 밑줄 친 단어와 의미가 같은 것은?

> 잡지에서 처음 보는 단어를 발견했다.

① 교차로를 건널 때에는 신호등을 잘 보고 건너야 한다.
② 소년의 사정을 보니 딱하게 되었다.
③ 그는 연극을 보는 재미로 극장에서 일한다.
④ 그녀는 아이를 봐 줄 사람을 구하였다.
⑤ 장맛을 보면 그 집의 음식 솜씨를 알 수 있다.

❙ LH한국토지주택공사(업무직) / 의사소통능력

31 다음 중 밑줄 친 단어와 바꿔 사용할 수 있는 것은?

> 최저임금법 시행령 제5조 제1항 제2호 및 제3호는 주 단위 또는 월 단위로 지급된 임금에 대해 1주 또는 월의 소정근로시간 수로 나눈 금액을 시간에 대한 임금으로 규정하고 있다. 그러나 최저임금 산정을 위한 소정근로시간 수에 대해 고용노동부와 대법원의 해석이 어긋나 눈길을 끈다. 고용노동부는 소정근로시간에 유급주휴시간을 포함하여 계산하여, 통상임금 산정기준 근로시간 수와 동일하게 본 반면, 대법원은 최저임금 산정을 위한 소정근로시간 수에 유급주휴시간을 제외하고 산정하였다.

① 배치되어
② 도치되어
③ 대두되어
④ 전도되어
⑤ 발생되어

❙ 한국산업인력공단 6급 / 자원관리능력

32 한국산업인력공단에서 2019년도 하반기 신규 직원 채용시험을 3회에 거쳐 시행하기로 하고 시험 감독관을 파견하였다. 직전 시험에 감독으로 파견된 사람은 다음 시험에 감독관을 할 수 없다고 할 때, 10월 19일 세 지역의 시험 감독관으로 가능한 최대 인원은 총 몇 명인가?

〈시험 날짜별 감독관 인원〉

(단위 : 명)

구분	울산 본부	부산 광역	대구 광역
총 인력 인원	358	1,103	676
10월 05일	31	57	44
10월 12일	24	48	46
10월 19일			

① 1,887명
② 1,989명
③ 2,019명
④ 2,049명
⑤ 2,174명

33 다음은 사업주 외국인근로자 채용 지원 안내문 중 대행 업무 수수료에 대한 내용이다. 다음 안내문을 이해한 내용으로 적절하지 않은 것은?

- 일반외국인근로자 대행 수수료
  - 고용허가제 대행 업무의 근거조항 법 제27조의 2(각종 신청 등의 대행)
  - 한국산업인력공단과 업종별 민간 대행기관이 병행하던 각종 행정 대행 업무를 외국인고용법 개정(2010.4.10. 시행)으로 위탁업무(공단)와 대행 업무(민간대행기관)로 구분
  - 위탁업무에 대한 대행 수수료는 필수로 하되, 각종 신청업무에 대한 대행신청 여부는 사업주가 선택하여 이에 따라 대행 수수료를 납부토록 대행 수수료를 임의화함

※ 대행 수수료 기준

<table>
<tr><th colspan="3">대행 업무</th><th colspan="2">세부업무</th><th colspan="2">1인당 수수료</th></tr>
<tr><td rowspan="4">필수</td><td rowspan="4">신규 입국자</td><td>근로자 도입위탁</td><td colspan="2">근로계약 체결 및 출입국 지원</td><td colspan="2">(신규)60,000원
(재입국)119,000원</td></tr>
<tr><td rowspan="3">취업교육</td><td rowspan="3">외국인근로자 취업교육</td><td>제조·서비스</td><td colspan="2">195,000원</td></tr>
<tr><td>농축·어업</td><td colspan="2">210,000원</td></tr>
<tr><td>건설업</td><td colspan="2">224,000원</td></tr>
<tr><td rowspan="5">선택</td><td rowspan="5">신규 입국자 및 사업장 변경자</td><td rowspan="3">각종 신청 대행</td><td>- 내국인 구인신청, 고용허가서 발급신청, 수령
- 사증발급인정서 신청, 수령</td><td>신규입국자 고용 시</td><td>31,000원
입국 전</td><td rowspan="2">61,000원</td></tr>
<tr><td>- 고용변동신고, 고용허가기간 연장신청
- 외국인근로자 업무상 재해 시 산재·사망신고</td><td>신규입국자 고용 시</td><td>30,000원(3년)
입국 후</td></tr>
<tr><td>- 각종 정보제공 등</td><td>사업장 변경자</td><td colspan="2">800원×잔여체류기간(월)</td></tr>
<tr><td rowspan="2">편의제공</td><td rowspan="2">- 통역지원 및 사용자의 고충상담
- 전용보험 가입 및 보험금 신청, 지원
- 외국인근로자의 업무 외 질병 및 상해 수습지원
- 기타 고용노동부장관이 인정하는 업무 등</td><td>신규입국자 고용 시</td><td colspan="2">72,000원(3년)</td></tr>
<tr><td>사업장 변경자</td><td colspan="2">2,000원×잔여체류기간(월)</td></tr>
</table>

- 소수업종 : 농축산업, 건설업, 어업, 냉장·냉동창고업
- 취업교육비에 건강진단비용 포함됨
- 근로자 도입위탁(필수) : 60,000원(신규), 119,000원(재입국)
- 취업교육비(필수)
  - 농축산업, 어업 : 210,000원/1인
  - 제조업, 서비스업 : 195,000원/1인
  - 건설업 : 224,000원/1인
- 입국 전·후 행정 대행료(선택) : 61,000원(3년)
- 편의제공 비용(선택) : 72,000원(3년)

① 건설업체에서 외국인근로자 신규 1명을 고용하고자 도입위탁과 취업교육을 신청하려고 할 때, 이 위탁업무에 대한 총 수수료는 270,000원이다.

② 농부 B씨가 공단에 신규 입국 외국인근로자 2명에 대한 도입위탁을 신청하려고 할 때, 지불해야 하는 총 비용은 540,000원이다.

③ 축산에 종사하는 A씨가 신규 입국 외국인근로자 2명을 민간대행기관에 각종 신청 대행 업무를 맡기려고 할 때, 이에 대한 총 수수료는 122,000원이다.

④ 제조회사 D씨는 공단에 3명의 신규 입국 외국인근로자 위탁업무를 신청하였다. 1명의 재입국자와 2명의 신규 입국자에게 들어가는 총 수수료는 824,000원이다.

⑤ 서비스업체에서 신규 입국 외국인근로자 1명의 필수 및 선택 대행 업무를 모두 신청했을 경우 총 수수료는 388,000원이다.

34 다음은 2019년도 기술자격시험 위탁 시행기관 현황 표이다. 다음 자료에 대한 해석으로 옳지 않은 것은?(단, 1 ~ 3급의 종목 수는 급수별로 한 종목으로 계산한다)

〈2019년도 기술자격시험 위탁 시행기관 현황〉

<table>
<tr><th>시행기관</th><th>기술자격시험</th><th>수탁연도(년)</th></tr>
<tr><td rowspan="7">대한상공회의소</td><td>비서 1, 2, 3급</td><td>2008</td></tr>
<tr><td>워드프로세서</td><td rowspan="4">2006</td></tr>
<tr><td>전산회계운용사 1, 2, 3급</td></tr>
<tr><td>전자상거래관리사 1, 2급</td></tr>
<tr><td>전자상거래운용사</td></tr>
<tr><td>컴퓨터활용능력 1, 2급</td><td rowspan="2">2005</td></tr>
<tr><td>한글속기 1, 2, 3급</td></tr>
<tr><td rowspan="7">한국방송통신전파진흥원</td><td>무선설비기능사, 기사, 산업기사</td><td>2000</td></tr>
<tr><td>방송통신기능사, 기사, 산업기사</td><td rowspan="2">2003</td></tr>
<tr><td>전파전자통신기능사, 기사, 산업기사</td></tr>
<tr><td>정보통신기사, 기술사, 산업기사</td><td rowspan="4">2009</td></tr>
<tr><td>통신기기기능사</td></tr>
<tr><td>통신선로기능사, 산업기사</td></tr>
<tr><td>통신설비기능장</td></tr>
<tr><td rowspan="4">한국광해관리공단</td><td>광산보안기능사, 기사, 산업기사</td><td>2002</td></tr>
<tr><td>광해방지기사, 기술사</td><td>2011</td></tr>
<tr><td>시추기능사</td><td rowspan="2">2008</td></tr>
<tr><td>자원관리기술사</td></tr>
<tr><td rowspan="3">한국원자력안전기술원</td><td>방사선관리기술사</td><td rowspan="2">2006</td></tr>
<tr><td>원자력발전기술사</td></tr>
<tr><td>원자력기사</td><td>2010</td></tr>
<tr><td rowspan="2">한국인터넷진흥원</td><td>정보보안기사</td><td rowspan="2">2011</td></tr>
<tr><td>정보보안산업기사</td></tr>
<tr><td rowspan="3">한국콘텐츠진흥원</td><td>게임그래픽전문가</td><td rowspan="2">2012</td></tr>
<tr><td>게임기획전문가</td></tr>
<tr><td>게임프로그래밍전문가</td><td>2010</td></tr>
<tr><td rowspan="2">영화진흥위원회</td><td>영사기능사</td><td rowspan="2">2013</td></tr>
<tr><td>영사산업기사</td></tr>
</table>

① 기술자격시험 종목 수가 가장 많은 곳은 '한국방송통신전파진흥원'이다.

② 한국광해관리공단이 시행하는 기술자격시험 종목은 10가지 미만이다.

③ 위탁 시행기관 중 수탁 시작 연도가 가장 늦은 곳은 '영화진흥위원회'이다.

④ 산업기사 자격시험을 시행하는 기관은 4곳이다.

⑤ 한국콘텐츠진흥원이 시행하는 시험 종목 수보다 적은 기관은 '한국원자력안전기술원'이다.

35 다음은 직장문화에서 갑질 발생 가능성 정도를 점검하는 설문지이다. A부서의 직원 10명이 다음과 같이 체크를 했다면 가중치를 적용한 점수의 평균은 몇 점인가?

〈A부서 설문지 결과표〉

(단위 : 명)

점검 내용	전혀 아니다 (1점)	아니다 (2점)	보통이다 (3점)	그렇다 (4점)	매우 그렇다 (5점)
1. 상명하복의 서열적인 구조로 권위주의 문화가 강하다.		3	7		
2. 관리자(상급기관)가 직원(하급기관)들의 말을 경청하지 않고 자신의 의견만 주장하는 경우가 많다.		2	5	2	1
3. 관리자(상급기관)가 직원(하급기관)에게 지휘감독이라는 명목 하에 부당한 업무지시를 하는 사례가 자주 있다.	7	3			
4. 업무처리 과정이나 결과가 투명하게 공개되지 않는다.		1	1	6	2
5. 기관의 부당한 행위에 대해 직원들이 눈치 보지 않고 이의제기를 할 수 없다.	6	3	1		
6. 사회적으로 문제가 될 수 있는 부당한 행위가 기관의 이익 차원에서 합리화 및 정당화되는 경향이 있다. (예 협력업체에 비용전가 등)	8	2			
7. 갑질 관련 내부신고 제도 등이 존재하더라도 신고하면 불이익을 당할 수 있다는 의식이 강하다.				8	2
8. 우리 기관은 민간업체에 대한 관리·감독, 인허가·규제 업무를 주로 수행한다.			5	2	3
9. 우리기관이 수행하는 업무는 타 기관에 비해 업무적 독점성이 강한 편이다.		2	6	1	1
10. 우리 기관에 소속된 공직유관단체(투자·출연기관 등)의 수는 타 기관에 비해 많다.		2	7		1

※ 갑질 가능성 정도는 점수와 비례한다.

〈질문 선택지별 가중치〉

전혀 아니다	아니다	보통이다	그렇다	매우 그렇다
0.2	0.4	0.6	0.8	1.0

① 25.7점　② 23.9점

③ 21.6점　④ 18.7점

⑤ 16.5점

36 다음은 제54회 전국기능경기대회 지역별 결과표이다. 다음 자료에 대한 내용 중 옳은 것은?

〈제54회 전국기능경기대회 지역별 결과표〉

(단위 : 개)

지역 \ 메달/상	금메달	은메달	동메달	최우수상	우수상	장려상
합계(점)	3,200	2,170	900	1,640	780	1,120
서울	2	5		10		
부산	9		11	3	4	
대구	2					16
인천			1	2	15	
울산	3				7	18
대전	7		3	8		
제주		10				
경기도	13	1				22
경상도	4	8		12		
충청도		7		6		

※ 합계는 전체 참가지역의 각 메달 및 상의 점수합계이다.

① 메달 한 개당 점수는 금메달은 80점, 은메달은 70점, 동메달은 60점이다.
② 메달 및 상을 가장 많이 획득한 지역은 경상도이다.
③ 전국기능경기대회 결과표에서 메달 및 상 중 동메달 개수가 가장 많다.
④ 울산 지역에서 획득한 메달 및 상의 총점은 800점이다.
⑤ 장려상을 획득한 지역 중 금·은·동메달 총 개수가 가장 적은 지역은 대전이다.

37 다음은 한국직업방송 만족도 평가에 대한 연구보고서이다. 다음 자료에 대한 해석으로 옳지 않은 것은?

〈한국직업방송 만족도 평가〉

한국직업방송 시청경험자를 대상으로 실시한 만족도 평가에서 다음과 같은 결과가 나왔다. 교육적이며 공익적인 가치를 선도해나가는 프로그램을 제공했는가를 중점으로 평가한 유익성 항목에서 EBS와 JOBS의 만족도가 가장 높았고, 내용면에서는 실생활 정보 및 세상을 이해하는 데 도움을 주는 프로그램으로 WORK TV와 EBS가 뽑혔다. MC의 진행능력은 연합뉴스 TV, 방송대학 TV가 상위권이었으며, 마지막으로 프로그램이 적합한 시간대에 편성되고, 프로그램을 다양한 채널에서 시청가능 여부를 묻는 편의성은 EBS와 방송대학TV의 만족도가 좋았다.

〈직업방송 관련 채널 만족도〉

(단위 : 점)

구분	WORK TV	연합뉴스 TV	방송대학 TV	JOBS	EBS
유익성	3.4	3.5	3.5	3.8	3.8
내용	4.2	3.4	3.0	3.0	4.1
진행	3.5	4.5	4.3	3.1	3.8
편의성	3.1	3.4	4.0	3.2	4.0

※ 5점 척도(1점=전혀 그렇지 않다, 5점=매우 그렇다)

〈평가 항목별 가중치〉

구분	유익성	내용	진행	편의성
가중치	0.3	0.2	0.1	0.4

※ 각 채널 만족도 점수는 가중치를 적용하여 합한 값이다.

① 실생활 정보에 도움을 주는 프로그램으로 WORK TV의 만족도가 가장 높다.
② 만족도 점수는 JOBS가 연합뉴스 TV보다 0.21점 낮다.
③ 만족도 평가 항목의 중요도는 '편의성 – 유익성 – 내용 – 진행' 순서로 중요하다.
④ 평가 항목 중 모든 채널의 만족도가 4.0점 이상인 것은 1가지 이상이다.
⑤ 직업방송 관련 채널 만족도 점수가 가장 높은 두 채널은 방송대학 TV, EBS이다.

38 다음 한국산업인력공단에서 시행하는 직무분야별 기능사 자격통계 현황에 관한 자료이다. 다음 자료에 대한 해석으로 옳지 않은 것은?

〈직무분야별 시험 응시 및 합격 현황〉

(단위 : 명, %)

구분		필기시험				실기시험			
		신청자	응시자	합격자	합격률	신청자	응시자	합격자	합격률
디자인 분야	전체	29,661	25,780	16,601	64.4	24,453	19,274	11,900	61.7
	여성	20,585	18,031	12,283	68.1	17,138	13,367	8,333	62.3
	남성	9,076	7,749	4,318	55.7	7,315	5,907	3,567	60.4
영사 분야	전체	471	471	181	38.4	281	281	103	36.7
	여성	123	123	49	39.8	65	65	34	52.3
	남성	348	348	132	37.9	216	216	69	31.9
운전·운송 분야	전체	391	332	188	56.6	189	175	149	85.1
	여성	7	6	1	16.7	1	1	0	0
	남성	384	326	187	57.4	188	174	149	85.6
토목 분야	전체	10,225	8,974	4,475	49.9	8,406	7,733	5,755	74.4
	여성	950	794	459	57.8	881	771	493	63.9
	남성	9,275	8,180	4,016	49.1	7,525	6,962	5,262	75.6
건축 분야	전체	13,105	11,072	5,085	45.9	24,040	20,508	14,082	68.7
	여성	5,093	4,292	2,218	51.7	5,666	4,620	3,259	70.5
	남성	8,012	6,780	2,867	42.3	18,374	15,888	10,823	68.1

※ 합격률은 응시자 대비 합격자이며, 소수점 이하 둘째 자리에서 반올림한 값이다.

① 필기시험 전체 합격률이 실기시험 전체 합격률보다 높은 직무분야는 두 분야이다.

② 남성 실기시험 응시자가 가장 많은 분야는 남성 필기시험 응시자도 가장 많다.

③ 여성 필기시험 응시자가 남성보다 많은 분야는 실기시험 응시자도 여성이 더 많다.

④ 건축 분야의 여성 실기시험 합격률은 토목 분야의 남성 실기시험 합격률보다 5.1%p 낮다.

⑤ 필기·실기시험 전체 응시율이 100%인 직무분야는 영사 분야이다.

39 다음 일정표를 보고 〈조건〉에 따라 모든 직원이 외부출장을 갈 수 있는 날짜는 언제인가?

〈10월 일정표〉

일	월	화	수	목	금	토
		1 건축목공기능사 시험	2	3	4	5
6	7	8	9 경영지도사 시험	10	11 건축도장기능사 합격자 발표	12
13	14	15 가스기사 시험일	16	17 기술행정사 합격자 발표	18	19
20 기술행정사 시험 접수일	21 기술행정사 시험 접수일	22 기술행정사 시험 접수일	23 기술행정사 시험 접수일	24 경영지도사 합격자 발표일	25 물류관리사 시험 접수일	26 물류관리사 시험 접수일
27 물류관리사 시험 접수일	28 물류관리사 시험 접수일	29	30	31		

※ 기사, 기능사, 기술사, 기능장, 산업기사 외에는 전문자격시험에 해당한다.

조건

- 기능사 시험이 있는 주에는 외부출장을 갈 수 없다.
- 전문자격증 시험이 있는 주에는 책임자 한 명은 있어야 한다.
- 전문자격시험 원서 접수 및 시험 시행일에는 모든 직원이 외부 출장을 갈 수 없다.
- 전문자격시험별 담당자는 1명이며, 합격자 발표일에 담당자는 사무실에서 대기 근무를 해야 한다.
- 전문자격시험 시행일이 있는 주에는 직무 교육을 실시할 수 없으며 모든 직원이 의무는 아니다.
- 대리자는 담당자의 책임과 권한이 동등하다.
- 출장은 주중에만 갈 수 있다.

① 10월 10일
② 10월 17일
③ 10월 19일
④ 10월 23일
⑤ 10월 29일

40 다음은 한국산업인력공단에 근무하는 주혜란 사원의 급여명세서이다. 주 사원이 10월에 시간외근무를 10시간 했을 경우 시간외수당으로 받는 금액은 얼마인가?

〈급여지급명세서〉

사번	A26	성명	주혜란
소속	회계팀	직급	사원

• 지급 내역

지급항목(원)		공제항목(원)	
기본급여	1,800,000	주민세	4,500
시간 외 수당	(　　)	고용보험	14,400
직책수당	0	건강보험	58,140
상여금	0	국민연금	81,000
특별수당	100,000	장기요양	49,470
교통비	150,000		
교육지원	0		
식대	100,000		
급여 총액	2,150,000	공제 총액	207,510

※ $(\text{시간 외 수당})=(\text{기본급})\times\frac{(\text{시간 외 근무 시간})}{200}\times150\%$

① 135,000원
② 148,000원
③ 167,000원
④ 195,000원
⑤ 205,000원

41 다음은 한국산업인력공단의 조직도이다. 조직도에 대한 직원들의 대화내용으로 적절하지 않은 것은?

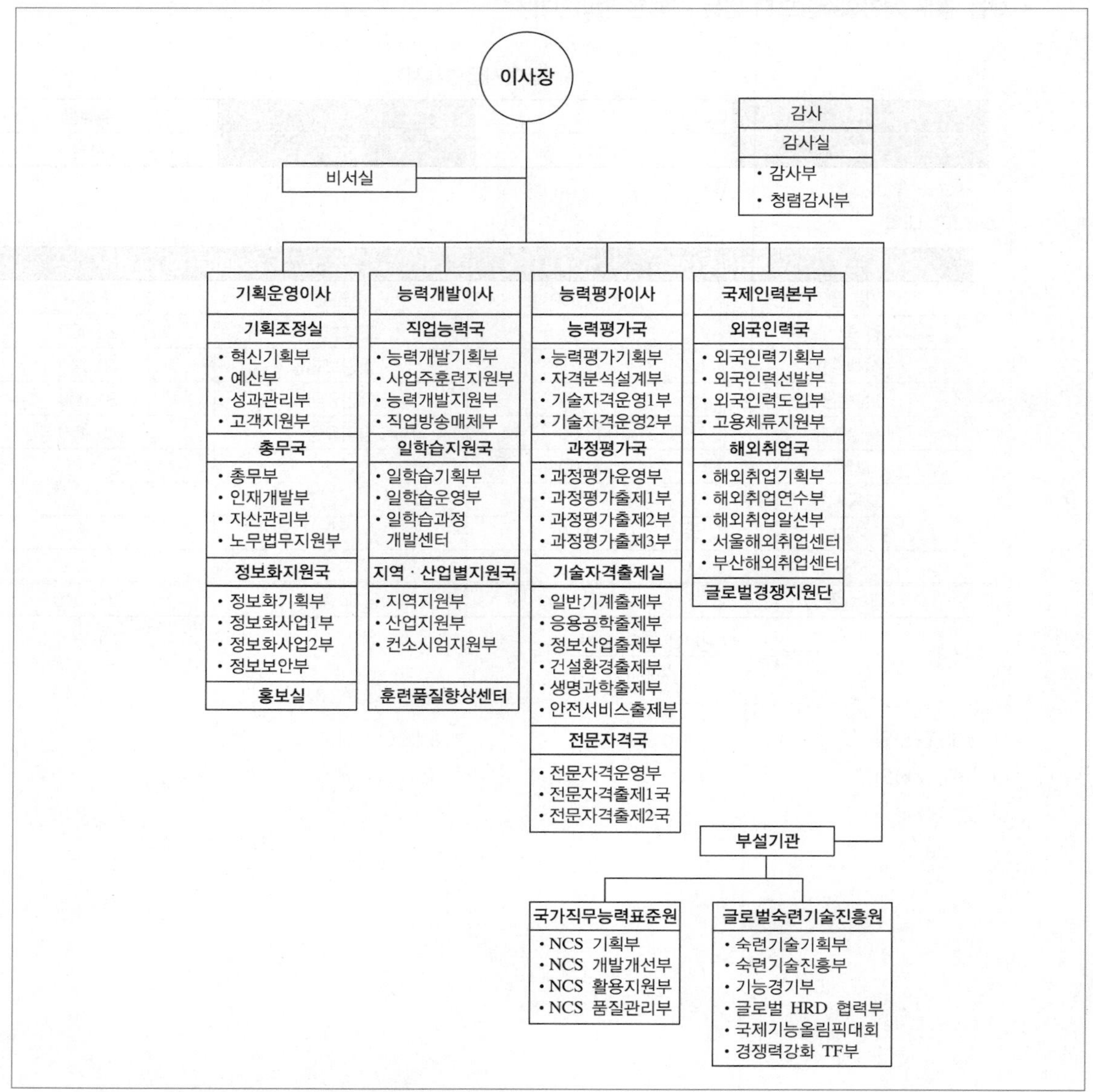

① A사원 : NCS 관련 업무를 하는 국가직무능력표준원은 우리 공단의 부설기관입니다.
② B사원 : 글로벌경쟁지원단은 공단의 부설기관인 글로벌숙련기술진흥원 산하에 있습니다.
③ C주임 : 감사실은 비서실과 달리 이사장으로부터 독립되어 있습니다.
④ D주임 : 우리 공단에서 가장 많은 부서가 속해 있는 곳은 기술자격출제실입니다.
⑤ E대리 : 국제인력본부에서는 자국민의 해외취업과 외국인의 국내취업을 지원합니다.

42 다음 기사를 이해한 내용으로 적절하지 않은 것은?

〈고용허가제 시행 15주년 기념행사 개최〉

고용노동부와 한국산업인력공단은 지난 8일부터 9일까지 양일간 서울 중구 일대에서 16개 송출국 주한대사관 관계자 및 외국인 근로자 등 1,200여 명이 참석한 '고용허가제 시행 15주년' 기념행사를 개최하였다.
'고용허가제 15주년, 외국인 근로자와 더불어 사는 삶'을 주제로 열린 이번 행사는 외국인 근로자 한마당, 고용허가제 콘퍼런스와 함께 그간의 성과를 공유하고 발전 방향에 대해 토론하는 자리로 구성됐다.
8일 장충체육관에서 열린 '2019 외국인 근로자 한마당 행사'는 화합, 문화, 어울림을 주제로 일반 국민과 외국인 근로자가 서로 이해하고 하나 되기 위한 장으로 마련됐으며, 각국의 전통공연 시연, 한국가요 경연대회 등이 열렸다. 같은 날 진행된 콘퍼런스에서는 외국인 고용에 대한 정부의 정책 방향과 송출국의 제도 운영 우수사례를 공유하는 시간을 가졌다. 9일 열린 토론회에서는 한국노동연구원 박사 등 4명이 발표자로 참석하여 고용허가제 시행 15년간의 성과와 과제, 향후 개선방안 등에 대해 제언하였다.
한편, 중소기업의 인력난 완화와 국민경제의 균형 있는 발전을 도모하기 위해 시행된 고용허가제는 2004년 92명의 필리핀 근로자를 시작으로 한 해 평균 5만여 명이 국내에 들어와 2019년 현재 27만여 명의 외국인 근로자가 제조, 건설, 농·축산·어업 등 대한민국 산업 전반에 종사하고 있다.
공단은 중소기업의 고용안정과 생산성 향상을 위해 도입 기간 단축, 한국어 및 기능·직무능력을 종합평가하는 선발포인트제 도입 등 지속적으로 노력해왔으며, 외국인 근로자에게는 내국인과 동등한 노동법상 권익을 보장하고, '입국 – 취업 활동 – 귀국' 전 과정에서 취업 교육, 상담 및 무료통역, 전용보험 및 귀국 지원 등을 통해 인권 보호에도 적극 힘써 왔다.
공단의 이사장은 "지난 15년간 고용허가제를 통해 대한민국을 거쳐 간 외국인 근로자들은 국내 중소기업의 든든한 버팀목이 되어왔다."며 "토론회를 통해 도출된 과제에 대해서는 정부 및 유관기관과 협업해 적극 개선해 나가겠다."고 말했다.

① 2004년부터 시행된 고용허가제가 벌써 15주년을 맞이하였어.
② 같은 날 진행된 콘퍼런스와 토론회를 통해 많은 정보를 공유할 수 있었겠어.
③ 한 해 평균 5만여 명의 외국인 근로자가 고용허가제를 통해 국내에 들어오는구나.
④ 공단은 중소기업의 고용안정뿐만 아니라 근로자의 인권 보호에도 힘쓰고 있어.
⑤ 외국인 근로자는 공단의 선발포인트제에 따라 한국어 및 기능·직무능력을 평가받는구나.

43 다음은 외국인 건강보험 제도변경에 대한 안내문이다. 다음 안내문을 이해한 내용으로 적절하지 않은 것은?

〈외국인 건강보험 제도변경 안내〉

외국인 및 재외국민이 대한민국에서 6개월 이상 체류하게 되면 2019년 7월 16일부터 건강보험에 당연 가입됩니다.

1) 시행일 : 2019. 7. 16.

2) 주요 내용

- 6개월 이상 체류하는 경우 건강보험 당연 가입
  - 유학 또는 결혼이민의 경우는 입국하여 외국인 등록한 날 가입
    ※ 가입 제외 신청 대상 : 외국의 법령·보험 및 사용자의 계약에 따라 법 제41조에 따른 요양 급여에 상당하는 의료보장을 받을 수 있는 경우
- 자격은 등록된 체류지(거소지)에 따라 개인별로 관리(취득)되며, 건강보험료도 개인별로 부과
  - 다만, 같은 체류지(거소지)에 배우자 및 만 19세 미만 자녀와 함께 거주하여 가족 단위로 보험료 납부를 원하는 경우에는 가족관계를 확인할 수 있는 서류를 지참하여 방문 신청 필요
    ※ 가족관계 확인용 서류 : 해당국 외교부(또는 아포스티유) 확인을 받은 가족관계나 혼인 사실이 나타나는 서류(한글 번역 포함)
  - 보험료는 소득·재산에 따라 산정하며, 산정된 보험료가 전년도 11월 전체 가입자 평균보험료 미만인 경우 평균보험료를 부과
    ※ 2019년 보험료(월) : 113,050원 이상
- 매월 25일까지 다음 달 보험료 납부
- 보험료 미납하면 불이익 발생
  - 병·의원 이용 시 건강보험 혜택 제한
  - 비자 연장 등 각종 체류 허가 제한(법무부 출입국·외국인 관서)
  - 기한을 정하여 독촉하고, 그래도 납부하지 않으면 소득, 재산, 예금 등 압류하여 강제 징수
  ※ 건강보험 혜택은 대한민국 국민과 동일(입원, 외래진료, 중증질환, 건강검진 등)

① 외국인 유학생 A씨의 경우 체류 기간과 관계없이 외국인 등록을 한 날에 건강보험에 가입된다.

② 국내에 배우자와 함께 체류 중인 외국인 B씨가 가족 단위로 보험료를 납부하고자 할 경우에는 별도의 신청이 필요하다.

③ 보험료를 매월 납부하고 있는 외국인 C씨의 경우 외래진료 시에는 보험 혜택을 받을 수 있지만, 건강검진은 제공되지 않는다.

④ 보험료가 미납된 외국인 D씨가 비자 연장을 신청할 경우 신청이 제한될 수 있다.

⑤ 건강보험에 가입된 외국인 E씨는 보험료를 매월 25일까지 납부하여야 하며, 독촉 기한에도 납부하지 않을 경우 소득이나 재산이 압류될 수 있다.

44 다음 중 자료에 대한 설명으로 옳지 않은 것은?

• NCS(국가직무능력표준)는 무엇인가요? 국가직무능력표준(NCS; National Competency Standards)은 산업 현장에서 직무를 수행하기 위해 요구되는 지식 · 기술 · 태도 등의 내용을 국가가 체계화한 것입니다. – 일을 할 수 있는 On-spec인 능력 – 직업인으로서 기본적으로 갖추어야 할 공통 능력 – 해당 직무를 수행하는 데 필요한 역량(지식, 기술, 태도) – 국가직무능력표준은 기업체, 직업교육 훈련기관, 자격시험기관에서 활용 가능	• 블라인드 채용이란? 채용과정(서류 · 필기 · 면접)에서 편견이 개입되어 불합리한 차별을 야기할 수 있는 출신지, 가족관계, 학력, 외모 등의 항목을 걷어내고 지원자의 실력(직무능력)을 평가하여 인재를 채용하는 것입니다. – 차별적인 평가요소를 제거 – 직무수행에 필요한 직무능력을 중심으로 평가 – NCS(국가직무능력표준) 활용 → NCS에 제시된 직무별 능력단위 세부내용, 능력단위 요소의 K · S · A를 기반으로 평가요소 도출 – 기업의 인재상 · 채용직무에 대한 내부자료 → 직무기술서, 직무명세서를 통해 지원자에게 사전안내

① 블라인드 채용은 직무수행에 필요한 직무능력을 중심으로 평가한다.
② NCS는 산업 현장에서 직무를 수행하기 위해 요구되는 지식 · 기술 · 태도 등의 내용을 국가가 체계화한 것이다.
③ 블라인드 채용은 NCS를 활용하지 않는다.
④ NCS는 기업체, 직업교육 훈련기관, 자격시험기관에서 활용할 수 있다.
⑤ 블라인드 채용은 차별적인 평가요소를 제거한다.

45 다음은 공공기관의 갑질 근절 가이드라인 자료이다. 다음 자료를 참고할 때, 갑질에 해당하는 사례는 무엇인가?

〈공공기관 갑질 근절 가이드라인〉

- 갑질이란?
  사회 경제적 관계에서 우월적 지위에 있는 사람이 권한을 남용하거나, 우월적 지위에서 비롯되는 사실상의 영향력을 행사하여 상대방에게 행하는 부당한 요구나 처우를 의미한다.
- 목적 : 공공분야에서 발생하는 갑질에 대한 최소한의 판단 기준, 갑질 행위에 대한 처리 절차, 갑질 예방대책 추진에 관한 사항 등을 제시하여 갑질을 근절하고, 상호 존중하는 사회적 풍토 조성을 목적으로 한다.
- 적용 범위 : 중앙행정기관, 지방자치단체, 공공기관의 운영에 대한 법률에 따른 공공기관, 지방공기업법에 따른 지방공기업, 지방자치단체 출자・출연기관의 운영에 관한 법률에 따른 지방자치단체 출자・출연기관과 중앙행정기관, 지방자치단체, 공공기관 등으로부터 공무를 위탁받아 행하는 기관・개인 또는 법인과 공무원으로 의제 적용되는 사람
- 주요 유형별 갑질 판단 기준
  - 법령 등 위반 : 법령, 규칙, 조례 등을 위반하여 자기 또는 타인의 부당한 이익을 추구하거나 불이익을 주었는지 여부
  - 사적 이익 요구 : 우월적 지위를 이용하여 금품 또는 향응 제공 등을 강요・유도하는지, 사적으로 이익을 추구하였는지 여부
  - 부당한 인사 : 특정인의 채용・승진・인사 등을 배려하기 위해 유・불리한 업무를 지시하였는지 여부
  - 비인격적 대우 : 외모와 신체를 비하하는 발언, 욕설・폭언・폭행 등 비인격적인 언행을 하였는지 여부
  - 업무 불이익 : 정당한 사유 없이 불필요한 휴일근무・근무시간 외 업무지시, 부당한 업무 배제 등을 하였는지 여부
  - 기타 : 의사에 반한 모임 참여를 강요하였는지, 부당한 차별행위를 하였는지 여부 등

① 법령 등 위반 : 공단에 막대한 손실을 입히고, 반성하는 태도조차 보이지 않는 김 대리에게 A부장은 절차에 따라 해고를 통보하였다.

② 사적 이익 요구 : 공단에서 하청업체와의 계약을 담당하는 B대리는 하청업체 직원에게 계약을 하기 위한 조건으로 본인이 사용할 목적의 50만 원 상당의 금품을 요구하였다.

③ 부당한 인사 : 11월에는 업무량이 많아 휴가 통제 권고가 있었지만, C부장은 어머니의 병세가 악화된 이 사원의 휴가를 승인해주었고, 해외여행을 계획하고 있던 한 사원의 휴가는 승인해주지 않았다.

④ 비인격적 대우 : 새로 구입한 정장을 입고 온 유 사원에게 D과장은 "자네에게 참 잘 어울리는 정장이네. 새로 산 정장이야?"라고 하였다.

⑤ 업무 불이익 : 오후 6시에 퇴근하려던 E차장은 전산시스템에 오류가 발생했다는 보고를 받고, 주 대리에게 업무협조를 요청하여 오후 11시가 다 되어 오류를 해결하였다.

46 고용노동부와 산업인력공단이 주관한 서울관광채용박람회의 해외채용관에는 8개의 부스가 마련되어 있다. A호텔, B호텔, C항공사, D항공사, E여행사, F여행사, G면세점, H면세점이 〈조건〉에 따라 8개의 부스에 각각 위치하고 있을 때, 다음 중 항상 참이 되는 것은?

조건

- 같은 종류의 업체는 같은 라인에 위치할 수 없다.
- A호텔과 B호텔은 복도를 사이에 두고 마주 보고 있다.
- G면세점과 H면세점은 양 끝에 위치하고 있다.
- E여행사 반대편에 위치한 H면세점은 F여행사와 나란히 위치하고 있다.
- C항공사는 제일 앞번호의 부스에 위치하고 있다.

[부스 위치]

1	2	3	4
복도			
5	6	7	8

① A호텔은 면세점 옆에 위치하고 있다.
② B호텔은 여행사 옆에 위치하고 있다.
③ C항공사는 여행사 옆에 위치하고 있다.
④ D항공사는 E여행사와 나란히 위치하고 있다.
⑤ G면세점은 B호텔과 나란히 위치하고 있다.

47 다음 중 기사의 내용과 일치하지 않는 것은?

> 고용노동부는 국민 모두가 학벌, 스펙이 아닌 능력으로 인정받는 '능력중심사회'로 한 걸음 더 나아가기 위해 국가직무능력표준(NCS) 품질관리 혁신방안을 마련하고, 제5차 사회관계장관회의 안건으로 논의하였다.
> 국가직무능력표준(NCS)은 산업현장에서 직무 수행에 필요한 지식·기술·소양 등의 내용을 산업부문별·수준별로 정리한 것으로, 2013년 산업현장에 필요한 능력을 갖춘 인력 양성을 위해 도입했다.
> 그동안 국가직무능력표준은 직업교육 훈련 및 채용, 인사관리 등 다양한 분야에서 활용되면서 교육현장과 산업현장의 괴리를 줄이고 학생들의 직무능력 향상에 기여했다. 국가기술자격에도 국가직무능력표준이 도입되어 평가내용에 혁신적 변화를 가져왔으며, 특히 국가직무능력표준에 기반한 교육 훈련과 연계된 과정평가형 자격은 취업률을 높이고 실무중심 인재를 길러내는 효과를 보이고 있다.
> 이번 방안은 이와 같은 긍정적 성과를 가져온 국가직무능력표준이 앞으로 더욱 산업현장의 변화를 빠르게 반영하고, 직업교육 훈련 및 산업현장 등 다양한 분야에서 보다 널리 활용될 수 있도록 할 개선방향을 담고 있다. 주요 과제는 국가직무능력표준 개발 개선 방식 고도화, 유연한 국가직무능력표준 활용 확대, 국가기술자격과의 연계 강화, 국가직무능력표준 품질관리 체제 구축 등 크게 4가지로 구성되어 있다.
> 고용노동부장관은 "국가직무능력표준은 우리나라 산업현장과 직업교육 훈련 및 자격을 하나로 잇는 핵심 기반(인프라)이자, 스펙이 아닌 능력으로 인정받는 능력중심사회 구현의 열쇠이다."라고 하였다. 또한 "이번 혁신방안은 그동안의 국가직무능력표준의 양적인 확대에서 질적 성장으로 방향을 전환하고, 품질관리를 강화하기 위해 마련하였다."라고 밝히며, "앞으로 국가직무능력표준이 직업교육 훈련 현장 및 기업에서 보다 쉽고 널리 쓰일 수 있기를 기대하며, 직업훈련 및 자격, 공공기관 채용 관행 등이 능력중심으로 혁신되는 계기가 되도록 추진하겠다."라고 하였다.

① 국가직무능력표준은 직무 수행에 필요한 지식·기술 등의 내용을 산업부문별·수준별로 정리한 것이다.
② 국가직무능력표준은 2013년 산업현장에 필요한 능력을 갖춘 인력 양성을 위해 도입되었다.
③ 국가직무능력표준은 교육현장과 산업현장의 괴리를 줄임으로써 학생들의 직무능력을 향상시켰다.
④ 이번 혁신 방안의 주요 과제 중 하나는 국가기술자격에의 국가직무능력표준 도입이다.
⑤ 이번 혁신 방안은 국가직무능력표준의 질적 성장과 품질관리 강화를 위한 것으로, 능력중심사회 구현을 위한 노력의 일환이다.

48 다음은 일학습병행제 운영 및 평가 규정의 일부 내용이다. 사업주가 변경예정일을 일주일 앞두고 훈련과 관련된 사항을 변경하고자 할 때, 다음 중 변경 승인요청이나 신고가 불가능한 것은?

〈일학습병행제 운영 및 평가 규정〉

제8조(훈련실시)

⑤ 사업주 또는 공동훈련센터는 훈련계획 등의 변경을 원하거나 기업 등의 정보에 변경이 있을 경우 사전에 관할 공단 지부·지사에 변경사항에 대한 승인을 요청하거나 신고하여야 한다. 승인요청 또는 신고사항은 별표 1과 같다.

※ 별표 1 훈련실시 변경 세부 내용

훈련실시신고 변경 승인사항	훈련실시신고 변경 신고사항	훈련실시신고 변경 불가사항
〈변경예정일 4일 전까지〉 • 기업이나 현장외교육훈련기관(공동훈련센터 포함)의 명칭·소재지(관할 공단 지부·지사가 변경되는 경우) • 훈련과정을 인정받은 사업주의 성명(법인인 경우에는 법인명) • 훈련장소(소재지 관할 공단 지부·지사가 변경되는 경우) • 기업현장교사 〈변경예정일 전일까지〉 • 훈련시간표	〈변경예정일 전일까지〉 • HRD담당자	① 훈련내용 ② 훈련방법 ③ 훈련과정 명칭 ④ 훈련기간 ⑤ 훈련시간

① 훈련기관의 명칭
② 훈련시간
③ HRD담당자
④ 훈련장소
⑤ 훈련시간표

49 다음은 직업능력개발사업 부정훈련 등 실태점검 조사 결과에 대한 보도자료이다. 다음 사례와 〈보기〉의 부정 유형이 바르게 연결된 것은?

국무조정실 정부합동 부패예방감시단은 정부의 '5개년 반부패 종합계획' 보조금 부정수급 근절대책에 따라 고용노동부 등과 합동으로 약 2개월간 '직업능력개발사업 부정훈련 등 실태점검'을 실시하고 결과를 발표했습니다.
직업훈련은 적극적 노동시장 정책 중 일자리 창출효과가 가장 높고 사회안전망 기능을 하는 등 투자 확대가 필요한 대표적 사업입니다. 이에 정부는 그간 산업 수요에 맞는 인력양성과 구직자에 대한 적극적 지원을 위해 직업훈련 분야에 대한 투자를 꾸준히 확대해왔으며, 그에 따른 취업률 등의 성과도 지속적으로 개선되는 추세에 있습니다.
또한 정부는 양적 확대뿐 아니라 직업훈련의 품질을 제고하고자 2015년 직업능력심사평가원(이하 심평원)을 설립해, 사전에는 엄격한 심사와 평가를 통해 정부지원 훈련과정을 선정하고 사후에는 지속적인 모니터링으로 성과를 관리하고 있습니다. 또한 주기적으로 현장 실태를 점검해 개선방안을 마련하고, 점검과정에서 적발된 부정은 관련 법령에 따라 조치하고 있습니다.
이러한 품질관리 노력의 일환으로 부패예방감시단은 고용노동부 및 관련 공공기관들과의 긴밀한 협업 속에 합동점검을 실시했습니다. 점검결과, 56개 훈련기관(84개 훈련과정)에서 '출결관리 부적정', '훈련내용 미준수' 등 112건의 법규 위반사항을 적발했습니다.

인증·운영 기관 불일치	출결관리 부적정	훈련내용 미준수	훈련비 부당청구	평가자료 부적정	장비 미준수	기타	계
4(3.6%)	19(17.0%)	47(42.0%)	1(0.9%)	14(12.5%)	14(12.5%)	13(11.6%)	112(100%)

이에 따라 적발된 56개 훈련기관에 대해서는 행정처분(계약해지, 인정취소 등)을 실시했고 이중 불법의 정도가 심한 11개 훈련기관에 대해서는 수사 의뢰(1억 6,300만 원 상당 훈련비 부정수급)를 했으며, 41개 부정 훈련과정을 계약해지, 인정취소 처분해 부정훈련을 사전에 차단함으로써 향후 13억 4,300만 원 상당의 재정누수가 방지되는 효과를 거두었습니다.

〈사례〉

ㄱ. A문화센터는 정부 미인증 업체인 B컨설팅업체에 훈련과정 관리·운영 전반을 위탁하였고, B컨설팅업체는 실제 훈련 운영 후 수익의 80%를 취득하였다.
ㄴ. C학원은 동일한 훈련과정 내에서 국비 지원생에게는 260만 원을, 일반 훈련생에게는 200만 원의 훈련비를 차등 지급받아 운영하였다.
ㄷ. D직업전문학교는 'BIM을 활용한 건축설계 실무양성과정' 수업에서 시간표를 준수하지 않고, 상당기간 ITQ 기출문제 풀이를 실시해 훈련내용을 임의로 변경하였다.
ㄹ. E학원 원장은 훈련생 10명의 출결카드를 보관하면서 훈련생이 결석이나 지각을 할 경우에도 대리로 정상 출결 처리하는 등의 방법으로 훈련비를 부정 수급하였다.

보기

ⓐ 출결관리 부적정
ⓑ 인증·운영기관 불일치
ⓒ 훈련내용 미준수
ⓓ 훈련비 부당청구
ⓔ 평가자료 부적정
ⓕ 장비 미준수

	ㄱ	ㄴ	ㄷ	ㄹ
①	ⓐ	ⓓ	ⓒ	ⓔ
②	ⓑ	ⓓ	ⓒ	ⓐ
③	ⓑ	ⓔ	ⓒ	ⓐ
④	ⓓ	ⓔ	ⓑ	ⓕ
⑤	ⓓ	ⓑ	ⓔ	ⓕ

50 다음은 NCS 개발 운영지침에 따라 NCS 개발 · 개선 추진 유형을 구분한 표이다. 다음 중 NCS 개발 · 개선 유형에 대한 설명으로 옳지 않은 것은?

구분		주요 내용
NCS 개발	직무 신설	새로운 직무의 NCS 개발이 필요하다고 판단될 경우로, 미래유망직무 등의 직무 포괄 범위가 작은(능력단위 2 ~ 3개 크기) 직무의 NCS 개발 포함
	직무 통합 · 분할	기존 NCS의 직무 범위가 넓어, 이를 분할하여 NCS를 개발하거나, 2개 이상의 직무를 통합하여 1개의 NCS로 개발할 경우
	보완 개발	기존 NCS 내 6개 이상의 NCS 능력단위 신설이 필요할 경우
NCS 개선	능력단위 신설	기존 NCS 내 6개 미만의 NCS 능력단위 신설이 필요할 경우
	능력단위 통합 · 분할	기존 능력단위를 세분화하여 분할하거나, 2개 이상의 능력단위를 1개의 능력단위로 통합할 경우
	일부 수정	NCS 능력단위의 수준 변경 및 내용 수정, 환경분석, 활용패키지 등 기존 능력단위 개수 · 명칭 변경 없이 일부 내용의 개선이 필요한 경우

① 새로운 직무의 NCS 개발은 직무 신설 유형에 해당된다.
② 기존 능력단위의 개수나 명칭 변경 없이 일부 내용을 개선하는 것은 일부 수정 유형에 해당된다.
③ 기존 NCS 내 6개 미만의 NCS 능력단위를 신설하는 것은 능력단위 신설 유형에 해당된다.
④ 기존 NCS 내 6개 이상의 NCS 능력단위를 신설하는 것은 보완 개발 유형에 해당된다.
⑤ 2개 이상의 능력단위를 1개의 능력단위로 통합하는 것은 직무 통합 · 분할 유형에 해당된다.

51 다음은 2019년 상반기 노동시장의 특징 및 주요 요인에 대한 자료이다. 다음 〈보기〉 중 자료에 대한 설명으로 옳지 않은 것을 모두 고르면?

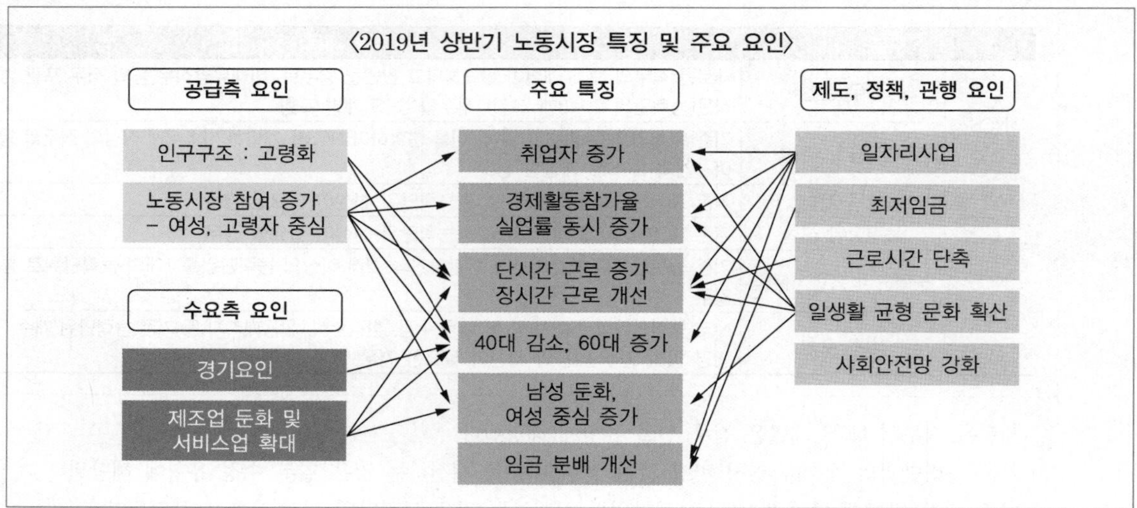

보기

ㄱ. 정부의 일자리사업으로 60대 노동자가 증가하였다.
ㄴ. 제조업이 둔화함에 따라 남성 중심의 노동시장이 둔화하고 있다.
ㄷ. 정부의 최저임금 정책으로 단시간 근로자 수가 증가하였다.
ㄹ. 여성의 노동시장 참여가 늘어나면서 전체 취업자 수가 증가하였다.
ㅁ. 인구 고령화가 심화됨에 따라 경제활동참가율과 실업률이 동시에 증가하고 있다.

① ㄱ, ㄴ
② ㄱ, ㄷ
③ ㄴ, ㄹ
④ ㄴ, ㅁ
⑤ ㄷ, ㅁ

52 다음 중 산업현장 일학습병행 지원에 관한 법률에 대한 설명으로 옳지 않은 것은?

> '산업현장 일학습병행 지원에 관한 법률'이 제정되어 일학습병행 사업에 참여하는 학습기업에 대한 안정적인 지원 및 학습근로자 권익보호 등 사업 추진에 대한 명확한 법적 근거가 마련되었다.
> 일학습병행 사업은 2014년에 도입되어 현재 1만 4천여 개의 기업과 8만 5천여 명의 학습근로자가 참여하는 한국형 도제제도로 발전하였음에도 불구하고, 그동안 별도 법률 없이 운영해옴에 따라 참여기업 지원, 학습근로자 보호, 훈련 수료 후 고용 및 자격 부여 등에 한계가 존재하여 법 제정 필요성이 지속적으로 제기되어 왔다.
> 이번에 제정된 일학습병행법에 따르면 고용노동부장관은 경영능력, 시설·장비, 현장교사 등을 확보한 우수기업을 학습기업으로 지정하고, 학습기업 및 훈련기관 등에 대해 훈련 실시 및 교재 개발 등에 필요한 지원을 할 수 있다. 특히, 학습근로자의 보호를 강화하기 위해 근로기준법상 근로자임을 명확히 하고, 사업주로 하여금 외부평가 합격자에 대하여 기간의 정함이 없는 근로자로 전환하고 차별적 처우를 금지하였다. 또한 야간 또는 휴일에 도제식 현장교육도 금지하였으며, 미성년자인 학습근로자의 학습근로시간은 근로기준법에 따라 1일 7시간, 1주일 35시간을 넘지 못하게 하였다. 일학습병행 참여 근로자의 고용 촉진을 위해 일학습병행 과정 참여 근로자는 소정의 훈련을 거치고 외부평가에 합격하면 국가자격에 해당하는 자격을 취득할 수 있다. 특히, 경과 규정을 통해 종전의 일학습병행을 이수한 경우에도 자격을 취득할 수 있도록 하였다.
> 일학습병행법은 시행령·시행규칙 등 하위법령 제정 절차를 거쳐 공포일로부터 1년 후에 시행된다.

① 일학습병행제를 시행하고 있는 기업은 훈련을 완료한 학습근로자가 외부평가에 합격할 경우 기간의 정함이 없는 근로자로 전환해야 한다.
② 훈련을 마친 일학습병행학습자는 외부기관에서 평가를 받아야 국가자격을 취득할 수 있다.
③ 고용노동부장관은 일학습병행제를 시행하고 있는 기업에 대해 훈련에 필요한 지원을 할 수 있다.
④ 미성년자인 학습근로자는 1일 7시간, 1주일 35시간의 학습근로시간을 초과할 수 없다.
⑤ 일학습병행 지원에 관한 법률이 제정되기 전 일학습병행을 이수한 학습자의 경우 국가자격을 취득할 수 없다.

53 다음은 한국산업인력공단의 임직원 행동강령의 일부 내용이다. 행동강령에 대한 설명으로 적절하지 않은 것은?

> 제20조(공정한 직무수행을 해치는 지시 등에 대한 처리)
> ① 임직원은 하급자에게 법령이나 규정에 위반하여 자기 또는 타인의 부당한 이익을 도모하기 위하여 공정한 직무수행을 현저하게 해치는 지시를 하여서는 아니 된다.
> ② 상급자로부터 제1항을 위반하는 지시를 받은 임직원은 그 사유를 별지 제7호 서식 또는 전자우편 등의 방법으로 그 상급자에게 소명하고 지시에 따르지 아니하거나 별지 제8호 서식 또는 전자우편 등의 방법으로 행동강령책임자와 상담할 수 있다.
> ③ 제2항에 따라 지시를 이행하지 아니하였는데도 같은 지시가 반복될 때에는 별지 제8호 서식 또는 전자우편 등의 방법으로 즉시 행동강령책임자와 상담하여야 한다.
> ④ 제2항이나 제3항에 따라 상담 요청을 받은 행동강령책임자는 지시 내용을 확인하여 지시를 취소하거나 변경할 필요가 있다고 인정되면 소속기관의 장에게 보고하여야 한다. 다만, 지시 내용을 확인하는 과정에서 부당한 지시를 한 상급자가 스스로 그 지시를 취소하거나 변경하였을 때에는 소속기관의 장에게 보고하지 아니할 수 있다.
> ⑤ 제4항에 따른 보고를 받은 소속기관의 장은 필요하다고 인정되면 지시를 취소·변경 하는 등 적절한 조치를 하여야 한다. 이 경우 공정한 직무수행을 해치는 지시를 제2항에 따라 이행하지 아니하였는데도 같은 지시를 반복한 상급자에게는 징계 등 필요한 조치를 할 수 있다.
> ⑥ 임직원은 제2항 및 제3항에 따른 지시불이행을 이유로 어떠한 차별이나 불이익을 받지 아니한다.

① 규정에 위반된 상급자의 지시는 따르지 않을 수 있으며, 이러한 이유로 어떠한 차별이나 불이익을 받지 않는다.
② 상급자의 부적절한 지시를 따르지 않았음에도 불구하고 지시가 반복될 경우에는 즉시 행동강령책임자와 상담해야 한다.
③ 공단 직원의 상담 요청을 받은 행동강령책임자는 해당 지시 내용을 반드시 소속기관의 장에게 보고하여야 한다.
④ 행동강령책임자의 보고를 받은 소속기관의 장은 해당 지시를 취소 또는 변경할 수 있다.
⑤ 하급자에게 규정에 위반되는 부적절한 지시를 반복할 경우 소속기관의 장에게 징계 처리를 받을 수 있다.

54 K과장은 지금 살고 있는 집에서 35km 떨어진 곳으로 이삿짐 $60m^3$을 운반하려 한다. 이사비용은 거리 1km당 기본요금이 50달러이며, 25km까지는 기본요금을 부과하고 초과 시 기본요금에서 50%를 가산한다. 화물은 부피 $1m^3$당 25달러일 때, K과장이 지불해야 할 이사비용은 얼마인가?

① 3,000달러
② 3,010달러
③ 3,100달러
④ 3,200달러
⑤ 3,500달러

❙ 한국산업인력공단 6급 / 수리능력

55 다음은 A공단의 등급별 인원비율 및 성과 상여금에 대한 자료이다. 마케팅부서의 인원은 15명이고, 영업부서 인원은 11명일 때, 상여금에 대한 설명으로 옳지 않은 것은?(단, 인원은 소수점 이하 첫째 자리에서 반올림한다)

〈등급별 인원비율 및 성과 상여금〉

구분	S	A	B	C
인원비율	15%	30%	40%	15%
상여금(만 원)	500	420	330	290

① 마케팅부서의 S등급 상여금을 받는 인원과 영업부서의 C등급 상여금을 받는 인원수는 같다.
② A등급 상여금액은 B등급 상여금액보다 약 27% 많다.
③ 영업부서 A등급과 B등급의 인원은 마케팅부서 인원보다 각각 2명씩 적다.
④ 마케팅부서에 지급되는 총 상여금액은 5,660만 원이다.
⑤ 영업부서에 지급되는 총 상여금액은 마케팅부서 총 상여금액보다 1,200만 원이 적다.

❙ 한국산업인력공단 6급 / 수리능력

56 S공단은 연례체육대회를 맞이하여 본격적인 경기시작 전 흥미를 돋우기 위해 퀴즈대회를 개최하였다. 퀴즈대회 규칙은 다음과 같다. 대회에 참여한 A대리가 얻은 점수가 60점이라고 할 때, A대리가 맞힌 문제 개수는?

〈퀴즈대회 규칙〉

- 모든 참가자는 총 20문제를 푼다.
- 각 문제를 맞힐 경우 5점을 얻게 되며, 틀릴 경우 3점을 잃게 된다.
- 20문제를 모두 푼 후, 참가자가 제시한 답의 정오에 따라 문제별 점수를 합산하여 참가자의 점수를 계산한다.

① 8개
② 10개
③ 12개
④ 15개
⑤ 16개

57 다음 기사를 읽고 이해한 내용으로 적절하지 않은 것은?

> 로봇은 일반적으로 센서 및 작동기가 중앙처리장치에 연결된 로봇 신경시스템으로 작동되지만, 이 경우 로봇의 형태에 구속받기 때문에 로봇이 유연하게 움직이는 데 제한이 있다. 로봇 공학자들은 여러 개의 유닛이 결합하는 '모듈러 로봇'이라는 개념을 고안해 이런 제약을 극복하려고 노력해왔다. 벨기에 연구진은 로봇이 작업이나 작업 환경에 반응해 스스로 적당한 형태와 크기를 자동으로 선택하여 변경할 수 있는 모듈러 로봇을 개발했다. 이 로봇은 독립적인 로봇 형체를 갖추기 위해 스스로 쪼개지고 병합할 수 있으며, 감각 및 운동능력을 제어하면서도 스스로 분리되고 새 형체로 병합하는 로봇 신경 시스템을 갖췄다.
> 연구진은 또한 외부 자극에 의한 반응으로 모듈러 로봇이 독립적으로 움직이도록 설계했다. 외부 자극으로는 녹색 LED를 이용하였는데 이를 통해 개별 모듈러 로봇을 자극하면 로봇은 이 자극에 반응해 움직였다. 자극을 주는 녹색 LED가 너무 가깝게 있으면 뒤로 물러서기도 했다. LED 자극에 따라 10개의 모듈러 로봇은 스스로 2개의 로봇으로 합쳐지기도 하고 1개의 로봇으로 결합하기도 했다.
> 특히 이 모듈러 로봇은 외부 자극에 대한 반응이 제대로 작동되지 않는 부분을 다른 모듈로 교체하거나 제거하는 작업을 스스로 진행하여 치유할 수 있는 것이 특징이다. 연구진은 후속 연구를 통해 이 로봇을 이용해 벽돌과 같은 물체를 감지하고 들어 올리거나 이동시키는 작업을 할 수 있도록 할 계획이다.
> 이들은 '미래 로봇은 특정 작업에만 국한돼 설계되거나 구축되지 않을 것이며 이번에 개발한 기술과 시스템이 다양한 작업에 유연하게 대응할 수 있는 로봇을 생산하는 데 기여하게 될 것'이라고 말했다.

① 일반적으로 로봇은 중앙처리장치에 연결된 로봇 신경시스템을 통해 작동된다.
② 모듈러 로봇은 작업 환경에 반응하여 스스로 형태와 크기를 선택할 수 있다.
③ 모듈러 로봇의 신경 시스템은 로봇의 감각 및 운동능력을 제어하면서도 로봇 스스로 분리되도록 한다.
④ 모듈러 로봇이 외부 자극에 대해 제대로 반응하지 않을 경우 관리자는 고장난 부분을 다른 모듈로 교체하거나 제거해줘야 한다.
⑤ 모듈러 로봇의 기술을 통해 미래 로봇은 다양한 작업 환경에 대응할 수 있는 방향으로 개발될 것이다.

58 H공단 직원 10명이 부산으로 1박 2일 세미나에 가려고 한다. 부산에는 목요일 점심 전에 도착하고, 다음날 점심을 먹고 3시에 서울로 돌아오기로 계획했다. 다음은 호텔별 비용 현황과 호텔 선호도에 관한 자료이다. 다음 〈조건〉을 보고 남자 직원과 여자 직원에게 사용되는 출장비용은 각각 얼마인가?

〈호텔별 비용 현황〉

<table>
<tr><th>구분</th><th colspan="2">K호텔</th><th colspan="2">M호텔</th><th colspan="2">H호텔</th><th colspan="2">W호텔</th></tr>
<tr><td rowspan="2">숙박비</td><td>평일</td><td>주말</td><td>평일</td><td>주말</td><td>평일</td><td>주말</td><td>평일</td><td>주말</td></tr>
<tr><td>17만 원</td><td>30만 원</td><td>12만 원</td><td>23만 원</td><td>15만 원</td><td>29만 원</td><td>15만 원</td><td>22만 원</td></tr>
<tr><td>식비</td><td colspan="2">1만 원
(중·석식, 조식은 숙박비에 포함)</td><td colspan="2">7,000원(조·중식)
9,000원(석식)</td><td colspan="2">8,000원(조·중·석식)</td><td colspan="2">7,500원(조·중·석식)</td></tr>
<tr><td>거리</td><td colspan="2">20분</td><td colspan="2">12분</td><td colspan="2">30분</td><td colspan="2">10분</td></tr>
<tr><td>비고</td><td colspan="2">1인실 또는 2인실 가능</td><td colspan="2">1인실만 가능</td><td colspan="2">2인실 이상 가능</td><td colspan="2">2인실 이상 가능</td></tr>
</table>

※ 거리는 역에서 호텔까지의 버스로 이동시간이다.

〈호텔 선호도〉

구분	K호텔	M호텔	H호텔	W호텔
남성	B	B	C	A
여성	A	B	B	C

※ A~C등급에서 A등급이 가장 높다.

조건

- 방은 2인 1실로 사용한다.
- 남자 직원은 6명, 여자 직원은 4명이다.
- 모든 직원이 가능한 한 식사를 하도록 한다.
- 남자 직원은 선호도가 B등급 이상이고, 숙박비와 식비가 가장 저렴한 호텔로 정한다.
- 여자 직원은 선호도가 B등급 이상이고, 역에서 거리가 가장 가까운 호텔로 정한다.

	남자 직원	여자 직원
①	540,000원	428,000원
②	630,000원	428,000원
③	630,000원	460,000원
④	690,000원	460,000원
⑤	690,000원	510,000원

59 다음은 고용노동부의 일자리사업 모니터링 결과 및 개선방안에 관한 기사이다. 기사를 읽고 이해한 내용으로 적절하지 않은 것은?

> 고용노동부는 국무회의에서 재정지원 일자리사업 평가 및 개선방안을 보고했다. 그간 일자리사업의 규모가 꾸준히 늘어났음에도, 국민들이 일자리사업의 효과를 체감하기 어렵다는 지적이 많았다. 이에 따라 고용노동부는 처음으로 전체 일자리사업에 대한 성과평가와 현장 모니터링을 실시하고, 그 결과에 따라 일자리사업 개선방안을 마련하였다. 일자리사업 중에는 사업 내용 또는 서비스 대상이 유사하거나 중복되는 사업, 성과가 낮은 사업들이 일부 있는 것으로 나타났으며, 직접일자리사업은 저소득층 등 취약계층의 참여가 적고, 참여 후 민간일자리 취업 지원 강화가 필요한 상황으로 나타났다. 또한 직업훈련과 고용서비스사업은 훈련기관(훈련과정)이나 고용서비스 기관의 품질을 관리하는 사업의 성과가 높은 반면, 그렇지 않은 사업의 성과는 낮게 나타나, 엄밀한 품질관리가 필요한 것으로 분석되었다.
>
> 고용노동부는 성과평가 결과를 바탕으로 일자리사업 개선을 적극 추진함으로써 국민들의 일자리 체감도를 높이겠다고 밝혔다. 성과가 낮거나 유사·중복성이 있는 15개 사업 중 5개는 폐지, 2개는 통합, 6개는 중복되는 기능을 조정하고, 2개 사업은 개편을 추진한다. 다음으로, 성과평가 결과에 따라 성과가 좋은 사업의 예산은 늘리고, 낮은 사업의 예산은 줄이는 것을 원칙으로 하여, 평가 결과를 예산에 반영한다. 또한 현장 모니터링 등을 통해 나타난 사업별 문제점도 개선한다. 직접일자리사업은 사업별 취약계층 참여목표를 높이고, 반복참여 제한을 강화하면서, 참여 이후 취업지원을 연계한다. 직업훈련사업은 훈련기관과 훈련과정에 대한 인증심사 제도를 전 부처 직업훈련사업으로 확대할 계획이다. 고용서비스 관계부처 간 협업을 강화하고, 고용서비스 품질인증기준을 만들어, 인증 통과 기관만이 서비스를 제공할 수 있게 된다.
>
> 앞으로도 고용노동부는 일자리사업에 대한 성과평가와 현장 모니터링을 지속 강화하고, 행정안전부와 협조하여 자치단체 일자리사업 성과 관리도 지원할 계획이다.

① 서비스 대상이 유사하거나 중복되는 사업은 대상을 변경하여 중복되는 기능을 조정할 예정이다.
② 직접일자리사업 반복참여 제한을 강화하면서, 참여 이후 취업지원을 연계할 예정이다.
③ 고용서비스 품질에 대해 인증 받은 훈련기관을 지정하여 서비스를 제공할 예정이다.
④ 성과평가 결과와 관계없이 사업별로 예산을 편성하여 국민들이 일자리사업의 효과를 체감하도록 할 예정이다.
⑤ 현장 모니터링을 지속 강화하고, 관계부처와 협조하여 자치단체의 일자리사업 성과 관리를 지원할 예정이다.

60 다음은 A공단의 사무관리규칙과 위임전결규칙의 일부이다. 〈보기〉 중 설명을 잘못한 사람을 모두 고른 것은?

사무관리규칙

제13조(발신명의) ① 대외의 기관 등에 발신하는 문서는 이사장 명의로 발신한다. 다만 소속기관의 장이 위임전결규칙에 의하여 권한위임 받은 업무를 시행할 때에는 그 명의로 발신한다.

② 교재의 검정에 관한 문서는 제1항의 규정에 불구하고 이사장 명의로 발신한다.

③ 소속기관 및 보조기관 상호간에 수발되는 문서는 각 소속기관장 또는 보조기관장의 명의로 발신한다.

④ 내부결재문서는 발신명의를 표시하지 아니한다.

위임전결규칙

제10조(전결권의 제한) ① 이사장은 특히 필요하다고 인정하는 사항에 대하여는 이 규칙에 의한 위임에 불구하고 따로 지시하여 처리하게 할 수 있다.

② 위임전결사항이라 할지라도 다음 각 호에 해당하는 경우에는 상위자의 결재를 받아야 한다.

1. 업무내용이 특히 중요하거나 이례적인 사항 또는 파급적인 결과를 초래하거나 관례를 형성할 수 있는 사항
2. 개별적인 여러 건을 종합한 결과가 상위자의 전결범위에 해당하는 경우
3. 기타 상위자 또는 전결권자가 상위자의 결재가 필요하다고 인정하는 사항

③ 다음 각 호에 해당하는 경우에는 전결권자의 차하위자가 전결할 수 있다.

1. 기본품의에 의하여 기계적으로 처리하는 사항
2. 객관적으로 인정하는 요금에 의하여 통상적으로 집행하는 사항

④ 이 규칙에 의하여 처리한 전결사항 중 중요하다고 인정되는 사항은 이사장에게 이를 보고하여야 한다.

보기

정원 : ○○업무에 대해 이사장의 권한위임을 받은 A본부장이 해당 업무가 상위자의 결재가 필요하다고 인정하는 경우, 이사장의 결재를 받아야 한다.

재호 : 통상적인 출장비용 집행의 경우, 전결권자인 최 부장이 휴가로 인해 부재중이라면 전결권자의 상위자의 결재를 받아야 한다.

인현 : 위임전결사항에 대하여는 이사장에게 보고할 의무가 없다.

성원 : 위임전결사항이라 하더라도 교재의 검정에 관한 문서는 전결권자의 명의로 발신할 수 없다.

① 정원, 재호
② 정원, 인현
③ 재호, 인현
④ 재호, 성원
⑤ 인현, 성원

CHAPTER 02

직무수행능력평가

최신기출복원문제

정답 및 해설 p.13

| 01 | 경영학

| 한국국토정보공사

01 마이클 포터(Michael Porter)의 산업구조 분석기법(5 Forces Model)에 대한 다음 설명 중 옳은 것은?

① 기존 기업 간의 경쟁이 치열하다면 매력적인 산업이다.
② 기업이 속한 산업의 진입장벽이 높다면 매력적인 산업이다.
③ 대체재의 위협이 작다면 매력적이지 않은 산업이다.
④ 공급자의 교섭력이 높다면 매력적인 산업이다.
⑤ 구매자의 교섭력이 높다면 매력적인 산업이다.

| 한국국토정보공사

02 다음 중 시장세분화와 관련된 고객 행동변수가 아닌 것을 모두 고르면?

가. 사용상황	나. 상표 애호도
다. 가족 생활주기	라. 라이프스타일
마. 추구하는 편익	

① 가, 나
② 가, 다
③ 나, 다
④ 다, 라
⑤ 라, 마

| 한국국토정보공사

03 다음 중 기업이 글로벌 전략을 수행하는 이유로 옳지 않은 것은?

① 규모의 경제를 달성하기 위해
② 세계 시장에서의 협력 강화를 위해
③ 현지 시장으로의 효과적인 진출을 위해
④ 기업구조를 개편하여 경영의 효율성을 높이기 위해
⑤ 저임금 노동력을 활용하여 생산단가를 낮추기 위해

서울시설공단

04 다음 중 주식회사의 대리인 문제에서 발생하는 감시비용에 포함되지 않는 것은?

① 성과급
② 잔여손실
③ 사외이사
④ 외부회계감사

서울시설공단

05 다음 중 수직적 통합의 이유로 가장 적절한 것은?

① 대기업이 시장점유율을 높여 가격 선도자 역할을 하기 위해
② 중소기업이 생산 규모를 확대하고, 판매망을 강화하기 위해
③ 원료부터 제품까지의 기술적 일관성을 위해
④ 대규모 구조조정을 통한 경영혁신을 위해

서울시설공단

06 기계적 조직과 유기적 조직에 관한 설명으로 옳지 않은 것은?

① 기계적 조직은 공식화 정도가 낮고, 유기적 조직은 공식화 정도가 높다.
② 기계적 조직은 경영관리 위계가 수직적이고, 유기적 조직은 경영관리 위계가 수평적이다.
③ 기계적 조직은 직무 전문화가 높고, 유기적 조직은 직무 전문화가 낮다.
④ 기계적 조직은 의사결정권한이 집중화되어 있고, 유기적 조직은 의사결정권한이 분권화되어 있다.

HUG 주택도시보증공사

07 1년간 보일러 100대를 판매하는 외판원 B는 연간 재고비용으로 보일러 1대 가격의 10%보다 5천 원 더 많은 금액을 부담한다. 보일러 주문 시 발생하는 주문 처리 비용은 회당 5만 원이고, 보일러 1대당 단가가 20만 원이라고 할 때, 최적주문횟수(EOQ)는 얼마인가?

① 10대
② 20대
③ 30대
④ 40대
⑤ 50대

한국농어촌공사

08 다음 중 커크패트릭(Kirkpatrick)의 교육 훈련 평가 모형과 관련이 없는 것은?

① 인식
② 반응
③ 학습
④ 행동
⑤ 결과

| 한국농어촌공사

09 시계열(Time Series) 분해법은 시계열 변동을 4가지 구성요소로 분해하여 수요를 예측하는 방법이다. 다음 중 4가지 구성요소에 해당하지 않는 것은?

① 추세(Trend) 변동
② 인과(Causal) 변동
③ 불규칙(Irregular) 변동
④ 순환(Cyclical) 변동
⑤ 계절(Seasonal) 변동

| 한국농어촌공사

10 다음 중 브랜드(Brand)의 구성요소로 옳지 않은 것은?

① 브랜드 네임
② 심벌과 로고
③ 캐릭터
④ 패키지
⑤ 스토리

| 02 | 경제학

| 국민연금공단

01 다음 중 가격상한제(Price Ceiling)에 대한 설명으로 옳은 것은?

① 정부가 시장가격보다 낮은 가격으로 상한선을 정한다.
② 공급이 증가하면 자중후생손실(Deadweight Loss)이 발생한다.
③ 농산물가격지지제도와 최저임금제 등이 있다.
④ 생산자와 노동자 등을 보호하기 위해 시행되었다.

| 국민연금공단

02 다음 중 외부효과(Externality)에 대한 설명으로 옳지 않은 것은?

① 한 경제 주체의 생산・소비 행위가 시장 교환 과정에 참여하지 않는 다른 소비자에게 유리한 영향을 미치는 것은 외부경제이다.
② 코즈의 정리에 따르면 외부효과의 영향을 받는 주체들의 이해관계가 조절된다면 정부개입으로 비효율성을 해결할 수 있다.
③ 개인 마당에 심은 나무 등은 소비의 외부효과로 분류된다.
④ 금전적 거래 없이 어떤 경제 주체의 행위가 다른 경제 주체에게 영향을 미치는 효과이다.

| 국민연금공단

03 다음 중 평균소비성향(APC), 평균저축성향(APS), 한계소비성향(MPC), 한계저축성향(MPS)에 대한 설명으로 옳지 않은 것은?

① 한 가구의 처분가능소득 중 소비지출이 차지하는 비율을 평균소비성향이라고 한다.
② 소득총액 중에서 저축이 차지하는 비율을 평균저축성향이라고 한다.
③ 한계소비성향이 높을수록 소득이 증가함에 따라 소비가 더 큰 폭으로 증가한다.
④ 한계저축성향은 소득총액 중 소비되지 않고 저축되는 비율을 말한다.

| HUG주택도시보증공사

04 다음 중 오쿤의 법칙(Okun's Law)에 대한 설명으로 옳은 것은?

① 어떤 시장을 제외한 다른 모든 시장이 균형 상태에 있으면 그 시장도 균형을 이룬다는 법칙
② 실업률이 1% 늘어날 때마다 국민총생산이 2.5%의 비율로 줄어든다는 법칙
③ 소득수준이 낮을수록 전체 생계비에서 차지하는 식료품 소비의 비율이 높아진다는 법칙
④ 가난할수록 총지출에서 차지하는 주거비의 지출 비율이 점점 더 커진다는 법칙
⑤ 악화(惡貨)는 양화(良貨)를 구축한다는 법칙

| HUG주택도시보증공사

05 다음 중 가치의 역설(Paradox of Value)에 대한 설명으로 옳은 것은?

① 다이아몬드의 한계효용은 물의 한계효용보다 크다.
② 다이아몬드는 필수재이고, 물은 사치재이다.
③ 물은 항상 다이아몬드보다 가격이 낮다.
④ 상품의 가격은 총효용에 의해 결정된다.
⑤ 총효용이 낮아지면 상품의 가격도 낮아진다.

| 한국국토정보공사

06 개방경제하의 소국 A에서 수입관세를 부과하였다. 이 때 나타나는 효과로 옳지 않은 것은?

① 국내가격이 상승한다.
② 소비량이 감소한다.
③ 생산량이 감소한다.
④ 사회적 후생손실이 발생한다.
⑤ 교역조건은 변하지 않는다.

| 한국국토정보공사

07 일반적인 형태의 수요곡선과 공급곡선을 가지는 재화 X의 가격이 상승하고 생산량이 감소하였다. 재화 X의 수요곡선과 공급곡선은 어떻게 이동한 것인가?

① 수요곡선이 하방이동하였다.
② 공급곡선이 하방이동하였다.
③ 수요곡선이 상방이동하였다.
④ 공급곡선이 상방이동하였다.
⑤ 수요곡선과 공급곡선이 동시에 하방이동하였다.

| 한국국토정보공사

08 다음 중 생산가능곡선에 대한 설명으로 옳지 않은 것은?

① 일반적으로 우하향하면서 원점에 대하여 오목하다.
② 생산가능곡선상에 존재하는 점들은 모두 생산의 효율성을 만족한다.
③ 생산가능곡선의 접선의 기울기는 기회비용을 의미한다.
④ X재 생산의 기술 진보가 일어나면 생산가능곡선이 X재 쪽으로 확장된다.
⑤ 실업이 감소하면 생산가능곡선이 바깥쪽으로 이동한다.

ㅣ서울시설공단

09 다음 중 정부지출 증가의 효과가 가장 크게 나타나는 상황으로 옳은 것은?

① 한계저축성향이 낮은 경우
② 한계소비성향이 낮은 경우
③ 정부지출의 증가로 물가가 상승한 경우
④ 정부지출의 증가로 이자율이 상승한 경우

ㅣ서울시설공단

10 다음 중 개방경제에서의 확장적 재정정책에 대한 설명으로 옳지 않은 것은?

① 변동환율제도에서는 재정정책이 국민소득의 증가를 일으키지 못한다.
② 고정환율제도에서는 재정정책이 국민소득의 증가를 일으키지 못한다.
③ 변동환율제도에서는 재정정책으로 인하여 환율이 하락한다.
④ 고정환율제도에서는 재정정책으로 인하여 소비가 증가한다.

| 03 | 전기

| 한국전력공사

01 다음 중 배전방식에 대한 설명으로 옳지 않은 것은?

① 환상식 방식은 전류 통로에 대한 융통성이 있다.
② 수지식 방식은 전압 변동이 크고 정전 범위가 좁다.
③ 뱅킹 방식은 전압 강하 및 전력 손실을 경감한다.
④ 망상식 방식은 건설비가 비싸다.
⑤ 망상식 방식은 무정전 공급이 가능하다.

| 한국전력공사

02 다음 중 침투 깊이에 대한 설명으로 옳은 것은?

① 침투 깊이는 주파수에 비례한다.
② 침투 깊이는 투자율에 비례한다.
③ 침투 깊이는 도전율에 반비례한다.
④ 침투 깊이가 작을수록 표피 효과도 작아진다.
⑤ 침투 깊이가 작으면 전류가 도선 표피에 적게 흐른다.

| 한국전력공사

03 다음 전선 약호에 대한 설명으로 옳지 않은 것은?

① ACSR – 강심 알루미늄 연선
② OC – 옥외용 가교 폴리에틸렌 절연전선
③ DV – 인입용 비닐 절연전선
④ OW – 옥외용 비닐 절연전선
⑤ CV – 동심중성선 수밀형 전력케이블

| 한국수력원자력

04 무부하 시 단자전압이 500V이고 정격 부하 시 단자전압이 200V일 때, 변압기의 전압변동률은?

① 10%　　② 25%
③ 50%　　④ 100%
⑤ 150%

| 한국수력원자력

05 다음 중 발전기나 변압기 보호에 사용되는 보호계전기로 옳은 것은?

① 과전류계전기　　② 과전압계전기
③ 지락계전기　　④ 비율차동계전기
⑤ 방향지락계전기

| 한국토지주택공사

06 다음 중 나트륨 등(Sodium Lamp)에 대한 설명으로 옳지 않은 것은?

① 단색에 가까운 황색 광선을 낸다.
② 나트륨 증기를 방전시켜 빛을 낸다.
③ 백열전구에 비해 효율이 좋다.
④ 안개 속에서도 빛을 잘 투과한다.
⑤ 형광등과 달리 안정기가 필요하지 않다.

| 한국중부발전

07 고압 가공전선로의 지지물로 철탑을 사용하는 경우 경간은 몇 m 이하로 제한하는가?

① 150m　　② 300m
③ 500m　　④ 600m

| 서울시설공단

08 다음 중 경동선의 고유저항 값($\Omega\,mm^2/m$)으로 옳은 것은?

① $\frac{1}{58}$　　② $\frac{1}{55}$
③ $\frac{1}{38}$　　④ $\frac{1}{35}$

| 서울시설공단

09 다음 중 전기 분극에 해당하지 않는 것은?

① 이온 분극　　② 배향 분극
③ 전자 분극　　④ 전하 분극

| 서울시설공단

10 2대의 3상 동기 발전기를 무부하로 병렬 운전할 때 대응하는 기전력 사이에 30°의 위상차가 있다면, 한 쪽 발전기에서 다른 쪽 발전기에 공급되는 전력은 1상당 몇 kW인가?(단, 발전기의 1상 기전력은 2,000V, 동기 리액턴스는 10Ω 이며 전기자 저항은 무시한다)

① 50kW　　② 100kW
③ 200kW　　④ 300kW

| 04 | 기계

01 **다음 중 열역학에 관한 설명으로 옳지 않은 것은?**

① 카르노 사이클에서 열전달은 등온과정에서만 이루어진다.
② 랭킨 사이클에서 보일러 압력을 높이면 효율이 높아진다.
③ 냉동 사이클은 고온 측에서 저온 측으로 열이 이동한다.
④ 이원 냉동 사이클은 −60℃ 이하의 저온을 얻을 때 적합하다.

| 한국중부발전

02 **축(세로) 방향 단면적 A의 물체에 인장하중을 가하였을 때, 인장방향 변형률이 ε이면 단면적의 변화량은?(단, 이 물체의 푸아송의 비는 0.5이다)**

① εA　　② $2\varepsilon A$
③ $3\varepsilon A$　　④ $4\varepsilon A$

| 한국중부발전

03 **기계요소를 설계할 때 응력집중 및 응력집중계수에 대한 설명으로 옳지 않은 것은?**

① 응력집중이란 단면이 급격히 변화하는 부위에서 힘의 흐름이 심하게 변화함으로 인해 발생하는 현상이다.
② 응력집중계수는 단면부의 평균응력에 대한 최대응력의 비율이다.
③ 응력집중계수는 탄성영역 내에서 부품의 형상효과와 재질이 모두 고려된 것으로 형상이 같더라도 재질이 다르면 그 값이 다르다.
④ 응력집중을 완화하려면 단이 진 부분의 곡률반지름을 크게 하거나 단면이 완만하게 변화하도록 한다.

| 한국중부발전

04 **두 물체가 제3의 물체와 온도가 같다면 두 물체도 서로 온도가 같다는 법칙으로, 온도 측정의 기초가 되는 것은?**

① 열역학 제0법칙　　② 열역학 제1법칙
③ 열역학 제2법칙　　④ 열역학 제3법칙

| 한국중부발전

05 **다음 중 브레이턴 사이클(Brayton Cycle)에 대한 설명으로 옳은 것은?**

① 2개의 단열변화와 등압변화로 구성되는 사이클 중 작동유체가 증기와 액체의 상변화를 수반하는 것을 말한다.
② 고온열원·저온열원·압축기 및 터빈으로 구성되는 기체의 표준사이클이다.
③ 가솔린 기관의 열효율과 출력을 생각할 때 기본이 되는 사이클로, 단열, 압축, 폭발, 단열 팽창, 배기 행정으로 구성되어 있다.
④ 고속 디젤기관의 기본 사이클로, 정압 사이클과 정적 사이클이 복합된 사이클이다.

| 한국중부발전

06 다음 중 벤투리 미터(Venturi Meter)에 대한 설명으로 옳은 것은?

① 하부가 뾰족하고 상부가 넓은 유리관 속에 부표가 장치되어 액체 유량의 대소에 따라 액체통 속에서 부표가 정지하는 위치가 달라지는 성질을 이용하여 유량을 측정하는 유량계

② 압력에 의해 밀려 올라간 액체 기둥의 높이를 측정하여 그에 상응하는 압력을 측정하는 장치

③ 나사의 이동과 회전을 이용하여 철사의 지름, 정밀기계 등의 미소(微小)한 치수를 측정하는 기구

④ 관수로 도중에 단면이 좁은 관을 설치하고 유속을 증가시켜 수축부에서 압력이 저하할 때, 이 압력 차에 의하여 유량을 구하는 장치

| 한국공항공사

07 다음 중 펌프(Pump)에 대한 설명으로 옳지 않은 것은?

① 송출량 및 송출압력이 주기적으로 변화하는 현상을 수격현상(Water Hammering)이라 한다.

② 왕복펌프는 회전수에 제한을 받지 않아 고양정에 적합하다.

③ 원심펌프는 회전차가 케이싱 내에서 회전할 때 발생하는 원심력을 이용한다.

④ 축류 펌프는 유량이 크고 저양정인 경우에 적합하다.

⑤ 공동현상이 계속 발생하면 펌프의 효율이 저하된다.

| 한국공항공사

08 길이가 3m이고 단면적이 $0.01m^2$인 원형봉이 인장하중 100kN을 받을 때, 늘어난 봉의 길이는?[단, 봉의 영계수(Young's Modulus)는 300GPa이다]

① 1×10^{-7}m

② 0.001m

③ 0.002m

④ 0.0001m

⑤ 0.0002m

| 한국공항공사

09 다음 중 강의 탄소함유량이 증가함에 따라 나타나는 특성으로 옳지 않은 것은?

① 인장강도가 증가한다.

② 항복점이 증가한다.

③ 경도가 증가한다.

④ 충격치가 증가한다.

⑤ 인성이 감소한다.

| 한국공항공사

10 다음 중 가공법의 성격이 다른 하나는?

① 드릴링(Drilling)

② 보링(Boring)

③ 선삭(Lathe Turning)

④ 밀링(Milling)

⑤ 슈퍼피니싱(Superfinishing)

PART 1

직업기초능력평가

CHAPTER 01
의사소통능력

영역 소개 〉

의사소통능력이란 업무를 수행할 때 글과 말을 읽고 들음으로써 다른 사람의 의도를 파악하고, 자신의 의사를 글과 말을 통해 정확하게 표현하는 능력을 말한다.

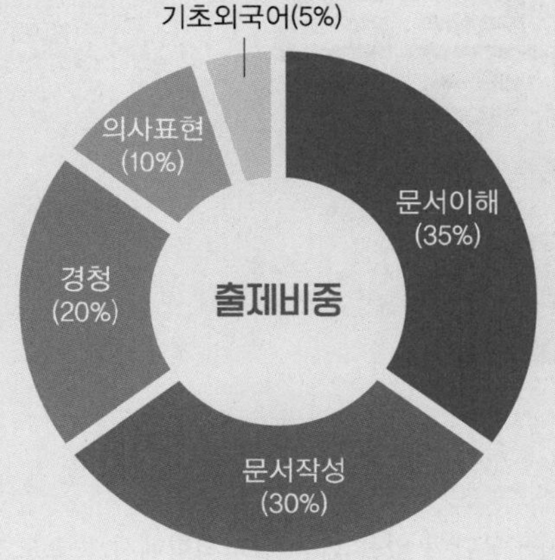

구분	중요도
문서이해	★★★★★
문서작성	★★★☆☆
경청	★★★★☆
의사표현	★★★☆☆
기초외국어	★☆☆☆☆

※ 외국어(영어)의 경우 별도의 시험을 치르거나, 치르지 않는 기업 다수

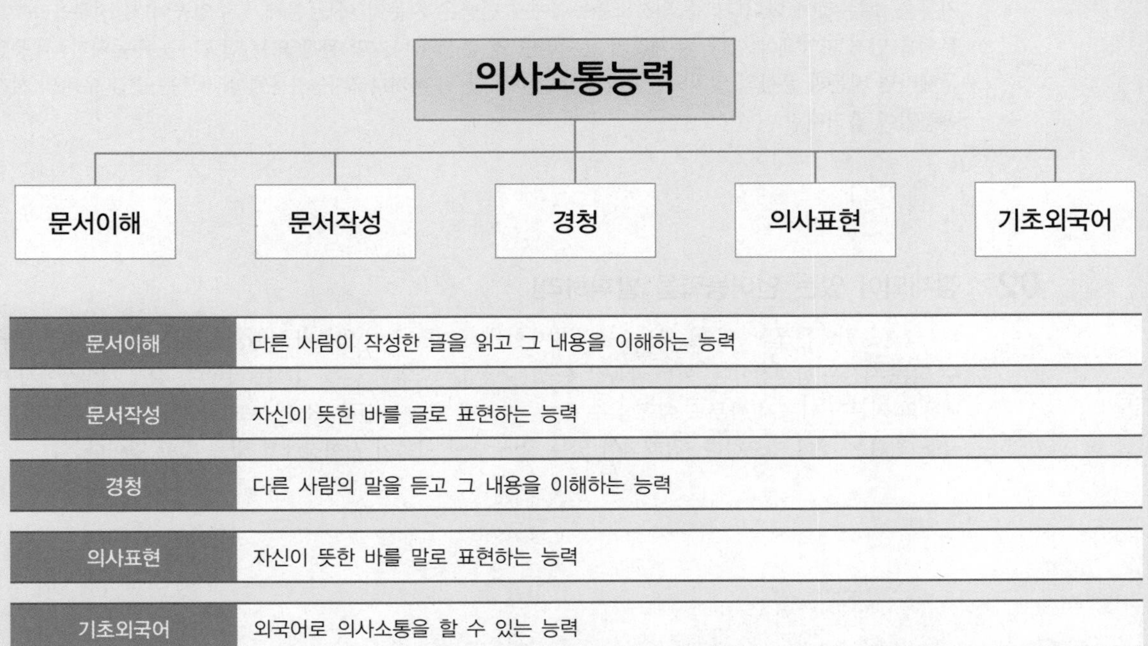

문서이해	다른 사람이 작성한 글을 읽고 그 내용을 이해하는 능력
문서작성	자신이 뜻한 바를 글로 표현하는 능력
경청	다른 사람의 말을 듣고 그 내용을 이해하는 능력
의사표현	자신이 뜻한 바를 말로 표현하는 능력
기초외국어	외국어로 의사소통을 할 수 있는 능력

CHAPTER 01
의사소통능력

합격 Cheat Key

의사소통능력은 포함되지 않는 공사·공단이 없을 만큼 필기시험에서 중요도가 높은 영역이다. 또한, 일부 공사·공단을 제외하고 의사소통능력의 문제 출제 비중이 가장 높다. 이러한 점을 볼 때, 의사소통능력은 공사·공단 NCS를 준비하는 수험생이라면 정복해야 하는 숙명의 과목이다.

국가직무능력표준에 따르면 의사소통능력의 세부 유형은 문서이해, 문서작성, 의사표현, 경청, 기초외국어로 나눌 수 있다. 이때, 문서이해·문서작성과 같은 제시문에 대한 주제, 일치 문제의 출제 비중이 높으며, 공문서·기획서·보고서·설명서 등 문서의 특성을 파악하는 문제도 일부 공사·공단에서 출제되고 있다. 따라서 이러한 분석을 바탕으로 전략을 세우는 것이 매우 중요하다.

01 문제에서 요구하는 바를 먼저 파악하라!

의사소통능력에서 가장 중요한 것은 제한된 시간 안에 빠르고 정확하게 답을 찾아내는 것이다. 그러기 위해서는 우리가 의사소통능력을 공부하는 이유를 잊지 말아야 한다. 우리는 지식을 쌓기 위해 의사소통능력 지문을 보는 것이 아니다. 즉 의사소통능력에서 만큼은 지문이 아닌 문제가 주인공이다! 지문을 보기 전 문제를 먼저 파악해야 한다. 주제찾기 문제라면 첫 문장과 마지막 문장 또는 접속어를 주목하자! 내용일치 문제라면 지문과 문항의 일치 / 불일치 여부만 파악한 뒤 빠져나오자! 지문에 빠져드는 순간 우리의 시간은 속절없이 흘러버린다!

02 잠재되어 있는 언어능력을 발휘하라!

의사소통능력에는 끝이 없다! 의사소통의 방대함에 포기한 적이 있는가? 세상에 글은 많고 우리가 학습할 수 있는 시간은 한정적이다. 이를 극복할 수 있는 방법은 다양한 글을 접하는 것이다. 실제 시험장에서 어떤 내용의 지문이 나올지 아무도 예측할 수 없다. 따라서 평소에 신문, 소설, 보고서 등 종류 구분 말고 여러 글을 접하는 것이 필요하다. 잠재되어 있는 글에 대한 안목이 시험장에서 빛을 발할 것이다.

03 상황을 가정하라!

업무 수행에 있어 상황에 따른 언어 표현은 중요하다. 같은 말이라도 상황에 따라 다르게 해석될 수 있기 때문이다. 그런 의미에서 자신의 의견을 효과적으로 전달할 수 있는 능력을 평가하는 것은 당연하다. 따라서 다양한 상황에서의 언어표현능력을 함양하기 위한 연습의 과정이 요구된다. 업무를 수행하면서 발생할 수 있는 여러 상황을 가정하고 그에 따른 올바른 언어 표현을 정리하는 것이 필요하다. 의사표현 영역의 경우 출제 빈도가 높지는 않지만 상황에 따른 판단력을 평가하는 문항인 만큼 대비하는 것이 필요하다.

04 말하는 이의 입장에서 생각하라!

잘 듣는 것 또한 하나의 능력이다. 상대방의 이야기에 귀 기울이고 공감하는 태도는 업무를 수행하는 관계 속에서 필요한 요소이다. 그런 의미에서 다양한 상황에서의 듣는 능력을 평가한다. 말하는 이가 요구하는 듣는 이의 태도를 파악하고, 이에 따른 판단을 할 수 있도록 언제나 말하는 사람의 입장이 되어보는 연습이 필요하다.

05 반복만이 살길이다!

학창시절 외국어를 공부했을 때를 떠올려 보자! 셀 수 없이 많은 표현들을 익히기 위해 얼마나 많은 반복의 과정을 거쳤는가? 의사소통능력 역시 그러하다. 하나의 문제 유형을 마스터하기 위해 가장 중요한 것은 바로 여러 번, 많이 풀어보는 것이다.

CHAPTER 01
의사소통능력

NCS 모듈 학습

| 01 | 의사소통능력이란?

(1) 의사소통의 중요성

① **의사소통** : 두 사람 또는 그 이상의 사람들 사이에서 일어나는 의사 전달 및 상호 교류를 의미하며, 어떤 개인 또는 집단이 다른 개인 또는 집단에게 정보·감정·사상·의견 등을 전달하고 또 그것들을 받아들이는 과정으로 이루어진다.

② **의사소통의 중요성** : 의사소통은 각기 다른 사람들의 의견 차이를 좁혀줌으로써, 선입견을 줄이거나 제거할 수 있는 수단이다.

③ **의사소통능력** : 상대방과 대화를 나누거나 문서를 통해 의견을 교환할 때 상호 간에 전달하고자 하는 의미를 정확하게 전달할 수 있는 능력을 말하며, 글로벌 시대에 필요한 외국어 문서이해 및 의사표현능력도 여기에 포함된다.

(2) 의사소통능력의 종류

① 문서적인 측면

㉠ 문서이해능력 : 업무와 관련된 문서를 통해 구체적인 정보를 획득·수집·종합하는 능력

㉡ 문서작성능력 : 상황과 목적에 적합하도록 문서를 작성하는 능력

② 언어적인 측면

㉠ 경청능력 : 원활한 의사소통의 방법으로 상대방의 이야기를 듣는 능력

㉡ 의사표현능력 : 자신의 의사를 목적과 상황에 맞게 설득력을 가지고 표현하는 능력

핵심예제

의사소통능력의 종류가 같은 것끼리 연결된 것은?

① 문서이해능력, 문서작성능력
② 의사표현능력, 문서이해능력
③ 경청능력, 문서작성능력
④ 문서작성능력, 의사표현능력

예제풀이

- 문서적인 의사소통 : 문서이해능력, 문서작성능력
- 언어적인 의사소통 : 경청능력, 의사표현능력

정답 ①

(3) 바람직한 의사소통을 저해하는 요인

① '일방적으로 말하고', '일방적으로 듣는' 무책임한 마음
② '전달했는데', '아는 줄 알았는데'라고 착각하는 마음
③ '말하지 않아도 아는 문화'에 안주하는 마음

(4) 의사소통능력의 개발

① 검토와 피드백을 활용
② 명확하고 쉬운 단어를 선택하여 이해를 높이는 언어 단순화
③ 상대방과 대화 시 적극적으로 경청
④ 감정적으로 메시지를 곡해하지 않고 침착하게 감정 조절

| 02 | 문서이해능력

(1) 문서이해능력

① 문서

제안서 · 보고서 · 기획서 · 편지 · 이메일 · 팩스 · 메모 · 공지 사항 등 문자로 구성된 것을 말한다. 사람들은 일상생활에서는 물론 직업현장에서도 다양한 문서를 사용한다. 문서를 통하여 효율적으로 의사를 전달함으로써 자신의 의사를 상대방에게 전달하고자 한다.

② 문서이해능력

㉠ 직업현장에서 자신의 업무와 관련된 인쇄물이나 기호화된 정보 등 필요한 문서를 확인하여 읽고, 내용을 이해하여 요점을 파악하는 능력이다.

㉡ 문서에서 주어진 문장이나 정보를 읽고 이해하여 자신에게 필요한 행동이 무엇인지 추론할 수 있어야 하며, 도표 · 수 · 기호 등도 이해할 수 있는 능력을 의미한다.

CHECK POINT

업무에 사용되는 문서의 종류와 용도를 꼭 알아두어야 한다.

핵심예제

문서이해능력에 대한 설명으로 옳지 않은 것은?

① 직업현장에서 자신의 업무와 관련된 문서의 내용을 이해하고 요점을 파악하는 것이다.
② 문서이해능력이 없으면 원활한 직업생활을 영위하기 어렵다.
③ 문서를 읽고 자신에게 필요한 행동이 무엇인지 추론하는 것은 불가능하다.
④ 도표 · 수 · 기호 등을 이해할 수 있어야 한다.

예제풀이

문서에서 주어진 정보를 통해 자신에게 필요한 행동이 무엇인지 추론할 수 있다.

정답 ③

PART 1

(2) 문서의 종류와 용도

① **공문서** : 행정기관에서 대내적 · 대외적으로 공무를 집행하기 위해 작성하는 문서
② **기획서** : 적극적으로 아이디어를 내고 기획해 하나의 프로젝트를 문서 형태로 만들어, 상대방에게 기획의 내용을 전달하여 기획을 시행하도록 설득하는 문서
③ **기안서** : 회사의 업무에 대한 협조를 구하거나 의견을 전달할 때 작성하며, 사내 공문서라고 불림
④ **보고서** : 특정한 일에 관한 현황이나 그 진행 상황 또는 연구 · 검토 결과 등을 보고하고자 할 때 작성하는 문서
⑤ **설명서** : 대개 상품의 특성이나 사물의 성질과 가치, 작동 방법이나 과정을 소비자에게 설명하는 것을 목적으로 작성한 문서
⑥ **보도자료** : 정부기관이나 기업체, 각종 단체 등이 언론을 상대로 자신들의 정보가 기사로 보도되도록 하기 위해 보내는 자료
⑦ **자기소개서** : 개인의 가정환경과 성장과정, 입사동기와 근무자세 등을 구체적으로 기술하여 자신을 소개하는 문서
⑧ **비즈니스 레터(E-mail)** : 사업상의 이유로 고객이나 단체에 편지를 쓰는 것이며, 직장업무나 개인 간의 연락, 직접 방문하기 어려운 고객관리 등을 위해 사용되는 비공식적 문서이나, 제안서나 보고서 등 공식적인 문서를 전달하는 데도 사용
⑨ **비즈니스 메모** : 업무상 필요한 중요한 일이나 앞으로 체크해야 할 일이 있을 때, 필요한 내용을 메모형식으로 작성하여 전달하는 글

• 예제풀이 •

비즈니스 메모의 내용이다. 비즈니스 레터는 사업상의 이유로 고객이나 단체에 편지를 쓰는 것이다.

정답 ②

• 핵심예제 •

다음 문서의 종류와 설명으로 옳지 않은 것은?

① 비즈니스 메모 : 개인이 추진하는 업무나 상대의 업무 추진 상황을 적은 메모
② 비즈니스 레터 : 회의에 참석하지 못한 상사나 동료에게 전달 사항이나 회의 내용에 대해 간략하게 적어 전달
③ 기안서 : 회사의 업무에 대한 협조를 구하거나 의견을 전달할 때 작성하는 문서
④ 자기소개서 : 개인의 가정환경과 성장과정, 입사동기와 근무자세 등을 구체적으로 기술하여 자신을 소개하는 문서

(3) 문서이해를 위한 구체적인 절차와 필요한 사항

① 문서이해의 구체적인 절차
㉠ 문서의 목적 이해하기
㉡ 문서가 작성된 배경과 주제 파악하기
㉢ 문서에 쓰인 정보를 밝혀내고 문서가 제시하고 있는 현안문제 파악하기
㉣ 문서를 통해 상대방의 욕구와 의도 및 내게 요구하는 행동에 관한 내용 분석하기
㉤ 문서에서 이해한 목적달성을 위해 취해야 할 행동을 생각하고 결정하기
㉥ 상대방의 의도를 도표나 그림 등으로 메모하여 요약・정리하기

② 문서이해를 위해 필요한 사항
㉠ 문서에서 꼭 알아야 하는 중요한 내용만을 골라 필요한 정보를 획득・수집・종합하는 능력
㉡ 다양한 종류의 문서를 읽고, 구체적인 절차에 따라 이해하고 정리하는 습관을 들여 문서이해능력과 내용종합능력을 키워나가는 노력
㉢ 책이나 업무에 관련된 문서를 읽고, 나만의 방식으로 소화하여 작성할 수 있는 능력

CHECK POINT

문서는 그 문서를 보는 사람의 입장에서 알기 쉽고 간결하게 작성해야 한다.

| 03 | 문서작성능력

(1) 문서작성의 중요성

① 문서작성의 중요성 : 개인의 의사표현이나 의사소통을 위한 과정으로서의 업무일 수도 있지만, 이를 넘어 조직의 사활이 걸린 중요한 업무의 일환이다.
② 문서작성능력 : 직장생활에서 요구되는 업무의 목적과 상황에 적합한 아이디어나 정보를 전달할 수 있도록 문서를 작성할 수 있는 능력이다.

(2) 문서작성 시 고려사항과 구성요소

① 문서작성 시 고려사항 : 대상, 목적, 시기, 기대효과
② 문서작성의 구성요소
㉠ 품위 있고 짜임새 있는 골격
㉡ 객관적이고 논리적이며 체계적인 내용
㉢ 이해하기 쉬운 구조
㉣ 명료하고 설득력 있는 구체적인 문장
㉤ 세련되고 인상적이며 효과적인 배치

핵심예제

다음 중 문서작성 시 고려 사항이 아닌 것은?

① 시기 ② 대상과 목적
③ 기대효과 ④ 공간

예제풀이

문서작성 시 고려해야 할 사항으로는 대상, 목적, 시기, 기대효과가 있다.

정답 ④

CHECK POINT

상황에 따른 문서작성법을 알아두어야 하며 빈칸 채우기, 바르게 고치기 등의 유형으로 출제된다.

(3) 문서작성법

① 상황에 따른 문서작성법

㉠ 요청이나 확인을 부탁하는 경우 : 일정한 양식과 격식을 갖추어 공문서 작성

㉡ 정보 제공을 위한 경우

- 회사 자체에 대한 인력보유 홍보나 기업정보 제공 : 홍보물이나 보도자료 등
- 제품이나 서비스에 대해 정보 제공 : 설명서나 안내서에 시각적인 자료 활용이 효과적

㉢ 명령이나 지시가 필요한 경우 : 명확한 내용의 업무 지시서

㉣ 제안이나 기획을 할 경우 : 관련된 내용을 깊이 있게 담을 수 있는 제안서나 기획서

㉤ 약속이나 추천을 위한 경우

- 약속은 고객이나 소비자에게 제품의 이용에 관한 정보를 제공하고자 할 때
- 추천은 개인이 다른 회사에 지원하거나 이직을 하고자 할 때

② 종류에 따른 문서작성법

㉠ 공문서 : 회사 외부로 전달되는 문서이므로 '누가, 언제, 어디서, 무엇을, 어떻게, 왜' 등이 정확하게 드러나도록 작성해야 한다.

- 날짜 작성 시 유의사항
  - 연도와 월일을 반드시 함께 기입한다.
  - 날짜 다음에 괄호를 사용할 경우에는 마침표를 찍지 않는다.
- 내용 작성 시 유의사항
  - 한 장에 담아내는 것이 원칙이다.
  - 마지막은 반드시 '끝'자로 마무리한다.
  - 복잡한 내용은 항목별로 구분한다('-다음-' 또는 '-아래-').
  - 대외문서이고, 장기간 보관되는 문서이기 때문에 정확하게 기술한다.

㉡ 설명서

- 명령형보다 평서형으로 작성한다.
- 상품이나 제품에 대해 정확하게 기술한다.
- 내용의 정확한 전달을 위해 간결하게 작성한다.
- 소비자들이 이해하기 어려운 전문용어는 가급적 사용을 삼간다.
- 복잡한 내용은 도표를 통해 시각화하여 이해도를 높인다.
- 동일한 문장 반복을 피하고 다양하게 표현한다.

㉢ 기획서

- 기획서 작성 전 유의사항
  - 기획서의 목적을 달성할 수 있는 핵심 사항이 정확하게 기입되었는지 확인한다.
  - 기획서는 상대에게 어필해 상대가 채택하게끔 설득력을 갖춰야 하므로, 상대가 요구하는 것이 무엇인지 고려하여 작성한다.
- 기획서 내용 작성 시 유의사항
  - 내용이 한눈에 파악되도록 체계적으로 목차를 구성한다.

- 핵심 내용의 표현에 신경을 써야 한다.
- 효과적인 내용전달을 위해 내용에 적합한 표나 그래프를 활용하여 시각화 한다.

• 기획서 제출 시 유의사항
- 충분한 검토를 한 후 제출한다.
- 인용한 자료의 출처가 정확한지 확인한다.

㉣ 보고서

• 보고서 내용 작성 시 유의사항
- 업무 진행 과정에서 쓰는 보고서인 경우, 진행 과정에 대한 핵심 내용을 구체적으로 제시하도록 작성한다.
- 핵심 사항만을 산뜻하고 간결하게 작성한다(내용의 중복을 피하도록 한다).
- 복잡한 내용일 때에는 도표나 그림을 활용한다.

• 보고서 제출 시 유의사항
- 보고서는 개인의 능력을 평가하는 기본 요인이므로, 제출하기 전에 반드시 최종 점검을 한다.
- 참고자료는 정확하게 제시한다.
- 내용에 대한 예상 질문을 사전에 추출해 보고, 그에 대한 답을 미리 준비한다.

핵심예제

문서의 종류와 작성법의 연결이 옳지 않은 것은?

① 공문서 : 마지막엔 반드시 '끝'자로 마무리한다.
② 설명서 : 복잡한 내용은 도표화한다.
③ 기획서 : 상대가 요구하는 것이 무엇인지 고려하여 작성한다.
④ 보고서 : 상대에게 어필해 상대가 채택하게끔 설득력 있게 작성한다.

예제풀이

기획서에 대한 설명이다. 보고서를 작성할 때는 궁금한 점에 대해 질문을 받을 것에 대비하고, 업무상 진행과정에서 작성하는 경우에는 핵심내용을 구체적으로 제시해야 한다.

정답 ④

(4) 문서작성의 원칙

① 문장은 짧고, 간결하게 작성한다.
② 상대방이 이해하기 쉽게 쓴다.
③ 한자의 사용을 자제해야 한다.
④ 간결체로 작성한다.
⑤ 긍정문으로 작성한다.
⑥ 간단한 표제를 붙인다.
⑦ 문서의 주요한 내용을 먼저 쓴다.

(5) 문서작성 시 주의사항

① 문서는 육하원칙에 의해서 써야 한다.
② 문서는 작성 시기가 중요하다.
③ 문서는 한 사안을 한 장의 용지에 작성해야 한다.
④ 문서작성 후 반드시 다시 한 번 내용을 검토해야 한다.
⑤ 문서의 첨부자료는 반드시 필요한 자료 외에는 첨부하지 않는다.
⑥ 문서 내용 중 금액, 수량, 일자 등의 기재에 정확성을 기하여야 한다.
⑦ 문장표현은 작성자의 성의가 담기도록 경어나 단어 사용에 신경을 써야 한다.

핵심예제

다음은 문서작성 시 주의해야 할 사항을 설명한 것이다. 다음 중 잘못된 것은?

① 문서의 작성 시기는 중요하지 않다.
② 문서의 첨부자료는 반드시 필요한 자료 외에는 첨부하지 않도록 한다.
③ 문서작성 후 반드시 다시 한 번 내용을 검토해야 한다.
④ 문서 내용 중 금액, 수량, 일자 등의 기재에 정확성을 기하여야 한다.

예제풀이

문서의 작성은 작성 시기가 중요하다. 문서가 작성되는 시기는 문서가 담고 있어야 하는 내용에 상당한 영향을 미친다.

정답 ①

(6) 문서의 시각화

① 보기 쉬워야 한다.
② 이해하기 쉬워야 한다.
③ 다채롭게 표현되어야 한다.
④ 숫자는 그래프로 표시한다.

핵심예제

전사 프로젝트 회의에 필요한 문서를 작성해야 한다. 다음 중 옳지 않은 것은?

① 임원들이 참여하므로 문장에 여러 내용을 함축하여 자세하게 쓰며, 한자를 활용한다.
② 비관적인 문장보다는 낙관적인 문장으로 쓰며, 경어를 신중히 사용한다.
③ 연도별 매출 추이는 비교가 가능하게끔 막대그래프로 표현한다.
④ 문서의 서두에 표제를 붙이고 한 장의 용지에 작성을 원칙으로 한다.

예제풀이

문장은 짧고 간결하게 작성해야 하며, 한자의 사용을 자제해야 한다.

오답분석

② 긍정문으로 작성한다.
③ 숫자는 그래프로 표시한다.
④ 간단한 표제를 붙이고 한 사안을 한 장의 용지에 작성해야 한다.

정답 ①

PART 1

| 04 | 경청능력

(1) 경청의 중요성

① 경청의 의미

경청이란 다른 사람의 말을 주의 깊게 들으며, 공감하는 능력이다. 경청은 대화의 과정에서 신뢰를 쌓을 수 있는 최고의 방법이다. 듣는 이가 경청하면 상대는 안도감을 느끼고, 듣는 이에게 무의식적으로 믿음을 갖게 된다.

② 경청의 중요성

㉠ 상대방을 한 개인으로 존중하게 된다.
㉡ 상대방을 성실한 마음으로 대하게 된다.
㉢ 상대방의 입장에 공감하며 이해하게 된다.

(2) 효과적인 경청의 방법

① 혼자서 대화를 독점하지 않는다.
② 상대방의 말을 가로채지 않는다.
③ 이야기를 가로막지 않는다.
④ 의견이 다르더라도 일단 수용한다.
⑤ 말하는 순서를 지킨다.
⑥ 논쟁에서는 먼저 상대방의 주장을 들어준다.
⑦ 시선을 맞춘다(Eye Contact).
⑧ 귀로만 듣지 말고 오감을 동원해 적극적으로 경청한다.

CHECK POINT

경청의 방법은 자주 출제되는 내용이므로 꼭 암기해야 한다.

• 예제풀이 •

질문에 대한 답이 즉각적으로 이루어질 수 없다고 하더라도, 질문을 하려고 하면 경청하는 데 적극적이게 되고 집중력이 높아진다.

정답 ③

• 핵심예제 •

효과적인 경청 방법이 아닌 것은?

① 말하는 사람의 모든 것에 집중해서 적극적으로 들어야 한다.
② 상대방의 의견에 동조할 수 없더라도, 일단 수용한다.
③ 질문에 대한 답이 즉각적으로 이루어질 때만 질문을 한다.
④ 대화의 내용을 주기적으로 요약한다.

(3) 대화를 통한 경청훈련

① 주의 기울이기(바라보기, 듣기, 따라하기)
② 상대방의 경험을 인정하고 더 많은 정보 요청하기
③ 정확성을 위해 요약하기
④ 개방적인 질문하기
⑤ '왜?'라는 말은 삼가기

(4) 경청의 올바른 자세

① 상대를 정면으로 마주하는 자세는 그와 함께 의논할 준비가 되었음을 알리는 자세이다.
② 손이나 다리를 꼬지 않는 소위 개방적 자세를 취하는 것은 상대에게 마음을 열어놓고 있다는 표시이다.
③ 상대방을 향하여 상체를 기울여 다가앉은 자세는 자신이 열심히 듣고 있다는 사실을 강조하는 것이다.
④ 우호적인 눈의 접촉은 자신이 관심을 가지고 있다는 사실을 알리는 것이다.
⑤ 비교적 편안한 자세를 취하는 것은 전문가다운 자신만만함과 편안한 마음을 상대방에게 전하는 것이다.

| 05 | 의사표현능력

(1) 의사표현의 중요성

① 의사표현 : 말하는 이가 자신의 생각과 감정을 듣는 이에게 음성언어나 신체언어로 표현하는 행위
② 의사표현의 중요성 : 의사표현은 그 사람의 이미지를 결정한다.
③ 의사표현능력 : 말하는 사람이 자신의 생각과 감정을 듣는 사람에게 음성언어나 신체언어로 표현하는 능력이다.

CHECK POINT

간단·명료하고, 정확하며 친절한 표현을 사용한다.

(2) 상황에 따른 의사표현법

① 상대방의 잘못을 지적할 때 : 먼저 상대방과의 관계를 고려한 다음, 상대방이 알 수 있도록 확실하게 지적한다.
② 상대방을 칭찬할 때 : 칭찬은 별다른 노력을 기울이지 않아도 항상 상대방을 기분 좋게 만든다.
③ 상대방에게 부탁해야 할 때 : 먼저 상대의 사정을 들음으로써 상대방을 우선시하는 태도를 보여준 다음, 응하기 쉽게 구체적으로 부탁한다.
④ 상대방의 요구를 거절해야 할 때 : 먼저 사과한 다음, 응해줄 수 없는 이유를 설명한다.
⑤ 명령해야 할 때 : 'ㅇㅇ을 이렇게 해 주는 것이 어떻겠습니까?'라는 식으로 부드럽게 표현하는 것이 효과적이다.

⑥ 설득해야 할 때 : 먼저 양보해서 이익을 공유하겠다는 의지를 보여주어야만 상대방도 받아들이게 된다.
⑦ 충고해야 할 때 : 충고는 마지막 방법이다. 충고를 해야 할 상황이면, 예를 들거나 비유법을 사용하는 것이 바람직하다.
⑧ 질책해야 할 때 : '칭찬의 말＋질책의 말＋격려의 말'처럼, 질책을 가운데 두고 칭찬을 먼저 한 다음 끝에 격려의 말을 하는 샌드위치 화법을 활용한다.

핵심예제

마케팅 예산을 보고하러 온 이 대리가 박 부장을 설득하려고 할 때, 적절한 의사표현법은?

① 먼저 상사의 사정을 우선시한 다음 응하기 쉽게 구체적으로 얘기한다.
② 박 부장에게 자신의 능력을 얘기하며 인정해 달라고 요청한다.
③ 박 부장이 쉽게 받아들이게끔 딱 부러지게 말을 한다.
④ 반론이 제기되지 않게끔 말을 가로막는다.

예제풀이

설득해야 할 때는 상대방의 사정을 우선시한 다음, 응하기 쉽게 먼저 양보해서 이익을 공유하겠다는 의지를 보여주어야 한다.

정답 ①

(3) 원활한 의사표현을 위한 지침

① 올바른 화법을 위해 독서를 하라.
② 좋은 청중이 돼라.
③ 칭찬을 아끼지 마라.
④ 공감하고, 긍정적으로 보이게 하라.
⑤ 겸손은 최고의 미덕임을 잊지 마라.
⑥ 과감하게 공개하라.
⑦ '뒷말'을 숨기지 마라.
⑧ '첫마디'를 준비하라.
⑨ 이성과 감성의 조화를 꾀하라.
⑩ 대화의 룰을 지켜라.
  ㉠ 상대방의 말을 가로막지 않는다.
  ㉡ 혼자서 의사표현을 독점하지 않는다.
  ㉢ 의견을 제시할 때는 반론 기회를 준다.
  ㉣ 임의로 화제를 바꾸지 않는다.
⑪ 문장을 완전하게 말하라.

(4) 설득력 있는 의사표현을 위한 지침

① 'Yes'를 유도하여 미리 설득 분위기를 조성하라.
② 대비 효과로 분발심을 불러일으켜라.
③ 침묵을 지키는 사람의 참여도를 높여라.
④ 여운을 남기는 말로 상대방의 감정을 누그러뜨려라.
⑤ 하던 말을 갑자기 멈춤으로써 상대방의 주의를 끌어라.
⑥ 호칭을 바꿔서 심리적 간격을 좁혀라.
⑦ 끄집어 말하여 자존심을 건드려라.
⑧ 정보전달 공식을 이용하여 설득하라.
⑨ 상대방의 불평이 가져올 결과를 강조하라.
⑩ 권위 있는 사람의 말이나 작품을 인용하라.
⑪ 약점을 보여 주어 심리적 거리를 좁혀라.
⑫ 이상과 현실의 구체적 차이를 확인시켜라.

⑬ 자신의 잘못도 솔직하게 인정하라.
⑭ 집단의 요구를 거절하려면 개개인의 의견을 물어라.
⑮ 동조 심리를 이용하여 설득하라.
⑯ 지금까지의 노고를 치하한 뒤 새로운 요구를 하라.
⑰ 담당자가 대변자 역할을 하도록 하여 윗사람을 설득하게 하라.
⑱ 겉치레 양보로 기선을 제압하라.
⑲ 변명의 여지를 만들어 주고 설득하라.
⑳ 혼자 말하는 척하면서 상대의 잘못을 지적하라.

핵심예제

다음은 설득력 있는 의사표현의 지침 중 어떤 내용인가?

> 자기주장을 일단 양보하여 의견의 일치를 보이는 자세를 취함으로써 강경한 태도를 굽히지 않던 상대방을 결국 이쪽으로 끌어올 수 있다.

① 권위 있는 사람의 말이나 작품을 인용하라.
② 자신의 잘못도 솔직하게 인정하라.
③ 변명의 여지를 만들어 주고 설득하라.
④ 침묵을 지키는 사람의 참여도를 높여라.

예제풀이

자기주장을 굽히지 않는 상대방에게는 '밀어서 안 되면 당겨보라.'는 전략을 사용하는 것도 한 가지 방법이 된다. 이쪽이 자기주장을 부정하고 상대방의 주장을 따르는 듯한 자세를 취하면 상대방도 자기주장만 내세울 수 없게 된다.

정답 ②

| 06 | 기초외국어능력

(1) 기초외국어능력의 필요성

① 기초외국어능력 : 직업생활에 있어 우리의 무대가 세계로 넓어지면서 한국어만이 아닌 다른 나라의 언어로 의사소통을 하는 능력
② 기초외국어능력의 필요성 : 국제화・세계화 시대에 살고 있는 우리는 다른 나라와의 무역을 당연하게 여긴다. 다른 나라와 무역을 하기 위해서는 우리의 언어가 아닌 국제적인 통용어를 사용하거나, 경우에 따라서는 그들의 언어로 의사소통을 해야 하는 경우가 생기기도 한다.

(2) 기초외국어능력이 필요한 상황

① 외국인과의 의사소통 상황에서 전화응대나 안내하는 상황
② 외국에서 들어온 기계가 어떻게 작동되는지 매뉴얼을 봐야 하는 상황
③ 외국으로 보낼 서류를 작성하거나, 외국에서 온 서류를 이해하여 업무를 추진해야 하는 상황

핵심예제

기초외국어능력이 필요한 상황이 아닌 것은?

① 외국인과 함께 일하는 국제 비즈니스 상황
② 외국에서 들어온 기계가 어떻게 작동되는지 매뉴얼을 봐야 하는 상황
③ 외국으로 보낼 서류를 작성하는 상황
④ 같은 언어를 사용하는 상사에게 보고하는 상황

예제풀이

같은 언어를 사용하는 경우, 사용하는 언어로 보고하면 된다.

정답 ④

(3) 기초외국어능력 향상을 위한 공부법

① 왜 외국어 공부를 해야 하는지 그 목적부터 정하라.
② 매일 30분씩 눈과 손과 입에 밸 정도로 반복하여 공부하자.
③ 실수를 두려워하지 말고, 기회가 있을 때마다 외국어로 말하라.
④ 외국어에 익숙해질 수 있도록 쉬운 외국어 잡지나 원서를 읽자.
⑤ 혼자 공부하는 것보다는 라이벌을 정하고 공부하라.
⑥ 업무와 관련된 외국어 주요용어는 꼭 메모해 두자.
⑦ 출퇴근 시간에 짬짬이 외국어 방송을 보거나, 라디오를 들으라.
⑧ 외국어 단어를 암기할 때 그림카드를 사용해보라.
⑨ 가능하면 외국인 친구를 많이 사귈 수 있는 기회를 만들어 대화를 자주 나눠보라.

(4) 외국어 자신감 부족형의 특징

① 처음부터 잘 못한다는 사실을 지나치게 의식한다.
② 자신의 의사를 명확히 표현하지 못한다.
③ 자신의 의사를 간단하게 정리하지 못한다.
④ 심한 긴장감으로 위축되어 표현력이 떨어진다.

CHAPTER 01 의사소통능력 기출예상문제

정답 및 해설 p. 22

※ 다음 제시문을 읽고 이어지는 질문에 답하시오. [1~2]

〈기안문 작성법〉

1. 구성
   (1) 두문 : 기관명, 수신, 경유로 구성된다.
   (2) 본문 : 제목, 내용, 붙임(첨부)으로 구성된다.
   (3) 결문 : 발신명의, 기안자 및 검토자의 직위 및 직급과 서명, 결재권자의 직위 및 직급과 서명, 협조자의 직위 및 직급과 서명, 시행 및 시행일자, 접수 및 접수일자, 기관의 우편번호, 도로명 주소, 홈페이지 주소, 전화, 팩스, 작성자의 전자우편 주소, 공개구분(완전공개, 부분공개, 비공개)으로 구성된다.
2. 일반 기안문 결재방법
   (1) 결재 시에는 본인의 성명을 직접 쓴다. 물론, 전자문서의 경우에는 전자이미지 서명을 사용한다.
   (2) 전결의 경우에는 전결권자가 '전결' 표시를 하고 서명을 한다.
   (3) 전결을 대결하는 경우에는 전결권자의 난에는 '전결'이라고 쓰고 대결하는 자의 난에 '대결' 표시를 하고 서명한다. 물론 결재하지 않는 자의 서명란은 별도로 두지 않는다.

☑ 확인 Check! ○△×

01 B대리는 입사한 지 얼마 되지 않은 A사원에게 기안문 작성법에 대해 알려주려고 한다. B대리와 A사원의 대화 중 옳지 않은 것은?

① B대리 : 기존에 사용하던 주소가 아닌 새롭게 시행된 도로명 주소를 사용해야 합니다.
② B대리 : 기안문을 작성할 때는 마지막에 공개 여부를 확실하게 표시해야 합니다.
③ A사원 : 현재 우리 회사는 전자서명을 하고 있으니 결재할 때는 전자이미지 서명으로 하면 되겠군요.
④ B대리 : 일정 업무는 D부장님이 C과장님께 전결권한을 위임했으니, 결재란에 별도의 표시 없이 C과장님이 'C과장'으로 결재합니다.
⑤ B대리 : 본문은 제목, 내용, 붙임으로 구성됩니다.

☑ 확인 Check! ○△✕

02 기안문 작성법을 참고하여 기안문을 작성할 때, 아래의 〈상황〉에 대하여 (가) ~ (마)에 들어가는 내용으로 옳은 것은?

> 〈상황〉
>
> 시대교육그룹사(계열사 : 시대교육, 시대고시기획, 평생교육원)의 본사에 재직 중인 A사원은 2020년에 10년째를 맞이하는 '우수직원 봉사단'을 편성하기 위해 각 계열사에 공문을 보내고자 한다.
> 시대교육의 경우 1 ~ 2년 차 직원, 시대고시기획은 2년 차 직원, 평생교육원은 2 ~ 3년 차 직원 중 희망자를 대상으로 한다. 총무부의 D부장은 C과장에게 결재권한을 위임하였다.

(가)

수신자 : 시대교육, 시대고시기획, 평생교육원(경유)
제목 : (나)

1. 서무 1033-2340(2019. 11. 10.)과 관련입니다.
2. 2020년도 우수직원을 대상으로 봉사단을 편성하고자 하오니, 회사에 재직 중인 직원 중 통솔력이 있고 책임감이 투철한 사원을 다음 사항을 참고로 선별하여 2019. 12. 10.까지 통보해 주시기 바랍니다.

- 다 음-

가. 참가범위
  1) 시대교육 : (다)
  2) 시대고시기획 : (라)
  3) 평생교육원 : 2 ~ 3년 차 직원 중 희망자

나. 아울러 지난해에 참가했던 책임자와 직원은 제외시켜 주시기 바라며, 지난해 참가 직원 명단을 첨부하니 참고하시기 바랍니다.

(마) : 2019년도 참가 직원 명단 1부. 끝.

시 대 교 육 그 룹 사 장

사원 A사원 계장 B대리 과장 (전결) C과장
협조자
시행 총무부-25(9.19)
접수 우 12345 주소 서울 마포구 큰우물로65 6F / www.edusd.co.kr
전화(02-123-4567) 팩스(02-122-4567) / webmaster@sidaegosi.com / 완전공개

① (가) : 시대교육그룹사
② (나) : 2019년도 우수직원 봉사단 편성
③ (다) : 2년 차 직원 중 희망자
④ (라) : 1 ~ 2년 차 직원 중 희망자
⑤ (마) : 참조

☑ 확인 Check! ○ △ ×

03 얼마 전 ○○역 내에 고객의 편의를 위한 장애인 리프트가 설치되었다. 그러나 얼마 지나지 않아 장애인 리프트를 어떻게 이용해야 할지 모르겠다는 고객의 불만이 접수되었다. 고객의 불만 사항 처리 업무를 담당하는 L사원은 이를 처리하기 위해 문서를 작성하려고 한다. 다음 중 L사원이 작성해야 할 문서의 종류는 무엇인가?

① 매뉴얼
② 보도자료
③ 보고서
④ 기획서
⑤ 경고문

☑ 확인 Check! ○ △ ×

04 한국산업인력공단의 D과장은 우리나라 사람들의 해외취업을 돕기 위해 박람회를 열고자 한다. 제시된 〈조건〉이 다음과 같을 때, D과장이 박람회 장소로 선택할 나라는?

조건

1. 한국산업인력공단의 해외 EPS센터가 있는 나라여야 한다.
   – 해외 EPS센터(15개국) : 필리핀, 태국, 인도네시아, 베트남, 스리랑카, 몽골, 우즈베키스탄, 파키스탄, 캄보디아, 중국, 방글라데시, 키르기스스탄, 네팔, 미얀마, 동티모르
2. 100개 이상의 한국 기업이 진출해 있어야 한다.
3. 자국민의 안전을 위해 치안이 보장되어야 한다.

〈국가별 상황〉

국가	경쟁력	비고
인도네시아	한국 기업이 100개 이상 진출해있으며 안정적인 정치 및 경제 구조를 가지고 있다.	두 번의 박람회를 열었으나 실제 취업까지 연결되는 성과가 미미하였다.
아랍에미리트	UAE 자유무역지역에 다양한 다국적 기업이 진출해 있다.	석유가스산업, 금융산업에는 외국 기업의 진출이 불가하다.
중국	한국 기업이 170개 이상 진출해있으며, 현지 기업의 80% 이상이 우리나라 사람의 고용을 원한다.	중국 청년의 실업률이 높아 사회문제가 되고 있다.
미얀마	2013년 기준 약 2,500명의 한인이 거주 중이며 한류 열풍이 거세게 불고 있다.	내전으로 우리나라 사람들의 치안이 보장되지 않는다.
베트남	여성의 사회진출이 높고 정치, 경제, 사회 각 분야에서 많은 여성이 활약 중이다.	한국 기업 진출을 위한 인프라 구축이 잘 되어 있다.

① 인도네시아
② 아랍에미리트
③ 중국
④ 미얀마
⑤ 베트남

※ 다음 자료를 보고 이어지는 질문에 답하시오. [5~6]

계절	월	주제	세부내용
봄	3	시작	세계 꽃 박람회, 벚꽃 축제
	4	오감	세계 음식 축제, 딸기 디저트 시식회
	5	청춘	어린이날 행사
여름	6	음악	통기타 연주회, 추억의 7080댄스메들리
	7	환희	국제불빛축제, 서머페스티벌, 반딧불축제
	8	열정	락 페스티벌, 독립민주축제
가을	9	풍요	한방 약초 축제, 쌀문화 전시회, 세계 커피 시음회
	10	협동	남사당 바우덕이, 지구촌축제
	11	낭만	클래식 연주회, 가면무도회, 갈대축제
겨울	12	결실	얼음꽃축제, 빙어축제
	1	시작	해맞이 신년 기획 행사
	2	온정	사랑나눔 행사, 행복 도시락 배달

☑ 확인 Check! ○△×

05 이 자료의 적절한 제목은?

① 월별 세부업무계획
② 계절별 프로젝트 분담표
③ 월별 이벤트 진행현황
④ 연중 이벤트 계획표
⑤ 연중 이벤트 기획서

☑ 확인 Check! ○△×

06 자료를 수정한 것으로 적절하지 않은 것은?

① 5월 이벤트 계획은 좀 부실한 것 같으니, 다른 행사를 기획해 추가해야겠어.
② 6월 이벤트 중에 통기타 연주회는 주제와 어울리지 않으니, 수정해야겠어.
③ 겹치는 주제가 두 개가 있으니, 하나는 다른 주제로 변경해야겠어.
④ 12월은 주제와 세부내용이 맞지 않으니, 알맞은 세부내용을 기획해야겠어.
⑤ 4월에 진행하는 행사는 먹을 것으로만 구성되어 있으니, 다른 종류의 이벤트를 추가 계획해야겠어.

☑ 확인 Check! ○△×

07 다음은 정부의 일자리 안정자금을 소개하는 기사이다. 다음 기사를 읽고 비판할 수 있는 주장으로 적절한 것은?

공작기계 업체에서 생산한 제품을 A/S해주는 사업으로 시작된 ○○A/S센터는 1인 기업부터 대기업까지 기계가 고장나면 업체를 방문해 수리해주며 공작기계 및 부품 등을 판매하고 있다.

○○A/S센터는 운영비 중 대부분이 인건비로 나가고 있으며, 이로 인해 ○○A/S센터의 김 대표는 올해부터 최저임금이 대폭 인상된다는 소식에 걱정이 이만저만 아니었다. 그는 "일반 소상공인업체들은 최저임금 인상으로 부담이 큽니다. 정부에서는 8시간 기준으로 1인당 15만 원 정도 오른다고 하지만, 저희 회사는 업무 특성상 특근을 해야 하기 때문에 8시간 기준으로 적용하기 힘들어 4대 보험료와 특근 등을 포함하면 1인당 약 30만 원이나 오르게 됩니다."라고 설명했다.

그러던 어느 날, 김 대표는 언론매체와 소상공인지원센터를 통해 정부가 추진 중인 '일자리 안정자금' 지원 사업을 알게 됐다. 고스란히 부담해야 했던 인상된 임금을 일자리 안정자금으로 지원받게 된 것이다. 현재 ○○A/S센터의 일자리안정자금 지원을 받는 직원은 모두 3명이다. 김 대표는 "직원 3명이 지원을 받는 덕에 각자 13만 원씩 매달 39만 원, 연 468만 원의 부담을 덜 수 있어 다행입니다."라고 웃으며 말했다.

최저임금 인상은 직원들의 만족도 향상으로 이어졌고, 더불어 일자리 안정자금 지원을 받게 되면서 회사 내 분위기도 달라졌다. 직원들이 최저임금 인상으로 업무 만족도가 높아져 한 곳에 정착할 수 있다는 목표를 갖게 된 것이다. ○○A/S센터 직원 최씨는 "이곳에 잘 정착해 중요한 역할을 맡고 싶습니다. 직원의 입장에서는 한 곳에 정착할 수 있어 좋고, 사장님 입장에서도 직원이 자주 바뀌지 않아 업무의 효율성을 높일 수 있어 상생할 수 있다고 생각합니다."라고 말했다. 김 대표도 일자리 안정자금을 지원받은 이후 직원들과 꾸준히 같이 일할 수 있어 좋아했다. 그는 "직원이 안정되어야 경영도 안정될 수 있습니다."라며, 다른 소상공인들도 일자리 안정자금 지원을 받을 것을 추천했다. 김 대표는 "소상공인들이 최저임금 인상으로 인해 힘들 텐데 일자리 안정자금을 신청해서 조금이나마 경영에 도움이 되길 바랍니다."라며 정부에서 지원하는 정책들을 찾아보고 도움을 받기를 바란다고 대답했다.

① 일자리 안정자금은 국회의 법안들을 심의하는 과정에 충분한 논의가 이루어지지지 않았다.
② 우리 사회에 가장 적합한 최저임금 제도에 대한 국민의 공감대가 형성이 되지 않았다.
③ 영세기업과 소상공인의 어려운 경영 여건과 지불 능력을 고려하지 않고 최저임금을 책정했다.
④ 최저임금 인상률을 책정할 때 사업의 업종·지역·규모별 구분을 적용하지 않았다.
⑤ 일자리 안정자금이 지원되더라도 최저인금 인상률을 충당할 수 없는 영세기업들이 많다.

☑ 확인 Check! ○△×

08 A사원에게 B대리가 '상반기 고객 데이터 수치'에 대한 문서작성을 요구하였다. 다음 〈보기〉에 있는 작성내용과 작성방법이 올바른 것을 모두 고르면?

〈요구사항〉

A씨, 이번 보고서에 고객 데이터 수치가 들어가야 해요. 데이터 수치는 시트 제목을 '상반기 고객 데이터 수치'라고 작성하고 함수를 사용해 평균을 내주세요. 또 실제구매율이 있는 고객은 ○, 아닌 고객은 ×표가 나올 수 있게 다른 열에 구분표를 만들어주세요. 또 간단하게 작업이 필요한 것이 있는데, A4용지 한 장 분량의 고객 마케팅 관련 설명문을 넣어주어야 합니다. 설명문은 따로 워드로 저장해서 주세요. 자간은 160%로 띄워주시고, 본문 서체는 바탕, 10pt로 부탁할게요. 마지막으로 마케팅 사례를 사진자료를 덧붙여 전달력 있는 발표를 하기 위해서 다양한 효과를 사용하면 좋을 것 같네요.

보기

㉠ 스프레드 시트를 사용하여 상반기 고객 데이터를 정리하였다.
㉡ 고객 마케팅 관련 설명문을 스프레드 시트2에 작성하였다.
㉢ PPT의 레이아웃을 이용해 고객 마케팅 설명문과 마케팅 사례를 작성하였다.
㉣ 고객 마케팅 관련 설명문을 워드를 사용해 작성하였다.
㉤ 마케팅 사례를 PPT를 이용해 다양한 효과를 넣어 작성하였다.

① ㉠
② ㉠, ㉤
③ ㉢, ㉣
④ ㉠, ㉣, ㉤
⑤ ㉠, ㉡, ㉤

PART 1

※ 다음 기사를 읽고 물음에 답하시오. [9~10]

국민건강보험공단은 국민권익위원회가 주관하는 2015년 공공기관 청렴도 평가에서 종합청렴도 8.80점을 받아 직원 2,300명 이상 공공기관이 소속된 공직유관단체 1형 21개 기관 중 '매우 우수기관'으로 선정되었다고 밝혔다.
공단은 외부고객이 평가하는 외부청렴도에서는 지난해 8.87(2등급)보다 0.26점 상승한 9.13점을 받고, 소속직원이 평가하는 내부청렴도에서도 지난해 8.68(2등급)보다 0.02점이 상승한 8.70점을 받는 등 조직 내·외의 청렴도가 상승한 것으로 나타났다.
공단은 매우 우수기관(1등급) 달성을 위해 청렴성을 향상시키는 노력을 꾸준히 해왔다. 대외적으로는 지역사회 시민단체, 소비자단체 등과 교류를 통하여 공단 서비스에 대한 문제점 등을 지속적으로 청취하여 이를 적극적으로 개선하였고, 대내적으로는 지사직원과의 소통을 통하여 현장중심의 청렴 문화를 확산시키도록 '찾아가는 청렴컨설팅'을 확대 실시하였다. 또한, 부패 유발요인을 사전에 제거하기 위해 익명신고시스템을 활성화하고 청렴감찰제를 강화하였으며, 올해 제정된 '청탁금지법' 시행에 선제적으로 대응하기 위해 공단의 형사고발기준을 강화하였다.
공단 이사장은 "공단의 부패방지 노력이 다시 한번 확인되어 전 직원과 기쁨을 함께 하고 싶다. 그러나 청렴도 '매우 우수기관' 달성에 만족하지 않고, 부족한 부분은 보완하여 국민에게 더욱 신뢰받는 청렴한 기관이 되도록 노력해 나가겠다."고 소감을 밝혔다.

☑ 확인 Check! ○△×

09 기사의 제목으로 적절한 것은?

① 건보공단, 2015년도 공공기관 청렴도 '1등급(매우 우수기관)' 선정
② 건보공단, '찾아가는 청렴컨설팅' 도입
③ 건보공단, 익명신고시스템 활성화
④ 건보공단, '청탁금지법' 공기업 최초 시행
⑤ 건보공단, 내·외 청렴도 수직 상승

☑ 확인 Check! ○△×

10 공단이 청렴성을 높이기 위해 실시한 방법이 아닌 것은?

① 청렴감찰제를 강화하였다.
② 형사고발기준을 강화하여 청탁금지법에 선제적으로 대응하였다.
③ 지사직원들과 소통하는 등 여러 방면으로 노력하였다.
④ 대외적으로 청렴성에 대해 홍보하였다.
⑤ 지역사회 시민단체, 소비자 단체 등과의 교류를 통해 의견을 듣고 수렴하였다.

11 A과장이 B사원에게 새로운 사업을 시작하기 전 자료조사를 맡겼다. B사원이 조사한 자료를 보고 A과장이 B사원에게 조언할 말로 적절한 것은?

애플 주가 보름새 13% ↑ … "노키아처럼 몰락 가능성도"

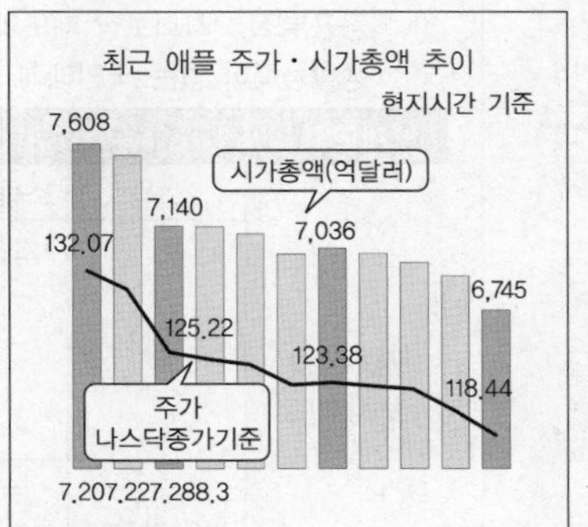

전 세계 시가총액 1위 기업인 애플의 주가가 4일(현지시각) 또다시 급락하면서 최근 6개월 새 최저치로 주저앉았다.
블룸버그에 따르면, 이날 미국 뉴욕 나스닥 시장에서 애플 주가는 전날 대비 3.2% 급락한 114.64달러로 마감했다. 전고점인 지난달 20일 주가(132.07달러)와 비교하면 13.2% 빠진 것이다.
이 기간 애플의 시가총액은 7천 608억 달러(약 890조 9천억 원)에서 6천 576억 달러(768조 7천억 원)로 줄어들어 1천 32억 달러, 한화로 약 103조 원이 증발했다.
애플 주가는 지난달 29일 전일 대비 0.32% 하락한 이래 5거래일 연속 떨어졌으며, 최근 이틀새 각각 2.4%, 3.2%씩 큰 폭으로 하락했다.
이날 애플의 주가는 지난 1월 28일 115.31달러로 장을 마친 이래 가장 낮은 액수를 기록했다.
중국 시장에서의 부진도 요인으로 꼽힌다. 시장조사업체 카날리스의 최근 보고서에 따르면, 중국 시장에서 1위를 달리던 애플의 점유율은 지난 분기 들어서 3위로 떨어졌다고 미국 CNN방송이 전했다. 올 2분기 중국 시장 점유율 1위는 샤오미(小米·15.9%), 2위는 화웨이(华为·15.7%)로 현지 업체들이 시장을 장악했다.
중국에서의 애플 판매량도 전 분기 대비 21% 떨어진 것으로 나타났다.
중국 경기가 둔화세로 돌아서면서 애플 향후 전망에 대한 우려가 커지고 있다.
애플은 전체 판매량의 25%를 중국에 의지하고 있었기에 중국의 경기 침체는 애플에도 악재다.
마켓워치에 따르면, 애플은 내년도에 22% 성장할 전망이었지만, 중국 경제가 휘청거리면서 성장전망치는 7.5%로 줄어들었다.
아이폰 이후에 애플을 견인할 제품이 없다는 점과 마이크로소프트(MS)가 윈도 10을 내놓으면서 애플이 밀릴 수 있다는 점 역시 우려되는 점으로 지적됐다.
콜린 길리스 BGC 파트너스 애널리스트는 "애플이 아이폰에 의존적이냐고 묻는다면 '그렇다.'"며 과거 개인용컴퓨터(PC) 시장이 그랬던 것처럼, 소비자들이 몇 달마다 한 번씩 스마트폰을 바꿀 필요가 없다고 느끼고 있다고 설명했다.
미국 CNBC방송은 스마트폰 업계의 1인자인 애플이 과거 노키아처럼 몰락의 길을 걷게 되는 것이 아니냐는 예측을 내놓기도 했다.
한편, 이날 애플이 이동통신 사업에 진출한다는 외신 보다가 나왔으나, 애플은 이를 적극적으로 부인했다.
비즈니스인사이더는 업계 관계자를 인용해 애플이 미국의 가상이동통신망사업자(MVNO) 업체와 접촉하고 있으며, 유럽 이동통신사에는 의사를 타진했다고 전했다.
애플은 수년 전부터 MVNO 시장에 관심을 보였으며, 2006년에는 관련 특허를 신청하기도 했던 것으로 알려졌다.
하지만 애플 대변인은 "MVNO 사업에 대해 논의한 적도 없고 관련해 어떤 계획도 없다."고 못박았다.
* 별첨 : 애플 1 ~ 6월 주가 정보.hwp
경쟁사 1 ~ 6월 주가 정보.hwp

① 제목이 너무 구체적인 것 같군요. 내용을 유추할 수 없도록 바꾸는게 좋겠어요.
② 정보를 요약해 놓은 그래프는 빼는 것이 좋겠어요.
③ 같은 내용이라도 문장마다 문단을 나누어 가독성이 훨씬 좋은 것 같군요.
④ 첨부파일이 무슨 내용인지 알 수 있도록 첨부파일명을 바꾸세요.
⑤ 제목과 내용이 다릅니다.

PART 1

☑ 확인 Check! ○ △ ×

12 다음의 자료를 보고 각각에 해당하는 사람이 보장 받을 수 있는 내용으로 적절하지 않은 것은?

보건복지부 주요 복지제도 현황

▣ 공공부조* 신청 시 받을 수 있는 각종 급여 현황(3인 가족 기준)

* 공공부조 : 사회보장 제도의 일종으로서 국가나, 지방자치단체의 이전지출금(移轉支出金)으로 운영되는 소득보장 제도로 생활능력이 없는 국민에게 국가의 책임하에 공비(公費) 부담으로 직접 금품을 제공하거나 무료혜택을 주는 제도이다.

제도명	대상자 선정기준		급여 종류
기초생활 보장제도	소득	소득인정액이 133만 원 이하	〈수급권자의 소득인정액의 0원이고 부양비가 부과되지 않는 경우〉 • 생계급여 : 838천 원 • 주거급여 : 237천 원 • 의료급여 : 1종, 2종 의료급여 • 자활급여 : 근로능력자가 근로활동에 종사하지 않는 경우
	재산	• 소득이 0원인 경우 보유가능 재산 최대액 – 대도시 120백만 원 – 중소도시 91백만 원 – 농어촌 67백만 원 * 재산이 주거용 재산인 경우의 한도액임	
	부양의무자	• 부양의무자가 부양능력이 없거나 미약한 경우 * 미약한 경우 부양비 부과 조건	
긴급 복지 지원	대상 요건	• 주소득자의 사망·실직·부상으로 소득을 상실한 경우 • 가구원 중 질병, 부상을 당한 경우 • 방임, 유기, 학대 등을 당한 경우 • 화재 등 천재지변을 당한 경우 등	• 생계지원 : 881천 원(최장 6개월 가능) • 의료지원 : 300만 원 이내 본인부담(2회 가능) • 주거지원 : 594천 원(최장 12개월 가능) • 시설이용 : 1,090천 원(최장 6개월 가능) • 이외 연료비 89천 원, 전기요금 500천 원, 해산·장제비 지원 가능
	소득	• 가구의 최저생계비 150% 이하 * 단, 생계지원은 120% 이하	
	재산	• 대도시 13,500만 원 이하 * 중소도시(8,500만), 농어촌(7,250만)	
	금융재산	• 300만 원 이하 * 주거지원은 500만 원 이하	
차상위 본인부담 경감 대상자 지원사업	대상 요건	• 중증질환자, 6개월 이상 치료가 필요한 자	• 요양급여비용 본인부담 경감 – 만성질환자는 입원 시 요양급여 14%, 기본식대 20% 부담 – 외래환자는 요양급여 14% 부담 (정액 1,000원, 1,500원) * 일반인은 입원 시 요양급여 20%, 식대 50% 부담, 외래 시 30 ~ 60% 부담
	소득	• 최저생계비 120% 이하	
	부양의무자	• 부양의무자가 부양능력이 없거나 미약한 경우	
희망복지 지원단 통합사례 관리사업	대상 요건	• 복합적인 욕구를 가지고 있는 저소득 위기 가정	• 주민센터, 지역사회복지협의체, 지역 서비스 제공기관 등과 연계 및 협력으로 대상자의 욕구 충족 – 기초생활, 차상위빈곤가구, 긴급지원, 민간 복지자원 연계 등 서비스 지원
좋은 이웃들 사업	대상 요건	• 창고나 컨테이너 등 비정형거주자, 중증질환 저소득가정, 독거노인, 조손가정, 한부모가정 등 취약계층	• 공정서비스 연계 및 보장기관에 조사 의뢰

① 손자와 함께 사는 할머니 A씨는 컨테이너에 사는 비정형거주자이다. – 좋은 이웃들 사업

② B씨의 집은 복합적 욕구를 가진 저소득 위기 가정이다. – 희망복지 지원단 통합사례 관리사업

③ 중소도시에 사는 C씨는 부양의무자가 없고 소득도 없다. 다만, 주거용 재산 98백만 원을 갖고 있다. – 기초생활 보장제도

④ 중증질환으로 7개월의 치료가 필요한 D씨는 최저생계비의 110% 소득이 있지만, 부양의무자가 없다. – 차상위 본인부담 경감 대상자 지원 사업

⑤ 화재가 난 농어촌 지역에 사는 E씨의 재산은 6천만 원이고, 금융 재산은 1백만 원이 있다. 또한 소득은 최저생계비의 120%에 해당한다. – 긴급복지지원

☑ 확인 Check! ○ △ ×

13 **귀하는 화장품회사의 상품기획팀 사원이다. 오늘은 거래처 직원과의 미팅이 있었는데, 예상했던 것보다 미팅이 지연되는 바람에 사무실에 조금 늦게 도착하고 말았다. 귀하는 A팀장에게 찾아가 늦게 된 상황을 설명하였다. 다음의 대화에서 A팀장이 가져야 할 경청 방법으로 가장 적절한 것은?**

> 귀하 : 팀장님, 외근 다녀왔습니다. 늦어서 죄송합니다. 업무가 지연되는 바람에 늦….
> A팀장 : 왜 이렇게 늦은 거야? 오후 4시에 회의가 있으니까 오후 3시 30분까지는 들어오라고 했잖아. 지금 몇 시야? 회의 다 끝나고 오면 어떡해?
> 귀하 : 죄송합니다, 팀장님. 거래처 공장에서 일이 갑자기 생겨….
> A팀장 : 알았으니까 30분 뒤에 외근 업무 내용 보고해.

① 상대방과 시선을 맞추며 이야기한다.
② 혼자 대화를 주도하지 않는다.
③ 상대방의 말을 가로막지 않는다.
④ 다리를 꼬고 앉거나 팔짱을 끼지 않는다.
⑤ 여러 사람과 대화할 경우, 말하는 순서를 지킨다.

☑ 확인 Check! ○ △ ×

14 다음은 한국산업인력공단 정보공개처리운영규칙의 일부 내용이다. 다음 규칙에 대한 설명으로 적절하지 않은 것은?

> **제10조(정보공개의 청구방법 등)**
>
> ① 정보의 공개를 청구하는 자(이하 "청구인"이라 한다)는 해당 정보를 보유하거나 관리하고 있는 공단에 다음 각 호의 사항을 적은 정보공개 청구서를 제출하거나 말로써 정보의 공개를 청구할 수 있다.
>
> 1. 청구인의 성명・주민등록번호・주소 및 연락처(전화번호・전자우편주소 등을 말한다)
> 2. 공개를 청구하는 정보의 내용 및 공개방법
>
> ② 제1항에 따라 청구인이 말로써 정보의 공개를 청구할 때에는 담당 직원의 앞에서 진술하여야 하고, 담당 직원은 정보공개 구술청구서를 작성하여 이에 청구인과 함께 기명날인하거나 서명하여야 한다.
>
> ③ 제1항에 따른 정보공개 청구서는 공단에 직접 출석하여 제출하거나 우편・팩스 또는 정보통신망을 이용하여 제출한다.
>
> ④ 공단은 정보공개 청구서를 접수하면 정보공개 처리대장에 기록하고 청구인에게 접수증을 발급하여야 한다. 다만, 다음 각 호의 어느 하나에 해당하는 경우에는 청구인이 요청할 때를 제외하고는 접수증을 발급하지 아니할 수 있다.
>
> 1. 즉시 또는 말로써 처리가 가능한 정보의 정보공개 청구서를 접수한 경우
> 2. 우편・팩스 또는 정보통신망을 통하여 정보공개 청구서를 접수한 경우
>
> ⑤ 제4항에도 불구하고 다음 각 호의 어느 하나에 해당하는 경우로서 「민원 처리에 관한 법률」에 따른 민원으로 처리할 수 있는 경우에는 민원으로 처리할 수 있다.
>
> 1. 공개 청구된 정보가 공단이 보유・관리하지 아니하는 정보인 경우
> 2. 진정(陳情)・질의 등 공개 청구의 내용이 법 및 이 규칙에 따른 정보공개 청구로 볼 수 없는 경우
>
> ⑥ 공단은 정보공개 청구서가 제5항에 해당하는 경우에는 다음 각 호의 사항을 구체적으로 적어 청구인에게 통지하여야 한다.
>
> 1. 정보공개 청구에 따를 수 없는 제5항 각 호의 사유
> 2. 민원으로 처리함에 따른 처리결과
>
> ⑦ 공단은 다음 각 호의 어느 하나에 해당하는 청구에 대해서는 종결 처리할 수 있다.
>
> 1. 제3항에 따라 정보공개를 청구하여 정보공개 여부에 대한 결정의 통지를 받은 자가 정당한 사유 없이 해당 정보의 공개를 다시 청구한 경우
> 2. 제5항에 따른 청구를 한 자가 제6항에 따른 통지를 받은 후에 다시 같은 청구를 한 경우

① 말로써 정보의 공개를 청구하고자 할 경우 청구인은 정보공개 구술청구서를 작성한 후 담당 직원의 서명을 받아야 한다.

② 우편으로 접수된 정보공개 청구서의 경우 청구인이 별도로 요청하지 않는다면 접수증을 발급하지 않아도 된다.

③ 공단이 보유하지 않은 정보에 대한 정보공개 청구서는 민원으로 처리할 수 있다.

④ 민원으로 처리된 정보공개 청구서의 경우 민원으로 처리함에 따른 구체적인 처리결과를 청구인에게 통지하여야 한다.

⑤ 정보공개 청구를 통해 통지를 받은 사람이 별다른 이유 없이 해당 정보공개를 재요청한 경우 공단은 해당 청구건에 대해 종결 처리할 수 있다.

☑ 확인 Check! ○ △ ×

15 귀하는 보험회사의 마케팅팀에서 근무하고 있다. 하루는 팀장이 문서 파일을 주면서 "오늘 회의에 필요한 것만 간추려 분류하라."는 지시를 했다. 팀장이 지시한 업무를 처리하기 위해 귀하에게 필요한 능력으로 가장 적절한 것은?

① 타 부서에 업무협조를 부탁하는 능력
② 상대방의 이야기를 경청하고 이해하는 능력
③ 도표·수·기호 등을 이해하는 능력
④ 자신의 생각을 조리있게 이야기하는 능력
⑤ 자유롭게 외국어를 구사할 수 있는 능력

☑ 확인 Check! ○ △ ×

16 귀하는 상사의 의사소통 방식에 대해 동료와 이야기하고 있다. 다음 중 빈칸에 들어갈 말로 적절하지 않은 것은?

> A : 우리 팀장님은 의사소통 방식이 참 개방적인 것 같아요.
> B : 그게 무슨 뜻이에요?
> A : (   )

① 자신과 다른 생각도 잘 받아들이신다는 거예요.
② 음, 그러니까 생각이 열려있는 분이라고 해야 하나요?
③ 다른 팀장님들처럼 무조건 한 가지 방식만 고집하지 않으시잖아요.
④ 너무 꼼꼼해서 가끔 피곤할 때가 있다는 의미죠.
⑤ 여러 가지 의견을 수렴할 줄 아는 분 같다는 말이에요.

PART 1

☑ 확인 Check! ○ △ ×

17 귀하는 백화점 안내데스크에서 안내원으로 근무하고 있다. 하루는 상사가 귀하에게 "노인, 임산부 등 노약자 고객이 길을 물어볼 경우, 가급적이면 해당 장소까지 직접 안내하도록 하세요."라고 지시하였다. 다음 중 귀하가 취할 행동으로 가장 적절한 것은?

① 길을 물어보는 모든 고객을 해당 장소까지 안내한다.
② 60세 이상 노인 고객이나 몸이 불편한 고객이 길을 물어볼 경우, 해당 장소까지 안내한다.
③ 길을 물어보는 모든 고객에게 말로 알기 쉽게 안내한다.
④ 노약자 고객이 길 안내를 요청하면 길을 가는 다른 고객에게 부탁한다.
⑤ 노약자 고객이 길 안내를 요청하면 상사에게 연락한다.

☑ 확인 Check! ○ △ ×

18 다음 글에서 밑줄 친 ㉠~㉤의 수정 방안으로 적절하지 않은 것은?

> 조직문화란 조직 구성원들이 공유하는 가치체계·신념체계·사고방식의 복합체를 말한다. ㉠ 그러나 조직문화는 조직 구성원들에게 정체성과 집단적 몰입(Collective Commitment)을 가져오며, 조직체계의 안정성과 조직 구성원들의 행동을 형성하는 기능을 ㉡ 수행할 것이다.
> 따라서 어느 조직사회에서나 조직 구성원들에게 소속감을 부여하고 화합을 도모하여 조직생활의 활성화를 ㉢ 기하므로 여러 가지 행사를 마련하게 되는데, 예컨대 본 업무 외에 회식·야유회(MT)·체육대회·문화행사 등의 진행이 그것이다.
> 개인이 규범·가치·습관·태도 등에서 ㉣ 공통점이 느껴지고 동지의식을 가지며 애착·충성의 태도로 임하는 집단을 내집단(In Group)이라고 한다. 가족·친구·국가·민족 등이 이에 해당한다. 반면에 타인·타국 등 다른 문화를 가진 집단을 외집단(Out Group)이라고 부른다. 조직 구성원 간의 단합을 ㉤ 도모함으로써 조직의 정체성과 집단적 몰입을 꾀하는 조직문화는 곧 조직의 내집단 의식 고취를 목적으로 한다고 할 수 있다.

① ㉠ : 문맥을 고려하여 '그리하여'로 수정한다.
② ㉡ : 미래·추측의 의미가 아니므로 '수행한다.'로 수정한다.
③ ㉢ : 문맥을 고려하여 '기하기 위해'로 수정한다.
④ ㉣ : 문장 중간에 동작 표현이 바뀌어 어색하므로 '공통점을 느끼고'로 수정한다.
⑤ ㉤ : 문장의 부사어로 사용되고 있으므로 '도모함으로서'로 수정한다.

☑ 확인 Check! ○ △ ×

19 귀하는 중소기업의 총무팀에서 근무하고 있다. 어느 날 팀장이 다음의 기사를 주며 내용을 검토한 뒤 보고하라고 했다. 다음 기사를 읽고 귀하가 보고할 내용으로 가장 적절한 것은?

> **중소기업진흥공단 '내일채움공제'**
> **"중소기업 근로자에게 금전적 보상, 장기 재직 유도"**
>
> 중소기업진흥공단(이하 중진공)에서 추진하는 중소기업 근로자의 장기재직과 인력양성을 위해 운영하는 정책성 공제인 '내일채움공제' 사업이 많은 중소기업과 핵심인력들에게 높은 관심을 받고 있다.
> 내일채움공제는 중소기업 핵심인력의 인력난을 해소하고, 장기재직을 유도하기 위해 중진공에서 공식 출범한 공제사업이다. 이 제도를 통해 기업주와 핵심인력은 5년간 매월 일정 금액을 공동으로 적립하고, 핵심인력 근로자가 만기까지 재직 시 성과보상금으로 공동적립금을 지급한다. 핵심인력이 매달 10만 원을 적립할 때 중소기업은 20만 원 이상을 적립하도록 규정하고 있기 때문에 장기재직을 유도하는 방안으로 꼽힌다.
> 조세소위원회 심사자료에 따르면, 내일채움공제에 가입한 근로자는 올해 9월 기준 3,441개 업체 8,398명이다. 이들은 월 평균 12만 7,000원, 기업은 월 평균 30만 6,000원을 납입하고 있고, 5년 후 공제금 수령 예상액은 평균 2,756만 원(세전) 수준이다.
> 내일채움공제에 가입한 기업은 공제납입금에 대해 손금(필요경비) 인정과 함께 연구 및 인력개발비 세액공제 혜택을 받을 수 있으며, 과세표준구간에 따라 최소 31%, 최대 63%의 절세효과를 누릴 수 있다는 이점을 가지고 있다. 가입한 핵심인력 또한 만기공제금 수령 시 소득세의 50%를 감면해주는 제도가 2015년 세법개정(안)에 반영됨에 따라, 근로자들의 실질적인 재산증식 효과도 가져올 수 있을 것으로 기대를 모은다.

① 근무 연수에 상관없이 내일채움공제에 가입한 근로자라면, 모두 혜택을 받을 수 있습니다.
② 내일채움공제에 가입한 뒤에는 근로자나 기업 둘 중 하나가 공제부금을 납입하면 됩니다.
③ 공제금액의 최종 수급권자는 공제가입 핵심인력으로 만기공제금을 수령할 경우, 소득세의 50%를 감면해준다고 합니다.
④ 핵심인력은 매달 최대 10만 원, 기업은 매달 최대 20만 원까지 납입할 수 있습니다.
⑤ 내일채움공제 가입 기업은 공제납입금에 대해 최대 50%까지 절세혜택을 받을 수 있습니다.

PART 1

※ 다음은 B기업이 임금피크제를 도입하기 위해 참고한 문서이다. 이어지는 물음에 답하시오. **[20~21]**

• 업종 : 전기, 가스 증기 및 수도사업 • 근로자수 : 20,296명 • 유형 : 임금조정형

1. 사전준비
   • 숙련인력 활용, 인건비 관리의 탄력적 운영, 안정적 노후생활 요구
   • 노조의 정년연장 지속적 요구에 따라 임금피크제 도입 논의(2007)
   • 2008년 임금인상분 반납으로 일자리 창출 고용안정재원을 조성하여 정년연장에 따른 신규채용여력 확보를 위한 희망퇴직 시행(2009.10)
   • 정년연장 임금피크제 시행 노사합의(2009.12) : 2010년 7월부터 시행
     – 임금피크제 선택 시 정년 2년 연장(58세 → 60세), 단계적 연장

퇴직 예정일	2010년 7 ~ 12월	2011년	2012년	2013년 이후
정년 연장기간	6개월	1년	1년 6개월	2년

2. 현황분석
   • 중·장기 비용분석 : 임금피크제 선택 시 정년을 6개월 단위로 연장하여 비용 최소화
3. 적용대상 및 감액기준 결정
   • 전 직원
4. 제도유형 결정
   • 정년연장형(58세 → 60세)
5. 임금굴절점 결정
   • 만 57세가 피크시점, 정년퇴직 예정일 익일부터 적용
6. 임금감액률 결정
   • 감액기준 : 피크임금

연령	만 57세	만 58세	만 59세
감액률	피크임금 대비 10%	피크임금 대비 30%	피크임금 대비 35%
지급률	피크임금 대비 90%	피크임금 대비 70%	피크임금 대비 65%

7. 근로조건 등의 조정
   • 만 57세 정년퇴직 예정일 익일이 되는 날의 당원 기본연봉을 기준으로 연령별 피크임금을 적용
     – 수당, 성과연봉 등 기본연봉에 연동되는 급여는 피크임금 적용 이후 금액으로 반영
   • 급여를 제외한 나머지 인사운영은 이전과 동일하게 유지(인사승진, 평가, 임금인상률, 부서배치 등에 있어 차등 요소 배제)
   • 상위직급의 경우 직무급을 통해 수행직위·업무에 대해 보상
   • 퇴직금은 임금지급률이 바뀔 때마다 매년 퇴직금 중간정산을 시행해 퇴직금 감소를 최소화
   • 임금감액 외 복리후생(학자금 지원 등)에 변동 없음
   • 승진 소요년수를 정년연장과 비례하여 늘림으로써 적절한 정·현원 관리 실시
8. 직무·직책의 조정
   • 변동 없음(임금만 감액)

☑ 확인 Check! ○△×

20 위 자료에 대한 설명으로 옳은 것은?

① 임금피크제 선택 시 정년은 61세 이상으로 연장된다.
② 임금피크제 적용 대상은 정규직 직원으로 제한한다.
③ 만 57세와 만 59세의 임금감액률의 차이는 20%이다.
④ 임금피크제가 실시되면 모든 직무급의 임금이 동일해진다.
⑤ 퇴직 예정일이 2011년인 임금피크제 대상자는 정년 연장기간이 1년이다.

☑ 확인 Check! ○△×

21 B기업의 직원인 김 부장의 월급은 800만 원으로 연령은 만 57세이다. 2018년 3월부터 임금피크제가 적용되었다면 2018년에 김 부장이 받게 되는 연봉의 액수는?(단, 김 부장의 생년월일과 연봉의 이자, 세금 등은 고려하지 않는다)

① 약 8,200만 원
② 약 8,400만 원
③ 약 8,600만 원
④ 약 8,800만 원
⑤ 약 9,000만 원

PART 1

확인 Check! ○ △ ×

22 다음 글의 내용과 일치하지 않는 것은?

대기업의 고객만족 콜센터에서 상담원으로 8년째 일하고 있는 김모 씨(30 · 남)는 매일 아침마다 극심한 두통에 시달리며 잠에서 깬다. 김 씨는 "욕설을 듣지 않은 날이 손에 꼽을 정도다."라며, "물론 보람을 느낄 때도 있지만, 자괴감이 드는 날이 더 많다."라며 '감정노동자'들의 고충을 호소했다.
이처럼 콜센터 안내원, 호텔관리자, 스튜어디스 등 직접 사람을 마주해야 하는 서비스업 종사자의 감정노동 스트레스는 심각한 수준으로 나타났다. 특히 텔레마케터의 경우 730가지 직업 가운데, 감정노동 강도가 가장 높았다. 최근 지방자치단체와 시민단체, 기업 등을 중심으로 감정노동자 보호를 위한 대안들이 나오고 있지만, 서비스업 종사자들이 느끼는 감정노동의 현실이 개선되기까지는 여전히 많은 시간이 걸릴 것으로 보인다.
문제는 감정노동자들의 스트레스가 병으로도 이어질 수 있다는 점이다. 산업안전보건공단에 따르면, 감정노동자들 중 80%가 인격 모독과 욕설 등을 경험했고, 38%가 우울증을 앓고 있는 것으로 조사됐다. 이는 심한 경우 불안장애 증상이나 공황장애 등의 질환으로 발전할 수 있어 전문가들은 감정노동자들에게 각별한 주의를 당부하고 있다.
하지만 이런 현실에 비해 아직 우리 사회의 노력은 많이 부족하다. 많은 감정노동자들이 스트레스로 인한 우울증과 정신질환을 앓고 있지만, 재계의 반대로 '산업재해보상보험법 시행령 및 시행규칙 개정안'은 여전히 공중에 맴돌고 있는 상태다. 서비스업의 특성상 질병의 인과관계를 밝혀내기 어렵기 때문에 기업들은 산재보험료 인상으로 기업의 비용이 부담된다며 반대의 목소리를 내고 있다.

① 지방자치단체와 시민단체, 기업 등의 무관심이 서비스업 종사자들의 업무 환경을 더욱 악화시키고 있다.
② 감정노동자 중 20%만이 욕설 등 모욕적인 발언을 경험하지 않았다.
③ 우울증은 심한 경우, 정신장애를 일으킬 수 있다.
④ 감정노동자에 대해 우리 사회도 더욱 관심을 가져야 할 필요가 있다.
⑤ 감정노동으로 발생한 질병의 인과관계를 밝히기 어렵다는 이유로 기업들은 산재보험법 시행령을 반대하고 있다.

☑ 확인 Check! ○△×

23 다음 중 〈보기〉의 문장이 들어갈 위치로 적절한 곳은?

> 우리나라의 4대강에서 녹조 현상이 두드러지게 나타나고 있다. 지난 여름 낙동강에서 심한 녹조 현상이 나타남에 따라 '녹조라테'라는 말이 등장했다. 녹조라테란 녹조 현상을 녹차라테에 빗대어, 녹색으로 변한 강을 비꼬아 이르는 말이다.
> (가) 녹조는 부영양화된 호수나 유속이 느린 하천이나 정체된 바다에서 부유성의 조류가 대량 증식하여 물색을 녹색으로 변화시키는 현상을 말한다. (나) 부영양화는 물에 탄소, 질소 및 인과 같은 플랑크톤의 번식에 양분이 되는 물질들이 쌓여 일어난다. 이런 물질들은 주로 공장폐수나 가정하수 등에 많이 들어 있고, 연못처럼 고여 있는 물에서 빠른 속도로 부영양화가 진행된다. (다) 대량으로 증식된 조류는 물속의 산소량을 줄여 수중생물들의 생명을 위협하고, 독성물질을 생성하면서 악취를 풍긴다.
> (라) 사실 조류는 물속에 있어서 꼭 필요한 존재이다. 조류는 먹이사슬의 1차 생산자로 수생태계 유지에 중요한 역할을 담당하기 때문이다. (마) 단지 인간에 의해 과도한 조류로 발생한 녹조가 문제일 뿐, 적당한 녹조는 생태계에 꼭 필요한 존재이다.

> **보기**
> 물론 녹조라고 해서 무조건 나쁜 것은 아니다.

① (가) ② (나)
③ (다) ④ (라)
⑤ (마)

PART 1

안심Touch

24 다음 보도자료에 대한 이해로 가장 적절한 것은?

> **새 학기, '스마트 안전 귀가'로 걱정 뚝!**
> – 전국 초·중·고교 대상 '스마트 안전 귀가' 서비스 홍보 –
>
> • 안전행정부는 새 학기를 맞아 전국 초·중·고등학교를 대상으로 '스마트 안전 귀가' 앱 서비스에 대해 교육부와 공동으로 대대적인 홍보에 나섰다.
> ▶ 매월 4일 '안전의 날'을 중심으로 평소 잊고 있던 안전 의식을 다시 한 번 고취시키고, 자녀의 안전한 귀가와 학부모의 등·하굣길 안전사고에 대한 걱정을 덜어주기 위해 교육부와 협의를 거쳐 학기초, 서비스 포스터 및 안내 자료를 전국 초·중·고교에 배포하였다.
>
> • '스마트 안전 귀가' 앱 서비스는 어린이나 노인, 여성이나 청소년 등 사용자가 설정한 목적지까지의 이동 정보를 주기적으로 문자나 SNS로 보호자에게 전송해 사고 위험을 사전에 줄일 수 있다.
>
> • 앱 사용 중, 위급한 상황이 발생하면 바로 긴급신고 버튼을 눌러 보호자에게 자동으로 연락이 가능하며, 청소년 통행금지구역 등과 같은 위험지역에 진입하면 벨이나 진동으로 알려준다.
> ▶ 또한 휴일 영업 중인 가까운 약국이나 현재 운영 중인 병원 정보 및 비상대피시설 등 생활안전시설물에 대한 정보도 함께 제공하고 있다.
>
> • '스마트 안전 귀가' 앱 서비스는 2012년 11월 21일 전국 개통 이후, 많은 사용자들로부터 호평을 받고 있다.
> – 앱 다운로드 건수 : 194,541건, 사용 건수 : 576,039건 (2014.2월 초 기준)
> ▶ 뿐만 아니라, 지난해 대한민국 굿앱인증 및 스마트 앱 어워드 등 각종 어워드에서 대상을 수상하는 등 서비스의 우수성을 인정받은 바 있다.
>
> • 이 서비스는 통신사 등 민간에서 제공하는 유료 서비스와 달리, 별도의 가입 절차가 필요 없으며 위치 정보 등 개인 정보를 수집하지 않는다.
> ▶ 생활공감지도 사이트(www.gmap.go.kr)와 통신사별 앱스토어에서 무료로 다운받아 이용할 수 있다.

① 통신사 앱스토어에서 유료로 다운받아야 한다.
② 이 서비스는 어린이나 청소년을 대상으로 한다.
③ 긴급 상황이 발생하면 자동으로 연락이 가능하다.
④ 별도로 가입을 해야 하기 때문에 개인 정보 유출의 우려가 있다.
⑤ 사용자가 설정한 목적지까지의 이동 정보를 보호자에게 주기적으로 전송한다.

☑ 확인 Check! ○△✕

25 정부기관에 근무하고 있는 귀하는 상사로부터 다음의 자료를 검토하라는 지시를 받았다. 자료를 검토한 뒤, 귀하가 이해한 내용으로 적절한 것은?

> **안전행정부, 새 학기 맞아 학교 주변 안전 위해 요소 특별점검**
>
> – 3.3 ~ 3.14(12일간), 학교 주변 교통 · 유해업소 · 식품 · 옥외광고물 등 점검 –
>
> ▲ 개학을 맞아 정부부처 합동으로 학생들의 안전한 학교생활을 위한 특별점검 실시
> – 특별점검 기간 : 3월 3일 ~ 3월 14일까지 12일간이며, 교통 · 유해업소 · 식품 · 옥외광고물 등 4개 영역의 안전 취약 분야에 대해 실시
> ※ 단, 유해업소 및 교통 분야는 3월 말까지 단속 추진
> – 안전행정부 · 교육부 · 식약처 · 경찰청 합동 점검
>
> ▲ 중점 단속 분야
> – 교통 분야 : 어린이보호구역 내 과속 · 불법주정차 등 교통법규 위반과 어린이 통학차량 운전자 준수 의무 위반 등에 대한 점검 진행
> – 유해업소 분야 : 학교환경위생정화구역 및 주변지역 업소의 불법영업행위에 대한 점검 및 신 · 변종 업소에 대한 정비
> – 식품 분야 : 학교 급식소 · 식재료 공급업체 · 학교 매점 등에 대한 점검
> – 옥외 광고물 분야 : 통학로 주변의 노후 간판 및 선정적 유해 광고물에 대한 집중적인 점검
>
> ▲ 특별사법경찰(Special Judical Police Officer) 제도 활용
> – 서울 · 부산 · 경기 · 인천지역은 지방자치단체 특별사법경찰과 협력해 불량식품 · 청소년 보호 등을 대상으로 하는 기획수사 실시

① 학교 앞에서 파는 떡볶이도 단속 대상에 포함되겠구나.
② 특별점검은 4개의 부처가 협동해서 안전 취약 분야에 대해 실시하는 것이구나.
③ 번화가에서 영업을 하고 있는 점포들은 간판이 오래되었다면 서둘러 수리해야겠구나.
④ 전문 지식이 있는 일반 경찰이 특별사법경찰 업무를 맡겠구나.
⑤ 어린이 통학차량 운전자는 어린이보호구역 내에서만 준수 의무를 지키면 되겠구나.

PART 1

※ 다음은 H인터넷서점의 이용 약관의 일부내용이다. 이어지는 질문에 답하시오. [26~27]

〈H인터넷서점 주요 이용 약관〉

제13조(배송)

회사는 이용자가 구매한 재화 등에 대해 배송수단, 수단별 배송비용 부담자, 수단별 배송기간 등을 명시합니다. 만약 회사의 고의·과실로 약정 배송기간을 초과한 경우에는, 그로 인한 이용자의 손해를 배상합니다. 단, 공휴일과 기타 휴무일 또는 날씨 및 택배사 등의 불가항력적 사유가 발생하는 경우, 그 해당기간은 배송소요기간에서 제외됩니다.

제14조(반품, 교환, 환불, 취소)

① '전자상거래 등에서 소비자보호에 관한 법률' 제17조에 따라 이용자는 상품을 배송받은 날로부터 7일 이내에 반품 또는 교환을 요청할 수 있습니다. 단, 다음 각 호의 경우에는 이용자가 반품이나 교환을 요청할 수 없습니다.
  1. 이용자의 책임이 있는 사유로 재화 등이 멸실되거나 훼손된 경우
  2. 이용자의 사용 또는 일부 소비로 재화 등의 가치가 현저히 감소한 경우
  3. 복제가 가능한 재화 등의 포장을 개봉하거나 훼손한 경우
  4. 기타 재화 등의 특성상 환불이나 교환을 요청할 수 없는 합리적인 사유가 있는 경우

② 제1항에도 불구하고 다음 각 호의 경우에 이용자는 재화 등의 수령일로부터 30일 이내에 환급, 반품 및 교환을 요구할 수 있고, 반품 비용 일체를 회사 또는 판매자가 부담합니다.
  1. 재화 등의 내용이 표시·광고 내용과 다르거나 계약내용과 다르게 이행된 경우. 다만, 이 경우에는 그 사실을 안 날 또는 알 수 있었던 날부터 30일 이내(늦어도 수령일로부터 3개월 이내) 청약철회를 할 수 있습니다.
  2. 배송된 재화가 이용자의 과실 없이 파손, 손상되었거나 오염되었을 경우
  3. 재화가 광고에 표시된 배송기간보다 늦게 배송된 경우

③ 제2항에 해당하지 않는 사유로 배송된 재화를 반환하는 경우, 반품 비용 및 반송비 일체를 이용자가 부담해야 합니다.

④ 이용자가 개봉한 소프트웨어 및 음반, 만화책 및 단시간 내에 필독이 가능한 잡지, 영상 화보집의 경우는 제2항 각 호에 해당하지 않는 경우, 반품 및 환불이 불가합니다.

⑤ 이용자와 연락이 되지 않을 경우, 모든 환불금액은 본인확인의 안전성을 위하여 구매대금 중 적립금 사용분을 제외한 실제 결제액의 경우, 이 약관 37조의 예치금으로 환불하는 것을 원칙으로 합니다.

⑥ 제2항에 해당되지 않는 사유로 반품하여 주문을 취소하고 해당 주문으로 발생한 적립금을 이미 사용하였을 경우, 사용한 적립금액을 차감한 후 환불함을 원칙으로 합니다. 다만, 환불순서는 이용자의 적립금 잔액, 예치금 등으로 합니다.

⑦ 거래가 취소되어 결제대금을 환불할 경우는 회사는 거래가 취소된 날로부터 2영업일 이내에 이용자에게 환불에 필요한 조치를 합니다. 신용카드로 결제했을 때는 환불을 요청한 즉시 결제 승인이 취소되고, 선불전자지급수단으로 결제한 거래가 취소되었을 때는 즉시 환불조치를 합니다.

⑧ 카드결제로 구매한 건의 환불은 카드결제 취소를 통해서만 가능하며, 어떠한 경우에도 현금으로 환불되지 않습니다.

⑨ 상품이 발송되기 전까지 구매를 취소할 수 있고, 배송 중에는 반품절차에 의해 처리됩니다.

⑩ 배송준비중 상태에서는 즉시 취소처리가 완료되는 것이 원칙이나, 이미 상품이 발송되었다면 발송된 상품의 왕복 배송비는 구매자가 부담해야 합니다.

☑ 확인 Check! ○ △ ×

26 H인터넷서점에 근무 중인 귀하는 당사 서비스를 이용하는 고객의 편의를 위해 자주 묻는 질문(FAQ; Frequently Asked Questions)을 새롭게 정비할 필요가 있다고 판단하였다. 귀하가 위 이용 약관에 근거하여 아래와 같이 FAQ를 작성하였을 때, 적절하지 않은 것은?

① Q : 주문했는데 배송이 지연되면 보상 받을 수 있나요?
A : 당사의 고의나 과실로 인하여 주문완료 시점에 안내된 도착예상일보다 지연된 경우에는 보상해 드리고 있습니다. 다만, 휴일·날씨·택배사 등의 불가항력적 사유가 발생하는 경우에는 배송소요기간에서 제외됨을 확인하여 주시길 바랍니다.

② Q : 반품이 불가능한 경우는 어떤 것이 있나요?
A : 고객님의 책임이 있는 사유로 상품 등이 손실 또는 훼손되거나, 포장을 개봉 및 훼손하여 상품가치가 현저히 상실된 경우에는 반품이 불가합니다. 또한 음반, DVD, 소프트웨어 등 복제가 가능한 상품의 포장을 훼손한 경우에도 반품이 불가합니다.

③ Q : 마음에 들지 않아 반품하는 경우에는 어떻게 하나요?

A : 소비자 보호원 및 공정거래위원회 표준 약관과 당사의 이용약관에 근거해 환불이 가능합니다. 다만, 반품가능 기간이 정해져 있으므로, 도서를 받으신지 1개월 이내에 절차를 통해 반품하셔야 합니다. 그리고 상품의 하자가 아닌 단순 변심에 의한 반품일 경우, 반송비는 고객님께서 부담하셔야 합니다.

④ Q : 파본이나 오발송의 경우의 반품은 어떻게 하나요?

A : 오발송되었거나 파본인 경우에는 무료로 반품처리 및 교환이 가능합니다. 당사의 1:1고객상담을 통해 오발송·파본을 문의해 주시면, 확인 후 주문하신 도서를 새로 발송해 드리며, 오발송·파손 도서는 택배편에 맞교환하시면 됩니다.

⑤ Q : 주문 상태가 배송준비중일 경우 취소처리는 어떻게 되나요?

A : 배송준비중 상태에서 주문을 취소할 경우에는 즉시 취소처리가 되는 것이 원칙이나, 이미 상품이 발송되었다면 발송된 상품의 왕복 배송비는 고객님께서 부담하셔야 합니다.

☑ 확인 Check! ○ △ ×

27 **귀하는 온라인상으로 도서를 구매한 고객으로부터 유선상 문의를 접수받았다. 다음의 통화내용 중 적절하지 않은 것은?**

상담원 : 안녕하십니까? ○○인터넷 서점 고객지원센터 담당자 ○○○입니다. 무엇을 도와드릴까요?

고객 : 네. 최근에 △△△을 구매했는데, 다른 책이 배송된 것 같아서요. 확인 좀 부탁드릴게요.

상담원 : ① 네, 고객님. 우선 당사 서비스를 이용하시는데 불편을 드려서 죄송합니다. 신속한 처리를 위해서 본인 확인 질문을 드리겠습니다.

고객 : 네, 지금 시간이 부족해서 빨리 처리해주세요.

상담원 : 네, 전화주신 고객님의 성함이 어떻게 되십니까?

고객 : ◇◇◇이요.

상담원 : ② 확인 감사합니다. ◇◇◇고객님의 거래내역을 확인한 결과, ○○월 ○○일 도서명 □□□을 구매하신 것으로 확인됩니다.

고객 : 네? 그럴 리가요. 저는 분명히 △△△을 구매했는데…. 뭔가 잘못된 것 아닌가요?

상담원 : ③ 우선 확인되는 바로는 고객님께서 주문하신 도서가 □□□여서요. 주문에 착오가 있으신 것 같은데, 제대로 확인해 보셨나요?

고객 : 아니, 그럼 제가 잘못 주문했다는 건가요? 이상하네요. 저는 분명히 △△△을 구매했어요. 그럼 어떻게 해야 되죠? 저는 △△△이 필요해요.

상담원 : ④ 네, 고객님. 일단 수령하신 도서를 반품하시고 △△△도서를 재구매해주시면 될것 같습니다. 반품 및 재구매 접수를 진행해드릴까요?

고객 : 네, 그렇게 진행해주세요.

상담원 : 네, 고객님. □□□도서 반품 접수와 △△△도서 구매 접수를 완료하였습니다. ⑤ 새로 구매하신 △△△ 도서는 이틀 뒤에 받으실 수 있으며, □□□도서는 해당 택배원에게 보내주시면 됩니다.

고객 : 네, 알겠습니다.

상담원 : 더 궁금하신 점은 없으신가요?

고객 : 네.

상담원 : 네, 귀중한 시간 내주셔서 감사합니다. 저는 상담원 ○○○였습니다. 행복한 하루 되십시오.

확인 Check! ○ △ ×

28 귀하는 K사의 작업장 안전관리를 담당하고 있다. 최근 작업장의 바닥이 미끄러워서 재해가 발생된 사례가 있어 아래와 같은 예방 대책 및 관리 방법을 마련하였다. 귀하가 작업장 내에 있는 작업자에게 경고할 내용으로 적절하지 않은 것은?

• 재해예방 대책
 – 옥내·외 작업장 바닥의 상태와 정리 정돈 상태를 확인한다.
 – 옥내·외 작업장의 바닥이 근로자가 넘어지거나 미끄러지는 등의 위험이 없도록 안전하고 청결한 상태를 잘 유지하고, 제품·자재·부재 등이 넘어지지 않도록 지지 등의 안전조치를 한다.
 – 작업장 정리 정돈은 모든 생산 활동에 있어 꼭 필요한 안전조치 사항이며, 품질과 생산성 향상에도 큰 영향을 주므로 근로자 스스로 작업장을 정리 정돈하고 이를 습관화하도록 하여야 한다.

• 주요 넘어짐 위험에 대한 관리 방법

넘어짐 위험	관리 방법
물질의 엎지름으로 인한 축축한 바닥	• 엎질러진 것을 즉시 치운다. • 바닥을 깨끗하게 하고 난 후에는 바닥이 잠시 동안 축축할 수 있기 때문에 이때 적당한 표시로 바닥이 아직도 축축하다고 공지하고 대안으로 우회로를 만든다.
케이블의 끌림	• 케이블이 보행로를 가로지르는 것을 피하기 위해 장비를 제자리에 위치시킨다. • 표면에 안전하게 고정시키기 위해 케이블 커버를 사용하고 접촉을 막기 위해 출입을 통제한다.
잡다한 쓰레기	• 주위를 깨끗하게 유지하고, 쓰레기를 치워서 쌓이지 않게 한다.
양탄자·매트	• 양탄자·매트는 안전하게 고정시키고 가장자리가 주름지지 않게 한다.
매끄러운 표면	• 바닥 표면이 미끄러워진 원인을 조사하고 그에 상응한 대책을 세운다.
불량한 조명	• 바닥의 모든 곳에 조명이 골고루 비치게 하기 위해 조명 밝기와 조명 위치를 개선한다.
젖은 바닥에서 건조한 바닥 표면으로 변화	• 적합한 신발을 신는다. • 표지를 이용하여 위험을 알리고 변화가 있는 곳에 매트를 놓는다.
높이 변화	• 조명을 개선하고, 계단 발판에 디딤코를 덧댄다.
경사	• 계단 난간을 만들고, 바닥 표시를 하고, 시야를 확보한다.
시야를 가리고 있는 연기·증기	• 위험 지역의 연기·증기의 방향을 바꿈으로써 연기·증기를 없애거나 조절한다. • 환기를 개선한다.
부적합한 신발류	• 특히 발바닥의 정확한 형태에 맞추어 근로자가 적당한 신발류를 선택하게 한다. 만일 작업 형태가 특수한 보호 신발류를 필요로 하면 근로자에게 그것을 무료로 제공한다.

① 작업장 전체를 청결한 상태로 유지하시고, 특히 작업자가 지나다니는 길에 적재물이 넘어지지 않도록 조치해 주세요.
② 바닥 청소 후 축축할 경우, 경고판을 설치하고 통행을 금지해 사고위험을 제거해 주세요.
③ 작업상 매트를 설치할 경우, 가장자리가 주름지지 않도록 안전하게 고정해 주세요.
④ 바닥에 조명이 골고루 비칠 수 있도록 밝기와 위치를 점검하시고, 불량한 조명은 개선해 주세요.
⑤ 작업자에게 맞는 신발류를 선택하도록 권고하시고, 특수한 업무를 진행할 경우 그에 맞는 보호 신발류를 무료로 제공해 주세요.

☑ 확인 Check! ○△✕

29 A대리가 메일에서 언급하지 않았을 내용은?

A대리 : ○○○ 씨, 보고서 잘 봤습니다.
B사원 : 아, 네. 대리님. 미흡한 점이 많았을 텐데……. 죄송합니다.
A대리 : 아닙니다. 처음인데도 잘 했습니다. 그런데, 얘기해 줄 것이 있어요. 문서는 '내용'이 물론 가장 중요하긴 하지만 '표현'과 '형식'도 중요합니다. 앞으로 참고할 수 있게 메일로 유의사항을 보냈으니까 읽어보세요.
B사원 : 감사합니다. 확인하겠습니다.

① 의미를 전달하는 데 문제가 없다면 문장은 가능한 한 짧게 만드는 것이 좋다.
② 우회적인 표현은 오해의 소지가 있으므로 가능하면 쓰지 않는 것이 좋다.
③ 한자의 사용을 자제하되, 만약 사용할 경우 상용한자의 범위 내에서 사용한다.
④ 중요한 내용은 미괄식으로 작성하는 것이 그 의미가 강조되어 효과적이다.
⑤ 핵심을 담은 문장을 앞에 적어준다면 이해가 더 잘 될 것이다.

☑ 확인 Check! 

30 다음 기사의 제목으로 가장 적절하지 않은 것은?

인천국제공항공사는 취약계층의 일자리 창출을 위해 제2여객터미널 1층에 장애인 직원들이 근무하는 '스윗에어카페'를 열었다. 인천국제공항 식음매장 18년 역사상 최초로 장애인 바리스타가 운영하는 카페가 제2여객터미널에 문을 연 것이다.
'스윗에어카페'는 지난 10월 31일 인천국제공항공사가 파리크라상, 푸르메재단과 체결한 '장애인 일자리 지원 사업을 위한 공동협력 협약'에 따라 운영되는 매장으로, 인천 거주 장애인을 고용하여 취약계층 자립지원과 지역사회 상생발전이라는 두 마리 토끼를 잡았다.
해당 매장에서는 정규직으로 고용된 장애인 직원들이 음료 제조와 판매를 직접 담당하고 있으며, 쿠키 등 간단한 베이커리와 커피 외에도 떡과 전통차 등 다양한 메뉴를 합리적인 가격에 제공한다. 또한 365일 연중무휴로 오전 9시부터 오후 6시까지 운영될 예정이다.
'스윗에어카페'에서 근무를 시작하게 된 장애인 바리스타 이(26세, 남) 씨는 '다양한 여행객들에게 서비스를 할 수 있는 공항에서 일을 하게 되어 기쁘다.'며 '맛있는 커피를 만들어 손님들에게 행복을 선물하고 싶다.'고 부푼 마음으로 말했다.
이번 카페 오픈을 통해 인천국제공항공사는 장애인들의 경제적 자립과 고용 창출에 힘을 보태고, 앞으로도 취약계층에게 꿈과 희망을 줄 수 있는 사업을 적극적으로 추진하여 사회적 가치 실현에 기여하겠다고 밝혔다.

① 장애인 직원들이 운영하는 '스윗에어카페' 오픈
② 출국 전, 장애인 바리스타가 만든 따뜻한 커피 한 잔 어떠세요?
③ 인천공항 18년 역사상 최초로 장애인 바리스타가 운영하는 카페 오픈
④ 장애인 친구들의 달콤한 일터 '스윗에어카페'
⑤ 365 연중무휴, 합리적 가격의 '스위에어카페' 오픈

CHAPTER 02
수리능력

영역 소개 〉

수리능력은 사칙연산, 통계, 확률의 의미를 정확하게 이해하고, 이를 업무에 적용하는 능력을 말한다.

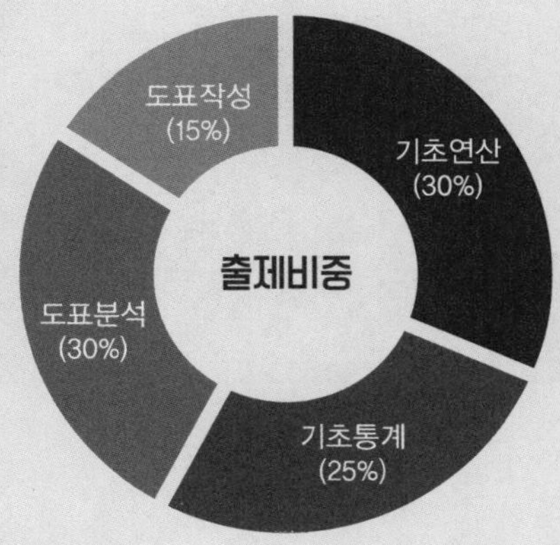

구분	중요도
기초연산	★★★★★
기초통계	★★★★☆
도표분석	★★★★★
도표작성	★★☆☆☆

수리능력은 NCS 기반 채용을 진행한 모든 기업에서 다루었으며, 문항 수는 전체의 평균 16% 정도로 많이 출제되었다.

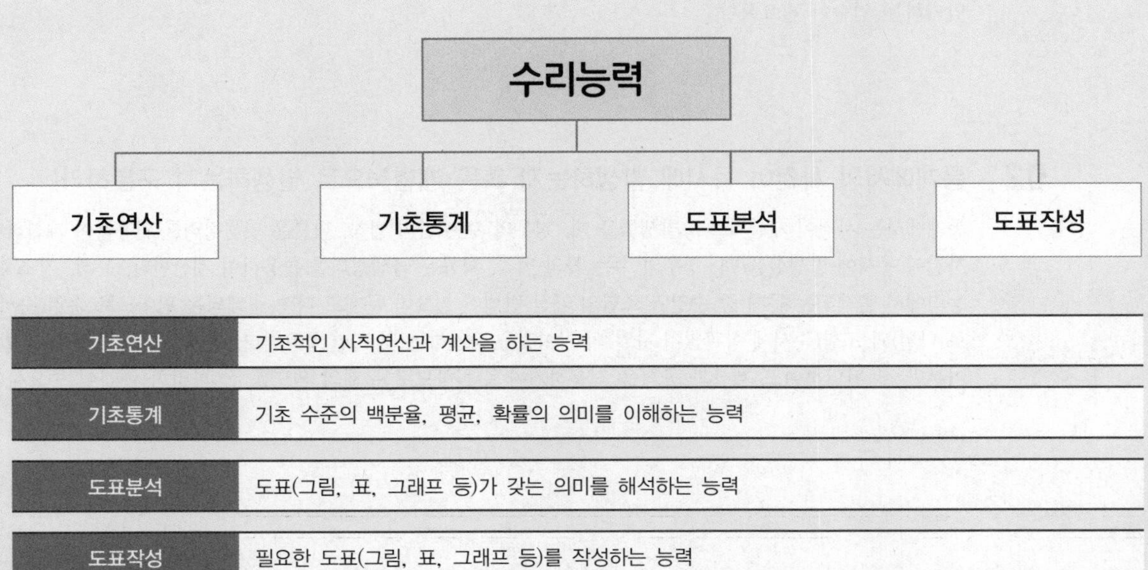

기초연산	기초적인 사칙연산과 계산을 하는 능력
기초통계	기초 수준의 백분율, 평균, 확률의 의미를 이해하는 능력
도표분석	도표(그림, 표, 그래프 등)가 갖는 의미를 해석하는 능력
도표작성	필요한 도표(그림, 표, 그래프 등)를 작성하는 능력

CHAPTER 02
수리능력

합격 Cheat Key

수리능력은 사칙연산, 통계, 확률의 의미를 정확하게 이해하고, 이를 업무에 적용하는 능력으로, 기초연산과 기초통계, 도표분석 및 작성의 문제 유형으로 출제된다. 수리능력 역시 포함되지 않는 공사·공단이 거의 없을 만큼 필기시험에서 중요도가 높은 영역이다.

수리능력은 NCS 기반 채용을 진행한 거의 모든 기업에서 다루었으며, 문항 수는 전체의 평균 16% 정도로 많이 출제되었다. 특히, 난이도가 높은 공사·공단의 시험에서는 도표분석, 즉 자료해석 유형의 문제가 많이 출제되고 있고, 응용수리 역시 꾸준히 출제하는 공사·공단이 많기 때문에 기초연상과 기초통계에 관한 공식의 암기와 자료해석능력을 기를 수 있는 꾸준한 연습이 필요하다. 이에, 몇 가지의 전략을 소개한다.

01 응용수리능력의 공식은 반드시 암기하라!

응용수리능력은 지문이 짧지만, 풀이 과정은 긴 문제도 자주 볼 수 있다. 그렇기 때문에 도서에 수록한 응용수리능력의 공식을 반드시 암기하여 문제의 상황에 맞는 공식을 적절하게 적용하여 답을 도출해야 한다. 따라서 문제에서 묻는 것을 정확하게 파악하여 그에 맞는 공식을 적절하게 적용하는 꾸준한 연습과 공식을 암기하는 연습이 필요하다.

02 통계에서의 사건이 동시에 발생하는지 혹은 개별적으로 발생하는지 구분하라!

통계에서는 사건이 개별적으로 발생했을 때, 경우의 수는 합의 법칙, 확률은 덧셈정리를 활용하여 계산하며, 사건이 동시에 발생했을 때, 경우의 수는 곱의 법칙, 확률은 곱셈정리를 활용하여 계산한다. 특히, 기초통계능력에서 출제되는 문제 중 순열과 조합의 계산 방법이 필요한 문제도 다수 출제되는 편이므로 순열(순서대로 나열)과 조합(순서에 상관없이 나열)의 차이점을 숙지하는 것 또한 중요하다. 통계 문제에서의 사건 발생 여부만 잘 판단하여도 계산과 공식을 적용하기가 수월하므로 문제의 의도를 잘 파악하는 것이 중요하다.

03 자료의 해석은 자료에서 즉시 확인할 수 있는 지문부터 확인하라!

대부분의 공사·공단 취업준비생들이 어려워하는 영역이 수리영역 중 도표분석, 즉 자료해석능력이다. 자료는 표 또는 그래프로 제시되고, 쉬운 지문은 증가 혹은 감소 추이, 간단한 사칙연산으로 풀이가 가능한 지문 등이 있고, 어려운 지문은 자료의 조사기간 동안 전년 대비 증가율 혹은 감소율이 가장 높은 기간을 찾는 지문 등이 있다. 따라서 일단 증가·감소 추이와 같이 눈으로 확인이 가능한 지문을 먼저 확인한 후 복잡한 계산이 필요한 지문을 확인하는 방법으로 문제를 풀이한다면, 시간을 조금이라도 아낄 수 있다. 특히, 그래프와 같은 경우에는 그래프에 대한 특징을 알고 있다면, 그래프의 길이 혹은 높낮이 등으로 대강의 수치를 빠르게 확인이 가능하므로 이에 대한 숙지도 필요하다. 또한, ㄱ, ㄴ, ㄷ 등의 보기가 주어진 문제 역시 지문을 잘 확인하고 문제를 풀이한다면 불필요한 계산이 줄어들 수 있으므로 항상 지문부터 확인하는 습관을 들이기를 바란다.

04 도표작성능력에서 지문의 작성된 도표의 제목을 반드시 확인하라!

도표작성은 하나의 자료 혹은 보고서와 같은 수치가 표현된 자료를 도표로 작성하는 형식으로 출제되는데, 대체로 표보다는 그래프를 작성하는 형태로 많이 출제된다. 지문을 살펴보면 각 지문에서 주어진 도표에도 소제목이 있는 경우가 대부분이다. 이때, 자료의 수치와 도표의 제목이 일치하지 않는 경우의 함정이 존재하는 문제가 비중이 높으므로 도표의 제목을 반드시 확인하는 것이 중요하다. 도표작성의 경우 대부분 비율 계산이 많이 출제되는데, 도표의 제목과는 다른 수치로 작성된 도표가 존재하는 경우가 있다. 그렇기 때문에 지문에서 작성된 도표의 소제목을 먼저 확인하는 연습을 하여 간단하지 않은 비율 계산을 두 번 하는 일이 없도록 해야 한다.

CHAPTER 02
수리능력

NCS 모듈 학습

| 01 | 기초연산능력

(1) 사칙연산

① 사칙연산

㉠ 수에 관한 덧셈(+), 뺄셈(−), 곱셈(×), 나눗셈(÷) 네 종류의 계산법

㉡ 보통 사칙연산은 정수나 분수 등에서 계산할 때 활용되며, 기본적으로 연산은 왼쪽에서 오른쪽으로 수행한다. 여러 개의 연산이 섞여 있는 경우에는 곱셈과 나눗셈을 먼저 계산한다. 단, 식에 괄호가 있을 경우에는 괄호 안을 가장 먼저 계산한다.

② 검산방법

㉠ 역연산 방법 : 덧셈은 뺄셈으로, 뺄셈은 덧셈으로, 곱셈은 나눗셈으로, 나눗셈은 곱셈으로 확인하는 방법이다.

㉡ 구거법 : 어떤 수를 9로 나눈 나머지는 각 자릿수의 합을 9로 나눈 나머지와 같다는 원리. 즉 피연산자를 9로 나눈 나머지 또는 피연산자의 각 자릿수의 합을 9로 나눈 나머지를 좌변과 우변 사이에 비교하여 서로 같은지 판단하면 된다.

(2) 수의 계산

교환법칙	$a+b=b+a$, $a\times b=b\times a$
결합법칙	$a+(b+c)=(a+b)+c$, $a\times(b\times c)=(a\times b)\times c$
분배법칙	$(a+b)\times c=a\times c+b\times c$

핵심예제

다음을 계산하시오.

$$39-13\times2+2$$

예제풀이

주어진 연산에서 가장 먼저 수행해야 하는 것은 곱셈이다.

$39-(13\times2)+2$

$=39-26+2$

$=15$

정답 15

(3) 단위환산표

단위	환산
길이	1cm=10mm, 1m=100cm, 1km=1,000m
넓이	$1cm^2=100mm^2$, $1m^2=10,000cm^2$, $1km^2=1,000,000m^2$
부피	$1cm^3=1,000mm^3$, $1m^3=1,000,000cm^3$, $1km^3=1,000,000,000m^3$
들이	$1mL=1cm^3$, $1dL=100cm^3=100mL$, $1L=1,000cm^3=10dL$
무게	1kg=1,000g, 1t=1,000kg=1,000,000g
시간	1분=60초, 1시간=60분=3,600초
할푼리	소수점 첫째 자리 '할', 소수점 둘째 자리 '푼', 소수점 셋째 자리 '리'

① 길이

물체의 한 끝에서 다른 한 끝까지의 거리 예 mm, cm, m, km 등

② 넓이

평면의 크기를 나타내는 것으로 면적이라고도 함 예 mm^2, cm^2, m^2, km^2 등

③ 부피

입체가 점유하는 공간 부분의 크기 예 mm^3, cm^3, m^3, km^3 등

④ 들이

통이나 그릇 따위의 안에 넣을 수 있는 물건 부피의 최댓값 예 mL, dL, L, kL 등

⑤ 무게

물체의 무거운 정도 예 g, kg, t 등

⑥ 시간

시각과 시각 사이의 간격 또는 그 단위 예 초, 분, 시 등

⑦ 할푼리

비율을 소수로 나타내었을 때, 소수점 첫째 자리, 소수점 둘째 자리, 소수점 셋째 자리 등을 이르는 말 예 0.375=3할7푼5리

CHECK POINT

문제풀이 과정에서 단위 변환이 필요하므로 암기해야 한다.

(4) 수와 식

① 약수와 배수

a가 b로 나누어 떨어질 때 a는 b의 배수, b는 a의 약수

② 소수

1과 자기 자신만을 약수로 갖는 수, 즉 약수의 개수가 2개인 수

예 10 이하의 소수 : 2, 3, 5, 7

③ 합성수

1과 자기 자신 이외의 수를 약수로 갖는 수, 즉 소수가 아닌 수 또는 약수의 개수가 3개 이상인 수

※ 1은 소수도 합성수도 아님

핵심예제

다음 중 합성수인 것은?

① 1 ② 11

③ 15 ④ 17

예제풀이

15의 약수는 1, 3, 5, 15이므로 4개의 약수를 가져 합성수이다.

오답분석

① 숫자 1은 소수도 합성수도 아니다.

②·④ 약수의 개수가 2개이므로 소수이다.

정답 ③

④ 최대공약수

2개 이상의 자연수의 공통된 약수 중에서 가장 큰 수

⑤ 최소공배수

2개 이상의 자연수의 공통된 배수 중에서 가장 작은 수

⑥ 서로소

1 이외에 공약수를 가지지 않는 두 자연수, 즉 최대공약수가 1인 두 자연수

⑦ 소인수분해

주어진 합성수를 소수의 거듭제곱의 형태로 나타내는 것

※ 거듭제곱이란 같은 수나 문자를 여러 번 곱한 것

예 2의 세제곱은 2를 3번 곱한 것으로

$2^3 = 2\times2\times2$

└ 3개 ┘

CHECK POINT

인수분해와 지수법칙을 통해 복잡한 식을 간단히 정리할 수 있다.

PART 1

⑧ 지수법칙

> m, n이 자연수일 때,
> - $a^m \times a^n = a^{m+n}$
> - $(a^m)^n = a^{m\times n}$
> - $m > n \rightarrow a^m \div a^n = a^{m-n}$
> $m = n \rightarrow a^m \div a^n = 1$
> $m < n \rightarrow a^m \div a^n = \frac{1}{a^{n-m}}$ (단, $a \neq 0$)
>
> ※ $a^0 = 1$
>
> n이 자연수일 때,
> - $(ab)^n = a^n b^n$
> - $\left(\frac{a}{b}\right)^n = \frac{a^n}{b^n}$ (단, $b \neq 0$)

⑨ 곱셈공식과 인수분해

곱셈공식	인수분해
㉠ $(a+b)^2 = a^2 + 2ab + b^2$	㉠ $a^2 + 2ab + b^2 = (a+b)^2$
㉡ $(a-b)^2 = a^2 - 2ab + b^2$	㉡ $a^2 - 2ab + b^2 = (a-b)^2$
㉢ $(a+b)(a-b) = a^2 - b^2$	㉢ $a^2 - b^2 = (a+b)(a-b)$
㉣ $(x+a)(x+b) = x^2 + (a+b)x + ab$	㉣ $x^2 + (a+b)x + ab = (x+a)(x+b)$
㉤ $(ax+b)(cx+d) = acx^2 + (ad+bc)x + bd$	㉤ $acx^2 + (ad+bc)x + bd = (ax+b)(cx+d)$

핵심예제

$13^2 - 7^2$을 계산하면?

예제풀이

$13^2 - 7^2$
$= (13+7)(13-7)$
$= 20 \times 6$
$= 120$

정답 120

⑩ 제곱근

$x^2 = a$일 때, x를 a의 제곱근 또는 a의 제곱근을 x라 함

㉠ 제곱근의 성질

> $a > 0$일 때,
> $\sqrt{a^2} = \sqrt{(-a)^2} = a$, $(\sqrt{a})^2 = (-\sqrt{a})^2 = a$
> $\sqrt{a^2} = |a| = \begin{cases} a & (a \geq 0) \\ -a & (a < 0) \end{cases}$

㉡ 제곱근의 연산

> $a > 0$, $b > 0$일 때,
> - $\sqrt{a} \times \sqrt{b} = \sqrt{ab}$
> - $\sqrt{a} \div \sqrt{b} = \frac{\sqrt{a}}{\sqrt{b}} = \sqrt{\frac{a}{b}}$
> - $\sqrt{a^2 b} = a\sqrt{b}$
> - $\sqrt{\frac{a}{b^2}} = \frac{\sqrt{a}}{b}$
>
> $a > 0$일 때,
> - $m\sqrt{a} + n\sqrt{a} = (m+n)\sqrt{a}$
> - $m\sqrt{a} - n\sqrt{a} = (m-n)\sqrt{a}$

㉢ 분모의 유리화

$$\frac{a}{\sqrt{b}}=\frac{a\times\sqrt{b}}{\sqrt{b}\times\sqrt{b}}=\frac{a\sqrt{b}}{b}\text{(단, } b>0\text{)}$$

| 02 | 응용수리능력

(1) 방정식 · 부등식의 활용

① 거리 · 속력 · 시간

$(\text{거리})=(\text{속력})\times(\text{시간})$, $(\text{속력})=\frac{(\text{거리})}{(\text{시간})}$, $(\text{시간})=\frac{(\text{거리})}{(\text{속력})}$

② 일

전체 작업량을 1로 놓고, 단위 시간 동안 한 일의 양을 기준으로 식을 세움

핵심예제

영미가 혼자하면 4일, 민수가 혼자하면 6일 걸리는 일이 있다. 영미가 먼저 2일 동안 일하고, 남은 양을 민수가 끝내려고 한다. 민수는 며칠 동안 일을 해야 하는가?

① 2일 ② 3일

③ 4일 ④ 5일

예제풀이

영미와 민수가 하루에 할 수 있는 일의 양은 각각 $\frac{1}{4}$, $\frac{1}{6}$이다.

민수가 x일 동안 일한다고 하면, $\frac{1}{4}\times2+\frac{1}{6}\times x=1$

$\rightarrow \frac{x}{6}=\frac{1}{2}$

$\therefore x=3$

정답 ②

③ 농도

- $(\text{소금물의 농도})=\frac{(\text{소금의 양})}{(\text{소금물의 양})}\times100$
- $(\text{소금의 양})=\frac{(\text{소금물의 농도})}{100}\times(\text{소금물의 양})$

④ 나이

문제에서 제시된 조건의 나이가 현재인지 과거인지를 확인한 후 구해야 하는 한 명의 나이를 변수로 잡고 식을 세움

⑤ 비율

x가 $a\%$ 증가 : $x\times\left(1+\frac{a}{100}\right)$, x가 $a\%$ 감소 : $x\times\left(1-\frac{a}{100}\right)$

⑥ 금액

㉠ (정가)=(원가)+(이익)

※ (이익)=(원가)×(이율)

㉡ a원에서 $b\%$ 할인한 가격$=a\times\left(1-\frac{b}{100}\right)$

㉢ 단리법 · 복리법(원금 : a, 이율 : r, 기간 : n, 원리합계 : S)

단리법	복리법
• 정의 : 원금에 대해서만 약정된 이자율과 기간을 곱해 이자를 계산 • $S=a\times(1+r\times n)$	• 정의 : 원금에 대한 이자를 가산한 후 이 합계액을 새로운 원금으로 계산 • $S=a\times(1+r)^n$

PART 1

⑦ 날짜 · 요일

㉠ 1일=24시간=1,440(=24×60)분=86,400(=1,440×60)초

㉡ 월별 일수 : 1, 3, 5, 7, 8, 10, 12월은 31일, 4, 6, 9, 11월은 30일, 2월은 28일 또는 29일

㉢ 윤년(2월 29일)은 4년에 1회

핵심예제

8월 19일이 월요일이라면 30일 후는 무슨 요일인가?

① 수요일　② 목요일
③ 금요일　④ 토요일

• 예제풀이 •

일주일은 7일 → $30 \div 7 = 4 \cdots 2$, 나머지가 2이므로 월요일에서 이틀 뒤인 수요일이다.

정답 ①

⑧ 시계

㉠ 시침이 1시간 동안 이동하는 각도 : $\frac{360°}{12}=30°$

㉡ 시침이 1분 동안 이동하는 각도 : $\frac{30°}{60}=0.5°$

㉢ 분침이 1분 동안 이동하는 각도 : $\frac{360°}{60}=6°$

핵심예제

시계가 4시 20분을 가리킬 때, 시침과 분침이 이루는 작은 각의 각도는?

① 5°　② 10°
③ 15°　④ 20°

• 예제풀이 •

• 시침 : $30\times4+0.5\times20$
$=120+10$
$=130°$

• 분침 : $6\times20=120°$

∴ 시침과 분침이 이루는 작은 각의 각도는 10°이다.

정답 ②

⑨ 수

㉠ 연속한 두 자연수 : x, $x+1$

㉡ 연속한 세 자연수 : $x-1$, x, $x+1$

㉢ 연속한 두 짝수(홀수) : x, $x+2$

㉣ 연속한 세 짝수(홀수) : $x-2$, x, $x+2$

㉤ 십의 자릿수가 x, 일의 자릿수가 y인 두 자리 자연수 : $10x+y$

㉥ 백의 자릿수가 x, 십의 자릿수가 y, 일의 자릿수가 z인 세 자리 자연수 : $100x+10y+z$

(2) 경우의 수와 확률

① 경우의 수

㉠ 어떤 사건이 일어날 수 있는 모든 가짓수

㉡ 합의 법칙 : 두 사건 A와 B가 동시에 일어나지 않을 때, 사건 A가 일어나는 경우의 수를 m, 사건 B가 일어나는 경우의 수를 n이라 하면, 사건 A 또는 B가 일어나는 경우의 수는 $(m+n)$이다.

㉢ 곱의 법칙 : 사건 A가 일어나는 경우의 수를 m, 사건 B가 일어나는 경우의 수를 n이라 하면, 사건 A와 B가 동시에 일어나는 경우의 수는 $(m\times n)$이다.

핵심예제

A, B주사위 2개를 동시에 던졌을 때, A에서는 짝수의 눈이 나오고, B에서는 3 또는 5의 눈이 나오는 경우의 수는?

① 2가지 ② 3가지
③ 5가지 ④ 6가지

예제풀이

- A에서 짝수의 눈이 나오는 경우의 수
  : 2, 4, 6 → 3가지
- B에서 3 또는 5의 눈이 나오는 경우의 수
  : 3, 5 → 2가지

A, B주사위는 동시에 던지므로 곱의 법칙에 의해 3×2 =6가지이다.

정답 ④

② 순열 · 조합

순열	조합
㉠ 서로 다른 n개에서 r개를 순서대로 나열하는 경우의 수	㉠ 서로 다른 n개에서 r개를 순서에 상관없이 나열하는 경우의 수
㉡ ${}_{n}\mathrm{P}_{r}=\frac{n!}{(n-r)!}$	㉡ ${}_{n}\mathrm{C}_{r}=\frac{n!}{(n-r)!\times r!}$
㉢ ${}_{n}\mathrm{P}_{n}=n!$, $0!=1$, ${}_{n}\mathrm{P}_{0}=1$	㉢ ${}_{n}\mathrm{C}_{r}={}_{n}\mathrm{C}_{n-r}$, ${}_{n}\mathrm{C}_{0}={}_{n}\mathrm{C}_{n}=1$

③ 확률

㉠ (사건 A가 일어날 확률)$=\frac{\text{(사건 A가 일어나는 경우의 수)}}{\text{(모든 경우의 수)}}$

㉡ 여사건의 확률 : 사건 A가 일어날 확률이 p일 때, 사건 A가 일어나지 않을 확률은 $(1-p)$이다.

㉢ 확률의 덧셈정리 : 두 사건 A, B가 동시에 일어나지 않을 때 A가 일어날 확률을 p, B가 일어날 확률을 q라고 하면, 사건 A 또는 B가 일어날 확률은 $(p+q)$이다.

㉣ 확률의 곱셈정리 : A가 일어날 확률을 p, B가 일어날 확률을 q라고 하면, 사건 A와 B가 동시에 일어날 확률은 $(p\times q)$이다.

핵심예제

A, B, C 세 사람이 동시에 같은 문제를 풀려고 한다. A가 문제를 풀 확률은 $\frac{1}{4}$, B가 문제를 풀 확률은 $\frac{1}{3}$, C가 문제를 풀 확률은 $\frac{1}{2}$일 때, 어느 한 사람만 문제를 풀 확률은?

① $\frac{2}{9}$ ② $\frac{1}{4}$
③ $\frac{5}{12}$ ④ $\frac{11}{24}$

예제풀이

- A만 문제를 풀 확률
  : $\frac{1}{4}\times\frac{2}{3}\times\frac{1}{2}=\frac{1}{12}$
- B만 문제를 풀 확률
  : $\frac{3}{4}\times\frac{1}{3}\times\frac{1}{2}=\frac{1}{8}$
- C만 문제를 풀 확률
  : $\frac{3}{4}\times\frac{2}{3}\times\frac{1}{2}=\frac{1}{4}$

∴ 한 사람만 문제를 풀 확률
: $\frac{1}{12}+\frac{1}{8}+\frac{1}{4}=\frac{11}{24}$

정답 ④

| 03 | 수추리능력

(1) 수추리

① 등차수열 : 앞의 항에 일정한 수를 더해 이루어지는 수열
② 등비수열 : 앞의 항에 일정한 수를 곱해 이루어지는 수열
③ 계차수열 : 이웃한 두 항의 차이가 일정한 규칙을 갖는 수열
④ 건너뛰기 수열 : 두 개 이상의 수열이 일정한 간격을 두고 번갈아가며 나타나는 수열
⑤ 피보나치 수열 : 앞의 두 항의 합이 그 다음 항의 수가 되는 수열
⑥ 군수열 : 일정한 규칙성으로 몇 항씩 묶어 나눈 수열
⑦ 표수열 : 다양한 규칙으로 이루어진 표 형태의 수열

(2) 문자추리

① 한글자음

1	2	3	4	5	6	7	8	9	10	11	12	13	14
ㄱ	ㄴ	ㄷ	ㄹ	ㅁ	ㅂ	ㅅ	ㅇ	ㅈ	ㅊ	ㅋ	ㅌ	ㅍ	ㅎ

② 한글모음

1	2	3	4	5	6	7	8	9	10
ㅏ	ㅑ	ㅓ	ㅕ	ㅗ	ㅛ	ㅜ	ㅠ	ㅡ	ㅣ

③ 알파벳

1	2	3	4	5	6	7	8	9	10	11	12	13
A	B	C	D	E	F	G	H	I	J	K	L	M
14	15	16	17	18	19	20	21	22	23	24	25	26
N	O	P	Q	R	S	T	U	V	W	X	Y	Z

핵심예제

일정한 규칙으로 문자를 나열할 때, 빈칸에 들어갈 알맞은 문자는?

B　E　H　(　)　N

① I　② J
③ K　④ M

예제풀이

앞의 항에 3씩 더하고 있다.

정답 ③

| 04 | 기초통계능력

(1) 통계

집단현상에 대한 구체적인 양적 기술을 반영하는 숫자로 특히, 사회집단 또는 자연집단의 상황을 숫자로 나타낸 것이다.

예 서울 인구의 생계비, 한국 쌀 생산량의 추이, 추출 검사한 제품 중 불량품의 개수 등

(2) 통계치

① 빈도 : 어떤 사건이 일어나거나 증상이 나타나는 정도
② 빈도분포 : 빈도를 표나 그래프로 종합적이면서도 일목요연하게 표시하는 것
③ 평균 : 모든 자료 값의 합을 자료의 개수로 나눈 값
④ 백분율 : 전체의 수량을 100으로 볼 때의 비율

(3) 통계의 계산

① 범위 : (최댓값)−(최솟값)

② 평균 : $\dfrac{(\text{자료 값의 총합})}{(\text{자료의 개수})}$

③ 분산 : $\dfrac{[\{(\text{관찰값})-(\text{평균})\}^2 \text{의 총합}]}{(\text{자료의 개수})}$

※ (편차)=(관찰값)−(평균)

④ 표준편차 : $\sqrt{\text{분산}}$ (평균으로부터 얼마나 떨어져 있는가를 나타냄)

• 핵심예제 •

다음에 제시된 자료들로부터 범위, 평균, 분산, 표준편차를 구하면 각각 얼마인가?

141, 143, 145, 147, 149

• 예제풀이 •

• 범위 : 149−141=8
• 평균 : $\dfrac{141+143+145+147+149}{5}=145$
• 분산 : $\dfrac{4^2+2^2+2^2+4^2}{5}=8$
• 표준편차 : $\sqrt{8}=2\sqrt{2}$

정답 범위 : 8
평균 : 145
분산 : 8
표준편차 : $2\sqrt{2}$

PART 1

| 05 | 도표분석능력

(1) 선(절선)그래프

① 시간적 추이(시계열 변화)를 표시하는 데 적합하다.

예 연도별 매출액 추이 변화 등

② 경과・비교・분포를 비롯하여 상관관계 등을 나타낼 때 사용한다.

〈중학교 장학금, 학비감면 수혜현황〉

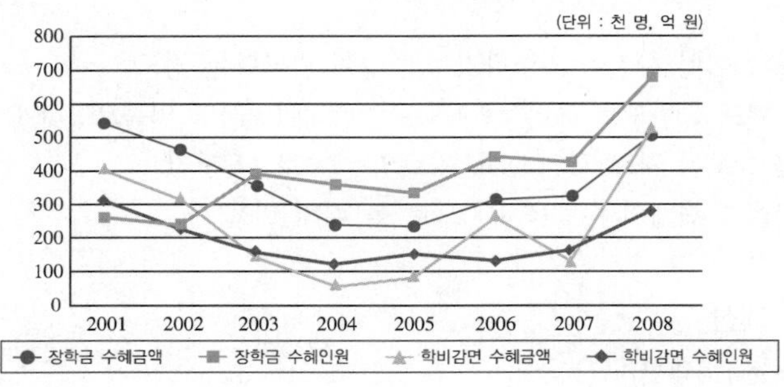

(2) 막대그래프

① 비교하고자 하는 수량을 막대 길이로 표시하고, 그 길이를 비교하여 각 수량 간의 대소 관계를 나타내는 데 적합하다.

예 영업소별 매출액, 성적별 인원분포 등

② 가장 간단한 형태로 내역・비교・경과・도수 등을 표시하는 용도로 사용한다.

〈연도별 암 발생 추이〉

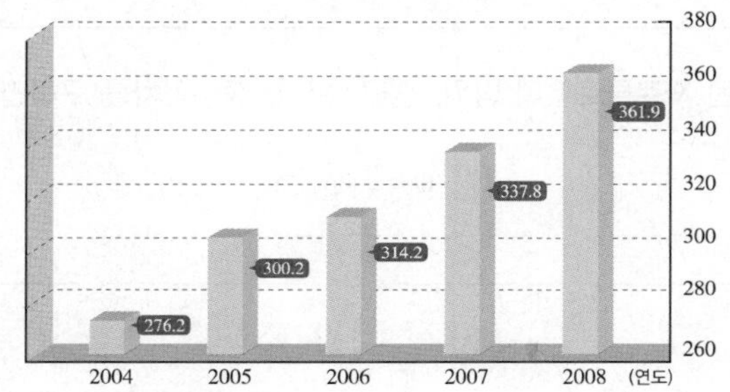

(3) 원그래프

① 내역이나 내용의 구성비를 분할하여 나타내는 데 적합하다.

예 제품별 매출액 구성비 등

② 원그래프를 정교하게 작성할 때는 수치를 각도로 환산해야 한다.

〈C국의 가계 금융자산 구성비〉

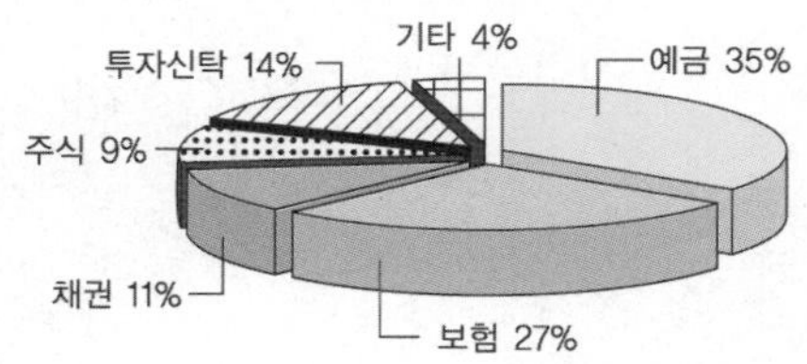

(4) 점그래프

① 지역분포를 비롯하여 도시, 지방, 기업, 상품 등의 평가나 위치, 성격을 표시하는 데 적합하다.

예 광고비율과 이익률의 관계 등

② 종축과 횡축에 두 요소를 두고, 보고자 하는 것이 어떤 위치에 있는가를 알고자 할 때 사용한다.

〈OECD 국가의 대학졸업자 취업률 및 경제활동인구 비중〉

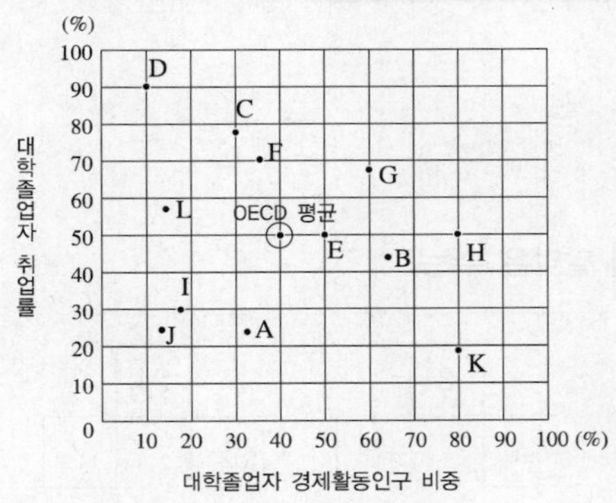

(5) 층별그래프

① 합계와 각 부분의 크기를 백분율로 나타내고 시간적 변화를 보는 데 적합하다.

② 합계와 각 부분의 크기를 실수로 나타내고 시간적 변화를 보는 데 적합하다.

예 상품별 매출액 추이 등

③ 선의 움직임보다는 선과 선 사이의 크기로써 데이터 변화를 나타내는 그래프이다.

〈우리나라 세계유산 현황〉

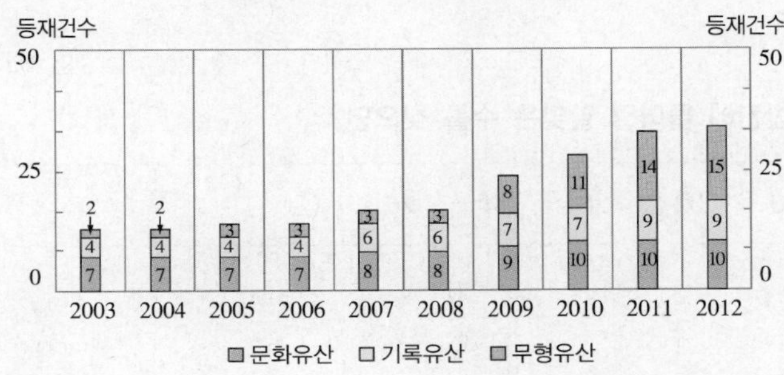

(6) 레이더 차트(거미줄 그래프)

① 다양한 요소를 비교할 때, 경과를 나타내는 데 적합하다. 예 매출액의 계절변동 등

② 비교하는 수량을 직경, 또는 반경으로 나누어 원의 중심에서의 거리에 따라 각 수량의 관계를 나타내는 그래프이다.

〈외환위기 전후 한국의 경제상황〉

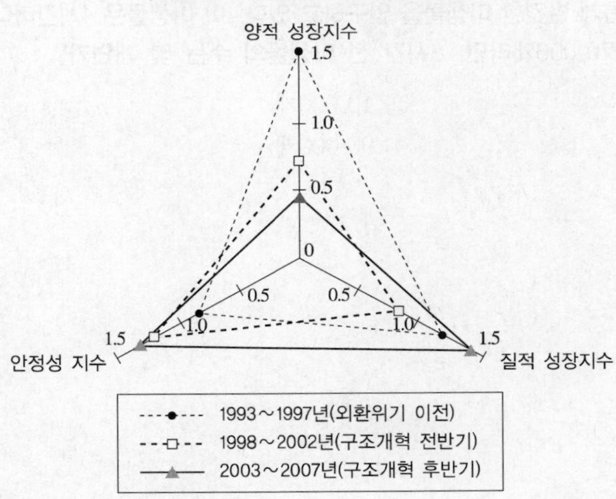

CHAPTER 02
수리능력

기출예상문제

정답 및 해설 p. 25

확인 Check! ○ △ ×

01 제시된 수는 일정한 규칙이 있다. 물음표에 알맞은 수는?

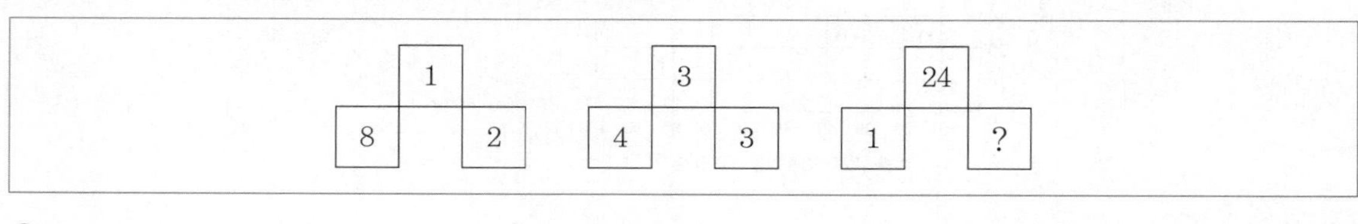

① 2
② 6
③ 10
④ 12
⑤ 24

확인 Check! ○ △ ×

02 다음 나열한 숫자의 규칙을 찾아 빈칸에 들어갈 알맞은 수를 찾으면?

30 32 28 34 26 ( )

① 35
② 36
③ 37
④ 38
⑤ 39

확인 Check! ○ △ ×

03 K연구센터에 근무 중인 연구진은 새롭게 발견한 미생물을 연구하고 있다. 이 미생물은 4시간마다 3배씩 증식하는 특징이 있다. 현재 미생물의 수가 270,000개라면, 8시간 전 미생물의 수는 몇 개인가?

① 3,333개
② 10,000개
③ 30,000개
④ 90,000개
⑤ 270,000개

☑ 확인 Check! ○△×

04 A와 B는 함께 자격증 시험에 도전하였다. A가 불합격일 확률이 $\frac{2}{3}$이고, B가 합격일 확률이 60%일 때 A, B 둘 다 합격할 확률은?

① 20%
② 30%
③ 40%
④ 50%
⑤ 60%

☑ 확인 Check! ○△×

05 B대리는 세계의 건강보험제도와 관련된 세미나에 참여하게 되었다. 캘리포니아에서 현지 시각으로 11일 오후 5시에 세미나가 열릴 때, 서울 기준으로 세미나가 열리는 시각은?(단, 시차는 17시간으로 서울이 빠르다)

① 11일 오전 7시
② 11일 오전 8시
③ 11일 오전 10시
④ 12일 오전 10시
⑤ 12일 오전 9시

PART 1

☑ 확인 Check! ○△×

06 하나의 작업을 완성하는 데 A는 15일, B는 20일이 걸린다. A가 혼자 5일을 작업한 후, A와 B가 함께 작업한다면 끝나는 데 며칠이 더 걸리는가?

① 4일
② 5일
③ 6일
④ 7일
⑤ 10일

☑ 확인 Check! ○△×

07 K사원의 영업용 차량은 리터당 12km를 주행한다. 최근 영업을 위하여 거래처에 방문한 결과, 해당 영업용 차량으로 420km를 운전하였다. K사원은 유류비 지출서를 제출하기 위해 연료량을 기재하려고 하는데, 사용한 휘발유의 양은 몇 리터인가?

① 28L
② 32L
③ 35L
④ 38L
⑤ 40L

☑ 확인 Check! ○△✕

08 S전자에서 생산하는 D램의 가격이 10,000원이었는데, 원자재 가격상승으로 D램 출고가를 $x\%$ 인상하였다. 이후 치열해진 경쟁으로 인하여 다시 $x\%$만큼 할인을 하였다. 그 결과, 처음 판매하였던 가격보다 9%나 저렴해졌다. 이때, x는 몇 %인가?

① 10% ② 20%
③ 25% ④ 30%
⑤ 35%

☑ 확인 Check! ○△✕

09 귀하의 주머니 속에 100원, 50원, 10원짜리 동전이 각각 다섯 개씩 있다고 할 때, 커피 한 잔의 가격인 500원을 만들 수 있는 경우의 수는 모두 몇 가지인가?

① 2가지 ② 3가지
③ 4가지 ④ 5가지
⑤ 6가지

☑ 확인 Check! ○△✕

10 ○○기업은 사업설명회에 참석한 인원들에게 사은품을 전달하려고 한다. 사은품을 4개씩 나누어 주면 6개가 남고, 5개씩 나누어 주면 3명은 사은품을 받지 못하고, 또 1명은 5개보다 적게 받게 된다. 다음 중 참석인원은 적어도 몇 명인가?

① 21명 ② 22명
③ 23명 ④ 24명
⑤ 25명

☑ 확인 Check! ○△✕

11 어떤 사람이 전표 2장에서 61과 18을 보고 두 수의 합이 100이라고 했다. 같은 방식으로 99와 98의 합을 구하면?

① 197 ② 167
③ 137 ④ 152
⑤ 183

확인 Check! ○ △ ×

12 B는 정원이 12명이고 개인회비가 1인당 20,000원인 모임의 총무이다. 정기모임을 카페에서 가지기로 해 음료를 1잔씩 주문하고 음료와 곁들일 음식도 2인에 한 개씩 시킬 예정이다. 다음 중 가장 저렴하게 먹을 수 있는 방법으로 메뉴를 주문한 후 남는 돈은?(단, 2명은 커피를 마시지 못한다)

COFFEE		NON-COFFEE		FOOD	
아메리카노	3,500원	그린티라테	4,500원	베이글	3,500원
카페라테	4,100원	밀크티라테	4,800원	치즈케이크	4,500원
카푸치노	4,300원	초코라테	5,300원	초코케이크	4,700원
카페모카	4,300원	곡물라테	5,500원	티라미수	5,500원

조건

- 10잔 이상의 음료 또는 음식을 구매하면 4,500원 이하의 음료 2잔이 무료로 제공된다.
- 세트 메뉴로 음료와 음식을 구매하면 해당 메뉴 금액의 10%가 할인된다.

① 175,000원
② 178,500원
③ 180,500원
④ 187,500원
⑤ 188,200원

확인 Check! ○ △ ×

13 A공사에서는 올해 정규직으로 전환된 신입사원들에게 명함을 배부하였다. 명함은 1인당 국문 130장, 영문 70장씩 지급되었으며, 국문 명함 중 50장은 고급종이로 제작되었고, 나머지는 모두 일반종이로 제작되었다. 명함을 만드는데 들어간 총 비용이 808,000원이라면, 신입사원은 총 몇 명인가?

〈제작비용〉

- 국문 명함 : 50장당 10,000원 / 10장 단위 추가 시 2,500원
- 영문 명함 : 50장당 15,000원 / 10장 단위 추가 시 3,500원

※ 고급종이로 만들 경우, 정가의 10% 가격이 추가됨

① 14명
② 16명
③ 18명
④ 20명
⑤ 22명

☑ 확인 Check! ○△×

14 해외영업부 A대리는 B부장과 함께 샌프란시스코에 출장을 가게 되어, 샌프란시스코 현지시각으로 11월 17일 오전 10시 35분에 도착하는 비행기를 타고자 한다. A대리와 B부장이 공항에 도착해야 하는 시각은?(단, 샌프란시스코는 한국보다 16시간 느리다)

구분	날짜	출발시간	비행시간	날짜	도착시간
인천 → 샌프란시스코	11월 17일		10시간 25분	11월 17일	10:35
샌프란시스코 → 인천	11월 21일	17:30	12시간 55분	11월 22일	22:25

※ 단, 비행기 출발 한 시간 전에 공항에 도착해 티케팅을 해야 한다.

① 12시 10분
② 13시 10분
③ 14시 10분
④ 15시 10분
⑤ 16시 10분

☑ 확인 Check! ○△×

15 K사원은 A지역으로, Q사원은 B지역으로 각각 출장을 갔다. 이후 업무상 미팅을 위해 A지역과 200km 거리에 있는 C지역에서 두 사원이 만나기로 했을 때, Q사원의 속력으로 가장 적절한 것은?

- A지역, B지역, C지역은 직선상의 거리에 위치하고 있다.
- A지역과 B지역의 거리는 500km이다.
- K사원은 80km/h의 속력으로 갔다.
- Q사원은 K사원보다 2시간 30분 늦게 도착했다.
- Q사원의 차량 속력은 100km/h 이하이다.

① 50km/h
② 60km/h
③ 70km/h
④ 80km/h
⑤ 90km/h

☑ 확인 Check! ○ △ ×

16 귀하는 P화장품회사의 영업부서에서 근무 중이다. 최근 왕성한 영업활동으로 3개의 시에 있는 거래처와 판매계약을 추진하고 있다. 성공적인 계약체결을 위해 당사의 신제품을 오늘 중으로 각 거래처에 샘플로 전달할 예정인데, 업무상 바쁜 관계로 터미널에 가서 정확히 같은 시간에 고속버스 화물 택배로 보내려고 한다. 고속버스 터미널 지원센터에 문의한 결과, 3개의 시로 가는 고속버스가 1시간 전인 10시에 동시 출발했으며, 배차 간격은 각각 12분, 18분, 24분이라고 한다. 화물 택배를 의뢰하는 업무가 20분이 소요된다고 판단할 때, 귀하는 늦어도 몇 시까지 터미널에 도착해야 하는가?(단, 회사에서 터미널까지 20분이 걸린다)

① 11시 10분전에는 도착해야 한다.
② 11시 50분까지는 도착해야 한다.
③ 12시 10분전에는 도착해야 한다.
④ 12시 04분까지는 도착해야 한다.
⑤ 12시 24분까지는 도착해야 한다.

☑ 확인 Check! ○ △ ×

17 증권회사에 근무 중인 귀하는 자사의 HTS 및 MTS 프로그램 인지도를 파악하기 위하여 설문조사 계획을 수립하려고 한다. 장소는 유동인구가 100,000명인 명동에서, 시간은 퇴근시간대인 16:00 ~ 20:00에 30 ~ 40대를 대상으로 실시할 예정이다. 설문조사를 원활하게 진행하기 위해서 사전에 설문지를 준비할 계획인데, 시간대별 유동인구 현황을 찾아본 결과, 일부 정보가 누락되어 있었다. 다음 자료를 참고하였을 때, 귀하는 30 ~ 40대에게 배포하기 위하여 최소 몇 장의 설문지를 준비하여야 하는가?

(단위 : %)

구분	10대	20대	30대	40대	50대	60대	70대	소계
08:00 ~ 12:00	1	1	3	4	1	0	1	11
12:00 ~ 16:00	0	2	3		3	1	0	13
16:00 ~ 20:00		3			2	1	1	32
20:00 ~ 24:00	5	6		13		2	0	44
소계	10	12	30		10		2	100

① 4,000장
② 11,000장
③ 13,000장
④ 21,000장
⑤ 32,000장

PART 1

☑ 확인 Check! ○ △ ×

18 甲은 개인사유로 인해 5년간 재직했던 회사를 그만두게 되었다. 甲에게 지급된 퇴직금이 1,900만 원일 때, 甲의 평균 연봉을 올바르게 계산한 것은?(단, 천의 자리에서 올림하여 계산한다)

〈퇴직금 산정방법〉

▶ 고용주는 퇴직하는 근로자에게 계속근로기간 1년에 대해 30일분 이상의 평균임금을 퇴직금으로 지급해야 합니다.
- '평균임금'이란, 이를 산정해야 할 사유가 발생한 날 이전 3개월 동안에 해당 근로자에게 지급된 임금의 총액을 그 기간의 총 일수로 나눈 금액을 말합니다.
- 평균임금이 근로자의 통상임금보다 적으면, 그 통상임금을 평균임금으로 합니다.

▶ 퇴직금 산정공식
(퇴직금)={(1일 평균임금×30일)×(총 계속근로기간)}÷365

① 4,110만 원
② 4,452만 원
③ 4,650만 원
④ 4,745만 원
⑤ 4,825만 원

☑ 확인 Check! ○ △ ×

19 한국전력공사 신입사원 14명이 1박 2일로 연수를 간다. 첫째 날 아침은 정식으로, 둘째 날 마지막 식사인 점심은 일품으로 정해졌다. 첫째 날 오후 3시에 후발대로 2명이 추가로 합류한다고 할 때, 예산 내에서 가능한 메뉴 중 가장 비싼 메뉴는?(단, 주어진 아래의 메뉴에서만 가능하며 첫 식사와 마지막 식사를 제외하고는 한 가지 메뉴로 통일한다)

〈메뉴〉

정식 …… 9,000원
일품 …… 8,000원
스파게티 …… 7,000원
비빔밥 …… 5,000원
낙지덮밥 …… 6,000원

※ 1박 2일 식대 : 603,600원

① 정식
② 일품
③ 스파게티
④ 비빔밥
⑤ 낙지덮밥

☑ 확인 Check! ○ △ ×

20 한국수력원자력에서 근무하는 L주임은 입사할 신입사원에게 지급할 볼펜과 스케줄러를 구입하기 위해 A, B, C 세 도매업체의 판매정보를 아래와 같이 정리하였다. 입사예정인 신입사원은 총 600명이고, 신입사원 1명당 볼펜과 스케줄러를 각각 1개씩 증정한다고 할 때, 가장 저렴하게 구입할 수 있는 업체와 구입가격을 올바르게 나열한 것은?

〈세 업체의 상품가격표〉

업체명	품목	수량(1SET당)	가격(1SET당)
A도매업체	볼펜	150개	13만 원
	스케줄러	100권	25만 원
B도매업체	볼펜	200개	17만 원
	스케줄러	600권	135만 원
C도매업체	볼펜	100개	8만 원
	스케줄러	300권	65만 원

〈세 업체의 특가상품 정보〉

업체명	볼펜의 특가상품 구성	특가상품 구매 조건
A도매업체	300개 25.5만 원 or 350개 29만 원	스케줄러 150만 원 이상 구입
B도매업체	600개 48만 원 or 650개 50만 원	스케줄러 100만 원 이상 구입
C도매업체	300개 23.5만 원 or 350개 27만 원	스케줄러 120만 원 이상 구입

※ 각 물품은 묶음 단위로 판매가 가능하며, 개당 판매는 불가하다.
※ 업체별 특가상품은 둘 중 한 가지만 선택해 1회 구입 가능하다.

	업체명	구매가격
①	A도매업체	183만 원
②	B도매업체	177.5만 원
③	B도매업체	183만 원
④	C도매업체	177.5만 원
⑤	C도매업체	183만 원

※ 다음은 통계청에서 발표한 부처별 및 지역별 국가연구개발사업 집행 추이에 대한 자료이다. 다음 자료를 읽고 이어지는 질문에 답하시오. [21~22]

〈부처별 국가연구개발사업 집행 추이〉

부처	2016년		2017년		2018년	
	금액(억 원)	비중(%)	금액(억 원)	비중(%)	금액(억 원)	비중(%)
교육부	15,987	9.1	16,494	8.7	17,114	9.0
국방부	299	0.2	353	0.2	409	0.2
국토교통부	4,107	2.3	4,421	2.3	4,442	2.3
농림축산식품부	1,832	1.0	2,014	1.1	1,969	1.0
문화체육관광부	660	0.4	772	0.4	821	0.4
미래창조과학부	60,467	34.3	64,696	34.3	65,246	34.3
보건복지부	4,508	2.6	5,042	2.7	5,191	2.7
산업통상자원부	31,900	18.1	34,348	18.2	34,184	18.0
해양수산부	5,424	3.1	5,780	3.1	5,640	3.0
환경부	2,929	1.7	3,203	1.7	3,005	1.6

〈지역별 국가연구개발사업 집행 추이〉

시점	수도권		대전광역시		지방		합계	
	금액(억 원)	비중(%)	금액(억 원)	비중(%)	금액(억 원)	비중(%)	금액(억 원)	비중(%)
2014년	64,635	42.5	44,052	29.0	43,294	28.5	151,980	100.0
2015년	68,594	42.4	47,122	29.1	46,178	28.5	161,893	100.0
2016년	67,744	40.2	49,823	29.5	51,083	30.3	168,649	100.0
2017년	66,771	36.7	54,584	30.0	60,452	33.3	181,807	100.0
2018년	64,051	34.9	56,115	30.6	63,190	34.5	183,355	100.0

☑ 확인 Check! ○ △ ✕

21 다음은 부처별 국가연구개발사업 집행 추이에 대한 설명이다. 다음 중 옳지 않은 설명은?

① 2017년과 2018년 산업통상자원부와 농림축산식품부의 국가연구개발사업 집행 금액의 전년 대비 증감추이는 동일하다.

② 한 해 동안 집행한 국가연구개발사업 금액이 가장 큰 부처는 2017년과 2018년에 동일하다.

③ 2016년에 전체 부처의 국가연구개발사업 총 집행 금액은 2017년보다 크다.

④ 해양수산부의 국가연구개발사업 집행 금액은 2016년부터 2017년까지 매년 환경부의 2배 미만이었다.

⑤ 2018년 보건복지부의 국가연구개발사업 집행 금액은 2016년 대비 10% 이상 증가하였다.

☑ 확인 Check! ○ △ ✕

22 다음은 부처별 국가연구개발사업 집행 추이 및 지역별 국가연구개발사업 집행 추이에 대한 설명이다. 〈보기〉의 설명 중 옳은 것을 모두 고른 것은?

보기

ㄱ. 2014년 이후 지방의 국가연구개발사업 집행 금액이 대전광역시를 추월한 첫해에 수도권의 국가연구개발사업 집행 금액의 비중은 전체의 40% 이상이다.
ㄴ. 2018년에는 문화체육관광부와 지방의 국가연구개발사업 집행 금액이 모두 전년 대비 10% 이상 증가하였다.
ㄷ. 수도권의 국가연구개발사업 집행 금액은 2017년에 2014년 대비 10% 이상 증가하였다.

① ㄱ
② ㄴ
③ ㄱ, ㄷ
④ ㄴ, ㄷ
⑤ ㄱ, ㄴ, ㄷ

☑ 확인 Check! ○ △ ✕

23 다음 중 A, B, C, D, E사원의 일일업무량의 총합은?

- A사원의 일일업무량은 B사원의 일일업무량보다 5만큼 적다.
- B사원의 일일업무량은 D사원 일일업무량의 $\frac{1}{4}$ 수준이다.
- D사원과 E사원의 일일업무량을 합친 것은 C사원 업무량에 258을 더한 것과 같다.
- C사원이 이틀 동안 일한 업무량과 D사원이 8일 동안 일한 업무량의 합은 996이다.
- E사원이 30동안 진행한 업무량은 5,280이다.

① 262
② 291
③ 359
④ 373
⑤ 379

PART 1

※ 다음은 P회사의 협력 건설자재회사별 자재 가격이다. 이어지는 물음에 답하시오. **[24~25]**

〈건설자재회사별 자재 가격〉

구분	내장재(원/판)	천장재(원/판)	단열재(원/판)	바닥재(원/roll)
K자재	2,000	1,200	1,500	2,700
L자재	2,200	1,200	1,500	2,500
H자재	2,000	1,000	1,600	2,600
D자재	2,200	1,100	1,500	2,500
A자재	2,200	1,100	1,600	2,700

〈P회사 주문량〉

구분	내장재	천장재	단열재	바닥재
주문량	20판	70판	100판	5roll

☑ 확인 Check! ○ △ ×

24 가장 저렴한 업체를 선정하여 필요한 모든 자재를 주문하려 한다. P회사가 주문할 건설자재회사는?

① K자재
② L자재
③ H자재
④ D자재
⑤ A자재

☑ 확인 Check! ○ △ ×

25 바닥재 주문량을 7roll로 늘리면 어떻게 되는가?

① K자재가 가장 저렴해진다.
② L자재가 가장 저렴해진다.
③ H자재가 가장 저렴하다.
④ D자재가 가장 저렴해진다.
⑤ K자재가 가장 비싸진다.

※ D사원은 해외에서 열리는 세미나 참석을 위해 호텔을 예약했다. 다음 상황을 보고 이어지는 질문에 답하시오. [26~27]

• 출장일 : 2019년 12월 11일(수) ~ 15일(일)

〈호텔 숙박가격〉

구분	일요일 ~ 목요일	금요일 ~ 토요일
가격	USD 120	USD 150

〈유의사항〉

• 호텔 숙박을 원하실 경우 총 숙박비의 20%에 해당하는 금액을 예치금으로 지불하셔야 합니다.
• 개인사정으로 호텔 예약을 취소 또는 변경하실 때는 숙박 예정일 4일 전까지는 전액 환불이 가능하지만, 그 이후로는 하루에 20%씩 취소 수수료가 부과됩니다. 노 쇼(No – Show)의 경우와 체크인 당일 취소를 하실 경우에는 환불이 불가하오니, 이점 유의해주시기 바랍니다.

☑ 확인 Check! ○ △ ✕

26 D사원이 호텔에 지불한 예치금은 얼마인가?

① USD 105
② USD 108
③ USD 110
④ USD 120
⑤ USD 132

☑ 확인 Check! ○ △ ✕

27 D사원은 회사 사정으로 다른 곳으로 급하게 출장을 가게 되었다. 이 때문에 D사원은 예약해두었던 호텔을 취소하게 됐는데, 이때 D사원이 호텔 규정에 따라 받을 수 있는 환불금액은?(단, D사원의 출발일은 호텔 체크인 당일이었다)

① USD 432
② USD 330
③ USD 228
④ USD 108
⑤ 받을 수 없다.

PART 1

☑ 확인 Check! ○ △ ×

28 귀하는 팀장으로부터 유아용품 판매직영점을 추가로 개장하기 위하여 다음과 같은 자료를 받았다. 팀장은 직영점을 정할 때는 영유아 인구가 많은 곳이어야 하며, 향후 5년간 수요가 지속적으로 증가하는 지역으로 선정해야 한다고 설명하였다. 다음 자료를 토대로 유아용품 판매직영점을 설치할 최적의 지역을 선정하라는 요청에 가장 적절한 답변은 무엇인가?

지역	총 인구수(명)	영유아 비중	향후 5년간 영유아 변동률				
			1년 차	2년 차	3년 차	4년 차	5년 차
A	3,460,000	3%	−0.5%	1.0%	−2.2%	2.0%	4.0%
B	2,470,000	5%	0.5%	0.1%	−2.0%	−3.0%	−5.0%
C	2,710,000	4%	0.5%	0.7%	1.0%	1.3%	1.5%
D	1,090,000	11%	1.0%	1.2%	1.0%	1.5%	1.7%

※ 만 3세 이하를 영유아로 정의함

① "총 인구수가 많은 A−C−B−D지역 순으로 직영점을 개장하면 충분한 수요로 인하여 영업이 원활할 것 같습니다."

② "현재 시점에서 영유아 비율이 가장 높은 D−B−C−A지역 순으로 직영점을 설치하는 계획을 수립하는 것이 적절할 것 같습니다."

③ "현재 각 지역 중에서 영유아 수가 가장 많은 B지역을 우선적으로 개장하는 것이 좋을 것 같습니다."

④ "향후 5년간 영유아 변동률을 참고하였을 때, 영유아 인구 증가율이 가장 높은 A지역이 유력합니다."

⑤ "D지역은 현재 영유아 인구수가 두 번째이나, 향후 5년간 지속적인 인구 성장이 기대되며, 5년 후에는 가장 많은 영유아 인구를 수용하는 지역으로 예상되므로, D지역이 가장 적절하다고 판단합니다."

☑ 확인 Check! ○ △ ✕

29 C공사의 운영본부에서 근무 중인 귀하는 국토교통부에서 제공한 국제 여객·화물 수송량 및 분담률 통계자료를 확인하였으며, 여객서비스 및 화물운영에 필요한 자료를 추려 각 부서에 전달하고자 한다. 다음의 자료를 토대로 귀하가 올바르게 이해하지 못한 것은?

〈국제 여객·화물 수송량 및 분담률〉

[단위 : 여객(천 명), 화물(천 톤), 분담률(%)]

구분			2014년	2015년	2016년	2017년	2018년
여객	해운	수송량	2,534	2,089	2,761	2,660	2,881
		분담률	6.7	5.9	6.4	5.9	5.7
	항공	수송량	35,341	33,514	40,061	42,649	47,703
		분담률	93.3	94.1	93.6	94.1	94.3
화물	해운	수송량	894,693	848,299	966,193	1,069,556	1,108,538
		분담률	99.7	99.7	99.7	99.7	99.7
	항공	수송량	2,997	2,872	3,327	3,238	3,209
		분담률	0.3	0.3	0.3	0.3	0.3

※ 수송분담률 : 여객 및 화물의 총수송량에서 분야별 수송량이 차지하는 비율

① 2014년부터 2018년까지 항공 여객 수송량 평균은 약 39,854천 명이다.
② 여객수송은 해운보다 항공이 차지하는 비중이 절대적인 반면, 화물수송은 그 반대이다.
③ 여객 총 수송량과 화물 총 수송량은 2015년부터 꾸준히 증가하고 있다.
④ 2018년 해운 여객 수송량은 2015년 대비 37% 이상 증가하였다.
⑤ 2018년 항공 화물 수송량은 2016년 대비 4% 이상 감소하였다.

☑ 확인 Check! ○ △ ×

30 다음은 2019년 11월 기준 민간부문의 공사완료 후 미분양된 면적별 주택 현황이다. 〈보기〉의 설명 중 다음 자료에 대한 설명으로 옳은 것만을 모두 고른 것은?

〈미분양된 면적별 민간부문 주택 현황〉

(단위 : 가구)

구분	면적별 주택유형			계
	$60m^2$ 미만	$60 \sim 85m^2$	$85m^2$ 초과	
전국	3,453	11,316	1,869	16,638
서울	0	16	4	20
부산	83	179	133	395
대구	0	112	1	113
인천	5	164	340	509
광주	16	27	0	43
대전	148	125	0	273
울산	38	56	14	108
세종	0	0	0	0
경기	232	604	1,129	1,965
기타	2,931	10,033	248	13,212

보기

ㄱ. 면적이 넓은 유형의 주택일수록 공사완료 후 미분양된 민간부문 주택이 많은 지역은 두 곳뿐이다.

ㄴ. 부산의 공사완료 후 미분양된 민간부문 주택 중 면적이 $60 \sim 85m^2$에 해당하는 주택이 차지하는 비중은 면적이 $85m^2$를 초과하는 주택이 차지하는 비중보다 10%p 이상 높다.

ㄷ. 면적이 $60m^2$ 미만인 공사완료 후 미분양된 민간부문 주택 수 대비 면적이 $60 \sim 85m^2$에 해당하는 공사완료 후 미분양된 민간부문 주택 수의 비율은 광주가 울산보다 높다.

① ㄱ
② ㄱ, ㄴ
③ ㄱ, ㄷ
④ ㄴ, ㄷ
⑤ ㄱ, ㄴ, ㄷ

합격취트키 보너스

구분	공식
거리 · 속력 · 시간	• 거리=속력×시간 • 속력$=\frac{거리}{시간}$ • 시간$=\frac{거리}{속력}$
소금물의 농도	• 소금물의 농도(%)$=\frac{소금의\ 양}{소금물의\ 양}\times100$ • 소금물의 양=물의 양+소금의 양 • 소금의 양=소금물의 양$\times\frac{소금물의\ 농도}{100}$
시침과 분침의 각도	• 시침이 움직이는 각도 – 12시간 : 360° – 1시간 : 30° – 1분 : 0.5° • 분침이 움직이는 각도 – 1시간 : 360° – 1분 : 6° 예 x시 y분일 때, 시침과 분침이 이루는 각도 : $\lvert(30x+0.5y)-6y\rvert=\lvert30x-5.5y\rvert$ 예 x시 y분일 때, 시침과 분침이 겹쳐질 조건 : $30x+0.5y=6y$
간격	길이가 x인 일직선 상 도로에 y 간격으로 심을 수 있는 최대 나무의 수 : $(x\div y)+1$
한 줄로 세울 때의 경우의 수	• n명을 한 줄로 세우는 경우의 수 : $n\times(n-1)\times(n-2)\times\cdots\times2\times1=n!$ • n명 중 k명만 한 줄로 세우는 경우의 수 : $n\times(n-1)\times(n-2)\times\cdots\times(n-k+1)$
대표를 선출할 때의 경우의 수	• n명 중 자격이 다른 2명의 대표를 선출할 경우의 수 : $n\times(n-1)$ • n명 중 자격이 같은 2명의 대표를 선출할 경우의 수 : $\frac{n\times(n-1)}{2}$
정가 · 이익 · 할인율	• 정가=원가$\times\left(1+\frac{이익률}{100}\right)$ • 이익=정가−원가(이때, 정가>원가) • 할인율(%)$=\left(1-\frac{정가-할인가}{정가}\times100\right)$ • 할인가=정가$\times\left(1-\frac{할인율}{100}\right)$
증감률	• 비교연도(B) 대비 기준연도(A)의 증감률(%)$=\left[\frac{(기준연도(A))-비교연도(B)}{비교연도(A)}\times100\right]$
변화량	• 비교연도(B) 대비 기준연도(A)의 변화량=기준연도(A)−비교연도(B)
비중	• 전체에서 A가 차지하는 비중(%)$=\frac{A}{전체}\times100$

CHAPTER **03**

문제해결능력

영역 소개 〉

문제해결능력은 업무를 수행하면서 문제 상황이 발생하였을 때, 창조적이고 논리적인 사고를 통하여 이를 올바르게 인식하고 적절히 해결하는 능력을 말한다.

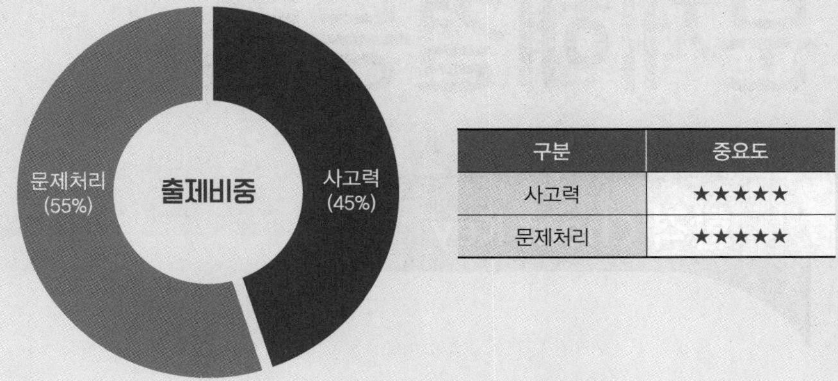

구분	중요도
사고력	★★★★★
문제처리	★★★★★

문제해결능력은 NCS 기반 채용을 진행한 모든 기업에서 다뤄졌으며, 문항 수는 평균 24% 정도로 상당히 많이 출제되었다.

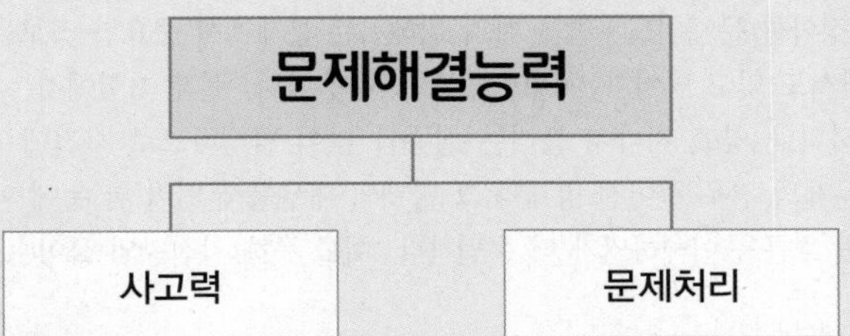

사고력	문제를 인식하고 해결함에 있어 창조적·논리적·비판적으로 생각하는 능력
문제처리	문제의 특성을 파악하여 대안을 적용한 뒤, 그 결과를 평가하는 능력

CHAPTER 03
문제해결능력

합격 Cheat Key

문제해결능력은 업무를 수행하면서 여러 가지 문제 상황이 발생하였을 때, 창의적이고 논리적인 사고를 통하여 이를 올바르게 인식하고 적절히 해결하는 능력을 말한다. 하위능력으로는 사고력과 문제처리능력이 있다.

문제해결능력은 NCS 기반 채용을 진행하는 대다수의 기업에서 다루어졌으며, 문항 수는 평균 24% 정도로 상당히 많이 출제되고 있다. 하지만 많은 수험생들은 더 많이 출제되는 다른 영역에 몰입하고 문제해결능력은 집중하지 않는 실수를 하고 있다. 다른 영역보다 더 많은 노력이 필요할 수는 있지만 그렇기에 차별화를 가진 득점영역이므로 포기하지 말고 꾸준하게 노력해야 한다. 몇 가지의 전략을 소개한다.

01 질문의 의도를 정확하게 파악하라!

문제해결능력은 문제에서 무엇을 묻고 있는지 정확하게 파악하여 풀이방향을 설정하는 것이 가장 효율적인 방법이다. 특히, 조건이 주어지고 답을 찾는 창의적, 분석적인 문제가 주로 출제되고 있기 때문에 처음에 정확한 풀이방향 설정이 되지 않는다면 시간만 허비하고 결국 문제도 풀지 못하게 되므로 첫 번째로 문제의 도파악에 집중해야 한다.

02 중요한 정보는 반드시 표시하라!

위에 말한 정확한 문제의도파악을 하기 위해서는 문제에서 중요한 정보는 반드시 표시나 메모를 하여 하나의 조건, 단서도 잊고 넘어가는 일이 없도록 해야 한다. 실제 시험에서는 시간의 압박과 긴장감으로 정보를 잘못 적용하거나 잊고 지나쳐 틀리는 실수가 많이 발생하므로 사전에 충분한 연습이 필요하다.
가령 명제문제의 경우 주어진 명제와 그 명제의 대우를 본인이 한 눈에 파악할 수 있도록 기호화, 도식화하여 메모하면 흐름을 이해하기가 더 수월하다. 이를 통해 자신만의 풀이순서와 방향, 기준 또한 생길 것이다.

03 반복풀이를 통해 취약유형 파악하라!

길지 않은 한정된 시간동안 모든 문제를 다 푸는 것은 조금은 어려울 수도 있다. 따라서 고득점을 얻을 수 있는 방법은 효율적인 문제풀이다.

반복적인 문제 풀이를 통해 본인의 취약한 유형을 파악하는 것이 중요하다. 취약유형 파악은 종료시간이 임박했을 때 빛을 발할 것이다. 풀 수 있는 문제부터 빠르게 풀고 취약한 유형은 나중에 푸는 효율적인 문제풀이를 통해 최대한의 고득점을 받는 것은 중요하다. 본인의 취약유형을 파악하기 위해서는 많은 문제를 풀어봐야 한다.

04 타고나는 것이 아니므로 열심히 노력해라!

대부분의 수험생들이 문제해결능력은 공부해도 실력이 늘지 않는 영역이라고 생각한다. 하지만 그렇지 않다. 문제해결능력이야말로 노력을 통해 충분히 득점이 가능한 영역이다. 정확한 질문 의도 파악, 취약한 유형의 반복적인 풀이, 빈출유형 파악 등의 방법으로 충분히 실력을 향상시킬 수 있으므로 자신감을 갖고 공부하기 바란다.

NCS 모듈 학습

| 01 | 문제해결능력

(1) 문제

① 문제와 문제점의 의미

㉠ 문제 : 원활한 업무수행을 하기 위해 해결해야 하는 질문이나 의논 대상

㉡ 문제점 : 문제의 근본원인이 되는 사항으로 문제해결에 필요한 열쇠인 핵심 사항

예 스트레스로 인해 신경성 장염에 걸렸을 때, 신경성 장염의 발생이 '문제'이며, 스트레스는 '문제점'이다.

② 문제의 분류

구분	창의적 문제	분석적 문제
문제제시 방법	현재 문제가 없더라도 보다 나은 방법을 찾기 위한 문제 탐구로, 문제 자체가 명확하지 않음	현재의 문제점이나 미래의 문제로 예견될 것에 대한 문제 탐구로, 문제 자체가 명확함
해결 방법	창의력에 의한 많은 아이디어의 작성을 통해 해결	분석·논리·귀납과 같은 논리적 방법을 통해 해결
해답 수	해답의 수가 많으며, 많은 답 가운데 보다 나은 것을 선택	답의 수가 적으며, 한정되어 있음
주요 특징	주관적, 직관적, 감각적, 정성적, 개별적, 특수성	객관적, 논리적, 이성적, 정량적, 일반적, 공통성

CHECK POINT

모듈형 문제가 출제되는 기업에서 문제의 유형에 관한 문제가 자주 출제된다.

③ 문제의 유형

㉠ 기능에 따른 문제 유형 : 제조 문제, 판매 문제, 자금 문제, 인사 문제, 경리 문제, 기술상 문제

㉡ 해결 방법에 따른 문제 유형 : 논리적 문제, 창의적 문제

㉢ 시간에 따른 문제 유형 : 과거 문제, 현재 문제, 미래 문제

㉣ 업무 수행 과정 중 발생한 문제 유형 : 발생형 문제, 탐색형 문제, 설정형 문제

- 발생형 문제 : 이미 일어난 문제로, 당장 걱정하고 해결하기 위해 고민하는 문제
- 탐색형 문제 : 더 잘해야 하는 문제로, 현재의 상황을 개선하거나 효율을 높이기 위한 문제
- 설정형 문제 : 미래상황에 대응하는 장래의 경영전략의 문제로, 앞으로 어떻게 할 것인가 하는 문제

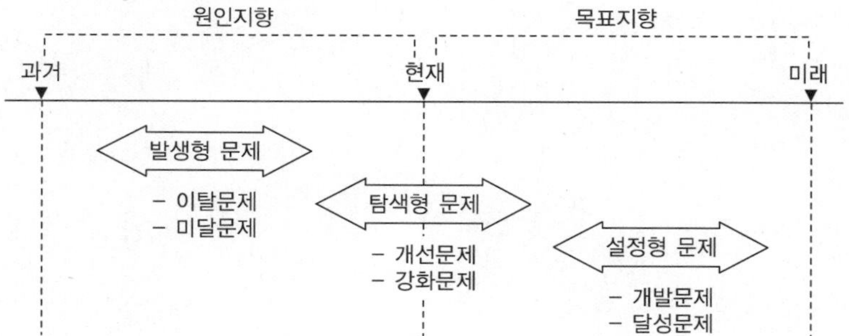

핵심예제

문제에 대한 설명으로 옳지 않은 것은?

① 업무를 수행함에 있어서 답을 요구하는 질문이나 의논하여 해결해야 되는 사항을 의미한다.
② 해결하기를 원하지만 실제로 해결해야 하는 방법을 모르고 있는 상태도 포함된다.
③ 얻고자 하는 해답이 있지만 그 해답을 얻는 데 필요한 일련의 행동을 알지 못한 상태도 있다.
④ 일반적으로 창의적 문제, 분석적 문제, 논리적 문제로 구분된다.

예제풀이

문제는 일반적으로 창의적 문제, 분석적 문제로 구분된다.

정답 ④

(2) 문제해결

① 문제해결의 정의

문제해결이란 목표와 현상을 분석하고, 이 분석 결과를 토대로 주요 과제를 도출하여 바람직한 상태나 기대되는 결과가 나타나도록 최적의 해결안을 찾아 실행・평가하는 활동을 말한다.

② 문제해결의 기본요소

㉠ 체계적인 교육훈련
㉡ 문제해결 방법에 대한 다양한 지식
㉢ 문제 관련 지식에 대한 가용성
㉣ 문제해결자의 도전의식과 끈기
㉤ 문제에 대한 체계적인 접근

③ 문제해결 시 필요한 사고

㉠ 전략적 사고
㉡ 분석적 사고
㉢ 발상의 전환
㉣ 내・외부자원의 효율적인 활용

④ 문제해결 시 장애 요인

㉠ 문제를 철저히 분석하지 않는 경우 : 근본적인 문제해결을 하지 못하거나 새로운 문제를 야기하는 결과를 초래할 수 있다.
㉡ 고정관념에 얽매이는 경우 : 정해진 규정과 틀에 얽매여서 새로운 아이디어와 가능성을 무시해 버릴 수 있다.
㉢ 쉽게 떠오르는 단순한 정보에 의지하는 경우 : 단순한 정보에 의지하면 문제를 해결하지 못하거나 오류를 범하게 된다.
㉣ 너무 많은 자료를 수집하려고 노력하는 경우 : 무엇이 제대로 된 자료인지를 알지 못하는 우를 범할 우려가 많다.

⑤ 문제해결방법

㉠ 소프트 어프로치에 의한 문제해결
- 대부분의 기업에서 볼 수 있는 전형적인 문제해결방법
- 직접적인 표현이 아닌, 시사 또는 암시를 통하여 의사를 전달하고 감정을 서로 통하게 함으로써 문제해결을 도모하는 방법
- 코디네이터(3자)는 결론을 미리 머릿속에 그려가면서 권위나 공감에 의지하여 의견을 중재하고, 타협과 조정을 통해 해결을 도모
- 결론이 애매하게 끝나는 경우가 적지 않음

PART 1

㉡ 하드 어프로치에 의한 문제해결
- 서로의 생각을 직설적으로 주장하고 논쟁이나 협상을 통해 서로의 의견을 조정해가는 방법
- 사실과 원칙에 근거한 토론으로 해결방법을 도모
- 코디네이터(3자)는 구성원들에게 지도와 설득을 하고 전원이 합의하는 일치점을 찾도록 노력
- 합리적이긴 하나, 창조적인 아이디어나 높은 만족감을 이끌어내기는 어려움

㉢ 퍼실리테이션에 의한 문제해결
- 퍼실리테이션은 '촉진'을 의미하며, 어떤 그룹이나 집단이 의사결정을 잘 하도록 도와주는 일을 의미
- 조직이 어떤 방향으로 나아갈지 알려주고, 주제에 대한 공감을 이룰 수 있도록 도와주는 역할을 담당
- 깊이 있는 커뮤니케이션을 통해 서로의 문제점을 이해하고 공감함으로써 창조적인 문제해결을 도모
- 퍼실리테이션에 의한 방법은 구성원의 동기가 강화되고 팀워크도 한층 강화되는 특징을 가짐
- 코디네이터(3자)가 합의점이나 줄거리를 준비해놓고 예정대로 결론을 도출하는 것은 적절하지 않음

• 예제풀이 •

문제해결에 필요한 기본적 사고
전략적 사고, 분석적 사고, 발상의 전환, 내·외부자원의 활용

정답 ②

• 핵심예제 •

문제해결에 필요한 기본적 사고로 옳은 것은?

① 외부자원만을 효과적으로 활용한다.
② 전략적 사고를 해야 한다.
③ 같은 생각을 유지한다.
④ 추상적 사고를 해야 한다.

| 02 | 사고력

(1) 창의적 사고

① 창의적 사고의 의미

창의적 사고란 이미 알고 있는 경험과 지식을 해체하고 새로운 정보로 결합함으로써 가치있고 참신한 아이디어를 산출하는 사고를 말한다.

② 창의적 사고의 특징

㉠ 정보와 정보의 조합이다.
㉡ 사회나 개인에게 새로운 가치를 창출한다.
㉢ 창조적인 가능성이다.

③ 창의적 사고의 개발 방법

㉠ 자유연상법 : 어떤 생각에서 다른 생각을 계속해서 떠올리는 작용을 통해, 어떤 주제에 대해 생각나는 것을 열거해 나가는 발산적 사고 방법
예 브레인스토밍

㉡ 강제연상법 : 각종 힌트를 강제적으로 연결지어서 발상하는 방법
예 체크리스트

㉢ 비교발상법 : 주제와 본질적으로 닮은 것을 힌트로 하여 새로운 아이디어를 얻는 방법
[예] NM법, Synectics(창조공학)

핵심예제

창의적 사고의 특징으로 옳지 않은 것은?

① 외부 정보끼리의 조합이다.
② 사회나 개인에게 새로운 가치를 창출한다.
③ 창조적인 가능성이다.
④ 사고력, 성격, 태도 등의 전인격적인 가능성을 포함한다.

예제풀이

창의적 사고는 정보와 정보의 조합으로, 정보에는 내부 정보와 외부 정보가 있다.

정답 ①

(2) 논리적 사고

① 논리적 사고의 의미
논리적 사고란 사고의 전개에 있어서 전후의 관계가 일치하고 있는지를 살피며, 아이디어를 평가하는 사고를 말한다.

② 논리적 사고를 하기 위해 필요한 요소
생각하는 습관, 상대 논리의 구조화, 구체적인 생각, 타인에 대한 이해・설득

③ 논리적 사고를 개발하는 방법
㉠ 피라미드 구조 방법 : 하위의 사실이나 현상으로부터 상위의 주장을 만들어 나가는 방법
㉡ SO WHAT 방법 : 눈앞에 있는 정보로부터 의미를 찾아내어 가치있는 정보를 이끌어내는 방법

핵심예제

논리적 사고를 위한 요소가 아닌 것은?

① 생각하는 습관
② 상대 논리의 구조화
③ 타인에 대한 이해・설득
④ 추상적인 생각

예제풀이

논리적 사고의 요소
생각하는 습관, 상대 논리의 구조화, 구체적인 생각, 타인에 대한 이해・설득

정답 ④

(3) 비판적 사고

① 비판적 사고의 의미
비판적 사고는 제기된 주장에 어떤 오류나 잘못이 있는지를 찾아내기 위하여 지엽적인 부분을 확대하여 문제로 삼는 것이 아니라, 지식・정보를 바탕으로 한 합당한 근거에 기초를 두고 현상을 분석하고 평가하는 사고를 말한다.

② 비판적 사고를 하기 위해 필요한 요소
지적 호기심, 객관성, 개방성, 융통성, 지적 회의성, 지적 정직성, 체계성, 지속성, 결단성, 다른 관점에 대한 존중

③ 비판적인 사고를 하기 위해서는 어떤 현상에 대해 문제의식을 가지고, 고정관념을 타파해야 한다.

| 03 | 문제처리능력

문제처리능력이란 목표와 현상을 분석하고, 이 분석결과를 토대로 문제를 도출하여 최적의 해결책을 찾아 실행·평가하는 활동을 할 수 있는 능력을 말한다.

〈문제해결 절차〉
문제 인식 → 문제 도출 → 원인 분석 → 해결안 개발 → 실행 및 평가

CHECK POINT

3C, SWOT 등의 분석 기법을 바탕으로 문제해결법을 찾는 문제가 출제된다.

(1) 문제 인식

해결해야 할 전체 문제를 파악하여 우선순위를 정하고 선정된 문제에 대한 목표를 명확히 하는 단계로, '환경 분석 → 주요 과제 도출 → 과제 선정'을 통해 수행된다.

※ 환경 분석 시 자주 사용되는 방법

- 3C 분석 : 3C에 대한 체계적인 분석(3C : 자사, 경쟁사, 고객)
- SWOT 분석 : 기업내부의 강점(Strength), 약점(Weakness), 외부환경의 기회(Opportunity), 위협요인(Threat)을 분석·평가하고 이들을 서로 연관 지어 전략과 문제해결 방안을 개발하는 방법

(2) 문제 도출

선정된 문제를 분석하여 해결해야 할 것이 무엇인지를 명확히 하는 단계로, '문제 구조 파악 → 핵심 문제 선정'을 통해 수행된다.

※ 문제 구조 파악 시 자주 사용되는 방법

- Logic Tree 방법 : 문제의 원인을 깊이 파고들어 해결책을 구체화할 때 제한된 시간 속에 넓이와 깊이를 추구하는 데 도움이 되는 기술로, 주요 과제를 나무모양으로 분해·정리하는 방법

(3) 원인 분석

파악된 핵심문제에 대한 분석을 통해 근본 원인을 도출해내는 단계로, '이슈 분석 → 데이터 분석 → 원인 파악'을 통해 수행된다.

(4) 해결안 개발

문제로부터 도출된 근본 원인을 효율적으로 해결할 수 있는 최적의 해결방안을 수립하는 단계로, '해결안 도출 → 해결안 평가 및 최적안 선정'을 통해 수행된다.

(5) 실행 및 평가

해결안 개발을 통해 만들어진 실행계획을 실제 상황에 적용하는 활동으로, 당초 장애가 되는 문제의 원인들을 해결안을 사용하여 제거해 나가는 단계이다. '실행계획 수립 → 실행 → 사후 관리(Follow-up)'를 통해 수행된다.

핵심예제

문제해결 과정이 바르게 나열된 것은?

ㄱ. 문제 인식
ㄴ. 실행 및 평가
ㄷ. 원인 분석
ㄹ. 문제 도출
ㅁ. 해결안 개발

① ㄱ－ㄴ－ㄷ－ㄹ－ㅁ
② ㄱ－ㄹ－ㄷ－ㅁ－ㄴ
③ ㄴ－ㄷ－ㄹ－ㅁ－ㄱ
④ ㄹ－ㄱ－ㄷ－ㅁ－ㄴ

예제풀이

문제해결 과정
문제 인식 → 문제 도출 → 원인 분석 → 해결안 개발 → 실행 및 평가

정답 ②

PART 1

기출예상문제

정답 및 해설 p. 31

☑ 확인 Check! ○ △ ×

01 Z회사는 최근 새로운 건물로 이사하면서 팀별로 층 배치를 변경하기로 하였다. 층 배치 변경 사항과 현재 층 배치가 다음과 같을 때, 이사 후 층 배치에 대한 설명으로 적절하지 않은 것은?

〈층 배치 변경 사항〉

- 인사팀과 생산팀이 위치한 층 사이에 한 팀을 배치합니다.
- 연구팀과 영업팀은 기존 층보다 아래층으로 배치합니다.
- 총무팀은 6층에 배치합니다.
- 탕비실은 4층에 배치합니다.
- 생산팀은 연구팀보다 높은 층에 배치합니다.
- 전산팀은 2층에 배치합니다.

〈현재 층 배치도〉

층수	부서
7층	전산팀
6층	영업팀
5층	연구팀
4층	탕비실
3층	생산팀
2층	인사팀
1층	총무팀

① 생산팀은 7층에 배치될 수 있다.
② 인사팀은 5층에 배치될 수 있다.
③ 영업팀은 3층에 배치될 수 있다.
④ 생산팀은 3층에 배치될 수 있다.
⑤ 연구팀은 1층에 배치될 수 있다.

☑ 확인 Check! ○ △ ×

02 8명이 앉을 수 있는 원탁에 각 지역본부 대표가 참여해 회의를 하고 있다. 다음 〈조건〉을 바탕으로 경인 지역본부 대표의 맞은편에 앉은 사람은?

> **조건**
>
> • 서울, 부산, 대구, 광주, 대전, 경인, 춘천, 속초 대표가 참여하였다.
> • 서울은 12시 방향에 앉아 있다.
> • 서울의 오른쪽 두 번째는 대전이다.
> • 부산은 경인의 왼쪽에 앉는다.
> • 대전과 부산 사이에는 광주가 있다.
> • 광주와 대구는 마주보고 있다.
> • 서울과 대전 사이에는 속초가 있다.

① 대전　　② 부산
③ 대구　　④ 속초
⑤ 서울

☑ 확인 Check! ○ △ ×

03 한국철도공사의 A, B, C 세 명은 이번 신입사원 교육에서 각각 인사, 사업, 영업 교육을 맡게 되었다. 다음 〈조건〉을 참고할 때, 바르게 연결된 것은?

> **조건**
>
> • 교육은 각각 2시간, 1시간 30분, 1시간 동안 진행된다.
> • A, B, C 중 2명은 과장이며, 나머지 한 명은 부장이다.
> • 부장은 B보다 짧게 교육을 진행한다.
> • A가 가장 오랜 시간 동안 사업 교육을 진행한다.
> • 교육 시간은 인사 교육이 가장 짧다.

	직원	담당 교육	교육 시간
①	B과장	인사 교육	1시간
②	B부장	영업 교육	1시간
③	C부장	인사 교육	1시간
④	C부장	인사 교육	1시간 30분
⑤	C과장	영업 교육	1시간 30분

PART 1

☑ 확인 Check! ○△×

04 K기업은 사내 복지 증진차원에서 레스토랑급 구내식당을 운영하고 있는데, 한정되어 있는 구내식당 공간을 효율적으로 활용하기 위해 각 부서별로 돌아가면서 이용하고 있다. 작년에는 A, B, C, D부서 순으로 돌아가며 식사를 했으나, 올해는 작년과 다르게 모든 부서가 새로운 순서로 밥을 먹기로 하였다. C부서는 B부서 뒤에 식사하기로 했을 때, 다음 중 옳지 않은 것은?

① 총 4가지 방법이 있다.
② D부서는 맨 마지막에 식사를 할 수 없다.
③ B부서가 가장 먼저 식사한다면 C부서는 항상 맨 마지막에 식사한다.
④ D부서가 두 번째로 식사한다면 A부서는 바로 그 다음에 식사한다.
⑤ A부서가 맨 마지막에 식사한다면 C부서는 두 번째로 식사한다.

☑ 확인 Check! ○△×

05 국민보험공단의 건물은 8층이며, 각 층에 있는 부서는 다음과 같다. 귀하가 보험료 징수와 관련하여 문의하기 위해 고객상담부에 방문하려고 한다면 몇 층으로 가야 하는가?

- 건물 1층에는 로비가 있다.
- 행정지원부는 가장 높은 층에 있다.
- 징수부가 있는 층 바로 아래에는 자격부가 있다.
- 건강관리부가 있는 층 바로 위에는 장기요양부가 있다.
- 자격부는 고객상담부보다 높은 층에 있다.
- 보험급여부는 징수부보다 높은 층에 있다.
- 행정지원부에서 3개층 아래에는 보험급여부가 있다.

① 2층
② 3층
③ 4층
④ 5층
⑤ 6층

☑ 확인 Check! ○△×

06 A기업에서는 4월 1일 월요일부터 한 달 동안 임직원을 대상으로 금연교육 4회, 금주교육 3회, 성교육 2회를 실시하려고 한다. 다음 〈조건〉을 근거로 판단할 때 옳은 것은?

조건

- 금연교육은 정해진 같은 요일에만 주 1회 실시하고, 화, 수, 목요일 중에 해야 한다.
- 금주교육은 월요일과 금요일을 제외한 다른 요일에 시행하며, 주 2회 이상은 실시하지 않는다.
- 성교육은 4월 10일 이전, 같은 주에 이틀 연속으로 실시한다.
- 4월 22일부터 26일까지 워크숍 기간이고, 이 기간에는 어떠한 교육도 실시할 수 없다.
- 교육은 하루에 하나만 실시할 수 있고, 토요일과 일요일에는 교육을 실시할 수 없다.
- 계획한 모든 교육을 반드시 4월 안에 완료해야 한다.

① 금연교육이 가능한 요일은 화요일과 수요일이다.
② 금주교육은 같은 요일에 실시되어야 한다.
③ 금주교육은 4월 마지막 주에도 실시된다.
④ 4월 30일에도 교육이 있다.
⑤ 성교육이 가능한 일정 조합은 두 가지 이상이다.

✓ 확인 Check! ○ △ ×

07 S공사에 근무하는 김 대리는 사내시험에서 2점짜리 문제를 8개, 3점짜리 문제를 10개, 5점짜리 문제를 6개를 맞혀 총 76점을 맞았다. 다음의 사내시험 규정과 결과를 통해 최 대리가 맞힌 문제 개수의 총합은?

> 〈사내시험 규정〉
>
> 문항 수 : 43문제
> 만점 : 130점
> • 2점짜리 문항은 3점짜리 문항 수보다 12문제 적다.
> • 5점짜리 문항 수는 3점짜리 문항 수의 절반이다.
>
> 〈사내시험 결과〉
>
> • 최 대리가 맞힌 2점짜리 문제의 개수는 김 대리와 동일하다.
> • 최 대리의 점수는 38점이다.

① 14개
② 15개
③ 16개
④ 17개
⑤ 18개

PART 1

✓ 확인 Check! ○ △ ×

08 K공사 인사팀에는 팀장 1명, 과장 2명과 A대리가 있다. 팀장과 과장이 없을 때는 A대리가 그 업무를 대행해야 한다. 팀장과 과장 2명은 4월 안에 휴가를 다녀와야 하고, A대리는 5일 동안 진행되는 연수에 참여해야 한다. 연수는 주말 없이 진행되며 연속으로 수강해야 한다. A대리의 연수 마지막 날짜는?

> • 4월 1일은 월요일이며 K공사는 주5일제이다.
> • 마지막 주 금요일에는 중요한 세미나가 있어, 그 주에는 모든 팀원이 자리를 비울 수 없다.
> • 팀장은 첫째 주 화요일부터 3일 동안 휴가를 신청했다.
> • 과장 B는 둘째 주 수요일부터 5일 동안 휴가를 신청했다.
> • 과장 C는 2일간의 휴가를 마치고 셋째 주 금요일부터 출근할 것이다.

① 8일
② 9일
③ 23일
④ 24일
⑤ 30일

☑ 확인 Check! ○ △ ✕

09 한국전력공사 설비진단처에서 근무하는 점검관 A는 마포용산지사, 성동전력지사, 강북성북지사를 설비점검차 방문하고자 한다. A가 11월 한 달 동안 다음 〈조건〉에 따라 설비를 점검했다고 할 때, 이에 대한 설명으로 항상 옳은 것은?

조건

- 점검관 A는 하루에 하나의 지사만을 방문하며, 주말 및 공휴일에도 근무한다.
- 점검관 A는 3개 지사를 적어도 1번씩은 방문하였다.
- 11월 동안 마포용산지사를 방문한 날보다 강북성북지사를 방문한 날이 많았다.
- 성동전력지사를 방문한 날은 마포용산지사를 방문한 날이나 강북성북지사를 방문한 날보다 적었다.
- 점검관 B는 A가 성동전력지사를 방문하는 날에만 동행하였다.

① A는 마포용산지사를 최대 8번 방문하였을 것이다.
② A는 강북성북지사를 10번 방문했을 수 있다.
③ A가 11월 동안 휴가를 2일 사용하였다면 마포용산지사를 최대 9번 방문할 수 있었을 것이다.
④ B는 11월 한 달 동안 A와 많아야 10번 동행하였을 것이다.
⑤ A는 강북성북지사를 최대 27번 방문할 수 있었을 것이다.

☑ 확인 Check! ○ △ ✕

10 다음 자료는 K공사 고객의 소리 운영 규정의 일부이다. 고객서비스 업무를 담당하고 있는 1년차 사원인 K씨는 2019년 7월 18일에 어느 한 고객으로부터 질의민원을 접수받았다. 그러나 부득이한 사유로 기간 내 처리가 불가능할 것으로 보여 본사 총괄부서장의 승인을 받고 지연하였다. 해당 민원은 늦어도 언제까지 처리가 완료되어야 하는가?(단, 고객서비스 업무는 휴무가 없음을 가정한다)

제1조(목적)
이 규정은 K공사에서 고객의 소리 운영에 필요한 사항에 대하여 규정함을 목적으로 한다.

제2조(정의)
'고객의 소리(Voice Of Customer)'라 함은 K공사 직무와 관련된 행정 처리에 대한 이의신청, 진정 등 민원과 K공사의 제도, 서비스 등에 대하여 불만이나 불편사항, 건의·단순 질의 등 모든 고객의 의견을 말한다.

제7조(처리기간)
① 고객의 소리는 다른 업무에 우선하여 처리하여야 하며, 처리기간이 남아있음 등의 이유로 처리를 지연시켜서는 아니 된다.
② 고객의 소리 처리기간은 24시간으로 한다. 다만, 서식민원은 별도로 한다.

제8조(처리기간의 연장)
① 부득이한 사유로 기간 내 처리하기 곤란한 경우, 중간답변을 해야 하며 이 경우, 처리기간은 48시간으로 한다.
② 중간답변을 하였음에도 기간 내 처리하기 어려운 사항은 1회에 한하여 본사 총괄부서장의 승인을 받고 추가로 연장할 수 있다. 이 경우, 추가되는 연장시간은 48시간으로 한다.
③ 업무의 성격이나 중요도, 본사 총괄부서의 처리시간에 임박한 재배정 등으로 제1항 내지 제2항의 기간 내 처리할 수 없는 사항은 부서장 또는 소속장이 본사 총괄부서장에게 특별 기간 연장을 요구할 수 있다.

① 7월 19일
② 7월 20일
③ 7월 21일
④ 7월 22일
⑤ 7월 23일

☑ 확인 Check! ○△✕

11 A사원은 여행을 좋아한다. 평소 사용한 만큼 마일리지가 쌓이는 ◇◇카드를 애용하고 있으며, 평균적으로 월 140만 원씩 결제하고 있다. 올해 8월 여름휴가에는 6월까지 적립된 마일리지를 사용하여 가용한 범위 내에서 가장 좋은 좌석을 예매해 여행을 갈 예정이다. A사원이 왕복으로 다녀올 수 있는 여행지는 어디인가?(단, 사용 후 남은 마일리지를 최소가 되도록 한다)

■ A씨의 ◇◇카드 사용내역

(단위 : 천 원)

기간 / 사용처	18년 10월	11월	12월	19년 1월	2월	3월	4월	5월	6월
엔터테인먼트	300	420	300	450	300	450	300	300	450
여행	270	–	–	–	450	–	–	150	–
생활	500	500	500	600	500	500	600	600	600
쇼핑	300	400	600	200	250	400	400	200	200
기타	100	150	150	100	150	150	100	150	150

※ 2018년 10월 초에 ◇◇카드를 개설하여 사용해왔음

■ ◇◇카드 항공마일리지 적립방법

다음의 4개 항목을 구분하여 매월 결제일에 마일리지가 적립된다.

- 엔터테인먼트 : 결제금액 1,500원당 40마일리지 적립
- 여행 : 결제금액 1,500원당 25마일리지 적립
- 생활 : 결제금액 1,000원당 15마일리지 적립
- 쇼핑 : 결제금액 1,000원당 10마일리지 적립
- 기타 : 결제금액 1,000원당 5마일리지 적립

■ ○○항공 마일리지 공제표(편도)

노선	일반석	비즈니스	퍼스트
국내선	10,000	–	–
일본, 동북아시아	30,000	45,000	60,000
동남아시아	40,000	60,000	80,000
서남아시아	50,000	75,000	90,000
미주, 대양주, 유럽	70,000	105,000	140,000

※ 해당 공제표는 직항 노선에 대해서만 안내함
※ 왕복의 경우에는 편도 공제액의 2배를 기준으로 함

① 제주도　　② 타이베이
③ 방콕　　④ 뉴델리
⑤ 시드니

PART 1

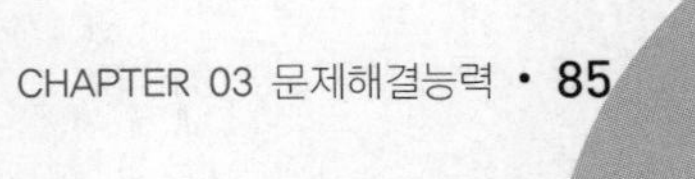

※ 다음 자료를 읽고 이어지는 질문에 답하시오. [12~13]

■ 품목별 내용연수 및 품질보증기간 및 부품보유기간

구분	내용연수	품질보증기간	부품보유기간
가스레인지	6년	1년	6년
전기프라이팬	3년	1년	3년
다용도식품조리기	3년	1년	3년
전기압력밥솥	6년	1년	6년
하수분쇄기	5년	1년	5년

■ 분쟁해결기준

1) 제품구입 후 1개월 이내에 자연 발생한 품질·성능·기능상의 하자로 인한 피해 : 제품교환 또는 구매가 환급
2) 품질보증기간 이내에 정상적인 사용상태에서 발생한 품질·성능·기능상의 하자로 인한 피해
   - 하자 발생 시 : 무상수리
   - 수리하였으나 하자가 재발(2회째) : 제품교환
   - 수리 불가능 시 : 제품교환
   - 교환 불가능 시 또는 교환 받았으나 동종의 하자가 발생한 경우 : 구매가 환급
3) 부품보유기간 이내에 수리용 부품을 보유하고 있지 않아 발생한 피해
   - 품질보증기간 이내
     - 정상적인 상태에서 자연 발생한 품질·성능·기능상의 하자로 인해 발생된 경우 : 제품교환 또는 구매가 환급
     - 소비자의 고의·과실로 인한 고장인 경우 : 유상수리에 해당하는 금액 징수 후 제품교환
   - 품질보증기간 경과 후 : 구매가에서 정액감가상각한 잔여금액에 구입가의 5%를 가산하여 환급
     (감가상각한 잔여금액<0이면, 0으로 계산)
4) 소비자가 수리 의뢰한 제품을 사업자가 분실했을 경우
   - 품질보상기간 이내 : 제품교환 또는 구입가 환급
   - 품질보증기간 경과 후 : 정액감가상각한 금액에 10%를 가산하여 환급(최고한도 : 구입가격)

☑ 확인 Check! ○ △ ✕

12 어느 날, 접수된 고객의 문의에 다음과 같이 답변을 하였다. 답변 내용 중 올바르지 않은 것은 무엇인가?

〈고객 문의〉

안녕하세요. ○○전자에서 구매한 제품에 문제가 있어서 문의하려고 전화했습니다. 두 달 전에 전기압력밥솥을 구매해서 잘 사용하고 있었는데, 갑자기 전원이 들어오지 않더라고요. 큰 충격을 입히거나 떨어뜨리지도 않았는데 고장이 나서 난감하네요. 그리고 5년 전에 가스레인지도 구매했었는데, 실수로 찌개를 쏟아버린 그 이후로 작동하지 않더라고요.

〈직원 답변〉

안녕하세요. ○○○고객님.
문의하신 사항에 대해서 상세히 답변하겠습니다.

전기압력밥솥의 경우에는 ① 품질보증기간 이내 발생한 하자에 대해서 무상수리를 실시하고 있습니다. 다만, 정상적인 사용상태에서 발생된 하자에 한해 무상으로 제공해 드리고 있기 때문에 ② 고객님의 제품을 수리하는 데 일정한 수리요금이 청구될 수 있습니다. 우선 수리할 수 있는 부품이 있는지 확인해봐야 하는데, ③ 저희가 부품을 보유하고 있지 않을 경우에는 제품교환 또는 구매가 환급을 받을 수 있도록 도와드릴 수 있습니다.
가스레인지는 ④ 품질보증기간이 지났기 때문에 무상수리는 받을 수 없습니다. 그러나 현재 해당 제품의 부품을 보유하고 있지 않아 ⑤ 구매가에 일정금액을 제외한 금액을 환급해드릴 수 있습니다.

이상 문의하신 사항에 적절한 답변이 되었길 바랍니다.

추가적인 문의가 있다면 언제든지 연락주세요.

☑ 확인 Check! ○ △ ✕

13 위 고객이 문의한 제품 중 가스레인지의 부품을 보유하고 있지 않아 수리가 불가능하다. 가스레인지의 가격이 240,000원일 때, 환급해줄 수 있는 금액은 얼마인가?(단, 정액감가상각액은 구입가에 내용연수를 나눈 값에 사용연수를 곱하여 산출한다)

① 0원
② 40,000원
③ 52,000원
④ 92,000원
⑤ 200,000원

PART 1

☑ 확인 Check! ○ △ ✕

14 **마지막 명제가 참일 때, 다음 빈칸에 들어갈 명제로 가장 적절한 것은?**

- 허리에 통증이 심하면 나쁜 자세로 공부했다는 것이다.
- 공부를 오래 하면 성적이 올라간다.
- ______________________________
- 성적이 떨어졌다는 것은 나쁜 자세로 공부했다는 것이다.

① 성적이 올라갔다는 것은 좋은 자세로 공부했다는 것이다.
② 좋은 자세로 공부한다고 해도 허리의 통증은 그대로이다.
③ 성적이 떨어졌다는 것은 공부를 별로 하지 않았다는 증거다.
④ 좋은 자세로 공부한다고 해도 공부를 오래 하긴 힘들다.
⑤ 허리에 통증이 약하면 공부를 오래 할 수 있다.

☑ 확인 Check! ○ △ ✕

15 **다음 명제를 통해 얻을 수 있는 결론으로 타당한 것은?**

- 모든 1과 사원은 가장 실적이 많은 2과 사원보다 실적이 많다.
- 가장 실적이 많은 4과 사원은 모든 3과 사원보다 실적이 적다.
- 3과 사원 중 일부는 가장 실적이 많은 2과 사원보다 실적이 적다.

① 1과 사원 중 가장 적은 실적을 올린 사원과 같은 실적을 올린 사원이 4과에 있다.
② 3과 사원 중 가장 적은 실적을 올린 사원과 같은 실적을 올린 사원이 4과에 있다.
③ 모든 2과 사원은 4과 사원 중 일부보다 실적이 적다.
④ 어떤 1과 사원은 가장 실적이 많은 3과 사원보다 실적이 적다.
⑤ 어떤 3과 사원은 가장 실적이 적은 1과 사원보다 실적이 적다.

☑ 확인 Check! ○ △ ✕

16 **회사원 K씨는 건강을 위해 평일에 다양한 영양제를 먹고 있다. 요일별로 비타민 B, 비타민 C, 비타민 D, 칼슘, 마그네슘을 하나씩 먹는다고 할 때, 다음에 근거하여 바르게 추론한 것은?**

- 비타민 C는 월요일에 먹지 않으며, 수요일에도 먹지 않는다.
- 비타민 D는 월요일에 먹지 않으며, 화요일에도 먹지 않는다.
- 비타민 B는 수요일에 먹지 않으며, 목요일에도 먹지 않는다.
- 칼슘은 비타민 C와 비타민 D보다 먼저 먹는다.
- 마그네슘은 비타민 D보다 늦게 먹고, 비타민 B보다는 먼저 먹는다.

① 비타민 C는 금요일에 먹는다.
② 마그네슘은 수요일에 먹는다.
③ 칼슘은 비타민 C보다 먼저 먹지만, 마그네슘보다는 늦게 먹는다.
④ 마그네슘은 비타민 C보다 먼저 먹는다.
⑤ 월요일에는 칼슘, 금요일에는 비타민 B를 먹는다.

☑ 확인 Check! ○ △ ×

17 귀하는 부하직원 A, B, C, D, E 5명을 대상으로 마케팅 전략에 대한 찬반 의견을 물었고, 이에 대해 부하직원은 다음 〈조건〉에 따라 찬성과 반대 둘 중 하나의 의견을 제시하였다. 다음 중 항상 옳은 것은?

조건
- A 또는 D 둘 중 적어도 하나가 반대하면, C는 찬성하고 E는 반대한다.
- B가 반대하면, A는 찬성하고 D는 반대한다.
- D가 반대하면 C도 반대한다.
- E가 반대하면 B도 반대한다.
- 적어도 한 사람은 반대한다.

① A는 찬성하고 B는 반대한다.
② A는 찬성하고 E는 반대한다.
③ B와 D는 반대한다.
④ C는 반대하고 D는 찬성한다.
⑤ C와 E는 찬성한다.

☑ 확인 Check! ○ △ ×

18 다음 중 문제해결과정이 순서대로 바르게 나열된 것은?

ㄱ. 문제 인식	ㄴ. 실행 및 평가
ㄷ. 원인 분석	ㄹ. 문제 도출
ㅁ. 해결안 개발	

① ㄱ → ㄴ → ㄷ → ㄹ → ㅁ
② ㄱ → ㄹ → ㄷ → ㅁ → ㄴ
③ ㄴ → ㄷ → ㄹ → ㅁ → ㄱ
④ ㄹ → ㄱ → ㄷ → ㅁ → ㄴ
⑤ ㄹ → ㄷ → ㅁ → ㄴ → ㄱ

☑ 확인 Check! ○ △ ×

19 다음에서 설명하는 문제 유형은 무엇인가?

지금까지 해오던 것과 전혀 관계없이 새로운 과제 또는 목표를 설정함에 따라 발생하는 문제로, 문제 해결에 많은 창조적인 노력이 요구된다.

① 발생형 문제
② 설정형 문제
③ 잠재형 문제
④ 탐색형 문제
⑤ 원상회복형 문제

※ H전력회사에 근무 중인 귀하는 주택용 전기요금 산정을 담당하고 있다. 최근 전기요금과 관련하여 고객으로부터 문의가 자주 오고 있다. 다음의 규정을 토대로 이어지는 질문에 답하시오. **[20~21]**

〈주택용 전력(저압)〉

기본요금(원/호)		전력량요금(원/kWh)	
100kWh 이하 사용	410	처음 100kWh 까지	60.7
101 ~ 200kWh 사용	910	다음 100kWh 까지	125.9
201 ~ 300kWh 사용	1,600	다음 100kWh 까지	187.9
301 ~ 400kWh 사용	3,850	다음 100kWh 까지	280.6
401 ~ 500kWh 사용	7,300	다음 100kWh 까지	417.7
500kWh 초과 사용	12,940	500kWh 초과	709.5

※ 월 최저요금 : 1,000원

※ 표준전압 220V, 380V 고객

〈전기요금 계산 방법〉

① 기본요금(원단위 미만 절사)
② 전력량요금(원단위 미만 절사)
③ 전기요금제=①+②−복지할인
④ 부가가치세(원단위 미만 4사5입)=③×10%
⑤ 전력산업기반기금(10원 미만 절사)=③×3.7%
⑥ 청구요금 합계(10원 미만 절사)=③+④+⑤

〈복지할인요금〉

구분	내용	적용 및 한도
독립유공자, 국가유공자, 장애인, 기초생활수급자	전기요금 감액	월 8,000원 한도
차상위계층	전기요금 감액	월 2,000원 한도
자동이체	전기요금 감액	전월 납부 전기요금의 1%, 월 1,000원 한도

※ 복지할인은 중복 적용되지 않음(단, 자동이체 할인 제외)

☑ 확인 Check! ○ △ ×

20 다음은 고객과의 상담 내용이다. 귀하의 대답으로 옳지 않은 것은?

귀하 : 안녕하십니까. H전력회사 ○○○입니다.
고객 : 안녕하세요. 이번 달에 청구된 전기요금에 대해서 궁금한 것이 있어서요. 이번 달 요금이 전보다 많이 청구되어서요. 왜 그런 것인지 청구내역을 확인하고 싶어요.
귀하 : 네, 고객님. 지난 달 전력사용량은 어떻게 되나요?
고객 : 250kWh를 사용했어요.
귀하 : 네, 250kWh를 사용하셨다면 ① 기본요금은 1,600원이 적용되며, 전력량요금은 24,955원입니다.
고객 : 가족 중에 국가유공자가 있는데요. 복지할인을 적용받는 것으로 알고 있는데, 그건 어떻게 되나요?
귀하 : 네, ② 국가유공자에 해당되시면 월 8,000원 한도로 전기요금이 감액됩니다.
고객 : 그럼 부가가치세는 어떻게 되나요?
귀하 : 네, ③ 부가가치세는 10%가 적용됩니다.
고객 : 또 추가되는 요금이 있나요?
귀하 : 네, ④ 전력산업기반기금으로 3.7%가 추가 청구됩니다.
고객 : 그렇다면 저에게 청구된 금액은 얼마인가요?
귀하 : 네, ⑤ 고객님께 청구된 지난 달 전기요금은 24,620원입니다. 더 궁금하신 것은 없으신가요?
고객 : 네, 더 이상 문의할게 없네요. 자세한 설명해주셔서 감사합니다.
귀하 : 네, 귀한 시간 내주셔서 감사합니다. 저는 상담원 ○○○입니다.

PART 1

☑ 확인 Check! ○ △ ×

21 다음은 귀하가 상담한 고객의 문의사항이다. 고객의 상황을 고려했을 때, 청구될 전기요금은 얼마인가?

〈A고객 상담 내역〉

저는 거주용 주택에 세들어 살고 있습니다. 지난 한 달 동안 120kWh를 사용했고 차상위계층에 속합니다. 전월 전기요금은 8,000원이었고 연체 없이 완납하였습니다. 이번 납부할 요금도 자동이체 통장에 미리 입금하고자 합니다. 저에게 청구될 전기요금이 얼마인지 계산 부탁드립니다.

① 8,000원
② 8,230원
③ 8,370원
④ 8,430원
⑤ 8,510원

☑ 확인 Check! ○ △ ×

22 2019년 5월 1일 H은행 콜센터에 근무 중인 귀하에게 B고객으로부터 금융 상품 해지건이 접수되었다. 상담한 결과 B고객은 1년 전에 ○○예금을 가입하였으나, 불가피한 사정으로 해당 예금상품을 해지할 계획이며, 해지할 경우 환급금이 얼마인지 문의하였다. 귀하가 B고객에게 안내할 ○○예금의 환급금(세전)은 얼마인가?

〈1년 전 B고객의 ○○예금 가입내역〉

- 가입기간 : 5년
- 가입금액 : 1백만 원
- 이자 지급 방식 : 만기일시지급-단리식
- 기본금리 : 3.0%
- 우대금리 : 0.2%(중도인출 및 해지 시에는 적용하지 않음)
- 중도해지이율(연%, 세전)
  - 3개월 미만 : 0.2
  - 6개월 미만 : 0.3
  - 12개월 미만 : 기본금리×20%
  - 18개월 미만 : 기본금리×30%
  - 24개월 미만 : 기본금리×40%
- 만기 후 이율(세전)
  - 만기 후 3개월 이내 : 만기 시점 국고채 1년물 금리
  - 만기 후 6개월 이내 : 일반정기예금 계약기간별 기본금리의 20%
  - 만기 후 6개월 초과 : 일반정기예금 계약기간별 기본금리의 10%
- 예금자보호여부 : 해당됨

① 1,003,000원
② 1,006,000원
③ 1,009,000원
④ 1,012,000원
⑤ 1,030,000원

☑ 확인 Check! ○ △ ×

23 귀하는 ◇◇은행의 프라이빗뱅킹(PB) 서비스를 제공하는 업무를 담당하고 있다. 최근 팀 내의 실적이 감소하고 있는 추세에 대해서 근본적인 원인을 파악하기 위해서 여러 가지 떠오르는 생각들을 순서대로 기술하였다. 이를 체계적으로 분석하여 팀 회의에서 보고하려고 하는데, 다음의 원인들의 인과관계를 따져볼 때, 귀하가 택할 최종 근본 원인은 무엇인가?

- 재무설계 제안서의 미흡
- 고객과의 PB서비스 계약 감소
- 금융상품의 다양성 부족
- 절대적인 고객 수 감소
- 고객정보의 수집 부족

① 고객과의 PB서비스 계약 감소
② 절대적인 고객 수 감소
③ 고객정보의 수집 부족
④ 금융상품의 다양성 부족
⑤ 재무설계 제안서의 미흡

☑ 확인 Check! ○ △ ×

24 갑은 효율적인 월급 관리를 위해 펀드에 가입하고자 한다. A, B, C, D펀드 중에 하나를 골라 가입하려고 하는데, 안정적이고 우수한 펀드에 가입하기 위해 조건에 따라 비교를 하여 다음과 같은 결과를 얻었다. 〈보기〉에서 옳은 것을 모두 고르면?

〈조건〉

- 둘을 비교하여 우열을 가릴 수 있으면 우수한 쪽에는 5점, 아닌 쪽에는 2점을 부여한다.
- 둘을 비교하여 어느 한 쪽이 우수하다고 말할 수 없는 경우에는 둘 다 0점을 부여한다.
- 각 펀드는 다른 펀드 중 두 개를 골라 총 4번의 비교를 한다.
- 총합의 점수로는 우열을 가릴 수 없으며, 각 펀드와의 비교를 통해서만 우열을 가릴 수 있다.

〈결과〉

A펀드	B펀드	C펀드	D펀드
7점	7점	4점	10점

보기

ㄱ. D펀드는 C펀드보다 우수하다.
ㄴ. B펀드가 D펀드보다 우수하다고 말할 수 없다.
ㄷ. A펀드와 B펀드의 우열을 가릴 수 있으면 A ~ D까지의 우열순위를 매길 수 있다.

① ㄱ
② ㄱ, ㄴ
③ ㄱ, ㄷ
④ ㄴ, ㄷ
⑤ ㄱ, ㄴ, ㄷ

PART 1

※ A회사는 업무의 효율적인 관리를 위해 새롭게 부서를 통합하고 사무실을 옮기려고 한다. 아래의 〈조건〉을 보고 이어지는 질문에 답하시오. **[25~26]**

• 팀 조직도

디자인	경영관리	경영기획	인사	총무	VM	법무	영업기획	영업관리	콘텐츠개발	마케팅	전산

※ VM(Visual Marketing)팀

• 사무실 배치도

4F

1	2
3	4

5F

1	2
3	4

6F

1	2
3	4

조건

• 4층은 디자인과 마케팅뿐만 아니라 영업까지 전부 담당하기 위해 영업홍보부서로 개편한다.
• 경영기획관리부서는 새로운 콘텐츠 발굴부터 매장의 비주얼까지 전부 관리할 것이다.
• 6층에서는 회사의 인사, 급여, 전산관리와 같은 전반적인 일들을 관리할 것이다.
• 팀명에 따라 가나다 순서로 1 ~ 4팀에 배치되며 영어일 경우 한글로 변환하여 가나다 순서로 배치한다.

☑ 확인 Check! ○△×

25 부서마다 4개의 팀이 배정된다. 영업홍보부서에 포함될 팀으로 올바르지 않은 것은?

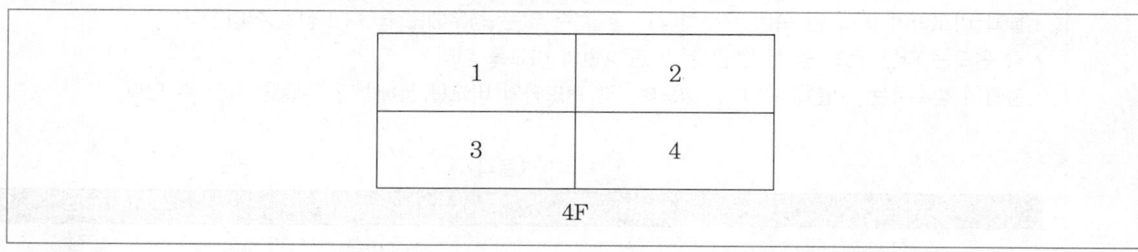

1	2
3	4

4F

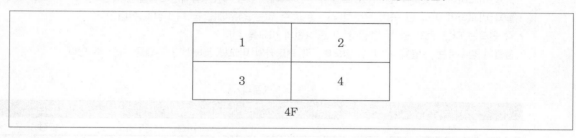

① VM팀
② 마케팅팀
③ 영업관리팀
④ 영업기획팀
⑤ 디자인팀

☑ 확인 Check! ○ △ ×

26 A회사는 팀 배정을 끝마치고 각자 내선번호를 부여하기로 했다. 아래와 같은 조건을 따른다고 할 때, 변경된 내선번호를 안내한 것으로 옳게 짝지어진 것은?

〈내선번호 부여 조건〉

내선번호는 3자리 숫자이다.
- 첫 번째 자리는 층 번호이다.
- 두 번째 자리는 각 층의 팀 이름 순번으로 1 ~ 4까지 부여한다.
- 세 번째 자리는 직급으로 부장, 과장, 대리, 사원 순으로 1 ~ 4까지 부여한다.

[받는이] H대리(VM팀)

[내 용] 안녕하십니까? 부서 개편으로 인해 내선번호가 새롭게 부여되었음을 안내드립니다.
H대리님의 번호는 00– (가) (이)며 이에 대해 궁금한 점이 있으시다면 00– (나) (으)로 연락주시기 바랍니다.

[보낸이] A사원(총무팀)

	(가)	(나)
①	321	622
②	422	544
③	533	644
④	513	632
⑤	523	633

PART 1

☑ 확인 Check! ○ △ ×

27 다음은 미용실에 관한 SWOT 분석 결과이다. 알맞은 대응 방안은 고르면?

S(강점)	W(약점)
• 뛰어난 실력으로 미용대회에서 여러 번 우승한 경험이 있다. • 인건비가 들지 않아 비교적 저렴한 가격에 서비스를 제공한다.	• 한 명이 운영하는 가게라 동시에 많은 손님을 받을 수 없다. • 홍보가 미흡하다.
O(기회)	**T(위협)**
• 바로 옆에 유명한 프랜차이즈 레스토랑이 생겼다. • 미용실을 위한 소셜 네트워크 예약 서비스가 등장했다.	• 소셜 커머스를 활용하여 주변 미용실들이 열띤 가격경쟁을 펼치고 있다. • 대규모 프랜차이즈 미용실들이 잇따라 등장하고 있다.

① ST전략 : 여러 번 대회에서 우승한 경험을 가지고 가맹점을 낸다.
② WT전략 : 여러 명의 직원을 고용해 오히려 가격을 올리는 고급화 전략을 펼친다.
③ SO전략 : 소셜 네트워크 예약 서비스를 이용해 방문한 사람들에게만 저렴한 가격에 서비스를 제공한다.
④ WO전략 : 유명한 프랜차이즈 레스토랑과 연계하여 홍보물을 비치한다.
⑤ WO전략 : 소셜 네트워크 예약 서비스를 이용하여 미용대회에서 여러 번 우승한 경험을 홍보한다.

☑ 확인 Check! ○ △ ×

28 귀하의 회사에서 ○○○제품을 개발하여 중국시장에 진출하고자 한다. 귀하의 상사는 3C 분석 결과를 건네며, 사업 기획에 반영하고, 향후 해결해야 할 회사의 전략 과제가 무엇인지 정리하여 보고하라는 지시를 내렸다. 다음 중 회사에서 해결해야 할 전략 과제로 적절하지 않은 것은?

Customer	Competitor	Company
• 전반적인 중국시장은 매년 10% 성장 • 중국시장 내 제품의 규모는 급성장 중임 • 20 ~ 30대 젊은 층이 중심 • 온라인 구매가 약 80% 이상 • 인간공학 지향	• 중국기업들의 압도적인 시장 점유 • 중국기업 간의 치열한 가격 경쟁 • A/S 및 사후관리 취약 • 생산 및 유통망 노하우 보유	• 국내시장 점유율 1위 • A/S 등 고객서비스 부문 우수 • 해외 판매망 취약 • 온라인 구매시스템 미흡(보안, 편의 등) • 생산관리체계의 미흡 • 높은 생산원가 구조 • 높은 기술개발력

① 중국시장의 판매유통망 구축
② 온라인 구매시스템 강화
③ 고객서비스 부문 강화
④ 원가 절감을 통한 가격 경쟁력 강화
⑤ 인간공학을 기반으로 한 제품 개발 강화

☑ 확인 Check! ○ △ ×

29 산업인력관리공단의 5명의 직원들(과장 1명, 대리 2명, 사원 2명)은 올해 10월 중에 연차를 쓰려고 한다. 아래 〈조건〉을 참고하여, 직원들이 나눈 대화 내용 중 옳지 않은 말을 한 직원을 모두 고른 것은?

조건

- 연차는 하루이다.
- 10월 1일은 월요일이며, 3일과 9일은 공휴일이다.
- 대리는 교육을 신청한 주에 연차를 신청할 수 없다.
- 같은 주에 3명 이상 교육 및 연차를 신청하면 안 된다.
- 워크숍은 5주 차 월·화이다.
- 연차는 연이어 쓸 수 없다.
- 대리급 교육은 매주 이틀 동안 목 ~ 금에 있으며, 교육은 한 번만 받으면 된다.
- 연차와 교육 신청 순서는 대화 내용에서 말한 차례대로 적용한다.

과장 A : 난 한글날 시골에 내려가야 해서 10일에 쓰려고 하네. 나머지 사람들은 그날 제외하고 서로 조율해서 신청하면 좋겠네.
대리 A : 저는 10월 달에 교육받으러 18 ~ 19일에 갈 예정입니다. 그리고 그 다음 주 수요일에 연차 쓸게요. 그럼 저 교육받는 주에 다른 사람 2명 신청 가능할거 같은데….
사원 A : 오! 그럼 제가 15일에 쓰겠습니다.
대리 B : 연이어서 16일에 신청할 수 없으니까 17일에 제가 연차를 쓰고, 교육은 11 ~ 12일에 받아야겠네요.
사원 B : 저만 정하면 끝나네요. 2일로 하겠습니다.

① 과장 A, 대리 A　　② 대리 A, 대리 B
③ 대리 B, 사원 A　　④ 사원 A, 사원 B
⑤ 사원 B, 대리 B

☑ 확인 Check! ○ △ ✕

30 K팀장의 설명을 바탕으로 신입사원이 서류를 제출해야 할 장소로 올바른 곳은?

K팀장 : ○○씨, 9층 입구로 들어가시면 기둥이 있습니다. 그 왼쪽으로 가시면 방이 두 개 있을 거예요. 그중 왼쪽 방에서 서류를 찾으셔서 제가 있는 방으로 가져다주세요. 제가 있는 곳은 창문을 등지고 서서 앞에 보이는 기둥을 지나 왼쪽으로 돌았을 때 오른쪽에 보이는 방입니다.

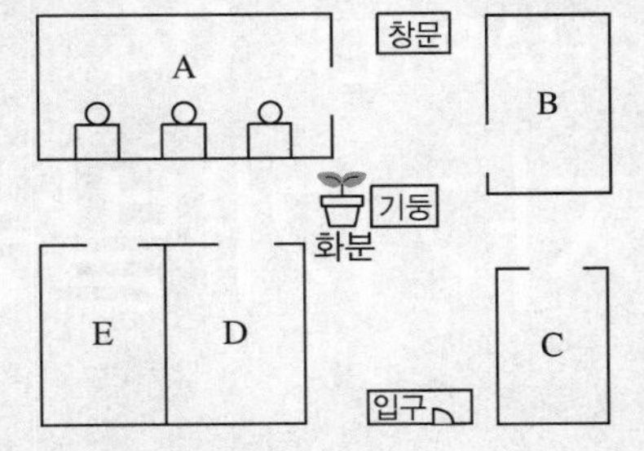

① A
② B
③ C
④ D
⑤ E

PART 1

CHAPTER **04**

자기개발능력

영역 소개 〉

자기개발능력은 직장 생활을 포함한 일상에서 스스로를 관리하고 개발하는 능력을 말한다.

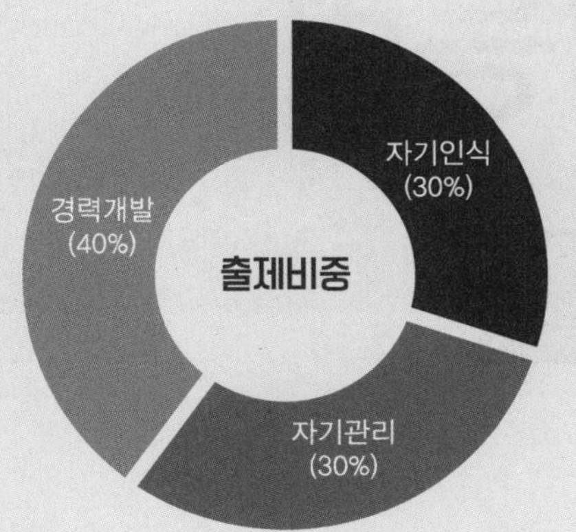

구분	중요도
자기인식	★★☆☆☆
자기관리	★★★☆☆
경력개발	★★☆☆☆

자기개발능력은 NCS 기반 채용을 진행한 기업 중 58% 정도가 다뤘으며, 문항 수는 전체의 평균 2% 정도로 출제되었다.

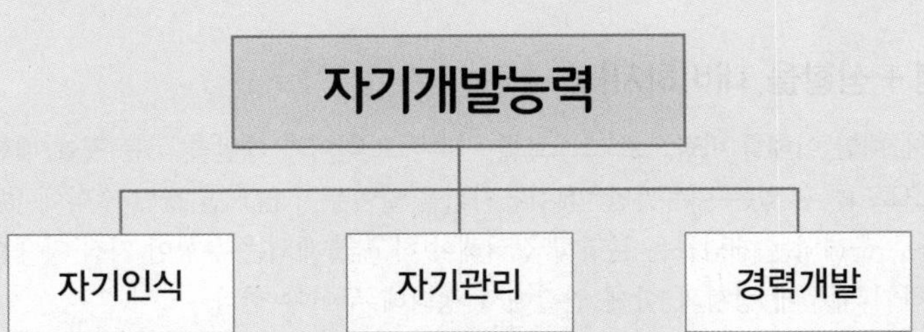

자기인식	자신의 흥미·적성·특성 등을 이해하고, 이를 바탕으로 자신에게 필요한 것을 이해하는 능력
자기관리	업무에 필요한 자질을 지닐 수 있도록 스스로를 관리하는 능력
경력개발	끊임없는 자기개발을 위해서 학습하는 능력

CHAPTER 04
자기개발능력

합격 Cheat Key

자기개발능력은 직업인으로서 자신의 능력, 적성, 특성 등의 객관적 이해를 기초로 자기 발전 목표를 스스로 수립하고 자기관리를 통하여 성취해 나가는 능력을 의미한다. 또한 직장 생활을 포함한 일상에서 스스로를 관리하고 개발하는 능력을 말한다.
국가직무능력표준에 따르면 자기개발능력의 세부 유형은 자아인식능력・자기관리능력・경력개발능력으로 나눌 수 있다.

자기개발능력은 NCS 기반 채용을 진행한 기업 중 58% 정도가 다루었으며, 문항 수는 전체의 평균 2% 정도로 출제되었다.

01 개념을 정립하자!

자기개발능력의 문제들은 대부분 어렵고 특별한 지식을 요구하는 것은 아니다. 그렇기 때문에 따로 시간을 할애해 학습하지 않아도 득점이 가능하다. 다만 매슬로우의 욕구단계, 조하리의 창 등 암기가 필요한 개념이나 키워드들은 정리해서 미리 알아둘 필요가 있다.

02 개념 + 상황을 대비하자!

자신에 대한 이해를 바탕으로 스스로를 관리하고 나아가 개발을 하는 것에 대한 질문이 이 영역의 내용인데 상식으로 풀 수 있는 내용뿐만 아니라 지식을 알아두지 않으면 틀릴 수밖에 없는 내용도 많다. 그렇기 때문에 자주 출제되는 개념들은 분명히 정리해야 하고 출제되는 유형이 지식 자체를 묻기 보다는 대화나 예시를 제시하기 때문에 상황과 함께 연결해서 정리해 두어야 한다.

03 업무 사례와 연관 지어보자!

자기개발의 정의와 구성 요인을 파악하는 기본적인 이론도 중요하지만, 실제 업무 사례와 연관 짓거나 상황에 적용하는 등의 문제를 통해 자기개발 전략에 대해 이해할 필요가 있다. 스스로 자기개발 계획을 수립하여 실제 업무 수행 시 반영할 수 있어야 한다.

04 자기개발의 출제이유를 생각해라!

공부를 굳이 하지 않아도 되는 영역이라고 생각하는 사람들이 많은 영역이다. 그럼에도 공사·공단에서 자기개발능력의 영역을 시험으로 출제하는 근본적인 이유를 생각해 볼 필요가 있다. 대부분의 수험생들이 자기개발능력에 공부시간을 전혀 할애하지 않고 시험을 보러 간다. 그렇기 때문에 본인이 찍는 정답이 곧 본인의 가치관을 반영하는 것이라고 할 수 있다. 자기개발은 본인 스스로를 위해서 이루어지고, 직장생활에서의 자기개발은 업무의 성과를 향상시키기 위해 이루어진다. 출제자들은 그것을 파악하려고 하는 것이다. 기본적인 개념과 암기를 해야 할 이유이다.

NCS 모듈 학습

| 01 | 자기개발능력

(1) 자기개발능력

① 직업인으로서 자신의 능력·적성·특성 등의 객관적 이해를 기초로 자기 발전 목표를 스스로 수립하고 자기관리를 통하여 성취해 나가는 능력을 의미한다.

② 자기개발능력은 직업인으로서 자신의 흥미·적성·특성 등의 이해에 기초하여 자기정체감을 형성하는 '자아인식능력', 자신의 행동 및 업무수행을 통제하고 관리하며 조정하는 '자기관리능력', 자신의 진로에 대한 단계적 목표를 설정하고 목표성취에 필요한 역량을 개발해 나가는 '경력개발능력'으로 구성된다.

(2) 자기개발을 하는 이유

① 직장생활에서의 자기개발은 업무의 성과를 향상시키기 위하여 이루어진다.

② 자기개발은 변화하는 환경에 적응하기 위해서 이루어진다.

③ 자기개발은 주변 사람들과 긍정적인 인간관계를 형성하기 위해서 필요하다.

④ 자기개발은 자신이 달성하고자 하는 목표를 성취하도록 도와준다.

⑤ 자기개발을 통해 자신감을 얻게 되고 삶의 질이 향상되어 보다 보람된 삶을 살 수 있다.

(3) 자기개발의 특징

① 자기개발에서 개발의 주체는 타인이 아니라 자기 자신이다. 따라서 자신을 이해하는 것이 자기개발의 첫걸음이다.

② 자기개발은 개별적인 과정으로서, 자기개발을 통해 지향하는 바와 선호하는 방법 등이 사람마다 다르다.

③ 자기개발은 평생에 걸쳐서 이루어지는 과정이다.

④ 자기개발은 일과 관련하여 이루어지는 활동이다.

⑤ 자기개발은 생활 가운데 이루어져야 한다.

⑥ 자기개발은 모든 사람이 해야 하는 것이다.

핵심예제

자기개발의 특징에 대한 설명으로 옳지 않은 것은?

① 자기개발은 개별적인 과정이다.
② 자기개발은 일시적인 과정이다.
③ 특정한 프로그램에 참가하는 것보다 생활 가운데 이루어지는 것이 더 중요하다.
④ 모든 사람이 해야 한다.

예제풀이

자기개발은 평생에 걸쳐서 이루어져야 한다. 우리는 날마다 조금씩 다른 상황에 처하게 되며, 학교교육에서는 원리·원칙에 대한 교육이 이루어질 뿐이므로 실생활에서 적응하기 위해서는 평생에 걸친 자기개발이 필요하다.

정답 ②

(4) 자기개발의 구성

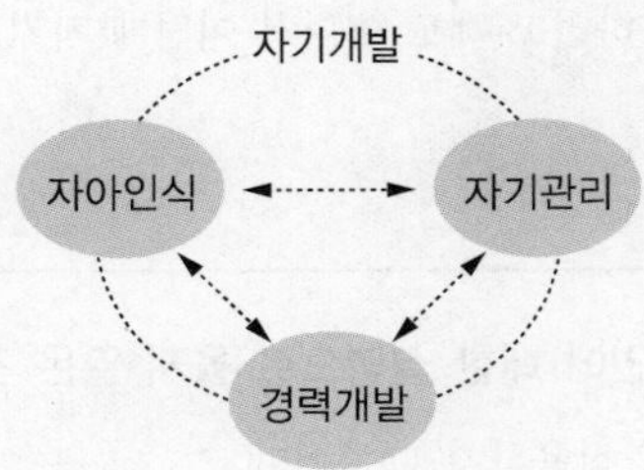

① 자아인식
직업인의 자아인식이란 직업생활과 관련하여 자신의 가치·신념·흥미·적성·성격 등 자신이 누구인지 파악하는 것이다. 자아인식은 자기개발의 첫 단계가 되며, 자신이 어떠한 특성을 가지고 있는지 바르게 인식해야 적절한 자기개발이 이루어질 수 있다.

② 자기관리
자신을 이해하고 목표를 성취하기 위하여 자신의 행동 및 업무수행을 관리하고 조정하는 것이다.

③ 경력개발
경력목표와 전략을 수립하고 실행하며 피드백하는 과정이다.

핵심예제

자기개발의 구성요소로서 옳지 않은 것은?

① 자아인식 ② 자기관리
③ 자기비판 ④ 경력개발

예제풀이

자기개발을 위해서는 자아를 인식하고, 관리하며, 경력을 개발해야 한다.

정답 ③

(5) 자기개발을 방해하는 장애요인

① 우리의 욕구와 감정이 작용하기 때문이다.
매슬로우(A. H. Maslow)는 자기실현의 욕구는 최상의 욕구로서, 기본적인 욕구들이 충족된 다음에야 추구될 수 있다고 하였다.

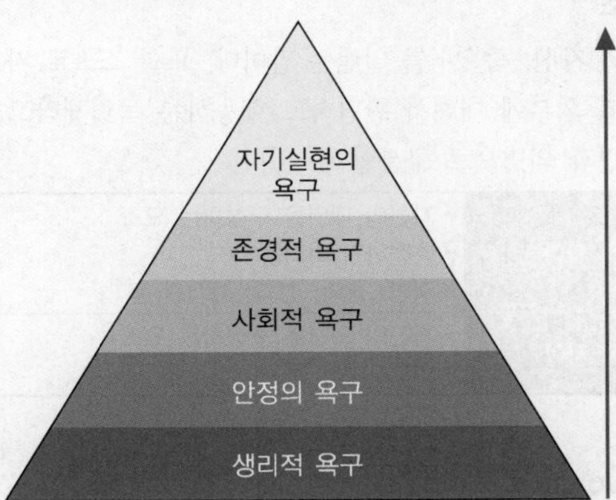

② 제한적으로 사고하기 때문이다.
제한적 사고는 자신의 장·단점을 객관적으로 파악하는 데 장애요인으로 작용한다.

③ 문화적인 장애에 부딪히기 때문이다.
우리는 현재 익숙한 일과 환경을 지속하려는 습성이 있어서 새로운 자기개발의 한계에 직면하게 된다.

④ 자기개발 방법을 잘 모르기 때문이다.
사람들은 자기개발을 하려고 해도 어디서 어떻게 자기개발을 할 수 있는지 방법을 모르는 경우가 많다.

● 핵심예제 ●

자기개발을 방해하는 요인에 대한 설명으로 옳지 않은 것은?

① 인간의 욕구와 감정이 작용하기 때문이다.
② 현재 하고 있는 일을 바꾸려는 습성이 있기 때문이다.
③ 제한적으로 사고하기 때문이다.
④ 자기개발 방법을 잘 모르기 때문이다.

● 예제풀이 ●

우리는 우리가 속한 문화와 끊임없이 상호작용하며, 문화의 틀 안에서 관성의 법칙에 따라 사고하고 행동하게 된다. 따라서 우리는 현재 하고 있는 일을 지속하려는 습성이 있어서 새로운 자기개발의 한계에 직면하게 된다.

정답 ②

(6) 자기개발 설계 전략

① 장・단기 목표를 수립한다.
  ㉠ 장기 목표(5년 ~ 20년) : 자신의 욕구・가치・흥미・적성 및 기대를 고려하여 수립한다.
  ㉡ 단기 목표(1년 ~ 3년) : 장기 목표를 위한 직무 관련 경험, 능력, 자격증 등을 고려한다.
② 인간관계를 고려한다.
③ 현재의 직무를 고려한다.
④ 구체적인 방법으로 계획한다.

| 02 | 자아인식능력

(1) 자아인식이란?

자아인식은 자신의 흥미・적성・특성 등을 이해하고 자기정체성을 확고히 하는 것이다.

(2) 자아 구성요소

① 자아는 자기 자신, 즉 '나'를 일컫는 말이다. 또한 스스로 자신의 존재를 인식하고, 타인과 자기 외부에 대해서 판단하고 행동하는 독립체라고 할 수 있다.
② 자아는 내면과 외면으로 구분할 수 있다.

구분	내용
내면적 자아	• 자신의 내면을 구성하는 요소 • 측정하기 어려움 • 적성, 흥미, 성격, 가치관 등
외면적 자아	• 자신의 외면을 구성하는 요소 • 외모, 나이 등

(3) 조하리의 창(Johari's Window)

조셉과 해리라는 두 심리학자에 의해 만들어진 조하리의 창(Johari's Window)은 자신과 타인, 두 가지 관점을 통해 파악해 보는 자기인식 또는 자기이해의 모델이다. 보다 객관적으로 자신을 인식하기 위해서는 내가 아는 나의 모습 외에 다른 방법을 적용할 필요가 있다.

구분	내가 아는 나	내가 모르는 나
타인이 아는 나	공개된 자아 (Open Self)	눈먼 자아 (Blind Self)
타인이 모르는 나	숨겨진 자아 (Hidden Self)	아무도 모르는 자아 (Unknown Self)

핵심예제

다음 중 '조하리의 창(Johari's Window)'에 속하지 않는 것은?

① 공개된 자아　② 눈먼 자아
③ 아무도 모르는 자아　④ 내가 원하는 자아

예제풀이

조하리의 창(Johari's Window)
공개된 자아, 눈먼 자아, 숨겨진 자아, 아무도 모르는 자아

정답 ④

(4) 흥미와 적성 개발

① 흥미는 일에 대한 관심이나 재미를 의미하고, 적성이란 개인마다 잠재적으로 가지고 있는 재능을 의미한다.
② 흥미나 적성은 선천적으로 부여되지만, 후천적으로도 개발할 수 있다.

(5) 성찰을 하는 이유

① 다른 일을 하는 데 필요한 노하우 축적
② 지속적인 성장의 기회 제공
③ 신뢰감 형성의 원천 제공
④ 창의적인 사고능력 개발 기회 제공

| 03 | 자기관리능력

(1) 자기관리란?

자기관리는 자신의 행동 및 업무수행을 통제하고 관리하며, 조정하는 것이다.

(2) 자기관리 절차

① 비전 및 목적 설정 : 비전과 목적은 모든 행동 혹은 업무의 기초가 되며, 의사결정에 있어서 가장 중요한 지침으로 적용된다.
② 과제 발견 : 자신이 해야 하는 역할을 도출하고 활동목표를 세우고 우선순위를 정한다.
③ 일정 수립 : 우선순위에 따라 구체적인 일정을 수립한다.
④ 수행 : 계획한 대로 수행한다.
⑤ 반성 및 피드백 : 일을 수행하고 난 결과를 피드백하여 다음 수행에 반영한다.

(3) 업무수행 성과를 높이기 위한 행동전략

① 자기자본이익률(ROE)을 높인다.
자기자본이익률이란 경영자가 기업에 투자된 주주의 자본을 사용해 어느 정도 이익을 올리고 있는가를 나타내는 지표이며, 기업의 당기순이익을 자기자본으로 나눠 구한다.

자기자본이익률(ROE)=당기순이익/자기자본

② 일을 미루지 않는다.

일을 하나둘 미루다 보면, 다른 일까지 지속적으로 밀리게 되어서 일을 처리하는데 최선을 다하지 못하고 급하게 처리하게 된다. 따라서 해야 될 일이 있다면 바로 하는 습관을 들여야 한다.

③ 업무를 묶어서 처리한다.

직장인들이 하는 일은 비슷한 속성을 가진 경우가 많기 때문에, 여러 가지 일을 한 번에 처리하면 시간과 에너지를 절약할 수 있다.

④ 다른 사람과 다른 방식으로 일한다.

다른 사람이 일하는 방식과 다른 방식으로 생각하다 보면, 의외로 창의적인 방법을 발견할 수 있다.

⑤ 회사와 팀의 업무 지침을 따른다.

회사와 팀의 업무 지침은 변화하는 환경 속에서 그 일의 전문가들에 의해 검증된 것이므로 기본적으로 지켜야 할 것은 지켜야 한다.

⑥ 역할 모델을 설정한다.

직장에서 가장 일을 잘한다고 평가받는 사람을 찾아 주의 깊게 살펴보고 그 사람을 따라 하도록 노력한다.

핵심예제

업무수행 성과를 높이기 위한 행동전략으로 옳지 않은 것은?

① 자기자본이익률을 높여야 한다.
② 역할 모델을 설정한다.
③ 업무를 묶어서 처리하는 것은 업무 진행에 비효율적이다.
④ 다른 사람과 다른 방식으로 일하는 것이 좋다.

예제풀이

전문가들의 의견에 따르면 10개의 비슷한 업무를 한꺼번에 처리하면 첫 번째 일을 하는데 드는 시간의 20% 정도밖에 걸리지 않을 정도로 효율적으로 일을 처리할 수 있다고 한다.

정답 ③

(4) 합리적인 의사결정 과정

① 합리적인 의사결정

자신의 목표를 정하여 그에 대한 대안을 찾아보고 실행 가능한 최상의 방법을 선택하여 행동하는 것이다.

② 합리적인 의사결정 과정

㉠ 문제의 특성이나 유형을 파악한다.
㉡ 의사결정의 기준과 가중치를 정한다.
㉢ 의사결정에 필요한 정보를 수집한다.
㉣ 가능한 모든 대안을 탐색한다.
㉤ 각 대안을 분석 및 평가한다.
㉥ 가장 최적의 안을 선택한다.
㉦ 의사결정 결과를 분석·평가하고 피드백한다.

| 04 | 경력개발능력

(1) 경력개발이란?

경력개발이란 자신의 진로에 대하여 단계적 목표를 설정하고 목표성취에 필요한 역량을 개발해 나가는 것이다.

(2) 경력개발능력의 필요성

현대사회의 지식정보는 매우 빠른 속도로 변화하고 있으며, 이는 개인이 속한 조직과 일에 영향을 미친다. 또한, 조직 내부에서는 경영전략이 변화하거나 승진 적체, 직무환경 변화 등의 문제를 겪기 쉽다. 개인적으로도 발달단계에 따라 일에 대한 가치관과 신념 등이 바뀌게 된다. 따라서 직업인들은 개인의 진로에 대하여 단계적 목표를 설정하고, 목표성취에 필요한 능력을 개발해야 한다.

(3) 경력개발 단계

① 직업 선택

자신에게 적합한 직업이 무엇인지를 탐색하고 이를 선택하는 단계이다.

② 조직 입사

선택한 직업에 따라 조직생활을 시작하는 단계이다.

③ 경력 초기

자신이 맡은 업무의 내용을 파악하고, 새로 들어간 조직의 규칙이나 규범, 분위기를 알고 적응해 나가는 것이 중요한 과제이다.

④ 경력 중기

자신이 그동안 성취한 것을 평가하고, 생산성을 그대로 유지하는 단계이다. 직업 및 조직에서 어느 정도 입지를 굳히게 되어 더 이상 수직적인 승진 가능성이 적은 경력 정체 시기에 이르게 되며, 새로운 환경의 변화에 직면하여 생산성을 유지하는 데 어려움을 겪기도 한다.

⑤ 경력 말기

조직의 생산적인 기여자로 남고 자신의 가치를 지속적으로 유지하기 위하여 노력하며 동시에 퇴직을 고려하게 된다.

(4) 경력개발계획 수립

① 직무정보 탐색

직무정보 탐색은 내가 관심을 가지고 하려는 직무에 대하여 모든 정보를 알아내는 단계이다.

② 자신과 환경이해

자기 탐색	환경 탐색
• 자기인식 관련 워크숍 참여 • 전문기관의 전문가 면담 • 표준화된 검사 • 일기 등을 통한 성찰 과정	• 회사의 연간 보고서 • 특정 직무와 직업에 대한 설명 자료 • 전직 및 경력 상담 회사 및 기관 방문 • 직업관련 홈페이지 탐색 : 각종 기관에서 운영하는 직업정보(Know), 자격정보(Q-net), 취업알선 정보(Work-net), 노동시 정보(고용보험 DB, 실업자대책 DB) 등

PART 1

안심Touch

③ 경력목표 설정

직무, 자신 및 환경에 대한 정보를 기초로 자신이 하고 싶은 일은 어떤 것인지, 이를 달성하기 위해서는 어떻게 능력을 개발해야 하는지에 대하여 단계별 목표를 설정한다.

④ 경력개발 전략수립

경력목표를 수립하면 이를 달성하기 위한 활동계획을 수립한다.

⑤ 실행 및 평가

경력개발 전략에 따라 목표달성을 위해 실행하고 도출된 결과를 검토 및 수정한다.

(5) 경력개발 관련 이슈

① 평생학습사회

지식과 정보의 폭발적인 증가로 새로운 기술개발에 따라 직업에서 요구되는 능력도 변화하고 있다. 따라서 개인 각자가 자아실현, 생활 향상 또는 직업적 지식·기술의 획득 등을 목적으로 전 생애에 걸쳐서 주체적으로 학습을 계속할 수 있는 평생학습사회가 도래하였다.

② 투잡스(Two-Jobs)

지속적인 경기불황에 따라 2개 혹은 그 이상의 직업을 가지는 사람들이 늘어나고 있다. 투잡을 희망하는 이유로는 경제적 이유(59.5%)가 가장 높았으며, 그 다음으로 자투리 시간 활용(21.5%)이 높게 나타났다.

③ 청년 실업

외환위기 이후 우리나라 노동시장에서 청년 실업은 매우 큰 문제로 부각되고 있다.

④ 창업경력

전 세계적으로 창업이 증가하고 있는 추세이다. 많은 사람들이 자신의 사업을 경영하고 싶은 소망을 가지고 있듯이 창업이 매력적인 것은 틀림없지만, 창업에 성공하기 위해서는 자신의 흥미·재능·가치·라이프스타일을 철저히 이해하고, 업무 환경에 대한 충분한 정보를 얻은 후에 구체적인 목표와 전략을 수립하여 실행해야 한다.

⑤ 소셜네트워크 구인·구직

기업 인사담당자들은 앞으로 취업시장의 핵심키워드로 '소셜 네트워크 구인·구직 활동'을 꼽았다.

⑥ 일과 생활의 균형=WLB(Work Life Balance)

컨설팅 기업인 타워스 페린이 최근 16개 국가의 직장인 86,000여 명을 대상으로 인재를 끌어들이는 요인에 대해 조사한 결과, 우리나라의 경우 경쟁력 있는 복리후생제도가 1위, 일과 삶의 균형이 2위로 나타나 일과 생활의 균형에 대한 관심이 증가하고 있는 것을 알 수 있다.

CHAPTER 04
자기개발능력

기출예상문제

정답 및 해설 p. 38

☑ 확인 Check! ○△×

01 자기개발의 구성요소 중 서로 관련된 것끼리 옳게 연결한 것은?

① 자아인식 – 직업 흥미 분석
② 경력개발 – 자기개발의 첫 단계
③ 자기관리 – 표준화된 검사 척도 이용
④ 경력개발 – 비전과 목표 수립
⑤ 자기관리 – 자기 적성 분석

☑ 확인 Check! ○△×

02 자기관리의 단계를 순서대로 나열한 것은?

㉠ 일정 수립	㉡ 과제 발견
㉢ 수행	㉣ 반성 및 피드백
㉤ 비전 및 목표 정립	

① ㉤–㉢–㉡–㉠–㉣
② ㉤–㉡–㉠–㉢–㉣
③ ㉠–㉢–㉤–㉡–㉣
④ ㉠–㉢–㉡–㉤–㉣
⑤ ㉠–㉣–㉡–㉢–㉤

☑ 확인 Check! ○△×

03 다음에 해당하는 자기개발의 구성요소는?

• 나의 업무에서 생산성을 높이기 위해서는 어떻게 해야 할까?
• 다른 사람과의 대인관계를 향상시키기 위한 방법은?
• 나의 장점을 살리기 위해 어떤 비전과 목표를 수립해야 할까?

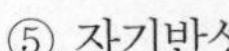

① 자아인식
② 자기관리
③ 자기비판
④ 경력개발
⑤ 자기반성

PART 1

☑ 확인 Check! ○ △ ×

04 A가 속한 팀은 하나의 프로젝트가 끝나면 언제나 프로젝트에 대해 피드백을 한다. 이번에도 프로젝트를 마무리한 후 팀장이 팀 성찰의 시간을 갖겠다고 말하자 신입사원이 A에게 성찰의 시간이 무엇이며, 왜 하는지 질문했다. A가 신입사원에게 해줄 말로 알맞지 않은 것은?

① 피드백을 통해 다른 일에 필요한 노하우를 얻을 수 있어.
② 프로젝트에서 잘 진행되지 못한 점을 이야기해보고 다음 프로젝트 때 참고하기 위해 하는 거야.
③ 팀 구성원들이 어떤 업무를 담당하고 수행했는지 잘 알 수 있는 시간이지.
④ 성찰의 시간을 위해선 처음부터 실수하지 않는 것이 가장 중요해.
⑤ 우리 팀의 신뢰도를 높일 수 있어.

☑ 확인 Check! ○ △ ×

05 자기개발 설계 전략의 특징으로 옳지 않은 것은?

① 명확하고 구체적으로 수립한다.
② 인간관계를 고려한다.
③ 현 직무를 담당하는 데 필요한 능력과 적성들을 고려한다.
④ 보통 장기목표라 하면 1～3년 정도의 목표를 의미한다.
⑤ 개인에 따라 중요한 생애전환기를 기준으로 바뀔 수 있다.

☑ 확인 Check! ○ △ ×

06 다음에서 설명하는 경력개발의 단계는 무엇인가?

> 이 단계는 조직의 규칙이나 규범, 분위기를 알고 적응해 나가는 것이 중요한 과제이다. 또한, 궁극적으로 조직에서 자신의 입지를 확고히 다져나가 승진하는 데 많은 관심을 가지는 시기이다.

① 직업 선택
② 조직 입사
③ 경력 초기
④ 경력 중기
⑤ 경력 말기

☑ 확인 Check! ○ △ ×

07 귀하는 A공사에 막 입사한 신입사원이다. 입사 후 귀하는 처음으로 자기개발 교육을 받았고, 이에 자신을 돌아보는 시간을 가지려 한다. 귀하가 할 행동으로 가장 적절한 것은?

① 다른 직원들과 소통하며 내가 모르던 나를 파악한다.
② 평소 실적이 좋기로 소문난 다른 직원의 행동을 주도면밀히 관찰한다.
③ 회사와 팀의 업무 지침을 따라 업무수행의 효율을 극대화하고, 그 과정에서 나만의 방식을 찾는다.
④ 내가 활용할 수 있는 자원이 무엇인지 파악한다.
⑤ 직무정보를 탐색하고 경력에 대한 구체적인 전략을 수립한다.

☑ 확인 Check! ○△×

08 H는 외국어능력을 키우기 위해서 영어학원에 등록을 했다. 그런데 몸이 안 좋거나 다른 약속이 생겨서 뜻대로 참석하지 못하고 있다. H의 자기개발을 방해하는 요인과 비슷한 사례는?

① A는 외국계 회사로 이직했다. 이직 후, A는 이전과는 다른 회사 분위기에 적응하느라 2주째 동호회에 나가지 못하고 있다.
② 신입사원 B는 직장 선배에게 회사 일도 중요하지만, 개인적인 능력개발도 중요하다는 이야기를 들었다. 하지만 B는 어디서부터 어떤 것을 시작해야 할지 혼란스럽다.
③ C는 주말마다 봉사활동을 다니고 있지만, 잦은 회식과 과음으로 최근엔 봉사활동에 나가지 못하고 있다.
④ D는 입사한 지 5년이 지났지만, 아직 자신이 잘하는 일이 무엇인지 알 수 없어 고민이다.
⑤ E는 대기업에서 근무하고 있지만, 하고 있는 업무가 적성에 맞지 않아 고민이다. 그렇다고 적성에 맞는 일을 찾아가기에는 너무 늦은 것 같다.

☑ 확인 Check! ○△×

09 제시된 사례 중에서 성격이 다른 하나는?

① A씨는 유제품 제조판매업체의 영업팀에서 근무하고 있다. 매일같이 남들보다 1시간 일찍 출근해서 A씨가 하는 일은 중국어 공부이다. 중국의 유제품시장을 공략하기 위해 A씨는 퇴근 후에도 2시간씩 중국어 공부에 매진한다.
② B씨는 증권회사의 부동산금융부에서 투자전문가로 근무하고 있다. B씨는 부동산 트렌드를 알기 위해 분기마다 열리는 부동산 포럼에 참여하며 관련 정보를 익히고 있다.
③ C씨는 대기업의 IT연구개발팀에서 근무하고 있다. C씨는 출근 후 자신의 일과를 우선순위에 맞게 꼼꼼히 검토하는 일로 하루를 시작한다. 업무를 마친 뒤에는 오늘 하루의 업무 내용을 피드백하며 부족한 점이 무엇이었는지 다시 한 번 면밀히 살펴본다.
④ D씨는 건설회사의 토목팀에서 현장 시공 기사로 근무하고 있다. 국토개발분야 토목 사업에 관심이 많은 D씨는 요즘 관련된 자격증 공부를 업무와 병행하고 있다.
⑤ E씨는 출판사 편집부의 교열팀에서 근무하고 있다. E씨는 틈틈이 사내교육프로그램인 이러닝(E-Learning)을 활용해 자신의 업무 능력을 개발하는 데 노력하고 있다.

☑ 확인 Check! ○△×

10 귀하는 〈보기〉의 자료와 같은 보고서를 토대로 5명의 팀원에 대한 평가를 해야 한다. 귀하가 가장 낮게 평가할 사람은 누구인가?

> **보기**
> • A는 일의 효율성을 위해 비슷한 업무끼리 함께 묶어서 처리한다.
> • B는 오늘 해야 할 업무는 미루지 않고 반드시 기한 내에 처리한다.
> • C는 팀의 지침을 따르기보다 자신의 판단대로 업무를 처리한다.
> • D는 롤 모델을 정해 최대한 비슷하게 업무를 처리한다.
> • E는 동료와 같은 업무를 맡았을 때 다른 방식으로 업무를 처리하려고 한다.

① A ② B
③ C ④ D
⑤ E

☑ 확인 Check! ○ △ ✕

11 귀하는 인사총무팀 사원이다. 귀하는 아래의 자료와 같은 업무 리스트를 작성했는데, 우선순위에 맞게 수정하려고 한다. 업무 리스트를 보고 귀하가 가진 생각으로 적절하지 않은 것은?

> ■ 2019년 11월 30일 인사총무팀 김○○ 업무 리스트
> - 인사총무팀 회식(12월 4일) 장소 예약 확인
> - 회사창립기념일(12월 13일) 행사 준비
> - 영업1팀 비품 주문 [월요일에 배송될 수 있도록 오늘 내 반드시 발주할 것]
> - 이번주 토요일(12월 1일) 당직 근무자 명단 확인 [업무 공백이 생기지 않도록 주의]
> - 12월 3일자 신입사원 면접 날짜 유선 안내 및 면접 가능 여부 확인

① 내일 당직 근무자 확인을 가장 먼저 해야겠다.
② 회사 창립기념일 행사는 전 직원이 다 참여하는 큰 행사인 만큼, 가장 첫 번째 줄에 배치해야겠다.
③ 신입사원 면접 안내는 여러 변수가 발생할 수 있으니 서둘러 준비해야겠다.
④ 신입사원 면접 안내 통보 후 연락이 안 된 면접자들을 따로 추려서 다시 연락을 취해야겠다.
⑤ 영업1팀 비품 주문 후 회식장소 예약을 확인해야겠다.

☑ 확인 Check! ○ △ ✕

12 경력단계는 직업 선택, 조직 입사, 경력 초기, 경력 중기, 경력 말기로 구분된다. 경력단계 중 다음 〈보기〉의 내용과 관련 있는 것은?

> **보기**
> 회사에서 차장으로 재직 중인 45세 P씨는 입사동기 대부분이 부장으로 승진하였거나 퇴사한 상태이다. 조금 있으면 후배 차장들이 승진할 차례이고, 점차 빠르게 변화해가는 조직에서 적응하기도 나름 힘들다는 걸 느끼고 있다. 퇴근 후에는 마음 놓고 속을 털어놓을 동료나 후배가 없어 혼자 포장마차에서 술을 마시고 퇴근하는 경우가 많다. 매일의 반복되는 생활 속에서 새로운 변화를 꿈꾸기도 하여 서점에서 도움이 될 만한 자격증 서적을 찾아서 구입하기도 한다.

① 그동안 성취한 것을 재평가하고 생산성을 그대로 유지하는 단계이다.
② 자신에게 적합한 직업이 무엇인지를 탐색하고, 이를 선택한 후 여기에 필요한 능력을 키우는 과정이다.
③ 자신이 선택한 경력 분야에서 원하는 조직의 일자리를 얻으며 직무를 선택하는 과정이다.
④ 조직의 생산적인 기여자로 남고 자신의 가치를 지속적으로 유지하기 위하여 노력하며, 동시에 퇴직을 고려하게 되는 단계이다.
⑤ 자신이 맡은 업무 내용을 파악하고, 새로 들어간 조직의 규칙이나 규범, 분위기를 알아가는 단계이다.

☑ 확인 Check! ○ △ ✕

13 사원 X는 현재 회사에서 자신의 가치를 높이고 업무 성과를 위해 자신의 경력을 개발하는 계획을 세우려고 한다. 경력 개발을 위해 X가 할 수 있는 행동 중 올바르지 못한 것은 무엇인가?

① 나의 장점과 단점을 파악하고 다른 사람을 통한 객관적인 정보를 얻으려고 노력한다.
② 현재 맡은 업무에서 추가로 더 할 수 있는 일은 없는지 고민해본다.
③ 신속한 목표 달성이 최우선이므로 주로 단기 목표 위주의 계획을 세운다.
④ 기업 내부의 풍부한 지원을 바탕으로 업무시간을 활용해 경력개발을 한다.
⑤ 각종 기관에서 운영하는 직업정보를 적극적으로 활용한다.

☑ 확인 Check! ○△✕

14 사원 H와 I는 회사 복지 차원에서 이루어지는 특강을 들으러 왔다. 오늘 특강의 주제는 '나의 숨겨진 능력을 찾기 위한 자기개발'이다. 이 특강을 듣고 H와 I가 나눈 대화 내용으로 올바르지 않은 것은 무엇인가?

① H사원 : 나의 숨겨진 능력을 찾기 위해서는 어떻게 해야 할까?
I사원 : 일단 내가 현재 하고 있는 직무를 고려해서 찾아봐야겠지.
② H사원 : 자기개발을 하기 위해 앞으로 계획을 세워야겠어.
I사원 : 계획은 장기적인 미래를 보고 세우는 것이 좋아.
③ H사원 : 계획을 어떤 식으로 세우지?
I사원 : 미래 일을 알 수 없으니 구체적으로는 세우지 않아도 돼.
④ H사원 : 목표를 세울 때 몇 가지를 세우는 것이 좋을까?
I사원 : 매일의 목표, 한 달 목표, 길게는 10년 목표까지도 세워야 해.
⑤ H사원 : 자기개발을 위해 고려해야 될 사항은 무엇이 있을까?
I사원 : 직무지식뿐 아니라 인간관계까지 고려하며 계획을 세워야 해.

☑ 확인 Check! ○△✕

15 직장인 E는 자기개발 계획을 수립하려고 하지만 많은 어려움을 겪고 있다. 다음 중 자기개발 계획 수립이 어려운 여러 가지 이유 중 옳지 않은 것은?

① 자신의 흥미, 장점, 가치 등 스스로에 대한 정보가 부족하기 때문이다.
② 회사 내 경력기회 및 직무 가능성에 대해 충분히 알지 못하기 때문이다.
③ 연령이 높기 때문이다.
④ 자기개발에 관련된 결정을 내릴 때 자신감이 부족하기 때문이다.
⑤ 자기개발 목표와 일상생활이 일치되어 있기 때문이다.

PART 1

☑ 확인 Check! ○△✕

16 대리 U는 퇴근 후 중국어 학원을 다니고 있다. 어느덧 학원을 다닌 지도 3개월이 지났다. 하지만 U대리는 시작할 때 가졌던 마음이 해이해져 학원을 빠지기 일쑤이다. 지금 U대리가 해야 할 행동은 무엇인가?

① 일정을 수립한다.
② 수행할 과제를 발견한다.
③ 계획한 대로 일정을 성실히 수행한다.
④ 비전 및 목적을 정립한다.
⑤ 반성 및 피드백을 한다.

☑ 확인 Check! ○△✕

17 '업무 수행'에 관한 설명으로 옳지 않은 것은?

① 회사의 업무지침은 많은 사람들에게 인정받은 것이기 때문에 지켜야 한다.
② 직장에서 일을 잘한다고 평가받는 사람을 따라하면 도움이 된다.
③ 최대한 집중하기 위해 비슷한 업무를 차례대로 하나씩 처리한다.
④ 다른 사람과 다른 방식으로 일을 해본다.
⑤ 자신만의 노하우를 개발해야 한다.

☑ 확인 Check! ○△✕

18 **다음 중 자아효능감에 대한 설명으로 적절하지 않은 것은?**

① 자아효능감이 높은 사람은 낮은 사람에 비해 좀 더 어려운 목표를 설정한다.
② 자아효능감이 낮은 사람은 높은 사람에 비해 계획 설정에 어려움을 겪으며 보다 많은 스트레스를 경험한다.
③ 업무 실행 과정에서 장애물이 있을 때 자아효능감이 낮은 사람은 쉽게 포기하는 반면, 높은 사람은 더 많은 노력을 한다.
④ 높은 자아효능감이 성과를 높이고, 높아진 성과는 다시 자아효능감을 높인다.
⑤ 자아효능감이 낮으면 실패 원인을 능력 부족으로 보고, 자아효능감이 높으면 실패 원인을 역량 부족으로 본다.

※ 다음 사례를 읽고 물음에 답하시오. [19~20]

J대리는 상사인 K과장으로부터 업무성과를 높이기 위해서 자신의 부족한 점을 채우기 위한 능력을 개발해 보라는 이야기를 들었다. 이에 J대리는 자신이 잘하는 것이 무엇이고 부족한 점이 무엇인지 생각해 보려고 했지만, 자신이 잘하는 점이 무엇인지, 부족한 점이 무엇인지 딱 꼬집어서 정확히 말할 수 없었다. 이에 J대리는 어떻게 자기개발을 해야 할지 막막해졌다.

☑ 확인 Check! ○△✕

19 **다음 중 J대리의 자기개발을 방해하는 요인은?**

① 제한적인 사고
② 문화적 장애
③ 자기개발 방법을 모름
④ 욕구와 감정의 작용
⑤ 깊은 성찰의 부족

☑ 확인 Check! ○△✕

20 **J대리가 원만하게 자기개발을 하도록 해줄 수 있는 조언을 가장 타당하게 말한 사람은?**

① A : 월급이 적어서 그런 것 같은데 회사에 월급을 올려 달라고 해봐.
② B : 너무 회사 조직의 관성 법칙에 얽매어 있는 것 같은데 한번 변화를 줘봐.
③ C : 인터넷에서 자기개발 방법을 찾아서 활용해 봐.
④ D : 너무 자기중심적으로 생각하는 것 같은데 객관적으로 너의 장단점을 뒤돌아 보는 것이 어때?
⑤ E : 자기개발은 신경 쓰지 말고, 그냥 지금 업무에나 더 신경 쓰는게 낫지 않아?

MEMO

I wish you the best of luck!

CHAPTER 05
자원관리능력

영역 소개 〉

자원관리능력은 업무를 수행하는 데 시간 · 자본 · 재료 및 시설 · 인적 등의 자원 중 무엇이 얼마나 필요한지를 확인한 후 이용 가능한 자원을 최대한 수집하여 실제 업무에 어떻게 활용할 것인지를 계획하고, 계획대로 업무수행에 이를 활용하는 능력을 말한다.

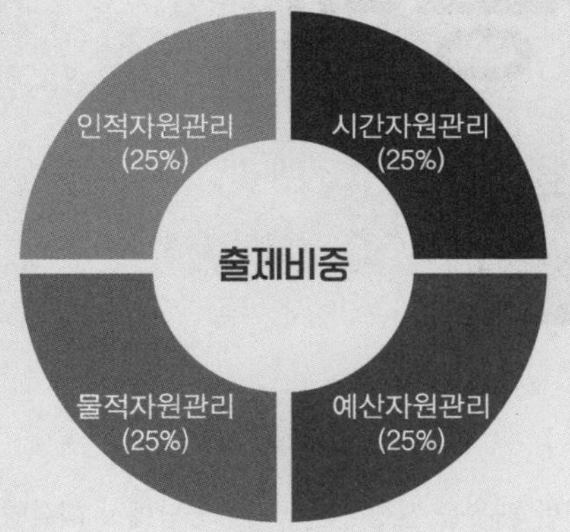

구분	중요도
시간자원관리	★★★★☆
예산자원관리	★★★★☆
물적자원관리	★★★★☆
인적자원관리	★★★★☆

자원관리능력은 NCS 기반 채용을 진행한 기업 중 86% 정도가 다뤘으며, 문항 수는 전체의 평균 13% 정도로 출제되었다.

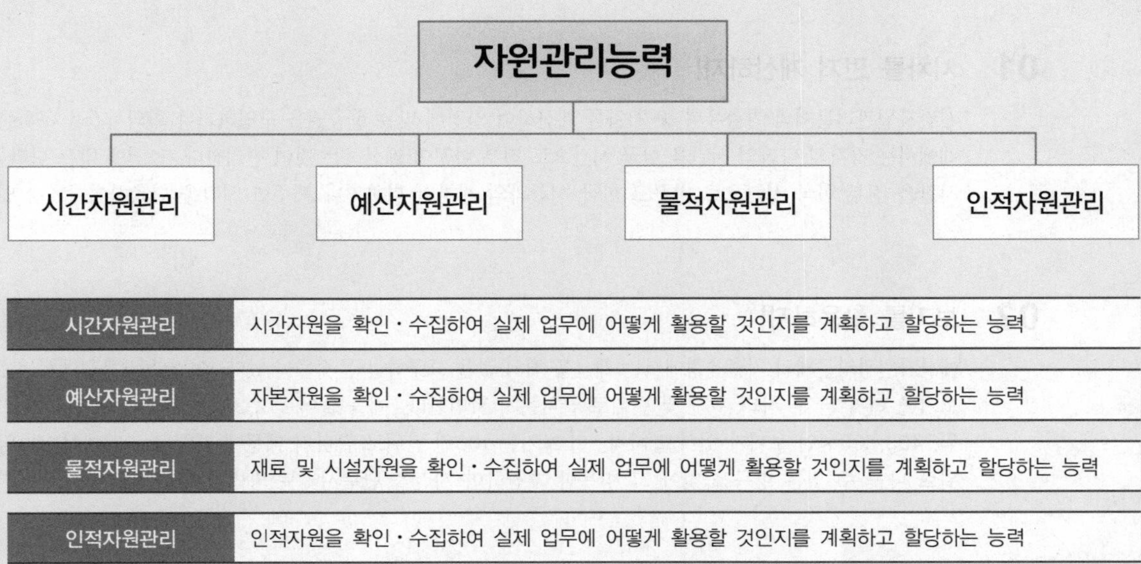

시간자원관리	시간자원을 확인 · 수집하여 실제 업무에 어떻게 활용할 것인지를 계획하고 할당하는 능력
예산자원관리	자본자원을 확인 · 수집하여 실제 업무에 어떻게 활용할 것인지를 계획하고 할당하는 능력
물적자원관리	재료 및 시설자원을 확인 · 수집하여 실제 업무에 어떻게 활용할 것인지를 계획하고 할당하는 능력
인적자원관리	인적자원을 확인 · 수집하여 실제 업무에 어떻게 활용할 것인지를 계획하고 할당하는 능력

CHAPTER 05
자원관리능력

합격 Cheat Key

자원관리능력은 현재 많은 NCS 기반 채용을 진행하는 공사・공단에서 핵심영역으로 자리 잡아, 일부를 제외한 대부분의 공사・공단에서 출제 영역으로 꼽히고 있다. 전체 문항수의 10 ~ 15% 비중으로 출제되고 있고, 난이도가 상당히 높기 때문에 공사・공단 NCS를 치를 수험생이라면 반드시 준비해야할 필수 과목이다.

국가직무능력표준에 따르면 자원관리능력의 대표 문제 유형은 시간・예산・물적・자원관리 문제로 나눌 수 있다. 특히 자원관리능력은 제시된 자료를 통해 업무 수행에 소요될 자원의 양을 계산하는 문제, 제시된 자료를 종합적으로 검토하여 합리적인 선택을 결정하는 문제, 제시된 업무 중에서 우선순위에 따라 업무 순서를 결정하는 문제의 비중이 높다.
자원관리능력은 여러 자료를 고려하여 계산하는 문제가 출제되므로 빠르게 풀 수 없는 문제들은 넘기고, 꾸준히 문제를 풀어 넘기는 문제 수를 점차 줄여나가는 것이 좋다. 문제풀이 시간을 단축시키는 것이 자원관리능력을 풀 때 가장 중요한 핵심이다.

실제 시험 기출 키워드를 살펴보면 비용 계산, 해외파견 지원금 계산, 주문 제작 단가 계산, 일정 조율, 일정 선정, 행사 대여 장소 선정, 최단거리 구하기, 시차 계산, 소요시간 구하기, 해외파견 근무 기준에 부합한 또는 부합하지 않는 직원 고르기 등 크게 자원계산, 자원관리문제 유형이 출제된다. 기출유형문제를 바탕으로 응용되는 방식의 문제가 출제되고 있기 때문에 비슷한 유형을 계속해서 풀어보면서 감을 익히는 것이 중요하다.

01 시차를 먼저 계산하자!

시간자원관리문제의 기출유형 중 시차를 계산하여 일정에 맞는 항공권을 구입하거나 회의시간을 구하는 문제에서는 각각의 나라의 시간을 한국 시간으로 전부 바꾸어 계산하는 것이 편리하다. 조건에 맞는 나라들의 시간을 전부 한국 시간으로 바꾸고 한국 시간과의 시차만 더하거나 빼주면 시간을 단축하여 풀 수 있다.

02 보기를 활용하자!

예산자원관리문제의 기출유형에서는 계산을 해서 값을 요구하는 문제들이 있다. 이런 문제유형에서는 문제 보기를 먼저 본 후 자리 수가 몇 단위로 끝나는지 확인한다. 예를 들어 412,300원, 426,700원, 434,100원, 453,800원인 보기가 있다고 하자. 이 보기는 100원 단위로 끝나기 때문에 제시된 조건에서 100원 단위로 나올 수 있는 항목을 찾아 그 항목만 계산하여 시간을 단축시키는 방법이 있다.

또한, 일일이 계산하는 문제가 많기 때문에, 예를 들어 640,000원, 720,000원, 810,000원 등의 수를 이용해 푸는 문제가 있다고 하자. 만 원 단위를 절사하고 계산하여 64, 72, 81처럼 요약하여 적는 것도 시간을 단축하는 방법이다.

03 최적의 값을 구하는 문제인지 파악하자!

물적자원관리문제의 기출유형에서는 제한된 자원 내에서 최대의 만족 또는 이익을 얻을 수 있는 방법을 강구하는 문제가 출제된다. 이때, 구하고자 하는 값을 x, y로 정하고 연립방정식을 이용해 x, y값을 구한다. 최소 비용으로 목표생산량을 달성하기 위한 업무 및 인력 할당, 정해진 시간 내에 최대 이윤을 낼 수 있는 업체 선정, 정해진 인력으로 효율적 업무 배치 등을 구하는 문제에서 사용되는 방법이다.

04 각 평가항목을 비교해보자!

인적자원관리문제의 기출유형에서는 각 평가항목을 비교하여 기준에 적합한 인물을 고르거나, 저렴한 업체를 선정하거나, 총점이 높은 업체를 선정하는 문제가 출제된다. 이런 문제를 해결할 때는 평가항목에서 가격별, 등급별로 차이가 큰 항목을 찾는다. 가장 격차가 큰 항목을 찾아 삭제하고, 가격이나 점수 차이에 영향을 많이 미치는 항목을 찾아 지우면 1 ~ 2개의 보기를 삭제하고 3 ~ 4개의 보기만 계산하여 시간을 단축한다.

05 문제의 단서를 이용하자!

자원관리능력은 계산문제가 많기 때문에, 복잡한 계산은 딱 떨어지게끔 조건을 제시하는 경우가 많다. 단서를 보고 보기에서 부합하지 않는 보기를 1 ~ 2개 먼저 소거한 뒤 계산을 하는 것도 시간을 단축하는 방법이다.

06 복잡한 계산은 반올림하자!

문제의 보기가 각각 값 차이가 클 때 사용할 수 있는 방법이다. 예를 들어 847×519와 같은 계산식이 있을 때 850×520와 같이 반올림하여 대략적인 값을 구해 가장 가까운 값을 답으로 고를 수 있다. 정확도는 떨어지지만 문제의 보기에서 값 차이가 크게 나거나, 시간이 촉박할 때 사용할 수 있는 방법이다.

NCS 모듈 학습

| 01 | 자원관리능력

(1) 자원관리능력이란?

자원관리능력은 직장생활에서 시간 · 예산 · 물적자원 · 인적자원 등의 자원 가운데 무엇이 얼마나 필요한지를 확인하고, 가용할 수 있는 자원을 최대한 확보하여 실제 업무에 어떻게 활용할 것인지에 대한 계획을 수립하여 계획에 따라 확보한 자원을 효율적으로 활용하여 관리하는 능력을 의미한다.

(2) 자원관리의 기본단계

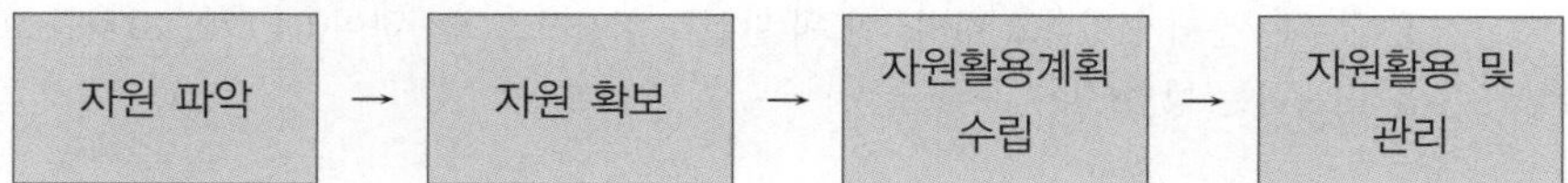

CHECK POINT

각 자원의 총량을 파악하고 우선순위에 따라 배분하여야 한다.

(3) 자원관리능력의 구성

① 시간자원관리능력 : 기업활동에서 필요한 시간자원을 파악하고, 가용할 수 있는 시간자원을 최대한 확보하여 실제 업무에 어떻게 활용할 것인지에 대한 시간계획을 수립하고, 이에 따라 시간을 효율적으로 활용하여 관리하는 능력

② 예산자원관리능력 : 기업활동에서 필요한 예산을 파악하고, 가용할 수 있는 예산을 최대한 확보하여 실제 업무에 어떻게 집행할 것인지에 대한 예산계획을 수립하고, 이에 따른 예산을 효율적으로 집행하여 관리하는 능력

③ 물적자원관리능력 : 기업 활동에서 필요한 물적자원(재료, 시설자원 등)을 파악하고, 가용할 수 있는 물적자원을 최대한 확보하여 실제 업무에 어떻게 활용할 것인지에 대한 계획을 수립하고, 이에 따른 물적자원을 효율적으로 활용하여 관리하는 능력

④ 인적자원관리능력 : 기업 활동에서 필요한 인적자원(근로자의 기술 · 능력 · 업무 등)을 파악하고, 동원할 수 있는 인적자원을 최대한 확보하여 실제 업무에 어떻게 배치할 것인지에 대한 예산계획을 수립하고, 이에 따른 인적자원을 효율적으로 배치하여 관리하는 능력

(4) 자원의 종류와 개념

① 기업 활동을 위한 자원에는 '시간, 예산(돈), 물적자원, 인적자원'이 있다.

② 과거에는 천연자원이 가장 중요한 자원이었으나, 최근에는 시간과 예산을 가장 중요한 자원으로 인식하고 있다.

③ 기업 활동에서의 자원은 더 높은 성과 창출을 위한 노동력과 기술이다.

(5) 자원관리(자원의 유한성)

개인과 조직에게 주어진 자원이 제한적이므로 자원을 효과적으로 확보, 유지, 활용하는 자원관리가 필요하다.

핵심예제

자원에 대한 설명으로 옳지 않은 것은?

① 사전적 정의는 인간생활에 도움이 되는 자연계의 일부이다.
② 오늘날에는 자연자원만이 아닌 물질적 자산, 재정적 자산, 인적 자산 등도 자원으로 보고 있다.
③ 자원은 크게 시간, 돈, 물적자원, 인적자원으로 나눌 수 있다.
④ 대부분의 자원은 무한성이라는 특징이 있다.

예제풀이

자원은 일반적으로 유한적이다. 개인이나 조직에게 주어진 시간은 제한되어 있으며 돈과 물적자원 역시 제한적일 수밖에 없고, 활용할 수 있는 인적자원 역시 무한대가 아니다.

정답 ④

(6) 자원의 낭비 요인

① 비계획적 행동 : 자원 활용에 대한 계획 없이 충동적이고 즉흥적으로 행동
② 편리성 추구 : 자원의 활용 시 자신의 편리함을 최우선으로 추구
③ 자원에 대한 인식의 부재 : 자신이 가지고 있는 중요 자원의 불인식
④ 노하우 부족 : 효과적인 자원관리에 대한 노하우 부족

(7) 자원관리의 4단계 과정

① 필요한 자원의 종류와 양 확인 : '어떠한' 자원이 '얼마만큼' 필요한지 파악하는 단계로, 일반적으로 '시간, 예산, 물적자원, 인적자원'으로 구분하여 파악한다.
② 이용 가능한 자원의 수집과 확보 : 필요한 양보다 조금 더 여유 있게 최대한으로 자원을 확보한다.
③ 자원활용계획 수립 : 자원이 투입되는 활동의 우선순위를 고려하여 자원을 할당하고 활용계획을 수립한다.
④ 계획에 따른 수행 : 계획을 수립한 대로 업무를 추진한다.

핵심예제

다음 제시문이 설명하고 있는 자원관리 단계는 무엇인가?

자원이 투입되는 활동의 우선순위를 고려하여 자원을 할당한다.

① 필요한 자원의 종류와 양 확인
② 이용 가능한 자원의 수집
③ 자원활용계획의 수립
④ 계획에 따른 수행

예제풀이

자원이 투입되는 활동의 우선순위를 고려하여 자원을 할당하는 단계는 자원활용계획 수립(3단계)에 해당한다.

오답분석

① 필요한 자원의 종류와 양 확인 : '어떠한' 자원이 '얼마만큼' 필요한지 파악하는 단계
② 이용 가능한 자원의 수집 : 필요한 자원을 최대한으로 확보하는 단계
④ 계획에 따른 수행 : 자원의 활용계획을 수립한 대로 업무를 추진한다.

정답 ③

| 02 | 시간자원관리능력

(1) 시간의 특성

① 매일 24시간이 똑같이 반복적으로 주어진다.
② 속도가 일정하다.
③ 흘러가는 시간을 멈출 수 없다(비융통성).
④ 빌리거나 저축할 수 없다.
⑤ 어떻게 사용하는지에 따라 가치가 달라진다.
⑥ 시절에 따라 밀도와 가치가 다르다.

(2) 시간단축

① 시간단축의 의미 : 정해진 업무량에 투입되는 시간의 축소 또는 한정된 시간에 할 수 있는 업무량의 증가

② 기업의 시간단축 효과 : 생산성 향상, 위험 감소, 시장점유율 증가

(3) 시간관리

① 의의 : 개인이나 사회생활에서 각자의 습관이나 개성, 삶의 목표에 맞는 일정을 만들고 그에 따라 시간을 유용하게 사용하여 좋은 결과를 거두는 기술

② 시간관리의 필요성 : 시간의 효과적 관리를 통하여 삶의 문제를 해결(시간의 통제 불가능)

③ 시간관리의 효과

㉠ 스트레스 관리 : 시간관리를 통하여 일에 대한 부담을 감소시켜 스트레스가 감소

㉡ 균형적인 삶 : 직장에서 일을 수행하는 시간이 감소하여 다양한 삶의 향유가 가능

㉢ 생산성 향상 : 시간은 매우 한정된 자원이므로 효율적으로 관리할 경우 생산성 향상 가능

㉣ 목표 성취 : 시간관리는 목표에 매진할 시간을 갖도록 함

(4) 시간낭비 요인

① 외적 요인 : 외부인이나 외부에서 일어나는 시간에 의한 것으로 스스로 조절이 불가능

② 내적 요인 : 자신 내부의 습관에 인한 것으로 분명히 하는 것이 어려움

핵심예제

직장에서 발생할 수 있는 시간낭비 요인이 아닌 것은?

① 우선순위 없이 일하기　　② 불명확한 목적

③ 1일 계획의 불충분　　④ 짧은 회의

예제풀이

회의가 길어질 때 직장에서의 시간낭비 요인이 된다. 시간이 낭비되는 요인으로는 외부적인 요인에 의해 발생하여 스스로 조절이 불가능한 외적인 요인과 자기 자신에서 기인한 내적인 요인이 있다.

정답 ④

(5) 시간계획

① 의의 : 시간을 최대한 활용하기 위하여 가장 많이 반복되는 일에 가장 많은 시간을 분배하고, 최단시간에 최선의 목표를 달성하는 것

② 시간계획의 순서

명확한 목표 설정 → 일의 우선순위 확정 → 예상 소요시간 결정 → 시간계획서 작성

〈일의 우선순위 판단 매트릭스〉

	긴급함	긴급하지 않음
중요함	Ⅰ 긴급하면서 중요한 일 위기상황, 급박한 문제, 기간이 정해진 프로젝트	Ⅱ 긴급하지 않지만 중요한 일 예방 / 생산 능력 활동, 인간관계 구축, 새로운 기회 발굴, 중장기 계획
중요하지 않음	Ⅲ 긴급하지만 중요하지 않은 일 잠깐의 급한 질문, 일부 보고서 및 회의, 눈앞의 급박한 상황, 인기 있는 활동 등	Ⅳ 긴급하지 않고 중요하지 않은 일 바쁜 일, 하찮은 일, 우편물, 전화, 시간 낭비거리, 즐거운 활동 등

③ 시간계획의 기본원리(60 : 40 Rule) : 계획된 행동 60%, 비계획된 행동 40%(계획 외의 행동 20%, 자발적 행동 20%)로 계획을 세운다.

핵심예제

시간계획에 대한 설명으로 옳지 않은 것은?

① 시간을 최대한 활용하기 위한 계획이다.
② 최단시간에 최선의 목표를 달성하기 위함이다.
③ 가장 많이 반복되는 일에 가장 적은 시간을 분배한다.
④ 시간계획의 첫 단계는 명확히 목표를 설정하는 것이다.

예제풀이

시간계획을 할 때는 가장 많이 반복되는 일에 가장 많은 시간을 분배해야 한다.

정답 ③

| 03 | 예산자원관리능력

(1) 예산관리와 예산관리능력

① 예산관리 : 비용 산정+예산 수립+예산 집행(통제)
② 예산관리능력 : 이용 가능한 예산을 확인하고 어떻게 사용할 것인지 계획하여, 계획대로 사용하는 능력

(2) 예산관리능력의 필요성

개인이나 기업의 예산은 한정되어 있으므로 정해진 예산을 효율적으로 사용하여 최대한의 성과를 내기 위해 필요함

(3) 적정예산의 수준

무조건 적은 비용이 아닌, 책정 비용과 실제 비용의 차이가 적은 상태의 예산

(4) 직접비용(Direct Cost)과 간접비용(Indirect Cost)

① 직접비용 : 제품의 생산이나 서비스를 창출하기 위해 직접 소비된 비용(재료비, 원료와 장비, 시설비, 인건비 등)
㉠ 재료비 : 제품의 제조를 위하여 구매된 재료에 대해 지출된 비용
㉡ 원료와 장비 : 제품을 제조하는 과정에서 소모된 원료나 필요한 장비에 지출된 비용으로 실제로 구매나 임대에 사용한 비용을 모두 포함함
㉢ 시설비 : 제품을 효과적으로 제조하기 위한 목적으로 건설되거나 구매된 시설에 지출된 비용
㉣ 여행(출장) 및 잡비 : 제품 생산 또는 서비스를 창출하기 위해 출장이나 타 지역으로의 이동이 필요한 경우와 기타 과제 수행 상에서 발생하는 다양한 비용
㉤ 인건비 : 제품 생산 또는 서비스 창출을 위한 업무를 수행하는 사람들에게 지급되는 비용으로서, 계약에 의해 고용된 외부 인력에 대한 비용도 인건비에 포함되며, 일반적으로 인건비는 전체 비용 중 가장 큰 비중을 차지
② 간접비용 : 제품을 생산하거나 서비스를 창출하기 위해 소비된 비용 중에서 직접비용을 제외한 비용으로, 제품생산에 직접 관련되지는 않는다(보험료, 건물관리비, 광고비, 통신비, 사무비품비, 각종 공과금 등).

CHECK POINT

비용의 종류 및 정의를 알아야 풀 수 있는 문제가 출제되므로 꼭 암기해야 한다.

(5) 예산관리 절차

① **예산이 필요한 활동 규명** : 예산을 배정하기 전, 예산 범위 내에서 수행해야 하는 활동과 소요예산을 정리

② **우선순위 결정** : 우선적으로 예산이 배정되어야 하는 활동을 도출하기 위하여 활동별 예산지출 규모를 확인하고 우선순위 확정

③ **예산 배정** : 우선순위가 높은 활동부터 예산을 배정

(6) 과업 세부도

① 과제 및 활동계획 수립 시 가장 기본적인 수단으로 활용되는 그래프

② 필요한 모든 일들을 중요한 범주에 따라 체계화해서 구분해 놓음

• 예제풀이 •

민간기업, 공공단체와 같은 조직체뿐만 아니라 개인의 수입・지출까지 포함시키는 것은 넓은 범위의 예산이다.

정답 ②

• 핵심예제 •

예산에 대한 설명으로 옳지 않은 것은?

① 필요한 비용을 미리 헤아려 계산하는 것이다.

② 좁은 범위에서는 개인의 수입・지출에 관한 것도 포함된다.

③ 예산은 한정적이므로 예산관리가 필요하다.

④ 대부분 정해진 예산범위 안에서 계획을 세우게 된다.

| 04 | 물적자원관리능력

(1) 물적자원의 종류

① **자연자원** : 자연 상태 그대로의 자원(석탄, 석유 등)

② **인공자원** : 인위적으로 가공하여 만든 자원(시설, 장비 등)

(2) 물적자원관리의 중요성

다양한 물적자원을 얼마나 확보하고 활용할 수 있는지가 개인과 국가의 큰 경쟁력이 된다. 산업의 고도화와 함께 다양한 물적자원이 활용되고 있으며, 이를 필요한 시기와 장소에 활용하는 것이 매우 중요하다.

① **효과적인 관리를 이룰 경우** : 경쟁력 향상, 과제 및 사업의 성공

② **관리가 부족할 경우** : 경제적 손실, 과제 및 사업의 실패

(3) 물적자원 활용의 방해 요인

보유하고 있는 물적자원을 적절하게 활용할 수 없도록 하는 방해 요인에는 다양한 것들이 있다.

① **보관 장소를 파악하지 못하는 경우** : 보관할 때 아무 곳에나 놓아두면 필요할 때 물품을 찾기 어렵고 적시에 공급되지 못할 수 있다.

② **훼손된 경우** : 물품은 무기한 사용할 수 없으므로 적절히 관리하여 고장이나 훼손이 발생하지 않도록 해야 한다.

③ **분실한 경우** : 물품을 분실한 경우 재구입해야 하므로 경제적인 손실을 입는다.

④ **목적 없이 물건을 구입한 경우** : 필요하여 구입한 물건은 활용도가 높아서 평상시 관리를 잘하게 되지만, 뚜렷한 목적 없이 구입한 물건은 관리에 소홀해진다.

핵심예제

물적자원 활용의 방해 요인이 아닌 것은?

① 보관 장소를 파악하지 못한 경우
② 훼손된 경우
③ 분실한 경우
④ 뚜렷한 목적으로 물건을 구입한 경우

예제풀이

뚜렷하고 분명한 목적 없이 물건을 구입한 경우가 방해 요인이 된다. 목적을 가지고 구입한 물건은 활용도가 높기 때문에 평소에 관리를 잘 하게 된다.

정답 ④

(4) 물적자원관리 과정

① **사용물품과 보관물품의 구분** : 계속 사용할 물품인지 아닌지를 구분하여 가까운 시일 내에 활용하지 않는 물품은 창고나 박스에 보관한다.

② **동일 및 유사 물품의 분류** : 동일성의 원칙을 반영하여 같은 품종을 같은 장소에 보관하고, 유사성의 원칙대로 유사품을 인접한 장소에 보관한다. 이는 보관한 물품을 찾는 데 소요되는 시간을 단축시킨다.

③ **물품의 특성에 맞는 보관 장소 선정** : 개별적인 물품의 특성(물품 재질, 무게, 부피 등)을 고려하여 보관장소를 선정한 후에 차례로 정리한다. 정리할 때는 회전대응 보관의 원칙을 반영하여 물품의 활용 빈도가 상대적으로 높은 것을 가져다 쓰기 쉬운 위치에 먼저 보관한다.

PART 1

핵심예제

물적자원관리에 대한 설명으로 옳지 않은 것은?

① 계속 사용할 물품인지 아닌지를 구분해야 한다.
② 유사 물품은 자주 찾는 곳마다 분리하여 보관한다.
③ 가까운 시일 내에 활용하지 않는 물품은 창고에 보관한다.
④ 물품의 특성을 고려하여 보관 장소를 정한다.

예제풀이

물적자원을 관리할 때는 동일성의 원칙과 유사성의 원칙을 적용하여 같은 품종을 같은 장소에 보관하고, 유사품을 인접한 장소에 보관해야 한다.

정답 ②

(5) 바코드와 QR코드의 사용

① **바코드(Bar Code)** : 컴퓨터가 판독하기 쉽고 데이터를 빠르게 입력하기 위하여 굵기가 다른 검은 막대와 하얀 막대를 조합시켜 문자나 숫자를 코드화한 것이다.

② **QR코드(Quick Response Code)** : 흑백 격자무늬 패턴으로 정보를 나타내는 매트릭스 형식의 바코드로, 넉넉한 용량을 강점으로 다양한 정보를 담을 수 있다.

③ **바코드의 원리를 활용한 물품관리** : 자신의 물품을 기호화하여 위치 및 정보를 작성해 놓으면 물품을 효과적으로 관리할 수 있다.

| 05 | 인적자원관리능력

(1) 인적자원

기업 경영 목적을 달성하기 위한 조직의 구성원으로, 기업 경영은 조직 구성원들의 역량과 직무 수행에 기초하여 이루어지기 때문에 구성원들이 능력을 최고로 발휘하기 위해서 인적자원의 선발·배치 및 활용이 중요하다.

(2) 효율적인 인사관리의 원칙

① **적재적소 배치의 원리** : 해당 직무 수행에 가장 적합한 인재를 배치해야 한다.

② **공정 보상의 원칙** : 근로자의 인권을 존중하고 공헌도에 따라 노동의 대가를 공정하게 지급해야 한다.

③ **공정 인사의 원칙** : 직무 배당, 승진, 상벌, 근무 성적의 평가, 임금 등을 공정하게 처리해야 한다.

④ **종업원 안정의 원칙** : 직장에서 신분이 보장되고 계속해서 근무할 수 있다는 믿음을 갖게 하여 근로자가 안정된 회사 생활을 할 수 있도록 해야 한다.

⑤ **창의력 개발의 원칙** : 근로자가 창의력을 발휘할 수 있도록 새로운 제안·건의 등의 기회를 마련하고, 적절한 보상을 위해 인센티브를 제공해야 한다.

⑥ **단결의 원칙** : 직장 내에서 구성원들이 소외감을 느끼지 않도록 배려하고, 서로 유대감을 가지고 협동·단결하는 체제를 이루도록 한다.

(3) 개인 차원의 인적자원관리(인맥관리)

① **인맥(人脈, Personal Connections)** : 자신이 알고 있거나 관계를 형성하고 있는 사람들로, 일반적으로 가족, 친구, 직장동료, 선후배, 동호회 등 다양한 사람들이 포함된다.

② **개인적 차원의 인적자원관리** : 직접적인 관계에 있는 사람들로 구성된 핵심인맥과 다양한 파생인맥에 대한 관리를 의미한다. 개인적 차원의 인맥관리 방법으로는 다음과 같은 것들이 있다.

㉠ 명함관리

㉡ 인맥관리카드 작성(핵심인맥카드, 파생인맥카드)

③ **인맥활용 시의 장점**

㉠ 각종 정보의 획득

㉡ 정보의 소스 획득

㉢ 참신한 아이디어와 해결책 도출

㉣ 유사시의 도움

핵심예제

인적자원에 대한 설명으로 옳지 않은 것은?

① 주위에 있는 모든 사람들이 중요한 자원이다.

② 인적자원은 조직 차원에서만 중요하다.

③ 인맥은 가족, 친구, 직장동료 등으로 나누어진다.

④ 인맥에는 핵심인맥과 파생인맥 등이 있다.

예제풀이

인적자원은 개인 차원과 조직 차원에서 모두 중요하기 때문에, 모든 차원에서 관리가 필요하다.

정답 ②

(4) 인적자원의 특성

능동성	인적자원은 능동적이고 반응적인 성격이 있다. 인적자원으로부터의 성과는 인적자원의 욕구와 동기, 태도와 행동, 만족감에 따라 결정된다.
개발가능성	인적자원은 자연적인 성장, 성숙과 함께 오랜 기간에 걸쳐 개발될 수 있는 잠재능력과 자질을 보유하고 있다.
전략적 자원	보유한 자원을 활용하는 주체가 사람, 즉 인적자원이므로 어느 자원보다 전략적으로 중요하다.

(5) 효과적인 인력배치

① 인력배치의 원칙 : 효과적인 인력배치를 위해서는 '적재적소주의, 능력주의, 균형주의'의 원칙을 지켜야 한다.

적재적소주의	• The right man for the right job. • 팀원의 능력이나 성격 등에 따라 가장 적합한 위치에 인력을 배치하여 팀원 개개인이 능력을 최대로 발휘해 줄 것을 기대하는 것 • 배치는 작업이나 직무가 요구하는 요건, 개인이 보유하고 있는 조건이 서로 균형 있고, 적합하게 대응되어야 함
능력주의	• 개인에게 능력을 발휘할 수 있는 기회와 장소를 부여하고, 그 성과를 바르게 평가하여 평가된 능력과 실적에 대해 그에 상응하는 보상을 주는 원칙 • 적재적소주의 원칙의 상위 개념
균형주의	팀 전체의 적재적소를 고려(팀 전체의 능력 향상, 의식 개혁, 사기 앙양)하여 모든 팀원에 대하여 평등하게 인력을 배치하는 것

② 배치의 유형 : 양적 배치 · 질적 배치 · 적성 배치의 3가지가 있으며, 3가지가 모두 조화롭게 운영되어야 가장 효율적이다.

양적 배치	부문의 작업량과 조업도, 여유 또는 부족 인원을 감안하여 소요 인원을 결정하여 배치하는 것
질적 배치	적재적소의 배치
적성 배치	팀원의 적성 및 흥미에 따른 배치

핵심예제

효과적인 인력배치의 원칙이 아닌 것은?

① 적재적소주의
② 능력주의
③ 능동주의
④ 균형주의

예제풀이

효과적인 인력배치를 위해서는 '적재적소주의, 능력주의, 균형주의'를 따라야 한다.

오답분석

① 적재적소주의 : 개인의 능력과 성격 등에 따라 가장 적합한 위치에 인력을 배치하는 것
② 능력주의 : 개인의 능력을 발휘할 수 있는 기회와 장소를 제공할 수 있도록 인력을 배치하는 것
④ 균형주의 : 팀 전체의 적재적소를 고려하여 모든 팀원에 대해 평등하게 인력을 배치하는 것

정답 ③

PART 1

CHAPTER 05 자원관리능력

기출예상문제

정답 및 해설 p. 40

※ A대리는 세미나를 위해 공단의 강의실을 대여하고자 한다. 다음 자료를 읽고 이어지는 질문에 답하시오. [1~2]

〈강의실 대여 정보〉

분류	수용인원	면적	층수	이용료	
				전일 (9:00 ~ 18:00)	할인
대강의실(백두실)	100명	$159m^2$	1층	150,000원	70,000원
중강의실(한라실, 지리실)	40명	$67m^2$	1층	100,000원	40,000원
소강의실(묘향실, 설악실, 소백실)	22명	$33m^2$	1층	70,000원	30,000원

※ 대관시간은 준비 및 퇴장시간을 포함하여 대관하여야 합니다.
※ 대관가능시간은 09:00~18:00입니다.
※ 정오(오후 12시)를 기준으로 오전 3시간(09:00 ~ 12:00) 사용 혹은 정오 이후 오후 4시간 미만 사용 시 할인이 적용됩니다. 단, 오전 ~ 오후에 걸쳐서 대관 시 할인적용이 불가하며, 전일금액이 적용됩니다.

☑ 확인 Check! ○ △ ×

01 A대리의 세미나 준비에 관련된 정보는 다음과 같다. 다음 정보를 보고 A대리가 프로그램별로 대여할 강의실로 옳은 것은?

〈세미나 준비 정보〉

- 세미나는 교육정책설명회, 교육기반인프라 입찰설명회 2개의 프로그램으로 구성된다.
- 교육정책설명회에는 연사 2명과 이들을 제외한 참여자 50명이 참석하며, 각 연사들은 1시간 30분 동안 강연한다.
- 교육정책설명회에서 연사들의 강연 사이에는 휴식시간 20분을 확보하여야 한다.
- 교육기반인프라 입찰설명회는 2시간 동안 진행되며, 설명회 진행자 3명을 포함해 22명이 참석한다. 또한 설명을 위한 자료배치를 위해 $40m^2$ 이상의 면적이 필요하다.
- 교육정책설명회는 오전 9시에, 교육기반인프라 입찰설명회는 오후 1시에 시작한다.
- 교육정책설명회와 교육기반인프라 입찰설명회는 동시에 진행될 수 있다.
- A대리는 세미나 이용료를 최소화하기 위해 최선을 다한다.

	교육정책설명회	교육기반인프라 입찰설명회
①	중강의실	소강의실
②	중강의실	중강의실
③	대강의실	소강의실
④	대강의실	중강의실
⑤	대강의실	대강의실

☑ 확인 Check! ○ △ ✕

02 A대리가 준비하는 세미나에 교육위원회 공청회 일정이 추가되었다. 공청회는 오전 2시간 동안 진행되며, 교육위원 5명과 초·중·고 학교운영위원 20명이 참석한다. 공청회는 다른 프로그램과 동시에 진행될 수 있다고 할 때, 다음 중 A대리가 대여할 강의실에 따른 총 이용료는?

① 140,000원
② 170,000원
③ 220,000원
④ 230,000원
⑤ 250,000원

☑ 확인 Check! ○ △ ✕

03 박 주임은 차량을 새로 구입하고자 한다. A ~ E차량에 대한 정보가 다음과 같고, 박 주임이 〈조건〉에 따라 차량을 선택한다고 할 때, 박 주임이 구입할 차량은?

〈정보〉

- 박 주임은 새 차량 구입을 위해 각 후보 차량에 대하여 10점 만점으로 디자인 및 관리 점수를 부여하였다.
- 박 주임은 자동차 동아리에 가입하여 실제 차량 소유주들로부터 후기를 듣고 각 후보 차량에 대하여 10점 만점으로 후기 점수를 부여하였다.
- 박 주임은 자동차 전문가와 상담 후 각 후보 차량에 대하여 10점 만점으로 성능 점수를 부여하였다.

〈차량별 점수 현황〉

(단위 : 점)

구분	디자인	관리	후기	성능
A차량	7	6	4	6
B차량	8	6	5	8
C차량	6	5	9	5
D차량	4	8	5	9
E차량	5	7	7	3

조건

- 구매점수가 가장 높은 차량을 구입한다.
- 디자인, 관리, 후기, 성능 부문의 점수를 각각 1 : 1 : 1 : 2의 가중치로 계산하여 구매점수를 산출한다.
- 구매점수가 동일한 경우, 디자인 점수가 더 높은 차량을 선택한다.

① A차량
② B차량
③ C차량
④ D차량
⑤ E차량

PART 1

※ 다음 자료를 보고 이어지는 질문에 답하시오. [4~5]

〈비품 가격표〉

○○문구	사업자	702 – 34 – 2345
품명	수량(개)	단가(원)
라벨지 50mm(SET)	1	18,000
1단 받침대	1	24,000
블루투스 마우스	1	27,000
★특가★ 탁상용 문서수동세단기	1	36,000
AAA건전지(SET)	1	4,000

※ 3단 받침대는 2,000원 추가
※ 라벨지 91mm 사이즈 변경 구매 시 SET당 5% 금액 추가
※ 블루투스 마우스 3개 이상 구매 시 건전지 3SET 무료 증정

☑ 확인 Check! ○△×

04 A회사에서는 2/4분기 비품 구매를 하려고 한다. 다음 주문서대로 주문 시 총 주문 금액으로 올바른 것은?

주문서			
라벨지 50mm	2SET	1단 받침대	1개
블루투스 마우스	5개	AAA건전지	5SET

① 148,000원
② 183,000원
③ 200,000원
④ 203,000원
⑤ 205,000원

☑ 확인 Check! ○△×

05 비품 구매를 담당하는 A사원은 주문 수량을 잘못 기재해서 주문 내역을 수정하였다. 수정 내역대로 비품을 주문했을 때, 총 주문 금액으로 올바른 것은?

주문서			
라벨지 91mm	4SET	3단 받침대	2개
블루투스 마우스	3개	AAA건전지	3SET
탁상용 문서수동세단기	1개		

① 151,000원
② 244,600원
③ 252,600원
④ 256,600원
⑤ 262,600원

☑ 확인 Check! ○△✕

06 다음은 직원들의 이번 주 초과근무 계획표이다. 하루에 5명 이상 초과근무를 할 수 없고, 직원들은 각자 일주일에 10시간을 초과하여 초과근무를 할 수 없다고 한다. 한 사람만 초과근무 일정을 수정할 수 있을 때, 규칙에 어긋난 요일과 그 날에 속한 사람 중 변경해야 할 직원은 누구인가?(단, 주말은 1시간당 1.5시간으로 계산한다)

〈초과근무 계획표〉

성명	초과근무 일정	성명	초과근무 일정
김혜정	월요일 3시간, 금요일 3시간	김재건	수요일 1시간
이설희	토요일 6시간	신혜선	수요일 4시간, 목요일 3시간
임유진	토요일 3시간, 일요일 1시간	한예리	일요일 8시간
박주환	목요일 2시간	정지원	월요일 6시간, 목요일 5시간
이지호	화요일 4시간	최명진	화요일 5시간
김유미	금요일 6시간, 토요일 2시간	김우석	목요일 1시간
이승기	화요일 1시간	차지수	금요일 6시간
정해리	월요일 5시간	이상엽	목요일 6시간, 일요일 3시간

요일 직원

① 월요일 김혜정
② 화요일 정지원
③ 화요일 신혜선
④ 목요일 박주환
⑤ 목요일 이상엽

☑ 확인 Check! ○△✕

07 한국은 뉴욕보다 16시간 빠르고, 런던은 한국보다 8시간 느릴 때, 다음의 비행기가 현지에 도착할 때의 시간(㉠·㉡)으로 모두 옳은 것은?

구분	출발 일자	출발 시간	비행 시간	도착 시간
뉴욕행 비행기	6월 6일	22:20	13시간 40분	㉠
런던행 비행기	6월 13일	18:15	12시간 15분	㉡

㉠ ㉡

① 6월 6일 09시 6월 13일 09시 30분
② 6월 6일 20시 6월 13일 22시 30분
③ 6월 7일 09시 6월 14일 09시 30분
④ 6월 7일 13시 6월 14일 15시 30분
⑤ 6월 7일 20시 6월 14일 20시 30분

※ H공사에서 일하는 B조의 팀장 K씨는 필리핀 연수 일정을 짜려고 한다. 다음 자료를 보고 이어지는 질문에 답하시오. [8~9]

프로그램	소요시간(H)	비고
세미나	2	–
토론	5	첫날만 이수 가능
팀워크	4	–
리더십 교육	5	비상대응역량 교육 이수 후 참여 가능
비상대응역량 교육	2	–
어학	1	–
원전수출 대상국 현지 전문가 과정1	3	–
원전수출 대상국 현지 전문가 과정2	3	원전과정1 이수 후 참여 가능
원전수출 대상국 현지 전문가 과정3	3	원전과정2 이수 후 참여 가능
특강	1	–

☑ 확인 Check! ○△×

08 A조와 B조는 같은 날 같은 비행기를 타고 출국할 예정이다. 첫째 날은 오전에 필리핀 공항에 도착하므로 오후부터 프로그램을 이수할 수 있다. A조의 연수 일정이 다음과 같이 정해졌을 때, B조는 A조와 연수 프로그램이 겹치지 않도록 〈조건〉에 따라 최대한 빨리 일정을 끝내려 한다. B조의 총 연수기간은?

〈A조 연수 일정〉

구분		첫째 날		둘째 날		셋째 날	
		오전	오후	오전	오후	오전	오후
A조	프로그램	공항도착	토론	원전과정1	팀워크	비상대응 역량 교육	리더십 교육
	시간	×	5	3	4	2	5

조건

- 연수 프로그램 운영시간은 09:00 ~ 18:00이며 점심시간(12:00 ~ 13:00)을 기준으로 오전과 오후를 나눈다.
- 오전, 오후에 각각 한 개의 프로그램만 이수할 수 있다.
- 마지막 날에는 프로그램이 오후에 끝나도 그날 귀국한다.
- 연수 프로그램은 최소 18시간을 이수해야 한다.
- B조는 어학 프로그램을 반드시 이수해야 한다.
- 연수기간은 최대 5일까지 가능하다.

① 1박 2일
② 2박 3일
③ 3박 4일
④ 4박 5일
⑤ A조의 일정을 바꾸어야 5일 안에 연수 가능

☑ 확인 Check! ○△✕

09

다음은 B조가 연수를 다녀와야 할 달의 달력이다. **08**번 문제에서 구한 연수기간과 비행기 시간표를 참고할 때 출국 날짜와 귀국 날짜로 알맞은 것은?

일	월	화	수	목	금	토
	1	2	3	4	5	6
7	8	9	10	11	12	13
14	15	16	17	18	19	20
21	22	23	24	25	26	27
28	29	30				

※ 연수 일정은 주말도 포함한다.

※ 귀국 다음 날 연수 과정을 정리하여 상사에게 보고해야 한다(주5일, 토·일 휴무).

※ 연수원은 공항에서 1시간 거리에 있다.

※ 5일, 9일은 회사 행사로 연수가 불가능하다.

〈비행기 시간표(출발지 시간 기준)〉

한국 → 필리핀	4일	6일	9일	16일	20일	22일
오전 출발	07:00	07:00	08:00	06:00	07:00	07:00
오후 출발	–	–	–	–	–	–
필리핀 → 한국	**8일**	**11일**	**19일**	**23일**	**25일**	**26일**
오전 출발	10:00	09:00	11:00	10:00	11:00	12:00
오후 출발	17:00	15:00	13:00	–	14:00	14:00

※ 한국 시각은 필리핀 시각보다 1시간 빠르다.

※ 한국 – 필리핀 간 비행시간은 4시간이다.

	출국일	귀국일
①	6일	8일
②	9일	11일
③	16일	19일
④	20일	23일
⑤	22일	25일

PART 1

※ P회사의 컴퓨터기기의 유지 및 보수 업무를 담당하는 Y사원은 세 개의 부서에서 받은 컴퓨터 점검 및 수리 요청 내역과 수리요금표를 다음과 같이 정리하였다. 자료를 보고 이어지는 질문에 답하시오. **[10~12]**

〈점검 · 수리 요청 내역〉

구분	수리 요청 내역	요청인원(명)	비고
A부서	RAM 8GB 교체	12	요청인원 중 3명은 교체+추가설치 희망
	SSD 250GB 추가 설치	5	–
	프로그램 설치	20	• 문서작성 프로그램 : 10명 • 3D그래픽 프로그램 : 10명
B부서	HDD 1TB 교체	4	요청인원 모두 교체 시 HDD 백업 희망
	HDD 포맷 · 배드섹터 수리	15	–
	바이러스 치료 및 백신 설치	6	–
C부서	외장 VGA 설치	1	–
	HDD 데이터 복구	1	• 원인 : 하드웨어적 증상 • 복구용량 : 270GB
	운영체제 설치	4	회사에 미사용 정품 설치 USB 보유

※ HDD 데이터 복구의 경우 서비스센터로 PC를 가져가 진행한다.

〈수리요금표〉

구분	수리 내역		서비스비용(원)	비고
H/W	교체 및 설치	RAM(8GB)	8,000	부품비용 : 96,000원
		HDD(1TB)	8,000	부품비용 : 50,000원
		SSD(250GB)	9,000	부품비용 : 110,000원
		VGA(포스 1060i)	10,000	부품비용 : 300,000원
	HDD 포맷 · 배드섹터 수리		10,000	–
	HDD 백업		100,000	–
S/W	프로그램 설치		6,000	그래픽 관련 프로그램 설치 시 개당 추가 1,000원의 비용 발생
	바이러스 치료 및 백신 설치		10,000	–
	운영체제 설치		15,000	정품 미보유 시 정품 설치 USB 개당 100,000원의 비용 발생
	드라이버 설치		7,000	–
데이터 복구	하드웨어적 원인(~ 160GB)		160,000	초과용량의 경우 1GB당 5,000원의 비용 발생
	소프트웨어적 원인		180,000	–

※ 프로그램 · 드라이버 설치 서비스비용은 개당 비용이다.
※ H/W를 교체 · 설치하는 경우 수리요금은 서비스비용과 부품비용을 합산하여 청구한다.
※ 하나의 PC에 같은 부품을 여러 개 교체 · 설치하는 경우 부품의 개수만큼 서비스비용이 발생한다.

☑ 확인 Check! ○ △ ×

10 A부서의 수리 요청 내역별 수리요금으로 올바르게 짝지어진 것은?

	수리 요청 내역	수리요금
①	RAM 8GB 교체	1,248,000원
②	RAM 8GB 교체	1,560,000원
③	SSD 250GB 추가설치	550,000원
④	프로그램 설치	100,000원
⑤	프로그램 설치	120,000원

☑ 확인 Check! ○ △ ×

11 B부서에 청구되어야 할 수리비용을 올바르게 구한 것은?

① 742,000원
② 778,000원
③ 806,000원
④ 842,000원
⑤ 876,000원

☑ 확인 Check! ○ △ ×

12 HDD 데이터 복구를 요청한 C부서의 U과장이 Y사원에게 며칠 후에 PC를 돌려받을 수 있는지를 물어왔다. 다음을 참고했을 때, Y사원이 U과장에게 안내할 기간은?

〈데이터 복구 관련 안내문〉

- 복구 전 진단을 시행하며, 이때 소요되는 시간은 2시간입니다.
- 시간당 데이터 복구량은 7.5GB입니다.
- 수리를 마친 다음 날 직접 배송해드립니다.

① 3일
② 4일
③ 5일
④ 6일
⑤ 7일

☑ 확인 Check! ○ △ ✕

13 S공사 인재개발원에 근무하고 있는 A대리는 다음 〈조건〉에 따라 신입사원 교육을 위한 스크린을 구매하려고 한다. 다음 중 가장 적절한 제품은 무엇인가?

조건

- 조명도는 5,000lx 이상이어야 한다.
- 예산은 150만 원이다.
- 제품에 이상이 생겼을 때 A/S가 신속해야 한다.
- 위 조건을 모두 충족할 시, 가격이 저렴한 제품을 가장 우선으로 선정한다.

※ lux(럭스) : 조명이 밝은 정도를 말하는 조명도에 대한 실용단위로 기호는 lx이다.

	제품	가격(만 원)	조명도(lx)	특이사항
①	A	180	8,000	2년 무상 A/S 가능
②	B	120	6,000	해외직구(해외 A/S)
③	C	100	3,500	미사용 전시 제품
④	D	150	5,000	미사용 전시 제품
⑤	E	130	7,000	2년 무상 A/S 가능

☑ 확인 Check! ○ △ ✕

14 현재 A마트에서는 배추를 한 포기당 3,000원에 판매하고 있다고 한다. 다음은 배추의 유통과정을 나타낸 자료이며, 이를 참고하여 최대의 이익을 내고자 할 때, X · Y산지 중 어느 곳을 선택하는 것이 좋으며, 최종적으로 A마트에서 배추 한 포기당 얻을 수 있는 수익은 얼마인가?(단, 소수점 첫째 자리에서 반올림한다)

〈산지별 배추 유통과정〉

구분	X산지	Y산지
재배원가	1,000원	1,500원
산지 → 경매인	재배원가에 20%의 이윤을 붙여서 판매한다.	재배원가에 10%의 이윤을 붙여서 판매한다.
경매인 → 도매상인	산지가격에 25%의 이윤을 붙여서 판매한다.	산지가격에 10%의 이윤을 붙여서 판매한다.
도매상인 → 마트	경매가격에 30%의 이윤을 붙여서 판매한다.	경매가격에 10%의 이윤을 붙여서 판매한다.

	산지	이익
①	X	1,003원
②	X	1,050원
③	Y	1,003원
④	Y	1,050원
⑤	Y	1,110원

확인 Check! ○ △ ×

15 다음 자료를 보고 A고객과 B고객이 내야 할 총액으로 알맞은 것은?

구분	금액(원)	비고
전복(1kg)	50,000	–
블루베리(100g)	1,200	–
고구마(100g)	5,000	–
사과(5개)	10,000	–
오렌지(8개)	12,000	–
우유(1L)	3,000	S우유 구매 시 200원 할인
소갈비(600g)	20,000	LA갈비 18,000원
생닭(1마리)	9,000	손질 요청 시 1,000원 추가
배송	3,000	12만 원 이상 구매 시 무료
신선포장	1,500	–
봉투	100	배송 시 무료 제공

※ S카드로 결제 시 5% 할인

고객	품목	비고
A	전복(1kg), 블루베리(600g), 고구마(200g), 사과(10개), 오렌지(8개), 우유(1L)	배송, 신선포장, 봉투 1개 필요, 현금 결제
B	블루베리(200g), 오렌지(8개), S우유(1L), 소갈비(600g), 생닭(1마리)	생닭 손질, 봉투 2개 필요, S카드 결제

	A	B
①	106,500원	45,030원
②	105,600원	44,080원
③	105,600원	45,030원
④	106,700원	45,030원
⑤	106,700원	44,080원

PART 1

☑ 확인 Check! ○ △ ✕

16 A대리는 3월 한 달 동안의 전기자동차 품의비를 제출하려고 한다. 한 달 총 품의비로 올바른 것은?(단, 품의비에는 렌트비와 충전요금이 포함된다)

〈일정표〉

구분	시간	세부내용
3월 14일(월)	08:30 ~ 13:00	화성 A공장 부지 답사(5명)
3월 15일(화)	18:00 ~ 21:00	수원 B업체와 현장 미팅(4명)
3월 16일(수)	08:00 ~ 12:00	송도 ○○센터 D홀 국제포럼 참석(7명)
3월 17일(목)	10:00 ~ 15:00	성남 H협력업체 출장(3명)
3월 18일(금)	11:00 ~ 16:00	일산 킨텍스 방문(2명)
3월 19일(토)	20:00 ~ 22:00	안산 C업체 공장 방문(6명)

※ 단, 모두 서울 본사에서 출발한다.
※ 전기자동차 이용 중 충전해야 한다.

〈전기자동차 렌트비〉

구분	4인용	7인용
렌트비	45,000원	50,000원

※ 저압으로 하루에 20kW씩 꼭 충전해야함
※ 5일 이상 연속으로 이용 시 렌트비 총 금액에서 10% 할인
※ 충전 가능 시간 : 8 ~ 9시, 14 ~ 15시, 20 ~ 21시

〈전기자동차 충전전력요금〉

구분		기본요금	전력량 요금(원/kWh)			
			시간대	여름철	봄·가을철	겨울철
자가소비	저압	2,390원	경부하	57.6	58.7	80.7
			중간부하	145.3	70.5	128.2
			최대부하	232.5	75.4	190.8
	고압	2,580원	경부하	52.5	53.5	69.9
			중간부하	110.7	64.3	101.0
			최대부하	163.7	68.2	138.8

〈계절별·시간대별 구분〉

구분	여름철, 봄·가을철 (6 ~ 8월), (3 ~ 5월, 9 ~ 10월)	겨울철 (11 ~ 2월)
경부하 시간대	23:00 ~ 09:00	23:00 ~ 09:00
중간부하 시간대	09:00 ~ 10:00 / 12:00 ~ 13:00 / 17:00 ~ 23:00	09:00 ~ 10:00 / 12:00 ~ 17:00 / 20:00 ~ 22:00
최대부하 시간대	10:00 ~ 12:00 / 13:00 ~ 17:00	10:00 ~ 12:00 / 17:00 ~ 20:00 / 22:00 ~ 23:00

① 272,126원
② 274,126원
③ 275,126원
④ 276,126원
⑤ 279,024원

17 A커피숍 사장은 새로운 직원을 채용하기 위해 아르바이트 공고문을 게시하였으며, 지원자 명단은 다음과 같다. 사장은 최소비용으로 가능한 많은 인원을 채용하고자 한다. 다음 자료를 참고하였을 때, 몇 명의 지원자를 채용할 수 있겠는가?(단, 급여는 지원자가 희망하는 금액으로 지급한다)

〈아르바이트 공고문〉

- 업체명 : A커피
- 업무내용 : 커피제조, 매장관리, 고객응대 등
- 지원자격 : 경력, 성별, 나이, 학력 무관
- 근무조건 : 장기(6개월 이상, 협의불가) / 주말 11:00 ~ 22:00(협의가능)
- 급여 : 협의결정
- 연락처 : 02-000-0000

〈지원자 명단〉

성명	희망근무기간	근무가능시간	최소근무시간	희망임금
박소다	10개월	11:00 ~ 18:00	하루 3시간	7,500원
서창원	12개월	12:00 ~ 20:00	하루 2시간	8,500원
한승희	8개월	18:00 ~ 22:00	하루 2시간	7,500원
김병우	4개월	11:00 ~ 18:00	하루 4시간	7,000원
우병지	6개월	15:00 ~ 20:00	하루 3시간	7,000원
김래완	10개월	16:00 ~ 22:00	하루 2시간	8,000원
최지홍	8개월	11:00 ~ 18:00	하루 3시간	7,000원

※ 지원자 모두 주말 이틀 중 하루만 출근하기를 원함

※ 하루 내에 2회 이상 출근은 불가함

① 2명
② 3명
③ 4명
④ 5명
⑤ 6명

☑ 확인 Check! ○ △ ✕

18 A사원은 바르셀로나 해외 법인을 방문하기 위해 5박 6일간 B차장과 출장을 가게 되었다. 출장 일정표와 사내 출장비 규정을 참고할 때, 회사에서 지원되는 출장비는 얼마인가?(단, 실비는 제외하고 계산한다)

〈출장 일정표〉

날짜	장소	교통편	시간	일정
11월 3일(화)	회사	공항 리무진	11 : 00	출장 보고
	인천	AF 261	13 : 40	인천국제공항 출발
	파리	AF 2348	18 : 25 / 20 : 10	파리 도착/파리 출발
	바르셀로나		21 : 55	바르셀로나 공항 도착
		호텔 리무진(무료)	23 : 00	플라자 호텔 체크인
11월 4일(수)	현지 법인	현지 직원 픽업	9 : 00	구매팀 미팅
	바르셀로나		20 : 00	자유시간(야경 투어)
11월 5일(목)	현지 공장	현지 직원 픽업	11 : 00	생산팀 미팅
	바르셀로나		19 : 00	자유시간(광장 분수쇼)
11월 6일(금)	현지 법인	현지 직원 픽업	9 : 00	구매·생산팀 합동 미팅
	바르셀로나		18 : 00	자유시간(플라멩코 공연)
11월 7일(토)	플라자 호텔	호텔 리무진(무료)	6 : 00	플라자 호텔 체크아웃
	바르셀로나	AF 1049	9 : 30	바르셀로나 공항 출발
	파리	AF 264	11 : 25 / 13 : 15	파리 도착/파리 출발
11월 8일(일)	인천		6 : 55	인천국제공항 도착
	집	공항 리무진	9 : 00	출장 정리

〈해외 출장비 규정〉

구분	항공(원)	호텔(USD)	교통비(USD, 원)	일비(USD), 1일		식비(USD), 한끼		비고
				갑지	을지	갑지	을지	
사장 이상	실비			100	90	80	70	• 갑지 : 유럽, 미국 등 • 을지 : 일본, 대양주, 중동, 중국, 홍콩, 대만, 싱가포르
임원				80	70	60	50	
차장 ~ 부장				60	50	50	40	
대리 ~ 과장				50	40	40	30	
사원				40	30	35	25	

※ 2인 이상 출장 시에는 가장 높은 등급을 적용받는 자의 식비를 지급한다.
※ 출국일부터 입국일까지를 출장일로 규정한다.
※ 식비는 항공 시간을 제외하고 현지에 있는 시간(am 7 : 00 ~ pm 21 : 00)만 인정한다.

	A사원	B차장
①	450	660
②	450	450
③	710	860
④	860	860
⑤	740	860

※ A회사는 2020년 초에 회사 내의 스캐너 15개를 교체하려고 계획하고 있다. 각 스캐너의 정보가 다음과 같을 때, 이어지는 질문에 답하시오. **[19~20]**

구분	Q스캐너	T스캐너	G스캐너
제조사	미국 B회사	한국 C회사	독일 D회사
가격	180,000원	220,000원	280,000원
스캔 속도	40장/분	60장/분	80장/분
주요 특징	– 양면 스캔 가능 – 50매 연속 스캔 – 소비전력 절약 모드 지원 – 카드 스캔 가능 – 백지 Skip 기능 – 기울기 자동 보정 – A/S 1년 보장	– 양면 스캔 가능 – 타 제품보다 전력소모 60% 절감 – 다양한 소프트웨어 지원 – PDF 문서 활용 가능 – 기울기 자동 보정 – A/S 1년 보장	– 양면 스캔 가능 – 빠른 스캔 속도 – 다양한 크기 스캔 – 100매 연속 스캔 – 이중급지 방지 장치 – 백지 Skip 기능 – 기울기 자동 보정 – A/S 3년 보장

☑ 확인 Check! ○ △ ×

19 스캐너 구매를 담당하고 있는 귀하는 사내 설문조사를 통해 부서별로 필요한 스캐너 기능을 확인하였다. 이를 참고하였을 때, 구매할 스캐너의 순위는?

- 양면 스캔 가능 여부
- 50매 이상 연속 스캔 가능 여부
- 예산 4,200,000원까지 가능
- 카드 크기부터 계약서 크기 스캔 지원
- A/S 1년 이상 보장
- 기울기 자동 보정 여부

① T스캐너 – Q스캐너 – G스캐너
② G스캐너 – Q스캐너 – T스캐너
③ G스캐너 – T스캐너 – G스캐너
④ Q스캐너 – G스캐너 – T스캐너
⑤ Q스캐너 – T스캐너 – G스캐너

☑ 확인 Check! ○ △ ×

20 19번 문제에서 순위가 가장 높은 스캐너를 구입했다. 80장, 240장, 480장을 스캔하는 데 몇 초가 걸리겠는가?

	80장	240장	480장
①	120초	360초	720초
②	80초	240초	480초
③	100초	220초	410초
④	60초	180초	360초
⑤	140초	200초	300초

※ A사원은 그 날의 날씨와 평균기온을 고려하여 다음 〈조건〉에 따라 자신이 마실 음료를 고른다. 다음은 음료의 메뉴판과 이번 주 일기예보이다. 자료를 참고하여 이어지는 질문에 답하시오. **[21~22]**

〈메뉴판〉

(단위 : 원)

커피류			차 및 에이드류		
구분	작은 컵	큰 컵	구분	작은 컵	큰 컵
아메리카노	3,900	4,300	자몽에이드	4,200	4,700
카페라테	4,400	4,800	레몬에이드	4,300	4,800
바닐라라테	4,600	5,000	자두에이드	4,500	4,900
카페모카	5,000	5,400	밀크티	4,300	4,800

〈이번 주 일기예보〉

구분	7월 22일 일요일	7월 23일 월요일	7월 24일 화요일	7월 25일 수요일	7월 26일 목요일	7월 27일 금요일	7월 28일 토요일
날씨	흐림	맑음	맑음	흐림	비	비	맑음
평균기온	24℃	26℃	28℃	27℃	27℃	25℃	26℃

조건

- A사원은 맑거나 흐린 날에는 차 및 에이드류를 마시고, 비가 오는 날에는 커피류를 마신다.
- 평균기온이 26℃ 미만인 날에는 작은 컵으로, 26℃ 이상인 날은 큰 컵으로 마신다.
- 커피를 마시는 날 중 평균기온이 25℃ 미만인 날은 아메리카노를, 25℃ 이상, 27℃ 미만인 날은 바닐라라테를, 27℃인 날은 카페라테를, 28℃ 이상인 날은 카페모카를 마신다.
- 차 및 에이드류를 마시는 날 중 평균기온이 27℃ 미만인 날은 자몽에이드를, 27℃ 이상인 날은 자두에이드를 마신다. 단, 비가 오지 않는 화요일과 목요일에는 반드시 밀크티를 마신다.

☑ 확인 Check! ○△×

21 오늘이 7월 26일이라고 할 때, A사원이 오늘 마실 음료는?

① 아메리카노 큰 컵
② 카페라테 큰 컵
③ 바닐라라테 작은 컵
④ 카페모카 큰 컵
⑤ 자두에이드 작은 컵

☑ 확인 Check! ○△×

22 A사원은 24일에 직장동료인 B사원에게 음료를 사주고자 한다. B사원에게는 자신이 전날 마신 음료와 같은 종류의 음료를 사준다고 할 때, A사원이 음료 두 잔을 주문하며 지불할 금액은?

① 8,700원
② 9,000원
③ 9,200원
④ 9,500원
⑤ 9,700원

☑ 확인 Check! ○ △ ×

23 I공사는 신용정보 조사를 위해 계약직 한 명을 채용하려고 한다. 지원자격이 다음과 같을 때 지원자 중 업무에 가장 적합한 사람은?

자격구분	지원자격
학력	고졸 이상
전공	제한 없음
병역	제한 없음
기타	1. 금융기관 퇴직자 중 1963년 이전 출생자로 신용부문 근무경력 10년 이상인 자 2. 검사역 경력자 및 민원처리 업무 경력자 우대 3. 채용공고일 현재(2017. 04. 14.) 퇴직일로부터 2년을 초과하지 아니한 자 4. 퇴직일로부터 최근 3년 이내 감봉 이상의 징계를 받은 사실이 없는 자 5. 신원이 확실하고 업무수행에 결격사유가 없는 자 6. 당사 채용에 결격사유가 없는 자

	성명	출생연도	근무처	입사일 / 퇴사일	비고
①	이도영	1960	Y은행 여신관리부	1990. 04. 10. ~ 2017. 08. 21.	2016. 11. 1개월 감봉 처분
②	김춘재	1961	M보험사 마케팅전략부	1992. 03. 03. ~ 2017. 07. 07.	
③	박영진	1949	C신용조합 영업부	1972. 11. 12. ~ 2014. 10. 27.	2012. 03. 견책 처분
④	홍도경	1958	P은행 신용부서	1982. 09. 08. ~ 2017. 04. 28.	
⑤	최인하	1955	Z캐피탈 신용관리부	1982. 02. 15. ~ 2016. 12. 10.	

☑ 확인 Check! ○ △ ×

24 K기업은 창고업체를 통해 아래 세 제품군을 보관하고 있다. 각 제품군에 대한 정보를 참고하여, 다음 〈조건〉에 따라 K기업이 보관료로 지급해야 할 총 금액은 얼마인가?

구분	매출액(억 원)	용량	
		용적(CUBIC)	무게(톤)
A제품군	300	3,000	200
B제품군	200	2,000	300
C제품군	100	5,000	500

조건

- A제품군은 매출액의 1%를 보관료로 지급한다.
- B제품군은 1CUBIC당 20,000원의 보관료를 지급한다.
- C제품군은 1톤당 80,000원의 보관료를 지급한다.

① 3억 2천만 원
② 3억 4천만 원
③ 3억 6천만 원
④ 3억 8천만 원
⑤ 4억 원

☑ 확인 Check! ○ △ ×

25 H산업인력공단에서 ○○기능사 실기시험 일정을 5월 중에 3일간 진행하려고 한다. 일정은 다른 기능사 실기시험일 또는 행사일에는 할 수 없으며, 필기시험 날은 중복이 가능하다. 다음 중 ○○기능사 실기시험 날짜로 적절한 것은?

〈5월 달력〉

일	월	화	수	목	금	토
			1	2	3 체육대회	4
5 어린이날	6	7	8	9 □□기술사 필기시험	10	11
12 석가탄신일	13	14 △△산업기사 실기시험	15 △△산업기사 실기시험	16 △△산업기사 실기시험	17	18
19	20	21	22	23	24	25
26	27	28	29	30	31	

※ 실기시험은 월 ~ 토요일에 실시한다.
※ 24 ~ 29일 동안 시험장 보수공사를 실시한다.

① 5월 3일 ~ 6일
② 5월 7일 ~ 9일
③ 5월 13일 ~ 15일
④ 5월 23일 ~ 25일
⑤ 5월 29일 ~ 31일

※ 다음 글을 읽고 이어지는 질문에 답하시오. [26~27]

- 사업자는 30만 원 이상 거래금액에 대하여 그 대금을 현금(대금 일부를 현금으로 지급한 경우도 포함)으로 받은 경우, 세금계산서를 발급하는 경우를 제외하고는 소비자가 요청하지 않아도 현금영수증을 발급하여야 한다. 물론 30만 원 미만의 거래금액도 소비자의 요청이 있으면, 현금영수증을 발급하여야 한다.
- 사업자가 현금영수증 발급 의무를 위반하였을 경우에는 미발급금액의 50%를 과태료로 부과한다. 사업자가 현금영수증을 발급하지 않은 경우, 소비자가 거래 사실과 거래금액이 확인되는 계약서 등 증빙서류를 첨부하여 현금 지급일로부터 1개월 이내에 신고하면, 미발급금액에 대한 과태료의 20%를 포상금으로 지급한다.
- 소비자가 현금영수증 발급을 원하지 않는 경우에 사업자는 국세청에서 지정한 코드로 발급할 수 있으며, 이 경우 현금영수증 발급으로 인정한다.

※ 단, 글에 제시된 업종의 사업자는 현금영수증 발급 의무자이다.

☑ 확인 Check! ○△✕

26 부동산중개인을 통해 2019년 4월 1일 집을 산 A씨는 중개료 70만 원에 대해 30만 원은 신용카드로, 40만 원은 현금으로 결제하였으나, 부동산중개인은 현금영수증을 발급하지 않았다. A씨는 같은 해 4월 29일 부동산중개인을 현금영수증 발급 의무를 위반으로 신고하였다. 이때, 신고 포상금은 얼마인가?

① 4만 원
② 6만 원
③ 8만 원
④ 10만 원
⑤ 14만 원

☑ 확인 Check! ○△✕

27 B씨는 2019년 5월 7일 법무서비스 대금 100만 원을 현금으로 지불하면서 현금영수증 발급을 원하지 않는다고 말하자 업주는 국세청의 지정코드로 자진 발급하였다. 마음이 변한 B씨는 업주가 현금영수증 당연 발급 의무를 위반했다며 2019년 5월 14일 관련 증빙서류를 첨부하여 신고했다. 이때, 신고 포상금은 얼마인가?

① 받을 수 없다.
② 5만 원
③ 10만 원
④ 20만 원
⑤ 25만 원

PART 1

※ K공단 직원인 갑, 을, 병 3명은 오후 2시에 시작하는 회의에 참석하기 위해 다음의 교통수단을 이용하여 시청 내 회의장에 가고자 한다. 주어진 〈조건〉을 참고하여 이어지는 질문에 답하시오. **[28~30]**

- 이용가능한 대중교통은 버스, 지하철, 택시만 있다.
- 이용가능한 모든 대중교통의 K공단에서부터 시청까지의 노선은 A, B, C, D지점을 거치는 직선 노선이다.
- K공단에서 대중교통을 기다리는 시간은 고려하지 않는다.
- 택시의 기본요금은 2km까지 2,000원이 부과된다.
- 택시는 2km마다 100원씩 추가요금이 발생하며, 1분에 2km를 간다.
- 버스는 3분에 2km를 가고, 지하철은 2분에 2km를 간다.
- 버스와 지하철은 K공단, A, B, C, D 각 지점 그리고 시청에 있는 버스정류장 및 지하철역을 경유한다.
- 버스 요금은 500원, 지하철 요금은 700원이며 추가요금은 없다.
- 버스와 지하철 간에는 무료 환승이 가능하다.
- 환승 시 소요시간은 2분이다.
- 환승할 때 느끼는 번거로움 등을 비용으로 환산하면, 1분당 400원이다.
- 시청에 도착하여 회의장까지 가는 데 2분이 소요된다.
- 회의가 시작되기 전에 먼저 회의장에 도착하여 대기하는 동안의 긴장감 등을 비용으로 환산하면, 1분당 200원이다.
- 회의에 지각할 경우 공단으로부터 당하는 불이익 등을 비용으로 환산하면, 1분당 10,000원이다.

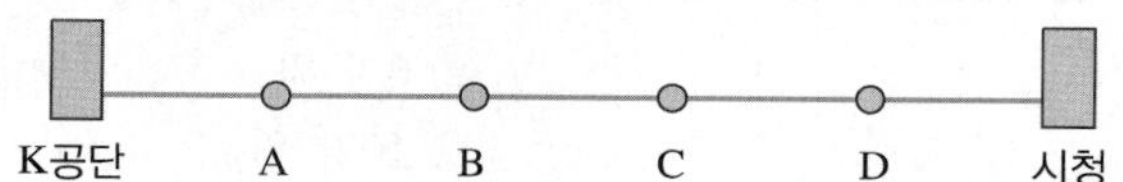

※ 각 구간의 거리는 모두 2km이다.

☑ 확인 Check! ○ △ ×

28 시청에 도착한 이후의 비용을 고려하지 않는다면, K공단에서 시청까지 최단시간으로 가는 방법과 최소비용으로 가는 방법 간의 비용 차는 얼마인가?

① 1,900원
② 2,000원
③ 2,100원
④ 2,200원
⑤ 2,300원

☑ 확인 Check! ○ △ ×

29 갑은 K공단에서부터 B지점까지 버스를 탄 후, 택시로 환승하여 시청의 회의장에 도착하고자 한다. 어느 시각에 출발하는 것이 비용을 최소화할 수 있는가?

① 오후 1시 42분
② 오후 1시 45분
③ 오후 1시 47분
④ 오후 1시 50분
⑤ 오후 1시 52분

☑ 확인 Check! ○△✕

30 을은 1시 36분에 K공단에서 출발하여 B지점까지 버스를 탄 후, 지하철로 환승하여 시청에 도착했다. 그리고 병은 을이 출발한 지 8분 뒤에 K공단에서 출발하여 C지점까지 택시를 탄 후, 시청까지의 나머지 거리는 버스를 이용했다. 을과 병의 비용 차는 얼마인가?

① 1,200원　② 1,300원
③ 1,400원　④ 1,500원
⑤ 1,600원

PART 1

안심Touch

CHAPTER **06**

대인관계능력

영역 소개 〉

대인관계능력은 직장생활을 하면서 접촉하는 사람들과 원만하게 지내는 능력이다.

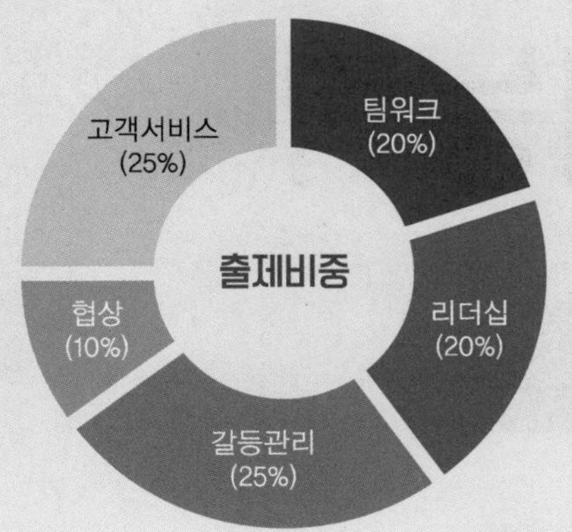

구분	중요도
팀워크	★★★☆☆
리더십	★★★☆☆
갈등관리	★★★★☆
협상	★★☆☆☆
고객서비스	★★★★☆

대인관계능력은 NCS 기반 채용을 진행한 기업 중 68% 정도가 다뤘으며, 문항 수는 전체에서 평균 4% 정도 출제되었다.

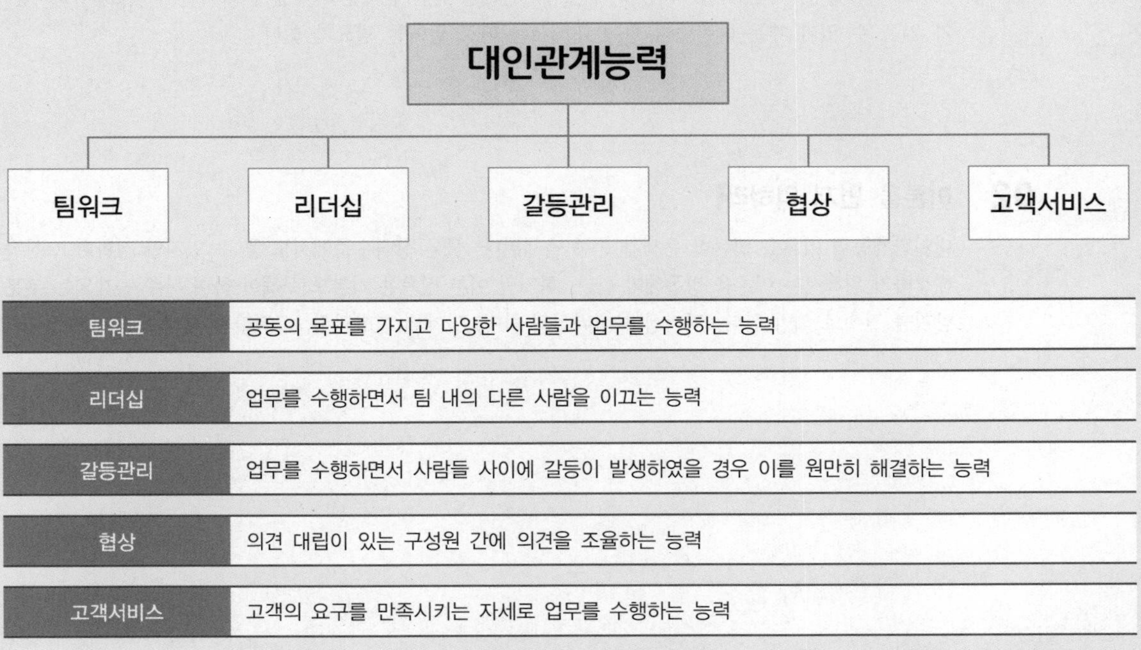

팀워크	공동의 목표를 가지고 다양한 사람들과 업무를 수행하는 능력
리더십	업무를 수행하면서 팀 내의 다른 사람을 이끄는 능력
갈등관리	업무를 수행하면서 사람들 사이에 갈등이 발생하였을 경우 이를 원만히 해결하는 능력
협상	의견 대립이 있는 구성원 간에 의견을 조율하는 능력
고객서비스	고객의 요구를 만족시키는 자세로 업무를 수행하는 능력

CHAPTER 06
대인관계능력

합격 Cheat Key

대인관계능력은 직장생활에서 접촉하는 사람들과 원만한 관계를 유지하고 조직구성원들에게 도움을 줄 수 있으며 조직내부 및 외부의 갈등을 원만히 해결하고 고객의 요구를 충족시켜줄 수 있는 능력을 의미한다. 또한 직장 생활을 포함한 일상에서 스스로를 관리하고 개발하는 능력을 말한다.
국가직무능력표준에 따르면 대인관계능력의 세부 유형은 팀워크능력 · 갈등관리능력 · 협상능력 · 고객서비스능력으로 나눌 수 있다.

대인관계능력은 NCS 기반 채용을 진행한 기업 중 68% 정도가 다루었으며, 문항 수는 전체의 평균 4% 정도로 출제되었다.

01 일반적인 수준에서 판단하라!

일상생활에서의 대인관계를 생각하면서 문제에 접근하면 어렵지 않게 풀 수 있다. 그러나 수험생들 입장에서 직장 속 상황, 특히 역할(직위)에 따른 대인관계를 묻는 문제는 까다롭게 느껴질 수 있고 일상과는 차이가 있을 수 있기 때문에 이런 유형에 대해서는 따로 알아둘 필요가 있다.

02 이론을 먼저 익혀라!

대인관계능력 이론을 접목한 문제가 종종 출제된다. 물론 상식수준에서도 풀 수 있지만 정확하고 신속하고 해결하기 위해서는 이론을 정독해야 한다. 하지만 이론 정독은 기본으로 해야 하며 자주 출제되는 부분들은 암기를 필수로 해야 한다. 리더십과 멤버십의 차이, 단계별 협상과정, 고객불만 처리 프로세스 등이 있다.

03 실제 업무에 대한 이해를 높여라!

출제되는 문제의 수는 많지 않으나, 직군 및 직무와 상관없이 모든 직업인에게 중요한 영역이다. 특히 고객과의 접점에 있는 서비스 직군 시험에 출제될 가능성이 높은 영역이다. 특히 상황 제시형 문제들이 많이 출제되므로 실제 업무에 대한 이해를 높여야 한다.

04 애매한 유형의 빈출 문제, 선택지를 파악하라!

대인관계능력의 출제 문제들을 보면 이것도 맞고, 저것도 맞는 것 같은 선택지가 많다. 하지만 정답은 하나이다. 출제자들은 대인관계능력이란 공부를 통해 얻는 것이 아닌 본인의 독립적인 성품으로부터 자연스럽게 나오는 것이라고 생각한다. 수험생들이 선택하는 보기로 그 수험생들을 파악한다. 그러므로 대인관계능력은 빈출 유형의 문제와 선택지를 파악하고 가는 것이 애매한 문제들의 정답률을 높이는데 도움이 될 것이다. 내가 맞다고 생각하는 선택지가 답이 아닐 가능성이 있기 때문이다.

CHAPTER 06

대인관계능력

NCS 모듈 학습

| 01 | 대인관계능력

(1) 대인관계능력

① 직장생활에서 타인과 협조적인 관계를 유지하고, 조직 내부 및 외부의 갈등을 원만히 해결하며, 고객의 요구를 충족시켜줄 수 있는 능력이다.

② 인간관계를 형성할 때 무엇을 말하고 어떻게 행동하느냐보다 사람됨이 가장 중요한 요소이다.

③ 대인관계능력은 팀워크능력, 리더십능력, 갈등관리능력, 협상능력, 고객서비스능력 등으로 구분된다.

(2) 대인관계 향상 방법

① 상대방에 대한 이해와 양보

② 사소한 일에 대한 관심

③ 약속의 이행

④ 칭찬하고 감사하는 마음

⑤ 언행일치

⑥ 진지한 사과

핵심예제

인간관계에 있어서 가장 중요한 요소는 무엇인가?

① 무엇을 말하는가 하는 것

② 어떻게 행동하느냐 하는 것

③ 피상적인 인간관계 기법

④ 내적 성품, 자신의 사람됨

예제풀이

인간관계를 형성할 때 가장 중요한 요소는 무엇을 말하느냐, 어떻게 행동하느냐보다 사람됨이다. 다른 사람과의 인간관계를 형성하기 시작하는 출발점은 자신의 내면이고, 내적 성품이다.

정답 ④

| 02 | 팀워크능력

(1) 팀워크(Teamwork)

① 팀워크란 팀 구성원이 공동의 목적을 달성하기 위하여 서로 협력하여 업무를 수행하는 것을 말한다.

② 단순히 모이는 것만을 중요시하는 것이 아니라 공동의 목표를 세우고 힘을 모으는 것이다.

③ 팀워크의 유형은 협력・통제・자율의 3가지로 구분되는데, 조직이나 팀의 목적, 추구하는 사업 분야에 따라 서로 다른 유형의 팀워크가 필요하다.

핵심예제

다음 중 팀워크에 대한 설명으로 옳지 않은 것은?

① 팀워크란 팀 구성원이 공동의 목적을 달성하기 위해 상호관계성을 가지고 협력하여 일을 해 나가는 것을 의미한다.
② 팀워크란 사람들로 하여금 집단에 머물도록 만들고, 그 집단의 멤버로서 계속 남아 있기를 원하게 만드는 힘을 의미한다.
③ 팀워크를 위해서는 공동의 목표의식과 상호 신뢰가 중요하다.
④ 효과적인 팀워크를 형성하기 위해서는 명확한 팀 비전과 목표설정을 공유하여야 한다.

예제풀이

사람들로 하여금 집단에 머물도록 하고 계속 남아 있기를 원하게 만드는 힘은 응집력에 대한 설명이다.

정답 ②

(2) 효과적인 팀의 특성

① 명확하게 기술된 사명과 목표
② 창조적인 운영
③ 결과에 초점 맞추기
④ 역할과 책임의 명료화
⑤ 조직화
⑥ 개인의 강점 활용
⑦ 리더십 역량 공유
⑧ 팀 풍토 발전
⑨ 의견의 불일치를 건설적으로 해결
⑩ 개방적인 의사소통
⑪ 객관적인 의사결정
⑫ 팀 자체의 효과성 평가

(3) 팀의 발전과정

CHECK POINT

팀의 발전과정을 묻는 모듈형 문제가 자주 출제된다.

① 형성기(Forming) : 팀 구축의 초기단계로서 팀원들은 팀에서 인정받기를 원하며, 다른 팀원들을 신뢰할 수 있는지 탐색한다.
② 격동기(Storming) : 팀원 간에 과제를 수행하면서 마찰이 일어나고, 리더십이나 구조・권한・권위에 대한 문제 전반에 걸쳐서 경쟁심과 적대감이 나타난다.
③ 규범기(Norming) : 팀원 간에 응집력이 생기고, 개인의 주장보다 공동체 형성과 팀의 문제해결에 더욱 집중한다.
④ 성취기(Performing) : 팀원들은 사기충천하고, 팀에 대한 충성심이 높으며, 팀의 역량과 인간관계의 깊이를 확장함으로써 가장 생산적인 팀의 모습으로 비춰진다.

(4) 멤버십(Membership)

① 멤버십이란 조직의 구성원으로서의 자격과 지위를 갖는 것으로, 훌륭한 멤버십은 팔로워십의 역할을 충실하게 잘 수행하는 것이다.
② 리더십과 멤버십 두 개념은 상호보완적인 관계이다.
③ 멤버십 유형
㉠ 소외형 : 자립적인 사람으로, 일부러 반대의견 제시
㉡ 순응형 : 팀 플레이를 하며, 리더나 조직을 믿고 헌신함
㉢ 실무형 : 조직의 운영방침에 민감하고, 사건을 균형잡힌 시각으로 봄
㉣ 수동형 : 판단 및 사고를 리더에게만 의존하며, 지시가 있어야 행동함
㉤ 주도형 : 가장 이상적인 멤버십 유형

(5) 팀워크 촉진 방법

① 동료 피드백 장려하기
② 갈등을 해결하기
③ 창의력 조성을 위해 협력하기
④ 참여적으로 의사결정하기

(6) 팀워크 개발의 3요소

① 신뢰 쌓기
② 참여하기
③ 성과 내기

| 03 | 리더십능력

(1) 리더십의 의미

리더십이란 조직의 공통된 목적을 달성하기 위하여 리더가 조직원들에게 행사하는 영향력이다.

(2) 리더와 관리자의 비교

리더(Leader)	관리자(Manager)
• 새로운 상황 창조자 • 혁신지향적 • 내일에 초점 • 사람의 마음에 불을 지핀다. • 사람을 중시 • 정신적 • 계산된 위험(Risk)을 취한다. • '무엇을 할까?'를 생각한다.	• 상황에 수동적 • 유지지향적 • 오늘에 초점 • 사람을 관리한다. • 체제나 기구를 중시 • 기계적 • 위험(Risk)을 회피한다. • '어떻게 할까?'를 생각한다.

• 예제풀이 •

상사가 하급자에게 발휘하는 형태뿐만 아니라 동료나 상사에게까지도 발휘하는 형태도 있다.

정답 ④

• 핵심예제 •

다음 중 리더십에 대한 설명으로 적절하지 않은 것은?

① 조직 구성원들로 하여금 조직목표를 위해 자발적으로 노력하도록 영향을 주는 행위
② 자신의 주장을 소신있게 나타내고 다른 사람들을 격려하는 힘
③ 모든 조직 구성원들에게 요구되는 역량
④ 상사가 하급자에게 발휘하는 형태만을 의미함

(3) 리더십 유형

① 독재자 유형
㉠ 통제 없이 방만한 상태 혹은 가시적인 성과물이 안 보일 때 효과적이다.
㉡ 특징 : 질문 금지, 모든 정보는 내 것이라는 생각, 실수를 용납하지 않음

② 민주주의에 근접한 유형
㉠ 혁신적이고 탁월한 부하직원들을 거느리고 있을 때 효과적이다.
㉡ 특징 : 참여・토론의 장려, 거부권

③ 파트너십 유형

㉠ 소규모 조직에서 경험과 재능을 소유한 조직원이 있을 때 효과적이다.

㉡ 특징 : 평등, 집단의 비전, 책임 공유

④ 변혁적 유형

㉠ 조직에 획기적인 변화가 요구될 때 효과적이다.

㉡ 특징 : 카리스마, 자기 확신, 존경심과 충성심, 풍부한 칭찬 · 감화

(4) 동기부여 방법

① 긍정적 강화법 활용

② 새로운 도전의 기회 부여

③ 창의적인 문제 해결법 찾기

④ 책임감으로 철저히 무장

⑤ 몇 가지 코칭을 하기

⑥ 변화를 두려워하지 않는 것

⑦ 지속적인 교육

(5) 코칭으로 구성원들의 리더십 역량 강화

① 코칭 활동은 직원들의 능력을 신뢰하며 확신하고 있다는 사실에 기초하며, 조직의 지속적인 성장과 성공을 만들어내는 리더의 능력이다.

② 직원들에게 질문을 던지는 한편, 직원들의 의견을 적극적으로 경청하고, 필요한 지원을 아끼지 않아 생산성을 높이고 기술 수준을 발전시키는 것이다.

③ 자기 향상을 도모하는 직원들에게 도움을 줌으로써 업무에 대한 만족감을 높이는 과정이라고 말할 수 있다.

핵심예제

코칭의 기본원칙에 대한 설명으로 옳은 것은?

① 관리는 만병통치약과 같은 기능을 한다.

② 권한을 위임한다.

③ 코칭을 하는 동안 특별한 반응을 보여줘야 한다.

④ 리더가 각 직원들의 목표를 정해줄 필요는 없다.

예제풀이

코칭의 기본원칙

1) 만병통치약이 아니다.

2) 권한을 위임한다.

3) 훌륭한 코치는 뛰어난 경청자이다.

4) 목표를 정하는 것이 가장 중요하다.

정답 ②

(6) 임파워먼트(Empowerment)

① 조직 구성원들을 신뢰하고, 그들의 잠재력을 믿으며, 그 잠재력의 개발을 통해 고성과(High Performance) 조직이 되도록 하는 일련의 행위이다.

② 임파워먼트의 충족 기준 : 여건의 조성, 재능과 에너지의 극대화, 명확하고 의미있는 목적에 초점

| 04 | 갈등관리능력

(1) 갈등의 의미와 원인

① 갈등이란 조직을 구성하는 개인, 집단·조직 간에 잠재적 또는 현재적으로 대립하는 심리적 상태를 말한다.

② 갈등은 의견 차이가 생기기 때문에 발생하는데 항상 부정적인 것만은 아니다.

③ 갈등수준이 적절(X1)할 때는 조직 내부적으로 생동감이 넘치고, 변화지향적이며, 문제해결능력이 발휘된다.

〈갈등과 조직성과〉

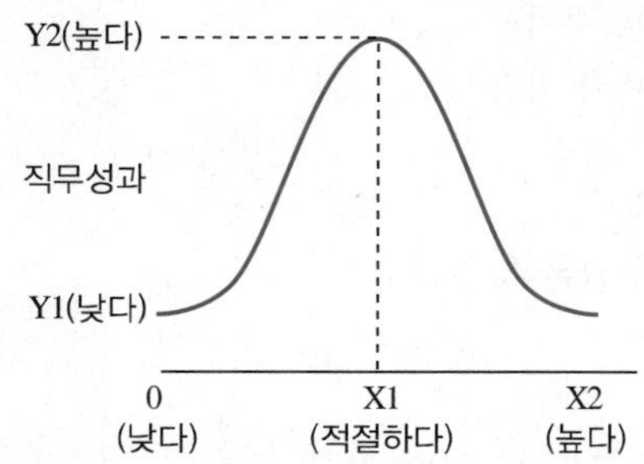

④ 갈등을 증폭시키는 원인에는 적대적 행동, 입장 고수, 감정적 관여 등이 있다.

(2) 갈등의 쟁점 및 유형

① 갈등의 두 가지 쟁점

㉠ 핵심 문제 : 역할 모호성, 방법·목표·절차·책임·가치·사실에 대한 불일치

㉡ 감정적 문제 : 공존할 수 없는 개인적 스타일, 통제나 권력 확보를 위한 싸움, 자존심에 대한 위협, 질투와 분노 등

② 갈등의 유형

㉠ 불필요한 갈등 : 개개인이 저마다 문제를 다르게 인식하거나 정보가 부족한 경우, 편견 때문에 발생한 의견 불일치로 적대적 감정이 생길 때 불필요한 갈등이 일어난다.

㉡ 해결할 수 있는 갈등 : 목표와 욕망, 가치, 문제를 바라보는 시각과 이해하는 시각이 다를 경우에 일어날 수 있는 갈등이다.

핵심예제

갈등의 두 가지 쟁점 중 감정적 문제에 해당하지 않는 것은?

① 역할 모호성
② 질투와 분노
③ 자존심에 대한 위협
④ 통제나 권력 확보를 위한 싸움

예제풀이

역할 모호성은 갈등의 두 가지 쟁점 중 핵심문제에 해당한다. 공존할 수 없는 개인적 스타일, 통제나 권력 확보를 위한 싸움, 자존심에 대한 위협, 질투와 분노 등이 감정적 문제에 해당한다.

정답 ①

(3) 갈등의 과정

의견 불일치 → 대결 국면 → 격화 국면 → 진정 국면 → 갈등의 해소

(4) 갈등의 해결방법

① 회피형(Avoiding)

㉠ 자신과 상대방에 대한 관심이 모두 낮음

㉡ 나도 지고 너도 지는 방법(I Lose–You Lose)

② 경쟁형(Competing) = 지배형(Dominating)

㉠ 자신에 대한 관심은 높고, 상대방에 대한 관심은 낮음

㉡ 나는 이기고 너는 지는 방법(I Win–You Lose)

③ 수용형(Accommodating)

㉠ 자신에 대한 관심은 낮고, 상대방에 대한 관심은 높음

㉡ 나는 지고 너는 이기는 방법(I Lose–You Win)

④ 타협형(Compromising)

㉠ 자신에 대한 관심과 상대방에 대한 관심이 중간 정도

㉡ 서로가 타협적으로 주고받는 방식(Give and Take)

⑤ 통합형(Integrating) = 협력형(Collaborating)

㉠ 자신은 물론 상대방에 대한 관심이 모두 높음

㉡ 나도 이기고 너도 이기는 방법(I Win–You Win)

핵심예제

다음이 설명하는 갈등해결 방법은 무엇인가?

- 자신에 대한 관심은 높고 상대방에 대한 관심은 낮은 경우
- 제로섬(Zero Sum) 개념

① 회피형(Avoiding)
② 경쟁형(Competing)
③ 수용형(Accommodating)
④ 통합형(Integrating)

예제풀이

경쟁형 갈등해결 방법은 '나는 이기고 너는 지는 방법(I Win–You Lose)'을 말하며, 상대방의 목표달성을 희생시키면서 자신의 목표를 이루기 위해 전력을 다하는 전략(제로섬, Zero Sum)이다.

정답 ②

(5) 윈–윈(Win–Win) 갈등 관리법

윈–윈(Win–Win) 관리법이란 갈등과 관련된 모든 사람으로부터 의견을 받아서 문제의 본질적인 해결책을 얻는 것을 의미한다.

PART 1

| 05 | 협상능력

(1) 협상의 의미

협상이란 갈등상태에 있는 이해 당사자들이 대화를 통해 서로를 설득하여 문제를 해결하려는 의사결정과정이다.

CHECK POINT

협상의 과정에 대한 빈칸 채우기 형식의 문제가 자주 출제되며 업무 진행에 있어 필수적인 단계이므로 꼭 암기해야 한다.

(2) 협상의 과정

① 협상과정의 5단계

단계	내용
협상시작	• 협상 당사자들 사이에 상호 친근감을 쌓음 • 간접적인 방법으로 협상의사를 전달 • 상대방의 협상의지를 확인 • 협상진행을 위한 체제를 짬
상호이해	• 갈등문제의 진행상황과 현재의 상황을 점검 • 적극적으로 경청하고 자기주장을 제시 • 협상을 위한 협상대상 안건을 결정
실질이해	• 겉으로 주장하는 것과 실제로 원하는 것을 구분하여 실제로 원하는 바를 찾아 냄 • 분할과 통합 기법을 활용하여 이해관계를 분석
해결대안	• 협상 안건마다 대안들을 평가 • 개발한 대안들을 평가 • 최선의 대안에 대해서 합의하고 선택 • 대안 이행을 위한 실행계획 수립
합의문서	• 합의문 작성 • 합의문 상의 합의내용, 용어 등을 재점검 • 합의문에 서명

② 협상과정의 3단계

단계	내용
'협상 전' 단계	• 협상을 진행하기 위한 준비단계 • 협상기획 : 협상과정(준비, 집행, 평가 등)을 계획 • 협상준비 : 목표설정, 협상 환경분석, 협상 형태파악, 협상팀 선택과 정보수집, 자기분석, 상대방분석, 협상 전략과 전술수립, 협상 대표훈련
'협상 진행' 단계	• 협상이 실제로 진행되는 단계 • 협상진행 : 상호인사, 정보교환, 설득, 양보 등 협상전략과 전술구사 • 협상종결 : 합의 및 합의문 작성과 교환
'협상 후' 단계	• 합의된 내용을 집행하는 단계 • 협의내용 비준 • 협의내용 집행 : 실행 • 분석평가 : 평가와 피드백

• 핵심예제 •

다음은 협상과정의 어느 단계에 해당하는가?

> • 갈등문제의 진행상황과 현재의 상황을 점검한다.
> • 적극적으로 경청하고 자기주장을 제시한다.
> • 협상을 위한 협상대상 안건을 결정한다.

① 상호이해 ② 실질이해
③ 해결대안 ④ 합의문서

• 예제풀이 •

협상과정은 관점에 따라 다양한 형태로 언급될 수 있으며, 협상과정을 5단계로 설명할 경우, '협상시작 → 상호이해 → 실질이해 → 해결대안 → 합의문서'의 순서로 협상이 진행된다.

정답 ①

(3) 협상전략의 종류

① 협력전략(Cooperative Strategy) : I Win-You Win 전략

㉠ 협상 참여자들이 협동과 통합으로 문제를 해결하고자 하는 협력적 문제 해결 전략이다.

㉡ 문제를 해결하는 합의에 이르기 위해서 협상 당사자들이 서로 협력하는 것이다.

㉢ 전술 : 협동적 원인 탐색, 정보수집과 제공, 쟁점의 구체화, 대안 개발, 개발된 대안들에 대한 공동평가, 협동하여 최종안 선택 등

② 유화전략(Smoothing Strategy) : I Lose-You Win 전략

㉠ 양보전략, 순응전략, 화해전략, 수용전략, 굴복전략이다.

㉡ 상대방이 제시하는 것을 일방적으로 수용하여 협상의 가능성을 높이려는 전략이다.

㉢ 전술 : 유화, 양보, 순응, 수용, 굴복, 요구사항의 철회 등

③ 회피전략(Avoiding Strategy) : I Lose-You Lose 전략

㉠ 무행동전략, 협상 철수전략으로, 협상을 피하거나 잠정적으로 중단하거나 철수하는 전략이다.

㉡ 나도 손해보고 상대방도 피해를 입게 되어 모두가 손해를 보게 되는 전략이다.

㉢ 전술 : 협상을 회피·무시, 상대방의 도전에 대한 무반응, 협상안건을 타인에게 넘겨주기, 협상으로부터 철수 등

④ 강압전략(Forcing Strategy) : I Win-You Lose 전략

㉠ 자신이 상대방보다 힘에 있어서 우위를 점유하고 있을 때 자신의 이익을 극대화하기 위한 공격적·경쟁전략이다.

㉡ 인간관계를 중요하게 여기지 않고, 어떠한 수단과 방법을 동원해서라도 자신의 입장과 이익 극대화를 관철시키고자 한다.

㉢ 전술 : 위압적인 입장 천명, 협박과 위협, 협박적 설득, 확고한 입장에 대한 논쟁, 협박적 회유와 설득, 상대방 입장에 대한 강압적 설명 요청 등

핵심예제

다음 중 협상전략과 그 내용에 대한 설명으로 옳지 않은 것은?

① 협력전략 - 협상 참여자들이 협동과 통합으로 문제를 해결하고자 하는 과정이다.

② 유화전략 - 'I Win, You Lose' 전략으로서 영합(Zero Sum)적인 결과가 산출될 수 있다.

③ 회피전략 - 상대방의 도전에 대한 무반응·무시, 협상안건을 타인에게 넘겨주기 등의 전술을 사용한다.

④ 강압전략 - 자신이 상대방보다 힘에 있어서 우위를 점유하고 있을 때 자신의 이익을 극대화하기 위한 공격적 전략이다.

예제풀이

유화전략은 상대방이 제시하는 것을 일방적으로 수용하여 협상의 가능성을 높이려는 것으로서, 'Lose-Win' 전략이다.

정답 ②

(4) 상대방 설득방법

① See-Feel-Change 전략 : 시각화하여 상대방에게 직접 보고 느끼게 함으로써 설득에 성공하는 전략

② 상대방 이해 전략 : 상대방에 대한 이해를 바탕으로 갈등해결을 용이하게 하는 전략

③ 호혜관계 형성 전략 : 호혜관계 형성을 통해 협상을 용이하게 하는 전략

④ 헌신과 일관성 전략 : 협상 당사자 간에 기대하는 바에 일관성있게 헌신적으로 부응하여 행동함으로써 협상을 용이하게 하는 전략

⑤ **사회적 입증 전략** : 과학적인 논리보다 동료나 사람들의 행동에 의해서 상대방을 설득하는 전략
⑥ **연결 전략** : 갈등문제와 갈등관리자를 연결시키는 것이 아니라 갈등을 야기한 사람과 관리자를 연결시킴으로써 협상을 용이하게 하는 전략
⑦ **권위 전략** : 직위나 전문성, 외모 등을 활용하여 협상을 용이하게 하는 전략
⑧ **희소성 해결 전략** : 인적·물적자원 등의 희소성을 해결함으로써 협상 과정상의 갈등 해결을 용이하게 하는 전략
⑨ **반항심 극복 전략** : 억압하면 할수록 더욱 반항하게 될 가능성이 높아지므로 이를 피함으로써 협상을 용이하게 하는 전략

| 06 | 고객서비스능력

(1) 고객서비스의 의미

고객서비스란 다양한 고객의 요구를 파악하고 적절한 대응법을 마련함으로써 고객에게 양질의 서비스를 제공하는 것을 말한다.

(2) 고객의 불만표현 유형 및 대응 방안

불만표현 유형	대응 방안
거만형	자신의 과시욕을 드러내고 싶어 하는 고객으로, 자신의 과시욕이 채워지도록 뽐내든 말든 내버려 두며, 정중하게 대한다.
의심형	직원의 설명이나 제품의 품질에 대해 의심을 많이 하는 고객으로, 분명한 증거나 근거를 제시하여 스스로 확신을 갖도록 유도하고, 때로는 책임자가 응대하는 것도 좋다.
트집형	사소한 것에 트집을 잡는 까다로운 고객으로, 이야기를 경청하고, 맞장구치고, 추켜세우고, 설득해 가는 방법이 효과적이다.
빨리빨리형	성격이 급하고 확신있는 말이 아니면 잘 믿지 않는 고객으로, "글쎄요?", "아마…" 등의 애매한 화법을 피하고, 시원스럽게 처리하는 모습을 보이면 응대하기 쉽다.

핵심예제

트집형 고객에 대한 응대로 적절하지 않은 것은?

① 이야기를 경청하고 추켜세우며 설득한다.
② 분명한 증거나 근거를 제시하여 확신을 갖도록 유도한다.
③ 고객의 지적이 옳음을 표시하고 "저도 그렇게 생각하고 있습니다만…"하고 설득한다.
④ 잠자코 고객의 의견을 들어주고 사과를 하는 응대가 바람직하다.

예제풀이

분명한 증거나 근거를 제시하여 확신을 갖도록 유도하는 방법은 의심형 고객에 대한 응대 방법에 해당된다.

정답 ②

(3) 고객불만 처리 프로세스 8단계

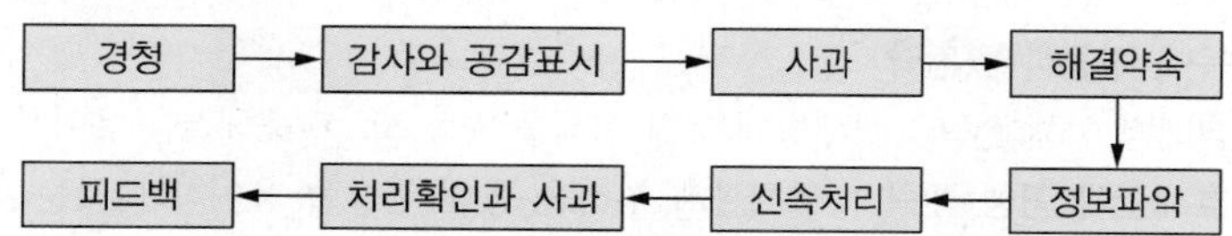

핵심예제

다음 중 고객불만 처리 프로세스가 바르게 제시된 것은?

① 경청 → 공감표시 → 사과 → 해결약속 → 신속처리 → 처리확인 → 피드백
② 공감표시 → 사과 → 경청 → 해결약속 → 신속처리 → 피드백 → 처리확인
③ 경청 → 공감표시 → 사과 → 해결약속 → 신속처리 → 피드백 → 처리확인
④ 공감표시 → 사과 → 경청 → 해결약속 → 신속처리 → 처리확인 → 피드백

예제풀이

고객불만 처리 프로세스는 먼저 '불만사항에 대한 경청 → 감사와 공감표시 → 사과 → 해결약속 → 신속처리 → 처리확인 및 사과 → 피드백' 등의 절차로 이루어진다.

정답 ①

(4) 고객만족 조사계획의 수행

① 조사분야 및 대상 설정

조사 분야와 대상을 명확히 설정해야만 정확한 조사가 이루어질 수 있다.

② 조사목적 설정

전체적 경향의 파악, 고객에 대한 개별대응 및 고객과의 관계유지 파악, 평가 및 개선 등의 목적이 있다.

③ 조사방법 및 횟수

설문조사와 심층면접법이 주로 활용되며, 1회 조사가 아닌 연속조사를 권장한다.

④ 조사결과 활용 계획

조사목적에 맞게 구체적인 활용 계획을 작성한다.

기출예상문제

정답 및 해설 p. 47

확인 Check! ○△×

01 다음 제시된 〈보기〉 중 대인관계능력을 향상시키는 방법을 모두 고른 것은?

보기

㉠ 상대방에 대한 이해심
㉡ 사소한 일까지 관심을 두지 않는 것
㉢ 약속을 이행하는 것
㉣ 처음부터 너무 기대하지 않는 것
㉤ 진지하게 사과하는 것

① ㉠, ㉡, ㉣
② ㉠, ㉡, ㉢
③ ㉠, ㉢, ㉤
④ ㉠, ㉢, ㉣, ㉤
⑤ ㉠, ㉡, ㉣, ㉤

확인 Check! ○△×

02 다음 대화의 빈칸에 들어갈 정 부장의 조언으로 적절하지 않은 것은?

- 정 부장 : 김 대리, 시간을 충분히 주었다고 생각했는데 진행 상황이 생각보다 늦네요. 이유가 뭐죠?
- 김 대리 : 아, 부장님. 죄송합니다. 저, 그게… 저는 최대한 노력한다고 하는데 항상 시간이 모자랍니다. 업무 능력이 부족해서인 것 같습니다.
- 정 부장 : 능력은 충분해요. 노력을 하는데도 시간이 부족하다면 내 생각에는 계획을 세워 볼 필요가 있을 것 같네요. 시간을 쓰는 데도 계획이 있어야 하는데 시간 계획을 세울 때는 ________________

① 목표를 구체적으로 세워야 합니다.
② 행동을 중심으로 세워야 합니다.
③ 현실적으로 가능해야 합니다.
④ 최대한 완벽히 세울 수 있도록 충분한 시간을 가져야 합니다.
⑤ 측정이 가능한 척도도 같이 세우는 것이 좋습니다.

확인 Check! ○ △ ×

03 **다음 자료는 갈등해결을 위한 6단계 프로세스이다. 3단계에 해당하는 대화의 예로 가장 적절한 것은?**

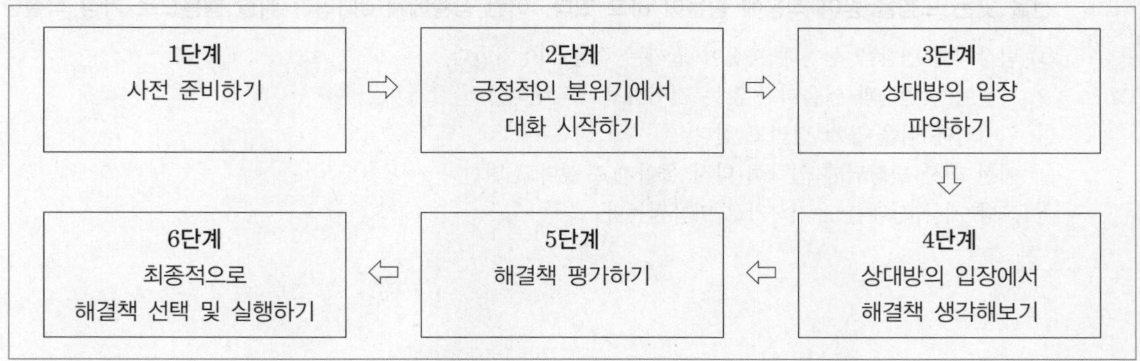

① 그럼 A씨의 생각대로 진행해 보시죠.
② 제 생각은 이런데, A씨의 생각은 어떠신지 말씀해 주시겠어요?
③ 저도 좋아요. 그것으로 결정해요.
④ 저는 모두가 만족하는 해결책을 찾고 싶어요.
⑤ A씨의 말은 아무리 들어도 이해가 안 되는데요.

확인 Check! ○ △ ×

04 **프랜차이즈 커피숍에서 바리스타로 근무하고 있는 귀하는 종종 "가격을 깎아달라."는 고객 때문에 고민이 이만저만이 아니다. 이를 본 선배가 귀하에게 도움이 될 만한 몇 가지 조언을 해주었다. 다음 중 선배가 귀하에게 한 조언으로 가장 적절한 것은?**

① "절대로 안 된다."고 딱 잘라 거절하는 태도가 필요합니다.
② 이번이 마지막이라고 말하면서 한 번만 깎아주세요.
③ 못 본 체하고 다른 손님의 주문을 받으면 됩니다.
④ 규정상 임의로 깎아줄 수 없다는 점을 상세히 설명해드리세요.
⑤ 다음에 오실 때 깎아드리겠다고 약속드리고 지키면 됩니다.

확인 Check! ○ △ ×

05 **2019년 연말, H회사는 사내 공모전을 시행하였다. A사원은 팀 회식 중 팀장님이 공모전에 대해 이야기를 하다가 옆 팀 B사원이 낸 아이디어와 자신의 아이디어가 너무 비슷해서 매우 놀랐다. 생각해 보니 입사 동기인 B사원과 점심 식사 중 공모전 이야기를 하면서 서로의 아이디어를 말한 적이 있었다. 이때, A사원이 취할 행동으로 적절한 것은?**

① 회식 중에 사실 관계에 대해 정확히 이야기한다.
② 다음 날 B사원에게 어떻게 된 일인지 물어본다.
③ 다음 날 감사팀에 바로 이의제기를 한다.
④ 다른 입사 동기들에게 B사원이 아이디어를 따라 했다고 이야기한다.
⑤ 공모전 주최 부서에 연락해 자신이 제안한 아이디어는 폐기 처리해 달라고 한다.

☑ 확인 Check! ○ △ ×

06 C대리는 2019년 10월, 이직에 성공하였는데 새로운 회사로 출근한지 3주가 지났지만 팀원들이 자신을 무시하고 선을 긋는 느낌을 받아 적응에 힘들어 하고 있다. 이런 상황에서 C대리가 취할 행동으로 가장 적절한 것은?

① 팀장에게 면담을 신청해 자신이 느끼는 점을 이야기한다.
② 자신이 팀원들과 어울리지 않는 것이라고 생각한다.
③ 인사팀에 팀을 옮겨 달라고 한다.
④ 이전 회사 팀장님께 연락해 다시 돌아가고 싶다고 말한다.
⑤ 그냥 지금 상태를 유지하기로 마음먹는다.

☑ 확인 Check! ○ △ ×

07 회사 내에서는 여러 가지 이유로 갈등이 발생하기 쉽다. 갈등에 대한 설명으로 옳은 것은?

① 갈등은 항상 부정적인 결과를 초래한다.
② 갈등을 해결하기 위해서는 자신의 생각을 강력하게 주장해야 한다.
③ 때로는 조직의 침체를 예방해 주기도 한다.
④ 갈등에서 벗어나는 회피전략은 갈등을 해결하는 최악의 방법이다.
⑤ 갈등이 일어나는 것은 피할 수 있으므로, 갈등이 없도록 유지한다.

☑ 확인 Check! ○ △ ×

08 어느 날 귀하는 대기업에 근무하는 친구를 만나서 이야기를 나누었다. 친구는 조직 생활의 경직된 구조에 적응하기가 너무 힘들다며 한참 동안 불만을 털어 놓았다. 다음 중 귀하가 해줄 수 있는 말로 가장 적절한 것은 무엇인가?

① 그럼 규모가 조금 작은 회사로 옮기는 게 어때?
② 힘들겠지만 신속하게 업무를 진행하기 위해서 필요한 것이라고 생각하면 어떨까?
③ 걱정이다. 조직 생활에 빨리 적응해야 일하기가 수월할 텐데.
④ 처음이라 그렇지, 좀 익숙해지면 괜찮을 거야.
⑤ 어딜 가더라도 조직 생활은 해야 되니까 어쩔 수 없다고 생각해.

☑ 확인 Check! ○ △ ×

09 신입사원 D는 선배 E대리와 F과장에게 각각 다른 업무처리를 지시받았다. E대리의 업무는 당장 오늘 처리해야 할 일이며 F과장의 업무는 아직 이틀 정도 여유가 있다. 이 상황에서 D가 해야 할 행동은 무엇인가?

① E대리에게 자신이 아닌 다른 사원에게 일을 부탁하라고 말한다.
② F과장에게 자신이 아닌 다른 사원에게 일을 부탁하라고 말한다.
③ 둘 중 더 급한 업무를 먼저 처리하겠다고 E대리와 F과장에게 말한다.
④ 나에게 주어진 업무이니 야근을 해서라도 모두 완수한다.
⑤ F과장의 업무를 모두 처리한 후 E 대리의 업무를 처리한다.

☑ 확인 Check! ○ △ ✕

10 **최근 K은행에 입사한 Y행원은 며칠 전 민원상담을 진행하는 데 어려움을 겪었다고 선임인 귀하에게 토로하였다. 귀하는 Y행원이 민원상담을 잘 수행할 수 있도록 민원처리 매뉴얼에 대해 설명하고자 한다. 다음 중 귀하의 발언으로 가장 적절하지 않은 것은?**

① 고객이 민원을 제기할 때는 주장하는 내용을 정확하게 파악할 수 있도록 경청하는 것이 중요해. 만약 부정확한 내용이 있다면 반드시 다시 확인해야 해.

② 사실을 확인한 민원에 대해서는 적절한 해결책이 무엇인지 모색하여야 하는데, 만약 은행의 과실에 대한 것이라면 이를 인정하고 먼저 사과해야 해.

③ 적절한 해결책이 있다면 고객에게 제시하여 해결하도록 하고, 향후 반복적인 문제가 발생하지 않도록 개인 업무 노트에 기록해 두고 수시로 확인하는 것이 중요해.

④ 민원처리 결과에 대하여 고객의 의견 및 만족 여부를 확인하여 은행의 신뢰를 조성하도록 노력해야 해.

⑤ 민원처리 시 감정이 상한 고객이 있다면 먼저 공감하는 자세로 고객의 마음을 헤아리도록 노력해야 해.

☑ 확인 Check! ○ △ ✕

11 **귀하는 '올해의 우수 신입사원' 선정 업무를 담당하게 되어 각 팀별로 팀장에게 추천서를 부탁했다. 다음 중 귀하가 우수 신입사원 추천서로 채택하기에 적절하지 않은 것은?**

① 영업팀 A사원은 회의에 늘 성실히 참여했을 뿐 아니라 적극적으로 토론에 참여해 회의의 활성화에 크게 기여했으므로 해당 사원을 추천합니다.

② 기획팀 B사원은 맡은 업무를 끝까지 해내는 끈기 있는 태도를 보여주었으므로 해당 사원을 추천합니다.

③ 비서팀 C사원은 팀장의 지시에 한 번도 불만을 표출하지 않고, 모든 지시를 묵묵히 따라주었으므로 해당 사원을 추천합니다.

④ 재무팀 D사원은 동료 사원들과 협력하여 주어진 목표를 초과 달성하는 데 큰 기여를 했으므로 해당 사원을 추천합니다.

⑤ 총무팀 E사원은 팀장과 정기적으로 면담하며 자신의 강점을 극대화하고 약점은 보완하려는 모습을 보여주었으므로 해당 사원을 추천합니다.

※ 다음 사례를 읽고 이어지는 질문에 답하시오. [12~13]

○○물류택배회사가 배송물품을 수집, 분류하여 전국으로 배달할 수 있도록 경기도 인근 지역에 물품창고를 매입하려고 한다. 물류담당이사 A는 여러 장소를 물색하던 도중에 마침 사업에 적당한 규모와 입지를 갖춘 창고를 하나 찾아냈다. 하지만 회사에서는 최대한의 구입예산을 4억 원이라고 생각하고 그 이상은 곤란하다고 하고, 매도자는 그동안 들어간 비용 때문에 4억 5천만 원에서 한 푼도 깎아줄 수 없다고 한다.

확인 Check! ○ △ ×

12 물류담당이사 A가 창고를 반드시 4억 원에 매입해야만 하는 상황이라면 A에게 필요한 협상전략은?

① 협력전략
② 유화전략
③ 회피전략
④ 강압전략
⑤ 양보전략

확인 Check! ○ △ ×

13 위 문제에서 물류담당이사 A가 취해야 할 가장 바람직한 협상 방법은?

① 4억 원으로 협상을 해보고 도저히 안 된다고 하면 협상을 포기한다.
② 매도자의 입장을 이해하고 4억 5천만 원에 매입하도록 회사에 건의한다.
③ 4억 2천5백만 원에 협상을 해보고 안 되면 포기한다.
④ 4억 원에 협상을 하되, 부가적으로 매도자에게 5천만 원 이상의 이득이 될 수 있는 가격 이외의 대안을 찾아내어 제시한다.
⑤ 매도자의 약점을 찾아내어 협상을 진행한다.

확인 Check! ○ △ ×

14 제시된 내용에서 알 수 있는 잘못된 고객응대 자세를 고른 것은?

직원 J씨는 규모가 큰 대형 마트에서 육류제품의 유통 업무를 담당하고 있다. 전화벨이 울려 신속하게 인사와 함께 전화를 받았는데 채소류에 관련된 업무문의여서 J씨는 고객에게 자신은 채소류에 관련된 담당자가 아니라고 설명하고, "지금 거신 전화는 육류에 관련된 부서로 연결되어 있습니다. 채소류 관련 부서로 전화를 돌려드릴 테니 잠시만 기다려주십시오."라고 말하고 해당 부서로 전화를 돌렸다.

① 신속하게 전화를 받지 않았다.
② 기다려 주신 데 대한 인사를 하지 않았다.
③ 고객의 기다림에 대해 양해를 구하지 않았다.
④ 전화를 다른 부서로 돌려도 괜찮은지 묻지 않았다.
⑤ 자신의 직위를 밝히지 않았다.

☑ 확인 Check! ○△×

15 과거에는 한 사람의 출세와 성공에 가장 큰 영향을 주는 것은 학교성적, 즉 공부를 잘하는 것이라고 생각하였다. 그러나 최근의 연구 결과를 보면, 대인관계능력이 높은 사람이 성공하는 경우가 더 많았으며, 학교성적은 성공과 크게 관련이 없다는 것이 밝혀졌다. 대인관계능력이 성공과 밀접한 관련이 있다고 할 경우, 다음 중 직장생활에서 가장 성공하기 어려운 사람은?

- B가 근무하는 부서에 신입사원 A가 입사하였다. 평소 B는 입사 때 회사선배로부터 일을 제대로 못 배워 동기들보다 승진이 늦어졌다고 생각하여, A에게 일을 제대로 가르친다는 생각으로 잘한 점은 도외시하고 못한 점만 과장하여 지적하여 A가 항상 긴장상태에서 일 처리를 하도록 하였다.
- C의 입사동기이자 업무능력이 뛰어난 동료 D는 회사의 큰 프로젝트를 담당하고 있으며, 이 프로젝트를 성공리에 완수할 경우 올해 말에 C보다 먼저 승진할 가능성이 높았음에도 불구하고, D가 업무 도움을 요청하자 C는 흔쾌히 D의 업무를 도와주었다.
- E는 자기 팀이 작년 연말평가에서 최하 등급을 받아서 팀 내 분위기가 어수선해지자, 팀의 발전이 자신의 발전이라고 생각하여 매일 아침에 모닝커피를 타서 팀원 전체에게 돌리고, 팀 내의 힘들고 궂은일을 솔선수범하여 처리하였다.
- F는 대인관계에서 가장 중요한 것은 인간관계 기법과 테크닉이라고 생각하여, 진심에서 우러나오지 않지만 항상 무엇을 말하느냐, 어떻게 행동하느냐를 중시하였다.

① B, C
② B, F
③ C, E
④ C, F
⑤ E, F

PART 1

☑ 확인 Check! ○△×

16 팀의 에너지를 최대로 활용하여 다른 팀보다 뛰어나게 고성과(High Performance)를 내는 팀을 '효과적인 팀'이라고 한다. 효과적인 팀은 공통적으로 어떤 핵심적인 특징이 있다. 다음 중 효과적인 팀의 핵심적인 특징을 모두 고른 것은?

ㄱ. 팀의 사명과 목표를 명확하게 기술한다.
ㄴ. 창조적으로 운영된다.
ㄷ. 결과보다 목적에 초점을 맞춘다.
ㄹ. 의견의 불일치를 원천적으로 봉쇄한다.
ㅁ. 개인의 강점보다는 조직의 강점을 활용한다.
ㅂ. 리더십 역량을 공유하며 구성원 상호 간에 지원을 아끼지 않는다.

① ㄱ, ㄴ, ㄷ
② ㄱ, ㄴ, ㅂ
③ ㄴ, ㄹ, ㅁ
④ ㄷ, ㅁ, ㅂ
⑤ ㄹ, ㅁ, ㅂ

※ 다음에 제시된 상황을 읽고 이어지는 질문에 답하시오. [17~18]

> 귀하는 새로 추진하고 있는 중요한 프로젝트의 팀장을 맡았다. 그런데 어느 날부턴가 점점 사무실 분위기가 심상치 않다. 귀하는 프로젝트의 원활한 진행을 위해서는 동료 간 화합이 무엇보다 중요하다고 생각하기 때문에, 팀원들의 업무 행태를 관심 있게 지켜보기 시작했다. 그 결과, A사원이 사적인 약속 등을 핑계로 업무를 미루거나 주변의 눈치를 살피며 불성실한 자세로 근무하는 모습을 발견하였다. 또한, 발생한 문제에 대해 변명만 늘어놓는 태도로 일관해 프로젝트를 함께 진행하는 동료 직원들의 불만은 점점 쌓여만 가고 있다.

☑ 확인 Check! ○ △ ×

17 **'썩은 사과의 법칙'에 의하면, 팀 내 리더는 팀워크를 무너뜨리는 썩은 사과가 있을 때는 먼저 문제 상황에 대해 대화를 나누어 스스로 변화할 기회를 주어야 한다. 하지만 그 후로도 변화하지 않는다면 결단력을 가지고 썩은 사과를 내보내야 한다. 팀장으로서 취해야 할 귀하의 행동을 '썩은 사과의 법칙'의 관점에서 서술한 내용으로 가장 적절하지 않은 것은?**

① '썩은 사과의 법칙'의 관점에서 A사원은 조직의 비전이나 방향은 생각하지 않고 자기중심적으로 행동하며 조직에 방해가 되는 사람이다.
② 귀하는 팀장으로서 먼저 A사원과 문제 상황에 대하여 대화를 나눠야 한다.
③ 직원의 문제에 대해 명확한 지적보다는 간접적으로 인지하게 하여 스스로 변화할 기회를 준다.
④ A사원의 업무 행태가 끝내 변화하지 않을 경우 A사원을 팀에서 내보내야 한다.
⑤ 성실하지 못한 A사원의 행동으로 인해 업무에 상당한 지장이 발생하고 있다고 할지라도 A사원에게 변화할 기회를 주어야 한다.

☑ 확인 Check! ○ △ ×

18 **멤버십 유형을 나누는 두 가지 축은 마인드를 나타내는 독립적 사고 축과 행동을 나타내는 적극적 실천 축으로 나누어진다. 이에 따라 멤버십 유형은 소외형 · 순응형 · 실무형 · 수동형 · 주도형으로 구분된다. 직장 동료와 팀장의 시각으로 볼 때 직원 A의 업무행태가 속하는 멤버십 유형으로 가장 적합한 것은?**

① 소외형 ② 순응형
③ 실무형 ④ 수동형
⑤ 주도형

☑ 확인 Check! ○△✕

19 다음 자료는 고객불만 처리 프로세스 8단계를 나타낸 것이다. 다음 자료를 참고하여 아래와 같이 B사원의 고객불만 처리 대응을 볼 때, 고객불만 처리 프로세스 8단계에서 B사원이 빠뜨린 항목은 무엇인가?

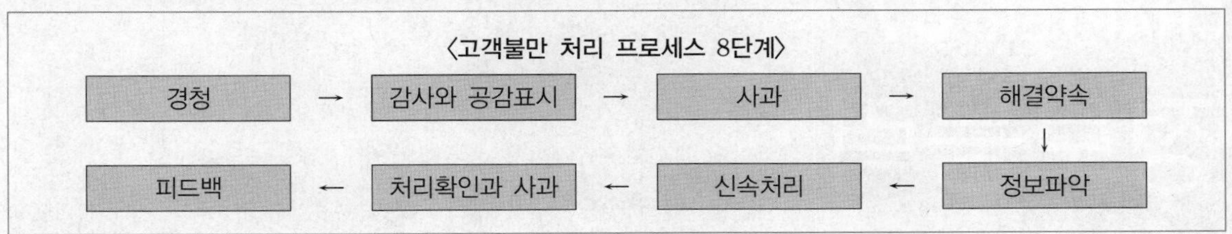

B사원 : 안녕하세요. ○○쇼핑몰입니다. 무엇을 도와드릴까요?
고객 : 아 정말, 제가 고른 옷 사이즈랑 다른 사이즈가 왔는데 이거 어떻게 해결할 건가요? 3일 후에 이 옷 입고 소개팅 나가려고 했는데 정말 답답하네요. 당장 보상하세요!
B사원 : 고객님, 주문하신 옷이 잘못 배송되었나보군요. 화내시는 점 충분히 이해합니다. 정말 죄송합니다.
고객 : 아니, 그래서 어떻게 해결할 건데요.
B사원 : 네 고객님, 우선 최대한 빠른 시일 내로 교환해드릴 수 있도록 최선을 다하겠습니다. 우선 제가 고객님의 구매 내역과 재고 확인을 해보고 등록되신 번호로 다시 연락드리겠습니다. 전화 끊고 잠시만 기다려주시기 바랍니다.

(구매 내역과 재고를 확인하고 10분 후, B사원은 고객에게 다시 전화를 건다)

고객 : 여보세요.
B사원 : 고객님 안녕하세요. ○○쇼핑몰입니다. 재고 확인 결과 다행히 사이즈가 남아있어서 오늘 바로 배송드릴 예정입니다. 오늘 배송시 내일 도착 예정이어서 말씀하셨던 약속 날짜 전에 옷을 받으실 수 있을 겁니다. 잘못 보내진 옷은 택배 받으시고 반송 처리해주시면 되겠습니다. 정말 죄송합니다.
고객 : 다행이네요. 일단 알겠습니다. 앞으로 조심 좀 해주세요.

(B사원 통화를 끝내고, 배송이 잘못된 원인과 자신의 응대에 잘못이 없었는지 확인한다)

① 감사와 공감표시
② 사과
③ 해결약속
④ 정보파악
⑤ 처리확인과 사과

☑ 확인 Check! ○△✕

20 'MOT(Moments Of Truth)'란 고객과 서비스 요원 사이에서 15초 동안 이루어지는 짧은 순간의 서비스로서 이 순간을 진실의 순간 또는 결정적 순간이라고 한다. 이 15초 동안 서비스 요원이 해야 할 일로 가장 적절하지 않은 것은?

① 모든 역량을 동원하여 고객을 만족시켜주어야 한다.
② 부여받은 권한을 통해 고객과 상호작용하여 순발력 있게 서비스를 제공해야 한다.
③ 회사가 제공하는 서비스의 품질에 관하여 좋은 인상을 주어야 한다.
④ 우리 회사를 선택한 것이 가장 좋은 선택이었다는 사실을 고객에게 입증해야 한다.
⑤ 0점의 서비스를 받은 고객에게 다른 서비스를 제공하여 점수를 만회해야 한다.

CHAPTER 07

정보능력

영역 소개 〉

정보능력은 업무와 관련된 정보를 수집하고, 이를 분석하여 의미있는 정보를 얻는 능력이다. 그리고 더 나아가, 찾아낸 정보를 적절하게 조직하여 업무수행에 활용하는 것이다. 또한 이러한 제 과정에 컴퓨터를 사용하는 능력을 말한다.

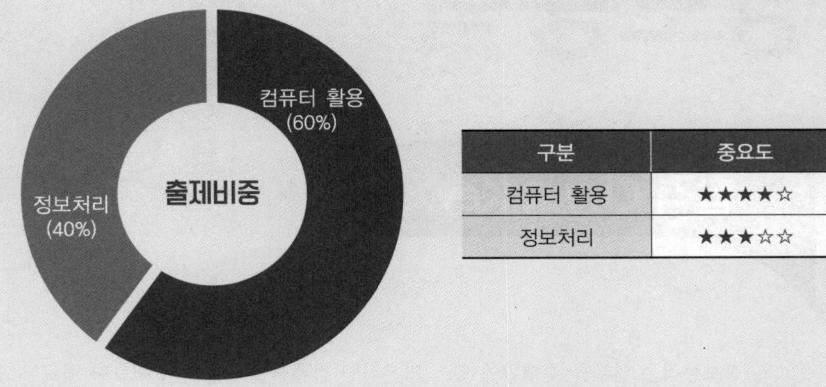

구분	중요도
컴퓨터 활용	★★★★☆
정보처리	★★★☆☆

정보능력은 NCS 기반 채용을 진행한 기업 중 52% 정도가 다뤘으며, 문항 수는 전체에서 평균 6% 정도 출제되었다.

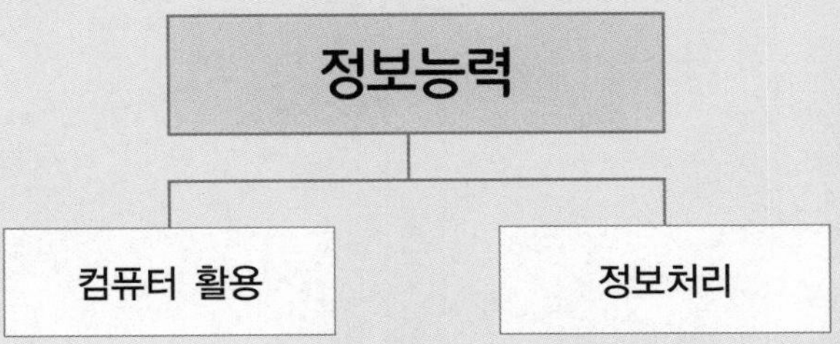

컴퓨터 활용	업무와 관련된 정보를 수집 · 분석 · 조직 · 관리 · 활용하는 데 컴퓨터를 사용하는 능력
정보처리	업무와 관련된 정보를 수집하고 이를 분석하여 의미있는 정보를 찾아 내는 것, 더 나아가 찾아낸 정보를 업무수행에 적절하도록 조직하고, 조직한 정보를 관리 · 활용하는 능력

CHAPTER 07
정보능력

합격 Cheat Key

정보능력은 업무를 수행함에 있어 기본적인 컴퓨터를 활용하여 필요한 정보를 수집, 분석, 활용하는 능력을 의미한다. 또한 업무와 관련된 정보를 수집하고, 이를 분석하여 의미있는 정보를 얻는 능력이다.
국가직무능력표준에 따르면 정보능력의 세부 유형은 컴퓨터 활용 능력·정보처리능력으로 나눌 수 있다.

정보능력은 NCS 기반 채용을 진행한 기업 중 52% 정도가 다뤘으며, 문항 수는 전체에서 평균 6% 정도 출제되었다.

01 평소에 컴퓨터 활용 스킬을 틈틈이 익혀라!

윈도우(OS)에서 어떠한 설정을 할 수 있는지, 응용프로그램(엑셀 등)에서 어떠한 기능을 활용할 수 있는지를 평소에 직접 사용해 본다면 문제를 보다 수월하게 해결할 수 있다. 여건이 된다면 컴퓨터활용능력에 관련된 자격증 공부를 하는 것도 이론과 실무를 익히는데 도움이 될 것이다.

02 문제의 규칙을 찾는 연습을 하라!

일반적으로 코드체계나 시스템 논리체계를 제공하고 이를 분석하여 문제를 해결하는 유형이 출제된다. 이러한 문제는 문제해결능력과 같은 맥락으로 규칙을 파악하여 접근하는 방식으로 연습이 필요하다.

03 현재 보고 있는 그 문제에 집중하자!

정보능력의 모든 것을 공부하려고 한다면 양이 너무나 방대하다. 그렇기 때문에 수험서에서 본인이 현재 보고 있는 문제들을 집중적으로 공부하고 기억하려고 해야 한다. 그러나 엑셀의 함수 수식, 연산자 등 암기를 필요로 하는 부분들은 필수적으로 암기를 해서 출제가 되었을 때 오답률을 낮출 수 있도록 한다

04 사진・그림을 기억하자!

컴퓨터의 활용 능력을 파악하는 영역이다 보니 컴퓨터 속 옵션, 기능, 설정 등의 사진・그림이 문제에 같이 나오는 경우들이 있다. 그런 부분들은 직접 컴퓨터를 통해서 하나하나 확인을 하면서 공부한다면 더 기억에 잘 남게 된다. 조금 귀찮더라도 한 번씩 클릭하면서 확인을 해보도록 한다.

CHAPTER 07
정보능력

NCS 모듈 학습

| 01 | 정보능력

(1) 자료와 정보

① **자료**(Data) : 객관적 실제의 반영이며, 그것을 전달할 수 있도록 기호화한 것
  예 고객의 주소 · 성별 · 이름 · 나이, 스마트폰 기종, 스마트폰 활용 횟수 등

② **정보**(Information) : 자료를 특정한 목적과 문제해결에 도움이 되도록 가공한 것
  예 중년층의 스마트폰 기종, 중년층의 스마트폰 활용 횟수

③ **정보처리**(Information Processing) : 자료를 가공하여 이용 가능한 정보로 만드는 것, 자료처리(Data Processing)라고도 함

④ **지식**(Knowledge) : 정보를 집적하고 체계화하여 장래의 일반적인 사항에 대비해 보편성을 갖도록 한 것
  예 스마트폰 디자인에 대한 중년층의 취향, 중년층을 주요 타깃으로 신종 스마트폰 개발

(2) 정보화 사회

① **정보화 사회** : 정보가 사회의 중심이 되는 사회로 컴퓨터 기술과 정보통신 기술을 활용하여 사회 각 분야에서 필요로 하는 가치 있는 정보를 창출하고, 보다 유익하고 윤택한 생활을 영위하는 사회로 발전시켜 나가는 것

② **미래 사회**

㉠ 부가가치 창출요인의 전환 : 토지, 자본, 노동 → 지식 및 정보 생산 요소

> **미래 사회의 6T**
>
> 정보기술(IT), 생명공학(BT), 나노기술(NT), 환경기술(ET), 문화산업(CT), 우주항공기술(ST)

㉡ 세계화의 진전
  예 WTO · FTA 등에 의한 무역 개방화, 국가 간의 전자 상거래(EC; Electronic Commerce), 가상은행, 사이버 백화점, 사이버 대학교, 한국 기업의 외국 공장 설립, 다국적 기업의 국내 설치 및 산업 연수생들의 국내산업체 근무, 외국 대학 및 학원의 국내 설치 등

㉢ 지식의 폭발적인 증가

③ **정보화 사회에서 꼭 해야 할 일** : 정보검색, 정보관리, 정보전파

핵심예제

다음 산업 사회와 정보화 사회의 특징을 비교한 것 중 옳지 않은 것은?

구분	산업 사회	정보화 사회
①	아날로그 정보 신호 처리	디지털 정보 신호 처리
②	지역 분산형 정보 관리 서비스	중앙 집중형 정보 관리 서비스
③	소품종 대량 생산	다품종 소량 생산
④	하드웨어 중심의 기술 개발	소프트웨어 중심의 기술 개발

예제풀이

산업 사회는 중앙 집중형 정보 관리 서비스를, 정보화 사회는 지역 분산형 정보 관리 서비스 체계를 사용한다.

정답 ②

(3) 컴퓨터의 활용 분야

① 기업 경영 분야 : 생산에서부터 판매, 회계, 재무, 인사 및 조직관리는 물론 금융 업무까지 활용

예 경영정보시스템(MIS; Management Information System), 의사결정지원시스템(DSS; Decision Support System), 사무자동화(OA; Office Automation), 전자상거래(EC; Electronic Commerce) 등

② 행정 분야 : 민원처리, 각종 행정 통계 등 여러 가지 행정에 관련된 정보를 데이터베이스로 구축하여 활용

예 행정 업무의 사무자동화(OA; Office Automation), 정보통신망을 이용한 민원 서류의 원격지 발급, 가까운 은행에서의 세금 및 공과금 납부 등

③ 산업 분야 : 공업·상업 등 각 분야에서 널리 활용될 뿐만 아니라 중요한 역할을 담당

예 컴퓨터 이용 설계(CAD; Computer Aided Design), 컴퓨터 이용 생산(CAM; Computer Aided Manufacturing), 산업용 로봇 등을 이용한 공장 자동화(FA; Factory Automation), 편의점이나 백화점 등의 상품 판매시점 관리(POS; Point Of Sales) 시스템, 농축산업 및 어업 등에도 다양하게 활용

④ 기타 분야 : 교육, 연구소, 출판, 가정, 도서관, 예술 분야 등에도 널리 활용

예 교육 분야의 컴퓨터 보조 교육(CAI; Computer Assisted Instruction), 컴퓨터 관리 교육(CMI; Computer Managed Instruction)

핵심예제

공장 자동화(FA; Factory Automation)에 대한 설명으로 옳은 것은?

① 강의나 학습 등에 컴퓨터를 이용하는 것이다.
② 제어 시스템이나 생산 관리 등은 해당하지 않는다.
③ 각종 정보 기기와 컴퓨터 시스템이 유기적으로 연결된 구조이다.
④ 기계가 하던 자동화 시스템을 사람으로 대체해 가는 것이 목표이다.

예제풀이

공장 자동화(FA; Factory Automation)
모든 제품 공정 과정을 자동화하여 생산성 향상과 원가 절감, 불량품 감소 등 제품 경쟁력 향상에 활용한다.

오답분석
① 컴퓨터 보조 교육(CAI), 컴퓨터 관리 교육(CMI)

정답 ③

PART 1

(4) 정보의 활용

① 정보의 기획 : 정보의 전략적 기획이란 정보활동의 가장 첫 단계로서 정보관리의 가장 중요한 단계이며 보통 5W 2H에 의해 기획한다.

> **5W 2H**
> - What(무엇을?) : 정보의 입수 대상을 명확히 한다.
> - Where(어디에서?) : 정보의 소스(정보원)를 파악한다.
> - When(언제까지?) : 정보의 요구(수집) 시점을 고려한다.
> - Why(왜?) : 정보의 필요 목적을 염두에 둔다.
> - Who(누가?) : 정보활동의 주체를 확정한다.
> - How(어떻게?) : 정보의 수집 방법을 검토한다.
> - How much(얼마나?) : 정보수집의 비용(효용성)을 중시한다.

② 정보의 수집 : 다양한 정보원으로부터 목적에 적합한 정보를 입수하는 것

③ 정보의 관리 : 수집된 다양한 형태의 정보(가공하지 않은 있는 그대로의 정보)를 어떤 문제해결이나 결론 도출에 사용하기 쉬운 형태로 바꾸는 일

> **정보관리의 3원칙**
> - 목적성 : 사용 목적을 명확히 설명해야 한다.
> - 용이성 : 쉽게 작업할 수 있어야 한다.
> - 유용성 : 즉시 사용할 수 있어야 한다.

④ 정보활용능력 : 정보기기에 대한 이해나 최신 정보기술이 제공하는 주요 기능, 특성에 대한 지식을 아는 능력

• 예제풀이 •

정보관리의 3원칙
목적성, 용이성, 유용성

정답 ④

• 핵심예제 •

정보관리의 3원칙이 아닌 것은?

① 목적성　　② 용이성
③ 유용성　　④ 상대성

CHECK POINT

인터넷(사이버)상의 침해 사례 및 인터넷 예절을 꼭 알아두어야 한다.

(5) 인터넷의 역기능

① 인터넷의 역기능 : 불건전 정보의 유통, 개인 정보 유출, 사이버 성폭력, 사이버 언어폭력, 언어 훼손, 인터넷 중독, 불건전 교제, 저작권 침해, 컴퓨터 바이러스, 해킹(Hacking), 스팸 메일(Spam Mail) 등

> **컴퓨터 바이러스 예방법**
> 1. 출처가 불분명한 전자 우편의 첨부파일은 백신 프로그램으로 바이러스 검사 후 사용한다.
> 2. 실시간 감시 기능이 있는 백신 프로그램을 설치하고 정기적으로 업데이트한다.
> 3. 바이러스가 활동하는 날에는 시스템을 사전에 미리 검사한다.
> 4. 정품 소프트웨어를 구입하여 사용하는 습관을 들인다.
> 5. 중요한 파일은 습관적으로 별도의 보조 기억 장치에 미리 백업을 해 놓는다.
> 6. 프로그램을 복사할 때는 바이러스 감염 여부를 확인한다.

② 네티켓 : 사이버 공간에서 지켜야 할 예절

네트워크(Network)	+	에티켓(Etiquette)	=	네티켓(Netiquette)

㉠ 전자우편(E-mail)을 사용할 때의 네티켓
- 메시지는 가능한 짧게 요점만 작성한다.
- 메일을 보내기 전에 주소가 올바른지 다시 한번 확인한다.
- 제목은 메시지 내용을 함축해 간략하게 써야 한다.
- 가능한 한 메시지 끝에 Signature(성명, 직위, 단체명, 메일주소, 전화번호 등)를 포함시키되, 너무 길지 않도록 한다.
- 메일상에서 타인에 대해 말할 때는 정중함을 지켜야 한다. 메일은 쉽게 전파될 수 있기 때문이다.
- 타인에게 피해를 주는 언어(비방이나 욕설)는 쓰지 않는다.

㉡ 온라인 대화(채팅)를 할 때의 네티켓
- 마주 보고 이야기하는 마음가짐으로 임한다.
- 대화방에 들어가면 지금까지 진행된 대화의 내용과 분위기를 경청한다.
- 엔터키를 치기 전에 한번 더 생각한다.
- 광고, 홍보 등의 목적으로 악용하지 않는다.
- 유언비어 · 속어와 욕설 게재는 삼가고, 상호 비방의 내용은 금한다.

㉢ 게시판을 사용할 때의 네티켓
- 글의 내용은 간결하게 요점만 작성한다.
- 제목에는 글의 내용을 파악할 수 있는 함축된 단어를 쓴다.
- 글을 쓰기 전에 이미 같은 내용의 글이 없는지 확인한다.
- 글의 내용 중에 잘못된 점이 있으면 빨리 수정하거나 삭제한다.
- 게시판의 주제와 관련 없는 내용은 올리지 않는다.

㉣ 공개 자료실에서의 네티켓
- 음란물을 올리지 않는다.
- 상업용 소프트웨어를 올리지 않는다.
- 공개 자료실에 등록한 자료는 가급적 압축한다.
- 프로그램을 올릴 때에는 사전에 바이러스 감염 여부를 점검한다.
- 유익한 자료를 받았을 때에는 올린 사람에게 감사의 편지를 보낸다.

㉤ 인터넷 게임을 할 때의 네티켓
- 상대방에게 항상 경어를 사용한다.
- 인터넷 게임에 너무 집착하지 않는다.
- 온라인 게임은 온라인상의 오락으로 끝나야 한다.
- 게임 중에 일방적으로 퇴장하는 것은 무례한 일이다.
- 상대를 존중하는 것을 잊어서는 안 된다.
- 게이머도 일종의 스포츠맨이므로 스포츠맨십을 지켜야 한다.
- 이겼을 때는 상대를 위로하고, 졌을 때는 깨끗하게 물러서야 한다.

• 예제풀이 •

오답분석

ㄴ. 출처가 불분명한 전자우편의 첨부파일은 백신 프로그램으로 바이러스 검사 후 사용한다.

ㄹ. 공개 자료실은 자료의 변경, 침입 등에 취약하다.

정답 ②

• 핵심예제 •

컴퓨터 바이러스를 예방하는 방법으로 옳은 것을 〈보기〉에서 모두 고른 것은?

보기

ㄱ. 백신 프로그램을 설치하고 자주 업데이트한다.
ㄴ. 전자우편(E-mail)은 안전하므로 바로 열어서 확인한다.
ㄷ. 인터넷에서 자료를 받았을 때는 바이러스 검사 후에 사용한다.
ㄹ. 좋은 자료가 많은 폴더는 공개 자료실에 올려 서로 공유한다.

① ㄱ, ㄴ
② ㄱ, ㄷ
③ ㄴ, ㄷ
④ ㄷ, ㄹ

CHECK POINT

기업에서는 업무와 관련된 고객 등의 개인정보를 수집한다. 이러한 개인정보 유출로 인한 문제가 대두되면서 개인정보 보호에 많은 관심이 기울여지고 있다.

(6) 개인정보

개인정보란 생존하는 개인에 관한 정보로서 정보에 포함되어 있는 성명, 주민등록번호 등의 사항에 의하여 개인을 식별할 수 있는 정보를 말한다.

① 개인정보의 종류

분류	내용
일반 정보	이름, 주민등록번호, 운전면허번호, 주소, 전화번호, 생년월일, 출생지, 본적지, 성별, 국적 등
가족 정보	가족의 이름, 직업, 생년월일, 주민등록번호, 출생지 등
교육 및 훈련 정보	최종학력, 성적, 기술자격증 / 전문면허증, 이수훈련 프로그램, 서클활동, 상벌사항, 성격 / 행태보고 등
병역 정보	군번 및 계급, 제대유형, 주특기, 근무부대 등
부동산 및 동산 정보	소유주택 및 토지, 자동차, 저축현황, 현금카드, 주식 및 채권, 수집품, 고가의 예술품, 보석 등
소득 정보	연봉, 소득의 원천, 소득세 지불 현황 등
기타 수익 정보	보험가입현황, 수익자, 회사의 판공비 등
신용 정보	대부상황, 저당, 신용카드, 담보설정 여부 등
고용 정보	고용주, 회사주소, 상관의 이름, 직무수행 평가 기록, 훈련기록, 상벌기록 등
법적 정보	전과기록, 구속기록, 이혼기록 등
의료 정보	가족병력기록, 과거 의료기록, 신체장애, 혈액형 등
조직 정보	노조가입, 정당가입, 클럽회원, 종교단체 활동 등
습관 및 취미 정보	흡연 / 음주량, 여가활동, 도박성향, 비디오 대여기록 등

② 개인정보 유출 방지 방법

㉠ 회원 가입 시 이용 약관 읽기
㉡ 이용 목적에 부합하는 정보를 요구하는지 확인하기
㉢ 비밀번호를 정기적으로 변경하기
㉣ 정체불명의 사이트는 멀리하기
㉤ 가입 해지 시 정보 파기 여부 확인하기
㉥ 뻔한 비밀번호 쓰지 않기

핵심예제

개인정보의 유출을 방지하기 위한 방법이 아닌 것은?

① 정체불명의 사이트는 멀리하라.
② 비밀번호는 주기적으로 교체하라.
③ 회원 가입 시 이용 약관을 읽어라.
④ 비밀번호는 기억하기 쉬운 전화번호를 사용하라.

예제풀이

전화번호, 생년월일 등 남들이 쉽게 유추할 수 있는 비밀번호는 사용하지 말아야 한다.

정답 ④

| 02 | 컴퓨터활용능력

(1) 인터넷 서비스

① 전자우편(E-mail 서비스)

전자우편의 주소

사용자 ID	@	도메인 이름

예 guest@daehan.hs.kr

② 인터넷 하드디스크(Internet Harddisk) : 웹 서버에 대용량의 저장 기능을 갖추고 사용자가 개인용 컴퓨터(PC)의 하드디스크와 같은 기능을 인터넷을 통하여 이용할 수 있게 하는 서비스

인터넷 하드디스크(Internet Harddisk), 웹 디스크(Web-disk), 웹 하드(Web Hard), 파일 박스, 피디 박스 등 다양한 용어 중 가장 많이 사용하는 용어는 웹 하드와 웹 디스크이다.

③ 메신저(Messenger) : 인터넷에서 실시간으로 메시지와 데이터를 주고 받을 수 있는 소프트웨어

④ 클라우드 컴퓨팅(Cloud Computing) : 사용자들이 복잡한 정보를 보관하기 위해 별도의 데이터 센터를 구축하지 않고도, 인터넷을 통해 제공되는 서버를 활용해 정보를 보관하고 있다가 필요할 때 꺼내 쓰는 기술

CHECK POINT

클라우드 컴퓨팅과 같은 최신 인터넷 관련 기술을 알아두어야 한다.

⑤ SNS(Social Networking Service) : 온라인 인맥 구축을 목적으로 개설된 커뮤니티형 웹사이트

예 미국의 트위터 · 마이스페이스 · 페이스북, 한국의 싸이월드 등

⑥ 전자상거래

㉠ 좁은 뜻 : 인터넷이라는 전자 매체를 통하여 상품을 사고 팔거나, 재화나 용역을 거래하는 사이버 비즈니스

㉡ 넓은 뜻 : 소비자와의 거래뿐만 아니라 거래와 관련된 공급자, 금융기관, 정부기관, 운송기관 등과 같이 거래에 관련된 모든 기관과의 관련행위를 포함

• 예제풀이 •

오답분석

ㄷ. 전자상거래는 거래에 관련된 모든 기관과의 관련 행위를 포함한다.

ㄹ. 인터넷이라는 전자 매체를 이용한 재화 및 용역 거래는 전자상거래이다.

정답 ①

• 핵심예제 •

전자상거래(Electronic Commerce)에 관한 설명으로 옳은 것을 〈보기〉에서 모두 고른 것은?

보기

ㄱ. 내가 겪은 경험담도 전자상거래 상품이 될 수 있다.
ㄴ. 인터넷 서점, 홈쇼핑, 홈뱅킹 등도 전자상거래 유형이다.
ㄷ. 개인이 아닌 공공기관이나 정부는 전자상거래를 할 수 없다.
ㄹ. 팩스나 전자우편 등을 이용하면 전자상거래가 될 수 없다.

① ㄱ, ㄴ
② ㄱ, ㄷ
③ ㄴ, ㄷ
④ ㄷ, ㄹ

(2) 정보 검색

여러 곳에 분산되어 있는 수많은 정보 중에서 특정 목적에 적합한 정보만을 신속하고 정확하게 찾아내어 수집, 분류, 축적하는 과정

① **정보검색 단계** : 검색주제 선정 → 정보원 선택 → 검색식 작성 → 결과 출력

② **검색엔진의 유형**

㉠ 키워드 검색 방식 : 찾고자 하는 정보와 관련된 핵심 언어인 키워드를 직접 입력하여 이를 검색엔진에 보내 검색엔진이 키워드와 관련된 정보를 찾는 방식

㉡ 주제별 검색 방식 : 인터넷상에 존재하는 웹 문서들을 주제별·계층별로 정리하여 데이터베이스를 구축한 후 이용하는 방식

㉢ 자연어 검색 방식 : 검색엔진에서 문장 형태의 질의어를 형태소 분석을 거쳐 언제(When), 어디서(Where), 누가(Who), 무엇을(What), 왜(Why), 어떻게(How), 얼마나(How much)에 해당하는 5W 2H를 읽어내고 분석하여 각 질문에 대한 답이 들어 있는 사이트를 연결하는 방식

㉣ 통합형 검색 방식 : 사용자가 입력하는 검색어들이 연계된 다른 검색엔진에 보내지고, 이를 통하여 얻어진 검색 결과를 사용자에게 보여주는 방식

③ **정보검색 연산자** : 정보 검색 결과를 줄이기 위해 검색과 관련 있는 2개 이상의 단어를 연산자로 조합하여 키워드로 사용하는 것이 일반적이다. 연산자는 대·소문자의 구분이 없고, 앞뒤로 반드시 공백(Space)을 넣어주어야 한다.

〈공통적으로 사용하는 연산자의 종류와 검색 조건〉

기호	연산자	검색 조건
*, &	AND	두 단어가 모두 포함된 문서를 검색 예 인공위성 and 자동차, 인공위성 * 자동차
|	OR	두 단어가 모두 포함되거나, 두 단어 중에서 하나만 포함된 문서를 검색 예 인공위성 or 자동차, 인공위성 | 자동차
-, !	NOT	'-' 기호나 '!' 기호 다음에 오는 단어를 포함하지 않는 문서를 검색 예 인공위성 not 자동차, 인공위성 ! 자동차
&, near	인접 검색	앞뒤의 단어가 가깝게 인접해 있는 문서를 검색 예 인공위성 near 자동차

핵심예제

검색엔진을 사용하여 인터넷에서 조선 중기의 유학자 이율곡의 어머니가 누구인지 알아보려고 한다. 키워드 검색방법을 사용할 때 가장 적절한 검색식은 무엇인가?

① 유학자 & 이율곡
② 유학자 ! 어머니
③ 이율곡 | 어머니
④ 이율곡 & 어머니

예제풀이

중복으로 검색이 되어야 하기 때문에 AND 연산자가 적절하다. 즉, '조선 중기 & 유학자 & 이율곡 & 어머니'로 검색하면 가장 근접한 검색 결과가 나타날 것으로 예상되며, 그중 '이율곡 & 어머니'의 검색 결과가 상세 검색과 유사할 것으로 판단할 수 있다.

정답 ④

④ 검색엔진의 종류 및 특징
㉠ 검색엔진(Search Engine) : 인터넷상에 산재해 있는 정보를 수집한 후, 이를 체계적인 데이터베이스로 구축하여 사용자가 원하는 정보를 쉽게 찾을 수 있도록 도움을 주는 웹 사이트 또는 프로그램
㉡ 포털 사이트(Portal Site) : 사용자가 인터넷에서 어떤 정보를 찾으려고 할 때 가장 먼저 접속하는 사이트

최근 대부분의 포털 사이트에서는 정보 검색뿐만 아니라 카페, 뉴스, 웹 메일, 블로그, 미니홈피, 커뮤니티 형성 등 매우 다양한 인터넷 서비스를 제공하고 있다.

㉢ 국내 포털 사이트
- 네이버(Naver) – http://www.naver.com/
- 다음(Daum) – http://www.daum.net/
- 네이트(Nate) – http://www.nate.com/

⑤ 인터넷 정보 검색 주의사항
㉠ 각각의 검색엔진 특징 파악
㉡ 데이터 특성에 따른 검색엔진 선택
㉢ 구체적이고 자세한 키워드 선택, 결과 내 재검색 기능 활용
㉣ 해당 검색엔진의 검색 연산자와 키워드 조합
㉤ 검색 속도가 느린 웹 브라우저에서는 그림 파일을 보이지 않게 설정
㉥ 웹 검색 외 각종 BBS, 뉴스 그룹, 메일링 리스트, 도서관 자료, 정보 소유자 요청 등 다른 방법들도 활용
㉦ 검색엔진이 제시하는 결과물은 정확하지 않을 수 있으므로 직접 보고 원하는 자료인지 판단해야 함

핵심예제

다음 중 정보를 검색할 때의 주의사항으로 옳지 않은 것은?

① BBS, 뉴스그룹, 메일링 리스트 등도 사용한다.
② 키워드의 선택이 중요하므로 검색어를 구체적으로 입력한다.
③ 검색 결과에 자료가 너무 많으면 결과 내 재검색 기능을 사용한다.
④ 검색한 모든 자료는 신뢰할 수 있으므로 자신의 자료로 계속 사용한다.

예제풀이

인터넷에서 검색한 정보는 잘못된 정보도 있으며 오래되고 낡은 정보도 있으므로 검색한 자료를 너무 신뢰하지 말고 자신이 원하는 자료인지를 정확하게 판단해야 한다.

정답 ④

(3) 소프트웨어

컴퓨터를 이용하여 문제를 처리하는 프로그램 집단

① 워드 프로세서(Word Processor)

㉠ 정의 : 여러 가지 형태의 문자와 그림・표・그래프 등을 활용한 문서를 작성・편집・저장・인쇄할 수 있는 프로그램

㉡ 주요 기능

- 입력기능 : 키보드나 마우스를 통하여 한글・영문・한자 등 각국의 언어와 숫자・특수문자・그림・사진・도형 등을 입력할 수 있는 기능
- 표시기능 : 입력한 내용을 표시 장치를 통해 화면에 나타내주는 기능
- 저장기능 : 입력된 내용을 저장하여 필요할 때 사용할 수 있는 기능
- 편집기능 : 문서의 내용이나 형태 등을 변경해 새롭게 문서를 꾸미는 기능
- 인쇄기능 : 작성된 문서를 프린터로 출력하는 기능

② 스프레드 시트(Spread Sheet)

㉠ 정의 : 워드프로세서와 같이 문서를 작성하고 편집하는 기능 이외에 수치나 공식을 입력하여 그 값을 계산해내고, 계산 결과를 차트로 표시할 수 있는 프로그램

㉡ 구성단위 : 셀, 열, 행, 영역

③ 프레젠테이션(Presentation)

㉠ 정의 : 컴퓨터나 기타 멀티미디어를 이용하여 그 속에 담겨 있는 각종 정보를 사용자 또는 대상자에게 전달하는 행위를 의미하며, 프레젠테이션 프로그램은 보고・회의・상담・교육 등에서 정보를 전달하는 데 주로 활용된다.

㉡ 대표 프로그램 : 파워포인트, 프리랜스 그래픽스 등

④ 데이터베이스(Database)

㉠ 정의 : 대량의 자료를 관리하고 내용을 구조화하여 검색이나 자료 관리 작업을 효과적으로 실행하는 프로그램

㉡ 대표 프로그램 : 오라클(Oracle), 액세스(Access) 등

⑤ 그래픽 소프트웨어(Graphic Software)

㉠ 정의 : 새로운 그림을 그리거나 그림 또는 사진 파일을 불러와 편집하는 프로그램

㉡ 대표 프로그램 : 포토샵(Photoshop), 일러스트레이터(Illustrator), 3DS MAX, 코렐드로(CorelDRAW) 등

⑥ 유틸리티 프로그램

㉠ 정의 : 사용자가 컴퓨터를 좀더 쉽게 사용할 수 있도록 도와주는 소프트웨어(프로그램)

㉡ 프로그램의 종류 : 파일 압축 유틸리티, 바이러스 백신 프로그램, 화면 캡처 프로그램, 이미지 뷰어 프로그램, 동영상 재생 프로그램

핵심예제

워드 프로세서에 대한 설명으로 옳지 않은 것은?

① 작성된 문서를 다양한 편집 형태로 출력할 수 있다.
② 새 창을 열지 않고 여러 개의 문서를 불러올 수 있다.
③ 한 줄 블록 설정은 가능하나 문서 전체를 블록 설정할 수는 없다.
④ 문서 안에 다른 프로그램을 연결한 문서를 삽입하여 기능을 확장시킬 수 있다.

예제풀이

여러 줄의 블록 설정과 문서 전체에 대한 블록 설정 모두 가능하다.

정답 ③

(4) 데이터베이스

① 데이터베이스의 정의와 관리시스템

㉠ 정의 : 대량의 자료를 구조화하여 검색이나 자료 관리 작업을 효과적으로 실행하는 프로그램

㉡ 데이터베이스 관리시스템(DBMS) : 데이터베이스와 사용자 사이를 연결해주는 프로그램으로, 저장한 데이터 내에서 필요한 자료를 찾을 수 있도록 하는 소프트웨어

> **쿼리(질의)**
> 저장한 데이터에서 사용자들이 필요로 하는 자료를 데이터베이스에 요청하는 것

㉢ 파일관리시스템 : 한 번에 한 개의 파일에 대해서 생성·유지·검색할 수 있는 소프트웨어

② 데이터베이스의 필요성

㉠ 데이터 중복을 줄인다.

㉡ 데이터의 무결성을 높인다.

㉢ 검색을 쉽게 해준다.

㉣ 데이터의 안정성을 높인다.

㉤ 프로그램의 개발 기간을 단축한다.

③ 데이터베이스의 기능 : 입력 기능, 데이터의 검색 기능, 데이터의 일괄 관리, 보고서 기능

④ 데이터베이스의 작업 순서

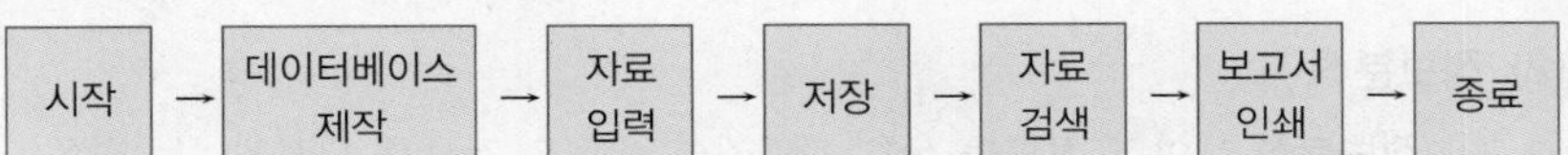

핵심예제

데이터베이스의 필요성에 관한 옳은 설명만을 〈보기〉에서 모두 고른 것은?

보기
ㄱ. 데이터의 중복을 줄이고 안정성을 높인다.
ㄴ. 데이터의 양이 많아 검색이 어려워진다.
ㄷ. 프로그램의 개발이 쉽고 개발 기간도 단축한다.
ㄹ. 데이터가 한 곳에만 기록되어 있어 결함 없는 데이터를 유지하기 어려워진다.

① ㄱ, ㄴ ② ㄱ, ㄷ
③ ㄴ, ㄷ ④ ㄷ, ㄹ

예제풀이

오답분석
ㄴ. 데이터의 중복을 줄여주며, 검색을 쉽게 해준다.
ㄹ. 데이터의 무결성과 안정성을 높인다.

정답 ②

| 03 | 정보처리능력

(1) 정보수집

① **정보가 필요한 이유** : 의사결정을 하거나 문제의 답을 알아내고자 할 때 그 상황을 해결하기 위해 새로운 정보가 필요하다.

② **정보원(Sources)** : 필요한 정보를 수집할 수 있는 원천

㉠ 1차 자료 : 원래의 연구 성과가 기록된 자료

예 단행본, 학술지와 학술지 논문, 학술회의자료, 연구보고서, 학위논문, 특허정보, 표준 및 규격자료, 레터, 출판 전 배포자료, 신문, 잡지, 웹 정보자원 등

㉡ 2차 자료 : 1차 자료를 효과적으로 찾아보기 위한 자료 혹은 1차 자료에 포함되어 있는 정보를 압축·정리해서 읽기 쉬운 형태로 제공하는 자료

예 사전, 백과사전, 편람, 연감, 서지 데이터베이스 등

③ **효과적인 정보수집**

㉠ 정보원 관리 : 중요한 정보는 신뢰관계가 전제되어야 수집이 가능하다.

㉡ 인포메이션 VS 인텔리전스

- 인포메이션(Information) : 하나하나의 개별적인 정보
- 인텔리전스(Intelligence) : 사회의 많은 정보 중 몇 가지를 선별해 연결시켜 무언가를 판단하기 쉽게 도와주는 정보 덩어리

㉢ 선수필승(先手必勝) : '공격은 최대의 방어', 즉 다른 사람보다 1초라도 빨리 정보를 쥔 사람이 우위에 선다.

㉣ 머릿속에 서랍을 많이 만들자.

㉤ 정보수집용 하드웨어 활용

(2) 정보분석

① **정보분석** : 여러 정보를 상호 관련지어 새로운 정보를 생성해내는 활동

② **정보분석의 절차**

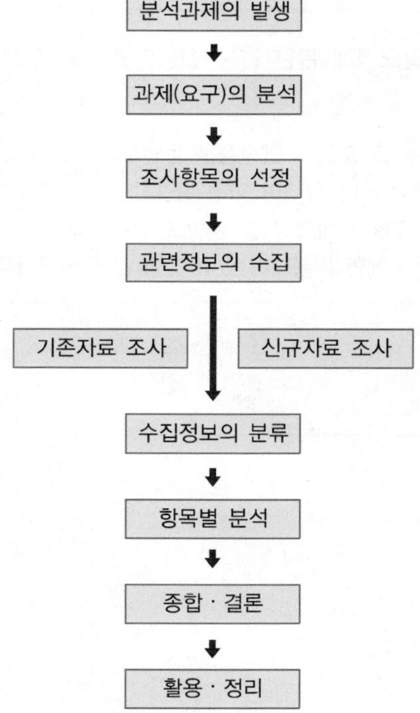

핵심예제

우리 주위에는 수많은 정보가 있지만 그 자체로는 의미가 없으며 정보를 분석하고 가공하여야만 정보로서의 가치를 가질 수 있다. 정보분석에 대한 설명으로 옳지 않은 것은?

① 정보분석이란 여러 정보를 상호관련지어 새로운 정보를 생성해 내는 활동이다.
② 서로 상반되거나 큰 차이가 있는 정보의 내용을 판단해서 새로운 해석을 할 수 있다.
③ 좋은 자료는 항상 훌륭한 분석이 될 수 있다.
④ 한 개의 정보만으로 불분명한 사항을, 다른 정보로써 명백히 할 수 있다.

예제풀이

좋은 자료가 있다고 해서 항상 훌륭한 분석이 되는 것은 아니다.

정답 ③

(3) 정보관리

어떤 정보를 언제 어떤 이유로 소장하게 되었는지 기록하거나 분류하면 필요 시 문제해결 및 새로운 지식 생산에 효율적으로 활용할 수 있다.

① 목록을 이용한 정보관리 : 정보에서 중요한 항목을 찾아 기술한 후 정리
② 색인을 이용한 정보관리 : 주요 키워드나 주제어를 가지고 소장하고 있는 정보원(Sources)을 관리

색인어 + 위치정보 = 색인

③ 분류를 이용한 정보관리 : 정보를 유사한 것끼리 모아 체계화하여 정리

기준	내용	예시
시간적 기준	정보의 발생 시간별로 분류	2015년 가을, 7월 등
주제적 기준	정보의 내용에 따라 분류	정보사회, 서울대학교 등
기능적·용도별 기준	정보가 이용되는 기능이나 용도에 따라 분류	참고자료용, 강의용, 보고서 작성용 등
유형적 기준	정보의 유형에 따라 분류	도서, 비디오, CD, 한글파일, 파워포인트 파일 등

(4) 정보활용

① 동적정보 : 시시각각으로 변화하는 정보 → 유효기간이 짧음
예 신문이나 텔레비전의 뉴스
② 정적정보(저장정보) : 보존되어 변화하지 않는 정보
예 잡지나 책에 들어 있는 정보, CD-ROM이나 비디오테이프 등에 수록되어 있는 영상정보

PART 1

CHAPTER 07

정보능력

기출예상문제

정답 및 해설 p. 50

01 귀하는 최근 회사 내 업무용 개인 컴퓨터의 보안을 강화하기 위하여 다음과 같은 메일을 받았다. 메일 내용을 토대로 귀하가 취해야 할 행동으로 옳지 않은 것은?

> 발신 : 전산보안팀
>
> 수신 : 전 임직원
>
> 제목 : 업무용 개인 컴퓨터 보안대책 공유
>
> 내용 :
> 안녕하십니까. 전산팀장 ○○○입니다.
> 최근 개인정보 유출 등 전산보안 사고가 자주 발생하고 있어 각별한 주의가 필요한 상황입니다. 이에 따라 자사에서도 업무상 주요 정보가 유출되지 않도록 보안프로그램을 업데이트하는 등 전산보안을 더욱 강화하고 있습니다. 무엇보다 업무용 개인 컴퓨터를 사용하는 분들이 특히 신경을 많이 써주셔야 철저한 보안이 실천됩니다. 번거로우시더라도 아래와 같은 사항을 따라주시길 바랍니다.
>
> • 인터넷 익스플로러를 종료할 때마다 검색기록이 삭제되도록 설정해주세요.
> • 외출 또는 외근으로 장시간 컴퓨터를 켜두어야 하는 경우에는 인터넷 검색기록을 직접 삭제해주세요.
> • 인터넷 검색기록 삭제 시, 기본 설정되어 있는 항목 외에도 '다운로드 기록', '양식 데이터', '암호', '추적방지, ActiveX 필터링 및 Do Not Track 데이터'를 모두 체크하여 삭제해주세요(단, 즐겨찾기 웹 사이트 데이터 보존 부분은 체크 해제할 것).
> • 인터넷 익스플로러에서 방문한 웹 사이트 목록을 저장하는 기간을 5일로 변경해주세요.
> • 자사에서 제공 중인 보안프로그램은 항시 업데이트하여 최신 상태로 유지해주세요.
>
> 위 사항을 적용하는 데 어려움이 있을 경우에는 아래 첨부파일에 이미지와 함께 친절하게 설명되어 있으니 참고바랍니다.
>
> 〈첨부〉 업무용 개인 컴퓨터 보안대책 적용 방법 설명(이미지).zip

① 인터넷 익스플로러에서 [도구(또는 톱니바퀴 모양)]를 클릭하여 [인터넷 옵션]의 '일반' 카테고리에 있는 [종료할 때 검색 기록 삭제]를 체크한다.
② 장시간 외출할 경우에는 [인터넷 옵션]의 '일반' 카테고리에 있는 [삭제]를 클릭해 직접 삭제한다.
③ 검색기록 삭제 시 [인터넷 옵션]의 '일반' 카테고리에 있는 [삭제]를 클릭하여 기존에 설정되어 있는 항목을 포함한 모든 항목을 체크하여 삭제한다.
④ [인터넷 옵션]의 '일반' 카테고리 중 검색기록 부분에서 [설정]을 클릭하고, '기록' 카테고리의 [페이지 보관일수]를 5일로 설정한다.
⑤ 자사의 보안프로그램을 실행하고 [설정]에서 업데이트를 실행한다.

확인 Check! ○ △ ×

02 A전자는 사원들만 이용할 수 있는 사내 공용 서버를 운영하고 있다. 이 서버에는 아이디와 패스워드를 입력하지 않고 자유롭게 접속하여 업무 관련 파일들을 올리고 내릴 수 있다. 하지만 얼마 전부터 공용 서버의 파일을 다운로드 받은 개인용 컴퓨터에서 바이러스가 감지되어, 우선적으로 공용 서버의 바이러스를 모두 치료하였다. 이런 상황에서 발생한 문제에 대처하기 위한 추가 조치사항으로 적절한 것만을 〈보기〉에서 모두 고른 것은?

> 보기
>
> ㄱ. 접속하는 모든 컴퓨터를 대상으로 바이러스를 치료한다.
> ㄴ. 공용 서버에서 다운로드한 파일을 모두 실행한다.
> ㄷ. 접속 후에는 쿠키를 삭제한다.
> ㄹ. 임시 인터넷 파일의 디스크 공간을 최대로 늘린다.

① ㄱ, ㄴ
② ㄱ, ㄷ
③ ㄴ, ㄷ
④ ㄷ, ㄹ
⑤ ㄴ, ㄹ

확인 Check! ○ △ ×

03 다음 사례에서 A회사가 ㉮를 통하여 얻을 수 있는 기대효과로 적절한 것을 〈보기〉에서 고른 것은?

> A회사는 사원 번호, 사원명, 연락처 등의 사원 데이터 파일을 여러 부서별로 저장하여 관리하다 보니 연락처가 바뀌면 연락처가 저장되어 있는 모든 파일을 수정해야 했다.
> 또한 사원 데이터 파일에 주소 항목이 추가되는 등 파일의 구조가 변경되면 이전 파일 구조를 사용했던 모든 응용 프로그램도 수정해야 하므로 유지보수 비용이 많이 들었다. 그래서 A회사에서는 ㉮ 이런 문제점을 해결할 수 있는 소프트웨어를 도입하기로 결정하였다.

> 보기
>
> ㄱ. 대용량 동영상 파일을 쉽게 편집할 수 있다.
> ㄴ. 컴퓨터의 시동 및 주변기기의 제어를 쉽게 할 수 있다.
> ㄷ. 응용 프로그램과 데이터 간의 독립성을 향상시킬 수 있다.
> ㄹ. 데이터의 중복이 감소되어 일관성을 높일 수 있다.

① ㄱ, ㄷ
② ㄱ, ㄹ
③ ㄴ, ㄷ
④ ㄴ, ㄹ
⑤ ㄷ, ㄹ

☑ 확인 Check! ○ △ ✕

04 A회사는 임직원들의 인문학적 소양과 업무능력을 배양하기 위하여 사내 도서관을 설치하고 운영하기로 결정하였다. 다음의 자료는 A회사가 모범 사례로 참고하고 있는 B회사의 사내 도서관 관리 방법이다. 이 방법은 어떤 것인가?

> B회사는 5년 전 사내 도서관을 설치하고 현재까지 운영하고 있다. 임직원들의 독서를 권장하기 위하여 다양한 도서와 콘텐츠를 구비하고 도서 대여 서비스를 제공하고 있다. 또한 임직원들의 추천 도서는 반기별로 1,000권 이상씩 꾸준히 구매하고 있다. 이로 인해 지난 5년 동안 2만여 권의 도서 및 콘텐츠를 확보하게 되었으며, 이를 효율적으로 관리하기 위하여 도서명, 저자, 출판일, 출판사 등의 도서 정보를 목록화하는 도서 관리 프로그램을 자체적으로 개발하여 활용하고 있다. 해당 프로그램을 통해 임직원들은 자신이 원하는 도서의 대출 현황과 위치 등을 손쉽게 확인할 수 있어 그 활용도가 높다고 한다.

① 목록을 활용한 정보관리
② 색인을 활용한 정보관리
③ 분류를 활용한 정보관리
④ 1 : 1 매칭을 활용한 정보관리
⑤ Big Data를 활용한 정보관리

☑ 확인 Check! ○ △ ✕

05 다음 상황에서 B사원이 제시해야 할 해결 방안으로 가장 적절한 것은?

> A팀장 : 어제 부탁한 보고서 작성은 다 됐나?
> B사원 : 네, 제 컴퓨터의 ‘문서’ 폴더를 공유해 놓았으니 보고서를 내려 받으시면 됩니다.
> A팀장 : 내 컴퓨터의 인터넷은 잘 되는데, 혹시 자네 인터넷이 지금 문제가 있나?
> B사원 : (모니터를 들여다보며) 아닙니다. 잘 되는데요?
> A팀장 : 네트워크 그룹에서 자네의 컴퓨터만 나타나지 않네. 어떻게 해야 하지?

① 공유폴더의 사용권한 수준을 소유자로 지정해야 합니다.
② 화면 보호기를 재설정해야 합니다.
③ 디스크 검사를 실행해야 합니다.
④ 네트워크상의 작업 그룹명을 동일하게 해야 합니다.
⑤ 컴퓨터를 다시 시작해야 합니다.

06 **A사의 P대리는 한컴오피스 기능을 활용하여 다음 〈자료 1〉을 〈자료 2〉로 수정하였다. P대리가 활용한 한컴오피스의 기능으로 적절한 것은?**

〈자료 1〉

금기란 어떤 대상을 꺼리거나 피하는 행위를 가리킨다. 공동체의 구성원들은 금기를 위반하면 그 대상에 의해 공동체 혹은 그 구성원이 처벌을 받는다는 인식을 공유한다. 일반적으로 금기를 설정하는 근본적인 이유는 알려지지 않지만, 금기와 그 대상에 대한 추측은 구전의 방식을 통해 은밀하게 전파되어 구성원들 간에 회자된다. 이를 통해 금기와 금기의 대상이 환기하는 의미는 세대를 거쳐 전달됨으로써 서로 다른 세대 간에 공동체의 체험을 공유하는 데에 기여하기도 한다.

〈자료 2〉

☆☆

금기란 어떤 대상을 꺼리거나 피하는 행위를 가리킨다. 공동체의 구성원들은 금기를 위반하면 그 대상에 의해 공동체 혹은 그 구성원이 처벌을 받는다는 인식을 공유한다. 일반적으로 금기를 설정하는 근본적인 이유는 알려지지 않지만, 금기와 그 대상에 대한 추측은 구전의 방식을 통해 은밀하게 전파되어 구성원들 간에 회자된다. 이를 통해 금기와 금기의 대상이 환기하는 의미는 세대를 거쳐 전달됨으로써 서로 다른 세대 간에 공동체의 체험을 공유하는 데에 기여하기도 한다.

① 양쪽 정렬, 음영, 그림, 도형
② 왼쪽 정렬, 채우기, 그림, 텍스트상자
③ 양쪽 정렬, 채우기, 그림, 도형
④ 왼쪽 정렬, 음영, 도형, 텍스트상자
⑤ 양쪽 정렬, 음영, 도형, 텍스트상자

☑ 확인 Check! ○ △ ×

07 A사에 근무하는 K대리는 한글 2014로 작성된 보고서에 다음과 같이 동영상 파일을 삽입하려고 한다. 다음 중 한글 2014에 삽입 가능한 동영상 파일의 파일 형식으로 적절하지 않은 것은?

① mpg
② avi
③ asf
④ mp4
⑤ tif

☑ 확인 Check! ○ △ ×

08 다음 A사원과 B사원의 대화를 볼 때, 빈칸에 들어갈 단축키 내용으로 적절한 것은?

> A사원 : 오늘 야근 예정이네. 이걸 다 언제하지?
> B사원 : 무슨 일인데 그래?
> A사원 : 아니 부장님이 오늘 가입한 회원들 중 30대의 데이터만 모두 추출하라고 하시잖아. 오늘 가입한 사람들만 1,000명이 넘는데...
> B사원 : 엑셀의 자동필터 기능을 사용하면 되잖아. 단축키는 (　　　)야.
> A사원 : 이런 기능이 있었구나! 덕분에 오늘 일찍 퇴근할 수 있겠군. 고마워!

① [Ctrl] + [Shift] + [L]
② [Ctrl] + [Shift] + [% 5]
③ [Ctrl] + [Shift] + [& 7]
④ [Ctrl] + [Shift] + [: ;]
⑤ [Ctrl] + [Shift] + [F]

확인 Check! ○△✕

09 다음은 사내 동호회 활동 현황에 관한 표이다. 사원번호 중에서 오른쪽 숫자 네 자리만 추출하려고 할 때, [F13] 셀에 입력해야 할 수식으로 올바른 것은?

	A	B	C	D	E	F
1			사내 동호회 활동 현황			
2	사원번호	사원명	부서	구내번호	직책	
3	AC1234	고상현	영업부	1457	부장	
4	AS4251	정지훈	기획부	2356	사원	
5	DE2341	김수호	홍보부	9546	사원	
6	TE2316	박보영	기획부	2358	대리	
7	PP0293	김지원	홍보부	9823	사원	
8	BE0192	이성경	총무부	3545	과장	
9	GS1423	이민아	영업부	1458	대리	
10	HS9201	장준하	총무부	3645	부장	
11						
12						사원번호
13						1234
14						4251
15						2341
16						2316
17						0293
18						0192
19						1423
20						9201

① =CHOOSE(2,A3,A4,A5,A6)
② =LEFT(A3,3)
③ =RIGHT(A3,4)
④ =MID(A3,1,2)
⑤ =LEFT(A3,3,4)

PART 1

안심Touch

※ 다음 자료를 보고 이어지는 질문에 답하시오. **[10~11]**

	A	B	C	D	E	F	G
1							
2		구분	미입처수	매수	공급가액(원)	세액(원)	합계
3		전자세금계산서	12	8	11,096,174	1,109,617	12,205,791
4		수기종이계산서	1	0	69,180		76,098
5		합계	13	8	11,165,354	1,116,535	

☑ 확인 Check! ○ △ ×

10 귀하는 VAT(부가가치세) 신고를 준비하기 위해 엑셀 파일을 정리하고 있다. 세액은 공급가액의 10%이다. 수기종이계산서의 '세액(원)'인 [F4] 셀을 채우려 할 때 필요한 수식은?

① =E3*0.1
② =E3*0.001
③ =E4+0.1
④ =E3*10%
⑤ =E4*0.1

☑ 확인 Check! ○ △ ×

11 총 합계인 [G5] 셀을 채울 때 필요한 함수식과 결괏값은?

① =AVERAGE(G3:G4) / 12,281,890
② =SUM(G3:G4) / 12,281,889
③ =AVERAGE(E5:F5) / 12,281,890
④ =SUM(E3:F5) / 12,281,889
⑤ =SUM(E5:F5) / 12,281,888

☑ 확인 Check! ○△✕

12 다음 중 파워포인트에서 텍스트의 단축키 기능으로 옳지 않은 것은?

① Ctrl + E → 텍스트를 가운데에 맞춘다.
② Ctrl + B → 텍스트를 굵게 만든다.
③ Ctrl + I → 텍스트에 밑줄을 긋는다.
④ Ctrl + Shift + > → 텍스트 크기를 늘린다.
⑤ Ctrl + L → 텍스트를 왼쪽에 맞춘다.

☑ 확인 Check! ○△✕

13 다음 B사원의 답변에서 빈칸 (A), (B)에 들어갈 단축키로 적절한 것은?

> A대리 : B씨, 혹시 파워포인트에서 도형 높이와 너비를 미세하게 조절하고 싶은데 어떻게 해야 하는지 알아요? 이거 도형 크기 조절하기가 쉽지 않네.
> B사원 : 네 대리님, (A) 버튼과 (B) 버튼을 같이 누르신 후, 화살표 버튼을 누르시면서 크기를 조절하시면 됩니다.

	(A)	(B)
①	[Ctrl]	[Shift]
②	[Ctrl]	[Alt]
③	[Ctrl]	[Tab]
④	[Alt]	[Tab]
⑤	[Alt]	[Shift]

PART 1

안심Touch

14 다음과 같이 파워포인트 슬라이드 화면에 3개의 직사각형 도형이 배치되어 있으며, 직사각형 도형을 모두 지정한 후, 오른쪽 그림의 개체 맞춤 기능을 활용하여 직사각형을 배치하려고 한다. 개체 맞춤 기능으로 배치된 도형의 위치가 옳지 않은 것은?

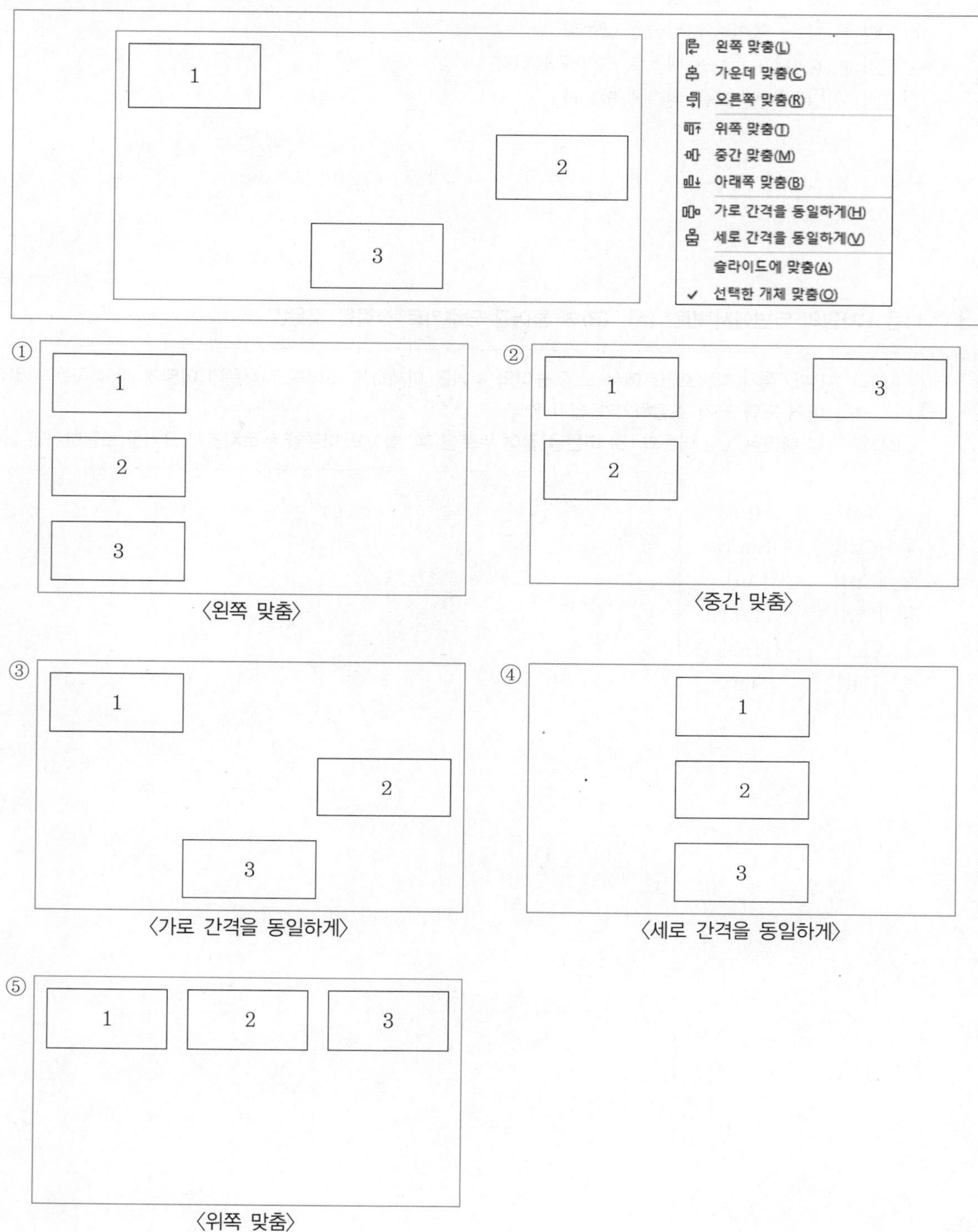

☑ 확인 Check! ○ △ ×

15 A대리는 비밀번호 자동저장으로 인한 사내 정보 유출을 막기 위해 관련 공문을 보내려고 한다. 다음 중 공문에 첨부할 스크린샷 화면으로 올바른 것은?

①

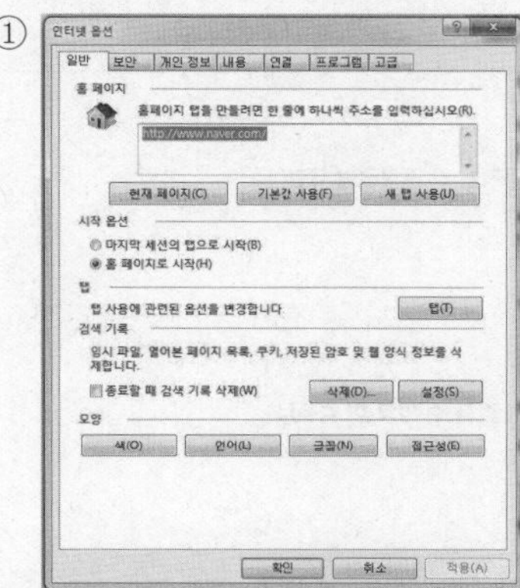

②

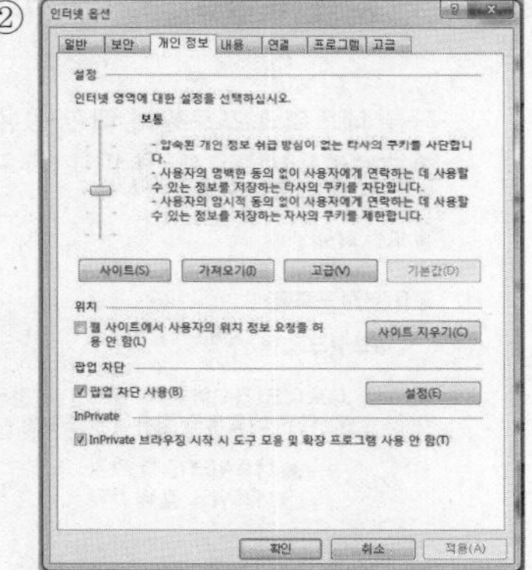

③

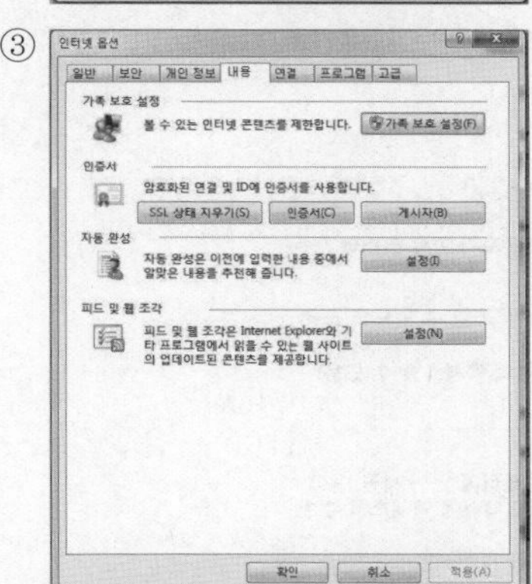

④

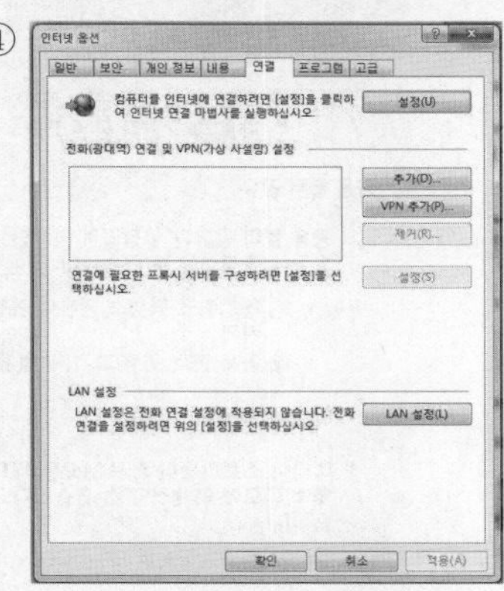

⑤

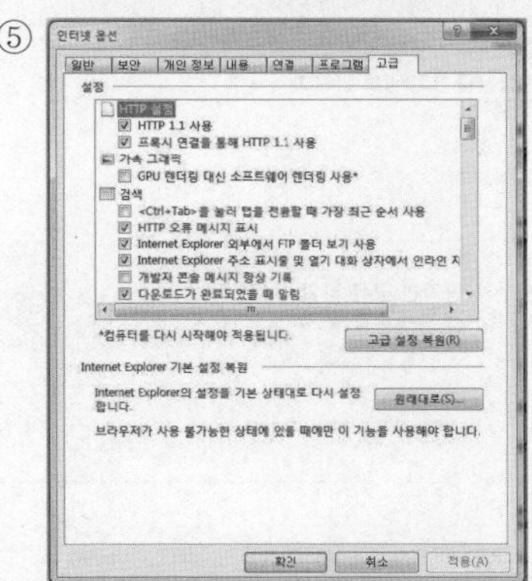

PART 1

☑ 확인 Check! ○ △ ✕

16 B사원은 업무파일을 공유하기 위해 Windows 7에서 공유폴더 설정을 하였다. 그런데 파일을 확인하려던 C부장이 B사원에게 공유폴더를 열자 '네트워크 암호 입력' 창이 뜬다고 하며 암호를 삭제하라고 한다. 다음 중 모든 사람이 암호 없이 접속할 수 있게 설정할 수 있는 탭은?

다른 네트워크 프로필에 대한 공유 옵션 변경

Windows는 사용하는 각 네트워크마다 서로 다른 네트워크 프로필을 만듭니다. 사용자는 각 프로필에 대한 특정 옵션을 선택할 수 있습니다.

홈 또는 회사

공용(현재 프로필)

네트워크 검색 … ①

네트워크 검색이 켜져 있으면 이 컴퓨터에서 다른 네트워크 컴퓨터와 장치를 볼 수 있고 이 컴퓨터가 다른 네트워크 컴퓨터에 표시될 수도 있습니다. 네트워크 검색이란?

◉ 네트워크 검색 켜기
○ 네트워크 검색 끄기

파일 및 프린터 공유 … ②

파일 및 프린터 공유가 켜져 있으면 이 컴퓨터에서 공유한 파일과 프린터를 네트워크의 모든 사용자가 액세스할 수 있습니다.

◉ 파일 및 프린터 공유 켜기
○ 파일 및 프린터 공유 끄기

공용 폴더 공유 … ③

공용 폴더 공유가 설정되어 있으면 홈 그룹 구성원을 비롯한 네트워크 사용자가 공용 폴더에 있는 파일에 액세스할 수 있습니다. 공용 폴더 정보

○ 네트워크 액세스 권한이 있는 모든 사용자가 공용 폴더의 파일을 읽고 쓸 수 있도록 공유 켜기
◉ 공용 폴더 공유 끄기(이 컴퓨터에 로그온한 사용자는 이 폴더에 계속 액세스할 수 있음)

미디어 스트리밍

미디어 스트리밍이 켜져 있으면 네트워크에 있는 사용자 및 장치가 이 컴퓨터에 있는 사진, 음악 및 비디오에 액세스할 수 있습니다. 또한 이 컴퓨터에서도 네트워크에서 미디어에 액세스할 수 있습니다.

미디어 스트리밍 옵션 선택...

파일 공유 연결 … ④

Windows 7에서는 파일 공유 연결의 보안을 위해 128비트 암호화를 사용합니다. 128비트 암호화를 지원하지 않는 일부 장치는 40비트 또는 56비트 암호화를 사용해야 합니다.

◉ 파일 공유 연결의 보안을 위해 128비트 암호화 사용(권장)
○ 40비트 또는 56비트 암호화를 사용하는 장치에 대해 파일 공유 사용

암호로 보호된 공유 … ⑤

암호 보호 공유가 켜져 있으면 이 컴퓨터에 대한 사용자 계정과 암호가 있는 사용자만 공유 파일, 이 컴퓨터에 연결된 프린터 및 공용 폴더에 액세스할 수 있습니다. 다른 사용자가 액세스할 수 있게 하려면 암호 보호 공유를 꺼야 합니다.

◉ 암호 보호 공유 켜기
○ 암호 보호 공유 끄기

☑ 확인 Check! ○△×

17 다음은 A회사 인트라넷에 올라온 컴퓨터의 비프음과 관련된 문제 해결 방법에 대한 공지사항이다. 부팅 시 비프음 소리와 해결방법에 대한 설명으로 올바르지 않은 것은?

> 안녕하십니까.
> 최근 사용하시는 컴퓨터를 켤 때 비프음 소리가 평소와 다르게 들리는 경우가 종종 있습니다.
> 해당 비프음 소리별 해결원인과 방법을 공지하오니 참고해주시기 바랍니다.
>
> 〈비프음으로 진단하는 컴퓨터 상태〉
>
> – 짧게 1번 : 정상
> – 짧게 2번 : 바이오스 설정이 올바르지 않은 경우, 모니터에 오류 메시지가 나타나게 되므로 참고하여 문제 해결
> – 짧게 3번 : 키보드가 불량이거나 올바르게 꽂혀 있지 않은 경우
> – 길게 1번+짧게 1번 : 메인보드 오류
> – 길게 1번+짧게 2번 : 그래픽 카드의 접촉 점검
> – 길게 1번+짧게 3번 : 쿨러의 고장 등 그래픽 카드 접촉 점검
> – 길게 1번+짧게 9번 : 바이오스의 초기화, A/S 점검
> – 아무 경고음도 없이 모니터가 켜지지 않을 때 : 전원 공급 불량 또는 합선, 파워서플라이의 퓨즈 점검, CPU나 메모리의 불량
> – 연속으로 울리는 경고음 : 시스템 오류, 메인보드 점검 또는 각 부품의 접촉 여부와 고장 확인

① 짧게 2번 울릴 때는 모니터에 오류 메시지가 뜨니 원인을 참고해 해결할 수 있다.
② 비프음이 길게 1번, 짧게 1번 울렸을 때 CPU를 교체해야 한다.
③ 길게 1번, 짧게 9번 울리면 바이오스 ROM 오류로 바이오스의 초기화 또는 A/S가 필요하다.
④ 키보드가 올바르게 꽂혀 있지 않은 경우 짧게 3번 울린다.
⑤ 연속으로 울리는 경고음은 시스템 오류일 수 있다.

☑ 확인 Check! ○△×

18 ".한국"은 최초의 완전 한글 도메인으로, ".kr"과 같은 공식 국가 도메인이다. 도메인 이름으로 설정 가능한 것은?

> 〈한국 도메인 등록 기준〉
>
> • 허용 문자 : 한글(11,172자), 영문[A ~ Z]·[a ~ z], 숫자(0 ~ 9), 하이픈(–)
>   – 한글을 1글자 이상 포함하여야 함
>   – 하이픈으로 시작하거나 끝나지 않아야 하며, 세 번째와 네 번째 글자에 하이픈이 연이어 올 수 없음
>   – 허용 문자 외의 문자나 기호는 인정되지 않음
> • 길이 : 음절 기준 1자 이상 ~ 17자 이하

① 대,한,민,국,만,세.한국
② 사랑해yo.한국
③ –e콜센터118.한국
④ NCS국가직무능력표준–.한국
⑤ 한국_지역_난방_공사.한국

PART 1

☑ 확인 Check! ○△×

19 포털사이트에서 '국가직무능력표준'과 '채용'이라는 단어를 모두 포함하는 문서를 검색하되, '신체검사'라는 단어가 포함되지 않는 조건으로 검색하려면, 다음 중 검색기호로 적절한 것은?

① 국가직무능력표준 * 채용 & 신체검사
② 국가직무능력표준 ~ 채용 ! 신체검사
③ 국가직무능력표준 | 채용 ~ 신체검사
④ 국가직무능력표준 & 채용 ! 신체검사
⑤ 국가직무능력표준 ! 채용 * 신체검사

☑ 확인 Check! ○△×

20 귀하는 전산팀에 근무하고 있으며, 최근 새로 입사한 후임에게 전산업무를 알려주고 있다. 어느 날 CS팀에서 컴퓨터가 제대로 작동하지 않는다는 문의가 왔는데, 귀하는 컴퓨터가 하드디스크를 제대로 인식하지 못하여 발생한 일이라고 판단하였다. 귀하는 인턴에게 CS팀에 가서 문제를 해결하고 오라고 지시를 내리면서 다음과 같은 해결방법을 알려 주었다. 다음 중 귀하가 인턴에게 알려준 내용으로 적절하지 않은 것은?

① "컴퓨터 본체 내 하드디스크 전원이 제대로 연결되어 있는지 상태를 확인해보세요."
② "혹시 하드디스크가 외부적인 충격으로 고장이 나지 않았는지 점검해보세요."
③ "CMOS Setup에 들어가서 하드디스크 설정 내용이 올바르게 되었는지 확인해보세요."
④ "백신 프로그램을 실행시켜서 바이러스에 감염되어 인식이 안 되는 것인지 점검해보세요."
⑤ "컴퓨터 내에 디스크 조각 모음 프로그램을 실행시켜 단편화 제거를 진행해보세요."

☑ 확인 Check! ○△×

21 귀하는 주변 동료로부터 컴퓨터 관련 능력이 우수하다고 평가받고 있다. 최근 옆 부서의 A대리로부터 "곧 신입사원이 들어와요. 그래서 컴퓨터는 설치를 했는데, 프린터 연결은 어떻게 해야 할지를 몰라서 설정을 못했어요. 좀 부탁드립니다."라는 요청을 받았다. 윈도우 운영체제에서 프린터를 연결할 때, 다음의 내용 중 틀린 것은?

① [프린터 추가 마법사]를 실행하면, 로컬 프린터와 네트워크 프린터로 구분하여 새로운 프린터를 설치할 수 있다.
② 한 대의 PC에는 로컬 프린터를 한 대만 설치할 수 있으며, 여러 대의 프린터가 설치되면 충돌이 일어나 올바르게 작동하지 못한다.
③ 한 대의 프린터를 네트워크로 공유하면, 여러 대의 PC에서 사용할 수 있다.
④ 네트워크 프린터를 사용할 때, 프린터의 공유 이름과 프린터가 연결된 PC 이름을 알아야 한다.
⑤ 네트워크 프린터를 설치하면 다른 PC에 연결된 프린터를 내 PC에 연결된 것과 같이 사용할 수 있다.

확인 Check! ○ △ ×

22 2020년에 출시될 음료 제품의 블라인드 테스트를 진행한 설문 응답표를 엑셀 표로 정리하였다. 결과표를 만들고 싶을 때 필요한 엑셀의 함수는?

〈설문 응답표〉

문항 1. 음료를 개봉했을 때, 냄새가 바로 느껴지는가?

1. 매우 그렇다. 2. 그렇다. 3. 보통이다. 4. 아니다. 5. 매우 아니다.

문항 2. 음료를 마신 후, 이전에 먹어본 비슷한 음료가 생각나는가?

1. 매우 그렇다. 2. 그렇다. 3. 보통이다. 4. 아니다. 5. 매우 아니다.

⋮

	A	B	C	D	E	F	G
1	〈설문 응답표〉						
2		설문자 A	설문자 B	설문자 C	설문자 D	설문자 E	…
3	문항 1	1	2	3	4	5	…
4	문항 2	5	4	3	2	1	…
5	문항 3	1	1	1	1	1	…
6	문항 4	2	2	2	3	3	…
7	문항 5	4	4	5	1	2	…
8	…	…	…	…	…	…	…

	A	B	C	D	E	F	G
1	〈결과표〉						
2		매우 그렇다(1)	그렇다(2)	보통(3)	아니다(4)	매우 아니다(5)	…
3	문항 1	1	1	1	1	1	…
4	문항 2	1	1	1	1	1	…
5	문항 3	5	0	0	0	0	…
6	문항 4	0	3	2	0	0	…
7	문항 5	1	1	0	2	1	…
8	…	…	…	…	…	…	…

① COUNTIF
② COUNT
③ COUNTA
④ DSUM
⑤ SUMIF

PART 1

안심Touch

※ 다음에 제시된 코드 분류 방법을 보고 이어지는 질문에 답하시오. [23~25]

〈코드 분류 방법〉

※ 코드구성 : 총 10자리 숫자로서, '성별 – 나이 – 지역 – 민원횟수 – 업무' 순으로 나열함

1. 성별

남자	여자
01	02

2. 나이

10대 이상 20대 미만	20대 이상 30대 미만	30대 이상 40대 미만	40대 이상 50대 미만	50대 이상 60대 미만
10	20	30	40	50

3. 지역

서울	경기	부산	대구	대전	광주	강원
11	22	33	44	55	66	77

4. 민원횟수

1회부터 9회까지 있으며, 횟수에 따라 01 ~ 09로 분류함

5. 업무

자격	건강검진	보험료	보험급여	미지급 환급금 통합조회 및 신청	보장구 대여
01	02	03	04	05	06

〈등급〉

등급	코드
1등급	0120110101, 0120330201, 0230220501, 0150660501, 0240220601, 0230550401, 0240440401, 0230110101, 0240330201, 0230330501, 0250440501, 0240110501, 0250330401, 0240770401
2등급	0120770902, 0120660202, 0230220502, 0250660502, 0240330602, 0230220402, 0240440402, 0230110102, 0240770202, 0230330502, 0250440502, 0240110502, 0250331002, 0240770402
3등급	0250770703, 0120330203, 0230220503, 0150660703, 0240220603, 0230550403, 0240440403, 0230110103, 0240330703, 0230330803, 0250220503, 0240110503, 0250330403, 0240770403
4등급	0210330104, 0120880204, 0230220804, 0150660704, 0240220704, 0230550404, 0240440304, 0230110904, 0104330204, 0230550504, 0250330504, 0160220604, 0250330404, 0240770404
5등급	0250110105, 0230330205, 0230770505, 0150440505, 0140220605, 0210550405, 0240330405, 0230110105, 0140330205, 0230330505, 0250440505, 0240110505, 0250770405, 0240660405
6등급	0230110106, 0210330206, 0250220506, 0220660506, 0150220606, 0120550406, 0240330406, 0230220106, 0240330206, 0120330506, 0250550506, 0110110506, 0250330406, 0240770406

☑ 확인 Check! ○△×

23 등급을 나눈 기준은 무엇인가?

① 성별
② 나이
③ 지역
④ 민원횟수
⑤ 업무

☑ 확인 Check! ○△×

24 가장 많은 민원을 접수한 연령은?

① 10대
② 20대
③ 30대
④ 40대
⑤ 50대

☑ 확인 Check! ○△×

25 다음 중 등급이 잘못 표기된 횟수는?

① 1등급 2회, 3등급 2회
② 2등급 1회, 4등급 3회
③ 3등급 3회, 5등급 2회
④ 4등급 2회, 6등급 1회
⑤ 5등급 1회, 6등급 1회

PART 1

안심Touch

※ 다음은 A기업의 직무연수 신청표와 사원번호 발급체계이다. 이어지는 질문에 답하시오. **[26~27]**

〈직무연수 신청표〉

이름	부서	직급	사원번호	연수 일정
A	인사	주임	1510232	2018. 03. 13
B	총무	대리	1411175	2018. 06. 28
C	마케팅	대리	1315572	2018. 03. 21
D	마케팅	사원	1825387	2018. 03. 10
E	자재	과장	0917197	2018. 03. 19
F	회계	사원	1715568	2018. 04. 02
G	지원	주임	1617375	2018. 05. 18

※ 연수 일정 전까지 연수 취소는 가능하나 취소 시 차수 연수 신청 불가능
※ 연수 시작 7일 전까지 일정 변경 가능

〈사원번호 발급체계〉

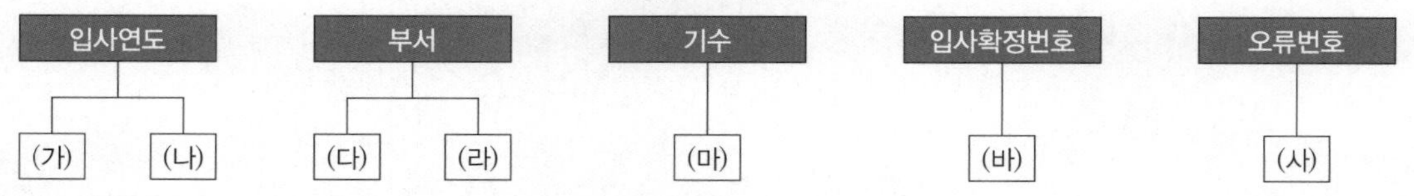

구분	인사	총무	회계	자재	지원	마케팅
부서코드	10	11	15	17	20	25

※ 입사연도는 네 자릿수 중에 뒤의 두 자리만 사용한다. 예 2017 → 17
※ 입사확정번호는 2000년도 이후 입사자부터 적용된다.

〈오류번호 연산법〉

$0 \leq$ (가)+(나)+(다)+(라)+(마)+(바) $< 10 \rightarrow 0$
$10 \leq$ (가)+(나)+(다)+(라)+(마)+(바) $< 20 \rightarrow$ 값 $- 10$
$20 \leq$ (가)+(나)+(다)+(라)+(마)+(바) $< 30 \rightarrow$ 값 $- 20$

☑ 확인 Check! ○ △ ×

26 다음 자료의 내용을 바탕으로 옳은 것은?

① 2016년에 2기 3번으로 입사한 지원 부서 K주임은 사원번호가 1620234이다.
② 1998년에 입사한 총무 부서 L부장의 사원번호를 알 수 있다.
③ C대리는 연수 일정을 3월 17일에 취소하고 차수 연수를 들을 예정이다.
④ D사원은 3월 4일에 연수 일정을 변경해 3월 19일에 연수를 들을 예정이다.
⑤ E과장은 2008년 이전에 입사하였다.

27 직무연수 신청표의 사원번호가 올바르지 않은 사람끼리 짝지어진 것은?(단, 입사연도, 기수, 입사확정번호는 모두 맞다고 가정한다)

① B, C
② A, C
③ E, F, G
④ C, F, G
⑤ A, C, F

28 K정보통신회사에 입사한 귀하는 시스템 모니터링 및 관리 업무를 담당하게 되었다. 다음 내용을 참고할 때, 〈보기〉의 빈칸에 들어갈 알맞은 코드는?

다음 모니터에 나타나는 정보를 이해하고 시스템 상태를 판독하여 적절한 코드를 입력하는 방식을 파악하시오.

system is processing requests...
system Code is S
Run...

Error Found!
Index AXNGR of File WOANMR

Final Code? Lind

항목	세부사항
Index ◇◇◇ of File ◇◇◇	• 오류 문자 : Index 뒤에 나타나는 문자 • 오류 발생 위치 : File 뒤에 나타나는 문자
Error Value	오류 문자와 오류 발생 위치를 의미하는 문자에 사용된 알파벳을 비교하여 일치하는 알파벳의 개수를 확인
Final Code	Error Value를 통하여 시스템 상태 판단

판단 기준	Final Code
일치하는 알파벳의 개수=0	Svem
0<일치하는 알파벳의 개수≤1	Atur
1<일치하는 알파벳의 개수≤3	Lind
3<일치하는 알파벳의 개수≤5	Nugre
일치하는 알파벳의 개수>5	Qutom

보기

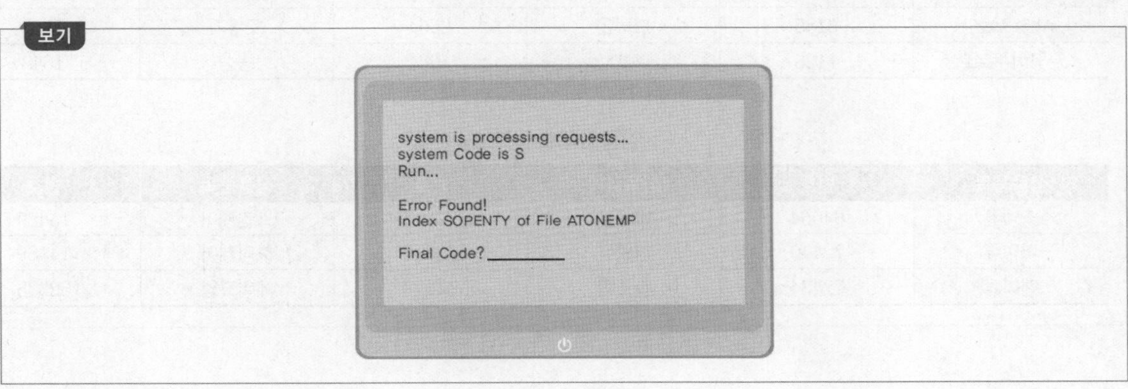

① Svem
② Atur
③ Lind
④ Nugre
⑤ Qutom

※ 다음 제시문을 읽고 물음에 답하시오. [29~30]

〈바코드 생성 방법〉

- 1 ~ 3번 자리=국가식별코드
- 4 ~ 7번 자리=제조업체
- 8 ~ 12번 자리=상품품목
- 13번 자리=판독검증용 기호(난수)

〈국가별 바코드 번호〉

국가	번호	국가	번호	국가	번호
한국	880	멕시코	750	싱가포르	888
일본	450 ~ 459	그리스	520	콜롬비아	770
중국	690 ~ 695	필리핀	480	노르웨이	700 ~ 709

〈제조업체별 바코드 번호〉

제조업체	번호	제조업체	번호	제조업체	번호
롯데제과	1062	더바디샵	8197	샘표식품	2654
Able C&C	6185	오리온	2564	오뚜기	1182
한국야쿠르트	1128	해태	1684	농심	1648

〈상품품목별 바코드 번호〉

상품품목	번호	상품품목	번호	상품품목	번호
스낵류	64064	음료류	72444	스킨케어	15489
파이류	72440	양념류	23598	보디케어	14589
캔디류	72434	통조림	64078	메이크업	32335

확인 Check! ○ △ ×

29 다음 바코드로 확인할 수 있는 정보로 옳은 것은?

	국가	제조업체	상품품목
①	콜롬비아	농심	스낵류
②	노르웨이	해태	음료류
③	멕시코	AbleC&C	스킨케어
④	일본	오뚜기	양념류
⑤	중국	더바디샵	메이크업

☑ 확인 Check! ○ △ ✕

30 **수입한 제품의 바코드 번호를 확인하니 6922654640789였다. 이에 대해 잘못 이해한 정보는 무엇인가?**

① 바코드 번호는 13자리로 구성되어 있다.
② 앞의 3자리는 국가를 나타낸다.
③ 마지막 숫자는 일정한 규칙이 없다.
④ 수입한 제품은 스낵류일 것이다.
⑤ 제조업체는 샘표식품과 오리온 중 하나이다.

CHAPTER **08**

기술능력

영역 소개 〉

기술능력은 업무를 수행함에 있어 도구·장치 등을 포함하여 필요한 기술은 무엇이 있는지 이해하고, 실제로 적절한 기술을 선택하여 적용하는 능력을 말한다.

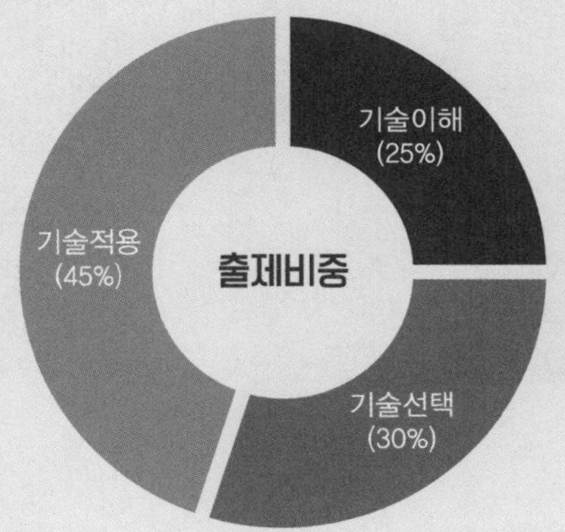

구분	중요도
기술이해	★★☆☆☆
기술선택	★★★☆☆
기술적용	★★★★☆

기술능력은 NCS 기반 채용을 진행한 기업 중 50% 정도가 다뤘으며, 문항 수는 전체의 평균 2% 정도로 출제되었다.

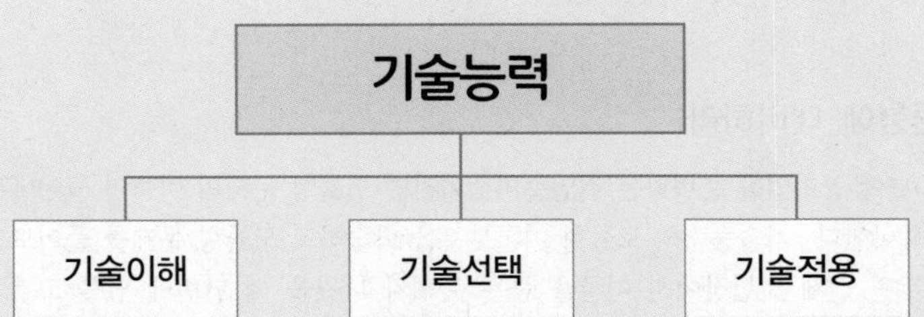

기술이해	업무수행에 필요한 기술적 원리를 올바르게 이해하는 능력
기술선택	도구·장치를 포함하여 업무수행에 필요한 기술을 선택하는 능력
기술적용	업무수행에 필요한 기술을 실제로 적용하는 능력

CHAPTER 08
기술능력

합격 Cheat Key

기술능력은 업무를 수행함에 있어 도구, 장치 등을 포함하여 필요한 기술에 어떠한 것들이 있는지 이해하고, 실제 업무를 수행함에 있어 적절한 기술을 선택하여 적용하는 능력이다. 사무직을 제외한 특수 직렬을 지원하는 수험생이라면 전공을 포함하여 반드시 준비해야하는 영역이다.
국가직무능력표준에 따르면 기술능력의 세부 유형은 기술이해능력·기술선택능력·기술적용능력으로 나눌 수 있다. 제품설명서나 상황별 매뉴얼을 제시하는 문제나 명령어를 제시하고 규칙을 대입할 수 있는지 묻는 문제가 출제되기 때문에 이런 유형들을 공략할 수 있는 전략을 세워야한다.

기술능력은 NCS 기반 채용을 진행한 기업 중 50% 정도가 다뤘으며, 문항 수는 전체에서 평균 2% 정도 출제되었다.

01 긴 지문이 출제될 때는 보기의 내용을 미리 보자!

기술능력에서 자주 출제되는 제품설명서나 상황별 매뉴얼을 제시하는 문제에서는 기술을 이해하고, 상황에 알맞은 원인 및 해결방안을 고르는 문제가 출제된다. 실제 시험장에서 문제를 풀 때, 시간적 여유가 없기 때문에 보기를 먼저 읽고, 그 다음 긴 지문을 보면서 동시에 보기와 일치하는 내용이 나오면 확인해가면서 푸는 것이 좋다.

02 모듈형에 대비하라!

2020년에 공기업을 준비하는 취업준비생이라면 모듈형 문제의 비중이 늘어나는 추세이므로 모듈형 문제에 대비해야한다. 기술능력의 모듈형 이론부분을 학습하고 모듈형 문제를 풀어보고 다회독하여 이론을 확실히 익혀두면 실제 시험장에서 이론을 묻는 문제가 나왔을 때 단번에 답을 고를 수 있다.

03 전공이론도 익혀두자!

지원하는 직렬의 전공이론이 기술능력으로 출제되는 경우가 많기 때문에 전공이론을 익혀두는 것이 좋다. 깊이 있는 지식을 묻는 문제가 아니더라도 출제되는 문제의 소재가 전공과 관련된 내용일 가능성이 크기 때문에 최소한 지원하는 직렬의 전공 용어는 확실히 익혀두는 것이 좋다.

04 포기하지 말자!

직업기초능력에서 주요 영역이 아니면 소홀한 경우가 많다. 시험장에서 기술능력을 읽어보지도 않고 포기하는 경우가 많은데 차근차근 읽어보면 지문만 잘 읽어도 풀리는 문제들이 출제되는 경우가 있다. 이론을 모르더라도 풀 수 있는 문제인지 파악해보자!

CHAPTER 08
기술능력

NCS 모듈 학습

| 01 | 기술능력

(1) 기술능력

직업에 종사하기 위해 모든 사람들이 필요로 하는 능력이며, 기술을 이해하고 상황에 맞는 것을 선택하여 적용하는 능력이다.

(2) 기술능력이 뛰어난 사람

① 실질적 해결을 필요로 하는 문제를 인식한다.
② 인식된 문제를 위한 다양한 해결책을 개발하고 평가한다.
③ 실제적 문제를 해결하기 위해 지식이나 기타 자원을 선택・최적화시키며, 적용한다.
④ 주어진 한계 속에서, 그리고 제한된 자원을 가지고 일한다.
⑤ 기술적 해결에 대한 효용성을 평가한다.
⑥ 여러 상황 속에서 기술의 체계와 도구를 배워서 사용할 수 있다.

핵심예제

다음 중 기술능력이 뛰어난 사람의 특징으로 옳지 않은 것은?

① 실질적 해결을 필요로 하는 문제를 인식한다.
② 인식된 문제를 위한 다양한 해결책을 개발하고 평가한다.
③ 실제적 문제를 해결하기 위해 지식이나 기타 자원을 선택・최적화시키며, 적용한다.
④ 기술적 해결에 대한 문제점을 평가한다.

예제풀이

기술적 해결에 대한 문제점을 평가하는 것이 아니라 효용성을 평가한다.

정답 ④

(3) 지속가능한 발전(Sustainable Development)

지금 우리의 현재 욕구를 충족시키면서, 동시에 후속 세대의 욕구 충족을 침해하지 않는 발전을 의미한다. 발전은 현재와 미래 세대의 발전과 환경적 요구를 충족하는 방향으로 이루어져야 하며, 그렇기 때문에 환경 보호가 발전의 중심적인 요소가 되어야 한다.

(4) 지속가능한 기술(Sustainable Technology)

지속가능한 발전을 가능하게 하는 기술을 말하며, 태양 에너지와 같이 고갈되지 않는 자연 에너지를 활용하며, 낭비적인 소비 형태를 지양하고, 기술적 효용뿐 아니라 환경효용(Eco Efficiency)까지 고려한다.

핵심예제

다음 중 지속가능한 기술의 특징으로 옳지 않은 것은?

① 이용가능한 자원과 에너지를 고려하는 기술
② 자원이 사용되고 그것이 재생산되는 비율의 조화를 추구하는 기술
③ 자원의 질을 생각하는 기술
④ 석탄 에너지와 같이 고갈되는 자연 에너지를 활용하며, 낭비적인 소비 형태를 지양하고 기술적 효용만을 추구한다.

예제풀이

태양 에너지와 같이 고갈되지 않는 자연 에너지를 활용하며, 기술적 효용만이 아닌 환경 효용까지도 고려한다.

정답 ④

(5) 산업 재해

우리나라 산업 안전 보건법에서는 근로자가 업무에 관계되는 건설물・설비・원재료・가스・증기・분진 등에 의하거나, 직업과 관련된 기타 업무에 의하여 사망 또는 부상을 입거나 질병에 걸리게 되는 것을 산업 재해라 한다.

① 산업 재해의 원인

㉠ 기본적 원인

교육적 원인	안전 지식의 불충분, 안전 수칙의 오해, 경험이나 훈련의 불충분과 작업관리자의 작업 방법에 대한 교육 불충분, 유해 위험 작업 교육 불충분 등
기술적 원인	건물・기계 장치의 설계 불량, 구조물의 불안정, 재료의 부적합, 생산 공정의 부적당, 점검・정비・보존의 불량 등
작업 관리상 원인	안전 관리 조직의 결함, 안전 수칙 미제정, 작업 준비 불충분, 인원 배치 및 작업 지시 부적당 등

㉡ 직접적 원인

불안전한 행동	위험 장소 접근, 안전 장치 기능 제거, 보호 장비의 미착용 및 잘못 사용, 운전 중인 기계의 속도 조작, 기계・기 구의 잘못된 사용, 위험물 취급 부주의, 불안전한 상태 방치, 불안전한 자세와 동작, 감독 및 연락 잘못 등
불안전한 상태	시설물 자체 결함, 전기 가설물의 누전, 구조물의 불안정, 소방기구의 미확보, 안전 보호 장치 결함, 복장・보호구 의 결함, 시설물의 배치 및 장소 불량, 작업 환경 결함, 생산 공정의 결함, 경계 표시 설비의 결함 등

② 산업 재해가 개인과 기업에 끼치는 영향

개인	재해를 당한 본인 및 가족의 정신적・육체적 고통, 일시적 또는 영구적인 노동력 상실, 본인과 가족의 생계에 대한 막대한 손실
기업	재해를 당한 근로자의 보상 부담, 재해를 당한 노동 인력 결손으로 인한 작업 지연, 재해로 인한 건물・기계・기구 등의 파손, 재해로 인한 근로 의욕 침체와 생산성 저하

③ 산업 재해의 예방과 대책

1단계	안전 관리 조직	경영자는 사업장의 안전 목표를 설정하고, 안전 관리 책임자를 선정해야 하며, 안전 관리 책임자는 안전 계획을 수립하고, 이를 시행・후원・감독해야 한다.
2단계	사실의 발견	사고 조사, 안전 점검, 현장 분석, 작업자의 제안 및 여론 조사, 관찰 및 보고서 연구, 면담 등을 통하여 사실을 발견한다.
3단계	원인 분석	재해의 발생 장소, 재해 형태, 재해 정도, 관련 인원, 직원 감독의 적절성, 공구 및 장비의 상태 등을 정확히 분석한다.
4단계	시정책의 선정	원인 분석을 토대로 적절한 시정책, 즉 기술적 개선, 인사 조정 및 교체, 교육, 설득, 호소, 공학적 조치 등을 선정한다.
5단계	시정책 적용 및 뒤처리	안전에 대한 교육 및 훈련 실시, 안전 시설과 장비의 결함 개선, 안전 감독 실시 등의 선정된 시정책을 적용한다.

• 예제풀이 •

휴가는 근로자의 직업과 관련된 기타 업무에 해당되지 않는다. 따라서 휴가 중 교통사고에 의한 부상은 산업재해로 볼 수 없다.

정답 ④

• 핵심예제 •

다음 중 산업 재해로 볼 수 없는 것은?

① 건설 공사장에서 근로자가 추락하는 벽돌에 맞아 부상당한 경우
② 아파트 건축 현장에서 근로자가 먼지 등에 의해 질병에 걸린 경우
③ 선반 작업 시 근로자의 손이 절단된 경우
④ 근로자가 휴가 중 교통사고에 의하여 부상당한 경우

| 02 | 기술이해능력

(1) 기술이해능력

기본적인 업무 수행에 필요한 기술의 원리 및 절차를 이해하는 능력이다.

(2) 기술 시스템(Technological System)

개별 기술을 네트워크로 결합해서 만드는 시스템으로, 인공물의 집합체만이 아니라 회사·투자 회사·법적 제도·정치·과학·자연자원을 모두 포함하는 것이다. 따라서 기술 시스템은 기술적인 것과 사회적인 것이 결합해서 공존하고 있다.

(3) 기술 시스템의 발전 단계

구분	발전 단계	과정	핵심 역할자
1단계	발명·개발·혁신의 단계	기술 시스템이 탄생하고 성장	기술자
2단계	기술 이전의 단계	성공적인 기술이 다른 지역으로 이동	
3단계	기술 경쟁의 단계	기술 시스템 사이의 경쟁	기업가
4단계	기술 공고화 단계	경쟁에서 승리한 기술 시스템의 관성화	자문 엔지니어·금융전문가

(4) 기술 혁신의 특성

① 과정 자체가 매우 불확실하고 장기간의 시간을 필요로 한다.
② 지식 집약적인 활동이다.
③ 혁신 과정의 불확실성과 모호함은 기업 내에서 많은 논쟁과 갈등을 유발할 수 있다.
④ 조직의 경계를 넘나든다.

• 예제풀이 •

기술 혁신은 노동 집약적인 활동이라기보다는 지식 집약적인 활동이다.

정답 ②

• 핵심예제 •

기술 혁신의 특성으로 옳지 않은 것은?

① 기술 혁신은 그 과정 자체가 매우 불확실하고 장기간의 시간을 필요로 한다.
② 기술 혁신은 노동 집약적인 활동이다.
③ 혁신 과정의 불확실성과 모호함은 기업 내에서 많은 논쟁과 갈등을 유발할 수 있다.
④ 기술 혁신은 조직의 경계를 넘나드는 특성을 갖고 있다.

(5) 기술 혁신의 과정과 역할

기술 혁신 과정	혁신 활동	필요한 자질과 능력
아이디어 창안 (Idea Generation)	• 아이디어를 창출하고 가능성을 검증 • 일을 수행하는 새로운 방법 고안 • 혁신적인 진보를 위한 탐색	• 각 분야의 전문지식 • 추상화와 개념화 능력 • 새로운 분야의 일을 즐김
챔피언 (Entrepreneuring or Championing)	• 아이디어의 전파 • 혁신을 위한 자원 확보 • 아이디어 실현을 위한 헌신	• 정력적이고 위험을 감수함 • 아이디어의 응용에 관심
프로젝트 관리 (Project Leading)	• 리더십 발휘 • 프로젝트의 기획 및 조직 • 프로젝트의 효과적인 진행 감독	• 의사결정 능력 • 업무 수행 방법에 대한 지식
정보 수문장 (Gate Keeping)	• 조직 외부의 정보를 내부 구성원들에게 전달 • 조직 내 정보원 기능	• 높은 수준의 기술적 역량 • 원만한 대인 관계 능력
후원 (Sponsoring or Coaching)	• 혁신에 대한 격려와 안내 • 불필요한 제약에서 프로젝트 보호 • 혁신에 대한 자원 획득 지원	• 조직의 주요 의사결정에 대한 영향력

| 03 | 기술선택능력

(1) 기술선택능력

기본적인 직장생활에 필요한 기술을 선택하는 능력이다.

(2) 기술선택을 위한 의사결정

① 상향식 기술선택(Bottom-up Approach)

기업 전체 차원에서 필요한 기술에 대한 체계적인 분석이나 검토 없이 연구자나 엔지니어들이 자율적으로 기술을 선택하는 것이다.

② 하향식 기술선택(Top-down Approach)

기술경영진과 기술기획담당자들에 의한 체계적인 분석을 통해 기업이 획득해야 하는 대상기술과 목표기술수준을 결정하는 것이다.

핵심예제

기술선택에 대한 설명으로 옳은 것은?

① 상향식 기술선택은 체계적인 분석을 통해 기업이 획득해야 하는 대상기술과 목표기술수준을 결정하는 것이다.

② 상향식 기술선택은 시장의 고객들이 요구하는 제품이나 서비스를 개발하는 데 부적합한 기술이 선택될 수 있다.

③ 하향식 기술선택은 체계적인 분석이나 검토 없이 연구자나 엔지니어들이 자율적으로 기술을 선택하는 것이다.

④ 하향식 기술선택은 기술 개발 실무를 담당하는 기술자들의 흥미를 유발할 수 있다.

예제풀이

오답분석

① 하향식 기술선택

③·④ 상향식 기술선택

정답 ②

PART 1

(3) 기술선택을 위한 절차

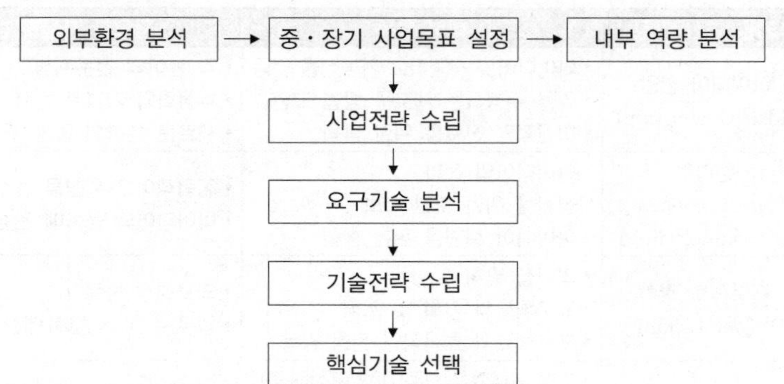

(4) 기술선택을 위한 우선순위 결정

① 제품의 성능이나 원가에 미치는 영향력이 큰 기술
② 기술을 활용한 제품의 매출과 이익 창출 잠재력이 큰 기술
③ 쉽게 구할 수 없는 기술
④ 기업 간에 모방이 어려운 기술
⑤ 기업이 생산하는 제품 및 서비스에 보다 광범위하게 활용할 수 있는 기술
⑥ 최신 기술로 진부화될 가능성이 적은 기술

• 예제풀이 •

쉽게 구할 수 없는 기술이 우선순위 결정요인이다.

정답 ②

핵심예제

기술선택을 위한 우선순위 결정요인이 아닌 것은?

① 성능이나 원가에 미치는 영향력이 큰 기술
② 쉽게 구할 수 있는 기술
③ 기업 간에 모방이 어려운 기술
④ 최신 기술로 진부화될 가능성이 적은 기술

(5) 벤치마킹

특정 분야에서 뛰어난 업체의 상품·기술·경영 방식 등을 배워 합법적으로 응용하는 것을 의미한다. 단순한 모방과는 달리 우수한 기업이나 성공한 상품·기술·경영 방식 등의 장점을 충분히 배우고 익힌 후 자사의 환경에 맞추어 재창조하는 것이다.

① 벤치마킹의 종류

㉠ 비교대상에 따른 분류

구분	내용
내부 벤치마킹	• 비교 대상 : 같은 기업 내의 다른 지역, 타 부서, 국가 간의 유사한 활용 • 장점 : 자료 수집이 용이하며 다각화된 우량기업의 경우 효과가 큼 • 단점 : 관점이 제한적일 수 있고 편중된 내부 시각에 대한 우려가 있음
경쟁적 벤치마킹	• 비교 대상 : 동일 업종에서 고객을 직접적으로 공유하는 경쟁 기업 • 장점 : 경영 성과와 관련된 정보 입수가 가능하며, 업무·기술에 대한 비교가 가능 • 단점 : 윤리적인 문제가 발생할 소지가 있으며, 대상의 적대적 태도로 인해 자료 수집이 어려움
비경쟁적 벤치마킹	• 비교 대상 : 제품·서비스 및 프로세스의 단위 분야에 있어 가장 우수한 실무를 보이는 비경쟁적 기업 내 유사 분야 • 장점 : 혁신적인 아이디어의 창출 가능성이 높음 • 단점 : 다른 환경의 사례를 가공하지 않고 적용할 경우 효과를 보지 못할 가능성이 높음

글로벌 벤치마킹	• 비교 대상 : 프로세스에 있어 최고로 우수한 성과를 보유한 동일 업종의 비경쟁적 기업 • 장점 : 접근 및 자료 수집이 용이하고 비교 가능한 업무·기술 습득이 상대적으로 용이 • 단점 : 문화 및 제도적인 차이로 발생하는 효과에 대한 검토가 없을 경우, 잘못된 분석결과가 발생할 가능성이 높음

㉡ 수행 방식에 따른 분류

직접적 벤치마킹	• 방법 : 벤치마킹 대상을 직접 방문하여 수행 • 장점 : 필요로 하는 정확한 자료의 입수 및 조사가 가능하며 연락 경로(Contact Point)의 확보로 벤치마킹의 이후 에도 계속적으로 자료의 입수 및 조사가 가능 • 단점 : 벤치마킹 수행과 관련된 비용 및 시간이 많이 소요되며 적절한 벤치마킹 대상 선정에 한계가 있음
간접적 벤치마킹	• 방법 : 인터넷 및 문서 형태의 자료를 통해서 수행 • 장점 : 벤치마킹 대상의 수에 제한이 없고 다양하며, 비용 또는 시간적 측면에서 상대적으로 많이 절감할 수 있음 • 단점 : 벤치마킹 결과가 피상적이며 정확한 자료의 확보가 어렵고, 특히 핵심자료의 수집이 상대적으로 어려움

② 벤치마킹의 주요 단계

1단계 계획 단계	:	계획 단계에서 기업은 반드시 자사의 핵심 성공요인, 핵심 프로세스, 핵심 역량 등을 파악해야 하고, 벤치마킹 되어야 할 프로세스는 문서화되어야 하고 특성이 기술되어져야 한다. 그리고 벤치마킹 파트너 선정에 필요한 요구조건도 작성되어야 한다.
2단계 자료수집 단계	:	벤치마킹 프로세스의 자료수집 단계에서는 내부 데이터 수집, 자료 및 문헌조사, 외부 데이터 수집이 포함된다.
3단계 분석 단계	:	벤치마킹 프로세스 모델의 분석단계에서는 데이터 분석, 근본 원인 분석(Root Cause Analysis), 결과 예측, 동인 판단 등의 업무를 수행하여야 한다. 분석단계의 목적은 벤치마킹 수행을 위해 개선 가능한 프로세스 동인들을 확인하기 위한 것이다.
4단계 개선 단계	:	개선 단계의 궁극적인 목표는 자사의 핵심 프로세스를 개선함으로써 벤치마킹결과를 현실화 시키자는 것이다. 이 단계에서는 벤치마킹 연구를 통해 얻은 정보를 활용함으로써 향상된 프로세스를 조직에 적응시켜 지속적인 향상을 유도하여야 한다.

핵심예제

다음 중 간접적 벤치마킹의 특징으로 잘못 설명한 것은?

① 벤치마킹 대상을 직접 방문하여 수행하는 방법
② 인터넷 및 문서형태의 자료를 통해서 수행하는 방법
③ 벤치마킹 대상의 수에 제한이 없고 다양함
④ 비용 또는 시간적 측면에서 상대적으로 많이 절감됨

예제풀이

벤치마킹 대상을 직접적으로 방문하여 수행하는 방법은 직접적 벤치마킹에 해당한다.

정답 ①

(6) 매뉴얼(Manual)

직장생활에 필요한 기술을 선택하고 적용하는 데 있어 가장 기본적으로 활용하는 것이다.

① 매뉴얼의 종류

㉠ 제품 매뉴얼 : 사용자를 위해 제품의 특징이나 기능 설명, 사용방법과 고장 조치 방법, 유지 보수 및 A/S, 폐기까지 제품에 관련된 모든 서비스에 대해 소비자가 알아야 할 모든 정보를 제공하는 것

㉡ 업무 매뉴얼 : 어떤 일의 진행 방식, 지켜야 할 규칙, 관리상의 절차 등을 일관성 있게 여러 사람이 보고 따라할 수 있도록 표준화하여 설명하는 지침서

② 매뉴얼 작성 요령

㉠ 내용이 정확해야 한다.
- 가능한 한 단순하고 간결해야 하며, 비전문가도 쉽게 이해할 수 있어야 한다.
- 애매모호한 단어의 사용을 금지해야 하며, 추측성 기능의 내용 서술은 절대 금물이다.

㉡ 사용자가 알기 쉽게 쉬운 문장으로 쓰여야 한다.
- 한 문장은 단 하나의 명령, 또는 밀접하게 관련된 몇 가지 명령만을 포함하여야 한다.
- 수동태보다는 능동태 동사를 사용하며, 명령을 사용함에 있어 단정적으로 표현하고, 추상적 명사보다는 행위동사를 사용한다.

㉢ 사용자의 심리적 배려가 있어야 한다.
- 사용자의 질문을 예상하고 작성하여야 한다.
- 사용자가 한번 본 후 더 이상 매뉴얼이 필요하지 않도록 배려하여야 한다.

㉣ 사용자가 찾고자 하는 정보를 쉽게 찾을 수 있어야 한다.
- 사용자가 필요한 정보를 빨리 찾기 쉽도록 구성해야 한다.
- 짧고 의미 있는 제목과 비고(Note)를 활용한다.

㉤ 사용하기 쉬워야 한다.
- 사용자가 보기 불편하게 매뉴얼이 크거나 혹은 작거나, 복잡하지 않도록 제작한다.

핵심예제

다음 중 매뉴얼 작성을 위한 방법으로 옳지 않은 것은?

① 내용이 정확해야 한다.
② 작성자가 알기 쉽게 쉬운 문장으로 쓰여야 한다.
③ 사용자의 심리적 배려가 있어야 한다.
④ 사용자가 찾고자 하는 정보를 쉽게 찾을 수 있어야 한다.

예제풀이

매뉴얼은 작성자가 아닌 사용자가 알기 쉽도록 작성되어야 한다.

정답 ②

| 04 | 기술적용능력

(1) 기술적용능력

기본적인 직장생활에 필요한 기술을 실제로 적용하고 결과를 확인하는 능력이다.

① 기술적용 형태

㉠ 선택한 기술을 그대로 적용한다.

㉡ 선택한 기술을 그대로 적용하되, 불필요한 기술은 과감히 버린다.

㉢ 선택한 기술을 분석하고, 가공하여 활용한다.

② 기술적용 시 고려 사항

㉠ 기술 적용에 따른 비용이 많이 드는가?

㉡ 기술의 수명 주기는 어떻게 되는가?

㉢ 기술의 전략적 중요도는 어떻게 되는가?

㉣ 잠재적으로 응용 가능성이 있는가?

핵심예제

기술을 적용하는 모습으로 가장 바람직한 것은?

① 기용 : 외국 기업의 기술은 항상 좋은 것이기 때문에 있는 그대로 받아들인다.
② 현진 : 항상 앞서가는 동료가 선택한 기술은 다 좋을 것이므로 따라서 선택한다.
③ 지헌 : 자신의 업무 환경, 발전 가능성, 업무의 효율성 증가, 성과 향상 등에 도움을 줄 수 있는 기술인지 판단해보고 선택한다.
④ 재호 : 기술을 적용할 때 불필요한 부분이 있을 수 있지만 검증된 기술이라면 그대로 받아들인다.

예제풀이

아무리 앞선 기술이라고 할지라도 자신의 업무 환경, 발전 가능성, 효율성 증가, 성과 향상 등에 도움을 주지 못하면 좋은 기술이라고 할 수 없다. 또한 선진 기술이라고 할지라도 반드시 자신이 활용할 수 있도록 개선하여 활용해야 한다.

정답 ③

(2) 네트워크 혁명

인터넷이 상용화된 1990년대 이후에 시작되었으며, 그 효과가 충분히 나타나기에는 아직 시간이 필요하다.

① 네트워크 혁명의 특징

㉠ 전 지구적인 영향력을 지닌다. 인터넷과 미디어는 전 세계의 정보와 지식을 거대한 하나의 네트로 연결하고 있다. 나의 지식과 활동이 지구 반대편에 있는 사람에게 미치는 영향의 범위와 정도가 증대되고, 반대로 지구 저쪽에서 내려진 결정이 내게 영향을 미칠 수 있는 가능성도 커졌다.

㉡ 네트워크 혁명의 사회는 연계와 상호의존적이다. 원자화된 개인주의나 협동을 배제한 경쟁만으로는 성공을 꿈꾸기 힘들기 때문이다.

② 네트워크 혁명의 3가지 법칙

㉠ 무어의 법칙 : 컴퓨터의 파워가 18개월마다 2배씩 증가한다는 법칙으로, 인텔의 설립자 고든 무어(Gordon Moore)가 주장했다.

㉡ 메트칼프의 법칙 : 네트워크의 가치는 사용자 수의 제곱에 비례한다는 법칙으로, 근거리 통신망 이더넷(Ethernet)의 창시자 로버트 메트칼프(Robert Metcalfe)가 주장했다.

㉢ 카오의 법칙 : 창조성은 네트워크에 접속되어 있는 다양성의 지수함수에 비례한다는 법칙으로, 경영 컨설턴트 존 카오(John Kao)가 주장했다.

③ 네트워크 혁명의 역기능

㉠ 디지털 격차(Digital Divide)

㉡ 정보화에 따른 실업 문제

㉢ 인터넷 게임과 채팅 중독

㉣ 범죄 및 반사회적인 사이트의 활성화

㉤ 정보기술을 이용한 감시

CHAPTER 08

기술능력

기출예상문제

정답 및 해설 p. 53

확인 Check! ○△×

01 K공장에서 근무 중인 귀하는 점심시간에 신문을 읽다가 다른 업체에서 발생된 산업재해 관련 기사를 보았다. 최근 자주 발생하는 산업재해에 대해서 원인을 파악하고 귀하가 근무하는 K공장에 적용할 수 있는 예방대책을 수립하고자 한다. 아래 기사에서 알 수 있는 산업재해의 원인은 무엇인가?

> **○○지역 '사망' 산업재해 잇달아 발생**
> **기본 안전 수칙 지키지 않아 올해 근로자 10명 목숨 잃어**
>
> 지난 ○○일 낮 12시 30분경 ○○시 ○○읍 소재 식품제조공장에서 식품 혼합기를 가동시킨 상태에서 청소를 하던 근로자가 혼합기에 끼어 사망하는 사고가 발생했다.
> 사고의 가장 큰 원인은 안전 작업 절차를 따르지 않은 것으로써, 청소나 작업 시 기계를 정지해야 하는 안전 수칙을 무시하고 기계를 작동하다 이와 같은 변을 당했다.
> 이에 앞서 지난 ○○일 관내 건설현장에서도 비슷한 사고가 발생했다. 5m 높이의 철골구조물에서 작업 중인 근로자가 추락하여 1명이 사망하고 1명이 부상을 입었다. 이 사고의 원인 역시 시공사의 안전 불감증에서 비롯되었다. 해당 작업장은 설치 비용을 아끼고 작업이 번거롭다는 이유로 추락방지망을 설치하지 않은 것으로 알려졌다.
> 올해 들어 ○○지역에서 산업재해로 사망한 근로자는 10명이며, 대부분 기본 안전 수칙을 이행하지 않아 발생한 재해였다.
>
> 2019년 ○○월 ○○일

① 안전 지식의 불충분
② 안전 수칙의 미준수
③ 재료의 부적합
④ 생산 공정의 부적당
⑤ 안전 수칙 미제정

확인 Check! ○△×

02 Q산업에서 안전관리자로 근무하고 있는 귀하는 다음과 같은 사례에 대해 산업재해로 볼 수 있는지 검토하였다. 다음 중 산업재해로 볼 수 없는 경우는 누구인가?

> • A근로자 : 제1공장 우측 공사장을 지나가다 추락하는 벽돌에 맞아 부상당함
> • B근로자 : 공장 내 작업 중 발생하는 먼지 등에 의해서 질병에 걸림
> • C근로자 : 선반 작업 중 손이 절단됨
> • D근로자 : 휴가 중 교통사고에 의하여 부상당함
> • E근로자 : 공장 내 시설물을 옮기는 중 넘어져서 부상당함

① A근로자
② B근로자
③ C근로자
④ D근로자
⑤ E근로자

☑ 확인 Check! ○ △ ✕

03 건설회사에 근무하고 있는 귀하는 최근 대규모 SOC건설 프로젝트로 인하여 하청업체와의 업무를 관리하고 있다. 하청업체는 중간보고회에서 이번 프로젝트를 성공적으로 마무리하기 위해 다음과 같이 노력하고 있다고 설명하였다. 다음 중 프로젝트 총괄 PM으로서 귀하가 하청업체의 보고내용에 대해 검토하였을 때, 옳다고 판단한 것을 모두 고르면?

> 〈하청업체의 중간보고내용〉
>
> 저희는 이번 프로젝트를 성공적으로 이끌기 위해서 ㉠ 기술적인 효용과 더불어 환경적인 효용도 함께 추구하고자 합니다. 이러한 목적 아래, 환경에 대해서는 ㉡ 다른 요인들의 평가 방식과 달리 사후 평가 방식을 취하고 있습니다. 이 방식을 통해 건설 중 발생하는 오염을 최소화할 수 있을 것으로 예상됩니다. 또한 ㉢ 오염 예방을 위하여 청정 생산기술을 진단하고 컨설팅하면서 협력회사와 연대하고 있습니다. 또한 ㉣ 정부 및 환경단체가 요구하는 환경 성과평가의 실천방안을 연구 반영하고 있습니다.

① ㉠, ㉡
② ㉠, ㉢
③ ㉠, ㉡, ㉣
④ ㉠, ㉢, ㉣
⑤ ㉠, ㉡, ㉢, ㉣

☑ 확인 Check! ○ △ ✕

04 A보험사는 최근 온라인사업 확장과 전산보안 강화를 위하여 IT분야에 대한 아웃소싱 계획을 추진하고 있다. IT아웃소싱 대상업체를 물색하던 중 B전산서비스업체를 우선협상 대상자로 선정하였으며, 향후 5년간 A보험사의 IT시스템을 운영하는 사업을 맡기려고 한다. 귀하는 A보험사의 IT아웃소싱의 프로젝트 관리자로서 B전산서비스업체와의 커뮤니케이션 업무를 담당할 예정이다. 다음 중 성공적인 IT아웃소싱을 이끌어내기 위한 귀하의 적절한 행동으로 모두 고른 것은?

> 가. 아웃소싱 업체가 프로젝트를 이해할 수 있도록 정보를 공유한다.
> 나. 프로젝트 단계별 지침을 포함한 규정을 만들어 모두가 동일한 규칙에서 일할 수 있는 환경을 조성한다.
> 다. 프로젝트 업무 시 문서의 일관성, 동일한 파일 활용 등을 실천하여 업무의 효율성을 가질 수 있도록 한다.
> 라. 정기적으로 정보를 동기화한다.
> 마. 아웃소싱 업체를 존중한다.

① 가, 나
② 가, 나, 라
③ 가, 다, 라
④ 가, 나, 다, 라
⑤ 가, 나, 다, 라, 마

※ B회사는 유무선 공유기 HI-804A를 사내에 설치하고자 한다. 다음의 설명서를 읽고, 이어지는 질문에 답하시오. [5~6]

■ 공유기 설치 전 확인사항
- 현재 사용 중인 공유기가 있다면 HI-804A의 IP주소와 충돌을 일으킬 수 있으므로 현재 사용 중인 공유기가 있는지 확인해주세요.
- HI-804A 공유기의 IP주소는 http://190.275.2.3입니다.
- 사용 중인 공유기의 IP주소가 http://190.275.2.3인 경우 사용 중인 공유기의 IP주소를 변경 후 설치를 시작합니다.
- 사용자 이름은 admin이며, 비밀번호는 0000입니다.
- 기존에 사용 중인 공유기가 없다면 바로 설치를 진행합니다.

■ 공유기 설치 시작
1) HI-804A, 외장형 모뎀, PC의 전원을 모두 끕니다.
2) 현재 인터넷이 되는 PC에 연결되어 있는 외장형 모뎀을 분리합니다.
3) 분리한 외장형 모뎀에서 인터넷케이블로 HI-804A의 INTERNET 포트에 연결합니다.
4) PC와 LAN 포트를 LAN 케이블로 연결합니다.
5) 외장형 모뎀을 켜서 1분 정도 기다립니다.
6) HI-804A 전원을 켜서 1분 정도 기다립니다.
7) PC 전원을 켜서 부팅을 합니다.

■ 공유기 설정 및 무선 설정
1) 스마트폰에서 'HI-NETWORK' 앱을 설치합니다.
2) 앱을 실행한 후 '기본 설정 마법사'를 실행합니다.
3) 자동으로 검색된 HI-804A를 터치합니다.
4) 장치의 비밀번호는 기본 세팅이 되어 있는데, 변경을 원하면 비밀번호 터치 후 새로 입력한 뒤 '저장'을 터치하세요.
5) 동작 방식을 [Router 방식], 연결 방식을 [유동 IP방식]으로 설정합니다.
6) 와이파이의 이름과 비밀번호가 자동 세팅이 되는데, 변경을 원하면 새로 입력한 뒤 '저장'을 터치하세요.
7) 설정이 완료되면 '확인' 버튼을 터치하세요.

☑ 확인Check! ○△×

05 정보보안팀 K사원은 HI-804A를 설치하기 위해 몇 가지 사항들을 점검하였다. 다음 중 K사원이 점검한 내용으로 적절하지 않은 것은?

① 현재 사내에서 사용 중인 다른 공유기가 있는지 확인하였다.
② HI-804A의 IP주소를 확인하였다.
③ 현재 사용 중인 공유기의 IP주소를 확인하였다.
④ IP주소가 충돌하여 HI-804A의 IP주소를 변경하였다.
⑤ HI-804A의 사용자 이름과 비밀번호를 확인하였다.

06 K사원은 설명서를 참고하여 공유기를 설치하였다. HI-804A의 1 · 2번 포트는 INTERNET 포트이고 3 · 4번 포트는 LAN 포트이며, 5번 포트는 셋톱박스 포트이다. 다음 중 공유기를 바르게 설치한 것은?

①
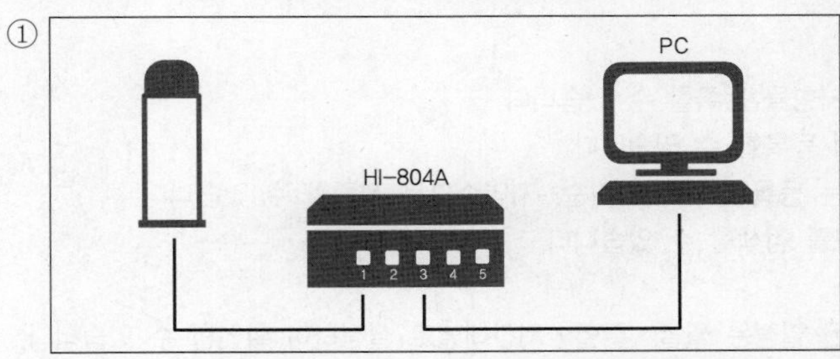

②
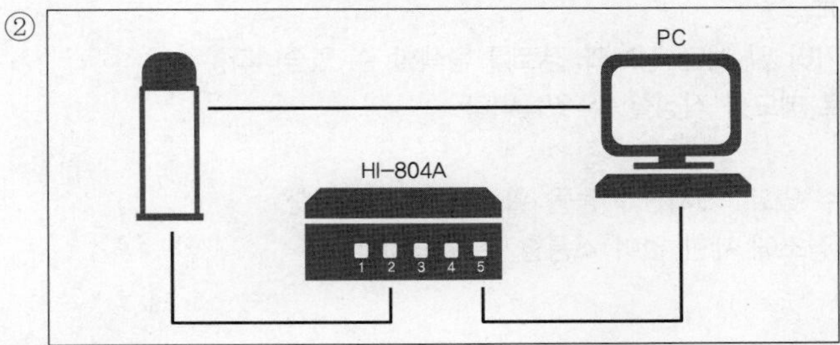

③
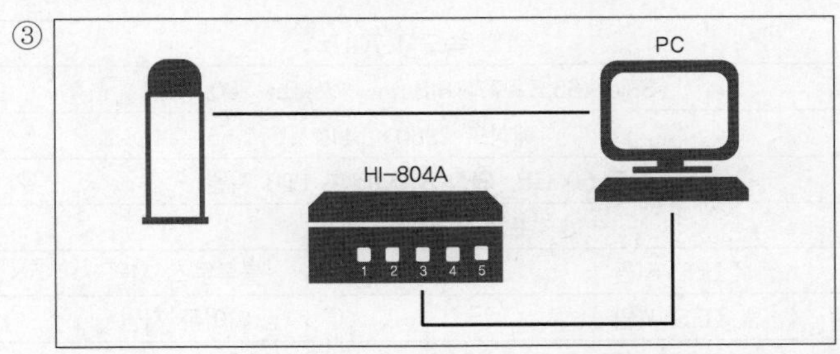

④
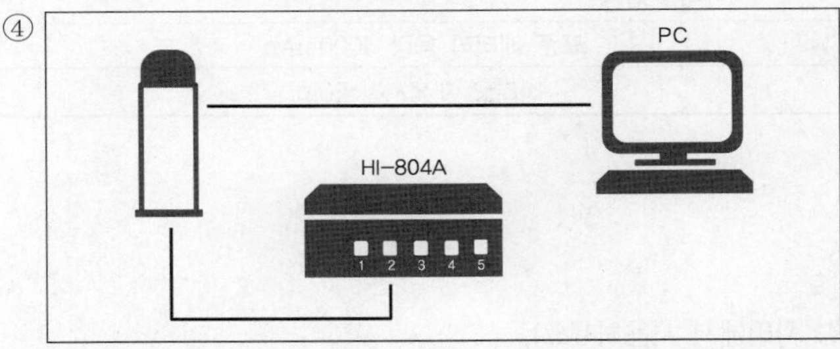

⑤
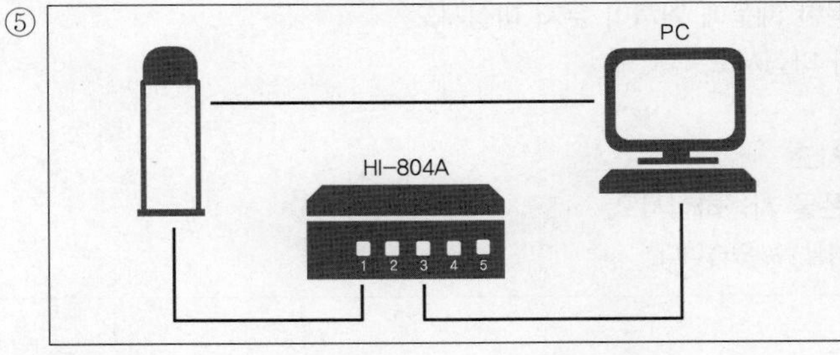

※ 교육서비스 업체인 H사에서는 업무 효율화를 위해 업무용 태블릿PC '에듀프렌드'를 전 직원에게 제공하기로 결정하였다. 다음 제품 설명서를 참고하여, 이어지는 질문에 답하시오. **[7~8]**

■ **지원기능**

1. 학습자 관리
   - 인적사항 등록 매뉴얼에서 학습자 인적사항을 등록할 수 있습니다.
   - 학습자 지도 및 평가 계획안을 첨부하여 등록할 수 있습니다.
   - 입력된 학습자 인적사항은 가나다순 또는 등록일자순, 나이순, 지역순으로 정렬할 수 있습니다.
   - 키워드 입력을 통해 원하는 학습자 정보를 검색할 수 있습니다.
2. 교사 스케줄링
   - 캘린더에 일정을 등록할 수 있고, 등록된 일정은 월별・주별・시간대별로 설정하여 확인할 수 있습니다.
   - 중요한 일정은 알람을 설정할 수 있습니다.
   - 위치정보를 활용해 학습자 방문지와의 거리 및 시간 정보와 경로를 탐색할 수 있습니다.
   - Office 문서작성을 지원하며, 터치펜으로 메모를 작성할 수 있습니다.
3. 커뮤니티
   - 커뮤니티에 접속해 공지사항을 확인할 수 있고, 게시판 기능을 활용할 수 있습니다.
   - 화상전화를 지원하여, 학습자와 시간과 장소에 제한 없이 소통할 수 있습니다.

■ **제품사양**

구분	사양	
프로세서	CPU 속도 1.7GHz	
디스플레이	Size 165.5×77×8.8mm, Weight 200g	
	해상도 2960×1440	
메모리	내장 500GB, 외장 500GB(총 1TB 지원)	
카메라	표준 2,400만 화소	
연결	USB 지원	블루투스 지원
	GPS 지원	이어폰 지원
	Wi-Fi 지원	
배터리	표준 배터리 용량 4000mAh	
	비디오 재생시간 20h	

■ **주의사항**

- 물 또는 빗물에 던지거나 담그지 마십시오.
- 젖은 배터리를 사용하거나 충전하지 마십시오.
- 화기 가까이 두지 마십시오(가급적 0～40℃ 사이에서 사용하세요).
- 신용카드, 전화카드, 통장 등의 자성을 이용한 제품에 가까이 두지 마십시오.
- 소량의 유해물질이 있으니 기기를 분해하지 마십시오.
- 기기를 떨어뜨리지 마십시오.
- 기기에 색을 칠하거나 도료를 입히지 마십시오.
- 출력 커넥터에 허용되는 헤드셋 또는 이어폰을 사용하십시오.

※ 주의사항을 지키지 않을 때에는 제품손상이 발생할 수 있습니다.

☑ 확인 Check! ○△×

07 A사원은 '에듀프렌드'를 제공받아 업무를 수행하였다. 다음 중 A사원이 에듀프렌드를 사용하여 수행한 업무로 적절하지 않은 것은?

① 인적사항 등록 매뉴얼에서 A사원이 관리하는 학생 100명의 인적사항을 등록하였다.
② 학습자 지도 및 평가 계획안의 메모리(600GB)가 커서 일부분을 업로드하지 못하였다.
③ A사원의 관리대상인 학습자 B군과 미팅을 잡고, 캘린더에 일정 알람을 등록하였다.
④ GPS를 켜서 학습자 B군의 집까지 최적 경로와 소요 시간을 탐색하였다.
⑤ 커뮤니티에 접속하여 공지사항을 통해 상반기 워크숍 일정을 확인하였다.

☑ 확인 Check! ○△×

08 A사원이 '에듀프렌드'를 사용하기 위해 전원 버튼을 눌렀지만, 전원이 켜지지 않았다. 다음 중 에듀프렌드의 전원이 켜지지 않는 원인으로 적절하지 않은 것은?

① 에듀프렌드의 출력 커넥터와 맞지 않는 이어폰을 꽂아 사용하였다.
② 차량용 자석 거치대를 설치하여 운전 시에 에듀프렌드를 자석 거치대 위에 두었다.
③ 식당에서 물을 쏟아 가방에 들어있던 에듀프렌드가 물에 젖어버렸다.
④ 윗주머니에 들어 있던 에듀프렌드를 바닥으로 떨어뜨렸다.
⑤ 에듀프렌드에 보호 커버를 씌우고, 보호 커버 위에 매직펜으로 이름을 썼다.

PART 1

안심Touch

※ P사에서는 직원들이 이용할 수 있는 체력단련실을 마련하기 위해 실내사이클 10대를 구입하기로 계획하였다. 다음 제품 설명서를 참고하여, 이어지는 질문에 답하시오. **[9~10]**

■ 계기판 작동법

13:00 min		100 cal	
SPEED	TIME	CAL	DISTANCE
9.4	13:00	100	5.0

← RESET

- SPEED : 현재 운동 중인 속도 표시
- TIME : 운동 중인 시간 표시
- CAL : 운동 중 소모된 칼로리 표시
- DISTANCE : 운동한 거리를 표시
- RESET 버튼 : 버튼을 누르면 모든 기능 수치를 초기화

■ 안전을 위한 주의사항

- 물기나 습기가 많은 곳에 보관하지 마십시오.
- 기기를 전열기구 주변에 두지 마십시오. 제품이 변형되거나 화재의 위험이 있습니다.
- 운동기에 매달리거나 제품에 충격을 주어 넘어뜨리지 마십시오.
- 운동기기의 움직이는 부분에 물체를 넣지 마십시오.
- 손으로 페달 축을 돌리지 마십시오.
- 운동 중 주변 사람과 적정거리를 유지하십시오.

■ 사용 시 주의사항

- 신체에 상해 및 안전사고 방지를 위해 반드시 페달과 안장높이를 사용자에 알맞게 조절한 후 안장에 앉은 후 운동을 시작해주십시오.
- 사용자의 나이와 건강 상태에 따른 운동 횟수, 강도 및 적정 운동 시간을 고려하여 운동을 시작해 주십시오.
- 운동 중 가슴에 통증을 느끼거나 또는 가슴이 답답할 때, 또는 어지러움이나 기타 불편함이 느껴질 경우 즉시 운동을 멈추고 의사와 상담하십시오.
- 음주 후 사용하지 마십시오.

■ 고장 신고 전 확인사항

증상	해결책
제품에서 소음이 발생합니다.	볼트 너트 체결부분이 제품사용에 따라 느슨해질 수 있습니다. 모든 부분을 다시 조여주세요.
계기판이 작동하지 않습니다.	계기판의 건전지(AAA형 2개)를 교체하여 끼워주세요.

※ 제시된 해결방법으로도 증상이 해결되지 않으면, A/S 센터로 문의하시기 바랍니다.

☑ 확인 Check! ○△✕

09 A사원은 실내사이클 주의사항에 대한 안내문을 제작하려고 한다. 다음 중 안내문의 내용으로 적절하지 않은 것은?

① 안장높이를 사용자에 알맞게 조절하여 운동을 시작해주세요.
② 나이와 건강 상태에 맞게 적정 운동시간을 고려하여 주십시오.
③ 운동 중 가슴 통증이나 어지러움 등이 느껴질 경우 즉시 운동을 멈추십시오.
④ 매회 30분 정도 하는 것은 유산소 운동 효과를 가져올 수 있습니다.
⑤ 음주 후에는 절대 이용하지 마십시오.

☑ 확인 Check! ○△✕

10 A사원이 체력단련실에서 실내사이클을 이용하던 도중 소음이 발생하였다. 이에 대한 해결방법으로 적절한 것은?

① 페달과 안장 높이를 다시 조절한다.
② RESET 버튼을 3초간 누른다.
③ 볼트와 너트의 체결부분을 조여 준다.
④ 계기판의 건전지를 꺼내었다가 다시 끼운다.
⑤ 양지 바른 곳에 둔다.

※ 다음은 한국전력공사에서 발표한 전력수급 비상단계 발생 시 행동요령이다. 다음 행동요령을 읽고 이어지는 질문에 답하시오. **[11~12]**

〈전력수급 비상단계 발생 시 행동요령〉

• 가정
1. 전기냉난방기기의 사용을 중지합니다.
2. 다리미, 청소기, 세탁기 등 긴급하지 않은 모든 가전기기의 사용을 중지합니다.
3. TV, 라디오 등을 통해 신속하게 재난상황을 파악하여 대처합니다.
4. 안전, 보안 등을 위한 최소한의 조명을 제외한 실내외 조명은 모두 소등합니다.

• 사무실
1. 건물관리자는 중앙조절식 냉난방설비의 가동을 중지하거나 온도를 낮춥니다.
2. 사무실 내 냉난방설비의 가동을 중지합니다.
3. 컴퓨터, 프린터, 복사기, 냉온수기 등 긴급하지 않은 모든 사무기기 및 설비의 전원을 차단합니다.
4. 안전, 보안 등을 위한 최소한의 조명을 제외한 실내외 조명은 모두 소등합니다.

• 공장
1. 사무실 및 공장 내 냉난방기의 사용을 중지합니다.
2. 컴퓨터, 복사기 등 각종 사무기기의 전원을 일시적으로 차단합니다.
3. 꼭 필요한 경우를 제외한 사무실 조명은 모두 소등하고 공장내부의 조명도 최소화합니다.
4. 비상발전기의 가동을 점검하고 운전 상태를 확인합니다.

• 상가
1. 냉난방설비의 가동을 중지합니다.
2. 안전, 보안용을 제외한 모든 실내 조명등과 간판 등을 일시 소등합니다.
3. 식기건조기, 냉온수기 등 식재료의 부패와 관련 없는 가전제품의 가동을 중지하거나 조정합니다.
4. 자동문, 에어커튼의 사용을 중지하고 환기팬 가동을 일시 정지합니다.

☑ 확인 Check! ○△×

11 다음 중 전력수급 비상단계 발생 시 행동요령에 관한 설명으로 옳지 않은 것은?

① 집에 있을 경우 대중매체를 통해 재난상황에 대한 정보를 파악할 수 있다.
② 사무실에 있을 경우 즉시 사용이 필요하지 않은 복사기, 컴퓨터 등의 전원을 차단하여야 한다.
③ 집에 있을 경우 모든 실내외 조명을 소등하여야 한다.
④ 공장에 있을 경우 비상발전기 가동을 준비해야 한다.
⑤ 전력회복을 위해 한동안 사무실의 업무가 중단될 수 있다.

☑ 확인 Check! ○△×

12 다음 중 전력수급 비상단계가 발생했을 때 전력수급 비상단계 발생 시 행동요령에 따른 〈보기〉의 설명 중 적절하지 않은 행동을 모두 고른 것은?

보기

ㄱ. 집에 있던 김 사원은 세탁기 사용을 중지하고 실내조명을 최소화하였다.
ㄴ. 본사 전력관리실에 있던 이 주임은 사내 중앙보안시스템의 전원을 즉시 차단하였다.
ㄷ. 공장에 있던 박 주임은 즉시 공장 내부 조명밝기를 최소화하였다.
ㄹ. 상가에서 횟집을 운영하는 최 사장은 모든 냉동고의 전원을 차단하였다.

① ㄱ, ㄴ
② ㄱ, ㄷ
③ ㄴ, ㄷ
④ ㄴ, ㄹ
⑤ ㄷ, ㄹ

확인 Check! ○ △ ×

13 **다음 밑줄 친 단어 및 로고의 쓰임이 잘못된 것은?**

> 어떠한 소프트웨어를 일정 기간 동안 무료로 사용하게 해주고, 이후에 정식으로 제품을 구매하게 유도하는 용도의 프로그램을 ① 프리웨어라고 한다. 프리웨어의 대표적인 종류로는 ② 리눅스를 들 수 있다. 이와 같은 프리웨어들은 저작권자가 저작물 사용 조건을 미리 제시해 사용자가 저작권자에게 따로 허락을 구하지 않고도 사용할 수 있으며, 이를 ③ CCL이라 한다.
> 아래의 좌측 로고는 저작자가 공개된 프로그램의 상업적 목적을 허용하지 않는 비영리적 목적 로고이며, 우측 로고는 저작자가 제품의 2차적인 변형을 허용하는 로고이다.

④	⑤

확인 Check! ○ △ ×

14 **귀하는 반도체 회사의 기술연구팀에서 연구원으로 근무하고 있다. 하루는 인사팀에서 '기술능력이 뛰어난 신입사원' 한 명을 추천해달라는 요청을 받았다. 귀하는 추천에 앞서 먼저 해당 추천서에 필요한 평가 항목을 정하려고 한다. 다음 중 추천서의 평가 항목으로 가장 적절하지 않은 것은 무엇인가?**

① 문제를 해결하기 위해 다양한 해결책을 개발하고 평가하려는 사람인가?
② 실질적 문제해결을 위해 필요한 지식이나 자원을 선택하고 적용할 줄 아는 사람인가?
③ 아무런 제약이 없다면 자신의 능력을 최대한 발휘할 수 있는 사람인가?
④ 처리하는 기술적 문제 사항이 실제 업무에 효용성이 있는가?
⑤ 해결에 필요한 문제를 예리하게 간파할 줄 아는 사람인가?

확인 Check! ○ △ ×

15 **다음의 상황을 보고 빈칸에 들어갈 단어로 가장 적절한 것은?**

> A : 요즘엔 온라인으로도 교육을 받을 수 있어서 참 편리한 것 같아.
> B : 성적이나 진도, 출결석도 모두 온라인 시스템으로 관리하는 회사도 있다던데요?
> A : 우리 회사도 이번에 (　　　)을/를 도입하기로 했대.

① OJT
② JIT
③ e-Learning
④ LMS
⑤ Orientation

PART 1

☑ 확인 Check! ○△×

16 귀하는 의류회사의 마케팅팀에서 팀장으로 근무하고 있다. 다음 자료와 같은 기사를 본 귀하는 해당 기업을 벤치마킹하여 제품진열 ( ) 변경에 대한 회의 안건을 제안하려 한다. 빈칸에 들어갈 말로 가장 적절한 것은 무엇인가?

우선 지역의 특성을 살려 진열 방법을 바꿨다. 즉 가족 고객이 많은 지역의 매장에는 패밀리 코디를 강조하는 것이다. 대학가 지역에는 젊은 층을 공략한 코디를 전시하도록 했다. 이처럼 동일한 상품에, 판에 박힌 진열 방식을 완전히 뒤집은 것이 가장 큰 성공전략이었다.

① 매뉴얼
② 약관
③ 정관
④ 계약서
⑤ 작업지시서

☑ 확인 Check! ○△×

17 어느 날 귀하는 캐나다 정부에서 막대한 예산을 투입해 토양 청정화 기술을 지원한다는 기사를 읽고, 현재 추진 중인 프로젝트에 접목해보려고 한다. 다음의 상황 중 귀하가 선택할 만한 적절한 계획을 모두 고른 것은?

A. 고갈되는 에너지를 최대한 활용해 낭비적 소비 형태를 지양하는 방향으로 추진해보자. B. 미래 세대보다는 현재 세대의 발전과 환경적 상황을 고려해야 돼. C. 자원의 재생산뿐 아니라 얼마나 생산적인 방식으로 사용되는지도 고려해봐야겠다. D. 기술적 효용뿐 아니라 환경 효용까지 추구해야 할 거야.

① A
② B
③ D
④ A, B
⑤ C, D

☑ 확인 Check! ○△×

18 다음의 상황은 건설회사 연구팀의 회의 내용으로, 각 연구원들은 층간소음을 획기적으로 줄이는 기술 개발에 관해 이야기를 나누고 있다. 다음 회의 내용 중 가장 적절하지 않은 것은?

① A : 신기술을 도입하면 층간소음 저감효과가 높게 나타날 것으로 예상됩니다.
② B : 바닥충격음뿐 아니라 차단구조 성능까지도 고려해야 할 텐데요.
③ C : 물론입니다. 그런데 차단 효과가 매우 월등하다고 해도 비용이 너무 높게 책정되는 것이 문제네요.
④ D : 타사에서도 층간소음과 관련한 신기술이 완성단계에 있다고 들었는데, 비용이 다소 높더라도 서둘러 개발하는 것이 좋지 않을까요?
⑤ E : 신기술의 응용 가능성은 높지만, 당장 적용할 수 있을지는 좀 더 고민해봐야겠군요.

☑ 확인 Check! ○ △ ×

19 최근 국내 전기설비 안전규격에 문제가 있다는 주장이 제기되고 있다. 일부 전기안전 전문가들은 차단기의 국내 전기설비 규격이 선진국에 비해 너무 낮다고 주장한다. 세계 각국의 표준 규격과 차단기를 비교하였을 때, 표준 규격 나라와 차단기의 연결이 옳지 않은 것은?

〈차단기 종류〉

구분	EBS 103Fb	AN 13D	32 GRhc	AF 50	ABE 103AF	AN 20E
정격전압(V)	220, 380	690	220	220	460	690
정격전류(A)	60, 70, 100	1250	15, 20, 30	30, 40, 50	60, 75, 100	1250, 1600
정격차단전류(kA)	5	50	1.5	2.5	2.5	65

〈국가 표준 규격〉

구분	ANSI	CSA	GOST	JIS	DVGW
국가	미국	캐나다	러시아	일본	독일
정격전압(V)	380, 460	220	460, 690	220	380
정격전류(A)	50 ~ 110	15 ~ 35	1000 ~ 1500	30 ~ 60	50 ~ 110
정격차단전류(kA)	2 ~ 5	1 ~ 5	50 ~ 70	2 ~ 3	5 ~ 10

① 미국 – ABE 103AF
② 독일 – EBS 103Fb
③ 일본 – AF 50
④ 캐나다 – 32 GRhc
⑤ 러시아 – AN 20E

PART 1

☑ 확인 Check! ○ △ ×

20 벤치마킹의 주요 단계에 대한 설명으로 옳지 않은 것은?

① 범위 결정 : 벤치마킹이 필요한 상세 분야를 정의하고 목표와 범위를 결정하며 벤치마킹을 수행할 인력들을 결정
② 개선계획 수립 : 벤치마킹 결과를 바탕으로 성과차이를 측정항목별로 분석
③ 대상 결정 : 비교분석의 대상이 되는 기업·기관들을 결정하고, 대상 후보별 벤치마킹 수행의 타당성을 검토하여 최종적인 대상 및 대상별 수행방식을 결정
④ 측정범위 결정 : 상세분야에 대한 측정항목을 결정하고, 측정항목이 벤치마킹의 목표를 달성하는 데 적정한가를 검토
⑤ 변화 관리 : 개선목표 달성을 위한 변화사항을 지속적으로 관리하고, 개선 후 변화사항과 예상했던 변화사항을 비교

CHAPTER 09
조직이해능력

영역 소개 〉

조직이해능력이란 업무를 원활하게 수행하기 위해 국제적인 추세를 포함하여 조직의 체제와 경영에 대해 이해하는 능력을 말한다.

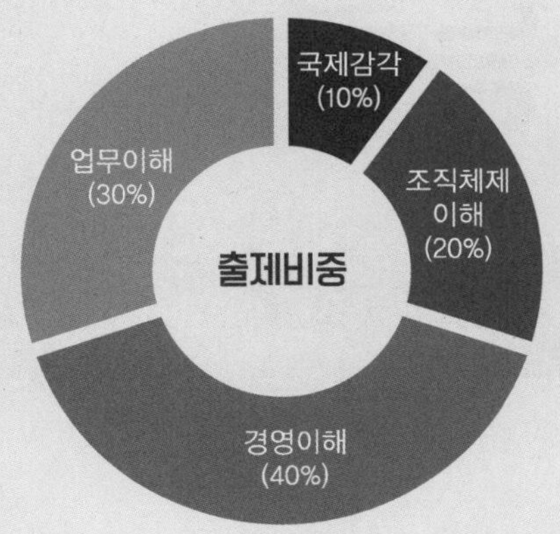

구분	중요도
국제감각	★★☆☆☆
조직체제이해	★★★☆☆
경영이해	★★★★☆
업무이해	★★★☆☆

조직이해능력은 NCS 기반 채용을 진행한 기업의 70% 정도가 출제했으나, 문항 수는 전체에서 평균 5% 정도로 상대적으로 적게 출제되었다.

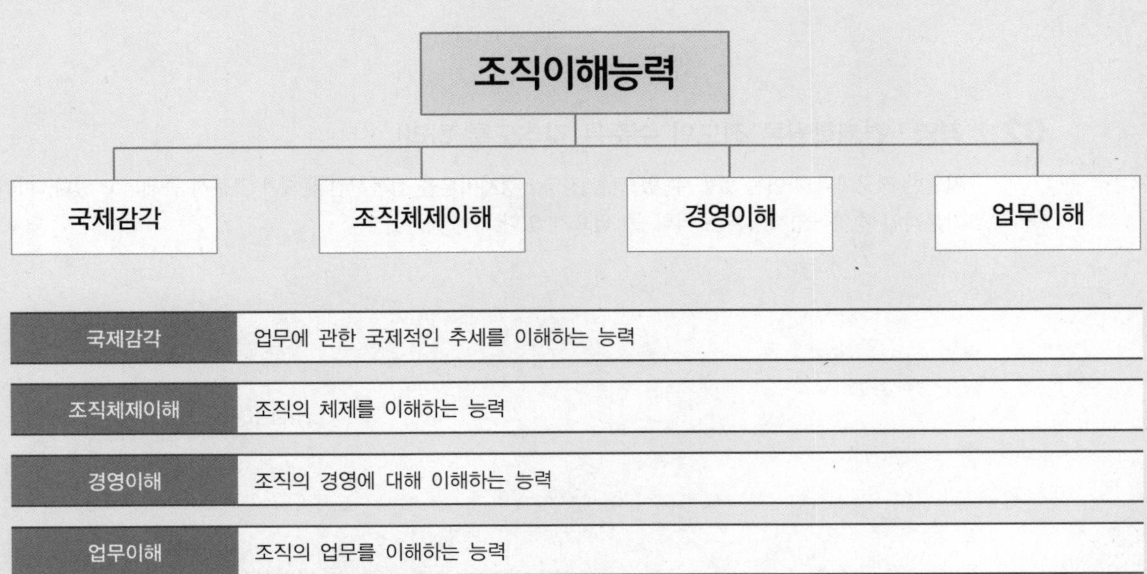

국제감각	업무에 관한 국제적인 추세를 이해하는 능력
조직체제이해	조직의 체제를 이해하는 능력
경영이해	조직의 경영에 대해 이해하는 능력
업무이해	조직의 업무를 이해하는 능력

CHAPTER 09
조직이해능력

합격 Cheat Key

조직이해능력은 업무를 원활하게 수행하기 위해 조직의 체제와 경영을 이해하고 국제적인 추세를 이해하는 능력이다. 현재 많은 공사·공단에서 출제 비중을 높이고 있는 영역이기 때문에 미리 대비하는 것이 중요하다. 실제 업무 능력에서 조직이해능력을 요구하기 때문에 중요도는 점점 높아 질 것이다.
국가직무능력표준에 따르면 조직이해능력의 세부 유형은 조직체제이해능력·경영이해능력·업무이해능력·국제감각으로 나눌 수 있다. 조직도를 제시하는 문제가 출제되거나 조직의 체계를 파악해 경영의 방향성을 예측하고, 업무의 우선순위를 파악하는 문제가 출제된다.

조직이해능력은 NCS 기반 채용을 진행한 기업 중 70% 정도가 다뤘으며, 문항 수는 전체에서 평균 5% 정도로 상대적으로 적게 출제되었다.

01 문제 속에 정답이 있다!

경력이 없는 경우 조직에 대한 이해가 낮을 수밖에 없다. 그러나 문제 자체가 실무적인 내용을 담고 있어도 문제 안에는 해결의 단서가 주어진다. 부담을 갖지 않고 접근하는 것이 중요하다.

02 경영·경제학원론 정도의 수준은 갖추도록 하라!

지원한 직군마다 차이는 있을 수 있으나, 경영·경제이론을 접목시킨 문제가 꾸준히 출제되고 있다. 따라서 기본적인 경영·경제이론은 익혀 둘 필요가 있다.

03 지원하는 공사 · 공단의 조직도를 파악하자!

출제되는 문제는 각 공사 · 공단의 세부내용일 경우가 많기 때문에 지원하는 공사 · 공단의 조직도를 파악해 두어야 한다. 조직이 운영되는 방법과 전략을 이해하고, 조직을 구성하는 체제를 파악하고 간다면 조직이해능력영역에서 조직도가 나올 때 단기간에 문제를 풀 수 있을 것이다.

04 실제 업무에서도 요구되므로 이론을 익혀두자!

각 공사 · 공단의 직무 특성상 일부 영역에 중요도가 가중되는 경우가 있어서 많은 취업준비생들이 일부 영역에만 집중하지만. 실제 업무 능력에서 직업기초능력 10개 영역이 골고루 요구되는 경우가 많고, 현재는 필기시험에서도 조직이해능력을 출제하는 기관의 비중이 늘어나고 있기 때문에 미리 이론을 익혀 둔다면 모듈형 문제에서 고득점을 노릴 수 있다.

NCS 모듈 학습

| 01 | 경영이해능력

(1) 의의

직업인이 자신이 속한 조직의 경영목표와 경영방법을 이해하는 능력

(2) 경영의 구성요소 : 경영목적, 인적자원, 자금, 전략

① 경영목적
- ㉠ 조직의 목적을 어떤 과정과 방법을 택하여 수행할 것인가를 구체적으로 제시해준다.
- ㉡ 경영자 평가 : 조직의 목적 달성 여부에 따라 경영자가 평가를 받게 된다.

② 인적자원
- ㉠ 경영성과에 영향 : 조직의 구성원들이 가진 역량과 직무수행 결과에 따라 경영성과가 달라진다.
- ㉡ 경영자 역할 : 경영자는 조직의 목적과 필요에 부합하는 인적자원을 채용하여 이를 적재적소에 배치·활용해야 한다.

③ 자금
- ㉠ 경영활동에 사용할 수 있는 금전을 의미한다.
- ㉡ 사기업에서 새로운 이윤을 창출하는 기초가 된다.

④ 전략
- ㉠ 조직이 가지고 있는 자원의 효율적 운영을 통한 조직의 수행과제와 달성 목표를 제시해준다.
- ㉡ 기업 내 모든 인적·물적 자원을 경영목적 달성을 위해 조직화하고, 이를 실행에 옮겨 경쟁우위를 달성하는 활동이다.

(3) 경영의 과정

① 경영자가 경영목표를 설정하고 경영자원을 조달·배분하여 경영활동을 실행하며, 이를 평가하는 일련의 과정

② 단계 : 경영계획 → 경영실행 → 경영평가
- ㉠ 경영계획 : 조직의 미래상을 설정하여 이를 달성하기 위한 대안을 분석하고, 목표를 수립하여 실행방안을 선정
- ㉡ 경영실행 : 조직목적을 달성하기 위한 활동과 조직구성원 관리
- ㉢ 경영평가 : 수행결과를 감독·교정하여 다시 경영계획 단계로의 피드백

(4) 경영활동 유형

① 외부경영활동
- ㉠ 조직외부에서 조직의 효율성을 높이기 위해 이루어지는 활동
- ㉡ 대표적인 대외적 이윤추구활동 : 마케팅 활동

② 내부경영활동
- ㉠ 조직내부에서 인적·물적 자원 및 생산기술을 관리하는 활동
- ㉡ 인사관리, 재무관리, 생산관리 등이 해당

(5) 의사결정의 과정 : 점진적 의사결정 모형 활용

① 확인단계 : 의사결정이 필요한 문제를 인식·진단
 ㉠ 문제의 심각성에 따라 체계적 또는 비공식적으로 이루어진다.
 ㉡ 문제를 신속히 해결할 필요가 있는 경우에는 진단시간을 줄이는 즉각적인 대응이 필요하다.
② 개발단계 : 확인된 문제에 대한 해결방안 모색
 ㉠ 기존 해결방법 중에서 찾는 탐색과정 : 조직 내 관련자와의 대화나 공식적인 문서를 참고한다.
 ㉡ 이전에 없었던 새로운 문제의 해결안 설계 : 다양한 의사결정 기법을 통하여 시행착오 과정을 거치면서 적합한 해결방안을 찾는다.
③ 선택단계 : 한 사람의 의사결정권자의 판단에 의한 선택, 경영과학 기법과 같은 분석에 의한 선택, 이해관계집단의 토의와 교섭에 의한 선택

CHECK POINT

의사결정 과정의 순서를 알고 있는지 확인하는 문제가 주로 출제된다.

핵심예제

의사결정과정에 대한 설명으로 옳은 것은?

① 확인단계는 의사결정이 필요한 문제를 인식하는 것으로, 외부환경의 변화나 내부에서 문제가 발생했을 시 이루어진다.
② 개발단계는 문제의 심각성에 따라 체계적으로 이루어지기도 하고 비공식적으로 이루어지기도 한다.
③ 진단단계는 기존 해결방법 중에서 새로운 문제의 해결방법을 찾는 탐색과정이다.
④ 선택단계는 의사결정자들이 모호한 해결방법만을 가지고 있기 때문에 다양한 의사결정기법을 통하여 시행착오 과정을 거치면서 적합한 해결방법을 찾아나가는 것이다.

예제풀이

오답분석

② 확인단계에 대한 설명이다.
③ 개발단계는 확인된 문제에 대해 해결방안을 모색하는 단계로 새로운 문제의 해결방법을 찾는 탐색과정과 이전에 없었던 새로운 문제의 해결안을 설계하는 2가지 방식으로 이루어질 수 있다.
④ 개발단계에 대한 설명이다.

정답 ①

(6) 집단의사결정의 특징

① 한 사람이 가진 지식보다 집단이 가지고 있는 지식과 정보가 더 많아 효과적인 결정을 할 수 있다.
② 각자 다른 시각으로 문제를 바라봄에 따라 다양한 견해를 가지고 접근할 수 있다.
③ 장점 : 결정된 사항에 대해 의사결정에 참여한 사람들이 해결책을 수월하게 수용하고, 의사소통의 기회도 향상된다.
④ 단점 : 의견이 불일치하는 경우 의사결정을 내리는 데 시간이 많이 소요되며, 특정 구성원에 의해 의사결정이 독점될 가능성이 있다.

(7) 브레인스토밍

① 여러 명이 한 가지의 문제를 놓고 아이디어를 비판 없이 제시하여 최선책을 찾아내는 방법
② 브레인스토밍의 규칙
 ㉠ 다른 사람의 아이디어에 대한 비판 자제
 ㉡ 문제에 대한 자유로운 제안
 ㉢ 가급적 많은 아이디어 제시
 ㉣ 제안된 아이디어를 결합하여 해결책 제시

PART 1

(8) 경영전략의 추진과정

① **전략목표 설정** : 비전 설정, 미션 설정
② **환경 분석** : 내부환경 분석, 외부환경 분석(SWOT 분석기법)
③ **경영전략 도출** : 조직전략, 사업전략, 부문전략
④ **경영전략 실행** : 경영목적 달성
⑤ **평가 및 피드백** : 경영전략 결과 평가, 전략목표 및 경영전략 재조정

(9) 경영전략의 유형 : 마이클 포터(Michael E. Porter)의 본원적 경쟁전략

① **원가우위 전략** : 원가절감을 통해 해당 산업에서 우위를 점하는 전략
② **차별화 전략** : 생산품이나 서비스를 차별화하여 고객에게 가치 있고 독특하게 인식되도록 하는 전략
③ **집중화 전략** : 경쟁조직들이 소홀히 하는 한정된 시장을 집중적으로 공략하는 전략

(10) 경영참가제도

① 목적 : 경영의 민주성 제고
㉠ 노사 간의 세력 균형 : 근로자 또는 노동조합의 의사를 반영하여 공동으로 문제를 해결
㉡ 경영의 효율성 제고 : 근로자나 노동조합이 새로운 아이디어 제시, 현장에 적합한 개선방안 마련

② 유형
㉠ 경영참가 : 경영자의 권한인 의사결정과정에 근로자 또는 노동조합이 참여하는 것
㉡ 이윤참가 : 조직의 경영성과를 근로자에게 배분하여 조직체에 대한 구성원의 몰입과 관심을 높이는 방법
㉢ 자본참가 : 근로자가 조직 재산의 소유에 참여하여 근로자들의 주인의식과 충성심, 성취동기를 유발하는 방법

③ 문제점
㉠ 경영능력이 부족한 근로자가 경영에 참여할 경우 신속하고 합리적인 의사결정이 어려워질 수 있다.
㉡ 대표로 참여하는 근로자가 조합원들의 권익을 지속적으로 보장할 수 있는지는 불투명하다.
㉢ 경영자의 고유한 권리인 경영권을 약화시킨다.
㉣ 노동조합의 단체교섭 기능이 약화될 수 있다.

핵심예제

경영참가제도에 대한 설명으로 옳지 않은 것은?

① 목적은 경영의 민주성을 제고하는 것으로 근로자 또는 노동조합이 경영과정에 참여하여 자신의 의사를 반영함으로써 공동으로 문제를 해결하고, 노사 간의 세력 균형을 이루는 것이다.
② 유형으로는 경영참가, 이윤참가, 자본참가 등이 있다.
③ 경영자의 고유한 권리인 경영권을 강화시키고 분배문제를 해결함으로써 노동조합의 단체교섭 기능이 강화될 수 있다는 장점이 있다.
④ 대표로 참여하는 근로자가 조합원들의 권익을 지속적으로 보장할 수 있는가의 문제점이 있다.

예제풀이

경영자의 고유한 권리인 경영권을 약화시키고, 오히려 경영참가제도를 통해 분배문제를 해결함으로써 노동조합의 단체교섭 기능이 약화될 수 있다.

 ③

| 02 | 체제이해능력

(1) 의의

조직의 구조와 목적, 체제 구성요소, 규칙, 규정 등을 이해하는 능력

(2) 조직목표의 기능 및 특징

① 기능

㉠ 조직이 존재하는 정당성과 합법성 제공

㉡ 조직이 나아갈 방향 제시

㉢ 조직구성원 의사결정의 기준

㉣ 조직구성원 행동수행의 동기유발

㉤ 수행평가 기준

㉥ 조직설계의 기준

② 특징

㉠ 공식적 목표와 실제적 목표가 상이할 수 있음

㉡ 다수의 조직목표 추구 가능

㉢ 조직목표 간 위계적 관계 존재

㉣ 가변적 속성

㉤ 조직의 구성요소와 상호관계를 가짐

핵심예제

조직목표에 대한 설명으로 옳지 않은 것은?

① 조직이 달성하려는 장래의 상태로, 미래지향적이지만 현재의 조직행동의 방향을 결정해주는 역할을 한다.

② 조직의 단합을 위해 공식적 목표와 실제적 목표는 항상 일치해야 하며, 하나의 조직목표만을 추구해야 한다.

③ 조직목표들은 한번 수립하면 달성될 때까지 지속되는 것이 아니라 환경이나 조직 내의 다양한 원인들에 의하여 변동되거나 없어지고 새로운 목표로 대체되기도 한다.

④ 조직구성원들이 공통된 조직목표 아래서 소속감과 일체감을 느끼고 행동수행의 동기를 가지게 하며, 조직구성원들의 수행을 평가할 수 있는 기준이 된다.

예제풀이

공식적 목표와 실제적 목표가 다를 수 있으며 다수의 조직목표를 추구할 수 있다.

정답 ②

(3) 조직목표의 분류

① 전체성과 : 조직의 성장목표

② 자원 목표 : 조직에 필요한 재료와 재무자원 획득

③ 시장 목표 : 시장점유율, 시장에서의 지위 향상

④ 인력개발 목표 : 교육훈련, 승진, 성장

⑤ 혁신과 변화 목표 : 환경변화에 대한 적응, 유연성 향상

⑥ 생산성 목표 : 투입된 자원 대비 산출량 증가

(4) 조직구조의 구분과 결정요인

조직구조 결정요인	⇨	조직구조 설계	⇨	결과
• 전략 • 규모 • 기술 • 환경		• 기계적 조직 • 유기적 조직	↑ 개인·조직 문화 특성	• 조직성과 • 만족

(5) 조직구조의 형태

① 기능적 조직구조 형태

㉠ CEO가 조직의 최상층이고 조직구성원들이 단계적으로 배열되는 구조이다.

㉡ 안정적인 환경이나 일상적인 기술 및 조직의 내부 효율성을 중요시하며, 기업의 규모가 작을 때 이루어지는 형태이다.

② 사업별 조직구조 형태

㉠ 제품에 따라 조직이 구성되며, 각 사업별 구조 아래 생산·판매·회계 등의 역할이 이루어진다.

㉡ 급변하는 환경 변화에 효과적으로 대응하고, 제품·지역·고객별 차이에 신속하게 적응하기 위한 분권화된 의사결정이 가능하다.

• 핵심예제 •

조직구조의 형태에 대한 설명으로 옳지 않은 것은?

① 조직도를 통해 조직 내적인 구조는 확인할 수 있지만, 구성원들의 임무, 수행하는 과업, 근무 장소 등과 같이 일하는 방식과 관련된 체계는 알 수 없다.

② 대부분의 소규모 조직은 CEO가 조직의 최상층에 있고, 조직 구성원들이 단계적으로 배열되는 구조를 가지고 있다.

③ 안정적인 환경, 일상적인 기술, 조직의 내부 효율성을 중요시하며 기업의 규모가 작을 때에는 업무의 내용이 유사하고 관련성이 있는 것들을 결합해서 기능적 조직구조 형태를 이룬다.

④ 급변하는 환경변화에 효과적으로 대응하고 제품·지역·고객별 차이에 신속하게 적응하기 위하여 분권화된 의사결정이 가능한 사업별 조직구조가 나타나게 되었다.

• 예제풀이 •

조직도를 살펴보면 조직 내적인 구조는 볼 수 없지만, 구성원들의 임무, 수행하는 과업, 일하는 장소 등과 같은 일하는 방식과 관련된 체계를 알 수 있으므로 조직을 이해하는 데 유용하다.

정답 ①

(6) 조직문화의 기능

① 조직구성원들에게 일체감, 정체성 부여

② 조직몰입 향상

③ 조직구성원들의 행동지침

④ 조직의 안정성 유지

(7) 조직문화의 구성요소

피터(Peter)와 워터맨(Waterman)의 7S 모형에서 '7S'는 공유가치(Shared Value), 리더십 스타일(Style), 구성원(Staff), 시스템(System), 구조(Structure), 전략(Strategy), 관리기술(Skill)을 말한다.

(8) 집단의 유형

① 공식적인 집단 : 조직의 공식적인 목표를 추구하기 위해 의도적으로 만든 집단으로, 목표와 임무가 명확히 규정됨

② 비공식적인 집단 : 구성원들의 요구에 따라 자발적으로 형성된 집단으로, 스터디 모임, 봉사활동 동아리 등이 포함됨

(9) 집단 간 관계

집단 간 경쟁이 일어나면 집단 내부의 응집성이 강화되고 집단의 활동이 더욱 조직화되기도 하지만, 집단 간 과열된 경쟁은 자원 낭비, 업무 방해, 비능률 등의 문제를 초래

(10) 팀의 역할과 성공조건

① 팀의 역할 : 신속한 의사결정 등으로 생산성을 높이고, 구성원들의 다양한 창의성 향상 도모

② 성공 조건 : 조직 구성원들의 협력의지와 관리자층의지지

| 03 | 업무이해능력

(1) 의의

직업인이 자신에게 주어진 업무의 성격과 내용을 알고 그에 필요한 지식·기술·행동을 확인하는 능력

(2) 업무의 종류

① 각 조직의 외부적인 상황, 오랜 세월에 걸쳐 형성된 특유의 조직문화와 내부권력구조, 성공여건 및 조직의 강점과 약점이 서로 다르므로 다양하게 구성될 수 있다.

② 대부분의 조직에서는 총무부, 인사부, 기획부, 회계부, 영업부로 나누어 업무를 담당한다.

(3) 업무의 특성

① 조직의 공통된 목적 지향

② 요구되는 지식·기술·도구의 다양성

③ 다른 업무와의 관계, 해당 업무의 독립성

④ 업무수행의 자율성, 재량권

핵심예제

업무에 대한 설명으로 옳지 않은 것은?

① 보통 업무는 직업인들에게 부여되는 것이 아니라 개인이 선호하는 업무를 임의로 선택한다.

② 같은 규모의 조직이라 하더라도 업무의 종류와 범위가 다를 수 있다.

③ 상품이나 서비스를 창출하기 위한 생산적인 활동으로 조직의 목적을 달성하기 위해 업무는 중요한 근거가 된다.

④ 총무부 업무의 예로는 주주총회 및 이사회 개최 업무, 차량 및 통신시설의 운영 등이 있다.

예제풀이

업무는 직업인들에게 부여되며 개인이 선호하는 업무를 임의로 선택할 수 있는 재량권이 매우 적다.

정답 ①

(4) 업무수행의 절차

업무지침 확인	⇨	활용자원 확인	⇨	업무수행 시트 작성
• 조직의 업무지침 • 나의 업무지침		• 시간 • 예산 • 기술 • 인간관계		• 간트 차트 • 워크플로 시트 • 체크리스트

(5) 업무수행 방해요인의 통제와 관리

① 시간 정하기

㉠ 인터넷 : 하루 일과 중 메일을 확인하는 시간을 3시간마다 10분 단위로 계획

㉡ 방문 및 메신저 : 외부 방문시간과 메신저 접속 시간 정하기

㉢ 전화 : 각 통화마다 3분 이내 통화원칙 세우기

② 갈등관리

㉠ 갈등의 부정적 효과 : 업무시간 지체, 정신적 스트레스 발생

㉡ 갈등의 긍정적 효과 : 문제를 바라보는 새로운 시각 형성, 다른 업무에 대한 이해 증진, 조직의 침체 예방

㉢ 갈등관리의 효과적 방법 : 갈등 발생의 원인 파악, 장기적인 조직의 이익을 위한 해결책 고찰, 대화와 협상을 통한 의견일치

③ 스트레스

㉠ 과중한 스트레스는 정신적 불안감을 조성하여 조직에 부정적인 결과를 초래한다.

㉡ 적정수준의 스트레스는 개인의 능력을 개선하고 최적의 성과를 내게 해주는 긍정적인 자극제이다.

㉢ 스트레스 관리 방법 : 시간 관리를 통한 업무과중 극복, 긍정적인 사고방식 함양, 신체적 운동, 전문가의 도움

| 04 | 국제감각

(1) 의의

직장생활을 하는 동안에 다른 나라의 문화를 이해하고 국제적인 동향을 이해하는 능력

(2) 세계화

① 세계화의 정의 : 활동범위가 세계로 확대되는 것

② 국제경영의 중요성 : 다국적 내지 초국적 기업의 등장으로 인한 범지구적 시스템과 네트워크 안에서 이루어지는 기업 활동

③ 세계화에 따른 변화

㉠ 다국적 기업의 증가에 따른 세계적인 경제통합의 강화

㉡ 정치적인 전망이나 산업에 대한 조직들의 태도 변화

㉢ 국가적으로 운영·관리하던 공기업의 민영화 추세

(3) 국제적 식견과 능력의 필요성

① 경쟁이 세계적인 수준에서 더욱 치열해짐으로써 국제적인 감각으로 세계화 대응전략 마련이 시급하다.

② 조직구성원들도 다양한 문화의 사람들을 만나고 대화하며 거래 혹은 협상해야 할 일들이 증가한다.

③ 조직의 시장이 세계로 확대되는 것에 맞춰 세계수준의 의식과 태도, 행동 함양의 노력이 필요하다.

(4) 다른 문화권에 대한 이해

① 문화충격

㉠ 한 문화권에 속한 사람이 다른 문화를 접했을 때 체험하게 되는 충격

㉡ 문화충격의 대비책 : 다른 문화에 대한 개방적인 태도 견지, 자신이 속한 문화를 기준으로 다른 문화의 평가 자제, 자신의 정체성을 유지한 상태에서 새로운 경험에 대해 적극적인 자세 취하기

② (이문화 커뮤니케이션)=(언어적 커뮤니케이션)+(비언어적 커뮤니케이션)

㉠ 언어적 커뮤니케이션 : 의사 전달과 직결된 외국어 사용능력

㉡ 비언어적 커뮤니케이션 : 상대국의 문화적 배경에 입각한 생활양식, 행동규범, 가치관 등

(5) 국제동향 파악 방법

① 관련 분야 해외사이트 방문을 통한 최신이슈 확인

② 매일 신문의 국제면 읽기

③ 업무와 관련된 분야의 국제잡지 정기 구독

④ 관련 사이트 방문을 통한 국제동향 확인

⑤ 국제학술대회 참석

⑥ 업무와 관련된 주요 용어의 외국어 습득

⑦ 해외서점 사이트 방문을 통해 최신 서적 목록과 주요 내용 파악

⑧ 외국인 친구와의 지속적인 소통

(6) 국제적인 법규나 규정 숙지의 필요성

① 업무와 관련된 국제적인 법규나 규정을 제대로 숙지해야 큰 피해를 방지할 수 있다.

② 각 나라마다 산업 활동을 규제해 놓은 법이 있기 때문에 우리나라에서는 합법적인 행동이 다른 나라에서는 불법일 수 있다.

(7) 글로벌 경쟁력을 갖추기 위한 국제매너

① 인사하는 법

㉠ 영미권에서의 악수 방법 : 상대방의 눈이나 얼굴을 보면서 오른손으로 상대방의 오른손을 잠시 힘주어서 잡았다가 놓아야 한다.

㉡ 미국에서의 대화법 : 이름이나 호칭을 어떻게 부를지 먼저 물어보는 것이 예의이며, 인사를 하거나 이야기할 때 상대방의 개인공간을 지켜줘야 한다.

㉢ 아프리카의 대화법 : 눈을 바라보며 대화하는 것은 실례이므로 코 끝 정도를 보면서 대화한다.

㉣ 영미권의 명함

- 사교용과 업무용으로 나누어진다.
- 업무용 명함
  - 악수를 한 후 교환한다.
  - 아랫사람이나 손님이 먼저 꺼내 오른손으로 상대방에게 주고, 받는 사람은 두 손으로 받는 것이 예의이다.
  - 받은 명함을 탁자 위에 보이게 놓은 채로 대화하거나 명함지갑에 넣어야 한다.
  - 명함을 구기거나 계속 만지는 것은 예의에 어긋난다.

② 시간약속 지키기

㉠ 미국 : 시간엄수를 매우 중요하게 생각한다.

㉡ 라틴아메리카 · 동부 유럽 · 아랍지역 : 시간 약속을 형식적으로 생각하여 상대방이 당연히 기다려줄 것으로 생각한다.

③ 식사예절

㉠ 수프는 소리 내면서 먹지 않는다.

㉡ 몸의 바깥쪽에 있는 포크나 나이프부터 사용한다.

㉢ 뜨거운 수프는 입으로 불어서 식히지 않고 숟가락으로 저어서 식혀야 한다.

㉣ 빵은 수프를 먹고 난 후부터 먹으며, 디저트 직전 식사가 끝날 때까지 먹을 수 있다.

㉤ 빵은 손으로 떼어 먹는다.

㉥ 생선요리는 뒤집어 먹지 않는다.

㉦ 스테이크는 잘라가면서 먹는 것이 좋다.

핵심예제

국제매너로 옳지 않은 것은?

① 명함을 구기거나 계속 만지는 것은 예의에 어긋나는 일이다.

② 러시아, 라틴아메리카 사람들과 포옹으로 인사하는 것은 예의에 어긋난다.

③ 동부 유럽 사람들은 약속 시간에 상대방이 늦으면 기다리는 것을 당연하게 여긴다.

④ 식사를 할 때, 수프는 소리 내며 먹지 않는다.

예제풀이

러시아, 라틴아메리카 사람들은 친밀감의 표시로 포옹을 하기 때문에 인사도 포옹으로 하는 경우가 많다.

정답 ②

CHAPTER 09

조직이해능력

기출예상문제

정답 및 해설 p. 56

확인 Check! ○△×

01 새로운 조직 개편 기준에 따라 아래에 제시된 조직도 (가)를 조직도 (나)로 변경하려 할 때 조직도 (나)의 빈칸에 들어갈 팀으로 옳지 않은 것을 고른 것은?

(가)

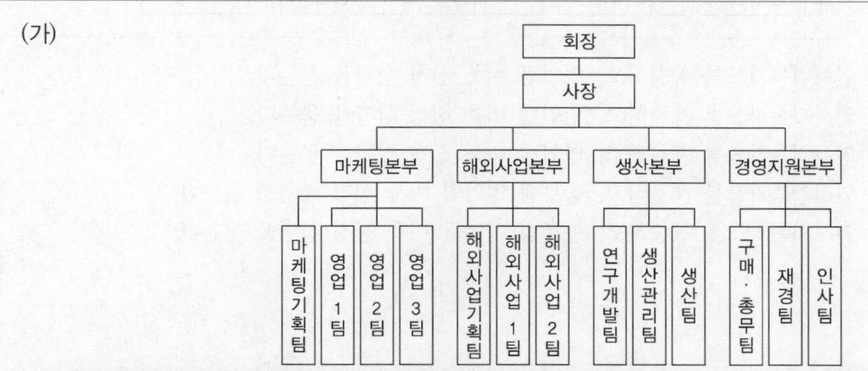

조직 개편 방향 및 기준
□ 명칭 변경 : 해외사업기획팀 → 해외마케팅기획팀 본부 이동 : 해외사업 1·2팀(해외사업본부 → 마케팅본부) □ 기능중심의 조직 개편 ○ 해외사업본부의 해외사업기획팀과 마케팅본부의 마케팅기획팀을 신설한 마케팅기획본부로 이동 ○ 마케팅본부의 영업 1·2·3팀을 두 개의 팀으로 통합 ○ 해외사업 1·2팀 통합 후 해외영업팀 신설 ○ 구매·총무팀에서 구매팀과 총무팀으로 분리 ○ 총무팀과 재경팀 통합 후 재무팀 신설

(나)

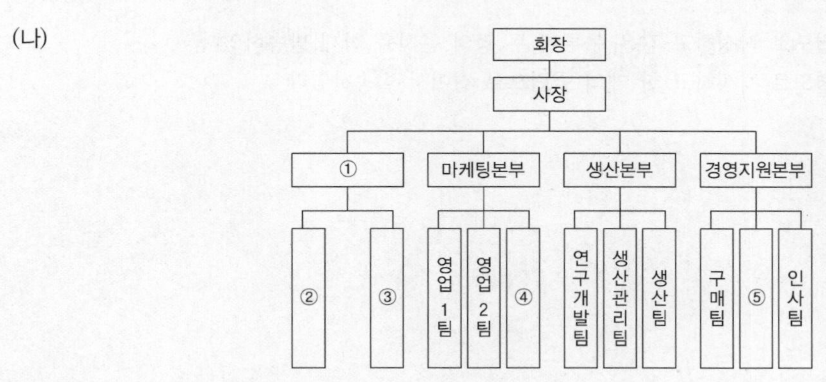

① 마케팅기획본부
② 해외마케팅기획팀
③ 영업 3팀
④ 해외영업팀
⑤ 재무팀

PART 1

안심Touch

☑ 확인 Check! ○ △ ×

02 귀하는 A중소기획의 영업팀에 채용돼 일주일간의 신입사원 교육을 마친 뒤, 오늘부터 본격적인 업무를 시작하게 되었다. 영업팀 팀장은 첫 출근한 귀하를 자리로 불러 "다른 팀장들에게 인사하기 전에, 인사기록카드를 작성해서 관련 팀에 제출하도록 하세요. 그리고 우리 팀 비품 신청 건이 어떻게 처리되고 있는지도 좀 부탁해요."라고 하셨다. 팀장의 지시를 모두 처리하기 위한 귀하의 행동으로 올바른 것은?

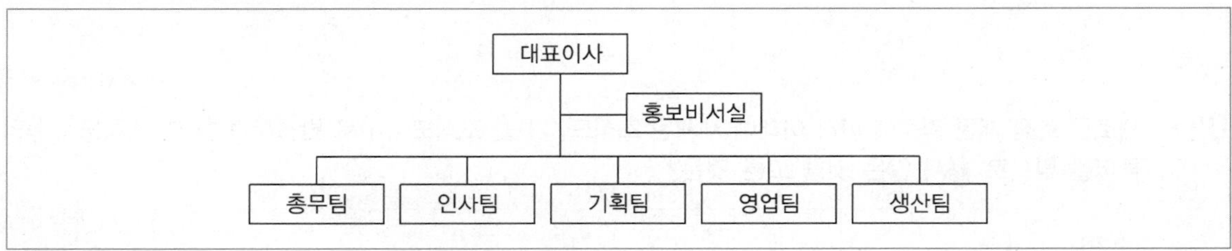

① 비서실에 가서 인사기록카드를 제출하고, 영업팀 비품 신청 상황을 묻는다.
② 인사팀에 가서 인사기록카드를 제출하고, 영업팀 비품 신청 상황을 묻는다.
③ 기획팀에 가서 인사기록카드를 제출하고, 영업팀 비품 신청 상황을 묻는다.
④ 인사팀에 가서 인사기록카드를 제출하고, 총무팀 영업팀 비품 신청 상황을 묻는다.
⑤ 생산팀에 가서 인사기록카드를 제출하고, 총무팀 영업팀 비품 신청 상황을 묻는다.

☑ 확인 Check! ○ △ ×

03 자동차 부품회사에 근무하는 J사원은 상사인 M사장으로부터 거래처인 서울자동차에 보낼 문서 두 건에 대한 지시를 받았다. 그 내용은 "만찬 초대에 대한 감사장"과 "부품 가격 인상 건"에 대한 공문이었다. 다음 중 문서 작성 및 처리 방법으로 올바른 것은?

① 두 건의 문서를 별도로 작성하고 따로 발송하였다.
② 문서 두 건은 같은 회사로 보낼 것이므로 "가격 인상에 대한 고지 및 초대에 대한 감사"라는 제목으로 사외문서 한 장으로 작성하였다.
③ 하나의 문서에 두 개의 제목(제목 : 부품가격 인상 건/제목 : 초대에 대한 감사)을 쓰고 문서 내용은 1, 2로 작성하였다.
④ 두 건의 문서를 별도로 작성하고 같은 봉투에 두 장의 문서를 함께 발송하였다.
⑤ 두 건의 문서를 별도로 작성하고 한 개의 클립으로 집어서 발송하였다.

☑ 확인 Check! ○△✕

04 다음은 한국산업인력공단의 사무관리규칙의 일부이다. 아래의 규정에 따라 판단할 때, 다음 중 직원의 행동으로 잘못된 것을 모두 고른 것은?

제7조(문서의 성립 및 효력발생) ① 문서는 결재권자가 해당 문서에 서명(전자이미지서명, 전자문자서명을 포함한다. 이하 같다)의 방식으로 결재함으로써 성립한다.
② 문서는 수신자에게 도달(전자문서의 경우는 수신자가 관리하거나 지정한 전자적 시스템 등에 입력되는 것을 말한다)됨으로써 그 효력을 발생한다. 다만, 공고문서는 그 문서에서 효력발생 시기를 구체적으로 밝히고 있지 않으면 그 고시 또는 공고 등이 있은 날부터 5일이 경과한 때에 효력이 발생한다.
③ 민원문서를 정보통신망을 이용하여 접수・처리한 경우에는 민원사무처리규칙에서 정한 절차에 따라 접수・처리된 것으로 본다.

제13조(발신명의) ① 대외의 기관 등에 발신하는 문서는 이사장 명의로 발신한다. 다만 소속기관의 장이 위임전결규칙에 의하여 권한위임 받은 업무를 시행할 때에는 그 명의로 발신한다.
② 교재의 검정에 관한 문서는 제1항의 규정에 불구하고 이사장 명의로 발신한다.
③ 소속기관 및 보조기관 상호간에 수발되는 문서는 각 소속기관장 또는 보조기관장의 명의로 발신한다.
④ 내부결재문서는 발신명의를 표시하지 아니한다.

제25조(보도자료의 실명제공) 공단에서 언론기관에 보도자료를 제공하는 경우에는 당해자료에 담당부서 담당자 연락처 등을 함께 기재하여야 한다.

제30조(직인날인 및 서명) ① 이사장 또는 소속기관장의 명의로 발신하는 문서의 시행문, 임용장, 상장 및 각종 증명서에 속하는 문서에는 직인을 찍거나 이사장 또는 소속기관장이 서명을 하고 보조기관 상호간에 발신하는 문서의 시행문에는 보조기관이 서명을 한다. 다만, 전신 또는 전화로 발신하는 문서나 신문 등에 게재하는 문서에는 직인을 찍거나 서명을 하지 아니하며 경미한 내용의 문서에는 직인을 찍는 것과 서명하는 것을 생략할 수 있다.
② 직인을 찍어야 할 문서로서 다수의 수신자에게 동시에 발신 또는 교부하는 문서에는 직인날인에 갈음하여 직인의 인영을 인쇄하여 사용할 수 있다.
③ 제2항의 규정에 의하여 직인의 인영을 인쇄 사용하고자 할 때에는 결재권자의 승인을 얻기 전에 문서관리부서의 장과 협의하여야 한다.

ㄱ. 최 대리는 결재권자인 김 부장의 결재를 받아 8월 10일 지역사업과에 ㅁㅁ사업의 즉시시행을 지시하는 문서를 우편으로 발송하였으며, 8월 12일 지역사업과에 해당 문서가 도달하였다. 최 대리는 8월 10일을 ㅁㅁ사업 시작일로 보고 사업시행기간을 기산하였다.
ㄴ. 미래전략팀 이 주임 담당의 자료를 보유하고 있던 자료관리팀 김 주임은 ○○신문사에 해당 자료를 제공하며 미래전략팀 이 주임의 연락처를 기재하였다.
ㄷ. 한국수자원공사와의 협력 업무에 있어 이사장으로부터 권한을 위임받은 최 부장은 해당 업무와 관련된 문서를 한국수자원공사에 자신의 명의로 발신하였다.
ㄹ. 이사장이 부재중이자, 비서실 김 대리는 이사장 명의로 한국전력공사에게 발신하는 문서에 대하여 보조기관의 서명을 대신 첨부하여 발신하였다.

① ㄱ, ㄴ
② ㄱ, ㄹ
③ ㄴ, ㄷ
④ ㄴ, ㄹ
⑤ ㄷ, ㄹ

PART 1

☑ 확인 Check! ○ △ ×

05 다음은 한국산업인력공단의 사무관리규칙과 위임전결규칙의 일부이다. 다음 〈보기〉 중 아래 규칙에 따른 설명을 잘못한 사람을 모두 고른 것은?

〈사무관리규칙〉

제13조(발신명의) ① 대외의 기관 등에 발신하는 문서는 이사장 명의로 발신한다. 다만 소속기관의 장이 위임전결규칙에 의하여 권한위임 받은 업무를 시행할 때에는 그 명의로 발신한다.
② 교재의 검정에 관한 문서는 제1항의 규정에 불구하고 이사장 명의로 발신한다.
③ 소속기관 및 보조기관 상호간에 수발되는 문서는 각 소속기관장 또는 보조기관장의 명의로 발신한다.
④ 내부결재문서는 발신명의를 표시하지 아니한다.

〈위임전결규칙〉

제10조(전결권의 제한) ① 이사장은 특히 필요하다고 인정하는 사항에 대하여는 이 규칙에 의한 위임에 불구하고 따로 지시하여 처리하게 할 수 있다.
② 위임전결사항이라 할지라도 다음 각 호의 1에 해당하는 경우에는 상위자의 결재를 받아야 한다.
1. 업무내용이 특히 중요하거나 이례적인 사항 또는 파급적인 결과를 초래하거나 관례를 형성할 수 있는 사항
2. 개별적인 여러 건을 종합한 결과가 상위자의 전결범위에 해당하는 경우
3. 기타 상위자 또는 전결권자가 상위자의 결재가 필요하다고 인정하는 사항
③ 다음 각 호의 1에 해당하는 경우에는 전결권자의 차하위자가 전결할 수 있다.
1. 기본품의에 의하여 기계적으로 처리하는 사항
2. 객관적으로 인정하는 요금에 의하여 통상적으로 집행하는 사항
④ 이 규칙에 의하여 처리한 전결사항 중 중요하다고 인정되는 사항은 이사장에게 이를 보고하여야 한다.

보기

정원 : ○○업무에 대해 이사장의 권한위임을 받은 A본부장이 해당 업무가 상위자의 결재가 필요하다고 인정하는 경우, 이사장의 결재를 받아야 한다.
재호 : 통상적인 출장비용 집행의 경우, 전결권자인 최 부장이 휴가로 인해 부재중이라면 전결권자의 상위자의 결재를 받아야 한다.
인현 : 위임전결사항에 대하여는 이사장에게 보고할 의무가 없다.
성원 : 위임전결사항이라 하더라도 교재의 검정에 관한 문서는 전결권자의 명의로 발신할 수 없다.

① 정원, 재호
② 정원, 인현
③ 재호, 인현
④ 재호, 성원
⑤ 인현, 성원

☑ 확인 Check! ○ △ ×

06 다음 S기업의 경영구조에 대한 설명으로 적절하지 않은 것은?

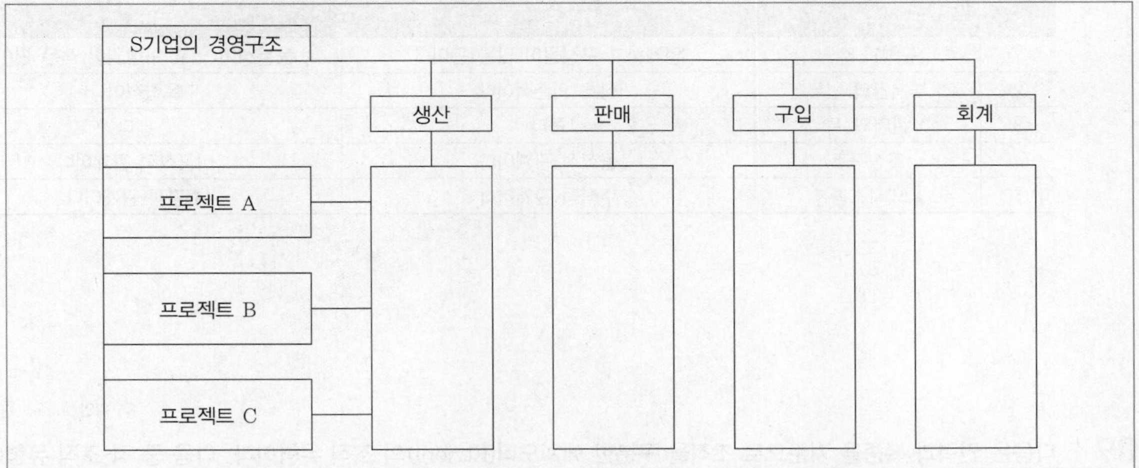

① 고객의 이중적 요구에 대응할 수 있다.
② 대규모로 물건을 생산하는 대규모 조직에 적합하다.
③ 기술의 개발을 효율적으로 수행할 수 있다.
④ 명령구조가 이원화되어있다.
⑤ 유연성이 있어서 변화에 적응하기가 수월하다.

☑ 확인 Check! ○ △ ×

07 다음 중 밑줄 친 조직의 성격으로 적절한 것은?

> 제4조(국가 등의 책무)
> ① <u>국가와 지방자치단체</u>는 국민의 생명·신체 및 재산을 보호하기 위하여 철도안전시책을 마련하여 성실히 추진하여야 한다.
> ② 철도운영자 및 철도시설관리자(이하 '철도운영자 등'이라 한다)는 철도운영이나 철도시설관리를 할 때에는 법령에서 정하는 바에 따라 철도안전을 위하여 필요한 조치를 하고, 국가나 지방자치단체가 시행하는 철도안전시책에 적극 협조하여야 한다.

① 관리적·정치적 조직
② 호혜조직
③ 체제유지목적 조직
④ 봉사조직
⑤ 경제적 조직

☑ 확인 Check! ○△✕

08 다음 중 기계적 조직과 유기적 조직의 특징을 비교한 것으로 옳지 않은 것은?

	구분	기계적 조직	유기적 조직
①	규칙과 절차	엄격하고 구성원이 많은 편이다	융통성이 있고 구성원이 적은 편이다
②	부서간의 업무	상호 의존적이다	독립적이다
③	관리의 폭	좁다	넓다
④	조직구조	공식적 관계이다	비공식적 관계이다
⑤	의사소통	수직적 관계이다	수평적 관계이다

☑ 확인 Check! ○△✕

09 다음은 권력과 복종을 기준으로 조직을 구분한 에치오니(Etzioni)의 조직 유형이다. 다음 중 각 조직 유형에 대한 설명이 잘못 연결된 것은?

구분	소외적 몰입	타산적 몰입	도덕적 몰입
강제적 권력	㉠		
보상적 권력		㉡	
규범적 권력			㉢

① ㉠ – 강제적 통제 권력이 사용되며, 구성원들은 소외를 피하려고 할 수 없이 조직의 규칙에 몰입한다.
② ㉠ – 교도소나 군대 등이 이에 속한다.
③ ㉡ – 구성원에게 물질적 보상체제를 사용하여 그들을 통제하고, 구성원들은 보상에 따라 타산적으로 조직에 참여한다.
④ ㉢ – 종교 단체나 전문직 단체 등이 이에 속한다.
⑤ ㉢ – 구성원들은 반대급부에 대한 계산을 따져보고 그만큼만 조직에 몰입한다.

☑ 확인 Check! ○△✕

10 〈보기〉 중 경영의 4요소로 옳은 것을 모두 고르면?

보기

ㄱ. 조직의 목적을 달성하기 위해 경영자가 수립하는 것으로 더욱 구체적인 방법과 과정이 담겨 있다.
ㄴ. 조직에서 일하는 구성원으로 경영은 이들의 직무수행에 기초하여 이루어지기 때문에 이것의 배치 및 활용이 중요하다.
ㄷ. 생산자가 상품 또는 서비스를 소비자에게 유통하는 데 관련된 모든 체계적 경영 활동이다.
ㄹ. 특정의 경제적 실체에 관하여 이해관계를 이루는 사람들에게 합리적인 경제적 의사결정을 하는 데 유용한 재무적 정보를 제공하기 위한 일련의 과정 또는 체계이다.
ㅁ. 경영하는 데 사용할 수 있는 돈으로 이것이 충분히 확보되는 정도에 따라 경영의 방향과 범위가 정해지게 된다.
ㅂ. 조직이 변화하는 환경에 적응하기 위하여 경영활동을 체계화하는 것으로, 목표달성을 위한 수단이다.

① ㄱ, ㄴ, ㄷ, ㄹ
② ㄱ, ㄴ, ㄷ, ㅁ
③ ㄱ, ㄴ, ㅁ, ㅂ
④ ㄷ, ㄹ, ㅁ, ㅂ
⑤ ㄴ, ㄷ, ㅁ, ㅂ

확인 Check! ○ △ ×

11 제시문이 설명하는 의사결정 방법은?

> 조직에서 의사결정을 하는 대표적인 방법으로 여러 명이 한 가지 문제를 놓고 아이디어를 비판 없이 제시하여 그중에서 최선책을 찾아내는 방법이다. 다른 사람이 아이디어를 제시할 때 비판하지 않고, 아이디어를 최대한 많이 공유하고 이를 결합하여 해결책을 마련하게 된다.

① 만장일치
② 다수결
③ 브레인스토밍
④ 의사결정나무
⑤ 델파이 기법

확인 Check! ○ △ ×

12 다음 기사를 보고 한식 뷔페의 입장에서 SWOT 분석을 할 때, 옳지 않은 것은?

> 한식 뷔페의 독주가 지속되자 기존 뷔페 레스토랑들이 저마다 살 길 찾기에 나섰다. 한식 뷔페 레스토랑은 소비자가 줄을 설 정도로 인기를 얻는 반면 ㉠ 기존 양·중식 뷔페 레스토랑은 손님이 없어 파리만 날리는 상황이 이어지고 있기 때문이다.
> 업계에 따르면 10년이 넘어가는 뷔페 브랜드는 새로운 생존 전략을 짜고 있다. 양식 뷔페 레스토랑 ○○○은 이번 겨울 시청점을 새롭게 단장하며 소비자 반응 살피기에 나섰다. 인테리어는 물론 주문과 이용 방식도 변경했다. 주문 방식의 경우, 기존 뷔페 대신 코스 방식을 선택했다. 기존 뷔페 방식에서는 디저트, 음료 등 사이드 메뉴를 무제한으로 즐길 수 있지만 코스 방식에서는 디저트와 음료가 각각 한 번씩 제공된다. 디저트와 음료 무제한 서비스를 없앤 대신 요리 메뉴 가격을 낮췄다. 기존 ○○○ 매장에서 대부분 20,000원 이상인 요리 메뉴는 시청점에서 8,900원~1만 9,000원대에 즐길 수 있다. ㉡ 한식 뷔페의 가격이 대부분 1인당 2만 원대 초반을 넘지 않는다는 점을 고려하여 보다 합리적인 가격으로 소비자 마음을 잡겠다는 의도다.
> 중식 뷔페 레스토랑 △△는 프리미엄 전략으로 한식 뷔페에 대응하기로 했다. 프리미엄 브랜드 스페셜 △△로 차별화된 메뉴를 선보인다는 전략이다. 스페셜 △△는 전 세계 총 200여 가지의 메뉴를 제공하고 있다. 스페셜 △△의 가격은 런치 2만 9,900원, 디너 4만 9,900원으로 일반 △△의 두 배가 넘는 수준이지만 전략이 성공적이라는 평가다. ㉢ 11월에는 청담동 1호점에 이어 압구정에 2호점을 오픈했고 대기 시간이 한 시간을 넘는 등 인기를 끌고 있다.
> 이들은 차별화 전략을 통해 매장 수 감소를 막는 것이 목표다. 뷔페 레스토랑은 매장이 줄어들면 매출 규모도 축소되고 영업이익도 줄어든다. ○○○의 경우 2014년 말 15개였던 매장 수가 2015년 10월 7개로 줄어들었다. ㉣ 150석 규모 대형 매장이었던 ○○○ 강남점마저 한식 뷔페에 자리를 내줬다. △△ 매장 수도 점차 감소하는 추세다. 2014년 172개였던 매장은 2015년 현재 133개로 줄었다.
> 외식업계 관계자는 "㉤ 한식 인기가 뜨거워 외식 업체들도 한식 뷔페 레스토랑에 힘을 실어줄 수 밖에 없는 상황"이라며 "그러나 패밀리 레스토랑, 양식 뷔페, 중식 뷔페, 한식 뷔페 등으로 선호가 옮겨가는 것을 보면 한식 뷔페에만 모든 것을 올인할 수도 없는 상황"이라고 말했다.

① S(강점) : ㉡
② W(약점) : ㉣
③ O(기회) : ㉠
④ O(기회) : ㉤
⑤ T(위협) : ㉢

☑ 확인 Check! ○ △ ✕

13 다음 설명을 읽고 제시된 분석결과에 가장 적절한 전략인 것은?

SWOT는 Strength(강점), Weakness(약점), Opportunity(기회), Threat(위협)의 머리글자를 따서 만든 단어로 경영 전략을 세우는 방법론이다. SWOT로 도출된 조직의 내·외부 환경을 분석하고, 이 결과를 통해 대응전략을 구상하는 분석방법론이다.

'SO(강점 – 기회)전략'은 기회를 활용하기 위해 강점을 사용하는 전략이고, 'WO(약점 – 기회)전략'은 약점을 보완 또는 극복하여 시장의 기회를 활용하는 전략이다. 'ST(강점 – 위협)전략'은 위협을 피하기 위해 강점을 활용하는 방법이며 'WT(약점 – 위협)전략'은 위협요인을 피하기 위해 약점을 보완하는 전략이다.

내부 / 외부	강점(Strength)	약점(Weakness)
기회(Opportunity)	SO(강점 – 기회)전략	WO(약점 – 기회)전략
위협(Threat)	ST(강점 – 위협)전략	WT(약점 – 위협)전략

〈S유기농 수제버거 전문점 환경 분석 결과〉

SWOT	환경 분석
강점(Strength)	• 주변 외식업 상권 내 독창적 아이템 • 커스터마이징 고객 주문 서비스 • 주문 즉시 조리 시작
약점(Weakness)	• 높은 재료 단가로 인한 비싼 상품 가격 • 대기업 버거 회사에 비해 긴 조리 과정
기회(Opportunity)	• 웰빙을 추구하는 소비 행태 확산 • 치즈 제품을 선호하는 여성들의 니즈 반영
위협(Threat)	제품 특성상 테이크 아웃 및 배달 서비스 불가

① SO전략 : 주변 상권의 프랜차이즈 샌드위치 전문업체의 제품을 벤치마킹해 샌드위치도 함께 판매한다.
② WO전략 : 유기농 채소와 유기농이 아닌 채소를 함께 사용하여 단가를 낮추고 가격을 내린다.
③ ST전략 : 테이크 아웃이 가능하도록 버거의 사이즈를 조금 줄이고 사이드 메뉴를 서비스로 제공한다.
④ WT전략 : 조리과정을 단축시키기 위해 커스터마이징 형식의 고객 주문 서비스 방식을 없애고, 미리 제작해놓은 버거를 배달 제품으로 판매한다.
⑤ ST전략 : 치즈의 종류를 다양하게 구성해 커스터마이징 주문 시 선택할 수 있도록 한다.

☑ 확인 Check! ○△✕

14 **귀하는 인사팀 팀장으로 신입사원 공채의 면접관으로 참가하게 되었다. 귀하의 회사는 조직 내 팀워크를 무엇보다도 중요하게 생각하기 때문에 귀하는 이 점을 고려하여 직원을 채용해야 한다. 다음의 지원자 중 귀하의 회사에 채용되기에 가장 적절하지 않은 지원자는 누구인가?**

① A지원자 : 회사의 가치관과 제 생각이 다르다고 할지라도 수긍하는 자세로 일하겠습니다.
② B지원자 : 조직 내에서 반드시 필요한 일원이 되겠습니다.
③ C지원자 : 동료와 함께 부족한 부분을 채워나간다는 생각으로 일하겠습니다.
④ D지원자 : 회사의 목표가 곧 제 목표라는 생각으로 모든 업무에 참여하겠습니다.
⑤ E지원자 : 모든 업무에 능동적으로 참여하는 적극적인 사원이 되겠습니다.

☑ 확인 Check! ○△✕

15 **귀하의 회사는 몇 년째 실적 부진으로 골머리를 앓고 있다. 문제를 해결하기 위해 귀하를 비롯한 회사의 임직원들이 모여 회사의 문제점을 파악하고 구체적인 해결책을 마련해보는 시간을 가졌다. 각 사원이 말한 문제점과 해결책으로 가장 적절하지 않은 것은 무엇인가?**

① A사원 : 우리 회사의 문제점은 자신이 소속된 부서 이외에는 별로 관심이 없다는 것입니다. 이번 기회로 부서들끼리 자주 소통하는 자리를 마련해 다른 부서의 업무를 파악하는 데 주의를 기울일 필요가 있을 것 같습니다.
② B사원 : 각 부서의 목표가 너무 상이하다는 것도 문제입니다. 분기별로 회의를 통해 하나의 목표를 설정한 뒤 모든 부서가 그 목표를 달성하기 위해 힘을 모으는 것이 좋겠습니다.
③ C사원 : 직원들의 업무 독립성이 좀 더 뚜렷해질 필요도 있습니다. 예를 들어 A라는 업무는 A사원이 담당해 처음부터 끝까지 모든 과정을 책임지는 거죠. 지금은 업무과정이 너무 유기적이에요.
④ D사원 : 직원들의 성과급이 너무 적어서 업무 만족도나 의욕 등이 점점 낮아지고 있다고 생각해요. 성과가 있을 때마다 회사에서 그에 합당한 보상을 확실히 해준다면 직원들의 업무 의욕도 점점 커질 것입니다.
⑤ E사원 : 분기별로 업무 계획을 확실히 세우고 매일매일 그것을 확인해가는 방식으로 일을 해보는 것은 어떨까요? 우리 회사는 구체적인 계획을 세우기보다 즉흥적으로 일을 해나가는 점이 문제인 것 같아서요.

☑ 확인 Check! ○△✕

16 **다음 사례의 쟁점과 협상전략을 바르게 묶은 것은?**

> 대기업 영업부장인 A씨는 기존 재고를 처리할 목적으로 업체 W사와 협상 중이다. 그러나 W사는 자금 부족을 이유로 이를 거절하고 있다. 하지만 A씨는 자신의 회사에서 물품을 제공하지 않으면 W사가 매우 곤란한 지경에 빠진다는 사실을 알고 있다. 그래서 A씨는 앞으로 W사와 거래하지 않을 것이라는 엄포를 놓았다.

① 자금 부족 – 협력전략
② 재고 처리 – 갈등전략
③ 재고 처리 – 경쟁전략(강압전략)
④ 정보 부족 – 양보전략(유화전략)
⑤ 정보 부족 – 경쟁전략(강압전략)

☑ 확인 Check! ○ △ ×

17 다음을 읽고 외부경영활동으로 볼 수 있는 것은?

> 경영활동은 외부경영활동과 내부경영활동으로 구분하여 볼 수 있다. 외부경영활동은 조직외부에서 조직의 효과성을 높이기 위해 이루어지는 활동이다. 다음으로 내부경영활동은 조직내부에서 자원들을 관리하는 것이다.

① 직원 교육훈련
② 직원 부서 배치
③ 직원 채용
④ 마케팅 활동
⑤ 사내행사 진행

☑ 확인 Check! ○ △ ×

18 K은행에서는 부패방지 교육을 위해 오늘 일과 중 1시간을 반영하여 각 부서별로 토론식 교육을 할 것을 지시하였다. 귀하의 직급은 사원으로, 적당한 교육시간을 판단하여 보고하여야 한다. 부서원의 스케줄이 다음과 같을 때, 교육을 편성하기에 가장 적절한 시간은 언제인가?

<table>
<tr><th rowspan="2">시간</th><th colspan="5">직급별 스케줄</th></tr>
<tr><th>부장</th><th>차장</th><th>과장</th><th>대리</th><th>사원</th></tr>
<tr><td>09:00 ~ 10:00</td><td colspan="2">부서장 회의</td><td></td><td></td><td></td></tr>
<tr><td>10:00 ~ 11:00</td><td></td><td></td><td></td><td></td><td>비품 신청</td></tr>
<tr><td>11:00 ~ 12:00</td><td></td><td></td><td>고객 응대</td><td></td><td></td></tr>
<tr><td>12:00 ~ 13:00</td><td colspan="5">점심식사</td></tr>
<tr><td>13:00 ~ 14:00</td><td colspan="3">부서 업무 회의</td><td></td><td></td></tr>
<tr><td>14:00 ~ 15:00</td><td></td><td></td><td></td><td colspan="2">타 지점 방문</td></tr>
<tr><td>15:00 ~ 16:00</td><td></td><td></td><td colspan="3">일일 업무 결산</td></tr>
<tr><td>16:00 ~ 17:00</td><td></td><td>업무보고</td><td></td><td></td><td></td></tr>
<tr><td>17:00 ~ 18:00</td><td>업무보고</td><td></td><td></td><td></td><td></td></tr>
</table>

① 09:00 ~ 10:00
② 10:00 ~ 11:00
③ 13:00 ~ 14:00
④ 14:00 ~ 15:00
⑤ 15:00 ~ 16:00

※ 다음은 S회사의 회의록이다. 회의록을 보고 이어지는 질문에 답하시오. [19~20]

〈회의록〉

회의일시	2019년 7월 12일	부서	생산팀, 연구팀, 마케팅팀	작성자	이○○
참석자	생산팀 팀장 · 차장, 연구팀 팀장 · 차장, 마케팅팀 팀장 · 차장				
회의안건	제품에서 악취가 난다는 고객 불만에 따른 원인 조사 및 대책방안				
회의내용	주문폭주로 인한 물량증가로 잉크가 덜 마른 포장상자를 사용해 냄새가 제품에 스며든 것으로 추측				
결정사항	[생산팀] 내부 비닐 포장, 외부 종이상자 포장이었던 기존방식에서 내부 2중 비닐포장, 외부 종이상자 포장으로 교체 [마케팅팀] 1. 주문 물량이 급격히 증가했던 일주일 동안 생산된 제품 전격 회수 2. 제품을 공급한 매장에 사과문 발송 및 100% 환불 · 보상 공지 [연구팀] 포장재질 및 인쇄된 잉크의 유해성분 조사				

☑ 확인 Check! ○ △ ✕

19 회의록을 보고 알 수 있는 내용으로 올바른 것은?

① 이 조직은 6명으로 이루어져 있다.
② 회의 참석자는 총 3명이다.
③ 연구팀에서 제품을 전격 회수해 포장재질 및 인쇄된 잉크의 유해성분을 조사하기로 했다.
④ 주문량이 많아 잉크가 덜 마른 포장상자를 사용한 것이 문제 발생의 원인으로 추측된다.
⑤ 포장재질 및 인쇄된 잉크 유해성분을 조사한 결과 인체에는 무해한 것으로 밝혀졌다.

☑ 확인 Check! ○ △ ✕

20 회의 후 가장 먼저 해야 할 일은 무엇인가?

① 해당 브랜드의 전 제품 회수
② 포장재질 및 인쇄된 잉크 유해성분 조사
③ 새로 도입하는 포장방식 홍보
④ 주문 물량이 급격히 증가한 일주일 동안 생산된 제품 파악
⑤ 제품을 공급한 매장에 사과문 발송

CHAPTER 10
직업윤리

영역 소개 〉

직업윤리란 원만한 직업생활을 위해 필요한 태도, 가져야 할 올바른 직업관을 말한다.

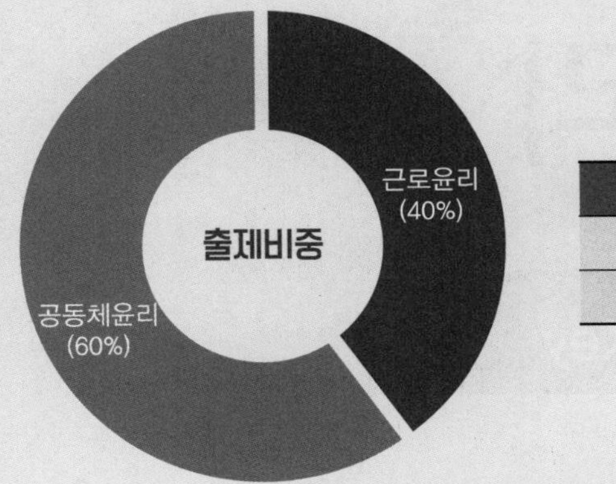

구분	중요도
근로윤리	★★★☆☆
공동체윤리	★★★★☆

직업윤리는 NCS 기반 채용을 진행한 기업 중 74% 정도가 다뤘으나, 문항 수는 전체 평균 6% 정도로 상대적으로 적게 출제되었다.

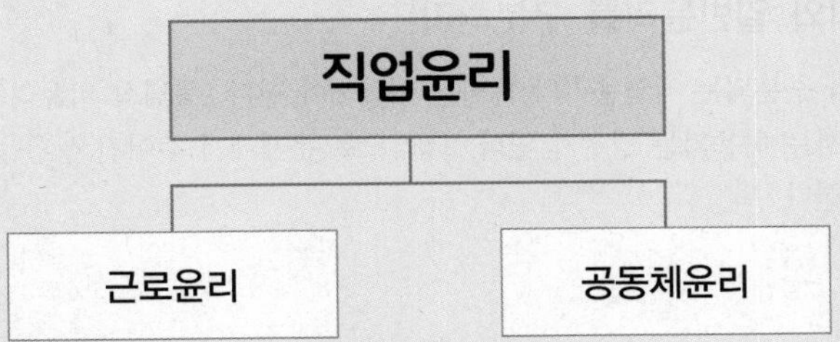

근로윤리	일에 대한 존중을 바탕으로 성실하고 정직하게 업무에 임하는 자세
공동체윤리	인간 존중을 바탕으로 봉사정신과 책임감을 가지고 규칙을 준수하며 예의바른 태도로 업무에 임하는 자세

CHAPTER 10
직업윤리

합격 Cheat Key

직업윤리는 업무를 수행함에 있어 원만한 직업생활을 위해 필요한 태도, 매너, 올바른 직업관이다. 직업윤리는 필기 시험뿐만 아니라 서류를 제출하면서 자기소개서를 작성할 때와 면접을 시행할 때도 포함되는 항목으로 들어가지 않는 공사·공단이 없을 정도로 필수 능력으로 꼽힌다.
국가직무능력표준에 따르면 직업윤리의 세부능력은 근로 윤리·공동체 윤리로 나눌 수 있다. 구체적인 문제 상황을 제시하여 해결하기 위해 어떤 대안을 선택해야 할 지에 관한 문제들이 출제된다.

직업윤리는 NCS 기반 채용을 진행한 기업 중 74% 정도가 다뤘으며, 문항 수는 전체에서 평균 6% 정도로 상대적으로 적게 출제되었다.

01 오답을 통해 대비하라!

이론을 따로 정리하는 것보다는, 문제에서 본인이 생각하는 모범답안을 선택하고 틀렸을 경우 그 이유를 정리하는 방식으로 학습하는 것이 효율적이다. 암기하기 보다는 이해에 중점을 두고 자신의 상식으로 문제를 푸는 것이 아니라 해당 문제가 어느 영역 어떤 하위능력의 문제인지 파악하는 훈련을 한다면 답이 보일 것이다.

02 직업윤리와 일반윤리를 구분하라!

일반윤리와 구분되는 직업윤리의 특징을 이해해야 한다. 통념상 비윤리적 이라고 일컬어지는 행동도 특정한 직업에서는 허용되는 경우가 있다. 그러므로 문제에서 주어진 상황을 판단할 때는 우선 직업의 특성을 고려해야 한다.

03 직업윤리의 하위능력을 파악해두자!

직업윤리의 경우 직장생활 경험이 없는 수험생들은 조직에서 일어날 수 있는 구체적인 직업윤리와 관련된 내용에 흥미가 없고 이를 이해하는데 어려움이 있을 수 있다. 그러나 문제에서는 구체적인 상황·사례를 제시하는 문제가 나오기 때문에 직장에서의 예절을 정리하고 문제 상황에서 적절한 대처를 선택하는 연습을 하는 것이 중요하다.

04 면접에서도 유리하다!

많은 공사·공단에서 면접 시 직업윤리에 관련된 질문을 하는 경우가 많다. 직업윤리 이론 학습을 미리 해두면 본인의 가치관을 세우는 데 도움이 되고 이는 곧 기업의 인재상과도 연결되기 때문에 미리 준비해두면 필기시험에서 합격하고 면접을 준비할 때도 수월할 것이다.

NCS 모듈 학습

| 01 | 직업윤리

(1) 윤리(倫理, Ethics)의 개념

① 윤리의 의미

㉠ 倫(윤) : '동료, 친구, 무리, 또래' 등의 인간집단 등을 뜻하기도 하고, '도리, 질서, 차례, 법(法)' 등을 뜻하기도 한다. 즉 '倫'이란 인간관계에 필요한 도리, 질서를 의미한다.

㉡ 理(리) : '옥을 다듬다.'라는 말에서 유래하며 '다스리다, 바르다, 원리, 이치, 가리다(판단), 밝히다, 명백하다'라는 의미가 있다.

㉢ 윤리(倫理)

- 사람이 지켜야 할 도리
- 실제 도덕규범이 되는 원리
- 인간과 인간 사이에서 지켜져야 할 도리를 바르게 하는 것
- 인간사회에 필요한 올바른 질서

② 윤리의 기능

㉠ 일상생활에서 무엇이 옳고 그른가, 또는 무엇이 좋고 나쁜가에 대해서 갈등을 느끼거나 타인과 의견대립 시 그것을 해결할 수 있는 기준을 제시해 준다.

㉡ 합리적으로 수정된 관습의 일반화된 모습으로 가장 근본적인 규범이다.

㉢ 사회적 평가과정에서 형성된 사회현상이다.

㉣ 문제 상황의 해결지침을 제공하는 삶의 지혜이다.

③ 윤리의 성격

㉠ 윤리는 한 개인이 행동을 결정할 때 고려하는 다른 요인보다 우선 고려하는 것이다.

㉡ 윤리는 보편적이다.

㉢ 윤리는 합리성에 기초한다.

㉣ 윤리는 명확한 내용을 가지고 있다.

㉤ 윤리는 해석을 필요로 한다.

④ 윤리적 가치의 중요성

㉠ 모든 사람이 윤리적 가치보다 자기이익을 우선하여 행동한다면 사회질서가 붕괴될 수 있다. 사람이 윤리적으로 살아야 하는 이유는 '윤리적으로 살 때 개인의 행복, 모든 사람의 행복을 보장'할 수 있기 때문이다.

㉡ 윤리적 규범을 지켜야 하는 이유는 어떻게 살 것인가 하는 가치관의 문제와도 관련이 있다. 눈에 보이는 경제적 이득과 육신의 안락만을 추구하는 것이 아니고, 삶의 본질적 가치와 도덕적 신념을 존중해야 하기 때문이다.

⑤ 윤리적 인간 : 공동의 이익을 추구하고, 도덕적 가치를 신념으로 삼는다.

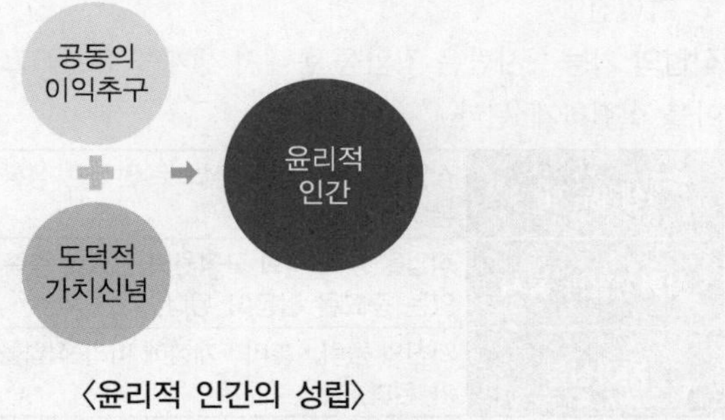

〈윤리적 인간의 성립〉

⑥ 윤리규범의 형성
㉠ 인간은 사회적이기 때문에 어느 한 개인의 욕구는 그 개인의 행동이 아니라, 다른 사람의 행동과 협력에 따라 충족여부가 결정된다.
㉡ 사람들은 사회의 공동목표 달성과 모든 구성원의 욕구충족에 도움이 되는 행위는 찬성하고, 그렇지 않은 행위는 비난한다.
㉢ 어떤 행위는 마땅히 해야 할 행위, 어떤 행위는 결코 해서는 안 될 행위로서 가치를 인정받게 되며, 모든 윤리적 가치는 시대와 사회 상황에 따라서 조금씩 다르게 변화된다.
㉣ 공동생활과 협력을 필요로 하는 인간생활에서 형성되는 공동행동의 룰을 기반으로 윤리적 규범이 형성된다.

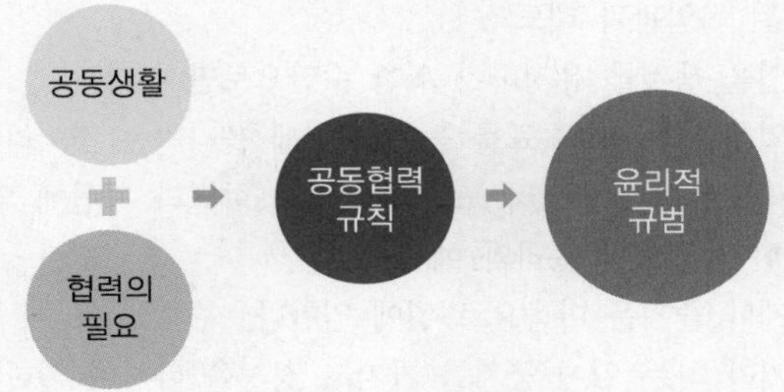

〈윤리적 규범의 형성〉

핵심예제

다음 중 윤리적 인간에 대한 설명이 아닌 것은?

① 공동의 이익보다는 자신의 이익을 우선으로 행동하는 사람
② 다른 사람을 배려하면서 행동하는 사람
③ 삶의 본질적 가치와 도덕적 신념을 존중하는 사람
④ 인간은 결코 혼자 살아갈 수 없는 사회적 동물이기 때문에, 공동의 이익을 추구하는 사람

예제풀이

모든 사람이 윤리적 가치보다 자기이익을 우선하여 행동한다면 사회질서가 붕괴될 수도 있다.

정답 ①

(2) 직업의 개념

① 일과 인간의 삶의 관계
㉠ 일은 사람이 살기 위해서 필요한 것이며, 인간의 삶을 풍부하고 행복하게 만들어 준다.
㉡ 인간은 일을 통하여 경제적 욕구의 충족뿐만 아니라 자신을 규정하고 삶의 의미를 실현한다.
㉢ 일은 인간으로서 의무인 측면도 있지만 동시에 권리이기도 하므로, 인간의 삶을 구성하는 가장 중요한 요소이다.

㉣ 직업은 분업화된 사회에서 한 사람이 담당하는 체계화·전문화된 일의 영역을 가리킨다.

② **직업의 기능** : 사람은 직업을 통해서 생계를 유지하고 사회적 역할을 수행하며, 자아를 실현하게 된다.

생계유지	직업은 사람이 경제적으로 안정된 생활을 유지하는 데에 중요한 수단이 된다.
사회생활과 봉사	직업을 통해 사회 구성원의 필요를 충족시키며, 직업은 사회에 봉사할 수 있는 중요한 활동이 된다.
자아실현	자신의 능력·흥미·개성에 따라 직업을 선택하고, 이는 자아실현의 계기가 된다.

③ **직업의 특성**

㉠ 계속성 : 직업은 일정 기간 계속 수행되어야 한다.

㉡ 경제성 : 직업을 통하여 일정한 수입을 얻고, 경제발전에 기여하여야 한다.

㉢ 사회성 : 직업을 통하여 사회에 봉사하게 된다.

④ **직업에 대한 직업관과 태도**

㉠ 바람직한 직업관과 태도

- 항상 소명의식을 갖고 일하며, 자기의 직업을 천직으로 생각한다.
- 직업생활은 사회구성원으로서의 직분을 다하는 일이자 봉사하는 일이라고 생각한다.
- 자기 분야의 최고전문가(실력자)가 되겠다는 생각으로 최선을 다해 노력한다.

㉡ 그릇된 직업관과 태도

- 직업을 생계를 유지하기 위한 수단으로만 본다.
- 직업생활의 최고목표를 높은 지위에 올라가는 것이라고 생각한다.
- 능력으로 인정받으려 노력하지 않고 학연과 지연에 의지한다.

㉢ 건전한 직업생활 윤리와 예절

- 언제나 즐거운 마음으로 일에 임한다.
- 자기가 하는 일에 긍지를 가지고 정성을 다하여 일한다.
- 자기가 맡은 일은 스스로 책임지고 최선을 다하여 해낸다.
- 직장 안에서 예절을 잘 지킴으로써 원만한 인간관계를 맺는다.

※ 우리나라의 직업관

'입신출세론'으로 인해 각자의 분야에서 땀 흘리며 본분을 다하는 노동을 경시하고, 과정이나 절차보다는 결과만을 중시하는 경향이 있다.

• 핵심예제 •

다음 중 직업에 대한 설명으로 옳지 않은 것은?

① 생계 유지를 위한 활동이다.
② 사회 참여와 봉사의 기회를 제공한다.
③ 자아실현의 수단이다.
④ 가사 활동, 취미 활동, 봉사 활동도 포함한다.

• 예제풀이 •

취미, 가사 활동이나 배당, 연금, 재산수입 등은 어떤 일을 계속 수행하여 얻은 것이 아니므로 직업이 아니다.

정답 ④

(3) 직업윤리의 개념

① 개요

㉠ 직업기초능력으로서의 직업윤리 : 원만한 직업생활을 하기 위해 필요한 마음가짐과 태도 및 올바른 직업관을 의미한다.

㉡ 직업윤리의 구분

• 근로윤리 : 일에 대한 존중을 바탕으로, 성실하며 정직하게 업무에 임하는 자세이다.

• 공동체윤리 : 인간 존중을 바탕으로, 봉사하고 책임감을 지니며 규칙을 준수하면서도 예의바른 태도로 업무에 임하는 자세를 뜻한다.

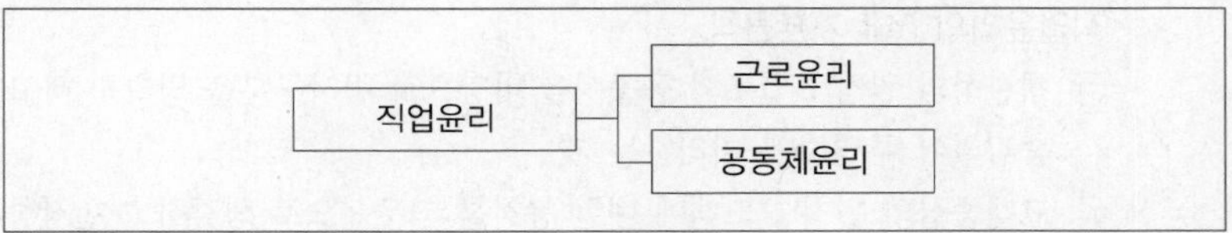

② 직업윤리의 의미

㉠ 뜻 : 개인윤리를 바탕으로 각자가 직업에 종사하는 과정에서 요구되는 특수한 윤리규범이다.

㉡ 직업윤리가 강조되는 이유 : 직업적 활동이 개인 차원에만 머무르지 않고 사회 전체의 질서와 안정·발전에 매우 중요한 역할을 수행하기 때문이다.

③ 직업윤리의 성격

㉠ 일의 윤리 : 직업적 사명감과 장인정신의 윤리

㉡ 직장 내에서의 윤리 : 참여와 협동의 조직윤리

㉢ 고객에 대한 윤리 : 상도의와 서비스정신의 윤리

㉣ 직업조직 간의 윤리 : 공정한 경쟁의 시장원리

㉤ 공동체에 대한 직업윤리 : 공익정신과 공동체 의식의 윤리

④ 바람직한 직업윤리

㉠ 소명의식 : 자신이 맡은 일은 하늘의 부름을 받아 맡겨진 일이라고 생각하는 태도

㉡ 천직의식 : 자신의 일이 자신의 능력과 적성에 꼭 맞는다고 여기며, 그 일에 열성을 가지고 성실히 임하는 태도

㉢ 직분의식 : 자신이 하고 있는 일이 사회나 기업 그 밖의 타인을 위해 중요한 역할을 한다고 믿고 자신의 활동을 수행하는 의식

㉣ 책임의식 : 직업에 대한 사회적 역할과 책무를 충실히 수행하고 책임을 다하는 태도

㉤ 전문가의식 : 자신의 일이 어떤 사람이든지 아무런 교육이나 지식없이 할 수 있는 일이 아니라, 그 분야의 지식과 교육을 밑바탕으로 성실히 수행해야만 해낼 수 있는 일이라고 믿고 직업을 수행하는 태도

㉥ 봉사의식 : 직업활동을 통해 다른 사람과 공동체에 봉사하는 정신을 갖추고 실천하는 태도

※ 현대 사회에서의 바람직한 직업윤리

• 자신의 일에 책임을 지며, 자신의 직업에 긍지를 가지고 성실히 임한다.
• 직장 동료, 상사와 부하 직원과 협력한다.
• 직무 수행에 필요한 지식과 기술을 지속적으로 습득하고 익힌다.

⑤ 개인윤리와 직업윤리의 조화

㉠ 업무상 개인의 판단과 행동은 사회적 영향력이 큰 기업시스템을 통하여 다수의 이해관계자와 관련된다.

㉡ 수많은 사람이 관련되어 고도화된 공동의 협력을 요구하므로 맡은 역할에 대한 책임 완수가 필요하고, 정확하고 투명한 일 처리가 필요하다.

㉢ 규모가 큰 공동의 재산·정보 등을 개인의 권한 하에 위임·관리하므로 높은 윤리의식이 요구된다.

㉣ 직장이라는 특수 상황에서 맺는 집단적 인간관계는 가족관계, 개인적 선호에 의한 친분 관계와는 다른 측면의 배려가 요구된다.

㉤ 기업은 경쟁을 통하여 사회적 책임을 다하고, 보다 강한 경쟁력을 키우기 위하여 조직원 개개인의 역할과 능력이 경쟁상황에서 적절하고 꾸준하게 향상되어야 한다.

㉥ 각각의 직무에서 발생하는 특수한 상황은 개인적 덕목차원의 일반 상식과 기준으로는 규제할 수 없는 경우가 많다.

⑥ 직업윤리의 5대 기본원칙

㉠ 객관성의 원칙 : 업무의 공공성을 바탕으로 공사구분을 명확히 하고, 모든 것을 숨김없이 투명하게 처리하는 것

㉡ 고객중심의 원칙 : 고객에 대한 봉사를 최우선으로 생각하고 현장중심 · 실천중심으로 일하는 것

㉢ 전문성의 원칙 : 자기업무에 전문가로서의 능력과 의식을 가지고 책임을 다하며, 능력을 연마하는 것

㉣ 정직과 신용의 원칙 : 업무와 관련된 모든 것을 정직하게 수행하고, 본분과 약속을 지켜 신뢰를 유지하는 것

㉤ 공정경쟁의 원칙 : 법규를 준수하고, 경쟁원리에 따라 공정하게 행동하는 것

• 예제풀이 •

직장윤리에 대한 설명이다.

정답 ③

• 핵심예제 •

다음 중 직업윤리에 대한 설명으로 옳지 않은 것은?

① 직업을 가진 사람이라면 반드시 지켜야 할 공통적인 윤리규범이다.
② 공사의 구분, 동료와의 협조, 전문성, 책임감 등이 포함된다.
③ 'ㅇㅇ' 회사 내에서 직원들에게 적용되는 특수한 윤리이다.
④ 자신이 맡은 일은 하늘의 부름을 받아 맡겨진 일이라고 생각하는 태도이다.

| 02 | 근로윤리

(1) 근면한 태도

① 근면의 의미 : 근면이란 게으르지 않고 부지런한 것을 말한다. 근면한 것만으로 성공할 수는 없지만 근면한 것이 성공을 위한 기본 조건임은 분명하다.

② 근면의 종류

㉠ 외부로부터 강요당한 근면 : 삶을 유지하기 위해 필요에 의해서 강요된 근면이다.

㉡ 스스로 자진해서 하는 근면 : 능동적이며 적극적인 태도가 필수이고, 시간의 흐름에 따라 자아를 확립해 간다.

③ 근면에 필요한 자세 : 근면하기 위해서는 일을 할 때 '적극적이고 능동적인 자세'가 필요하다.

④ 직장에서의 근면한 생활

㉠ 출근 시간을 엄수한다.
㉡ 업무 시간에는 개인적인 일을 하지 않는다.
㉢ 일이 남았으면 퇴근 후에도 일을 한다.
㉣ 항상 일을 배우는 자세로 임하여 열심히 한다.
㉤ 술자리를 적당히 절제하여, 다음 날 업무에 지장이 없도록 한다.
㉥ 일에 지장이 없도록 항상 건강관리에 유의한다.
㉦ 오늘 할 일을 내일로 미루지 않는다.
㉧ 주어진 시간 내에 최선을 다한다.
㉨ 사무실 내에서 메신저 등을 통해 사적인 대화를 나누지 않는다.
㉩ 회사에서 정한 시간(점심시간 등)을 지킨다.

(2) 정직한 행동

① 정직의 의미

㉠ 정직은 신뢰를 형성하고 유지하는 데 가장 기본적이고 필수적인 규범이다.

㉡ 사람과 사람 사이에 함께 살아가는 사회시스템이 유지되려면 정직에 기반을 둔 신뢰가 있어야 한다.

※ 우리 사회의 정직성 수준

우리 사회의 정직성은 아직까지 완벽하지 못하다. 아직도 원칙보다는 집단 내의 정과 의리를 소중히 하는 문화적 정서가 그 원인이라 할 수 있다. 또한 부정직한 사람이 사회적으로 성공하기도 하는 이상한 현상으로 인하여 정직한 사람이 손해를 본다는 생각도 만연하다. 국가 경쟁력을 높이기 위해서는 개개인은 물론 사회 시스템 전반의 정직성이 확보되어야 한다.

② 정직과 신용을 구축하기 위한 4가지 지침

㉠ 정직과 신뢰의 자산을 매일 조금씩 축적하자.

㉡ 잘못된 것, 실패한 것, 실수한 것에 대하여 정직하게 인정하고 밝히자.

㉢ 개인적인 인정에 치우쳐 정직하지 못한 일에 눈을 감아 주거나 타협하지 말자.

㉣ 부정직한 관행은 인정하지 말자.

③ 직장에서의 정직한 생활

㉠ 용건이 사적이라면 회사 전화를 쓰지 않는다.

㉡ 장기적으로 생각하여, 나에게 이익이 되는 일보다는 옳은 일을 한다.

㉢ 근무시간에 거짓말을 하고 개인적인 용무를 보지 않는다.

㉣ 비록 실수를 하였더라도, 정직하게 밝히고, 그에 상응하는 대가를 치른다.

㉤ 부정에 타협하지 않고, 눈감아 주지 않는다.

㉥ 부정직한 관행을 인정하지 않고, 고치도록 노력한다.

㉦ 직장 외에서도 음주운전 혹은 교통위반 등을 하지 않는다.

㉧ 나의 입장과 처지를 보호하기 위한 거짓말도 하지 않는다.

㉨ '남들도 다 하는 것이다.'라는 부정직한 관행을 따르지 않는다.

핵심예제

정직에 대한 설명 중 옳지 않은 것은?

① 정직은 신뢰를 형성하고 유지하는 데 가장 기본적이고 필수적인 규범이다.
② 정직한 것은 성공을 이루는 기본 조건이다.
③ 정직과 신용을 구축하기 위해 부정직한 관행은 인정하지 말아야 한다.
④ 다른 사람이 전하는 말이나 행동이 사실과 부합한다는 신뢰가 없어도 사회생활을 하는 데 별로 지장이 없다.

예제풀이

사람은 혼자서는 살아갈 수 없으므로, 다른 사람이 전하는 말이나 행동이 사실과 부합한다는 신뢰가 있어야 한다.

정답 ④

(3) 성실한 자세

① 성실의 의미

㉠ 성실은 리더가 조직 구성원에게 원하는 첫째 요건이며, 조직생활의 가장 큰 무기이기도 하다.

㉡ 성실은 일관하는 마음과 정성의 덕이다.

※ '정성스러움'의 의미

- 진실하여 전연 흠이 없는 완전한 상태에 도달하고자 하는 사람이 선을 택하여 노력하는 태도
- 지성(至誠)이면 감천(感天)이다.
- 진인사대천명(盡人事待天命)

② 성실한 사람과 성실하지 못한 사람의 차이

㉠ 성실한 사람과 성실하지 않은 사람의 차이는 돈벌이가 쉬운가 아니면 쉽지 않은가의 경우에서 발생한다.

㉡ 단시간에 돈을 벌기 위해서 성실하지 않은 태도로 임하는 경우가 많은데, 장기적으로 볼 때 성실한 사람이 결국 성공한다.

| 03 | 공동체윤리

(1) 봉사(서비스)의 의미

① **봉사의 사전적 의미** : 나라나 사회 또는 남을 위하여 자신의 이해를 돌보지 않고 몸과 마음을 다하여 일하는 것이다.

② **직업인에게 봉사의 의미** : 자신보다는 고객의 가치를 최우선으로 하는 서비스 개념이다.

③ **기업에 봉사의 의미**

㉠ 고객은 회사의 영속발전을 도와주는 기반이다.

㉡ 고객의 소리를 경청하고 요구사항을 파악하는 것은 좋은 상품을 만드는 바탕이 되며, 좋은 서비스를 제공하기 위한 시발점이 된다.

④ **'SERVICE'의 의미**

㉠ S(Smile & Speed) : 서비스는 미소와 함께 신속하게 하는 것

㉡ E(Emotion) : 서비스는 감동을 주는 것

㉢ R(Respect) : 서비스는 고객을 존중하는 것

㉣ V(Value) : 서비스는 고객에게 가치를 제공하는 것

㉤ I(Image) : 서비스는 고객에게 좋은 이미지를 심어 주는 것

㉥ C(Courtesy) : 서비스는 예의를 갖추고 정중하게 하는 것

㉦ E(Excellence) : 서비스는 고객에게 탁월하게 제공되어야 하는 것

⑤ **고객접점 서비스** : 고객과 서비스 요원 사이에서 15초 동안의 짧은 순간에 이루어지는 서비스로서 '진실의 순간(MOT; Moments Of Truth)' 또는 '결정적 순간'이라고 한다.

※ 진실의 순간(MOT; Moments of Truth)
고객접점 서비스 즉, 결정적 순간 또는 진실의 순간이라는 용어를 최초로 주창한 사람은 스웨덴의 경제학자 리차드 노먼(Richard Norman)이며, 이 개념을 도입하여 성공을 거둔 사람은 스칸디나비아 에어라인 시스템 항공사(SAS)의 사장 얀 칼슨(Jan Carlzon)이다. 이들의 주장에 의하면 고객접점 서비스란, 고객과 서비스 요원 사이에서 15초 동안 이루어지는 짧은 순간의 서비스로서 이 순간을 진실의 순간(MOT; Moments Of Truth) 또는 결정적 순간이라고 한다. 이 15초 동안 고객접점에 있는 서비스 요원이 책임과 권한을 가지고 우리 회사를 선택한 것이 가장 좋은 선택이었다는 사실을 고객에게 입증해야 한다는 것이다. 즉, '결정의 순간'이란 고객이 기업조직의 한 측면과 접촉하는 시간이며, 그 서비스의 품질에 관하여 무언가 인상을 얻을 수 있는 시간이다.

⑥ **고객서비스 시 금지행위**

㉠ 개인 용무의 전화 통화를 하는 행위

㉡ 큰소리를 내는 행위

㉢ 고객을 방치한 채 업무자끼리 대화하는 행위

㉣ 고객 앞에서 음식물을 먹는 행위

㉤ 요란한 구두 소리를 내며 걷는 행위

ⓑ 옷을 벗거나 부채질을 하는 행위
ⓢ 고객이 있는데 화장을 하거나 고치는 행위
ⓞ 고객 앞에서 서류를 정리하는 행위
ⓙ 고객이 보이는 곳에서 흡연을 하는 행위
ⓒ 이어폰을 꽂고 음악을 듣는 행위

핵심예제

다음 중 MOT(Moments Of Truth)에 대한 설명으로 가장 거리가 먼 것은?

① 고객접점 서비스란 고객과 서비스 요원 사이에서 15초 동안 이루어지는 짧은 순간의 서비스를 일컫는 말이다.
② 고객이 조직의 어떤 일면과 접촉하는 일로 비롯되며, 조직의 서비스 품질에 대하여 어떤 인상을 얻을 수 있는 순간이라 할 수 있다.
③ 소비자들은 서비스 요원이 윗사람에게 결재할 시간을 충분히 주고, 여유있게 기다려 준다.
④ 고객과 서비스 요원 사이의 15초 동안, 고객접점에 있는 최일선 서비스 요원은 책임과 권한을 가지고 우리 기업을 선택한 것이 가장 좋은 선택이었다는 사실을 고객에게 입증시켜야 한다.

예제풀이

고객은 윗사람에게 결재할 여유를 주지 않을 뿐만 아니라 기다리지도 않는다.

정답 ③

(2) 책임의 의미

① 책임이란 '모든 결과는 나의 선택으로 말미암아 일어난 것'이라는 태도를 말한다.
② 책임에 필요한 자세
ⓐ 어떤 일에 있어서 책임의식을 갖는 태도는 인생을 지배하는 능력을 최대화하는 데 긍정적인 역할을 한다.
ⓑ 일반적으로 책임감이 없는 사람은 회사에서 불필요한 사람이라는 인식을 받기 쉽고, 반대로 자기 일에 대한 사명감과 책임감이 투철한 사람은 조직에서 꼭 필요한 사람으로 인식되는 경우가 많다.
③ 직장에서의 책임 있는 생활
ⓐ 내가 해야 할 일이라면, 개인적인 일을 포기하고 먼저 한다.
ⓑ 주어진 상황에서 나의 역할을 명확히 파악한다.
ⓒ 잘못을 저질렀을 때에도, 끝까지 책임지려고 한다.
ⓓ 나 자신뿐만 아니라 나의 부서의 일은 내 책임이라고 생각한다.
ⓔ 몸이 아프더라도, 맡겨진 임무는 다하려고 한다.
ⓑ 내가 수행중인 일을 중간에 그만두지 않는다.
ⓢ 아주 사소한 일이라도 나에게 주어진 일이라면 최선을 다한다.
ⓞ 미리 계획하여, 책임질 수 있는 범위의 일을 맡는다.
ⓙ 나의 책임 하에 벌어진 일이라면, 과감히 희생할 수 있다.
ⓒ 나쁜 상황이 나에게 일어났을 때, "왜 이런 일이 나에게 일어났어?"라는 피해의 식보다는 "이것은 내가 선택한 행동의 결과야."라고 수용한다.

(3) 준법의 의미

① 준법이란 민주 시민으로서 기본적으로 지켜야 하는 의무이며 생활 자세를 말한다.
② 민주 사회의 법과 규칙을 준수하는 것은 시민으로서의 자신의 권리를 보장받고, 다른 사람의 권리를 보호해 주며 사회 질서를 유지하는 역할을 한다.

PART 1

• 예제풀이 •

준법정신은 누가 보던 안 보던 민주시민으로서 기본적으로 지켜야 할 의무이며 생활자세이다.

정답 ④

• 핵심예제 •

다음 중 준법정신에 맞는 경우를 고른 것은?

① 화장실이 너무 급하여 무단 횡단을 하였다.
② 심야 시간에 한적한 도로에서는 보행자의 왕래가 없어서 신호를 무시하였다.
③ 공공 장소에서는 시끄럽게 떠들거나 큰 소리로 전화를 받아도 된다.
④ 사람이 없었지만 금연 장소에서 흡연을 하지 않았다.

(4) 직장에서의 예절

① 예절의 의미

㉠ 뜻 : 예절이란 일정한 생활문화권에서 오랜 생활습관을 통해 하나의 공통된 생활방법으로 정립되어 관습적으로 행해지는 사회계약적인 생활규범이다.

㉡ 예절(에티켓)의 본질

- 남에게 폐를 끼치지 않는다.
- 남에게 호감을 주어야 한다.
- 남을 존경한다.

※ 에티켓과 매너의 차이

매너는 보통 생활 속에서의 관습이나 몸가짐 등 일반적인 룰을 말하고, 에티켓은 보다 고도의 규칙・예법・의례 등 신사・숙녀가 지켜야 할 범절들로서 요구도(要求度)가 높은 것을 말한다.

② 예절의 특성

㉠ 같은 생활문화권에 사는 사람들이 가장 편리하고 바람직한 방법이라 여겨 모두 그렇게 행하는 생활방법이다.

㉡ 예절은 언어문화권과 밀접한 관계가 있다. 즉, 민족과 나라에 따라 언어가 다르듯이 예절도 국가와 겨레에 따라 다르다.

③ 인사 예절

㉠ 인사의 정의 : 인사란 예절의 기본이며 가장 기본이 되는 자기표현으로서 마음 속으로부터 우러나오는 존경심을 외부로 표현하는 수단이다. 고객에 대한 인사는 서비스의 표시로서 좋은 인상을 심어주어 밝은 인간관계를 형성하는 외향적 존경심의 표출이다.

㉡ 첫 인사 예절 : 인사는 상대의 입장을 존중하는 예의이다. 직장에서 직원끼리 주고받는 인사는 서로 업무를 잘해나가자는 의욕의 표현이다. 무엇보다 인사는 인간관계를 형성하는 기본이다.

- 상대보다 먼저 인사한다.
- 타이밍을 맞추어 적절히 응답한다.
- 명랑하고 활기차게 인사한다.
- 사람에 따라 인사법이 다르면 안 된다.
- 기분에 따라 인사의 자세가 다르면 안 된다.

• 예제풀이 •

상대의 '입'이 아니라 '눈'을 바라보고 하는 것이 원칙이다.

정답 ③

• 핵심예제 •

다음 중 올바른 인사 예절에 대한 설명으로 적절하지 않는 것은?

① 상대에게 맞는 인사를 전한다.
② 인사는 내가 먼저 한다.
③ 상대의 입을 바라보고 하는 것이 원칙이다.
④ 인사말을 크게 소리 내어 전한다.

㉢ 악수 예절

- 악수는 오른손으로 하는 것이 원칙이다.
- 상대가 악수를 청할 때 남성은 반드시 일어서며, 여성은 앉아서 해도 무방하나 상대의 나이 등을 감안해서 행동한다.
- 악수는 우정의 표시인 만큼 적당한 악력으로 손을 잡고 적당한 높이로 흔들되, 여성과 악수할 때는 세게 쥐거나 흔들지 않는다.
- 악수를 할 때 남성은 장갑을 벗어야 한다. 여성의 경우는 장갑을 벗지 않아도 된다.
- 여성의 경우 먼저 악수를 청하는 것이 에티켓이다.
- 상대의 눈을 보지 않고 하는 악수는 실례이다.
- 오른손에 가방을 들고 있다면 악수에 대비해서 왼손으로 바꿔 든다.
- 손을 너무 세게 쥐거나 손끝만 내밀어 악수하지 않는다.

㉣ 소개 예절

- 소개는 인간관계 형성의 첫 순서이다.
- 서로가 처음 만나는 사이이기 때문에 예의바른 행동을 보여야 하며, 특히 좋은 인상을 상대에게 전달하는 것이 중요하다.
- 소개는 두 사람이 처음 만났을 때 두 사람이 보다 편하게 느낄 수 있도록 도와주는 친절 행위이다.
- 소개의 순서 (서열과 직위를 고려)
  - 나이 어린 사람을 연장자에게 소개한다.
  - 내가 속해 있는 회사의 관계자를 타 회사의 관계자에게 소개한다.
  - 신참자를 고참자에게 소개한다.
  - 동료 임원을 고객, 손님에게 소개한다.
  - 소개받는 사람의 별칭은 그 이름이 비즈니스에서 사용되는 것이 아니라면 사용하지 않는다.
  - 반드시 성과 이름을 함께 말한다.
  - 상대방이 항상 사용하는 경우라면, Dr. 또는 Ph.D. 등의 칭호를 함께 언급한다.
  - 정부 고관의 직급명은 퇴직한 경우라도 항상 사용한다.
  - 천천히 그리고 명확하게 말한다.
  - 각자의 관심사와 최근의 성과에 대하여 간단히 언급한다.

핵심예제

다음 중 바람직한 소개 예절과 가장 거리가 먼 것은?

① 직위가 낮은 사람을 윗사람에게 먼저 소개한 다음에 윗사람을 아랫사람에게 소개한다.
② 소개할 때는 소속, 성과 이름, 직책명 등을 포함한다.
③ 한 사람을 여러 사람에게 소개할 때는 그 한 사람을 먼저 여러 사람에게 소개하고 그 후에 각각 소개한다.
④ 사회적 지위나 연령 차이가 있더라도 남자를 여자에게 먼저 소개하는 것이 적절하다.

예제풀이

사회적 지위나 연령 차이가 있는 경우에는 성별과 관계없이 지위나 연령이 낮은 사람을 먼저 소개한다.

정답 ④

PART 1

㉤ 명함 교환 예절

명함을 줄 때	• 상의에서 꺼내며 아랫사람이 손윗사람에게 먼저 건네는 것이 예의이다. • 소개의 경우에는 소개받은 사람부터 먼저 건넨다. • 방문한 곳에서는 상대방보다 먼저 명함을 건네도록 한다. • 명함은 선 자세로 교환하는 것이 예의이고 테이블 위에 놓고서 손으로 밀거나 서류봉투 위에 놓아서 건네는 것은 좋지 않다. • 명함을 내밀 때는 정중하게 인사를 하고 나서 회사명과 이름을 밝히고 두 손으로 건네도록 한다. • 명함은 왼손을 받쳐서 오른손으로 건네되 자기의 성명이 상대방 쪽에서 바르게 보이게끔 한다. • 한 쪽 손으로 자기의 명함을 주면서 다른 쪽 손으로 상대의 명함을 받는 동시교환은 부득이한 경우가 아니면 실례이다.
명함을 받을 때	• 상대의 명함을 받으면 반드시 자신의 명함을 주어야 한다. • 상대에게 받은 명함은 공손히 받쳐 들고 상세히 살핀 다음 그 자리에서 보고 읽기 어려운 글자가 있으면 바로 물어본다. • 명함을 받으면 그대로 집어넣지 말고 명함에 관해서 한두 마디 대화를 건네 본다. • 상대가 보는 앞에서 즉시 명함꽂이에 꽂는다든가 아무데나 방치해 두는 것은 실례이다. • 명함을 건넬 때와 마찬가지로 받을 때도 일어선 채로 두 손으로 받는다.

④ 직장에서의 전화 예절

㉠ 전화받기

○ 왼손으로 수화기를 즉시 든다.	• 적어도 벨이 세 번 울리기 전에 받는다.
○ 인사 및 소속과 이름을 밝힌다.	• "안녕하십니까?" • "○○ 부의 ○○○입니다."
○ 상대방을 확인한 후 인사한다.	• "실례지만, 어디십니까?" • "그동안 안녕하셨습니까?"
○ 용건을 들으며 메모한다.	• "전하실 말씀이 있으십니까?" • 언제나 메시지를 받아 적을 수 있도록 준비한다.
○ 통화 내용을 요약, 복창한다.	• "전하실 용건은 ~에 관한 것 맞습니까?"
○ 끝맺음 인사를 한 후 수화기를 내려놓는다.	• "감사합니다. 안녕히 계십시오." • 상대방이 놓은 뒤에 조용히 놓는다.

㉡ 전화걸기

• 전화걸기 전의 준비
  - 상대의 상황을 예측해 본다.
  - 상대의 전화번호, 소속과 성명을 확인한다.
  - 통화하고자 하는 용건을 정리한다.
  - 통화 중 필요한 서류와 자료를 준비한다.

• 전화 거는 요령

○ 용건, 순서를 메모한다.	• 용건을 5W1H로 정리한다. • 서류, 자료를 갖춰둔다. • 상대방 번호를 확인한다.
○ T.P.O.를 고려한 후 버튼을 누른다.	• 시간(Time), 장소(Place), 상황(Occasion)
○ 상대방이 받으면 자신을 밝히고 상대방을 확인한다.	• "안녕하십니까? 한국회사 총무실의 김OO입니다. 김 부장님이시죠?"
○ 간단한 인사말을 한 후 용건을 말한다.	• "사장님께서 김 이사님과 통화를 원하십니다." • "다름이 아니오라, 휴대폰 수출 건에 관한 것입니다."
○ 통화하고 싶은 사람과 통화를 못 하면 조치를 취한다.	• "메모를 부탁드려도 되겠습니까?"
○ 끝맺음 인사를 한 후 수화기를 내려놓는다.	• "감사합니다. 안녕히 계십시오."

㉢ 휴대전화 예절

- 운전 중에는 스마트 폰을 사용하지 않는다.
- 지나친 SNS의 사용은 업무에 지장을 주므로 휴식시간을 이용한다.
- 집 밖에서는 벨소리를 진동으로 하고 통화 시에는 주위에 방해가 되지 않도록 조용한 소리로 짧게 통화한다.
- 상대방에게 통화를 강요하지 않고, 온라인 상에서 예절을 지킨다.
- 공공장소, 특히 항공기와 주유소, 병원에서는 휴대전화를 사용하지 않는다. 버스나 전철, 기차 등 대중교통 수단을 이용할 때도 휴대전화를 사용하지 않는 것이 원칙이다.

핵심예제

다음 중 전화응대의 기본예절로 부적절한 것은?

① 인사나 필요한 농담이라도 길어지지 않도록 한다.
② 상대가 누구이건 차별하지 말고 경어를 쓰도록 한다.
③ 되도록 출근 직후나 퇴근 직전에 전화를 한다.
④ 상대가 이해하지 못할 전문용어나 틀리기 쉬운 단어는 사용하지 않는다.

예제풀이

출근 직후나 퇴근 직전, 점심시간 전후 등 바쁜 시간은 피한다.

정답 ③

⑤ 직장에서의 e-mail 예절

㉠ e-mail 보내기

- 내용을 보낼 때는 용건을 간단히 하여 보낸다.
- 용량이 큰 파일은 반드시 압축하여 첨부한다.
- 주소가 정확한지 다시 확인하고 발송한다.
- 보내는 사람이 누구인지 정확히 밝힌다.
- 내용을 쉽게 알 수 있도록 적당한 제목을 붙인다.
- 올바른 철자와 문법을 사용한다.
- 욕설이나 험담이 담긴 메일을 보내지 않는다.

㉡ e-mail 답하기

- 받은 e-mail의 내용과 관련된 일관성 있는 답을 하도록 한다.
- 다른 비즈니스 서신에서와 마찬가지로 화가 난 감정의 표현을 보내는 것은 피한다.
- 답장을 어디로, 누구에게로 보내는지 주의한다.

핵심예제

이메일(e-mail)을 보낼 때의 에티켓으로 잘못 설명한 것은?

① 내용을 보낼 때는 용건을 간단히 하여 보낸다.
② 용량이 큰 파일은 압축하여 첨부한다.
③ 주소가 정확한지 다시 확인하고 발송하도록 한다.
④ 온라인 상에서 사용되는 함축어나 이모티콘 등을 활용한다.

예제풀이

올바른 철자와 문법을 사용한다.

정답 ④

(5) 성예절의 의미

① 성희롱의 법적 정의 : '성희롱'이란 업무・고용 그 밖의 관계에서 국가기관 등의 종사자・사용자 또는 근로자가 다음의 어느 하나에 해당하는 행위를 하는 경우를 말한다(양성평등기본법 제3조 제2호).

㉠ 지위를 이용하거나 업무 등과 관련하여 성적 언동 등으로 상대방에게 성적 굴욕감 및 혐오감을 느끼게 하는 행위

㉡ 상대방이 성적 언동 그 밖의 요구 등에 따르지 아니하였다는 이유로 고용상의 불이익을 주는 행위

② 직장 내에서 발생하는 성희롱의 유형

㉠ 육체적 행위
- 입맞춤 · 포옹 · 뒤에서 껴안기 등의 원하지 않는 신체적 접촉
- 가슴 · 엉덩이 등 특정 신체부위를 만지는 행위(어깨를 잡고 밀착하는 행위)
- 안마나 애무를 강요하는 행위

㉡ 언어적 행위
- 음란한 농담이나 음담패설, 외모에 대한 성적인 비유나 평가
- 성적 사실관계를 묻거나 성적인 내용의 정보를 의도적으로 유포하는 행위
- 성적관계를 강요하거나 회유하는 행위, 음란한 내용의 전화통화
- 회식자리 등에서 술을 따르도록 강요하는 행위

㉢ 시각적 행위
- 외설적인 사진 · 그림 · 낙서 · 음란 출판물 등을 게시하거나 보여주는 행위
- 직접 또는 팩스나 컴퓨터 등을 통하여 음란한 편지, 사진, 그림을 보내는 행위
- 성과 관련된 자신의 특정 신체부위를 고의적으로 노출하거나 만지는 행위

③ 성희롱의 대처

㉠ 개인적 대응
- 중지할 것을 요구한다.
- 증거자료의 수집과 공식적인 처리의 준비를 한다.
- 상사나 노동조합 등 내부기관에 도움을 요청한다.
- 여성단체나 성폭력 상담기관 등 외부기관에 도움을 요청한다.

㉡ 직장에서의 대응
- 회사 내부의 소속직원이나 외부의 전문가를 상담요원으로 지정하여 공정하게 처리한다.
- 제기된 사안에 대해 신속하고 공정하게 조사, 처리하고 개인정보의 유출을 방지한다.
- 가해자에 대해 공개사과 · 각서 쓰기 · 정직 · 경고 · 견책 · 휴직 · 감봉 · 대기발령 · 해고 등 피해자가 납득할 만한 조치를 취한다.
- 처리 후, 반드시 피해자에게 그 결과를 통보한다.

※ 직장 내 이성과의 관계
- 남녀 모두를 공평하게 대우한다.
- 타인의 용모를 비판하지 않는다.
- 자신에게 호의적인 이성 직원의 심리와 태도를 간파하여 이용하지 않는다.
- 특정 이성 사원만을 칭찬해서는 안 된다.
- 상사를 보좌함에 있어 성별에 따른 구분을 두지 않는다.
- 직장 내에서의 남녀관계는 신중을 기해야 한다.
- 이성 직원과는 실력과 업적으로 선의의 경쟁을 한다.
- 상대방을 항상 정중한 말과 행동으로 대한다.
- 이성 직원과 개인적으로 만나게 되는 경우, 오해받기 쉬운 일은 피한다.
- 이성 간의 단편적인 친절과 호의를 진심으로 간주하지 않는다.
- 근무 장소 이외에서 가급적 이성을 만나지 않도록 한다.

④ 사례를 통한 성희롱 개념 이해

Q. A는 사무실에서 매우 재미있는 사람으로 통해 직원들 사이에 인기가 높다. 그런데 그의 재담은 주로 성을 소재로 한 이야기가 주제였다. 여직원 B는 A의 이러한 농담이 부담스러웠지만 부서에서 여자는 자신 혼자뿐이었기 때문에 같이 어울릴 수밖에 없는 처지였다.

[설명]
비록 특정인을 염두에 두지 않고 재미로 이야기 했다고 하더라도 이러한 언동이 직장 내에서 "상대방에게 성적으로 불쾌감과 거부감을 느끼게 하였다."고 하면 성희롱이 성립될 소지가 있다.

Q. 가인 씨는 몇 명의 남자직원들과 함께 근무하는 팀의 홍일점 여직원이다. 그런데 오 대리가 일을 시킬 때면 지나칠 정도로 가인 씨에게 근접하면서 신체 일부를 접촉하는 자세를 취하곤 한다. 특히 가인 씨가 책상에 앉아 타이핑할 때면 격려한다는 명목으로 그녀의 어깨와 손을 은근히 건드리곤 한다. 싫은 표정을 여러 번 지었지만 모르는 척하는 것 같다.

[설명]
불필요하게 가까이 서 있는 행위로 가인 씨가 성적 수치심을 받고 있고, 가인 씨의 신체를 반복적으로 접촉한 것, 업무와 관련하여 발생한 점, 거부의 의사 표시를 묵시적으로 했다는 점에 비추어 명백한 성희롱 행위이다.

Q. 강남 씨는 모든 사람에게 인사 잘하기로 유명한 직원이다. 그는 자주 같이 일하는 동료 여직원에게 다음과 같이 인사를 잘 한다.
"오늘은 대단히 멋있어 보이는데? 옷이 대단히 잘 어울려. 특히 미은 씨는 파란색을 입으면 대단히 잘 어울린단 말이야." 미은 씨는 기분이 좋으면서도 어떨 때는 조금 부끄러운 기분이 들 때도 있다.

[설명]
이런 상황은 사회적으로 수용 가능하며, 어떤 성적인 상황을 포함하지 않았으므로 성희롱으로 보기 어렵다.

핵심예제

최근 직장에서는 성희롱과 같은 문제가 이슈화되고 있다. 다음 중 성희롱 예방을 위한 상사의 태도로 가장 부적절하다고 생각되는 것은?

① 부하직원을 칭찬하거나 쓰다듬는 행위는 부하직원에 대한 애정으로 받아들일 수 있다.
② 중재·경고·징계 등의 조치 이후 가해자가 보복이나 앙갚음을 하지 않도록 주시한다.
③ 성희롱을 당하면서도 거부하지 못하는 피해자가 있다는 것을 알면 중지시켜야 한다.
④ 자신이 관리하는 영역에서 성희롱이 일어나지 않도록 예방에 힘쓰며, 일단 성희롱이 발생하면 그 행동을 중지시켜야 한다.

예제풀이

부하직원을 칭찬할 때 쓰다듬거나 가볍게 치는 행위도 성희롱으로 오해받을 소지가 있으므로 그런 행동은 신중을 기해야 한다.

정답 ①

CHAPTER 10
직업윤리

기출예상문제

정답 및 해설 p. 59

☑ 확인 Check! ○ △ ✕

01 **개인윤리와 직업윤리의 조화로운 상황으로 옳지 않은 것은?**

① 업무상 개인의 판단과 행동이 사회적 영향력이 큰 기업시스템을 통하여 다수의 이해관계자와 관련되게 된다.
② 수많은 사람이 관련되어 고도화된 공동의 협력을 요구하므로 맡은 역할에 대한 책임완수가 필요하고, 정확하고 투명한 일 처리가 필요하다.
③ 규모가 큰 공동의 재산, 정보 등을 개인의 권한 하에 위임·관리하므로 높은 윤리 의식이 요구된다.
④ 팔은 안으로 굽는다는 속담은 직장 내에서도 활용된다.
⑤ 각각의 직무에서 오는 특수한 상황에서는 개인적 덕목차원의 일반적인 상식과 기준으로는 규제할 수 없는 경우가 많다.

☑ 확인 Check! ○ △ ✕

02 **A공사의 김 팀장은 신입사원을 대상으로 올바른 사내 예절에 대한 교육을 진행하려고 한다. 진행에 앞서 강의할 내용을 다음과 같이 메모했을 때, 잘못된 부분을 모두 고른 것은?**

〈직장에서의 예절〉

1. 나의 신입사원 시절 실수담
2. 인사 예절
   - 악수 예절
     ㉠ 왼손잡이의 경우 왼손으로 해도 무방하다.
     ㉡ 악수할 때 남성은 장갑을 벗어야 하나, 여성의 경우 장갑을 벗지 않아도 된다.
     ㉢ 상대의 눈을 보지 않고 하는 악수는 실례이다.
     ㉣ 오른손에 가방을 들고 있다면 왼손으로 악수한다.
   - 소개 예절

… (중략) …

① ㉠, ㉡　　② ㉠, ㉣
③ ㉡, ㉢　　④ ㉡, ㉣
⑤ ㉢, ㉣

☑ 확인 Check! ○△×

03 다음 중 바람직한 소개 예절과 거리가 먼 것을 모두 고른 것은?

> ㉠ 나이 어린 사람을 연장자에게 먼저 소개한다.
> ㉡ 직위가 높은 사람을 낮은 사람에게 먼저 소개한다.
> ㉢ 소속, 성과 이름, 직책명 등을 함께 말한다.
> ㉣ 업무 시간상 빠르고 명확하게 말한다.
> ㉤ 각자의 관심사와 최근의 성과에 대하여 간단히 언급한다.

① ㉠, ㉣　　② ㉡, ㉢
③ ㉡, ㉣　　④ ㉡, ㉣, ㉤
⑤ ㉢, ㉣, ㉤

☑ 확인 Check! ○△×

04 다음 A, B의 태도에 알맞은 직업윤리 덕목은?

> A : 내가 하는 일은 내가 가장 잘할 수 있는 일이고, 나는 내게 주어진 사회적 역할과 책무를 충실히 하여 사회에 기여하고 공동체를 발전시켜나간다.
> B : 내가 하는 일은 기업의 이익을 넘어 사회에 기여할 수 있는 일이라고 생각한다. 나는 이런 중요한 일을 하므로 내 직업에 있어서 성실히 임해야 한다.

	A의 직업윤리	B의 직업윤리
①	봉사의식	소명의식
②	책임의식	직분의식
③	천직의식	소명의식
④	전문가의식	직분의식
⑤	봉사의식	책임의식

PART 1

☑ 확인 Check! ○ △ ×

05 다음은 한국전력공사의 한전인 윤리헌장의 일부 내용이다. 다음 중 윤리헌장을 지키지 않는 사람은?

제2장 한전인의 기본윤리

1. 회사의 핵심가치와 비전을 공유하고 부여받은 임무를 완수하며, 끊임없는 자기계발을 통해 개인과 회사발전을 추구한다.
2. 높은 윤리적 가치관을 바탕으로 제반 법규를 준수하면서 업무를 공정하고 성실하게 처리하고, 부당한 이득을 얻지 않으며 개인의 품위와 회사의 명예를 유지하도록 노력한다.
3. 노사 모두가 회사의 주인임을 인식하고 신뢰와 화합을 바탕으로 노사의 공존과 번영을 위해 다 같이 앞장선다.

제3장 고객 및 협력업체에 대한 윤리

1. 고객존중의 정신으로 고객의 가치를 모든 행동의 최우선 기준으로 삼아, 고객이 만족하는 최고 품질의 전력과 서비스를 제공하여 고객으로부터 신뢰를 확보한다.
2. 자유경쟁의 원칙에 따라 시장경제질서를 존중하고, 경쟁사와는 상호 존중을 기반으로 정정당당하게 선의의 경쟁을 추구한다.
3. 협력업체에 공평하게 기회를 제공하고 상호 대등한 위치에서 공정하게 업무를 처리하며 다양한 지원을 통해 협력업체와의 공동발전을 지향한다.

제4장 주주 및 투자자에 대한 윤리

1. 효율적인 경영활동과 투명한 업무처리를 통해 건전한 이익을 실현하여 주주와 투자자의 투자수익을 보호한다.
2. 지속적인 변화와 혁신전략으로 기업가치를 제고하여 회사의 장기적이고 건전한 성장발전을 추구한다.
3. 기업정보는 투명하게 공개하고 제공하며, 회사 정책 등 경영 의사결정에 대한 참여기회를 확대하여 주주 및 투자자로서의 권리를 행사할 수 있도록 지원한다.

제5장 임직원에 대한 윤리

1. 개개인을 존엄한 인격체로 대하며, 개인의 능력과 자질에 따라 균등한 기회를 부여하고, 성별·학력·종교·연령·신체장애 등을 이유로 차별하거나 우대하지 않는다.
2. 개인의 능력개발을 적극 지원하여 회사에 필요한 전문 인재로 육성하고, 창의적이고 자율적인 사고와 행동이 촉진될 수 있도록 여건을 조성한다.
3. 쾌적하고 안전한 근무환경을 조성하여 상호신뢰와 이해를 바탕으로 임직원이 회사에 대한 긍지와 자부심을 가질 수 있도록 지속적으로 노력한다.

제6장 국가와 사회에 대한 윤리

1. 합리적이고 책임 있는 경영을 통한 지속적인 성장발전으로 국가와 사회의 발전에 이바지하며, 지역사회의 일원으로서 사회적 책임 활동을 적극 수행한다.
2. 인간존중의 이념으로 개인과 고객의 안전을 위하는 안전문화를 정립하고, 환경문제의 중요성을 인식하여 국내외 환경 관련 법규를 준수하고 환경보호와 오염방지를 위해 노력한다.
3. 경영활동에 있어 국내외 법규와 국제협약을 준수하고, 현지국의 문화를 존중하며 현지국의 경제발전에 공헌한다.

① A사원은 자신에게 주어진 업무를 충실히 수행할 뿐만 아니라, 업무와 관련된 자격증을 취득하기 위해 공부하는 등 끊임없는 자기계발을 수행하고 있다.

② B팀장은 팀원들의 업무 성과를 평가함에 있어 능력과 자질을 기준으로 삼으며, 팀원들의 의견을 존중하여 서로 신뢰할 수 있는 관계를 유지하고자 한다.

③ C사원은 협력업체와 상호 대등한 관계를 유지하며 함께 발전하고자 공평한 기회를 제공하고, 최대한 공정하게 업무를 처리하고 있다.

④ D팀장은 담당하는 해외 프로젝트에서 해당 국가의 문화를 이해하고자 노력하고 있으며, 프로젝트를 통해 회사의 발전뿐만 아니라 해당 국가의 경제 발전에 기여하고자 한다.

⑤ E사원은 자유경쟁의 원칙에 따라 회사의 이익을 최대한 창출하고자, 경쟁사에 대해 수단과 방법을 가리지 않는 공격적인 마케팅을 기획하고 있다.

확인 Check! ○ △ ✕

06 A공사의 B사원은 협력업체와의 미팅을 위해 C회사를 방문하였고, C회사의 D사장과 처음 만나 인사를 나눴다. 다음 상황에 나타난 B사원의 문제점으로 가장 적절한 것은?

> B사원은 자리에 앉아 D사장에게 정중하게 인사하며 자신의 이름을 밝히고, D사장보다 먼저 상의 안주머니에서 명함을 꺼내 두 손으로 건넸다.

① 아랫사람인 B사원이 손윗사람인 D사장에게 먼저 명함을 건넸다.
② B사원이 방문한 곳에서 상대방보다 먼저 명함을 건넸다.
③ 명함을 테이블 위에 놓지 않고 두 손으로 건넸다.
④ B사원은 명함을 내밀 때 자신의 이름을 밝혔다.
⑤ B사원은 자리에 앉아 명함을 건넸다.

확인 Check! ○ △ ✕

07 B회사의 D사원은 공사에서 방문한 A사원과 미팅을 하기 전 서로 명함을 주고받았다. 이때, 명함을 받은 D사원의 행동으로 적절하지 않은 것은?

① A사원의 명함을 받고 자신의 명함을 주었다.
② A사원의 명함을 받아 상세히 살핀 뒤 읽기 어려운 한자는 물어보았다.
③ 일어선 채로 명함을 두 손으로 받았다.
④ A사원의 명함에 적힌 글귀와 관련하여 대화를 건넸다.
⑤ 명함을 받고 잃어버리기 전에 그 자리에서 바로 명함꽂이에 꽂았다.

확인 Check! ○ △ ✕

08 다음 면접자의 대답 중 적절한 대답을 한 면접자를 모두 고른 것은?

> • 면접관 : 선호하지 않는 일을 한다고 하면 그것도 직업이라고 할 수 있습니까?
> • 갑 : 보수를 받지 않는다면 그것은 직업이 아니라고 생각합니다.
> • 면접관 : 최근에 직업을 가진 적이 있습니까?
> • 을 : 네. 저번 여름에 해외로 자원봉사를 반년 간 다녀왔습니다.
> • 면접관 : 마지막에 가진 직업이 무엇입니까?
> • 병 : 1개월 동안 아르바이트를 한 것이 마지막 직업이었습니다.
> • 면접관 : 중요한 미팅에 나가는데 길에 할머니가 쓰러져있으면 어떻게 하시겠습니까?
> • 정 : 119에 도움을 요청한 후, 미팅에 나가겠습니다.
> • 면접관 : 입사를 한다면 입사 후에 어떠한 활동을 하실 계획입니까?
> • 무 : 입사 후에 저의 경력관리를 위해 직무와 관련된 공부를 할 계획입니다.

① 갑, 병 ② 갑, 정
③ 을, 병 ④ 병, 정
⑤ 정, 무

PART 1

☑ 확인 Check! ○ △ ×

09 귀하는 A전자제품 판매점에서 근무하고 있다. 아래와 같은 상황에서 귀하가 취할 행동으로 가장 적절한 것은?

> 귀하가 근무하는 A전자제품은 몇 년째 경쟁사 B전자제품과의 경쟁에서 뒤로 밀리고 있다. 그러던 중 60대 부부가 손자에게 줄 노트북을 구매하려고 귀하의 매장을 찾았다. 부부는 노트북에 관한 사전 정보가 거의 없는 상태이며, 대학생이 쓰기에 가장 좋은 노트북을 추천해달라고 부탁한다.

① 최고급사양의 전문가용 노트북을 추천한다.
② 대학생이 쓰기에 좋다고 말하며 값비싼 신제품만 추천한다.
③ 반품이 가능하다는 점을 강조하며 고객에게 직접 고르도록 한다.
④ 제품을 직접 사용하는 고객의 용도를 고려해 노트북을 추천한다.
⑤ 추가 할인 가격이 적용되는 패키지 상품 판매를 유도한다.

☑ 확인 Check! ○ △ ×

10 고객접점 서비스(MOT; Moments Of Truth)에 대한 설명 중 가장 옳지 않은 것은?

① 고객이 매장에 들어서서 구매를 결정하기까지 단 한 번 경험하는 짧지만 결정적인 순간을 '진실의 순간' 또는 '결정적 순간'이라고 한다.
② '결정적 순간'이란 고객이 기업조직의 어떠한 측면과 접촉하는 순간이며, 그 서비스의 품질에 관하여 무언가 인상을 얻을 수 있는 순간이다.
③ 서비스 상품을 구매하는 동안의 모든 고객접점 순간을 관리하고 고객을 만족시켜줌으로써 지속적으로 고객을 유지하고자 하는 방법이 고객접점 마케팅이다.
④ 고객접점에 있는 서비스 요원은 책임과 권한을 가지고 고객의 선택이 가장 좋은 선택이라는 사실을 고객에게 입증시켜야 한다.
⑤ 고객접점에 있는 서비스 요원들에게 권한을 부여하면서 철저한 교육이 필요하며, 고객과 상호적용에 의하여 서비스가 순발력 있게 제공될 수 있는 서비스 전달시스템을 갖추어야 한다.

☑ 확인 Check! ○ △ ×

11 귀하의 회사는 조직 혁신 차원에서 전 임직원을 상대로 비즈니스 예절 교육을 실시했다. 교육 후 귀하가 가진 생각으로 적절하지 않은 것은?

① 부재중인 다른 직원의 전화를 받았을 때는 대신 받은 이유를 밝히고 연락처, 전화를 건 사람의 이름, 용무 등을 메모해 직원에게 알려준다.
② 명함을 줄 때는 상대방이 보기 쉽도록 방향을 돌려서 건네주고, 명함을 받을 때는 두 손으로 받고 명함의 내용을 한 번 읽어본다.
③ 받은 명함에 중요한 내용을 메모하면서 대화를 나눈다.
④ 전화는 가급적 근무가 이루어지고 있는 시간 내에 걸도록 한다.
⑤ 회사를 방문한 손님에게 임원을 먼저 소개한다.

☑ 확인 Check! ○△✕

12 **총무팀 팀장인 귀하는 어느 날 팀 여직원으로부터 메일 한 통을 받았다. 다음 밑줄 친 내용 중 성희롱 예방 수칙에 어긋나는 행동은?**

> 박○○ 팀장님께
>
> 팀장님, 안녕하세요?
> 다름이 아니오라 어제 팀 회식자리에서 최 과장님이 제게 한 행동들 중 오해할 만한 것이 있어 메일을 보냅니다. 팀장님도 아시다시피 최 과장님은 ① 회식 내내 제가 하는 말마다 큰 소리로 지적하곤 했잖아요. 또한 ② 조그만 실수에도 너무 과하다는 생각이 들 만큼 크게 웃으셨고요. 이뿐만이 아니라 ③ 자꾸 간식을 사오라는 심부름을 시키기도 했습니다.
> 그리고 회식 자리가 끝난 후 방향이 같아 ④ 최 과장님과 함께 택시를 탔습니다. 그런데 대뜸 ⑤ 제게 자신의 상반신 탈의 사진을 보여주면서 어떻게 생각하는지 물어보는 게 아니겠습니까? 저는 순간 성적 수치심이 들었지만, 내색은 하지 않았습니다.
>
> 팀장님의 의견을 듣고 싶습니다.
> 답변 부탁드립니다.

☑ 확인 Check! ○△✕

13 **최근 직장에서는 성희롱과 같은 문제가 이슈화되고 있다. 이러한 문제는 서로에 대한 무지에서부터 비롯되기도 한다. 다음은 우리 사회의 성희롱 문제에 대한 전근대적인 인식의 전환이 가장 시급함을 말해주는 사례이다. 이런 사례를 읽고 귀하가 취할 자세로 타당하다고 생각되는 것은?**

> ○○회사의 A부장은 일을 잘한다고 여직원들을 칭찬할 때 그들의 엉덩이를 툭툭 친다거나 머리를 쓰다듬는 방식을 취한다. 그것이 여직원들의 업무 능력에 대한 A부장의 인정과 친밀감의 표현이라는 것은 그 직장에 있는 사람은 누구나 아는 일이다. 여직원 B씨는 처음 이런 일을 당했을 때 매우 불쾌했지만, 자신을 칭찬한다는 점에서는 어느 정도 불쾌감이 감해졌고, 그 이상의 짓을 할 것 같지는 않았으므로, 이 정도면 참을 수 있다고 스스로 달랬다.

① 회사 직원 모두 A부장이 호의로 한다는 것을 알고 있으므로 그냥 넘어간다.
② B씨의 불쾌감이 어느 정도 감해졌으므로 그냥 넘어간다.
③ A부장에게 성희롱에 대한 인식을 환기시키고 다시는 재발하지 않도록 한다.
④ 성희롱에 해당하므로 B씨에게 관계 기관에 신고하라고 조언한다.
⑤ 성희롱에 대한 강력한 항의는 조직 분위기에 해가 되므로 그냥 넘어간다.

PART 1

☑ 확인 Check! ○△×

14 다음은 직장 내 성희롱과 관련된 사례들이다. 이 중 성희롱에 해당하지 않은 것은?

① 홍 부장은 사무실에서 매우 재미있는 사람으로 주로 성을 소재로 한 이야기를 시도 때도 없이 한다. 여직원 김 씨는 홍 부장의 이러한 농담이 부담스러웠지만 부서에서 여자는 자신 혼자뿐이었기 때문에 같이 어울릴 수밖에 없는 처지이다.

② 여직원 박 씨는 몇 명의 남자직원과 함께 근무하는 팀의 홍일점이다. 그런데 박 씨에게 관심있는 강 대리는 일을 시킬 때면 박 씨의 어깨와 손을 은근히 건드리곤 한다.

③ 최 대리는 모든 사람에게 인사 잘하기로 유명한 남직원이다. 그는 동료 여직원인 정 씨에게 "오늘은 대단히 멋있어 보이는데요? 정 씨는 파란색을 입으면 대단히 잘 어울린단 말이야."하고 말한다.

④ 박 부장은 회식에 가면 옆에 앉은 여직원에게 술을 따르라고 하면서 "이런 것은 아무래도 여자가 해야 술맛이 나지, 분위기 좀 살려봐."라고 한다.

⑤ 박 과장은 이 씨를 아래위로 훑어보며 "나 보라고 그렇게 짧게 입은 거야?"라는 식의 농담을 자주 던지곤 한다.

☑ 확인 Check! ○△×

15 다음은 A공사의 전화응대 매뉴얼이다. 다음 매뉴얼을 참고하여 올바르게 답변한 것은?

〈전화응대 매뉴얼〉

1. 전화를 받을 땐 먼저 본인의 소속과 이름을 밝힌다.
2. 동료가 자리를 비울 땐 전화를 당겨 받는다.
3. 전화 당겨 받기 후 상대방에게 당겨 받은 이유를 설명한다.
4. 친절하게 응대한다.
5. 통화내용을 메모로 남긴다.
6. 전화 끊기 전 메모 내용을 다시 한 번 확인한다.
7. 시간 지체가 없도록 펜과 메모지를 항상 준비해 둔다.

A사원 : 네, 전화받았습니다. ……①
B사원 : 안녕하세요. 송전부 C대리님 자리에 안계신가요?
A사원 : 네, C대리님이 오늘부터 이틀간 지방 출장이셔서 제가 대신 받았습니다. ……②
B사원 : 네, 그렇군요. 여기는 서비스부서입니다.
A사원 : 서비스부에서 웬일이세요? ……③
B사원 : 다름이 아니라 고객 문의 사항 회신관련 답변이 없어 전화했습니다.
A사원 : 죄송합니다만, 제 담당이 아니라 잘 알지 못합니다.
B사원 : 그러면, 담당자 분께 고객이 직접 전화 달라는 내용 좀 전해주시겠습니까?
A사원 : 네, 잠시만요. 메모지 좀 찾을게요…. ……④
담당자가 오시면 메모 전해드리겠습니다. ……⑤
B사원 : 네. 감사합니다.

MEMO

I wish you the best of luck!

2 PART

직무수행능력평가

CHAPTER 01 사무직

직무수행능력평가

정답 및 해설 p.64

| 01 | 경영학

확인 Check! ○ △ ✕

01 다음이 설명하는 우리나라 상법상의 회사는?

- 유한책임사원으로만 구성
- 청년 벤처 창업에 유리
- 사적 영역을 폭넓게 인정

① 합명회사
② 합자회사
③ 유한책임회사
④ 유한회사
⑤ 주식회사

확인 Check! ○ △ ✕

02 제품-시장 매트릭스에서 기존시장에 그대로 머물면서 기존제품의 매출을 늘리고 시장점유율을 한층 높여가는 성장전략은?

① 시장침투
② 제품개발
③ 시장개발
④ 다각화
⑤ 고객세분화

확인 Check! ○ △ ✕

03 수요의 가격탄력성이 가장 높은 경우는?

① 대체재나 경쟁자가 거의 없을 때
② 구매자들이 높은 가격을 쉽게 지각하지 못할 때
③ 구매자들이 구매습관을 바꾸기 어려울 때
④ 구매자들이 대체품의 가격을 쉽게 비교할 수 있을 때
⑤ 구매자들이 높은 가격이 그만한 이유가 있다고 생각할 때

확인 Check! ○ △ ✕

04 직무를 수행하는데 필요한 기능, 능력, 자격 등 직무수행요건(인적요건)에 초점을 두어 작성한 직무분석의 결과물은?

① 직무명세서
② 직무표준서
③ 직무기술서
④ 직무지침서
⑤ 직무제안서

☑ 확인 Check! ○ △ ×

05 다음 내용이 설명하고 있는 조직구조는?

- 수평적 분화에 중점을 두고 있다.
- 각자의 전문분야에서 작업능률을 증대시킬 수 있다.
- 생산, 회계, 인사, 영업, 총무 등의 기능을 나누고 각 기능을 담당할 부서단위로 조직된 구조이다.

① 기능 조직
② 사업부조직
③ 매트릭스 조직
④ 수평적 조직
⑤ 네트워크 조직

☑ 확인 Check! ○ △ ×

06 조직설계에 대한 다음 설명 중 옳은 것을 모두 고르면?

가. 환경의 불확실성이 높을수록 조직 내 부서의 분화 정도는 높아진다.
나. 많은 수의 제품을 생산하는 기업은 사업부 조직(Divisional Structure)이 적절하다.
다. 기업의 조직구조는 전략에 영향을 미친다.
라. 대량생산 기술을 사용하는 기업은 효율성을 중시하는 유기적 조직으로 설계하는 것이 적절하다.
마. 조직내 부서 간 상호의존성이 증가할수록 수평적 의사소통의 필요성은 증가한다.

① 가, 나, 마
② 가, 다, 라
③ 가, 다, 마
④ 나, 다, 라
⑤ 나, 라, 마

☑ 확인 Check! ○ △ ×

07 임금에 관한 설명으로 옳지 않은 것은?

① 직무급은 직무를 평가하여 상대적인 가치에 따라 임금수준을 결정한다.
② 직능급은 종업원의 직무수행능력을 기준으로 임금수준을 결정한다.
③ 메릭식 복률성과급은 임률의 종류를 두 가지로 정하고 있다.
④ 할증급은 종업원에게 작업한 시간에 대하여 성과가 낮다 하더라도 일정한 임금을 보장한다.
⑤ 연공급은 종업원의 근속연수와 학력 등을 기준으로 임금수준을 결정한다.

☑ 확인 Check! ○ △ ×

08 다음이 설명하는 것은 무엇인가?

기업이 인수되어 기존 경영진이 퇴진하게 될 경우 이들에게 정상적인 퇴직금 외에 거액의 추가보상을 지급하도록 하는 고용계약을 맺음으로써 적대적 인수 위협에 대비하는 방법을 말한다.

① 포이즌필(Poison Pill)
② 백기사(White Knight)
③ 그린메일(Green Mail)
④ 황금낙하산(Golden Parachute)
⑤ 왕관의 보석(Crown Jewel)

확인 Check! ○ △ ×

09 거래의 분개에 있어서 거래의 결합관계로 옳지 않은 것은?

	차변	대변
①	자본증가	부채증가
②	자산증가	자본증가
③	비용발생	자산감소
④	부채감소	수익발생
⑤	자산증가	부채증가

확인 Check! ○ △ ×

10 실적이나 자산에 비해 기업이 상대적으로 저평가됨으로써 현재 발생하는 주당 순이익에 비해 상대적으로 낮은 가격에 거래되는 주식을 무엇이라 하는가?

① 성장주
② 황금주
③ 황제주
④ 가치주
⑤ 경기순환주

확인 Check! ○ △ ×

11 다음 특성에 알맞은 생산운영관리시스템의 명칭은?

- 칸반(Kanban) 시스템
- 린(Lean) 시스템
- 무재고 생산 지향
- 생산의 평준화

① JIT
② MRP
③ MRP Ⅱ
④ CIM
⑤ FM

확인 Check! ○ △ ×

12 복리후생에 관한 설명으로 옳지 않은 것은?

① 구성원의 직무만족 및 기업공동체의식 제고를 위해서 임금 이외에 추가적으로 제공하는 보상이다.
② 의무와 자율, 관리복잡성 등의 특성이 있다.
③ 통근차량 지원, 식당 및 탁아소 운영, 체육시설 운영 등의 법정복리후생이 있다.
④ 경제적·사회적·정치적·윤리적 이유가 있다.
⑤ 합리성, 적정성, 협력성, 공개성 등의 관리원칙이 있다.

확인 Check! ○ △ ×

13 소비자가 특정상품을 소비하면 자신이 그것을 소비하는 계층과 같은 부류라는 생각을 가지게 되는 효과를 일컫는 용어는?

① 전시효과
② 플라시보 효과
③ 파노플리 효과
④ 베블런 효과
⑤ 데킬라 효과

확인 Check! ○ △ ×

14 프렌치(J.R.P. French)와 레이븐(B. Raven)이 구분한 5가지 권력 유형이 아닌 것은?

① 합법적 권력
② 기회적 권력
③ 강제적 권력
④ 보상적 권력
⑤ 준거적 권력

확인 Check! ○ △ ×

15 무한책임사원과 유한책임사원으로 구성된 상법상의 기업형태는?

① 합명회사
② 합자회사
③ 유한회사
④ 주식회사
⑤ 자영회사

확인 Check! ○ △ ×

16 마케팅 커뮤니케이션 활동인 촉진믹스(Promotion Mix)의 구성요소와 관련이 없는 것은?

① 선별적 유통점포 개설
② 구매시점 진열
③ PR(Public Relations)
④ 광고
⑤ 인적판매

확인 Check! ○ △ ×

17 다음 중 회사법상 분류한 회사에 대한 설명 중 옳지 않은 것은?

① 모든 손실에 대해 책임을 지는 사원을 유한책임사원이라고 한다.
② 회사의 경영은 무한책임사원이 하고 유한책임사원은 자본을 제공하여 사업이익의 분배에 참여하는 회사형태를 합자회사라고 한다.
③ 유한회사, 유한책임회사는 모두 유한책임사원으로만 구성되므로 자금조달이 편리하다.
④ 변호사나 회계사들이 모여 설립한 법무법인, 회계법인은 합명회사라 볼 수 있다.
⑤ 회사는 사람처럼 권리와 의무의 주체가 될 수 있다.

☑ 확인 Check! ○ △ ✕

18 **다음 중 재고자산의 평가방법에 대한 설명 중 옳지 않은 것은?**

① 재고자산 품목의 각각 단위별로 개별적인 원가를 파악하여 평가하는 방법을 개별법이라고 한다.
② 자산의 수입이 있을 때마다 새로운 평균단가를 계산하여 지출원가를 가정하는 방법을 이동평균법이라고 한다.
③ 물가가 상승하는 경우 다른 방법에 비해 지출이 많이 될 가능성이 있는 방법은 선입선출법이다.
④ 재고자산이란 더 이상 판매하지 않는 자산을 말한다.
⑤ 총 평균법은 계산기록법에는 사용할 수 없다.

☑ 확인 Check! ○ △ ✕

19 **공인회계사 또는 회계법인이 외부회계감사를 실시한 결과 기업회계에 위배된 일부의 재무제표 표시를 발견한 경우 감사인은 감사보고서에 어떤 의견을 표명하는가?**

① 적정의견 ② 한정의견
③ 의견거절 ④ 부적정 의견
⑤ 비한정 의견

☑ 확인 Check! ○ △ ✕

20 **시장이자율과 채권가격에 대한 설명으로 옳은 것은?**

① 다른 조건은 동일하다고 가정할 경우 표면이자율이 높을수록 이자율의 변동에 따른 채권가격의 변동률이 크다.
② 만기일 채권가격은 액면가와 항상 일치한다.
③ 채권가격은 시장이자율과 같은 방향으로 움직인다.
④ 만기가 정해진 상태에서 이자율 하락에 따른 채권가격 상승폭과 이자율 상승에 따른 채권가격 하락폭은 항상 동일하다.
⑤ 다른 조건은 동일하다고 가정할 경우 만기가 짧은 채권일수록 이자율의 변동에 따른 채권가격의 변동폭이 크다.

☑ 확인 Check! ○ △ ✕

21 **소비자들의 구매의사 결정과정을 순서대로 바르게 나열한 것은?**

① 정보탐색 → 필요인식 → 대안평가 → 구매 → 구매 후 행동
② 정보탐색 → 필요인식 → 구매 → 대안평가 → 구매 후 행동
③ 정보탐색 → 대안평가 → 필요인식 → 구매 → 구매 후 행동
④ 필요인식 → 정보탐색 → 대안평가 → 구매 → 구매 후 행동
⑤ 대안평가 → 정보탐색 → 필요인식 → 구매 → 구매 후 행동

☑ 확인 Check! ○△✕

22 다음 중 최고경영자층의 의사결정을 지원하기 위한 목적으로 개발된 경영정보시스템의 명칭은?

① ERP
② EDI
③ POS
④ EIS
⑤ TPS

☑ 확인 Check! ○△✕

23 다음 빈칸에 들어갈 말을 순서대로 바르게 나열한 것은?

최근 시대상사의 회사채를 매입한 재연이는 회사채 수익률이 하락할 경우 회사채 가격이 ( )하므로 ( )을 본다.

① 상승 – 이익
② 상승 – 손실
③ 하락 – 이익
④ 하락 – 손실
⑤ 상승 – 불변

☑ 확인 Check! ○△✕

24 산업별 노동조합이 개별기업 사용자와 개별적으로 행하는 경우의 단체교섭 방식은?

① 통일교섭
② 공동교섭
③ 집단교섭
④ 대각선교섭
⑤ 기업별 교섭

☑ 확인 Check! ○△✕

25 선발시험 합격자들의 시험성적과 입사 후 일정 기간이 지나서 이들이 달성한 직무성과와의 상관관계를 측정하는 지표는?

① 신뢰도
② 대비효과
③ 현재타당도
④ 내용타당도
⑤ 예측타당도

☑ 확인 Check! ○△✕

26 다음 중 포괄손익계산서상의 '판매비와 관리비'에 해당하지 않는 것은?

① 급여
② 임차료
③ 법인세비용
④ 감가상각비
⑤ 광고선전비

☑ 확인 Check! ○△×

27 **다음에서 설명하는 이론은 무엇인가?**

> • 매슬로우의 욕구단계론이 직면한 문제점들을 극복하고자 실증적인 연구에 기반하여 제시한 수정이론
> • 알더파가 제시하였으며 인간의 욕구를 생존욕구, 대인관계욕구, 성장욕구로 구분

① 호감득실이론
② 사회교환이론
③ ERG이론
④ 기대-불일치이론
⑤ 인지불협화이론

☑ 확인 Check! ○△×

28 **차별화 전략의 원천에 해당되는 것은?**

① 경험효과
② 규모의 경제
③ 투입요소 비용
④ 생산시설 활용도
⑤ 제품의 특성과 포지셔닝

☑ 확인 Check! ○△×

29 **주식회사 설립 시 회사의 조직 및 운영을 위한 내부규칙을 규정하는 정관을 반드시 작성해야 한다. 반드시 기재해야만 하는 정관의 절대적 기재사항을 모두 고르면?**

> 가. 변태설립사항
> 나. 본점소재지
> 다. 액면주식을 발행하는 경우 1주의 금액
> 라. 상호
> 마. 설립 시 발행 주식 수

① 가, 나, 다
② 나, 라, 마
③ 가, 다, 라, 마
④ 나, 다, 라, 마
⑤ 가, 나, 다, 라, 마

☑ 확인 Check! ○△×

30 **조직구성원들의 경영참여와 관련이 없는 것은?**

① 분임조
② 제안제도
③ 성과배분제도
④ 종업원지주제도
⑤ 전문경영인제도

| 02 | 경제학

☑ 확인 Check! ○△×

01 **다음 중 외부성 및 시장실패에 관한 설명으로 옳은 것은?**

① 환경오염과 같은 부정적 외부성의 방출량은 0이 되어야 한다.
② 부정적인 외부성은 작을수록 좋으나 긍정적인 외부성은 클수록 좋다.
③ 외부성은 두 사람 사이에서 발생하고, 공공재는 다수의 사람들 사이에서 발생하는 현상이다.
④ 일반적으로 정부의 개입이 없다면 공공재는 과대 공급된다.
⑤ 공공재는 구매하지 않는 사람의 소비를 막기 어렵다는 비배제성과 모든 사람이 소비하기 위해 경쟁할 필요가 없는 비경합성을 성격을 갖는다.

☑ 확인 Check! ○△×

02 **다음 사례를 역선택(Adverse Selection)과 도덕적 해이(Moral Hazard)의 개념에 따라 올바르게 구분한 것은?**

가. 자동차 보험 가입 후 더 난폭하게 운전한다.
나. 건강이 좋지 않은 사람이 민간 의료보험에 더 많이 가입한다.
다. 실업급여를 받게 되자 구직 활동을 성실히 하지 않는다.
라. 사망 확률이 낮은 건강한 사람이 주로 종신연금에 가입한다.
마. 의료보험제도가 실시된 이후 사람들의 의료수요가 현저하게 증가하였다.

	역선택	도덕적 해이
①	가, 나	다, 라, 마
②	나, 라	가, 다, 마
③	다, 마	가, 나, 라
④	나, 다, 라	가, 마
⑤	다, 라, 마	가, 나

☑ 확인 Check! ○△×

03 **비대칭 정보하에서 발생하는 현상에 대한 설명 중 옳지 않은 것은?**

① 기업이 우수한 인재를 채용하기 위해서 입사 시험을 치른다.
② 성과급 제도가 없는 회사의 경우 일부 직원들이 태만하게 근무한다.
③ 은행이 대출이자율을 높이면 위험한 사업에 투자하는 기업들이 자금을 차입하려고 한다.
④ 정보를 많이 갖고 있는 사람은 정보를 덜 갖고 있는 사람에 비해 항상 피해의 규모가 작다.
⑤ 기업의 주주들이 CEO에게 스톡옵션을 보상으로 제공해 일할 의욕을 고취시킨다.

☑ 확인 Check! ○△✕

04 조세부과에 대한 설명으로 옳지 않은 것은?(단, 수요곡선은 우하향하며, 공급곡선은 우상향한다)

① 공급자에게 조세 납부의 책임이 있는 경우 소비자에게는 조세 부담이 전혀 없다.
② 조세 부과로 인해 시장 가격은 상승한다.
③ 조세 부과로 인해 사회적 후생이 감소한다.
④ 가격탄력성에 따라 조세 부담의 정도가 달라진다.
⑤ 우리나라 국세 중 비중이 가장 높은 세금은 부가가치세이다.

☑ 확인 Check! ○△✕

05 공공재와 외부성에 대한 설명 중 옳지 않은 것은?

① 인류가 환경 파괴적 행동을 계속하게 된다면 궁극적으로 지구의 파멸을 초래할 수 있다는 것은 공유지 비극의 한 예이다.
② 코즈의 정리에 따르면 외부성으로 인해 영향을 받는 모든 이해 당사자들이 자유로운 협상에 의해 상호간의 이해를 조정할 수 있다면 정부가 적극적으로 개입하지 않아도 시장에서 스스로 외부성 문제를 해결할 수 있다.
③ 한 소비자가 특정 재화를 소비함으로써 얻는 혜택이 그 재화를 소비하는 다른 소비자들의 수요에 의해 영향을 받는 경우 네트워크 외부성이 존재한다고 한다.
④ 환경오염과 같은 부의 외부성이 존재하는 경우 사적 비용이 사회적 비용보다 작기 때문에 사회적으로 바람직한 수준보다 더 많은 환경오염이 초래된다.
⑤ 양의 외부성으로 인한 과대생산 문제는 세금을 통해 내부화시킴으로써 해결할 수 있다.

☑ 확인 Check! ○△✕

06 외부효과와 코즈 정리에 대한 설명으로 옳지 않은 것은?

① 코즈 정리에 따르면 시장이 효율적인 결과에 도달하는지의 여부는 이해당사자들의 법적 권리가 누구에게 있는가에 따라 달라진다.
② 외부불경제(Negative Externality)를 정부 개입을 통해 해결하려는 방식에는 피구세(교정적 조세)가 있다.
③ 외부불경제(Negative Externality)는 완전경쟁시장이나 불완전경쟁시장 모두에서 발생할 수 있다.
④ 외부경제(Positive Externality)로 인한 과소 생산 문제는 보조금을 통해 내부화시킴으로써 해결할 수 있다.
⑤ 코즈 정리는 현실적으로 거래 당사자를 파악하기 어렵다는 한계가 있다.

☑ 확인 Check! ○ △ ×

07 **소비과정에서의 재화와 서비스는 경합성과 배제성을 기준으로 다음과 같이 크게 A, B, C, D 네 부분으로 구분된다. 옳지 않은 것은?**

구분	배제성	비배제성
경합성	A	B
비경합성	C	D

① 케이블 TV는 C에 포함된다.
② 공공재는 D에 포함된다.
③ D는 시장실패 요인이 될 수 있다.
④ B와 D에서는 무임승차 문제가 일어난다.
⑤ A와 B에서는 한 사람의 소비가 다른 사람의 소비 감소를 가져오지 않을 것이다.

☑ 확인 Check! ○ △ ×

08 **다음 중 경쟁시장의 특징이 아닌 것을 모두 고르면?**

가. 다수의 수요자와 공급자가 참가한다.
나. 가격이 경직적이다.
다. 개인의 수요곡선이 매우 탄력적이다.
라. 시장 참가자는 가격에 영향력을 미칠 수 있다.
마. 기업의 진입과 퇴거가 자유롭다.

① 가, 라
② 가, 마
③ 나, 다
④ 나, 라
⑤ 다, 마

PART 2

☑ 확인 Check! ○ △ ×

09 **다음 중 독점에 대한 내용으로 적절하지 않은 것은?**

① 독점기업의 총수입을 극대화하기 위해서는 수요의 가격탄력성이 1인 점에서 생산해야 한다.
② 원자재 가격의 상승은 평균비용과 한계비용을 상승시키므로 독점기업의 생산량이 감소하고 가격은 상승한다.
③ 독점의 경우 자중손실(Deadweight Loss)과 같은 사회적 순후생손실이 발생하기 때문에 경쟁의 경우에 비해 효율성이 떨어진다고 볼 수 있다.
④ 독점기업은 시장지배력을 갖고 있기 때문에 제품 가격과 공급량을 각각 원하는 수준으로 결정할 수 있다.
⑤ 특허권 보장기간이 길어질수록 기술개발에 대한 유인이 증가하므로 더 많은 기술개발이 이루어질 것이다.

확인 Check! ○△×

10 다음과 같은 제도를 무엇이라 하는가?

> 공정거래위원회가 불공정행위에 대한 조사의 효율성을 높이기 위해 담합행위를 한 기업들이 자진 신고를 하면 과징금을 면제해 주는 제도를 도입하였다. 담합 사실을 처음 신고한 업체에게는 과징 100%를 면제해주고, 2순위 신고자에게는 50%를 면제해 주는 제도이다. 이 제도는 상호 간의 불신을 자극하여 담합을 방지하는 효과가 있지만 담합으로 가장 많은 이익을 얻은 회사가 과징금을 면제받을 수 있다는 한계도 있다.

① 카르텔
② 리니언시
③ 죄수의 딜레마
④ 사전심사청구제도
⑤ 공시공개제도

확인 Check! ○△×

11 보상적 임금격차에 관한 설명으로 옳지 않은 것은?

① 근무조건이 좋지 않은 곳으로 전출되면 임금이 상승한다.
② 물가가 높은 곳에서 근무하면 임금이 상승한다.
③ 비금전적 측면에서 매력적인 일자리는 임금이 상대적으로 낮다.
④ 성별 임금격차도 일종의 보상적 임금격차이다.
⑤ 더 비싼 훈련이 요구되는 직종의 임금이 상대적으로 높다.

확인 Check! ○△×

12 주인-대리인 문제에 대한 설명 중 옳지 않은 것은?

① 주인-대리인 문제는 주주와 경영자의 관계에서 찾아볼 수 있는 도덕적 해이의 한 예이다.
② 대리인이 직장 이동의 자유가 커질수록 주인-대리인 문제는 줄어든다.
③ 대리인이 주인에 비해 위험 회피의 정도가 클 경우에도 주인-대리인 문제가 발생한다.
④ 대리인의 노력 또는 행동과 그에 따른 결과 사이에 명확히 1 대 1 대응관계가 성립하면 주인-대리인 문제가 사라진다.
⑤ 주인-대리인 문제를 해결하기 위해서는 대리인이 주인의 뜻에 따라 행동하도록 하는 보수체계를 마련해야 한다.

☑ 확인 Check! ○△×

13 **다음 국내총생산(GDP) 통계에 대한 설명 중 옳은 것을 모두 고른 것은?**

> 가. 여가가 주는 만족은 삶의 질에 매우 중요한 영향을 미치므로 GDP에 반영된다.
> 나. 환경오염으로 파괴된 자연을 치유하기 위해 소요된 지출은 GDP에 포함된다.
> 다. 우리나라의 지하경제 규모는 엄청나므로 한국은행은 이것을 포함하여 GDP를 측정한다.
> 라. 가정주부의 가사노동은 GDP에 불포함되지만 가사도우미의 가사노동은 GDP에 포함된다.

① 가, 다　② 가, 라
③ 나, 다　④ 나, 라
⑤ 다, 라

☑ 확인 Check! ○△×

14 **다음 중 케인즈 경제학의 주요 내용으로 옳은 것은?**

① 공급이 스스로 수요를 창출한다는 '세이의 법칙'이 성립한다.
② 물가가 상승하면 명목임금은 완전히 신축적으로 조정된다.
③ 통화량의 급격한 증가는 인플레이션을 야기한다.
④ 고용을 늘리기 위해서는 유효수요를 증대시켜야 한다.
⑤ 저축의 증대는 자본 수요의 증가로 우회생산을 가능하게 한다.

PART 2

☑ 확인 Check! ○△×

15 **다음 중 한 나라의 총수요를 증가시키는 요인을 모두 고르면?**

> 가. 소득세 인하
> 나. 이자율 하락
> 다. 정부지출의 감소
> 라. 무역상대 국가의 소득 감소

① 가, 나　② 가, 다
③ 나, 다　④ 나, 라
⑤ 다, 라

☑ 확인 Check! ○△×

16 **다음 중 IS곡선에 대한 설명으로 틀린 것은?**

① IS곡선 하방의 한 점은 생산물시장이 초과수요 상태임을 나타낸다.
② 한계저축성향(s)이 클수록 IS곡선은 급경사이다.
③ 정부지출과 조세가 동액만큼 증가하더라도 IS곡선은 우측으로 이동한다.
④ 피구(Pigou)효과를 고려하게 되면 IS곡선의 기울기는 보다 가팔라진다.
⑤ 수입은 소득의 증가함수이므로 개방경제하의 IS곡선은 폐쇄경제하의 IS곡선보다 가파르다.

☑ 확인 Check! ○△✕

17 경기부양정책에 관한 다음 설명 중 옳지 않은 것은?

① 재정정책은 통화정책보다 경기부양의 효과가 직접적이다.
② 통화정책은 재정정책보다 정책의 실행이 신속하다.
③ 통화정책은 투자를 증대시키지만 재정정책은 투자를 위축시킬 수 있다.
④ 재정정책이나 통화정책으로 경기를 부양하면 일반적으로 물가가 오른다.
⑤ 재정정책과 통화정책은 총공급곡선의 기울기가 클수록 효과적이다.

☑ 확인 Check! ○△✕

18 인플레이션에 의해 나타날 수 있는 현상으로 보기 어려운 것은?

① 구두창 비용의 발생
② 메뉴비용의 발생
③ 통화가치 하락
④ 총요소생산성의 상승
⑤ 단기적인 실업률 하락

☑ 확인 Check! ○△✕

19 다음 중 인플레이션의 자산분배 효과를 잘 나타낸 것은?

① 화폐자산의 명목가치는 불변하고, 실물자산의 명목가치는 상승한다.
② 화폐자산의 명목가치는 상승하고, 실물자산의 실질가치는 상승한다.
③ 화폐자산의 명목가치는 하락하고, 실물자산의 명목가치는 상승한다.
④ 화폐자산의 실질가치는 하락하고, 실물자산의 실질가치는 하락한다.
⑤ 화폐자산의 실질가치는 상승하고, 실물자산의 실질가치는 하락한다.

☑ 확인 Check! ○△✕

20 최저임금제는 고용에 부정적인 영향을 미칠 수도 있는데 이로 인한 실업은?

① 계절적 실업
② 기술적 실업
③ 구조적 실업
④ 마찰적 실업
⑤ 경기적 실업

☑ 확인 Check! ○△×

21 다음 중 경제활동인구에 포함되는 사람을 모두 고르면?

가. 실망노동자
나. 파트타임 일자리를 구하고 있는 주부
다. 중소기업에 취업한 장애인
라. 건강상 이유로 1년간 휴직한 취업자
마. 부모가 운영하는 식당에서 주당 2시간 유급으로 일한 대학생

① 가, 나, 다
② 나, 라, 마
③ 다, 라, 마
④ 나, 다, 라, 마
⑤ 가, 나, 다, 라, 마

☑ 확인 Check! ○△×

22 노사가 합의한 일정 연령이 지나면 임금이 줄어드는 제도이다. 정년 연장과 관련해 장기 근속 직원에게 임금을 적게 주는 대신 정년까지 고용을 보장하는 이 제도는?

① 임금피크제
② 타임오프제
③ 최저임금제
④ 복수노조제
⑤ 기초생활보장제

PART 2

☑ 확인 Check! ○△×

23 경기부양을 위해 확대 재정정책을 과도하게 실행할 경우 나타나는 현상으로 거리가 먼 것은?

① 물가 상승
② 이자율 상승
③ 통화가치 하락
④ 정부 신인도 하락
⑤ 현재 납세자들로부터 미래 납세자들로 부(富)의 이전

☑ 확인 Check! ○△×

24 내생적 성장이론에 대한 설명으로 옳지 않은 것은?

① 지속적인 경제성장이 일어나게 만드는 요인을 모형 안에서 찾으려는 이론이다.
② 연구개발 투자 및 인적자본의 중요성을 강조하는 이론이다.
③ 선진국과 개도국간의 생활수준 격차가 더 벌어질 가능성이 있다는 것을 설명한다.
④ 내생적 성장에 관한 학습효과(Learning-by-Doing)모형은 의도적인 교육투자의 중요성을 강조한다.
⑤ 저축률이 상승하면 경제성장률은 지속적으로 높아진다.

☑ 확인 Check! ○△✕

25 **A국과 B국의 상황이 다음과 같을 경우 나타날 수 있는 경제현상이 아닌 것은?(단, 미 달러화로 결제하며, 각국의 환율은 달러 대비 자국 화폐의 가격으로 표시한다)**

A국	• A국의 해외 유학생 수가 증가하고 있다. • 외국인 관광객이 증가하고 있다.
B국	• B국 기업의 해외 투자가 증가하고 있다. • 외국이 투자자들이 투자자금을 회수하고 있다.

① A국의 환율은 하락할 것이다.
② A국의 경상수지는 악화될 것이다.
③ B국이 생산하는 수출상품의 가격경쟁력이 높아질 것이다.
④ A국 국민이 B국으로 여행갈 경우 경비 부담이 증가할 것이다.
⑤ B국 국민들 중 환전하지 않은 환율 변동 전 달러를 보유하고 있는 사람은 이익을 얻게 될 것이다.

☑ 확인 Check! ○△✕

26 **다음 중 금리를 인하해도 경기가 부양되지 않아 정책효과가 나타나지 않은 현상을 가리키는 용어는?**

① 피구(Pigou) 효과
② 그린필드 투자(Green Field Investment)
③ 유동성 함정
④ 캐시 그랜트(Cash Grant)
⑤ 롤링 효과(Rolling Effect)

☑ 확인 Check! ○△✕

27 **사회보장제도 중 공공부조에 관한 설명으로 옳지 않은 것은?**

① 주어진 자원으로 집중적으로 급여를 제공할 수 있어 대상효율성이 높다.
② 기여 없이 가난한 사람에게 급여를 제공하기 때문에 소득재분배 효과가 크다.
③ 사회적으로 보호받아야 할 자에게 최소한의 인간다운 생활을 할 수 있도록 지원한다.
④ 정부가 투입하는 비용에 비해 빈곤해소의 효과가 크다.
⑤ 수급자의 근로의욕을 상승시킨다.

☑ 확인 Check! ○△✕

28 **국민총소득(GNI), 국내총생산(GDP), 국민총생산(GNP)에 대한 설명으로 옳지 않은 것은?**

① GNI는 한 나라 국민이 국내외 생산활동에 참여한 대가로 받은 소득의 합계이다.
② 명목 GNI는 명목 GNP와 명목 국외순수취요소소득의 합이다.
③ 실질 GDP는 생산활동의 수준을 측정하는 생산지표인 반면, 실질GNI는 생산활동을 통하여 획득한 소득의 실질 구매력을 나타내는 소득지표이다.
④ 원화표시 GNI에 아무런 변동이 없더라도 환율변동에 따라 달러화표시 GNI는 변동될 수 있다.
⑤ 국외수취 요소소득이 국외지급 요소소득보다 크면 명목GNI가 명목GDP보다 크다.

확인 Check! ○△×

29 **우상향하는 총공급곡선(AS)을 왼쪽으로 이동시키는 요인으로 옳은 것은?**

① 임금 상승
② 통화량 증가
③ 독립투자 증가
④ 정부지출 증가
⑤ 수입원자재 가격 하락

확인 Check! ○△×

30 **다음 물가에 관한 설명으로 옳지 않은 것은?**

① 근로자 생계비의 인상은 GDP디플레이터 보다 소비자물가지수에 더 잘 반영된다.
② 소비자물가지수는 한국은행에서, 생산자물가지수는 통계청에서 작성한다.
③ GDP 디플레이터는 비교년도 거래량을 가중치로 하는 파셰식 물가지수이다.
④ 물가지수가 높다고 해서 물가상승률이 더 높다고 할 수는 없다.
⑤ 토지가격변화는 소비자물가지수와 GDP 디플레이터에 영향을 주지 않는다.

직무수행능력평가

정답 및 해설 p.72

| 01 | 전기

☑ 확인 Check! ○ △ ×

01 전하의 성질에 대한 설명 중 옳지 않은 것은?

① 같은 종류의 전하는 흡인하고 다른 종류의 전하끼리는 반발한다.
② 대전체에 들어있는 전하를 없애려면 접지시킨다.
③ 대전체의 영향으로 비대전체에 전기가 유도된다.
④ 전하는 가장 안정한 상태를 유지하려는 성질이 있다.
⑤ 전하는 항상 보존된다.

☑ 확인 Check! ○ △ ×

02 다음 중 콘덴서 용량 0.001F과 같은 것은?

① 100μF
② 1,000μF
③ 10,000μF
④ 100,000μF
⑤ 1,000,000μF

☑ 확인 Check! ○ △ ×

03 3μF, 4μF, 5μF의 3개의 콘덴서가 병렬로 연결된 회로의 합성 정전용량은 얼마인가?

① 1.2μF
② 3.6μF
③ 12μF
④ 36μF
⑤ 48μF

☑ 확인 Check! ○ △ ×

04 전기력선의 성질을 설명한 것으로 옳지 않은 것은?

① 전기력선 방향은 전기장 방향과 같으며, 전기력선의 밀도는 전기장의 크기와 같다.
② 전기력선은 도체 내부에 존재한다.
③ 전기력선은 등전위면에 수직으로 출입한다.
④ 전기력선은 양전하에서 음전하로 이동한다.
⑤ 양전하의 전기력선은 무한원점에서 시작되고 음전하의 무한원점에서 끝난다.

☑ 확인 Check! ○△×

05 다음 중 등전위면과 전기력선의 교차 관계는?

① 30°로 교차한다.
② 45°로 교차한다.
③ 60°로 교차한다.
④ 교차하지 않는다.
⑤ 직각으로 교차한다.

☑ 확인 Check! ○△×

06 패러데이의 전자 유도 법칙에서 유도 기전력의 크기는 코일을 지나는 (㉠)의 매초 변화량과 코일의 (㉡)에 비례한다. ㉠, ㉡에 들어갈 것으로 옳은 것은?

	㉠	㉡
①	자속	굵기
②	자속	권수
③	전류	권수
④	전류	굵기
⑤	전류	자속

PART 2

☑ 확인 Check! ○△×

07 $e=141\sin(120\pi t-\frac{\pi}{3})$인 파형의 주파수는 몇 Hz인가?

① 10Hz
② 15Hz
③ 30Hz
④ 50Hz
⑤ 60Hz

☑ 확인 Check! ○△×

08 회전자가 1초에 30회전을 하면 각속도(ω)는?

① 30π[rad/s]
② 60π[rad/s]
③ 90π[rad/s]
④ 120π[rad/s]
⑤ 150π[rad/s]

☑ 확인 Check! ○△×

09 교류 회로에서 전압과 전류의 위상차를 θ[rad]라 할 때, $\cos\theta$는?

① 전압변동률
② 왜곡률
③ 효율
④ 역률
⑤ 맥동률

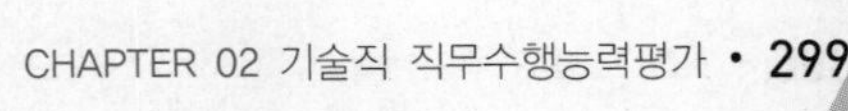

☑ 확인 Check! ○ △ ✕

10 다음 중 10Ω의 저항 회로에 $e=100\sin(377t+\frac{\pi}{3})$[V]의 전압을 가했을 때, $t=0$에서의 순시전류는?

① 5A
② $5\sqrt{3}$ A
③ 10A
④ $10\sqrt{3}$ A
⑤ 15A

☑ 확인 Check! ○ △ ✕

11 직류 분권 발전기가 있다. 전기자 총도체수 220, 매극의 자속수 0.01Wb, 극수 6, 회전수 1,500rpm일 때 유기 기전력은 몇 V인가?(단, 전기자 권선은 파권이다)

① 60V
② 120V
③ 165V
④ 240V
⑤ 285V

☑ 확인 Check! ○ △ ✕

12 직류 발전기의 철심을 규소 강판으로 성층하여 사용하는 주된 이유는?

① 브러시에서의 불꽃방지 및 정류개선
② 맴돌이전류손과 히스테리시스손의 감소
③ 전기자 반작용의 감소
④ 기계적 강도 개선
⑤ 전기 저항의 감소

☑ 확인 Check! ○ △ ✕

13 직류발전기의 전기자 반작용의 영향이 아닌 것은?

① 절연 내력의 저하
② 유기 기전력의 저하
③ 중성축의 이동
④ 자속의 감소
⑤ 정류자 편간의 불꽃 섬락 발생

☑ 확인 Check! ○ △ ✕

14 60Hz, 20,000kVA인 발전기의 회전수가 900rpm이라면 이 발전기의 극수는 얼마인가?

① 8극
② 12극
③ 14극
④ 16극
⑤ 18극

☑ 확인 Check! ○ △ ×

15 극수가 10, 주파수가 50Hz인 동기기의 분당 회전수는?

① 300rpm
② 400rpm
③ 500rpm
④ 600rpm
⑤ 700rpm

☑ 확인 Check! ○ △ ×

16 동기 발전기의 전기자 반작용에 대한 설명으로 틀린 내용은?

① 전기자 반작용은 부하 역률에 따라 크게 변화된다.
② 전기자 전류에 의한 자속의 영향으로 감자 및 자화현상과 편자현상이 발생된다.
③ 전기자 반작용의 결과 감자현상이 발생될 때 리액턴스의 값은 감소된다.
④ 계자 자극의 중심축과 전기자 전류에 의한 자속이 전기적으로 90° 를 이룰 때 편자현상이 발생된다.
⑤ 발전기의 전압 변동률에 영향을 미친다.

☑ 확인 Check! ○ △ ×

17 다음 중 2대의 동기 발전기의 병렬 운전 조건으로 같지 않아도 되는 것은?

① 기전력의 위상
② 기전력의 주파수
③ 기전력의 임피던스
④ 기전력의 크기
⑤ 기전력의 파형

PART 2

☑ 확인 Check! ○ △ ×

18 다음 중 4극 고정자 홈 수 36개의 3상 유도 전동기의 홈 간격은 전기각으로 몇 도인가?

① 5°
② 10°
③ 15°
④ 20°
⑤ 25°

☑ 확인 Check! ○ △ ×

19 전부하에서의 용량 10kW 이하인 소형 3상 유도 전동기의 슬립은?

① 0.1 ~ 0.5%
② 0.5 ~ 5%
③ 5 ~ 10%
④ 10 ~ 15%
⑤ 15 ~ 20%

☑ 확인 Check! ○ △ ×

20 단상 유도 전동기의 정회전 슬립이 s일 때, 역회전 슬립은?

① 1 − s
② 1 + s
③ 2 − s
④ 2 + s
⑤ 3 − s

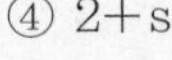

☑ 확인 Check! ○ △ ✕

21 N_S=1,200rpm, N=1,176rpm일 때의 슬립은?

① 6%
② 5%
③ 3%
④ 2%
⑤ 1%

☑ 확인 Check! ○ △ ✕

22 다음 중 밑줄 친 ㉠과 ㉡에 들어갈 값으로 옳은 것은?

> 권수비 2, 2차 전압 100V, 2차 전류 5A, 2차 임피던스 20Ω인 변압기의 ㉠ <u>1차 환산 전압</u> 및 ㉡ <u>1차 환산 임피던스</u>

	㉠	㉡
①	200V	80Ω
②	200V	40Ω
③	50V	50Ω
④	50V	10Ω
⑤	50V	5Ω

☑ 확인 Check! ○ △ ✕

23 무부하인 경우에 변압기의 1차 권선에 흐르는 전류는?

① 정격 전류
② 단락 전류
③ 부하 전류
④ 여자 전류
⑤ 고장 전류

☑ 확인 Check! ○ △ ✕

24 퍼센트 저항 강하 1.8% 및 퍼센트 리액턴스 강하 2%인 변압기가 있다. 부하의 역률이 1일 때의 전압 변동률은?

① 1.8%
② 2.0%
③ 2.7%
④ 3.8%
⑤ 4.0%

☑ 확인 Check! ○ △ ✕

25 다음 중 3상 전파 정류 회로에서 출력 전압의 평균 전압값은?(단, V는 선간 전압의 실홋값이다)

① 0.45V[V]
② 0.9V[V]
③ 1.17V[V]
④ 1.35V[V]
⑤ 1.5V[V]

☑ 확인 Check! ○△✕

26 전압을 저압, 고압 및 특고압으로 구분할 때, 교류에서 '저압'이란?

① 110V 이하의 것
② 220V 이하의 것
③ 600V 이하의 것
④ 750V 이하의 것
⑤ 800V 이하의 것

☑ 확인 Check! ○△✕

27 나전선 상호를 접속하는 경우 일반적으로 전선의 세기를 몇 % 이상 감소시키지 말아야 하는가?

① 2%
② 3%
③ 20%
④ 30%
⑤ 40%

☑ 확인 Check! ○△✕

28 옥내에서 두 개 이상의 전선을 병렬로 사용하는 경우 동선은 각 전선의 굵기가 몇 mm^2 이상이어야 하는가?

① $50mm^2$
② $70mm^2$
③ $95mm^2$
④ $120mm^2$
⑤ $150mm^2$

☑ 확인 Check! ○△✕

29 가로등, 경기장, 공장, 아파트 단지 등의 일반 조명을 위하여 시설하는 고압 방전등의 효율은 몇 lm/W 이상의 것이어야 하는가?

① 3lm/W
② 5lm/W
③ 70lm/W
④ 120lm/W
⑤ 150lm/W

☑ 확인 Check! ○△✕

30 절연 전선을 동일 금속 덕트 내에 넣을 경우 금속 덕트의 크기는 전선의 피복 절연물을 포함한 단면적의 총합계가 금속 덕트 내 단면적의 몇 % 이하가 되도록 선정하여야 하는가?(단, 제어회로 등의 배선에 사용하는 전선만을 넣는 경우이다)

① 30%
② 40%
③ 50%
④ 60%
⑤ 70%

| 02 | 기계

☑ 확인 Check! ○ △ ✕

01 강의 탄소함유량이 증가함에 따라 나타나는 특성 중 옳지 않은 것은?

① 인장강도가 증가한다.
② 항복점이 증가한다.
③ 경도가 증가한다.
④ 충격치가 증가한다.
⑤ 인성이 감소한다.

☑ 확인 Check! ○ △ ✕

02 회주철을 기호로 GC300과 같이 표시할 때 300이 의미하는 것은?

① 항복강도[N/mm^2]
② 인장강도[N/mm^2]
③ 굽힘강도[N/mm^2]
④ 전단강도[N/mm^2]
⑤ 압축강도[N/mm^2]

☑ 확인 Check! ○ △ ✕

03 금속재료의 기계적 성질과 그것을 평가하기 위한 시험을 서로 짝지은 것 중 적합하지 않은 것은?

① 종탄성계수 – 인장시험
② 피로한도 – 압축시험
③ 전단항복응력 – 비틀림시험
④ 경도 – 압입시험
⑤ 점성강도 – 충격시험

☑ 확인 Check! ○ △ ✕

04 유압장치의 일반적인 특징이 아닌 것은?

① 힘의 증폭이 용이하다.
② 제어하기 쉽고 정확하다.
③ 작동액체로는 오일이나 물 등이 사용된다.
④ 구조가 복잡하여 원격조작이 어렵다.
⑤ 공압에 비해 출력의 응답속도가 빠르다.

☑ 확인 Check! ○ △ ×

05 일반적으로 베어링은 내륜, 외륜, 볼(롤러), 리테이너의 4가지 주요 요소로 구성된다. 다음 중 볼 또는 롤러를 사용하지 않는 베어링은 어느 것인가?

① 공기정압베어링
② 레이디얼베어링
③ 스러스트 롤러베어링
④ 레이디얼 롤러베어링
⑤ 구면 롤러베어링

☑ 확인 Check! ○ △ ×

06 다음 중 인성(Toughness)에 대한 설명으로 옳은 것은?

① 국부 소성변형에 대한 재료의 저항성
② 파괴가 일어나기까지의 재료의 에너지 흡수력
③ 탄성변형에 따른 에너지 흡수력과 하중 제거에 따른 에너지의 회복력
④ 파괴가 일어날 때까지의 소성변형의 정도
⑤ 점성이 약하고 충격에 잘 견디는 성질

☑ 확인 Check! ○ △ ×

07 기계요소를 설계할 때 응력집중 및 응력집중계수에 대한 설명으로 옳지 않은 것은?

① 응력집중이란 단면이 급격히 변화하는 부위에서 힘의 흐름이 심하게 변화함으로 인해 발생하는 현상이다.
② 응력집중계수는 단면부의 평균응력에 대한 최대응력의 비율이다.
③ 응력집중계수는 탄성영역 내에서 부품의 형상효과와 재질이 모두 고려된 것으로 형상이 같더라도 재질이 다르면 그 값이 다르다.
④ 응력집중을 완화하려면 단이 진 부분의 곡률반지름을 크게 하거나 단면이 완만하게 변화하도록 한다.
⑤ 응력집중은 일반적으로 구조요소의 파손・파괴의 원인이 되기 쉬우므로 설계할 때에는 탄소성 계산이나 광탄소성 해석, 스트레인미터에 의한 실험적 해석을 하여 충분히 검토해야 한다.

☑ 확인 Check! ○ △ ×

08 다음은 어떤 주조법의 특징을 설명한 것인가?

- 영구주형을 사용한다.
- 비철금속의 주조에 적용한다.
- 고온 체임버식과 저온 체임버식으로 나뉜다.
- 용융금속이 응고될 때까지 압력을 가한다.

① 스퀴즈캐스팅(Squeeze Casting)
② 원심 주조법(Centrifugal Casting)
③ 다이캐스팅(Die Casting)
④ 인베스트먼트 주조법(Investment Casting)
⑤ 일렉트로 슬래그 주조법(Electro Slag Casting)

PART 2

확인 Check! ○△×

09 **나사산의 각도가 55°인 나사는?**

① 인치계(TW) 사다리꼴나사
② 미터계(TM) 사다리꼴나사
③ 아메리카 나사
④ 미터보통나사
⑤ 관용나사

확인 Check! ○△×

10 **금속재료를 냉간소성가공하여 부품을 생산할 때 소재에서 일어나는 변화가 아닌 것은?**

① 결정립의 변형으로 인한 단류선(Grain Flow Line) 형성
② 전위의 집적으로 인한 가공경화
③ 불균질한 응력을 받음으로 인한 잔류응력의 발생
④ 풀림효과에 의한 연성의 증대
⑤ 가공경화로 강도 증가

확인 Check! ○△×

11 **다음은 사출성형품의 불량원인과 대책에 관한 설명이다. 어떤 현상을 설명한 것인가?**

금형의 파팅라인(Parting Line)이나 이젝터핀(Ejector Pin) 등의 틈에서 흘러 나와 고화 또는 경화된 얇은 조각 모양의 수지가 생기는 것을 말하는 것으로 이를 방지하기 위해서는 금형 자체의 밀착성을 좋게 하도록 체결력을 높여야 한다.

① 플로마크(Flow Mark)현상
② 싱크마크(Sink Mark)현상
③ 웰드마크(Weld Mark)현상
④ 플래시(Flash)현상
⑤ 스프링백(Spring Back)현상

확인 Check! ○△×

12 **다음 중 연성파괴와 관련이 없는 것은?**

① 컵-원뿔 파괴(Cup and Cone Fracture)가 된다.
② 소성변형이 상당히 일어난 후에 파괴된다.
③ 취성파괴보다 큰 변형에너지가 필요하다.
④ 취성파괴에 비해 덜 위험하다.
⑤ 균열이 매우 빠르게 진전하여 일어난다.

☑ 확인 Check! ○ △ ×

13 절삭가공의 기본운동에는 주절삭운동, 이송운동, 위치 조정운동이 있다. 다음 중 주로 공작물에 의해 이송운동이 이루어지는 공작기계끼리 짝지어진 것은?

① 선반, 밀링머신
② 밀링머신, 평면연삭기
③ 드릴링머신, 평면연삭기
④ 선반, 드릴링머신
⑤ 밀링머신, 드릴링머신

☑ 확인 Check! ○ △ ×

14 환경경영체제에 관한 국제표준화규격의 통칭으로, 기업 활동 전반에 걸친 환경경영체제를 평가하여 객관적으로 인증(認證)하는 것은 무엇인가?

① ISO 14000
② ISO 9004
③ ISO 9001
④ ISO 9000
⑤ ISO 8402

☑ 확인 Check! ○ △ ×

15 연마제를 압축공기를 이용하여 노즐로 고속분사시켜 고운 다듬질면을 얻는 가공법은?

① 액체호닝
② 래핑
③ 호닝
④ 슈퍼피니싱
⑤ 숏 피닝

☑ 확인 Check! ○ △ ×

16 침탄법과 질화법에 대한 설명 중 옳지 않은 것은?

① 침탄법은 질화법에 비해 같은 깊이의 표면경화를 짧은 시간에 할 수 있다.
② 질화법은 침탄법에 비해 변형이 적다.
③ 질화법은 침탄법에 비해 경화층은 얇으나 경도가 높다.
④ 질화법은 질화 후 열처리가 필요하다.
⑤ 침탄법은 질화법보다 가열온도가 높다.

☑ 확인 Check! ○ △ ×

17 다이아몬드 다음으로 경한 재료로 철계금속이나 내열합금의 절삭에 적합한 것은?

① 세라믹(Ceramic)
② 초경합금(Carbide)
③ 입방정 질화붕소(CBN; Cubic Boron Nitride)
④ 고속도강(HSS; High Speed Steel)
⑤ 특수강(Special Steel)

☑ 확인 Check! ○ △ ×

18 사형주조에서 응고 중에 수축으로 인한 용탕의 부족분을 보충하는 곳은?

① 게이트 ② 라이저
③ 탕구 ④ 탕도
⑤ 주형틀

☑ 확인 Check! ○ △ ×

19 스프링상수가 같은 2개의 코일스프링을 각각 직렬과 병렬로 연결하였다. 직렬로 연결한 시스템의 상당(등가) 스프링상수는 병렬로 연결한 시스템의 상당(등가) 스프링상수의 몇 배 크기인가?

① $\frac{1}{4}$배 ② $\frac{1}{2}$배
③ 2배 ④ 4배
⑤ 6배

☑ 확인 Check! ○ △ ×

20 유압회로에서 회로 내 압력이 설정치 이상이 되면 그 압력에 의하여 밸브를 전개하여 압력을 일정하게 유지시키는 역할을 하는 밸브는?

① 시퀀스 밸브 ② 유량제어 밸브
③ 릴리프 밸브 ④ 감압 밸브
⑤ 체크 밸브

☑ 확인 Check! ○ △ ×

21 2행정 사이클기관과 비교할 때 4행정 사이클기관의 장점으로 옳은 것은?

① 매회전마다 폭발하므로 동일배기량일 경우 출력이 2사이클기관보다 크다.
② 마력당 기관중량이 가볍고 밸브기구가 필요 없어 구조가 간단하다.
③ 회전력이 균일하다.
④ 체적효율이 높다.
⑤ 윤활유 소비가 적다.

☑ 확인 Check! ○ △ ×

22 탄소강(SM30C)을 냉간가공하면 일반적으로 감소되는 기계적 성질은?

① 연신율 ② 경도
③ 항복점 ④ 인장강도
⑤ 잔류응력

☑ 확인 Check! ○ △ ✕

23 탄소강 판재로 이음매가 없는 국그릇모양의 몸체를 만드는 가공법은?

① 스피닝 ② 컬링
③ 비딩 ④ 플랜징
⑤ 벌징

☑ 확인 Check! ○ △ ✕

24 속이 찬 봉재로부터 길이방향으로 이음매가 없는 긴 강관(鋼管)을 제조하는 방법은?

① 프레스가공 ② 전조가공
③ 만네스만가공 ④ 드로잉가공
⑤ 전해가공

☑ 확인 Check! ○ △ ✕

25 허용할 수 있는 부품의 오차 정도를 결정한 후 각각 최대 및 최소치수를 설정하여 부품의 치수가 그 범위 내에 드는지를 검사하는 게이지는?

① 블록게이지 ② 한계게이지
③ 간극게이지 ④ 다이얼게이지
⑤ 센터게이지

PART 2

☑ 확인 Check! ○ △ ✕

26 가솔린기관의 노킹현상에 대한 설명으로 옳은 것은?

① 공기-연료혼합기가 어느 온도 이상 가열되어 점화하지 않아도 연소하기 시작하는 현상
② 흡입공기의 압력을 높여 기관의 출력을 증가시키는 현상
③ 가솔린과 공기의 혼합비를 조절하여 혼합기를 발생시키는 현상
④ 연소 후반에 미연소가스의 급격한 연소에 의한 충격파로 실린더 내 금속을 타격하는 현상
⑤ 피스톤, 실린더헤드, 크랭크축의 손상을 가져오는 현상

☑ 확인 Check! ○ △ ✕

27 다음 용접의 방법 중 고상용접이 아닌 것은?

① 확산용접(Diffusion Welding)
② 초음파용접(Ultrasonic Welding)
③ 일렉트로 슬래그용접(Electro Slag Welding)
④ 마찰용접(Friction Welding)
⑤ 폭발용접(Explosive Welding)

☑ 확인 Check! ○ △ ×

28 다음 기계가공 중에서 표면거칠기가 가장 우수한 것은?

① 내면연삭가공
② 래핑가공
③ 평면연삭가공
④ 호닝가공
⑤ 슈퍼피니싱

☑ 확인 Check! ○ △ ×

29 연삭숫돌에 눈메움이나 무딤이 발생하였을 때 이를 제거하기 위한 방법으로 가장 옳은 것은?

① 드레싱(Dressing)
② 폴리싱(Polishing)
③ 연삭액의 교환
④ 연삭속도의 변경
⑤ 에칭(Etching)

☑ 확인 Check! ○ △ ×

30 재료의 절삭성이 좋다는 의미로 사용할 수 있는 것만을 모두 고른 것은?

ㄱ. 작은 절삭력과 절삭동력
ㄴ. 긴 공구수명
ㄷ. 가공품의 우수한 표면 정밀도 및 표면 완전성
ㄹ. 수거가 용이한 칩(Chip)의 형태

① ㄱ, ㄴ
② ㄷ, ㄹ
③ ㄱ, ㄴ, ㄷ
④ ㄴ, ㄷ, ㄹ
⑤ ㄱ, ㄴ, ㄷ, ㄹ

MEMO

I wish you the best of luck!

3
PART

NCS 기반 블라인드 채용 가이드

CHAPTER 01 NCS 및 블라인드 채용 소개

| 01 | NCS 소개

1. 국가직무능력표준(NCS; National Competency Standards)이란?

산업현장에서 직무를 수행하기 위해 요구되는 지식・기술・태도 등의 내용을 국가가 체계화한 것

2. 국가직무능력표준(NCS)의 필요성

- 능력 있는 인재 개발을 통한 핵심인프라 구축과 국가경쟁력 향상
- 기업에서의 직무분석자료, 인적자원관리 도구, 인적자원개발 프로그램, 특화자격 신설, 일자리 정보 제공에 대한 요구
- 기업교육훈련기관에서의 산업현장의 요구에 맞는 맞춤형 교육훈련과정 개설에 대한 요구

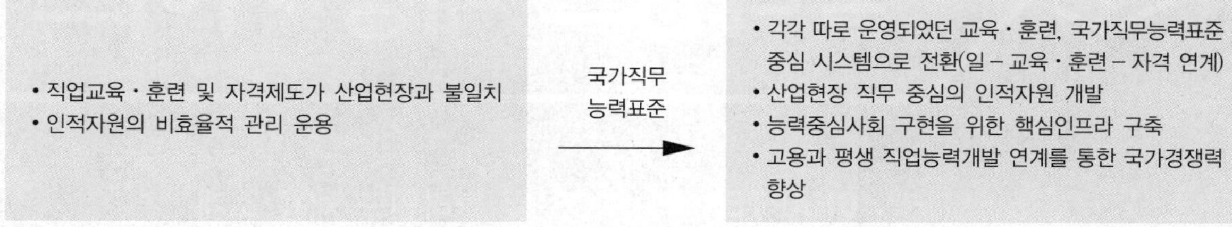

3. 직무(능력) 중심 채용이란?

기업의 역량기반 채용, 국가직무능력표준(NCS)기반 능력 중심 채용과 같이 직무 수행에 필요한 능력과 역량을 평가하여 선발하는 채용방식의 통칭

4. 직무(능력) 중심 채용에서의 '능력'의 의미

직무수행 및 해당 조직생활에 필요한 직무행동(수행준거), 지식, 기술, 태도, 경험(경력), 자격 등의 인적 속성

| 02 | 블라인드 채용 소개

1. 블라인드 채용이란?

채용과정(서류・필기・면접) 에서 편견이 개입되어 불합리한 차별을 야기할 수 있는 출신지, 가족관계, 학력, 외모 등의 항목을 걷어내고 지원자의 실력(직무능력)을 평가하여 인재를 채용

2. 블라인드 채용의 필요성

 기존 채용제도의 불공정 해소	 직무중심 채용을 통한 사회적 비용 감소 필요
• 기업의 불공정 채용관행에 관한 사회적 불신해소 • 차별적 채용은 기업 경쟁력 저해요소라는 인식유도 • 직무중심 인재선발을 통한 공정한 채용제도 구축	• 직무 관련한 채용을 통한 지원자의 취업준비 비용감소 • 기업 역시 직무재교육, 조기퇴사율 등 감소를 통한 채용 비용 감소 실현 • 불공정 채용관행에 의한 사회적 불신 해소

3. 블라인드 채용의 특징

1. 블라인드 채용은 지원자를 평가하지 않는다는 것은 아니다.

※ 서류전형 : 無 서류전형 또는 블라인드 지원서
※ 면접전형 : 블라인드 오디션 또는 블라인드 면접 등

2. 블라인드 채용의 평가요소(평가항목, 평가기준)는 직무를 수행하는 데 필요한 역량이다.
평가기준 : 직무수행에 필요한 직무능력

PART 3

4. 블라인드 채용의 프로세스

블라인드 채용은 기존 직무중심채용 프로세스와 동일(단, 모든 과정에서 차별적인 요소를 제외하는 활동이 추가)

채용설계	모집	선발
• 채용계획 • 직무능력 정의 및 직무기술서 개발 • 전형설계 • 차별요소 결정	• 채용공고 • 모집과정 차별요소 삭제 • 지원서 접수 관리	• 서류, 필기, 면접 등 • 채용과정을 통한 직무적합 인재선발 • 구조화된 면접도구

Step 1. 분석(Analysis)	1. 채용대상 직무 NCS분류에서 확인하기 2. 채용대상 직무관련 능력단위 확인하기 요구능력단위 도출 → 필수KSA도출 → 관련자격도출
Step 2. 설계(Design)	3. 채용프로세스 설정하기(선발법 선정 및 적용단계 결정) 4. 채용프로세스별 선발기준 설정하기
Step 3. 개발(Development)	5. 블라인드채용 공고문 개발하기 6. 블라인드채용 서류전형 개발하기 7. 블라인드채용 필기전형 개발하기 8. 블라인드채용 면접전형 개발하기 9. 인사담당자 및 면접관 교육하기
Step4. 실행(Implement)	10. 필기평가 시행하기 11. 면접평가 시행하기 12. 합격자 선정하기
Step 5. 평가(Evaluation)	13. 블라인드채용 과정 평가하기 14. 블라인드채용 성과 평가하기

5. 블라인드 채용의 기업 실천과제

<table>
<tr><th>채용설계</th><th>모집공고</th></tr>
<tr><td>직무내용 및 직무능력의 구체화
• 기업규모, 특성에 적합한 전형설계 후 전형별 평가요소 도출
• 채용대상 직무설명자료 제작</td><td>채용직무 설명자료 사전제공
• 직무와 무관한 평가요소 원칙 삭제
• 채용직무의 직무내용 및 직무능력 구체화 후 사전공개</td></tr>
<tr><th>서류전형</th><th>필기전형</th></tr>
<tr><td>차별적이고 직무무관 항목 삭제
• 편견이 개입되어 차별을 야기할 수 있는 인적 사항 요구 금지
단, 차별적 요소가 직무 수행상 반드시 필요한 경우 예외
• 입사지원서에는 직무와 관련한 교육·훈련, 자격 경험(경력) 중심으로 항목 구성</td><td>직무관련성 기반의 필기전형실시
• 직무수행에 반드시 필요한 지식·기술·능력·인성 등을 필기시험화
• 채용공고를 통한 필기평가 과목 공개(공정성확보)</td></tr>
<tr><th>면접전형</th><th></th></tr>
<tr><td>개인신상정보 면접위원 제공 금지
• 면접위원에게 지원자 인적사항 제공 금지
• 체계화된 면접을 통한 공정평가 실시
• 공정한 평가
• 면접 전 블라인드 면접위원 교육을 통한 사전 안내 필수</td><td></td></tr>
</table>

CHAPTER 02 서류전형 가이드

| 01 | 채용공고문

채용공고문이란 기업이 지원자에게 직무내용, 필요 직무능력, 채용절차, 근무조건 등을 안내하는 것으로 지원자들이 채용 준비 및 지원에 활용하는 자료입니다.

1. 채용공고문의 변화

구분	기존 채용공고문	NCS 채용공고문	블라인드 채용공고문
목적	일반적인 채용계획 및 지원방법을 알림	지원자가 직무를 이해하고 자신의 적합성 판단에 도움을 줌	지원자에겐 공정한 채용기회, 기업엔 적합한 인재 선발에 도움
내용	[채용계획 및 지원방법] • 채용분야, 채용인원 • 응시자격, 우대사항 • 채용절차 및 추진일정 • 기타 유의사항 등	기존 채용공고문에서 채용분야의 직무내용, 직무수행 요건(직무능력)을 추가	NCS 채용공고문에서 편견적 요소(출신지, 연령, 성별 등)를 배제

2. 예시

한국저작권위원회 2020년 상반기 직원 채용 공고

저작권 전문기관인 한국저작권위원회에서는 저작권 문화발전에 창의적이고 진취적으로 동참할 수 있는 우수한 인재를 다음과 같이 공개채용 하오니 많은 응모 바랍니다.

1. 채용분야 및 인원 (상세내용 NCS기반 직무기술서 참고)

구분			분야	인원	직무분야	근무지	비고
제한경쟁	정규직	선임연구원(경력)	법 무	2명	저작권 법 · 제도 · 통상 등 조사연구	본부(진주)	박사급
		5급(신입)	학 예	1명	저작권교육체험관 전시기획, 운영 및 자료관리		학예사 자격소지자
소계				3명			
제한경쟁	무기계약직	4급(경력)	정보기술	1명	저작권 기술분석, 성능평가	본부(진주)	박사급
		5급(신입)	일반행정①	2명	연구 및 행정지원 / 민원접수 및 상담		보훈특별고용
공개경쟁			일반행정②	2명	저작권 등록·임치 및 인증		-
			법 무	1명	저작권 법률상담		-
소계				6명			
공개경쟁	기간제계약직	4급(경력)	일반행정③(홍보전문가)	1명	홍보정책·전략 기획, 매체별 홍보콘텐츠 기획·모니터링 및 평가 ※ 2년 임기제	본부(진주)	휴직대체
		5급(신입)	일반행정④	2명	사업운영 및 관리		
소계				3명			
합 계				12명			

※제한경쟁은 채용분야별 학위(박사), 자격(학예사 자격소지자), 요건(보훈고용대상자) 등 해당자만 지원 가능하며, 보훈특별고용의 경우 국가보훈대상자 중 경남서부보훈지청 추천자만 지원 가능

2. 근무조건

○ 채용일자 : '20. 7. 15.자(예정)

○ 채용형태 및 기간

구분	계약기간	비고
정규직 · 무기계약직	수습기간 내 평가에 따라 정규·무기계약 임용	수습기간 3개월 적용*
기간제계약직	계약체결일~ '20. 12. 31까지	휴직 기간 내 연장 가능 (단, 최대 근로기간은 2년을 초과할 수 없음)

※ 수습 평가결과 부적격 시 채용이 취소될 수 있음

○ 채용방법 : 공개경쟁 및 제한경쟁, 2~4단계 전형

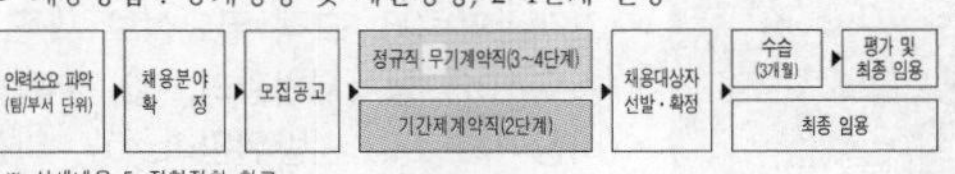

※ 상세내용 5. 전형절차 참고

○ 보수체계 : 경력산정 후 내규에 따라 개인별 차등 지급

※ 공공기관 경영정보 공개시스템(ALIO) 내 직원 보수 현황을 참고 바랍니다.

○ 근무시간 : 주 40시간 전일제(주5일), 1일 8시간 근무(09:00~18:00)

3. 응시자격

구 분	내 용
자 격	○ 정규직 선임연구원(법무) : - 법학 또는 지적재산권 분야 박사학위 소지자로 법학 관련분야 실무 경력 1년 이상인 자 ○ 정규직 5급(학예) : 학예사 자격소지자 ○ 무기계약직 4급(정보기술) - 정보기술(전산학, 컴퓨터공학, 소프트웨어공학, 정보통신공학 등) 분야 박사학위 소지자로 정보기술 관련분야 실무 경력 1년 이상인 자 ○ 무기계약직 5급 일반행정① : 국가보훈대상자 중 경남서부보훈지청 추천자 ○ 기간제계약직 4급 일반행정③(홍보전문가) : - 공공기관, 업무관련 기관·단체 또는 기업에서 홍보·언론 관련 실무경력을 6년 이상 보유한 자 ○ 무기계약직 5급 일반행정②·법무, 기간제계약직 5급 일반행정④ : 제한없음

※ 한국저작권위원회 채용공고(2020년 상반기) 일부 내용 발췌

| 02 | 직무기술서

직무기술서란 직무수행의 내용과 필요한 능력(지식·기술·태도), 관련 자격, 직업기초능력 등을 상세히 기재한 것으로 입사 후 수행하게 될 업무에 대한 정보가 수록되어 있는 자료입니다.

1. 채용분야

설명

NCS 직무분류 체계에 따라 직무에 대한 「대분류 – 중분류 – 소분류 – 세분류」 체계를 확인할 수 있습니다.
채용직무에 대한 모든 직무기술서를 첨부하게 되며 실제 수행 업무를 기준으로 세부적인 분류정보를 제공합니다.

채용분야	행정	대분류	중분류	소분류	세분류
		02. 경영·회계·사무	01. 기획사무	01. 경영기획	01. 경영기획
				02. 홍보·광고	01. PR
				03. 마케팅	02. 고객관리
			02. 총무·인사	01. 총무	01. 총무
					03. 비상기획
				02. 인사·조직	01. 인사
					02. 노무관리
				03. 일반사무	02. 사무행정
			03. 재무·회계	02. 회계	01. 회계·감사
			04. 생산·품질관리	01. 생산관리	01. 구매조달

2. 능력단위

설명

직무분류체계의 세분류 하위능력단위 중 실질적으로 수행할 업무의 능력만 구체적으로 파악할 수 있습니다.
※ NCS 홈페이지에서 능력단위별 정의 확인 가능

능력단위	• (경영기획) 06. 예산 관리, 07. 경영실적 분석 • (PR) 03. 온라인 PR, 04. 오프라인 PR, 05. 언론 홍보, 06. 조직문화 전파 • (고객관리) 06. 고객 필요정보 제공, 10. 고객지원과 고객관리 실행 • (총무) 02. 행사지원관리, 03. 부동산관리, 04. 비품관리, 06. 용역관리, 08. 총무문서관리 • (비상기획) 06. 민방위관리, 07. 비상기획 보안관리, 08. 안보위기관리 • (인사) 01. 인사기획, 03. 인력채용, 04. 인력이동관리, 05. 인사평가, 07. 교육훈련 운영, 09. 급여지급, 10.복리후생 관리 • (노무관리) 07. 노사협의회 운영, 09. 노사갈등 해결 • (사무행정) 01. 문서 작성, 02. 문서 관리, 06. 회의 운영·지원 • (회계·감사) 01. 전표 관리, 02. 자금 관리, 04. 결산 처리 • (구매조달) 04. 발주 관리, 09. 구매 계약

3. 직무수행내용

설명

세분류 영역의 기본정의를 통해 직무수행내용을 확인할 수 있습니다. 입사 후 수행할 직무내용을 구체적으로 확인할 수 있으며, 이를 통해 입사서류 작성부터 면접까지 직무에 대한 명확한 이해를 바탕으로 자신의 희망직무인지 아닌지 해당 직무가 자신이 알고 있던 직무가 맞는지 확인할 수 있습니다.

직무수행 내용	• (경영기획) 경영목표를 효과적으로 달성하기 위한 전략을 수립하고 최적의 자원을 효율적으로 배분하도록 경영진의 의사결정을 체계적으로 지원 • (PR) 조직의 긍정적 이미지를 제고하기 위하여 전략과 계획의 수립, 온·오프라인 매체를 이용한 커뮤니케이션 활동, 효과 측정과 피드백 등을 수행 • (고객관리) 현재의 고객과 잠재고객의 이해를 바탕으로 고객이 원하는 제품과 서비스를 지속적으로 제공함으로써 기업과 브랜드에 호감도가 높은 고객의 유지와 확산을 위해 고객과의 관계를 관리 • (총무) 조직의 경영목표를 달성하기 위하여 자산의 효율적인 관리, 임직원에 대한 원활한 업무지원 및 복지지원, 대·내외적인 회사의 품격 유지를 위한 제반 업무를 수행 • (인사) 조직의 목표 달성을 위해 인적자원을 효율적으로 활용하고 육성하기 위하여 직무조사 및 직무 분석을 통해 채용, 배치, 육성, 평가, 보상, 승진, 퇴직 등의 제반 사항을 담당하며, 조직의 인사제도를 개선 및 운영하는 업무를 수행 • (회계·감사) 기업 및 조직 내·외부에 있는 의사결정자들이 효율적인 의사결정을 할 수 있도록 유용한 정보를 제공하며, 제공된 회계정보의 적정성을 파악 • (구매조달) 조직의 경영에 필요한 자재, 장비, 장치를 조달하기 위해 구매전략 수립, 구매계약의 체결, 구매 협력사 관리, 구매품 품질, 납기, 원가 관리를 수행

4. 필요지식 · 필요기술 · 직무수행태도

설명

원활한 직무수행을 위해 필요한 지식(K), 기술(S), 태도(A)를 구조화하여 정리한 것입니다. 구직자는 이 내용을 탐색하여 서류 전형부터 면접까지 자신의 역량 중 어떤 부분을 더욱 중점적으로 강조해야 하는지 방향 수립이 가능합니다. 채용 과정을 통해 직무에 대한 분석은 되어 있는지, 직무수행에 적합한 역량을 가졌는지를 객관적으로 증명해야 합니다.

구분		
필요지식	• 예산계획 수립원칙 및 예산 편성 지침 • 경영 전략과 사업 핵심 활동 • 환경분석 기법 • 홍보전략 • 커뮤니케이션 방법 및 채널별 특성 • 성과지표요소 • 홈페이지 운영방법 • 고객 관계관리 • 고객 세분화에 대한 이해 • 고객 응대 매뉴얼 작성 및 프로세스 모델링 방법 • 고객 요구분석 방법 • 행사 기획 및 운영 • 부동산 관련 법률 • 비품관리 규정	• 통계분석법 • 보안업무 관련 지침 • 정부 기관 감사 지침 • 인사전략 환경 분석법 • 채용, 인·적성 검사, 면접기법 • 취업 규칙 및 단체협약 • 근로자참여 및 협력증진에 관한 법률 • 문서관리 및 보안 규정 • 문서대장 관리 규정 • 대금의 지급방법 및 지급기준 • 기업 실무에 적용되는 회계 관련 규정 • 계정과목에 대한 지식 • 계약 프로세스 및 계약서 구성체계 • 구매 계약 관련 법규
필요기술	• 회계 계정·세목 분류 기술 • 기획력 및 기획서 작성 기술 • 문제 해결 방법론(Logic Tree, MECE) • 정보수집 능력 • 홍보방법 개발능력 • 이슈 분석 및 개선안 도출 능력 • 다양한 요구에 대응하기 위한 고객 응대 기술 • 문제 상황 분석 및 문제 해결 능력 • 고객 프로파일링 기법 • 행사 운영기술 • 위기 대비 업무수행계획 수립 기술	• 컴퓨터 활용기술 • 문서 기안·작성 능력, Spread Sheet 기술 • 커뮤니케이션 및 협상 기술 • 제안서 검토를 위한 정보 분석력 • 근로계약서 및 취업규칙 작성 기술 • 의사 표현 능력 • 거래 유형별 전표 작성 능력 • 손익산정 능력 • 재무제표 작성과 표시 능력 • 구매견적서 검토 능력 • 구매계약서 작성 능력
직무수행 태도	• 예산 편성 우선순위에 대한 전략적 사고 • 예산 편성 기준을 준수하려는 자세 • 분석적 사고 및 체계적 사고 • 현황파악을 위한 주의 깊은 관찰 노력 • 다양한 의견의 경청 • 피드백에 대한 수용성 • 편집과 교정의 꼼꼼함 • 문제점에 대한 개선 의지 • 고객을 대하는 매너와 서비스 마인드 • 고객 대응을 위한 고객과 공감하려는 자세 • 종합적으로 사고하려는 자세 • 타부서와의 협업 자세	• 보안을 준수하려는 태도 • 안전을 고려한 태도 • 정확성을 높이기 위한 적극적 태도 • 공정하고 객관적인 자세 • 윤리의식 및 도덕성 • 성취 지향성 • 법률을 세심하게 검토하는 자세 • 자료의 객관성 유지 • 거래를 신속하고 정확하게 구분하려는 태도 • 주인의식을 가지는 태도 • 조직의 목표와 연계된 협상 전략을 계획하려는 체계적인 사고(Systemic Thinking)

5. 관련자격사항 · 직업기초능력 · 참고

설명

• 관련자격사항 : 해당 직무와 직접적인 연관성이 있는(우대되는) 자격증을 확인할 수 있습니다.

• 직업기초능력 : 직업인의 기본 소양 10가지를 정의해 놓은 것으로 그중 꼭 필요한 능력을 기재해 놓은 항목입니다. 직무수행에 필요한 기본 소양으로 업무 중 발생하는 환경에 빠르게 적응하고 대처할 수 있는 능력을 갖추었는지의 기준이 됩니다. 직업기초능력 또한 채용을 진행하며 증명해야 하는 역량 중 하나입니다.

관련자격사항	공인노무사, 경영지도사, 재경관리사, CPSM, 워드프로세서, 컴퓨터활용능력 등
직업기초능력	의사소통능력, 문제해결능력, 자원관리능력, 정보능력, 조직이해능력 등
참고	http://www.ncs.go.kr

| 03 | 지원서

1. 개인정보

성명(한글)		성명(한자)	
성명(영문)	이름 : 성 :		
이메일			
휴대전화	( )-( )-( )		
긴급연락처	( )-( )-( )		
청년 여부	대상 ( ) 비대상 ( ) ※ 청년고용촉진 특별법 시행령 제2조에 따른 만 15세 이상 만 34세 이하인 자		
비수도권/ 지역인재 여부	비수도권 ( ) 이전지역인재 ( ) 비대상 ( ) ※ 대학까지의 최종학력을 기준으로 비수도권 지역/○○지역 소재의 학교를 졸업(예정) · 중퇴한 자 또는 재학 · 휴학 중인 자 ※ 석사 이상 학위 소지자는 학사 대학 소재지 기준		
보훈 여부	대상 ( ) 비대상 ( )		
	보훈번호 ( ) 가점 5% ( ) 가점 10% ( ) ※ 보훈대상자는 주소지 관할 보훈지청에서 발급받은 취업지원대상자 증명서를 확인 후 보훈번호 및 가점을 정확히 기재하여 주시기 바랍니다.		
기초생활수급자	대상 ( ) 비대상 ( )		
장애 여부	대상 ( ) 비대상 ( )		
	장애종류 ( ) 급수 ( )급		

작성요령

• 이름, 성별, 생년월일, 주소, 연락처(이메일, 휴대전화, 집 전화번호 등)는 지원자의 인적사항을 알아보기 위한 정보이므로 주민등록에 기재된 것을 기준으로 하는 것이 좋습니다.

• 연락처는 명확히 기재하고 면접을 위한 연락 시 분실이나 번호가 바뀌는 등의 바로 연락이 어려울 경우를 대비하여 비상연락망을 기재하는 것도 좋으며, 비상연락망은 가족이나 친구도 무방하나 구직활동 중임을 인지하여 기업의 전화를 응대할 수 있게 이야기를 해 두어야 합니다.

• 보훈 및 장애 여부 우대는 사내규정에 따라 적용될 수 있으며 증명서를 첨부해야 합니다. 가산 기준 등은 기관마다 차이가 있습니다.

2. 병역사항

병역구분	군필 ( ) 미필 ( ) 면제 ( )
면제사유	

작성요령

- 여성의 경우 병역사항은 해당 사항이 없으며, 남성의 경우 평가를 위한 기준이 아닌 군필 여부를 확인하는 용도로 작성하게 됩니다. 면제 시 사유를 기재하시기 바랍니다.

3. 최종학력

최종학력	고졸 ( ) 대졸예정 ( ) 대졸 ( ) 대학원졸예정 ( ) 대학원졸 ( )		
학력	전공(계열)	학교소재지	비고
고등학교			
대학교			
대학원(석사)			
대학원(박사)			

작성요령

- 학력사항은 최종학력부터 기재하도록 합니다. 일반적으로 고교시절과 대학시절의 학력을 기술하는데 대학명과 전공명, 본교 및 분교 여부, 재학기간(년/월) 등을 정확히 써야 합니다.
- 또한, 편입한 경우에는 전 학교 및 현재의 학교명을 기재하고, 학점을 기재해야 할 경우 기업마다 만점의 기준이 다른 경우가 있으니 기업에서 제시한 기준을 확인하여 기재합니다.
- 최종학력은 졸업을 기준으로 체크하시기 바랍니다(수료는 해당하지 않음).
- NCS기반 능력 중심 채용의 불필요한 스펙에는 출신학교, 학교소재지 등이 포함되고 만약 '학교소재지'란이 있다면 지역 인재 확인의 용도입니다.

※ NCS기반 능력 중심 채용을 학력초월 채용으로 인식하면 안 됩니다. 또한 블라인드 채용으로 기타 불필요한 항목은 삭제될 수 있습니다.

4. 직업교육

교육명	교육기관	이수시간(h)	주요 내용

작성요령

- 직무 관련 지식 중에서 학교 교육(수업) 외 전문성을 키우기 위해 노력했던 교육 사항에 대해 작성하는 항목입니다. 어떤 교육을 통해 어떤 지식을 습득했는지 파악할 수 있게 작성하시기 바랍니다.

TIP

1. 자격증을 취득하기 위해 받은 교육도 작성합니다(자격증을 취득하지 못했더라도 관련 지식을 인정받을 수 있습니다).
2. 온라인 교육(수료증 발급)도 가능하고 학회에서 진행하는 단기교육도 가능합니다.

5. 자격사항

자격증명	자격(면허)번호	발행처	취득일자

작성요령

• 직무와 관련 있는 자격증을 작성하는 항목으로 직무기술서의 관련 자격 사항을 참고하여 작성하고, 자격증별 세부내용은 정확해야 합니다(추후 사본제출 시 이력서와 다른 점은 불이익을 받을 수 있습니다).

TIP

1. 자격증의 변동사항을 체크합니다(해당등급의 폐지, 자격증 유효기간 만료 등).
2. 동일 자격증에 대해 복수 등급 소지 시 가장 높은 등급의 자격증만 기재합니다.

6. 경력사항

기관명	근무기간	직위	담당업무

작성요령

• 근로관계에 의해 정식 급여를 받으며 근로했던 기간이 있을 시 작성하는 항목입니다.
• 경력사항은 학력사항과 마찬가지로 가장 최근의 경력부터 기술하며 지원하는 직무와 관련된 업무일 경우 다른 경력사항보다 더 상세하게 적는 것이 좋습니다. 자신의 경력과 해당 직무의 연관성을 파악하여 담당업무를 작성하고 경력기간을 충족하는지 확인해야 합니다(세부내용은 정확하게 기재되어야 합니다).
• 자신이 근무한 회사명과 주요 사업, 소속 부서, 최종직급, 근무기간, 주요 업무 및 성과 등을 표기하며, 근무기간은 연도와 월을 기재하고 만약 부서이동이나 직책 승진, 해외 근무 등이 있었다면 별도로 표기합니다.

TIP

1. 인턴도 경력 사항에 기재합니다(정해진 기간에 금전적 보수를 받고 근무했던 이력 조건에 부합).
2. 담당업무는 직무기술서에 나와 있는 용어와 단어를 활용해야 합니다.

7. 경험사항

소속조직	활동기간	주요 역할	경험내용

작성요령

- 일정한 금전적인 보수 없이 수행한 직무 관련 활동을 작성하는 항목으로 다양한 영역의 경험을 떠올려 작성합니다.
- 경험은 직업 외적인(금전적 보수를 받지 않고 수행한) 활동을 의미하며, 산학협력, 프로젝트 참여, 자문위원회 참여, 일·경험 수련생 활동, 연구회, 동아리/동호회 등에서 수행한 활동이 포함될 수 있습니다.

TIP

1. 다양한 경험 중 특정 경험을 지정하여 직업기초능력을 어필해 봅니다.
2. '(주요 역할)=(핵심역량)'으로 어필되도록 작성합니다(경험이 가진 역량과 직무역량의 연관성 찾기).

| 04 | 경력 및 경험 기술서와 자기소개서

1. 경력 및 경험 기술서

- 입사지원서에 기술한 경력 및 경험 중 대표적인 것에 대해 구체적으로 기술하십시오.
- 경력을 기술할 경우 구체적으로 직무영역, 활동·경험·수행 내용, 역할, 주요 성과 등에 대해 작성하시기 바랍니다.
- 경험을 기술할 경우 구체적으로 학습경험 혹은 활동 내용, 활동 결과에 대해 작성하시기 바랍니다.

작성요령

- 지원자의 직무역량, 관심도, 준비도 등을 확인할 수 있는 항목입니다.
- 담당업무에 자신의 업무를 단순 기술하는 것은 지양하는 것이 좋으며, 지원하는 직무와 관련된 주요 업무를 기술하고 이를 통해 자신이 만들어낸 성과를 수치를 활용해 어필해야 합니다.

TIP

1. 직무 연관성이 높은 최근의 경험 및 경력 위주로 작성합니다.
2. 규칙을 준수하고 높은 윤리의식을 강조하는 것도 효과적입니다.

2. 자기소개서

자기소개서는 인사담당자가 지원자의 성격과 태도, 회사에 대한 지원동기와 직무역량 등의 정보를 얻기 위해 활용하는 서류입니다. 지원하는 기업이 자신을 채용하도록 설득하기 위해서는 지원 직무를 분석하여 직무에 맞는 지식과 역량, 경험을 구체적인 사례로 뒷받침할 때 더욱 의미 있는 자기소개서가 될 수 있습니다.

① 공사에 지원하게 된 동기 및 지원 분야의 직무수행을 위해 준비해 온 과정에 대해 자유롭게 기술하십시오.

② 공동의 목표를 달성하기 위해 다른 사람들과 긴밀하게 소통하며 성공적으로 협업을 이루었던 경험에 대하여 기술하십시오.

③ 다양한 정보 또는 데이터를 체계적으로 수집·분석·조직하여 활용해 본 경험에 대하여 기술하십시오.

작성요령

- 자기소개서는 직무수행에 필요한 역량을 파악하기 위한 항목과 직업인으로서 기본적으로 갖춰야 하는 소양(직업기초능력 10가지)을 판단하기 위한 항목으로 구성됩니다.
- 기관마다 자체 평가기준에 맞춰 필요한 역량이 무엇인지 제시하고 지원자가 이를 충족시킬 수 있는 자질을 얼마나 갖추고 있는지를 평가하고자 하는 것으로 취지에 적합하게 작성해야 합니다.

TIP

1. 지원하는 기업 및 직무에 대한 다각적인 분석이 먼저 이루어진 후 작성해야 합니다.
2. 자신만의 핵심 역량이 무엇이고 그 역량을 갖추기 위해 어떤 노력과 준비를 해왔는지, 입사 후 어떻게 활용할 것인지 작성해야 합니다.
3. 공공기관의 경우 책임의식, 도덕성 등 높은 직업윤리가 필요합니다.
4. 기업별 이력서상에서 배제하는 항목 및 내용을 언급하지 않아야 합니다.
5. 억지로 부풀린 내용이 없어야 하며, 설득력 있게 작성해야 합니다.
6. 읽는 이의 입장을 고려하여 읽기 편하게, 요점을 정확히 강조하여 작성합니다.

CHAPTER 03 인성검사 소개 및 모의테스트

| 01 | 인성검사 유형

인성검사는 지원자의 성격특성을 객관적으로 파악하고 그것이 각 기업에서 필요로 하는 인재상과 가치에 부합하는가를 평가하기 위한 검사입니다. 대표적으로 KPDI(한국인재개발진흥원), K-SAD(한국사회적성개발원), KIRBS(한국행동과학연구소), SHR(에스에이치알) 등의 전문기관을 통해 각 기업의 특성에 맞는 검사를 선택하여 실시합니다. 대표적인 인성검사의 유형에는 크게 다음과 같은 세 가지가 있으며, 채용 대행업체에 따라 달라집니다.

1. KPDI 검사

조직적응성과 직무적합성을 알아보기 위한 검사로, 인성검사, 인성역량검사, 인적성검사, 직종별 인적성검사 등의 다양한 검사 도구를 구현합니다. KPDI 인성검사는 성격을 파악하고 정신건강 상태 등을 측정하고, 직무검사는 해당 직무를 수행하기 위해 기본적으로 갖추어야 할 인지적 능력을 측정합니다. 역량검사는 특정 직무 역할을 효과적으로 수행하는 데 직접적으로 관련 있는 개인의 행동, 지식, 스킬, 가치관 등을 측정합니다.

2. KAD(Korea Aptitude Development) 검사

K-SAD(한국사회적성개발원)에서 실시하는 적성검사 프로그램입니다. 개인의 성향, 지적 능력, 기호, 관심, 흥미도를 종합적으로 분석하여 적성에 맞는 업무가 무엇인가 파악하고, 직무수행에 있어서 요구되는 기초능력과 실무능력을 분석합니다.

3. SHR 직무적성검사

직무수행에 필요한 다양한 사고 능력을 다양한 적성검사(Paper and Pencil Test)로 평가합니다. SHR의 모든 직무능력검사는 표준화 검사입니다. 표준화 검사는 표본집단의 점수를 기초로 규준이 만들어진 검사이므로 개인의 점수를 규준에 맞추어 해석 · 비교하는 것이 가능합니다. S(Standardized Tests), H(Hundreds of Version), R(Reliable Norm Data)을 특징으로 하며, 직군 · 직급별 특성과 선발 수준에 맞추어 검사를 적용할 수 있습니다.

| 02 | 인성검사와 면접

인성검사는 특히 면접질문과 관련성이 높습니다. 면접관은 지원자의 인성검사 결과를 토대로 질문을 하기 때문입니다. 일관적이고 이상적인 답변을 하는 것이 가장 좋지만, 실제 시험은 매우 복잡하여 전문가라 해도 일정 성격을 유지하면서 답변을 하는 것이 힘듭니다. 또한, 인성검사에는 라이 스케일 설문이 전체 설문 속에 교묘하게 섞여 들어가 있으므로 겉치레적인 답을 하게 되면 회답태도의 허위성이 그대로 드러나게 됩니다. 예를 들어 '거짓말을 한 적이 한 번도 없다.'에 '예'로 답하고, '때로는 거짓말을 하기도 한다.'에 '예'라고 답하여 라이 스케일의 득점이 올라가게 되면 모든 회답의 신빙성이 사라지고 '자신을 돋보이게 하려는 사람'이라는 평가를 받을 수 있으므로 주의해야 합니다. 따라서 모의테스트를 통해 인성검사의 유형과 실제 시험 시 어떻게 문제를 풀어야 하는지 연습해 보고 체크한 부분 중 자신의 단점과 연결되는 부분은 면접에서 질문이 들어왔을 때 어떻게 대처해야 하는지 생각해 보는 것이 좋습니다.

| 03 | 유의사항

1. 기업의 인재상을 파악하라!

인성검사를 통해 개인의 성격특성을 파악하고 그것이 기업의 인재상과 가치에 부합하는지를 평가하는 시험이기 때문에 해당 기업의 인재상을 먼저 파악하고 시험에 임하는 것이 좋습니다. 모의테스트에서 인재상에 맞는 가상의 인물을 설정하고 문제에 답해 보는 것도 많은 도움이 됩니다.

2. 일관성 있는 대답을 하라!

짧은 시간 안에 다양한 질문에 답을 해야 하는데, 그 안에는 중복되는 질문이 여러 번 나옵니다. 이때 앞서 자신이 체크했던 대답을 잘 기억해뒀다가 일관성 있는 답을 하는 것이 중요합니다.

3. 모든 문항에 대답하라!

많은 문제를 짧은 시간 안에 풀려다 보니 다 못 푸는 경우도 종종 생깁니다. 하지만 대답을 누락하거나 끝까지 다 못 했을 경우 안 좋은 결과를 가져올 수도 있으니 최대한 주어진 시간 안에 모든 문항에 답할 수 있도록 해야 합니다.

| 04 | KPDI 모의테스트

※ 모의테스트는 질문 및 답변 유형 연습을 위한 것으로 실제 시험과 다를 수 있습니다.

번호	내용	예	아니오
001	나는 솔직한 편이다.	☐	☐
002	나는 리드하는 것을 좋아한다.	☐	☐
003	법을 어겨서 말썽이 된 적이 한 번도 없다.	☐	☐
004	거짓말을 한 번도 한 적이 없다.	☐	☐
005	나는 눈치가 빠르다.	☐	☐
006	나는 일을 주도하기보다는 뒤에서 지원하는 것을 선호한다.	☐	☐
007	앞일은 알 수 없기 때문에 계획은 필요하지 않다.	☐	☐
008	거짓말도 때로는 방편이라고 생각한다.	☐	☐
009	사람이 많은 술자리를 좋아한다.	☐	☐
010	걱정이 지나치게 많다.	☐	☐
011	일을 시작하기 전 재고하는 경향이 있다.	☐	☐
012	불의를 참지 못한다.	☐	☐
013	처음 만나는 사람과도 이야기를 잘 한다.	☐	☐
014	때로는 변화가 두렵다.	☐	☐

번호	내용	예	아니오
015	나는 모든 사람에게 친절하다.	☐	☐
016	힘든 일이 있을 때 술은 위로가 되지 않는다.	☐	☐
017	결정을 빨리 내리지 못해 손해를 본 경험이 있다.	☐	☐
018	기회를 잡을 준비가 되어 있다.	☐	☐
019	때로는 내가 정말 쓸모없는 사람이라고 느낀다.	☐	☐
020	누군가 나를 챙겨주는 것이 좋다.	☐	☐
021	자주 가슴이 답답하다.	☐	☐
022	나는 내가 자랑스럽다.	☐	☐
023	경험이 중요하다고 생각한다.	☐	☐
024	전자기기를 분해하고 다시 조립하는 것을 좋아한다.	☐	☐
025	감시받고 있다는 느낌이 든다.	☐	☐
026	난처한 상황에 놓이면 그 순간을 피하고 싶다.	☐	☐
027	세상엔 믿을 사람이 없다.	☐	☐
028	잘못을 빨리 인정하는 편이다.	☐	☐
029	지도를 보고 길을 잘 찾아간다.	☐	☐
030	귓속말을 하는 사람을 보면 날 비난하고 있는 것 같다.	☐	☐
031	막무가내라는 말을 들을 때가 있다.	☐	☐
032	장래의 일을 생각하면 불안하다.	☐	☐
033	결과보다 과정이 중요하다고 생각한다.	☐	☐
034	운동은 그다지 할 필요가 없다고 생각한다.	☐	☐
035	새로운 일을 시작할 때 좀처럼 한 발을 떼지 못한다.	☐	☐
036	기분 상하는 일이 있더라도 참는 편이다.	☐	☐
037	업무능력은 성과로 평가받아야 한다고 생각한다.	☐	☐
038	머리가 맑지 못하고 무거운 느낌이 든다.	☐	☐
039	가끔 이상한 소리가 들린다.	☐	☐
040	타인이 내게 자주 고민상담을 하는 편이다.	☐	☐

| 05 | SHR 모의테스트

※ 모의테스트는 질문 및 답변 유형 연습을 위한 것으로 실제 시험과 다를 수 있습니다.

※ 이 성격검사의 각 문항에는 서로 다른 행동을 나타내는 네 개의 문장이 제시되어 있습니다. 이 문장들을 비교하여, 자신의 평소 행동과 가장 가까운 문장을 'ㄱ' 열에 표기하고, 가장 먼 문장을 'ㅁ' 열에 표기하십시오.

01 나는 ________________

	ㄱ	ㅁ
A. 실용적인 해결책을 찾는다.	☐	☐
B. 다른 사람을 돕는 것을 좋아한다.	☐	☐
C. 세부 사항을 잘 챙긴다.	☐	☐
D. 상대의 주장에서 허점을 잘 찾는다.	☐	☐

02 나는 ________________

	ㄱ	ㅁ
A. 매사에 적극적으로 임한다.	☐	☐
B. 즉흥적인 편이다.	☐	☐
C. 관찰력이 있다.	☐	☐
D. 임기응변에 강하다.	☐	☐

03 나는 ________________

	ㄱ	ㅁ
A. 무서운 영화를 잘 본다.	☐	☐
B. 조용한 곳이 좋다.	☐	☐
C. 가끔 울고 싶다.	☐	☐
D. 집중력이 좋다.	☐	☐

04 나는 ________________

	ㄱ	ㅁ
A. 기계를 조립하는 것을 좋아한다.	☐	☐
B. 집단에서 리드하는 역할을 맡는다.	☐	☐
C. 호기심이 많다.	☐	☐
D. 음악을 듣는 것을 좋아한다.	☐	☐

05 나는 ________________

A. 타인을 늘 배려한다.
B. 감수성이 예민하다.
C. 즐겨하는 운동이 있다.
D. 일을 시작하기 전에 계획을 세운다.

ㄱ	ㅁ
☐	☐
☐	☐
☐	☐
☐	☐

06 나는 ________________

A. 타인에게 설명하는 것을 좋아한다.
B. 여행을 좋아한다.
C. 정적인 것이 좋다.
D. 남을 돕는 것에 보람을 느낀다.

ㄱ	ㅁ
☐	☐
☐	☐
☐	☐
☐	☐

07 나는 ________________

A. 기계를 능숙하게 다룬다.
B. 밤에 잠이 잘 오지 않는다.
C. 한 번 간 길을 잘 기억한다.
D. 불의를 보면 참을 수 없다.

ㄱ	ㅁ
☐	☐
☐	☐
☐	☐
☐	☐

08 나는 ________________

A. 종일 말을 하지 않을 때가 있다.
B. 사람이 많은 곳을 좋아한다.
C. 술을 좋아한다.
D. 휴양지에서 편하게 쉬고 싶다.

ㄱ	ㅁ
☐	☐
☐	☐
☐	☐
☐	☐

09 나는 ________________

A. 뉴스보다는 드라마를 좋아한다.
B. 길을 잘 찾는다.
C. 주말엔 집에서 쉬는 것이 좋다.
D. 아침에 일어나는 것이 힘들다.

ㄱ	ㅁ
☐	☐
☐	☐
☐	☐
☐	☐

10 나는 ________________

A. 이성적이다.
B. 할 일을 종종 미룬다.
C. 어른을 대하는 게 힘들다.
D. 불을 보면 매혹을 느낀다.

ㄱ	ㅁ
☐	☐
☐	☐
☐	☐
☐	☐

11 나는 ________________

A. 상상력이 풍부하다.
B. 예의 바르다는 소리를 자주 듣는다.
C. 사람들 앞에 서면 긴장한다.
D. 친구를 자주 만난다.

ㄱ	ㅁ
☐	☐
☐	☐
☐	☐
☐	☐

12 나는 ________________

A. 나만의 스트레스 해소 방법이 있다.
B. 친구가 많다.
C. 책을 자주 읽는다.
D. 활동적이다.

ㄱ	ㅁ
☐	☐
☐	☐
☐	☐
☐	☐

CHAPTER 04 면접전형 가이드

| 01 | 면접전형 소개

1. 소개

- NCS 면접전형은 업무를 수행하는 데 있어 꼭 필요한 역량(지식, 기술, 태도, 인성)을 갖추고 있는지, 갖추고 있다면 기업(관)에 입사하여 발휘될 수 있는지를 평가하는 절차입니다.
- 면접전형에서는 면접관이 서류나 필기 전형에서 볼 수 없었던 행동에 대해 면접자를 평가할 수 있으며, 이전 과정을 통해 생긴 궁금한 부분을 직접 확인하고 지원자를 심층적으로 파악하기가 쉽습니다. 또한, 의사소통방식 및 언어적 특성(습관)에 대한 정보를 얻을 수 있습니다.
- 평가 방법은 구조화 면접의 성격으로 사전에 필요한 기본 질문 및 추가 질문을 계획해 놓고 역량 검증에 집중한 면접 방식으로 진행되고 있습니다.

2. 면접전형의 구성

NCS 직업기초능력면접

- 해당 직무수행 시 요구하는 직업기초능력(기초 소양)을 평가하기 위한 과정입니다.
- 직무기술서에 언급된 직업기초능력을 검증하기 위한 문항을 개발하고 객관적으로 평가할 수 있는 문항으로 구성됩니다.

NCS 직무능력면접

- 실제 직무수행과 관련한 지식, 기술, 태도를 객관적으로 평가할 수 있는 평가 문항들로 구성됩니다.
- 실질적인 업무 능력 파악을 위해 가지고 있는 능력(지식, 기술, 태도)을 업무수행 중 적용할 수 있는지를 평가하기 위한 내용으로 구성되어 있습니다.

PART 3

| 02 | NCS 구조화 면접 유형 소개

1. 경험면접

- 방식
  해당 역량의 발휘가 요구되는 일반적인 상황을 제시하고, 그러한 상황에서 어떻게 행동했었는지(과거경험)를 파악
- 판단기준
  해당 역량의 수준, 경험 자체의 구체성, 진실성 등
- 특징
  추상적인 생각이나 의견 제시가 아닌 과거 경험 및 행동 중심의 질의가 이루어지므로 지원자는 사전에 본인의 과거 경험 및 사례를 정리하는 것이 필요

TIP

답변을 통해 알고자 하는 역량이 명확하게 정해져 있으며 답변의 질에 따라 평가 기준이 확실한 것이 구조화 면접의 특징입니다. 면접자는 해당 역량이 돋보일 수 있는 답변 프로세스를 구축하는 것이 좋습니다.
- 답변 프로세스 구축 팁 : 상황 및 문제점 제시 → 자신의 행동 → 결과 → 결론

2. 발표(프레젠테이션)면접

• 방식
지원자가 특정 주제와 관련된 자료를 검토하고, 그에 관한 자신의 생각을 면접관 앞에서 발표하며, 질의응답을 함
• 판단기준
지원자의 사고력, 논리력, 문제해결능력 등
• 특징
– 과제를 부여한 후, 지원자들이 과제를 수행하는 과정과 결과를 관찰·평가
– 과제수행의 결과뿐 아니라, 과제수행 과정에서의 행동을 모두 평가

TIP

자료 분석부터 발표까지 일련의 과정으로 준비해야 합니다.

• 발표면접 팁
① 모든 기준을 지켜야 한다.
이미 알고 있던 지식, 정보를 총망라해서 만드는 것이 아닌 제공된 과제 자료를 활용해야 함을 명심하시기 바랍니다. 또한, 발표 시간을 지키는 것도 기억해야 합니다. 면접도 순서가 있고 정해진 시간이 있으므로 다른 면접자에게 피해를 줄 수 있는 행동은 금해야 합니다.
② 질문을 예상해야 한다.
발표가 끝나면 통상적으로 질의응답이 이뤄지게 됩니다. 이때 예상 질문을 생각해 보고 답변을 준비하는 것이 좋고, 발표 시간을 고려하여 주요 내용을 질의할 수 있게 유도하는 것도 좋은 방법이 됩니다.

3. 토론면접

• 방식
상호갈등적 요소를 가진 과제 또는 공통의 과제를 해결하는 내용의 토론 과제 제시, 그 과정에서의 개인 간의 상호작용 행동 관찰
• 판단기준
팀워크, 갈등 조정, 의사소통능력 등
• 특징
면접에서 최종안을 도출하는 것도 중요하나 주장의 옳고 그름이 아닌 결론을 도출하는 과정과 말하는 자세 등도 중요

TIP

• 토론면접 핵심 3요소
① 배려심 : 말이 겹쳤을 시 타인에게 발언권을 양보하거나 대화에 참여하지 못하는 지원자에게 발언 기회를 준다면 타인에 대한 배려심을 보여줄 수 있습니다.
② 경청의 자세 : 타인이 말을 할 때 허공을 바라보거나 땅을 보는 것보다, 고개를 끄덕이고 중요한 것은 메모하며 적극적으로 타인의 이야기를 듣고 있다는 표현을 한다면 경청의 자세를 보여줄 수 있습니다.
③ 논리정연 : 주장에 대한 근거가 없다면? 타인의 생각과 다른데 자신의 주장이 없다면? 장황하게 말이 늘어진다면? 자기 생각을 잘 정리하여 근거와 함께 이야기하는 것이 중요합니다.

4. 상황면접

- 방식
  직무수행 시 접할 수 있는 상황들을 제시하고, 그러한 상황에서 어떻게 행동할 것인지(행동의도)를 파악
- 판단기준
  해당 상황에 맞는 해당 역량의 구체적 행동지표
- 특징
  지원자의 가치관, 태도, 사고방식 등의 요소를 평가하는 데 용이

TIP

바로 해결책을 제시하려는 다급함이 아닌 상황을 인지하고 어떻게 대처해야 할지 인식하려는 노력이 중요합니다.

| 03 | NCS 구조화 면접 예시

1. 경험면접 질문 예시

- 학창시절 리더로서 이끌어간 경험이 있는가?
- 행사준비 과정에서 어려움이 있을 때 어떻게 극복했는가? (총무 – 행사지원 – 행사운영)

직무수행능력 평가요소	수행태도	직업기초능력 평가요소	문제해결능력

- 취업준비를 하며 정보를 검색하고 수집한 내용을 쉽게 찾기 위해 관리한 방법이 있다면 무엇인가? (사무행정 – 문서관리 – 문서 수·발신)

직무수행능력 평가요소	업무역량, 전문지식	직업기초능력 평가요소	자원관리능력

- 다른 사람과 갈등이 생기는 상황을 어떻게 해결했고 느낀 점은 무엇인가? (직업기초 – 대인관계 – 갈등관리능력)

직무수행능력 평가요소	수행태도	직업기초능력 평가요소	대인관계능력

2. 상황면접 질문 예시

- 금주 금요일 창립기념일 행사 예정인데 수요일 현재 30% 정도만이 참여 의사를 밝혔다면, 참여를 독려하기 위한 방법은 어떤 것이 있는가? (총무 – 행사지원 – 행사운영)

직무수행능력 평가요소	업무역량	직업기초능력 평가요소	조직이해능력, 문제해결능력

- 회사 내 많은 공문서를 효율적으로 관리하고 쉽게 찾는 방법에는 어떤 것이 있는가? (사무행정 – 문서관리 – 문서 수·발신)

직무수행능력 평가요소	업무역량, 전문지식	직업기초능력 평가요소	자원관리능력

- 워크숍 진행 중 약속된 강사가 갑작스러운 사정으로 강의를 진행하지 못하게 되었을 때 어떻게 대처하겠는가? (직업기초 – 문제해결능력 – 문제처리능력)

직무수행능력 평가요소	업무역량, 수행태도	직업기초능력 평가요소	문제해결능력

CHAPTER 05 공기업 고졸채용 최신기출면접

| 01 | 한국철도공사

기출 엿보기

[경험면접]

- 같이 지내기 가장 힘든 사람은 어떤 사람인가?
- 정보를 수집할 때 어떤 방법으로 수집하는가?
- 협동 경험에 대해 말해 보시오.
- 가장 자부심을 가지고 했던 일은 무엇인가?
- 지원한 동기가 무엇인가?
- 코레일에 입사하기 위해 지원자가 노력한 것에는 무엇이 있는가?
- 스트레스 해소법은 무엇인가?
- 진입장벽이 높았던 집단이나 단체에 들어가 본 경험이 있는가?
- 좋아하는 운동이 무엇인가?
- 가치관이 다른 사람과 일해 본 경험이 있는가?
- 지원자가 취득한 자격증을 어디에 활용할 수 있는가?
- 살면서 가장 기뻤던 일과 슬펐던 일에 대해 말해 보시오.
- 아르바이트나 동아리를 해본 경험이 있는가? 있다면 경험을 통해 팀워크를 증가시키기 위해 했던 노력을 말해 보시오.
- 최근 코레일에 대한 뉴스를 접한 적이 있는가?
- 나이 차이가 나는 상사와의 근무환경을 어떻게 생각하는가?
- 좋아하는 운동이 무엇인가?

[직무 상황면접]

- 입사한다면 상사의 지시에 따를 것인가 자신의 방법대로 진행할 것인가?
- 의견을 고집하는 사람이 조직 내에 있으면 어떻게 할 것인가?
- 민원이 들어오거나 차량안전에 문제가 있을 시 어떻게 하겠는가?
- 공익요원이 자꾸 스마트폰을 한다. 지나가는 고객이 조언을 해도 무시하는 상황이라면 어떻게 해결할 것인가?
- 교육사항과 현장의 작업방식 간 차이가 발생했을 때 어떻게 대처해야 하는가?
- 무임승차를 한 고객을 발견했을 때 어떻게 대응할 것인가?
- 카페열차의 이용 활성화 방안에 대해 말해 보시오.
- 명절에 갑자기 취소하는 표에 대한 손해액 대책 마련 방안에 대해 말해 보시오.
- 기차여행 중 면접자의 아이가 심하게 운다면 어떻게 할 것인가?
- 현장에서 사고가 발생했을 경우 어떻게 대처해야 하는가?
- 안전사고를 예방할 수 있는 창의적인 대안을 말해 보시오.
- 직장 상사가 부당한 요구를 하였을 때 어떻게 대응할 것인가?
- 업무를 임의로 생략하는 선배와 어떻게 일하겠는가?
- 본인이 지원한 업무에서 현장일과 사무일의 중요한 차이는 무엇이라고 생각하는가?
- 연령별 맞춤형 사회적 공헌사업을 한다면 어떻게 하겠는가?
- 역무원으로서 코레일 열차 상품을 어떻게 홍보할 것인가?
- 사람들의 철도이용 관련 빅데이터를 어디에 활용할 수 있는가?

| 02 | 한국도로공사

기출 엿보기

- 한국도로공사의 서비스 중 이용해 본 것은 무엇인가?
- 자기 개발은 어떤 것을 하고 있는가?
- 고객의 불만을 해결했던 경험을 말해 보시오.
- 살면서 어려웠던 경험을 말해 보시오.
- 기계설비 중에 아는 것이 있는가?
- 어떤 일을 추진 중에 포기하고 싶었던 경험에 대해 말해 보시오.
- 도전적인 일을 해 본 경험에 대해 말해 보시오.
- 어떤 수준 높은 요구에 대응해본 경험에 대해 말해 보시오.
- 학교생활 이외에 가장 자랑하고 싶은 경험에 대해 말해 보시오.
- 조직에 처음 들어가서 적응해 본 경험을 말해 보시오.
- 어디서든 1등을 해본 경험을 말해 보시오.
- 주변 사람이 자신에게 불만을 제기한 적이 있는가?
- 불합리한 관습에 대한 경험을 말해 보시오.
- 어떤 일을 성취했던 경험에 대해 말해 보시오.
- 어려운 상황 속에서 문제를 해결했던 경험을 말해 보시오.
- 조직 내에 갈등상황이 발생하였을 때 해결할 수 있는 효율적인 해결책은 무엇인가?

| 03 | 국민건강보험공단

기출 엿보기

- 상사가 부당한 지시를 했을 때 어떻게 대처했는가?
- 갈등을 극복한 경험을 설명해 보시오.
- 공단에 입사해 업무를 하면서 가장 좋을 것 같은 점과 가장 힘들 것 같은 점을 말해 보시오.
- 갈등 상황을 타인의 의견을 수용함으로써 해결한 경험에 대해 말해 보시오.
- 타 지원자와 다른 자신만의 경쟁력을 말해 보시오.
- 민원인과 충돌이 있을 경우 어떻게 대처하겠는가?
- 대인관계에서 가장 중요한 것은 무엇이라고 생각하는가?
- 처음 보는 사람에게 신뢰를 얻을 수 있는 방법은 무엇인가?
- 공단의 인재상 중 본인과 부합하는 가치는 무엇인가?
- 공단에 대해 아는 대로 말해 보시오.
- 공단의 업무와 자신의 장점이 어떻게 부합하는가?
- 고객의 입장에서 공단이 개선해야 할 점에 대해 말해 보시오.
- 조직생활이나 학교생활을 하면서 창의적으로 일을 처리했던 경험을 말해 보시오.

| 04 | LH 한국토지주택공사

기출 엿보기

[업무직]

- 가장 최근에 실패한 경험과 그것을 어떻게 극복하였는지 말해 보시오.
- 입사 후 어떻게 적응해 나갈 것인가?
- 지금까지 살면서 겪은 일 중 가장 자랑할 만한 일을 말해 보시오.
- 본인의 평소 별명이 무엇인가?
- 공기업을 택한 이유가 무엇인가?
- 다른 회사와 협업해 본 경험이 있는가?
- 소통을 잘할 수 있는 방법이 무엇이라고 생각하는가?
- 새로운 것에 도전한 사례를 말해 보시오.
- 본인 성격의 장단점을 말해 보시오.
- 도전적으로 무언가를 했던 경험을 말해 보시오.
- 대인관계에서 마찰이 있었을 때 어떤 식으로 해결하는가?

[무기계약직]

- 이력서에 기재된 사항을 잘 확인해봤는가?
- 현장근무가 가능한가?
- 현장에서 근무하다 민원 등의 난처한 상황이 발생한다면 어떻게 대처하겠는가?
- LH에서 진행하고 있는 사업 중 관심 있는 사업과 그 이유는 무엇인가?
- LH 계약직에 지원한 이유가 무엇인가?
- 주거급여 수급자가 본인에게 욕을 하거나 민원응대 거부를 하면 어떻게 대응할 것인가?
- 국가에 대해 어떻게 생각하는가?

| 05 | 한국전력공사

기출 엿보기

- 타인과의 갈등 상황이 발생했을 때, 지원자만의 해결 방안이 있는가?
- 우리 공사에 관련한 최신 기사에 대하여 간략하게 말해 보시오.
- 정확성과 신속성 중 무엇을 더 중요하게 생각하는가?
- 지원자의 좌우명은 무엇인가?
- 지원자의 단점을 말해 보시오.
- 최근의 시사이슈를 한 가지 말해보고, 그에 대한 본인의 생각을 말해 보시오.
- 최근에 겪은 변화에 대하여 말해 보시오.
- 지원자의 특별한 장점에 대하여 말해 보시오.
- 우리 공사에 입사한다면, 포부에 대하여 말해 보시오.
- 지원자는 팀 프로젝트에 적극적으로 참여한 것 같은데, 적극성과 신중함 중 어느 쪽에 가깝게 프로젝트를 진행했는가?
- 우리 공사가 추구하는 가치가 무엇인지 알고 있는가?
- 송·배전 중 가고 싶은 부서는 어느 곳인가?
- 인턴을 하면서 가장 힘들었던 부분에 대하여 말해 보시오.
- 개인주의와 이기주의의 차이점에 대하여 설명하고, 이 두 가지를 조직에 어떻게 적용할 수 있는지 설명해 보시오.
- 조직에서 가장 중요하게 생각하는 가치가 무엇일지 말해 보시오.

- 지원자가 즐기는 스포츠는 무엇인가?
- NCS와 관련하여 어느 것이 어렵고, 어느 것이 쉬운가?
- 오늘 본 뉴스에 대하여 말해 보시오.
- 희망하는 직무는 무엇인가?
- 우리 공사에 관한 사업 중 지원자가 알고 있는 사업이 있는가?
- 현재 한전의 적자 상황에 대하여 본인의 의견과 해결 방안을 제시해 보시오.
- 팀 활동과 개인 활동 중 어느 활동을 선호하는가?
- 지원자에게 큰 영향을 미친 사건이 있다면, 말해 보시오.
- 주요 업무를 잘 할 수 있는 이유를 말해 보시오.
- 한국전력공사의 미래는 어떨 것 같은가?
- 변화란 무엇이라고 생각하는가?
- 조직 내에서 많은 변화가 이뤄지고 있다. 조직개편, 근로시간단축에 대해 어떻게 생각하는가?
- 직무기술서에서 팀워크라는 말을 보았는가? 팀워크는 무엇이라고 생각하는가?
- 자신의 전공이나 경험, 지식을 살려서 한전에 기여할 수 있는 바를 말해 보시오.
- 어느 부서에서 일하고 싶은가?

| 06 | 한국수력원자력

기출 엿보기

- 원자력에 대한 귀하의 생각을 말해 보시오.
- 열악한 환경에서 근무해야 한다면 어떻게 하겠는가?
- 귀하가 아르바이트를 하는데 친구와 사장님의 사이가 좋지 않은 상황에서 친구가 실수를 했다면 귀하는 어떻게 행동할 것인가? 사장님께 말씀드리겠는가? 숨기겠는가?
- 한국수력원자력은 다소 시골에다 인프라가 별로 없는 곳에 위치해 있다. 신입사원은 1～2년 동안 이러한 환경에서 일하게 된다. 이때 만약 본사 발령이 난다면 귀하는 본사로 가겠는가? 현재 근무하는 곳에 남겠는가?
- 인간관계에서 가장 중요하게 생각하는 것이 무엇인지 말해 보시오.
- 한국수력원자력 입사를 위해 어떠한 노력을 해왔는지 말해 보시오.
- 한국수력원자력의 인재상 중 귀하가 가장 부합하는 것이 무엇인지 말해 보시오.
- 상사의 비리를 목격했을 때 어떻게 대처하겠는가?
- 직장인으로서 중요하게 생각하는 가치에 대해 말해 보시오.
- 새로운 환경에 적응했던 경험이 있는가?
- 주변에서 '나'라는 사람을 어떻게 평가하는지 말해 보시오.
- 자신을 표현하는 단어 3가지를 말해 보시오.
- 본인에게 경쟁이란 무엇인가?
- 경쟁에서 이기는 것이 중요한가?
- 상사가 부당한 지시를 한다면 어떻게 해결할 것인가?
- 어떤 작업을 하는데 완벽하게 안전을 추구할 것인지, 약간의 안전을 포기하고 효율을 높일 것인지 말해 보시오.
- 동아리나 조별활동을 하면서 가장 힘들었던 것은 무엇이었는가?
- 성격의 장단점을 말해 보시오.
- 전공과 관련하여 팀활동을 한 경험이 있는가?
- 탈원전에 대해 어떻게 생각하는가?
- 원자력 건물의 안전성에 대해 설명해 보시오.
- 팀프로젝트 활동경험을 적었는데, 프로젝트를 어떻게 이끌어 나갔는가?

| 07 | 한국가스공사

기출 엿보기

- 우리 공사에 지원하게 된 동기는 무엇인가?
- 한국가스공사가 하는 일에 대하여 알고 있는가?
- 지원자가 입사하게 된다면 하고 싶은 업무는 무엇인가?
- 업무와 관련한 지인과 충돌이 발생한다면 어떻게 대처하겠는가?
- 직장상사가 만취했다면 어떻게 할 것인가?
- 상사와의 의견충돌이 있다면 어떻게 할 것인가?
- 학생과 직장인의 차이점은 무엇이라 생각하는가?
- 지원자만의 좌우명이나 생활신조가 있는가?
- 현재 국내 환경 문제 중 가장 큰 관심사인 미세먼지 문제를 해결하기 위해 한국가스공사가 나아가야 할 방향과 그에 관한 본인의 역할은 무엇이라고 생각하는가?
- 본인의 성실함에 점수를 준다면 몇 점이라고 생각하는가?
- 가장 최근에 접한 우리 공사의 기사가 있다면 무슨 내용이었는지 말해 보시오.
- 한국가스공사에 대하여 생각나는 단어 한 가지를 말해 보시오.
- 안전한 업무 추진을 위한 방안으로 무엇이 있겠는가?
- 다른 직장을 다니고 있는데, 이직하려는 이유가 무엇인가?
- 본인의 단점을 말해 보시오.
- 본인의 장점을 말해 보시오.
- 한국가스공사 채용 준비는 어떻게 했는가?
- 공사의 현장업무나 교대근무에 지장이 없겠는가?
- 자신이 가장 열정적으로 무언가를 해본 경험에 대하여 말해 보시오.
- 우리 공사의 인재상에 대하여 말해 보시오.
- 공사의 인재상과 본인의 가치관 중 무엇이 가장 잘 맞는가?
- 부당한 일을 지시하는 상사를 만나면 어떻게 하겠는가?
- 가장 끈기있게 해본 일은 무엇인가?

| 08 | 한국산업인력공단

기출 엿보기

- 한국산업인력공단에서 성실하게 일할 수 있는가?
- 업무를 하는 데 있어 본인의 습관이 있는가?
- 감명 깊게 본 책이나 영화가 있다면 말해 보시오.
- 한국산업인력공단에서 진행하는 사업을 아는 대로 말해 보시오.
- 한국산업인력공단에서 어떤 사업을 담당하고 싶은지 말해 보시오.
- 한국산업인력공단의 대표 사업이 무엇이라고 생각하는가?
- 한국산업인력공단 조직의 특징이 무엇이라고 생각하는가?
- 지원자가 했던 활동들이 어떻게 도움이 되었는가?
- 어떤 점에서 본인의 장점이 잘 활용된다고 생각하는가?
- 올바른 직장생활에 대한 본인의 가치관은 무엇인가?
- 시간관리는 어떻게 하는가?
- 왜 지원자를 채용해야 하는지 어필해 보시오.
- 한국산업인력공단의 사업에 대하여 아는 것이 있는가?
- 스트레스를 받는 순간은 언제인가?
- 자신의 어떠한 성향이 스트레스를 받게 하는가?
- 자신만의 스트레스 해소법이 있는가?
- 사내 보안을 지키려면 어떻게 해야 하는가?
- 지원자가 생각하는 일을 잘한다는 기준은 무엇인가?
- 일을 잘하는 사람이 되기 위해서는 어떠한 노력을 해야겠는가?
- 지원자 번호 순서대로 30초 동안 자기소개를 하시오.
- 새로운 조직의 사람들과 어떻게 지내는가?
- 본인이 생각했을 때 가장 좋은 성품과 고치고 싶은 습관은 무엇인가?
- 단호하게 일 처리를 했던 적이 있는가?
- 다른 사람에게 없는 본인만의 강점은 무엇인가?
- 최근 좌절했던 경험을 말해 보시오.

| 09 | 국민연금공단

기출 엿보기

- 6시에 업무를 마감했는데 장애인이 힘들게 지사에 방문했다. 다른 부서와 협업해야 하는데 본인도 신입사원인데 다른 부서에도 신입사원밖에 없다. 어떻게 응대하겠는가?
- 자료를 취합해서 보고서를 만들어야 하는데 10개의 부서 중에 3개의 부서만 자료를 제출했다. 기한까지 1시간이 남았다면 어떻게 할 것인가?
- 설문조사를 통해서 직원들의 만족도를 조사하는데 참여율이 떨어진다. 어떻게 참여율을 높일 것인가?
- 민원을 응대해 본 경험이 있는가? 있다면 어려운 점은 무엇이었는가?
- 상사가 비효율적인 절차를 고집하고, 선임은 효율적인 절차를 안내할 때, 어떤 것을 따르고 그 이유는 무엇인지 말해 보시오.
- 소통을 통해 문제를 해결했던 경험을 말해 보시오.
- 국민건강보험공단에 가장 필요한 역량은 무엇이라고 생각하는가?
- 본인이 생각했을 때 가장 좋은 습관과 고치고 싶은 습관은 무엇인가?
- 단호하게 일 처리를 했던 적이 있는가?
- 다른 사람에게 없는 본인만의 강점은 무엇인가?
- 차마 어디서 말하기 부끄러웠던 나의 치명적인 약점이나 경험이 있다면 말해 보시오.
- 최근 2～3년 동안 자기에게 스트레스를 준 사람이 있었는가?

| 10 | 건강보험심사평가원

기출 엿보기

- 건강보험심사평가원이 하는 일 중 가장 인상 깊은 것을 말해 보시오.
- 가장 뛰어나다고 생각하는 발명을 말해 보시오.
- 자신의 강점이 건강보험심사평가원에 어떤 도움을 줄 수 있다고 생각하는가?
- 자신의 꿈을 설명해 보시오.
- 자기소개를 개인의 경험과 관련해서 하고, 본인의 강점을 말해 보시오.
- 학교 때 가장 힘들었던 과목과 그 이유를 말해 보시오.
- 병원이나 조직생활 시 갈등을 해결했던 경험이 있는가?
- 지켜야할 규정의 기준이 정확하지 않을 때 어떻게 할 것인가?
- 본인의 장단점을 말해 보시오.
- 관련 직무를 위해서 어떤 경험과 노력을 했는가?
- 본인이 지원한 부서에 어떻게 기여할 수 있는가?
- 본인의 강점은 무엇인가?
- 성격의 장단점과 좌우명을 말해 보시오.
- 건강보험심사평가원에 방문한 소감을 말해 보시오.
- 건강보험심사평가원에 대해 알고 있는 것은 무엇인가?
- 주변에서 본인을 어떻게 평가하는가?
- 자신이 면접관이라면 무엇을 질문하겠는가?
- 본인의 1년 계획은 무엇인가?
- 10년 뒤 본인의 모습을 설명해 보시오.

| 11 | 한국중부발전

기출 엿보기

- 자신을 뽑아야 하는 이유를 말해 보시오.
- 주말에 주로 무엇을 하는가?
- 10년 후 자신의 모습에 대해 말해 보시오.
- 인생의 목표는 무엇인가?
- 외국인 친구를 데려가고 싶은 장소가 있다면 말해 보시오.
- 유연근무제에 대해 어떻게 생각하는가?
- 한 곳에서 꾸준히 근무하는 것과 다양한 곳에서 경험을 쌓는 것 중 어떤 것이 좋은가?
- 퇴근 후 동료들과 다른 활동을 하는 것에 대해 어떻게 생각하는가?
- 미래 산업 중 발전가능성이 있다고 생각하는 분야를 말해 보시오.
- 갈등 상황이 생길 때 어떻게 대처할 것인지 말해 보시오.
- 리더십을 발휘한 경험이 있는가?
- 본인의 장단점에 대해 말해 보시오.
- 조직생활에서 중요한 것은 전문성인가 조직 친화력인가?
- 한국중부발전의 장단점에 대해 말해 보시오.
- 개인의 경험을 토대로 근무에 있어 무엇을 중요하게 생각하는가?
- 노력했던 경험에는 어떤 것이 있는가?
- 상사가 부당한 지시를 할 경우 어떻게 할 것인가?
- 갈등이 생겼던 사례를 말하고, 어떻게 해결하였는지 말해 보시오.
- 친구랑 크게 싸운 적이 있는가?
- 한국중부발전에 지원한 동기를 말해 보시오.

4
PART

실전모의고사

제1회 직업기초능력평가 실전모의고사

제2회 직무수행능력평가 실전모의고사(사무직)

제3회 직무수행능력평가 실전모의고사(기술직)

제1회

직업기초능력평가

실전모의고사

정답 및 해설 p. 82

시험시간 : (　　) / 60분　맞힌 개수 : (　　) / 60문항

영역	의사소통 / 수리 / 문제해결 / 자기개발 / 자원관리 / 대인관계 / 정보 / 기술/조직이해 / 직업윤리

확인 Check! ○ △ ×

01 **김 대리는 신입사원을 대상으로 한 워크숍에서 회사 업무 시 문서 작성에 대한 강의를 하려고 한다. 전달할 내용으로 적절하지 않은 것은?**

① 핵심 내용은 글의 마지막 단락의 첫 문장에 제시하는 것이 좋다.
② 문장은 긍정문으로 진술한다.
③ 한자는 꼭 필요한 경우가 아니면 사용하지 않는다.
④ 문장은 최대한 짧고 간결해야 한다.
⑤ 간단한 표제는 필수는 아니지만 이해에 도움이 된다.

확인 Check! ○ △ ×

02 **바람직한 대화 태도에 대해 바르게 알고 있는 사람은 누구인가?**

① 윤 사원 : 대화를 하다 보면 그 사람 말이 맞지 않아도 비위를 맞춰줘야 할 때가 있잖아. 이런 상황에서는 그의 말에 최대한 빨리 동의해주는 것이 대화를 이끌기가 편해.
② 김 사원 : 상대방의 말을 들으면서 내가 다음에 무슨 말을 할지 생각하는 것이 좋아. 그래야 반응을 빨리 할 수 있고 집중에도 도움이 돼.
③ 이 대리 : 조언을 구하는 사람에게 해줄 수 있는 말을 해주는 것은 좋지만 과하지 않도록 조심해야 해. 문제를 해결해야 할 사람은 당사자니까 조언에는 어차피 한계가 있어.
④ 박 대리 : 대화를 하다보면 지나치게 사적으로 빠질 때가 있지. 그럴 때는 농담을 적절히 사용 하면서 주제를 바꾸는 것이 맞아.
⑤ 이 사원 : 상대방의 말에 집중하는 것은 좋은데 다 그대로 받아들이기보다 생각하면서 걸러내는 것도 중요하더라고.

☑ 확인 Check! ○ △ ✕

03 다음 기사를 읽고 이해한 것으로 적절하지 않은 것은?

> 한국전력이 보유한 방대한 에너지 빅데이터를 기업들이 새로운 에너지 사업모델에 쉽게 사용할 수 있는 길이 열린다. 산업통상자원부는 31일 한국전력이 KT, SKT, LG유플러스, 인코어드 등 에너지 신산업 분야 4개 기업과 에너지 데이터 공유 시범사업을 추진하기로 업무협약을 체결했다고 밝혔다. 이들은 에너지 서비스 사업자가 한전 고객의 에너지 사용 데이터를 쉽게 활용할 수 있는 인터넷·애플리케이션 기반 플랫폼인 '에너지 신(新)서비스 거래장터'(스마트 E마켓) 시범사업에 협력하기로 했다.
> 고객의 전력 사용 정보를 비롯한 에너지 빅데이터는 4차 산업혁명의 핵심기술인 사물인터넷(IoT), 클라우드 등과 연계해 새로운 제품과 서비스를 창출할 수 있는 에너지 신산업의 중요한 토대다. 그러나 지금까지는 사업자가 에너지 데이터를 확보하려면 고객으로부터 직접 개인정보제공 동의를 받아 한전에 제출해야 하는 제약이 있었다.
> 거래장터는 고객이 사업자가 거래장터에 등록한 제품·서비스를 선택하고 개인정보제공에 동의하면 한전 등 데이터 보유 주체가 자동으로 데이터를 사업자에게 전송한다. 고객이 개인정보제공에 동의하면 바로 사업자가 고객 정보를 받을 수 있어 데이터 확보가 쉬워진다.
> 한전은 업무협약을 체결한 4개 기업과 시범사업을 하고 내년부터 더 많은 사업자를 대상으로 본격적인 운영을 시작할 계획이다. 또 전력 사용 데이터 외에 가스, 난방 등 모든 에너지 데이터를 제공한다.
> 산업부는 거래장터가 본격화되면 기업은 에너지 데이터를 활용한 다양한 서비스 모델을 개발하고 소비자는 소비자의 에너지 사용 유형이 반영된 맞춤 서비스를 이용하는 혜택을 누릴 것으로 기대했다.

① 한국전력이 보유한 에너지 빅데이터를 기업들이 새로운 에너지 사업모델에 쉽게 사용할 수 있게 되었다.
② 산업통상자원부와 에너지 신산업분야 4개 기업은 에너지 데이터 공유 시범사업을 추진하기로 업무협약을 체결했다.
③ 사물인터넷(IoT)과 클라우드는 4차 산업혁명의 핵심기술이다.
④ 지금까지는 사업자가 에너지 데이터를 확보하려면 고객에게 직접 개인정보제공 동의를 받아야했다.
⑤ 거래장터가 본격화되면 소비자는 소비자의 에너지 사용 유형이 반영된 맞춤 서비스를 이용하는 혜택을 누리게 된다.

PART 4

☑ 확인 Check! ○ △ ✕

04 다음은 한국중부발전의 사업내역서이다. 다음의 사업내역서 중 밑줄 친 ㉠ ~ ㉤의 수정사항으로 적절하지 않은 것은?

<table>
<tr><td>사업실명제
등록번호</td><td>2018-10</td><td>담당부서
작성자</td><td>신재생사업그룹 신에너지 사업부
㉠ 김철수과장</td></tr>
<tr><td>사업명</td><td colspan="3">KEPCO 에너지 솔루션 사업</td></tr>
<tr><td>사업개요
및
추진경과</td><td colspan="3">○ 추진배경 : 에너지 효율화 사업 분야로 한전 및 발전 6 사 공동 참여
○ 추진기간 : 2018.06. ~ 2035.08.
○ 총사업비 : 3,000억 원
<table><tr><th>구분</th><th>한전</th><th>발전 6사</th><th>비고</th></tr><tr><td>금액
(㉡ 지분률)</td><td>1,500억 원
(50%)</td><td>1,500억 원
(50%)</td><td>발전사별 250억 원
(8.333%)</td></tr></table>○ 주요내용
– 에너지 효율화 사업으로 기존 에너지 설비를 고효율 설비로 ㉢ 교체하므로써 절약되는 에너지 비용으로 투자비와 이윤을 회수하는 사업
– 노후화된 건물에 단열창호, 단열재, LED 조명, ㉣ 보일러 등 에너지 절약 시설의 설치로 주거환경 개선 및 냉난방비 절감
○ 추진경과
– 2019. 03. KEPCO ES 추진 TF 구성(산업부, 한전, 발전 6사)
– 2019. 06. KEPCO 에너지 솔루션(주) 설립
– 2019. 12. 제1호 에너지 효율화 사업 계약 체결
– 2020. 02. 전기공사업 ㉤ 면허 습득, 등록
– 2020. 10. ESCO 협회 미활용 에너지 발굴사업 계약 체결</td></tr>
</table>

① ㉠ : 이름 뒤에 덧붙는 호칭어, 관직명은 띄어 써야 하므로 '김철수 과장'으로 수정한다.
② ㉡ : 한글맞춤법 규정에 따라 '지분율'로 수정한다.
③ ㉢ : 한글맞춤법 규정에 따라 '교체함으로써'로 수정한다.
④ ㉣ : 열거의 뜻을 표시하는 의존명사이므로 '보일러등'으로 붙여 쓴다.
⑤ ㉤ : 맥락상 더 적절한 단어인 '면허 취득'으로 수정한다.

☑ 확인 Check! ○ △ ✕

05 '고령화 사회 대비 정책 추진'이라는 주제로 보고서를 작성하기 위하여 계획한 내용으로 적절하지 않은 것은?

Ⅰ. 목적
고령화 사회를 대비하여 정책을 마련한다.
Ⅱ. 연구 내용
• 고령화의 원인을 조사한다.
• 고령화의 현황과 현재 정책을 파악한다. ……………………… ㉠
• 고령화 사회를 대비한 대책 방안을 모색한다.
Ⅲ. 연구 방법
• 고령 인구의 증가 원인을 성별로 분석한다. …………………… ㉡
• 저출산의 원인과 사회적 영향을 조사한다. …………………… ㉢
• 생산 가능 인구 대비 고령 인구의 비중을 조사한다.
• 다른 나라의 인구 고령화 추세와 고령화 정책을 파악한다. …. ㉣
• 고령화 사회를 대비한 정책을 조사한다. ……………………… ㉤

① ㉠
② ㉡
③ ㉢
④ ㉣
⑤ ㉤

☑ 확인 Check! ○△✕

06 귀하는 A과장과 점심을 같이 하면서 최근 산업재해로 인한 피해자가 점차 감소하고 있지만 여전히 사망자수가 한 해 동안 1,800명 정도(2019년 기준) 된다는 사실을 전해 들었다. 이에 대해 산업재해의 원인이 무엇 때문인지 궁금하여 확인해 보니 다음과 같은 결과가 나왔다. 귀하가 판단한 산업재해의 기본적인 원인은 무엇인가?

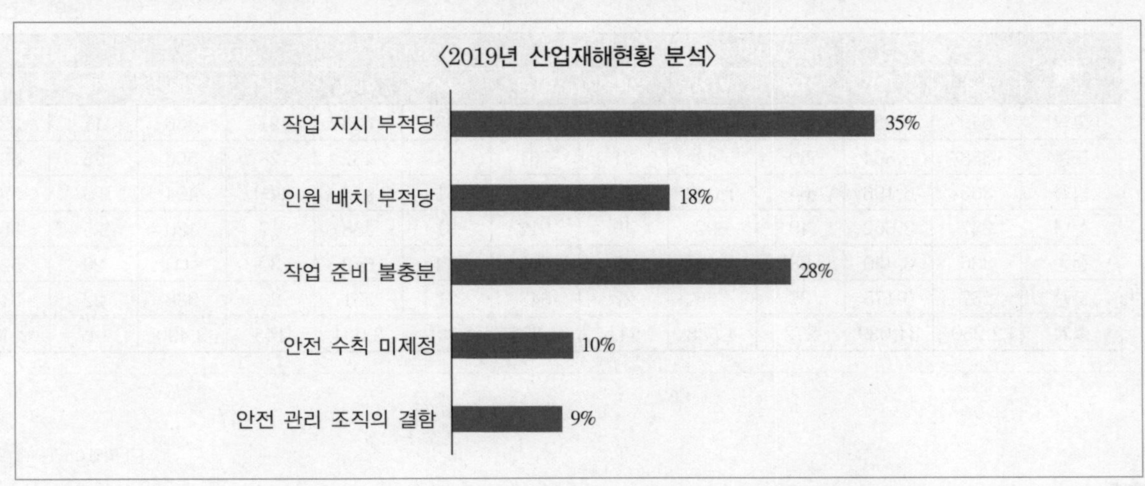

① 교육적 원인
② 기술적 원인
③ 작업 관리상 원인
④ 불안전한 행동
⑤ 불안전한 상태

☑ 확인 Check! ○△✕

07 K공사에 다니는 현수는 업무상 거래처를 자주 방문한다. 시속 50km로 갈 때는 평소보다 4분 빠르게 도착하고, 시속 40km로 갈 때는 2분 늦게 도착한다고 할 때, K공사에서 거래처까지의 거리는?

① 10km
② 15km
③ 20km
④ 25km
⑤ 30km

☑ 확인 Check! ○△✕

08 상반기 공채를 통해 총 60명의 신입사원을 채용하였다. 신입사원의 60%를 지사로 보낼 계획이며, 지사로 가는 인원의 남성과 여성의 비율은 2:1이다. 이때, 지사로 가는 남성의 수는?

① 12명
② 20명
③ 24명
④ 30명
⑤ 36명

PART 4

※ 다음은 2015 ~ 2019년까지의 서울도시철도공사의 차량기지 견학 안전체험 현황이다. 이어지는 질문에 답하시오. **[9~10]**

〈차량기지 견학 안전체험 건수 및 인원 현황〉

(단위 : 건, 명)

구분	계		2015년		2016년		2017년		2018년		2019년	
	건수	인원	건수	인원	건수	인원	건수	인원	건수	인원	건수	인원
고덕	649	5,252	24	611	36	897	33	633	21	436	17	321
도봉	358	6,304	30	644	31	761	24	432	28	566	25	336
방화	363	6,196	64	1,009	(ㄴ)	978	51	978	(ㄹ)	404	29	525
신내	287	3,662	49	692	49	512	31	388	17	180	25	385
천왕	336	6,450	68	(ㄱ)	25	603	32	642	30	(ㅁ)	29	529
모란	257	6,175	37	766	27	643	31	561	20	338	22	312
총계	2,250	34,039	272	4,588	241	4,394	(ㄷ)	3,634	145	2,490	147	2,408

☑ 확인 Check! ○ △ ×

09 다음 중 빈칸에 들어갈 수치가 바르게 연결된 것은?

① (ㄱ) – 846
② (ㄴ) – 75
③ (ㄷ) – 213
④ (ㄹ) – 29
⑤ (ㅁ) – 546

☑ 확인 Check! ○ △ ×

10 다음 〈보기〉의 설명 중 차량기지 견학 안전체험 현황에 대한 설명으로 옳은 것을 모두 고른 것은?

보기

ㄱ. 방화 차량기지 견학 안전체험 건수는 2016년부터 2019년까지 전년 대비 매년 감소하였다.
ㄴ. 2017년 고덕 차량기지의 안전체험 건수 대비 인원수는 도봉 차량기지의 안전체험 건수 대비 인원수보다 크다.
ㄷ. 2016년부터 2018년까지 고덕 차량기지의 안전체험 건수의 증감추이는 인원수의 증감추이와 동일하다.
ㄹ. 신내 차량기지의 안전체험 인원수는 2019년에 2015년 대비 50% 이상 감소하였다.

① ㄱ, ㄴ
② ㄱ, ㄷ
③ ㄴ, ㄷ
④ ㄴ, ㄹ
⑤ ㄷ, ㄹ

☑ 확인 Check! ○ △ ×

11 자기개발은 말 그대로 스스로를 개발하는 것이기 때문에 마음만 먹으면 어려움이 없을 것 같지만 실상은 그렇지 않다. 다음 중 자기개발을 계획하고 실행하는 것이 어려운 이유로 적절하지 않은 것은?

① 처해 있는 상황(환경)의 영향을 피할 수 없기 때문이다.
② 사람은 현재를 지속하려는 성향이 있기 때문이다.
③ 당장 하지 않아도 큰 위협으로 작용하지 않기 때문이다.
④ 감정과 욕구를 인정하지 않기 때문이다.
⑤ 자기개발의 필요성을 느끼지 못하기 때문이다.

☑ 확인 Check! ○△×

12 P기업이 해외공사에 사용될 설비를 구축할 업체 두 곳을 선정하려고 한다. 구축해야 할 설비는 중동, 미국, 서부, 유럽에 2개씩 총 8개이며, 경쟁업체는 A ~ C업체이다. 주어진 정보가 '참' 또는 '거짓'이라고 할 때, 〈보기〉 중 항상 참이 되는 상황을 말하는 사람은 누구인가?

〈정보〉

- A업체는 최소한 3개의 설비를 구축할 예정이다.
- B업체는 중동, 미국, 서부, 유럽에 각 하나씩 설비를 구축할 예정이다.
- C업체는 중동지역 2개, 유럽지역 2개의 설비를 구축할 예정이다.

보기

- 이 사원 : A업체가 참일 경우, B업체는 거짓이 된다.
- 김 주임 : B업체가 거짓일 경우, A업체는 참이 된다.
- 장 대리 : C업체가 참일 경우, A업체도 참이 된다.

① 이 사원
② 김 주임
③ 장 대리
④ 이 사원, 김 주임
⑤ 김 주임, 장 대리

☑ 확인 Check! ○△×

13 다음 대화에서 S사원이 답변할 내용으로 가장 적절하지 않은 것은?

P과장 : 자네, 마우스도 거의 만지지 않고 윈도우를 사용하다니, 신기하군. 방금 윈도우 바탕화면에 있는 창들이 모두 사라졌는데 어떤 단축키를 눌렀나?
S사원 : 네, 과장님. 윈도우키와 D를 함께 누르면 바탕화면에 펼쳐진 모든 창들이 모두 최소화됩니다. 이렇게 주요한 단축키를 알아두면 업무에 도움이 많이 됩니다.
P과장 : 그렇군. 나도 자네에게 몇 가지를 배워서 활용해봐야겠어.
S사원 : 우선 윈도우에서 자주 사용하는 단축키를 알려드리겠습니다.
첫 번째로 ____________________

① 〈윈도우키〉+〈E〉를 누르면 윈도우 탐색기를 열 수 있습니다.
② 〈윈도우키〉+〈Home〉을 누르면 현재 보고 있는 창을 제외한 나머지 창들이 최소화됩니다.
③ 잠시 자리를 비울 때, 〈윈도우키〉+〈L〉을 누르면 잠금화면으로 전환시킬 수 있습니다.
④ 여러 가지 창을 띄어 놓고 작업할 때, 〈Alt〉+〈Tab〉을 사용하면 이전에 사용했던 창으로 쉽게 옮겨갈 수 있습니다.
⑤ 〈Alt〉+〈W〉를 누르면 현재 사용하고 있는 창을 닫을 수 있습니다.

☑ 확인 Check! ○ △ ✕

14 귀하는 가정용 전자제품을 생산하는 회사에서 근무하고 있다. 신제품을 출시하기 전, 전자레인지 사용 시 주의사항에 대한 매뉴얼을 점검·수정하려고 한다. 설명이 적절하게 연결된 것은?

〈안전한 사용을 위한 주의사항〉

	주의사항	설명
①	조리 이외의 다른 용도로 사용하지 마십시오.	수건이나 옷 등을 말리는데 사용하시면 화재의 원인이 될 수 있습니다.
②	청소할 때는 반드시 전원 플러그를 뽑아 주십시오.	불꽃이 튀거나 이상 온도 상승으로 고장의 원인이 될 수 있습니다.
③	음식물은 적당량을 넣고 조리해 주십시오.	음식물이 건조해 지거나 화재의 원인이 됩니다.
④	조리실 내부가 비어 있을 때에는 작동시키지 마십시오.	감전의 원인이 됩니다.
⑤	야채를 데치실 때에는 물기를 빼지 말고 조리해 주십시오.	음식물이 타거나 익지 않는 경우가 있습니다.

☑ 확인 Check! ○ △ ✕

15 서비스센터에서 근무하는 한 대리는 신입사원을 대상으로 직장 내 예절에 대한 강의를 하려고 한다. 준비한 강의 내용 중 가장 적절하지 않은 것은?

① 악수를 하는 동안에는 상대와 반드시 눈을 맞춰야 합니다.
② 아랫사람이 먼저 악수를 청하는 것은 예의에 어긋납니다.
③ 명함을 받았을 때, 명함에 관해서 바로 그 자리에서 물어보는 것은 삼가야 합니다.
④ 악수는 서로의 이름을 말하고 간단한 인사를 주고받는 정도로 짧게 끝내야 합니다.
⑤ 소개를 할 때 직장 내에서의 서열과 나이는 고려해야 하지만 성별은 고려의 대상이 아닙니다.

☑ 확인 Check! ○ △ ✕

16 다음 중 경청하는 태도로 가장 적절하지 않은 것은?

김 사원 : 직원교육시간이요, 조금 귀찮기는 하지만 다양한 주제에 대해서 들을 수 있어서 좋은 것 같아요.
한 사원 : 그렇죠? 이번 주 강의도 전 꽤 마음에 들더라고요. 그러고 보면, 어떻게 하면 말을 잘할지는 생각해볼 수 있지만 잘 듣는 방법에는 소홀하기 쉬운 것 같아요.
김 사원 : 맞아요. 잘 듣는 것이 대화에서 큰 의미를 가지는데도 그렇죠. 오늘 강의에서 들은 내용대로 노력하면 상대방이 전달하는 메시지를 제대로 이해하는 데 문제가 없을 것 같아요.

① 상대방의 이야기를 들으면서 동시에 그 내용을 머릿속으로 정리한다.
② 상대방의 이야기를 들을 때 상대가 다음에 무슨 말을 할지 예상해본다.
③ 선입견이 개입되면 안 되기 때문에 나의 경험은 이야기와 연결 짓지 않는다.
④ 이야기를 듣기만 하는 것이 아니라 대화 내용에 대해 적극적으로 질문한다.
⑤ 내용뿐만 아니라 말하는 사람의 모든 것에 집중해서 듣는다.

☑ 확인 Check! ○△✕

17 다음은 김 사원이 체결한 A부터 G까지 7개 계약들의 체결 순서에 관한 정보이다. 김 사원이 다섯 번째로 체결한 계약은?

> • B와의 계약은 F와의 계약에 선행한다.
> • G와의 계약은 D와의 계약보다 먼저 이루어졌는데, E, F와의 계약보다는 나중에 이루어졌다.
> • B와의 계약은 가장 먼저 맺어진 계약이 아니다.
> • D와의 계약은 A와의 계약보다 먼저 이루어졌다.
> • C와의 계약은 G와의 계약보다 나중에 이루어졌다.
> • A와 D의 계약은 인접하지 않는다.

① A ② B
③ C ④ D
⑤ G

☑ 확인 Check! ○△✕

18 E공장에서 근무하는 K씨는 수송 업무를 담당하고 있다. 최근 발주업체로부터 주문받은 제품을 운송하려고 하는데, 화물차에 제품을 100Box씩 실으면 80Box가 남고 120Box씩 실으면 하나의 화물차에는 100Box 이하로 실린다고 한다. K씨가 근무하는 공장에서 보유하고 있는 화물차는 최소 몇 대인가?

① 2대 ② 3대
③ 4대 ④ 5대
⑤ 6대

☑ 확인 Check! ○△✕

19 다음 주어진 자료를 보고 판단했을 때, 하루 동안 고용할 수 있는 최대 인원은?

구분	항목	금액
총 예산	본예산	500,000원
	예비비	100,000원
고용비	1인당 수당	50,000원
	산재보험료	(수당)×0.504%
	고용보험료	(수당)×1.3%

① 10명 ② 11명
③ 12명 ④ 13명
⑤ 14명

PART 4

☑ 확인 Check! ○△×

20 다음은 K공사 사보에 실린 '조직의 분쟁 해결을 위한 여섯 단계'를 설명하는 기사내용이다. 오늘 아침 회의시간에 회사 성과급 기준과 관련하여 팀원 간의 갈등이 있었는데, 기사를 읽고 갈등 해결을 위한 방안으로 생각할 수 없는 것은?

〈조직의 분쟁 해결을 위한 여섯 단계〉

1. 문제가 무엇이며, 분쟁의 원인이 무엇인지 명확히 정의하기
2. 공동의 목표 수립하기
3. 공동의 목표를 달성하는 방법에 대해 토론하기
4. 공동의 목표를 수립하는 과정에서 발생할 장애물 탐색하기
5. 분쟁을 해결하는 최선의 방법에 대해 협의하기
6. 합의된 해결 방안을 확인하고 책임 분할하기

① 성과급 기준에 대해 내가 원하는 점과 다른 사람이 원하는 점을 모두 생각해봐야지.
② 합의된 성과급 기준에서 발생할 수 있는 문제점들도 생각해봐야겠다.
③ 모두가 만족할만한 해결 방안을 확인했으니, 팀장인 내가 책임감을 가지고 실행해야지.
④ 성과급 기준과 관련하여 팀원들과 갈등이 있었는데 원인을 찾아봐야겠다.
⑤ 이번 프로젝트를 달성하기 위해서 어떻게 해야 할 지 팀 회의를 통해 팀원들의 이야기를 들어봐야지.

☑ 확인 Check! ○△×

21 귀하는 클립보드 사용에 대하여 동료 사원에게 질문을 받았다. 귀하가 답변해줄 내용으로 적절하지 않은 것은?

① "인터넷을 통해 저장된 클립보드 내용은 Windows 7 안에 설치된 모든 응용프로그램에서 사용 가능해요."
② "단, 클립보드는 가장 최근에 저장된 것 하나만 기억해요."
③ "컴퓨터를 재부팅하면 클립보드에 저장된 데이터는 지워지니 중요한 정보는 꼭 파일로 만들어서 보관해야 해요."
④ "현재 사용 중인 활성창만 클립보드에 복사하려면 〈Ctrl〉+〈Print Screen〉 키를 누르면 돼요."
⑤ "그리고, 화면 전체 내용을 클립보드에 복사하려면 〈Print Screen〉 키를 누르면 돼요."

☑ 확인 Check! ○△×

22 다음 대화를 읽고 K사원이 안내할 엑셀함수로 가장 적절한 것은?

P과장 : K씨, 제품 일련번호가 짝수인 것과 홀수인 것을 구분하고 싶은데, 일일이 찾아 분류하자니 데이터가 너무 많아 번거로울 것 같아. 엑셀로 분류할 수 있는 방법이 없을까?

K사원 : 네, 과장님. [　　　]함수를 사용하면 편하게 분류할 수 있습니다. 이 함수는 지정한 숫자를 특정 숫자로 나눈 나머지를 알려줍니다. 만약 제품 일련번호를 2로 나누면 나머지가 0 또는 1이 나오는데, 여기서 나머지가 0이 나오는 것은 짝수이고 나머지가 1이 나오는 것은 홀수이기 때문에 분류가 빠르고 쉽게 됩니다. 분류하실 때는 필터기능을 함께 사용하면 더욱 간단해집니다.

P과장 : 그렇게 하면 간단히 처리할 수 있겠어. 정말 큰 도움이 되었네.

① SUMIF　　② MOD
③ INT　　④ NOW
⑤ VLOOKUP

☑ 확인 Check! ○△×

23 해외영업부에서 근무하는 K부장은 팀원과 함께 해외출장을 가게 되었다. 인천공항에서 대한민국 시간으로 7월 14일 09:00에 모스크바로 출발하고, 모스크바에서 일정시간 동안 체류한 후, 영국 시간으로 7월 14일 18:30에 런던에 도착하는 일정이다. 다음 중 모스크바에 체류하는 시간으로 가장 적절한 것은?

경로	출발	도착	비행시간
인천 → 모스크바	7월 14일 09:00		9시간 30분
모스크바 → 런던		7월 14일 18:30	4시간

※ 시차정보(GMT기준) : 영국 0, 러시아 +3, 대한민국 +9

① 1시간
② 2시간
③ 3시간
④ 4시간
⑤ 5시간

☑ 확인 Check! ○△×

24 다음 (가), (나)의 사례에 대한 상대방 설득방법으로 적절하지 않은 것은?

(가) A사의 제품은 현재 매출 1위이며 소비자들의 긍정적인 평판을 받고 있다. A사는 이 점을 내세워 B사와 다음 신제품과 관련하여 계약을 맺고 싶어 하지만 B사는 A사의 주장을 믿지 않아 계약이 보류된 상황이다. A사는 최근 신제품에 필요한 기술을 확보하고 있는 B사가 꼭 필요한 협력업체이기 때문에 고심하고 있다.

(나) 플라스틱을 제조하는 C사는 최근 테니스 라켓, 욕조, 배의 선체 등 다양한 곳에 사용되는 탄소섬유강화플라스틱 사업의 전망이 밝다고 생각하여 탄소섬유를 다루는 D사와 함께 사업하길 원하고 있다. 하지만 D사는 C사의 사업 전망에 대해 믿지 못하고 있는 상황이어서 사업은 보류된 상태이다.

① (가)의 경우 매출 1위와 관련된 데이터를 시각화하여 B사가 직접 보고 느끼게 해주는 게 좋을 것 같아.
② (나)의 경우 호혜관계를 설명하면서 D사가 얻을 수 있는 혜택도 설명해 주는 게 좋겠어.
③ (가)의 경우 A사 제품을 사용한 소비자들의 긍정적인 후기를 B사에게 보여주는 것은 어때?
④ (가)의 경우 B사에게 대기업인 점을 앞세워서 공격적으로 설득하는 것이 좋겠어.
⑤ (나)의 경우 D사에게 탄소섬유강화플라스틱의 효과에 대해 공동 평가할 수 있는 기회를 주는 것은 어때?

25 다음 중 에코팜 사업에 관한 기사문의 내용과 일치하는 것은?

> 한국중부발전은 중부발전 관계자, 보령시 관내 기관장 10여 명이 참석한 가운데 에코팜(Eco-farm) 사업으로 처음 수확한 애플망고 시식행사를 보령발전본부에서 개최하였다.
> 에코팜 사업은 국책 연구과제로 한국중부발전, 전자부품연구원 등 14개 기관이 참여하였으며 34개월간 총 연구비 82억 원을 투자하여 발전소의 온배수와 이산화탄소를 활용한 스마트 시스템 온실을 개발하는 사업이다. 2014년 12월 착수하여 2015년 4월 300평 규모의 비닐하우스를 설치하고 2015년 7월 애플망고 100주를 식재하여 2017년 7월 첫 수확을 하게 되었다.
> 한국중부발전에서는 애플망고를 수확하기 위해 발전소 부산물인 온배수, 이산화탄소, 석탄재를 에코팜에 활용하였다. 온배수의 열을 이용하여 에너지를 86%까지 절감하였고 발전소 CCS설비에서 포집한 이산화탄소를 온실에 주입하여 작물의 광합성 촉진 및 생장속도를 가속화하였다. 또한, 발전소 석탄재(Bottom Ash)는 비닐하우스 부지정리에 사용해 이산화탄소 배출 절감과 폐기물의 유용한 자원화에 기여하고, 농가의 고수익 창출을 이루어 내고 있다. 덧붙여, 비닐하우스에는 4차 산업혁명의 필수인 사물인터넷(IoT) 융합 스마트 생육관리 시스템을 구축하여 애플망고, 파프리카 등 고부가가치 작물의 안정적 재배가 가능하도록 하였다.
> 한국중부발전은 "온배수를 비롯한 발전소 부산물을 신재생에너지원이자 새로운 산업 자원으로 재탄생시키기 위해 지속적인 추가 사업 발굴·확대를 추진할 것이며 새로운 부가가치를 창출하는 에너지 신산업 모델을 구현하고자 지속 노력할 것"이라고 전했다.
> 한편, 한국중부발전은 발전부산물이자 폐자원인 온배수열을 다양한 산업분야에 활용하고 있다. 2015년부터 온배수를 활용한 수산종묘배양장을 운영 중으로 2016년 5월에는 광어, 점농어 80만 미, 2017년 7월에는 대하 치어 23만 미를 방류하여 지역사회 수산자원 증대와 어민의 소득 향상에 기여하고 있으며, 발전소 인근 LNG 인수기지에 LNG 기화·공급을 위한 열원으로 온배수를 활용하여 기화효율을 높이고 냉·온배수를 상호 절감함으로써 해양 환경영향을 최소화하는 친환경사업도 추진 중이다.

① 에코팜 사업은 발전소의 냉각수와 이산화탄소를 활용한 스마트 시스템 온실을 개발하는 사업이다.
② 발전소에서 생산한 온배수, 석탄재, 이산화탄소를 에코팜에서 활용하여 애플망고를 식재하였고 첫 수확을 맺었다.
③ 온배수의 열을 이용하여 비닐하우스 부지정리에 활용함으로써 폐기물의 자원화에 기여하였다.
④ 발전소 CCS설비에서 포집한 이산화탄소를 온실에 활용함으로써 이산화탄소의 배출 절감에 기여하였다.
⑤ 온배수는 수산종묘배양장, 발전소 인근 LPG 인수기지에 LPG 기화·공급을 위한 열원 등으로 활용되고 있다.

☑ 확인 Check! ○ △ ×

26 K공사에서는 주민번호 암호화 시행에 따른 동향을 파악하여 암호화 적용 대상 및 시기를 수립하고자 한다. 다음은 조사결과의 일부 자료이다. 이에 대한 해석으로 적절하지 않은 것은?

〈주민번호 암호화 취약분야 분석〉

(단위 : 개, %)

구분		[주민번호 보유율] 업체 수	[주민번호 보유율] 비율	[암호화 의향] 적용 예정	[암호화 의향] 적용 예정 없음
전체		2,000	69.8	40.8	59.2
업종	제조업	245	64.9	33.3	66.7
	전기/가스업	63	77.8	72.7	27.3
	유통/물류/도소매업	270	57.0	46.4	53.6
	숙박/음식업	236	61.9	26.7	73.3
	정보/통신업	79	48.1	33.3	66.7
	금융/보험업	149	86.6	25.0	75.0
	부동산/임대업	164	79.9	38.1	61.9
	사교육	164	71.3	38.5	61.5
	보건/복지	200	84.5	71.8	28.2
	협회/단체	119	46.2	41.7	58.3
	기타	311	80.1	35.4	64.6
규모	1 ~ 4명	946	68.4	31.3	68.7
	5 ~ 49명	657	70.6	39.6	60.4
	50 ~ 299명	274	71.2	55.4	44.6
	300명 이상	123	73.2	57.9	42.1

※ 암호화 의향 : 주민번호 비 암호화 업체에 대해 향후 암호화 적용 의향을 조사한 결과임

① 주민번호 보유율이 가장 낮은 업종은 ‘협회/단체’이다.
② 50인 미만의 업체 중 주민번호를 보유하고 있다고 응답한 업체는 1,000곳이 넘는다.
③ 주민번호 암호화에 대하여 가장 취약분야로는 ‘부동산/임대업’을 꼽을 수 있다.
④ 주민번호를 보유한 전체 업체 중 비암호화 업체의 비중이 50%이라면, 암호화 적용을 긍정적으로 응답한 업체 수는 300곳을 넘지 않는다.
⑤ ‘전기/가스업’ 및 ‘보건/복지’ 분야에서 70% 이상이 암호화 적용 의사가 있다고 밝혔다.

PART 4

※ 다음은 2011 ~ 2018년 화재발생 건수와 이로 발생한 사망자 및 부상자 수 현황을 나타낸 자료이다. 다음 자료를 참고하여 이어지는 질문에 답하시오. **[27~28]**

〈화재발생 건수 및 인명피해자 수〉

(단위 : 건, 명)

구분	화재발생 건수	사망자 수	부상자 수
2011년	41,863	827	964
2012년	44,373	( )	( )
2013년	41,774	899	811
2014년	44,281	841	1,028
2015년	46,790	936	1,245
2016년	44,265	747	1,343
2017년	41,693	929	1,268
2018년	44,278	774	1,250

※ 인명피해자 수는 사망자와 부상자 수를 합한 값이다.

☑ 확인 Check! ○ △ ×

27 2012년에 발생한 사망자 수는 전년도 사망자 수보다 4% 증가했으며, 2013년에 발생한 부상자 수는 2012년에 발생한 부상자 수보다 20% 감소했다고 할 때, 2012년에 발생한 인명피해자 수는 몇 명인가?(단, 소수점 이하 첫째 자리에서 반올림한다)

① 1,874명
② 1,878명
③ 1,885명
④ 1,886명
⑤ 1,891명

☑ 확인 Check! ○ △ ×

28 다음 중 옳지 않은 설명은?(단, 소수점 이하 둘째 자리에서 반올림한다)

① 2012 ~ 2018년까지 전년 대비 인명피해자 수가 가장 크게 감소한 것은 2018년도이다.
② 2011 ~ 2018년 동안 총 인명피해 인원 중 50% 이상은 부상자이다.
③ 2012 ~ 2018년 중 2013년에 전년 대비 화재발생 건수 증감률이 가장 크다.
④ 2012 ~ 2018년까지 화재발생 건수는 매년 전년 대비 2,500건 이상으로 변화폭이 있다.
⑤ 2016년 사망자 수는 전년 대비 20% 이상으로 감소했다.

☑ 확인 Check! ○△×

29 O공사는 다음과 같은 공정체계를 가지고 있다. O공사가 2.5억 원의 추가예산을 배정 받아 긴급작업을 진행하여 A～G공정 작업을 빠르게 끝내려고 할 때, 아래 〈조건〉을 참고하여 최대로 줄일 수 있는 공정은 몇 주인가?

〈공정체계 현황〉

구분	평소 속도	긴급작업 시 속도	긴급작업 시 추가비용
A공정	4주	2주	4천만 원
B공정	8주	3주	1억 원
C공정	6주	3주	5천만 원
D공정	4주	2주	4천만 원
E공정	4주	3주	2천만 원
F공정	4주	3주	2천만 원
G공정	6주	3주	6천만 원

조건

- 공정순서는 A～G공정 차례대로 한 번씩 진행된다.
- 공정순서에서 긴급작업은 연이은 공정에 적용할 수 없다.
- 긴급작업 공정은 3공정까지 가능하다.
- B공정을 택할 시 긴급작업 추가비용이 5천만 원 이상인 공정을 같이 택할 수 없다.

① 4주 ② 5주
③ 6주 ④ 7주
⑤ 8주

PART 4

안심Touch

☑ 확인 Check! ○ △ ×

30 A사원은 H전력공사 고객지원센터에 입사한 지 1달 된 신입사원이다. 고객을 응대하는 것이 주 업무인데 그 중에서도 불만 고객을 응대하는 일이 핵심이기 때문에 불만 고객 응대 업무매뉴얼을 숙지하고 있는 중이다. 다음 중 업무매뉴얼에 대한 A사원의 이해로 가장 적절하지 않은 것은?

단계	내용
〈1단계〉 경청	• 고객의 항의를 경청한다. • 선입관을 버리고 문제를 파악한다.
〈2단계〉 감사와 공감 표시	• 일부러 시간을 내서 해결의 기회를 준 것에 감사를 표시한다. • 고객의 항의에 공감을 표시한다.
〈3단계〉 사과	• 고객의 이야기를 듣고 문제점에 대한 인정과 잘못된 부분에 대해 사과한다.
〈4단계〉 해결약속	• 고객이 불만을 느낀 상황에 대해 관심과 공감을 보이며, 문제의 빠른 해결을 약속한다.
〈5단계〉 정보파악	• 문제해결을 위해 최대한 많은 질문을 하여 정보를 얻는다. • 최선의 해결방법을 찾기 어려우면 고객에게 어떻게 하면 만족스러운지 질문한다.
〈6단계〉 신속처리	• 잘못된 부분을 신속하게 시정한다.
〈7단계〉 처리확인과 사과	• 불만처리 후 고객에게 처리 결과에 만족하는지를 물어본다.
〈8단계〉 피드백	• 고객 불만 사례를 회사 및 전 직원에게 알려 다시는 동일한 문제가 발생 하지 않도록 한다.

① 사실과 다른 점이 있어도 일단 다른 대꾸는 하지 말고 고객의 말을 끝까지 들어야 하겠구나.
② 우리를 선택함으로써 느낀 불편이니까 고객의 불만 자체를 다 인정하고 사과해야 해.
③ 일단 불만을 표현하는 고객은 정확한 일처리보다도 속도에 민감하지.
④ 문제해결을 위해서는 질문을 많이 해야 해. 귀찮아하는 고객도 있겠지만 정확히 처리해야 하니까 어쩔 수 없어. 매뉴얼대로 최선을 다해도 고객마다 받아들이는 것은 다르니까 꼭 물어봐야 해.
⑤ 나중에 비슷한 불만이 접수되었을 때 대응매뉴얼이 될 수 있으니까 직원 간 정보공유는 필수야.

☑ 확인 Check! ○△×

31 신입사원인 귀하는 업무능률을 향상시키기 위해서 기초적인 함수부터 익히고자 한다. 다음에 제시된 함수식의 결괏값으로 적절하지 않은 것은 무엇인가?

	A	B	C	D	E	F
1						
2		120	200	20	60	
3		10	60	40	80	
4		50	60	70	100	
5						
6		함수식			결괏값	
7		=MAX(B2:E4)			A	
8		=MODE(B2:E4)			B	
9		=LARGE(B2:E4,3)			C	
10		=COUNTIF(B2:E4,E4)			D	
11		=ROUND(B2,−1)			E	
12						

① A=200
② B=60
③ C=80
④ D=1
⑤ E=100

☑ 확인 Check! ○△×

32 회사에서는 직원들의 편의를 위해 휴게실에 전자레인지를 구매하였다. 아래의 내용은 제품 설명서의 일부이다. 귀하는 회사의 기기를 관리하는 업무를 맡고 있다. 어느 날, 동료 사원들로부터 전자레인지를 사용할 때 가끔씩 불꽃이 튀고 음식이 잘 데워지지 않는다는 이야기를 들었다. 서비스를 접수하기 전에 점검할 사항이 아닌 것은?

〈제품 설명서〉

증상	원인	조치 방법
전자레인지가 작동하지 않는다.	• 전원 플러그가 콘센트에 바르게 꽂혀 있습니까? • 문이 확실히 닫혀 있습니까? • 배전판 퓨즈나 차단기가 끊어지지 않았습니까? • 조리방법을 제대로 선택하셨습니까? • 혹시 정전은 아닙니까?	• 전원 플러그를 바로 꽂아주십시오. • 문을 다시 닫아 주십시오. • 끊어졌으면 교체하고 연결시켜 주십시오. • 취소를 누르고 다시 시작하십시오.
동작 시 불꽃이 튄다.	• 조리실 내벽에 금속 제품 등이 닿지 않았습니까? • 금선이나 은선으로 장식된 그릇을 사용하고 계십니까? • 조리실 내에 찌꺼기가 있습니까?	• 벽에 닿지 않도록 하십시오. • 금선이나 은선으로 장식된 그릇은 사용하지 마십시오. • 깨끗이 청소해 주십시오.
조리 상태가 나쁘다.	• 조리 순서, 시간 등 사용 방법을 잘 선택하셨습니까?	• 요리책을 다시 확인하고 사용해 주십시오.
회전 접시가 불균일하게 돌거나 돌지 않는다.	• 회전 접시와 회전 링이 바르게 놓여 있습니까?	• 각각을 정확한 위치에 놓아 주십시오.
불의 밝기나 동작 소리가 불균일하다.	• 출력의 변화에 따라 일어난 현상이니 안심하고 사용하셔도 됩니다.	

① 조리실 내 위생 상태 점검
② 사용 가능 용기 확인
③ 사무실, 전자레인지 전압 확인
④ 조리실 내벽 확인
⑤ 조리 순서 확인

PART 4

33 다음은 레저용 차량을 생산하는 A기업에 대한 SWOT 분석결과이다. 다음의 〈보기〉 중 전략에 따른 대응으로 적절한 것을 모두 고르면?

• SWOT 분석 : 조직의 외부환경 분석을 통해 기회와 위협 요인을 파악하고, 조직의 내부 역량 분석을 통해서 조직의 강점과 약점을 파악하여, 이를 토대로 강점은 최대화하고 약점은 최소화하며, 기회는 최대한 활용하고, 위협에는 최대한 대처하는 전략을 세우기 위한 분석 방법

〈SWOT 분석 매트릭스〉

구분	강점(S)	약점(W)
기회(O)	**SO전략 : 공격적 전략** 강점으로 기회를 살리는 전략	**WO전략 : 방향전환 전략** 약점을 보완하여 기회를 살리는 전략
위협(T)	**ST전략 : 다양화 전략** 강점으로 위협을 최소화하는 전략	**WT전략 : 방어적 전략** 약점을 보완하여 위협을 최소화하는 전략

〈A기업의 SWOT 분석결과〉

강점(Strength)	약점(Weakness)
• 높은 브랜드 이미지 · 평판 • 훌륭한 서비스와 판매 후 보증수리 • 확실한 거래망, 딜러와의 우호적인 관계 • 막대한 R&D 역량 • 자동화된 공장 • 대부분의 차량 부품 자체 생산	• 한 가지 차종에의 집중 • 고도 기술에의 집중 • 생산설비에 막대한 투자 → 차량모델 변경의 어려움 • 한 곳의 생산 공장만 보유 • 전통적인 가족형 기업 운영
기회(Opportunity)	**위협(Threat)**
• 소형 레저용 차량에 대한 수요 증대 • 새로운 해외시장의 출현 • 저가형 레저용 차량에 대한 선호 급증	• 휘발유의 부족 및 가격의 급등 • 레저용 차량 전반에 대한 수요 침체 • 다른 회사들과의 경쟁 심화 • 차량 안전 기준의 강화

보기

ㄱ. ST전략 – 기술개발을 통하여 연비를 개선한다.
ㄴ. SO전략 – 대형 레저용 차량을 생산한다.
ㄷ. WO전략 – 규제강화에 대비하여 보다 안전한 레저용 차량을 생산한다.
ㄹ. WT전략 – 생산량 감축을 고려한다.
ㅁ. WO전략 – 국내 다른 지역이나 해외에 공장들을 분산 설립한다.
ㅂ. ST전략 – 경유용 레저 차량 생산을 고려한다.
ㅅ. SO전략 – 해외 시장 진출보다는 내수 확대에 집중한다.

① ㄱ, ㄴ, ㅁ, ㅂ
② ㄱ, ㄷ, ㄹ, ㅂ
③ ㄴ, ㄹ, ㅁ, ㅂ
④ ㄹ, ㅁ, ㅅ
⑤ ㄱ, ㄹ, ㅁ, ㅂ

☑ 확인 Check! ○ △ ✕

34 S공사의 A대리는 제품 시연회를 준비하고 있다. 다음 중 5W1H에 해당하는 정보로 옳지 않은 것은?

> **환경개선 특수차 시연회 시행계획**
>
> 안전점검의 날을 맞이하여 시민고객에게 우리공사 환경안전정책 및 지하철 환경개선 노력을 홍보하고, 시민고객과의 소통으로 시민고객과 함께하는 지하철 환경개선사업으로 도약하고자 함
>
> 1\. 추진개요
> - 행 사 명 : 시민과 함께하는 환경개선 특수차 시연회 개최
> - 시행일시 : 2019. 12. 4.(수) 10:00 ~ 12:00
> - 장　　소 : 차량기지 장비유치선
> - 시연장비 : 고압살수차
> - 참석대상 :
>   - 환경개선 특수차 시연회 일반인 신청자 : 20명
>   - 우리공사 : 장비관리단장 외 20명
>
>   ※ 시민참여 인원 등 행사일정은 현장여건에 따라 변동될 수 있음
>
> 2\. 행사내용
> - 우리공사 지하철 환경관리 정책홍보 및 특수차 소개
> - 시민과 함께하는 지하철 화재예방 영상 교육
> - 2019년 환경개선 특수장비 운영에 따른 환경개선 활동 및 시연
> - 차량검수고 견학(차량사업소 협조)
> - 지하철 환경개선에 대한 시민고객의 의견수렴(설문지)

① When : 2019년 12월 4일
② Where : 차량기지 장비유치선
③ What : 지하철 환경개선 특수차 시연회
④ How : 환경개선 특수차 시연 및 차량검수고 견학
⑤ Why : 시민참여 인원 등 행사일정 변동 가능

PART 4

☑ 확인 Check! ○ △ ×

35 다음은 2019년 9월 인천국제공항 원인별 지연 및 결항 통계이다. 자료를 해석한 것으로 올바른 것은?(단, 소수점 이하 첫째 자리에서 반올림하여 계산한다)

〈2019년 9월 인천국제공항 원인별 지연 및 결항 통계〉

(단위 : 편)

구분	기상	A/C 접속	A/C 정비	여객처리 및 승무원관련	복합원인	기타	합계
지연	118	1,676	117	33	2	1,040	2,986
결항	17	4	10	0	0	39	70

① 기상으로 지연된 경우는 기상으로 결항된 경우의 약 5배이다.
② 기타를 제외하고 항공편 지연과 결항에서 가장 높은 비중을 차지하고 있는 원인이 같다.
③ 9월에 인천국제공항을 이용하는 비행기가 지연되었을 확률은 98%이다.
④ 9월 한 달간 인천국제공항의 날씨는 좋은 편이었다.
⑤ 항공기 지연 중 A/C 정비가 차지하는 비율은 결항 중 기상이 차지하는 비율의 $\frac{1}{6}$ 수준이다.

☑ 확인 Check! ○ △ ×

36 귀하는 최근 사내 행사에서 대표님의 말씀 중 "조직의 효율성은 전사적 시간관리에서 나온다."라는 문구에서 깊은 인상을 받았다. 이후 본인과 조직의 업무 효율성을 위하여 시간관리와 관련된 교육자료를 찾아서 보다가 아래와 같은 시간관리 매트릭스를 발견하였다. 다음 중 귀하가 이해한 내용으로 옳지 못한 것은?

〈시간관리 매트릭스〉

구분	긴급한 일	긴급하지 않은 일
중요한 일	제1사분면	제2사분면
중요하지 않은 일	제3사분면	제4사분면

① 제1사분면은 중요하고 긴급한 업무로 미룰 수 없는 다급한 일이 해당한다.
② 제2사분면은 일반적인 계획, 장기적인 계획 수립, 인간관계구축 등이 해당한다.
③ 제3사분면은 중요하지 않지만 긴급한 업무로 전화나 당장 처리해야 할 잡일 등이 대표적이다.
④ 제4사분면은 중요하지 않고 긴급하지 않은 업무로 고객의 불시방문이나, 시간 낭비거리 등이 포함된다.
⑤ 매트릭스를 짤 때 우에서 좌로 긴급하지 않은 일에서 긴급한 일로 구분하며, 아래에서 위로 중요하지 않은 일부터 중요한 일로 구분하는 것이 적절하다.

※ C공사의 시설관리과는 각 지부의 전산시스템을 교체하고자 한다. 전산시스템을 교체할 지부에 대한 정보는 다음과 같다. 다음 자료를 읽고 이어지는 질문에 답하시오. **[37~38]**

〈전산시스템 교체 정보〉

- 각 지부의 전산시스템을 교체하는 데에는 아래와 같은 소요기간이 걸리며, 매년 필요한 예산도 아래와 같다.
- 각 연도의 예산범위 내에서 동시에 여러 지부의 전산시스템 교체를 진행할 수 있으나, 예산범위를 초과하여서는 진행할 수 없다.
- 각 지부의 교체작업은 각 소요기간 동안 중단 없이 진행된다.
- 교체 작업은 6년 내에 모두 완료되어야 한다.

〈지부별 교체 정보〉

지부	소요기간	1년 필요 예산
수도권	4년	26억 원
전남권	2년	10억 원
충북권	1년	5억 원
경남권	3년	17억 원
경북권	2년	9억 원

☑ 확인 Check! ○△×

37 C공사에서 연도별로 사용가능한 예산이 다음과 같을 때, 〈보기〉의 설명 중 반드시 옳은 것을 모두 고른 것은?

〈연도별 사용가능 예산〉

(단위 : 억 원)

구분	1년 차	2년 차	3년 차	4년 차	5년 차	6년 차
예산	32	40	38	44	28	26

보기

ㄱ. 6년 내에 모든 지부의 전산시스템 교체를 위해서는 수도권 지부는 1년 차에 시작하여야 한다.
ㄴ. 전남권과 수도권의 교체 작업은 동시에 진행하여야 한다.
ㄷ. 충북권의 교체작업을 6년 차에 시작하더라도 6년 내에 모든 지부의 전산시스템 교체를 완료할 수 있다.
ㄹ. 충북권과 경남권의 교체작업은 동시에 진행된다.

① ㄱ, ㄴ
② ㄱ, ㄷ
③ ㄴ, ㄷ
④ ㄴ, ㄹ
⑤ ㄷ, ㄹ

☑ 확인 Check! ○△×

38 연도별로 사용가능한 예산이 다음과 같이 변경되었다고 할 때, 충북권의 전산시스템 교체가 시행될 연차는 언제인가?

〈연도별 사용가능 예산〉

(단위 : 억 원)

구분	1년 차	2년 차	3년 차	4년 차	5년 차	6년 차
예산	28	26	50	39	36	30

① 2년 차
② 3년 차
③ 4년 차
④ 5년 차
⑤ 6년 차

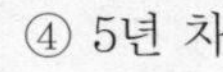

☑ 확인 Check! ○ △ ✕

39 **A공사는 국제협력사업 10주년을 맞아 행사에 참여할 부서들을 선정 중이다. 조건에 따라 참여부서를 선정하고자 할 때, 다음 중 옳지 않은 설명은?**

> **조건**
> - 기획지원부를 선정하면 통계개발부는 선정되지 않는다.
> - 해외기술부, 전략기획실, 인재개발부 중에 최소한 두 곳은 반드시 선정된다.
> - 비서실이 선정되면 전략기획실은 선정되지 않는다.
> - 인재개발부가 선정되면 통계개발부도 선정된다.
> - 대외협력부과 비서실 중 한 곳만 선정된다.
> - 비서실은 반드시 참여한다.

① 인재개발부는 선정된다.
② 해외기술부과 통계개발부는 행사에 참여한다.
③ 기획지원부는 선정되지 않는다.
④ 대외협력부와 전략기획실 모두 선정되지 않는다.
⑤ 해외기술부와 전략기획실 모두 선정된다.

☑ 확인 Check! ○ △ ✕

40 **귀하는 공단 내의 자원봉사활동으로 H회관에서 어르신들의 워드프로세서 강의를 맡게 되었다. 강의하는 내용 중 삽입, 삭제, 수정에 대해 잘못 설명한 것은?**

① 삽입 상태에서 삽입할 위치에 커서를 두고 새로운 내용을 입력하면 원래의 내용은 뒤로 밀려나며 내용이 입력됩니다.
② 임의의 내용을 블록(영역) 지정한 후 〈Delete〉 키를 누르면 영역을 지정한 곳의 내용은 모두 삭제됩니다.
③ 〈Delete〉 키는 커서는 움직이지 않고 오른쪽 문자열을 하나씩 삭제합니다.
④ 〈Space Bar〉는 삽입 상태에서 커서를 오른쪽으로 이동시키면서 한 문자씩 삭제합니다.
⑤ 임의의 내용을 블록(영역) 지정한 후 〈Space Bar〉를 누르면 영역을 지정한 곳의 내용은 모두 삭제되고 커서는 오른쪽으로 이동합니다.

☑ 확인 Check! ○ △ ✕

41 산업통상자원부에서 다음과 같은 전력수급계획을 발표하였다. 다음의 조건을 고려하여 산업통상자원부가 채택하기에 적합하지 않은 정책 대안은 무엇인가?

〈발표내용 일부〉

올해의 전력수급현황은 다음과 같다.

- 총공급전력량 : 8,600만kW
- 최대전력수요 : 7,300만kW

이에 따라 산업통상자원부는 내년도 전력수급기본계획을 마련하고, 정책목표를 다음과 같이 설정하였다.

- 정책목표 : 내년도 전력예비율을 30% 이상으로 유지한다.

※ $[\text{전력예비율}(\%)]=\dfrac{(\text{총공급전력량})-(\text{최대전력수요})}{(\text{최대전력수요})}\times 100$

조건

- 발전소를 하나 더 건설하면 총공급전력량이 150만kW만큼 증가한다.
- 전기요금을 $a\%$ 인상하면 최대전력수요는 $a\%$ 감소한다.

※ 발전소는 즉시 건설·운영되는 것으로 가정하고 이외의 다른 변수는 고려하지 않는다.

① 발전소를 1개 더 건설하고 전기요금을 10% 인상한다.
② 발전소를 3개 더 건설하고 전기요금을 3% 인상한다.
③ 발전소를 6개 더 건설하고 전기요금을 1% 인상한다.
④ 발전소를 8개 더 건설하고 전기요금을 동결한다.
⑤ 발전소를 더 이상 건설하지 않고 전기요금을 12% 인상한다.

PART 4

※ S공단에서 대학장학회를 운영하고 있다. 매년 10명씩 선정하여 장학금과 부상으로 문화상품권을 준다고 한다. 다음은 문화상품권 구매처와 각 장학금 종류에 따른 부상내역에 관한 자료이다. 이어지는 물음에 답하시오. **[42~43]**

〈문화상품권 구매처별 현황〉

구분	종류	할인율	비고
A온라인	만 원권, 오만 원권	100만 원 이상 구입 시 8% 할인 및 포장비 무료	• 택배비 4천 원 • 포장비 개당 5백 원
B온라인	오천 원권, 만 원권, 십만 원권	50만 원 이상 구입 시 50만 원 단위로 6% 할인	• 택배비 4천 원 • 포장비 개당 7백 원
C오프라인	오만 원권, 십만 원권	100만 원 이상 구입 시 5% 할인	• 직접 방문 구매 • 봉투만 무료 지급
D오프라인	만 원권, 오만 원권	100만 원 이상 구입 시 100만 원 단위로 4% 할인 및 포장비 무료	• 직접 방문 또는 택배비 5천 원 • 포장비 개당 5백 원

※ 택배비는 한 번만 계산하며, 포장비는 인원만큼 계산한다.

〈장학금 및 부상내역〉

구분	장학금	인원	부상
성적 우수 장학금	450만 원	4명	문화상품권 30만 원
근로 장학금	450만 원	4명	문화상품권 30만 원
이공계 장학금	500만 원	2명	문화상품권 40만 원

※ 부상은 한 명당 받는 금액이다.

확인 Check! ○ △ ×

42 문화상품권 종류에 상관없이 가장 저렴하게 구입할 때, 대학장학회에서 장학금과 부상에 사용한 총액은 얼마인가?(단, 택배비 및 포장비도 포함한다)

① 48,948,000원
② 48,938,000원
③ 48,928,000원
④ 48,918,000원
⑤ 48,908,000원

확인 Check! ○ △ ×

43 다음 〈조건〉에 맞는 구매처와 그 구매처에서 할인받을 수 있는 금액은 얼마인가?(단, 택배비 및 포장비는 제외한다)

조건

• 오만 원권 또는 십만 원권으로 구매하려고 한다.
• 직접 방문하여 구매하기가 어렵다.
• 최소한의 비용으로 구매한다.

① A온라인, 120,000원
② B온라인, 180,000원
③ D오프라인, 206,000원
④ A온라인, 256,000원
⑤ B오프라인, 301,000원

☑ 확인 Check! ○△×

44 글로벌 기업인 K회사는 독일, 인도, 미국 등에 해외지사를 두고 있다. 지난 상반기 동안 해외지사에서 근무 중인 직원들 중 업무성과가 우수한 직원을 선발하여 국내로 초청하고자 한다. 다음의 자료를 토대로 각국 직원들이 국내에 도착하는 순서로 가장 올바른 것은?

〈각국 해외지사 직원들의 비행 스케줄〉

출발지	출발지 기준 이륙시각	비행시간 (출발지 → 대한민국)
독일(뮌헨)	2020년 3월 6일 (수) 오후 04:20	11시간 30분
인도(뉴델리)	2020년 3월 6일 (수) 오후 10:10	8시간 30분
미국(뉴욕)	2020년 3월 6일 (수) 오전 07:40	13시간

〈동일시점에서의 각국의 현지시각〉

국가	현지시각
대한민국(서울)	2020년 3월 6일 (수) 오전 06:20
독일(뮌헨)	2020년 3월 5일 (화) 오후 11:20
인도(뉴델리)	2020년 3월 6일 (수) 오전 02:50
미국(뉴욕)	2020년 3월 5일 (화) 오후 04:20

① 인도 – 독일 – 미국
② 인도 – 미국 – 독일
③ 미국 – 독일 – 인도
④ 미국 – 인도 – 독일
⑤ 독일 – 뉴욕 – 인도

PART 4

※ 다음 글을 읽고, 이어지는 물음에 답하시오. **[45~46]**

제20조(운전면허의 취소 · 정지 등)

① 국토교통부장관은 운전면허 취득자가 다음 각 호의 어느 하나에 해당할 때에는 운전면허를 취소하거나 1년 이내의 기간을 정하여 운전면허의 효력을 정지시킬 수 있다. 다만, 제1호부터 제4호까지의 규정에 해당할 때에는 운전면허를 취소하여야 한다. 〈개정 2013.3.23., 2015.7.24., 2018.6.12.〉

1. 거짓이나 그 밖의 부정한 방법으로 운전면허를 받았을 때
2. 제11조 제2호부터 제4호까지의 규정에 해당하게 되었을 때
3. 운전면허의 효력정지기간 중 철도차량을 운전하였을 때
4. 제19조의2를 위반하여 운전면허증을 다른 사람에게 대여하였을 때
5. 철도차량을 운전 중 고의 또는 중과실로 철도사고를 일으켰을 때

5의2. 제40조의2 제1항 또는 제5항을 위반하였을 때

6. 제41조 제1항을 위반하여 술을 마시거나 약물을 사용한 상태에서 철도차량을 운전하였을 때
7. 제41조 제2항을 위반하여 술을 마시거나 약물을 사용한 상태에서 업무를 하였다고 인정할 만한 상당한 이유가 있음에도 불구하고 국토교통부장관 또는 시 · 도지사의 확인 또는 검사를 거부하였을 때
8. 이 법 또는 이 법에 따라 철도의 안전 및 보호와 질서유지를 위하여 한 명령 · 처분을 위반하였을 때

② 국토교통부장관이 제1항에 따라 운전면허의 취소 및 효력정지 처분을 하였을 때에는 국토교통부령으로 정하는 바에 따라 그 내용을 해당 운전면허 취득자와 운전면허 취득자를 고용하고 있는 철도운영자등에게 통지하여야 한다. 〈개정 2013. 3. 23.〉

③ 제2항에 따른 운전면허의 취소 또는 효력정지 통지를 받은 운전면허 취득자는 그 통지를 받은 날부터 15일 이내에 운전면허증을 국토교통부장관에게 반납하여야 한다. 〈개정 2013. 3. 23.〉

④ 국토교통부장관은 제3항에 따라 운전면허의 효력이 정지된 사람으로부터 운전면허증을 반납 받았을 때에는 보관하였다가 정지기간이 끝나면 즉시 돌려주어야 한다. 〈개정 2013. 3. 23.〉

⑤ 제1항에 따른 취소 및 효력정지 처분의 세부기준 및 절차는 그 위반의 유형 및 정도에 따라 국토교통부령으로 정한다. 〈개정 2013. 3. 23.〉

⑥ 국토교통부장관은 국토교통부령으로 정하는 바에 따라 운전면허의 발급, 갱신, 취소 등에 관한 자료를 유지 · 관리하여야 한다. 〈개정 2013. 3. 23.〉

제1호

철도차량운전면허 취소 · 효력정지처분통지서

① 성 명	㉠ 남궁 민		② 생년월일	㉡ 1988년 11월 24일
③ 주 소	서울특별시 성동구 천호대로 346			
④ 행정처분	처분면허	1 종	면허번호	1234 – 123
	처분내용	면허정지		
	처분일자	2019년 10월 6일		
	처분사유	철도안전법 제20조 제1항 제6호		

'철도안전법' 제20조 제2항에 따라 위와 같이 철도차량 운전면허 행정처분이 결정되어 같은 법 시행규칙 제34조 제1항에 따라 통지하오니 같은 법 제20조 제3항에 따라 운전면허의 취소나 효력정지 처분통지를 받은 날부터 15일 이내에 교통안전공단에 면허증을 반납하시기 바랍니다.

2019년 10월 6일

국토교통부장관 [인]

주의사항	1. 운전면허가 취소 또는 정지된 사람이 취소 또는 정지처분 통지를 받은 날부터 15일 이내에 면허증을 반납하지 않은 경우에는 '철도안전법' 제81조에 따라 ㉢ 1천만원 이하의 과태료 처분을 받게 됩니다. 2. 운전면허증을 반납하지 않더라도 위 ④ ㉣ 행정처분난의 결정내용에 따라 취소 또는 정지처분이 집행됩니다. 3. 운전면허 취소 또는 효력정지 처분에 대하여 이의가 있는 사람은 '행정심판법' 또는 '행정소송법'에 따라 ㉤ 기한내에 행정심판 또는 행정소송을 제기할 수 있습니다.

☑ 확인 Check! ○△✕

45 윗글의 밑줄 친 ㉠~㉤에 대한 수정방안으로 적절하지 않은 것은?

① ㉠ – 성과 이름은 붙여 써야 하므로 '남궁민'으로 쓰는 것이 올바른 표기야.
② ㉡ – 연월일의 글자를 생략하고 온점을 찍어 '1988. 11. 24.'로 고치는 것이 좋겠어.
③ ㉢ – 단위 명사는 앞말과 띄어 적어야 하므로 '1천만 원'으로 수정해야 해.
④ ㉣ – 앞에 오는 말이 한자어인 경우 '란'으로 적는다는 한글맞춤법에 따라 '행정처분란'으로 수정해야 해.
⑤ ㉤ – '일정한 범위의 안'을 뜻하는 '내'는 의존명사이므로 '기한 내'로 띄어 써야 해.

☑ 확인 Check! ○△✕

46 다음 중 윗글을 이해한 내용으로 적절하지 않은 것은?

① 남궁 민의 면허정지 사유와 동일한 행위를 한 운전면허 취득자의 경우, 국토교통부장관이 운전면허를 취소할 수 있다.
② 남궁 민은 면허정지 처분에 대해 이의가 있을 경우 행정심판 또는 행정소송을 제기할 수 있다.
③ 남궁 민이 면허증을 반납하지 않으면 면허 정지처분이 집행되지 않으므로 반드시 통지를 받은 날부터 15일 이내에 반납하여야 한다.
④ 국토교통부장관은 남궁 민의 면허정지 처분 내용을 남궁 민을 고용하고 있는 철도 운영자에게도 통지하여야 한다.
⑤ 국토교통부장관은 남궁 민의 면허정지 기간이 끝나는 즉시 운전면허증을 돌려주어야 한다.

PART 4

☑ 확인 Check! ○ △ ✕

47 Q회사는 7월 22일(금)에 전 사원을 대상으로 하계워크숍을 진행할 계획이다. 워크숍 첫날에는 장기자랑이 계획되어 있는데 올해 입사한 신입사원뿐만 아니라 자원한 자도 참여할 수 있도록 하였다. 다음은 신입사원 A, B, C가 장기자랑 준비와 관련하여 나눈 대화내용이다. 이를 참고하였을 때, B사원이 다목적실 예약현황 게시글에 남길 댓글로 가장 적절한 것은?

〈신입사원 대화내용〉

A사원 : 곧 하계워크숍이 있잖아. 어서 장기자랑을 준비해야 할 것 같아.
B사원 : 일단 연습할 수 있는 공간을 먼저 알아보는 게 좋겠어.
C사원 : 5층 다목적실은 어때?
B사원 : 좋은 의견이야. 혹시 7월 초부터 하계워크숍 전까지 참여하기 어려운 시간대를 알려줘. 고려해서 미리 예약해둘게.
A사원 : 나는 매주 금요일마다 16:00시에 주간업무를 보고해야 돼. 그래서 점심 이후에는 시간이 나질 않을 것 같아. 그리고 매주 목요일 오전에는 거래처에 방문하는데, 그날은 오후 이후로는 가능할 것 같아.
C사원 : 나는 매주 화요일 및 목요일 오후에 직영점을 들러야해. 아마 늦게 돌아올 것 같아서 그때는 오전시간대 말고는 참석하기 어려울 것 같아.
B사원 : 단기간에 준비하려면 연속해서 매일 연습하는 것이 좋겠어. 다목적실 예약현황을 살펴보니까, 3일 동안 하루 3시간씩 매일 연습을 할 수 있을 것 같아. 내가 예약신청을 해둘게.

제　목 : 2019년 7월 5층 다목적실 예약현황
글쓴이 : 김○○　　　날 짜 : 2019년 6월 30(목) 09:12　　　조 회 : 102

■ 다목적실 운영방침

1. 다목적실 이용예약은 사용일로부터 최소 1주일 전에 신청해야 접수가 완료된다.
2. 예약신청 시에는 사용목적, 인원, 사용기간 및 시간 등을 간략하게 기재하여 예약현황 게시글에 댓글로 남긴다.
3. 다목적실은 평일 09:00 ~ 19:00까지 운영한다(단, 공휴일 및 토・일요일은 운영하지 않는다).
4. 시설이용시간은 점심시간을 제외한 오전(09:00 ~ 12:00), 오후(13:00 ~ 16:00), 저녁(16:00 ~ 19:00)이다.

■ 7월 5층 다목적실 예약현황

2019.06.29 08:21:00 update

일	월	화	수	목	금	토
3	4 [가능] 09, 13, ~~16~~	5 [가능] 09, 13, ~~16~~	6 [가능] 09, 13, ~~16~~	7 [가능] 09, 13, 16	8 [완료] ~~09~~, ~~13~~, ~~16~~	9
10	11 [가능] 09, 13, ~~16~~	12 [가능] 09, 13, 16	13 [가능] 09, 13, ~~16~~	14 [가능] 09, 13, 16	15 [가능] 09, ~~13~~, 16	16
17	18 [가능] 09, 13, 16	19 [가능] 09, ~~13~~, 16	20 [가능] ~~09~~, ~~13~~, 16	21 [완료] ~~09~~, ~~13~~, ~~16~~	22 [가능] 09, 13, 16	23

- 예약 가능한 시간대가 있을 경우에는 [가능] 표시
- 예약 가능한 시간대가 없을 경우에는 [완료] 표시
- 예약이 완료된 시간대는 취소선으로 표시함
- 담당자(김○○ 대리)는 예약신청을 반영할 때마다 update 일자를 기록함

① 목적 : 장기자랑 준비 / 인원 : 3명 / 7월 4일 ~ 7월 6일 오전(09:00)
② 목적 : 장기자랑 준비 / 인원 : 3명 / 7월 11일 ~ 7월 13일 오전(09:00)
③ 목적 : 장기자랑 준비 / 인원 : 3명 / 7월 12일 ~ 7월 14일 오후(13:00)
④ 목적 : 장기자랑 준비 / 인원 : 3명 / 7월 15일 ~ 7월 19일 오전(09:00)
⑤ 목적 : 장기자랑 준비 / 인원 : 3명 / 7월 18일 ~ 7월 20일 저녁(16:00)

☑ 확인 Check! ○ △ ✕

48 다음은 국민연금법의 일부 조항이다. 다음을 읽고 나타낸 반응으로 적절하지 않은 것은?

> **제89조(연금보험료의 납부 기한 등)**
>
> ① 연금보험료는 납부 의무자가 다음 달 10일까지 내야 한다. 다만, 대통령령으로 정하는 농업・임업・축산업 또는 수산업을 경영하거나 이에 종사하는 자(이하 "농어업인"이라 한다)는 본인의 신청에 의하여 분기별 연금보험료를 해당 분기의 다음 달 10일까지 낼 수 있다.
>
> ② 연금보험료를 납부 기한의 1개월 이전에 미리 낸 경우에는 그 전달의 연금보험료 납부 기한이 속하는 날의 다음 날에 낸 것으로 본다.
>
> ③ 납부 의무자가 연금보험료를 미리 낼 경우 그 기간과 감액(減額)할 금액 등은 대통령령으로 정한다.
>
> ④ 납부 의무자가 연금보험료를 자동 계좌이체의 방법으로 낼 경우에는 대통령령으로 정하는 바에 따라 연금보험료를 감액하거나 재산상의 이익을 제공할 수 있다.
>
> ⑤ 건강보험공단은 제1항에도 불구하고 고지서의 송달 지연 등 보건복지부령으로 정하는 사유에 해당하는 경우에는 제1항에 따른 납부 기한으로부터 1개월 범위에서 납부 기한을 연장할 수 있다.
>
> ⑥ 제5항에 따라 납부 기한을 연장받으려면 보건복지부령으로 정하는 바에 따라 건강보험공단에 납부 기한의 연장을 신청하여야 한다.

① 연금보험료 자동이체를 신청했더니 보험료 감액 혜택이 있더라.
② 농업에 종사하시는 우리 부모님은 연금보험료를 분기별로 납부하시더라.
③ 이번 달 연금보험료 고지서를 아직 받지 못했어. 연금보험료 납부 기한 연장 신청을 해야겠어.
④ 지난번에 납부 기한을 2개월 연장하려고 했는데 납부 기한 연장은 1개월 범위에서만 가능하다더라.
⑤ 납부 기한 연장은 대통령령으로 정하는 바에 따라 시청에 신청을 하면 된대.

PART 4

※ 다음은 지식재산권 심판청구 현황에 관한 자료이다. 이 자료를 보고 다음 물음에 답하시오. [49~50]

구분		2015년	2016년	2017년	2018년
심판청구건수(건)	계	20,987	17,124	15,188	15,883
	특허	12,238	10,561	9,270	9,664
	실용신안	903	828	559	473
	디자인	806	677	691	439
	상표	7,040	5,058	4,668	5,307
심판처리건수(건)	계	19,473	16,728	15,552	16,554
	특허	10,737	9,882	9,632	9,854
	실용신안	855	748	650	635
	디자인	670	697	677	638
	상표	7,211	5,401	4,593	5,427
심판처리기간(개월)	특허·실용신안	5.9	8.0	10.6	10.2
	디자인·상표	5.6	8.0	9.1	8.2

☑ 확인 Check! ○ △ ×

49 위 자료를 보고 판단한 내용 중 올바르지 않은 것은?

① 2015년부터 2018년까지 수치가 계속 증가한 항목은 하나도 없다.
② 심판청구건수보다 심판처리건수가 더 많은 해도 있다.
③ 2015년부터 2018년까지 건수가 지속적으로 감소한 항목은 2개이다.
④ 2018년에는 특허와 실용신안의 심판처리기간이 2015년에 비해 70% 이상 더 길어졌다.
⑤ 2017년에는 모든 항목이 2018년보다 건수가 적고 기간이 짧다.

☑ 확인 Check! ○ △ ×

50 2015년부터 2018년까지 상표에 대한 심판청구건수의 총합과 같은 기간 동안의 상표에 대한 심판처리건수 총합과의 차이는 얼마인가?

① 559건
② 567건
③ 571건
④ 589건
⑤ 598건

☑ 확인 Check! ○△×

51 겨울철 난방뿐만 아니라 임산부 산후조리, 신경통 환자 등 수요가 늘어나면서 전기요 매출이 해마다 늘고 있고 이에 따라 고객의 문의도 늘어나고 있는 추세이다. 고객 상담 팀에서 근무하고 있는 김 과장은 사원 정기 교육을 앞두고 제품 매뉴얼을 점검하고 있다. 다음 중 전기요 사용 시 지켜야 할 사항으로 적절하지 않은 것은?

〈올바른 사용법〉

- 침대 사용 시 전기요·전기장판을 구김 없이 바르게 펼쳐 밀리지 않도록 고정하여 사용하십시오.
- 바닥에서 사용하실 때는 카펫을 깔고 그 위에 전기요를 펼치고 위에 얇은 패드를 깔아서 사용 하시면 보온효과가 크고 전력소모도 적게 들어 경제적입니다.
- 전기요 본체의 접속기와 온도조절기의 접속코드를 정확하게 꽂아주십시오.
- AC 220V 전원플러그를 정확히 꽂아 사용하십시오.
- 선택된 온도는 실온에 따라 자동조절이 됩니다.

〈사용 시 주의사항〉

- 제품을 접어서 방석용으로 사용하지 마십시오.
- 구겨진 상태이거나 젖은 채로 사용하지 마십시오.
- 무거운 물체를 올려놓지 마십시오.
- 온도조절기는 반드시 본체(이불) 밖으로 내어놓고 사용하십시오.
- 장시간 사용할 때에는 취침 모드 또는 저온으로 사용하십시오.
- 본 제품은 옥외용이 아닙니다.
- 베개 위치는 가급적 본체 밖에 놓고 사용하십시오.
- 사용 중에 이불을 개어 본체 위 한쪽에 쌓아 놓은 채로 사용하지 마십시오.
- 라텍스 매트리스를 사용 시에는 보온력이 높아 과열될 수 있으니 취침 모드 또는 저온으로 사용하십시오.
- 온도 조절기는 절대로 다른 조절기와 바꾸어 사용하지 마십시오.
- 사용하지 않을 때는 반드시 전원플러그를 콘센트에서 빼 주십시오.
- 온도 조절기는 수분이 많은 곳을 피해야 하며, 물이 묻었을 때는 말린 후에 사용하시거나 A/S 센터에 문의 바랍니다.
- 온도 조절기 내부를 임의로 열거나 조작하면 화재나 불량의 원인이 됩니다.
- 온도 조절기가 낡거나 손상을 입지 않았는지 자주 살펴보아야 합니다.
- 전기요 본체를 세탁할 때는 드럼 세탁기 사용이 가능(울 코스)합니다.
- 전기요 세탁 후 말릴 때는 잘 펴서 햇볕에 말려주세요.
- 전기요 커버는 세탁기 세탁이 가능합니다.
- 전기요 커버를 세탁할 때는 표백제 사용을 하시면 안 됩니다.
- 먼지를 턴다고 두드리지 마십시오.
- 사용하지 않을 시에는 가볍게 접어서 제일 위에 올려놓습니다.

① 열선 손상의 위험이 있기 때문에 보관 및 사용 시 접지 않아야 한다.
② 맨바닥에 깔면 안 된다.
③ 커버 및 본체는 세탁기 사용이 가능하다.
④ 본체에 압력이 가해지면 안 된다.
⑤ 사용 시 가장 경계해야 할 환경 요소는 습도이다.

PART 4

☑ 확인 Check! ○ △ ×

52 정부에서 ○○시에 새로운 도로를 건설할 계획을 발표하였으며, 이에 따라 A, B, C의 세 가지 노선이 제시되었다. 각 노선의 총 길이는 터널구간, 교량구간, 일반구간으로 구성되며, 추후 도로가 완공되면 연간 평균 차량통행량이 2백만 대일 것으로 추산된다. 다음의 자료는 각 노선의 구성과 건설비용, 환경·사회손실비용을 나타낸 자료이다. 이를 참고할 때, 다음의 설명 중 적절하지 않은 것은?(단, 도로는 15년 동안 유지할 계획이다)

〈목적지별 거리와 차종별 연비〉

구분		A노선	B노선	C노선	1km당 건설비용
건설 비용	터널구간	1.0km	0km	0.5km	1,000억 원
	교량구간	0.5km	0km	1km	200억 원
	일반구간	8.5km	20km	13.5km	100억 원
환경손실비용		15억 원/년	5억 원/년	10억 원/년	-
사회손실비용		차량 한 대가 10km를 운행할 경우 1,000원 비용발생			-

※ (건설비용)=(각 구간 길이)×(1km당 건설비용)

※ (사회손실비용)=(노선 길이)×$\frac{1,000원}{10km}$×(연간 평균 차량 통행량)×(유지 연수)

① 건설비용만 비교할 때 A노선이 최적의 대안이다.
② B노선의 길이가 가장 길기 때문에 사회손실비용이 가장 많이 발생한다.
③ 환경적 손실만 비교할 때, A노선은 B노선의 3배에 이르는 비용이 든다.
④ 건설비용과 사회손실비용을 함께 고려하면 C노선이 가장 적합하다.
⑤ 건설비용과 사회·환경손실비용을 모두 고려하면 A노선과 B노선에 드는 비용의 차이는 200억 원이다.

☑ 확인 Check! ○ △ ×

53 다음 제시문에 나타난 의사소통의 저해 요인으로 가장 적절한 것은?

> "말하지 않아도 알아요."
>
> '말하지 않아도 알아요.' TV 광고 음악에 많은 사람이 공감했던 것과 같이 과거 우리 사회에서는 자신의 의견을 직접적으로 드러내지 않는 것을 미덕이라고 생각했다. 하지만 직접 말하지 않아도 상대가 눈치껏 판단하고 행동해 주길 바라는 '눈치' 문화가 오히려 의사소통 과정에서의 불신과 오해를 낳는다.

① 의사소통 기법의 미숙
② 부족한 표현 능력
③ 평가적이며 판단적인 태도
④ 선입견과 고정관념
⑤ 폐쇄적인 의사소통 분위기

☑ 확인 Check! ○△×

54 협상과정은 연구관점에 따라 다양한 형태로 분류할 수 있다. 우선 협상 전단계, 협상 개시단계, 정보공유단계, 문제해결단계, 합의단계로 설명할 수 있다. 또한 준비단계, 협상단계, 합의 후 평가단계의 순서로도 나눌 수 있다. 노사협상의 경우처럼 협상기획, 협상준비, 협상진행, 협상종료, 비준 및 집행의 순서로 진행된다고도 볼 수 있다. 협상과정을 '협상시작 – 상호이해 – 실질이해 – 해결대안 – 합의문서'의 5단계로 구분할 경우, 다음 〈보기〉의 내용들을 협상순서에 따라 바르게 나열한 것은?

> 보기
>
> ㄱ. 적극적으로 경청하고 자기 주장을 제시한다.
> ㄴ. 합의문을 작성한다.
> ㄷ. 분할과 통합 기법을 활용하여 이해관계를 분석한다.
> ㄹ. 간접적인 방법으로 협상의사를 전달한다.
> ㅁ. 협상 안건마다 대안들을 평가한다.

① ㄱ → ㄷ → ㄹ → ㅁ → ㄴ
② ㄱ → ㄹ → ㄷ → ㄴ → ㅁ
③ ㄷ → ㄱ → ㄴ → ㄹ → ㅁ
④ ㄹ → ㄱ → ㄷ → ㅁ → ㄴ
⑤ ㄹ → ㅁ → ㄱ → ㄷ → ㄴ

☑ 확인 Check! ○△×

55 홍보팀 A차장이 업무상 자주 사용하는 Coocle 포털사이트를 인터넷 익스플로러의 기본검색 공급자로 설정하고 싶다고 전산팀 소속인 귀하에게 문의하였다. 귀하가 A차장에게 검색 공급자 변경 방법을 설명한다고 할 때, 아래의 모니터 화면에서 무엇을 클릭하라고 안내하여야 하는가?

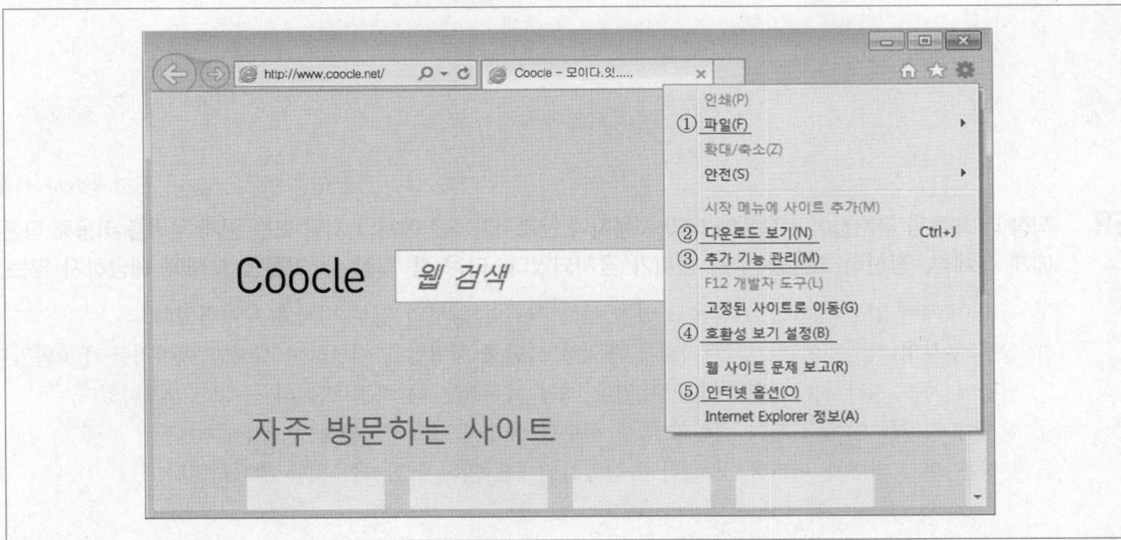

① 파일(F)
② 다운로드 보기(N)
③ 추가 기능 관리(M)
④ 호환성 보기 설정(B)
⑤ 인터넷 옵션(O)

PART 4

※ H공사 인사팀에 근무하고 있는 E대리는 다른 부서의 B과장과 D대리의 승진심사를 위해 다음과 같이 표를 작성하였다. 자료를 보고 이어지는 질문에 답하시오. **[56~57]**

〈승진심사 점수〉

(단위 : 점)

구분	기획력	업무실적	조직 성과업적	청렴도	승진심사 평점
B과장	80	72	78	70	
D대리	60	70	48		63.6

※ 승진심사 평점은 기획력 30%, 업무실적 30%, 조직 성과업적 25%, 청렴도 15%로 계산한다.

※ 각 부문별 만점은 100점이다.

☑ 확인 Check! ○ △ ×

56 D대리의 청렴도 점수를 바르게 계산한 것은?

① 80점 ② 81점
③ 82점 ④ 83점
⑤ 84점

☑ 확인 Check! ○ △ ×

57 H공사의 내규에 따르면 과장이 승진후보에 오르기 위해서는 승진심사 평점이 80점 이상이어야 한다. B과장이 승진후보에 오르기 위해 필요한 점수는 몇 점인가?

① 4.2점 ② 4.4점
③ 4.6점 ④ 4.8점
⑤ 5.0점

☑ 확인 Check! ○ △ ×

58 직장 내 괴롭힘 금지법이 시행됨에 따라 사용자나 근로자가 직장에서의 지위 또는 관계 우위를 이용해 다른 근로자에게 신체적, 정신적 고통을 주는 행위가 금지되었다. 다음 중 직장 내 괴롭힘 사례에 해당하지 않는 것은?

① 회사 내에서 업무 성과를 인정받고 있는 부하 직원이 상사의 업무 지시를 무시하였다.
② 같은 부서의 직원들이 한 명의 직원을 제외하고 단체 채팅방을 개설하여 사적인 이야기를 주고받았다.
③ 팀장이 자주 지각하는 팀원의 출근 내역을 매일 기록하는 등 특정 직원의 근태를 감시하였다.
④ 상사가 직원들 앞에서 부하 직원의 업무 실수를 공개적으로 지적하여 망신을 주었다.
⑤ 부장은 회식 참여가 어려울 것 같다는 신입사원에게 회식에 참여할 것을 강요하였다.

59 다음 워크시트에서 [틀 고정] 기능을 통해 A열과 1행을 고정하고자 할 때, 어느 셀을 클릭한 후 틀 고정해야 하는가?

	A	B	C
1	코드번호	성명	취미
2	A001	이몽룡	컴퓨터
3	A002	홍길동	축구
4	A003	성춘향	미술
5	A004	변학도	컴퓨터
6	A005	임꺽정	농구

① [A1]
② [A2]
③ [B1]
④ [B2]
⑤ [C2]

☑ 확인 Check! ○ △ ✕

60 K공사 총무부에서 근무하고 있는 김 대리는 팀에서 필요한 소모품을 구입하고자 한다. 전년도 동월 보유량과 동일한 양으로 물품을 확보하고자 할 때, 김 대리가 구매해야 하는 물품 총액은?

품목	가격(원)	전년도 동월 보유량(개)	현재 재고(개)
문구세트	12,000	9	3
키보드	27,100	30	13
마우스	22,000	21	19
포스트잇	10,000	11	10

① 420,200원
② 538,000원
③ 572,100원
④ 586,700원
⑤ 592,000원

제2회 직무수행능력평가

실전모의고사(사무직)

정답 및 해설 p. 93

시험시간 : (　　) / 30분　맞힌 개수 : (　　) / 30문항

| 01 | 경영학

확인 Check! ○ △ ×

01 균형성과표(BSC)의 4가지 성과측정 관점이 아닌 것은?

① 재무관점
② 고객관점
③ 공급자관점
④ 학습 및 성장관점
⑤ 내부 프로세스관점

확인 Check! ○ △ ×

02 기업 회계에 대한 설명 중 옳지 않은 것은?

① 재무상태표 등식에서 알 수 있듯이 자산과 부채의 합은 수익과 비용의 합과 같다.
② 재무상태표의 왼쪽에는 자산, 오른쪽에는 부채와 자본을 기록한다.
③ 손익계산서는 일정 기간 동안 수익과 비용을 표시한 것이다.
④ 매출채권은 재무상태표의 구성항목에 해당하며, 매출원가는 포괄손익계산서의 구성항목에 해당한다.
⑤ 회계의 순환과정은 '거래발생 → 분개 → 원장 전기 → 수정전시산표 작성 → 수정분개 → 재무제표 작성' 순이다.

확인 Check! ○ △ ×

03 관리회계에 관한 설명으로 옳지 않은 것은?

① 내부정보이용자에게 유용한 정보이다.
② 재무제표 작성을 주목적으로 한다.
③ 경영자에게 당면한 문제를 해결하기 위한 정보를 제공한다.
④ 경영계획이나 통제를 위한 정보를 제공한다.
⑤ 법적 강제력이 없다.

☑ 확인 Check! ○ △ ✕

04 다음이 설명하는 조직이론은?

- 조직의 환경요인들은 상호의존적인 관계를 형성하여야 한다.
- 조직 생존의 핵심적인 요인은 자원을 획득하고 유지할 수 있는 능력이다.
- 조직은 자율성과 독립성을 유지하기 위하여 환경에 대한 영향력을 행사해야 한다.

① 제도화 이론
② 자원의존 이론
③ 조직군 생태학 이론
④ 거래비용 이론
⑤ 학습조직 이론

☑ 확인 Check! ○ △ ✕

05 재무비율에 관한 설명으로 옳지 않은 것은?

① 유동성 비율은 단기에 지급해야 할 채무를 갚을 수 있는 기업의 능력을 측정하는 것이다.
② 이자보상비율은 순이익을 이자비용으로 나누어 산출한다.
③ 활동성 비율은 기업의 자산을 얼마나 효율적으로 사용했는지를 측정한다.
④ 레버리지 비율을 통해 기업의 채무불이행 위험을 평가할 수 있다.
⑤ 재고자산회전율이 산업평균보다 낮은 경우 재고부족으로 인한 기회비용이 나타난다.

☑ 확인 Check! ○ △ ✕

06 옵션에 관한 설명으로 옳지 않은 것은?

① 풋옵션은 정해진 가격으로 기초자산을 팔 수 있는 권리가 부여된 옵션이다.
② 미국식 옵션은 만기시점 이전이라도 유리할 경우 행사가 가능한 옵션이다.
③ 콜옵션은 기초자산의 가격이 낮을수록 유리하다.
④ 풋옵션은 행사가격이 높을수록 유리하다.
⑤ 콜옵션의 경우 기초자산의 현재가격이 행사가격보다 작을 경우 내재가치는 0이다.

☑ 확인 Check! ○ △ ✕

07 시장세분화에 관한 설명으로 옳은 것은?

① 인구통계적 세분화는 나이, 성별, 가족규모, 소득, 직업, 종교, 교육수준 등을 바탕으로 시장을 나누는 것이다.
② 사회심리적 세분화는 추구하는 편익, 사용량, 상표애호도, 사용 여부 등을 바탕으로 시장을 나누는 것이다.
③ 시장표적화는 시장 내에서 우월한 위치를 차지하도록 고객을 위한 제품·서비스 및 마케팅 믹스를 개발하는 것이다.
④ 시장포지셔닝은 세분화된 시장의 좋은 점을 분석한 후 진입할 세분시장을 선택하는 것이다.
⑤ 행동적 세분화는 구매자의 사회적 위치, 생활습관, 개인성격 등을 바탕으로 시장을 나누는 것이다.

☑ 확인 Check! ○ △ ×

08 인간관계론의 내용에 관한 설명으로 옳은 것은?

① 과학적 관리법과 유사한 이론이다.
② 인간 없는 조직이란 비판을 들었다.
③ 심리요인과 사회요인은 생산성에 영향을 주지 않는다.
④ 비공식집단을 인식했으나 그 중요성을 낮게 평가했다.
⑤ 메이요(E. Mayo)와 뢰슬리스버거(F. Roethlisberger)를 중심으로 호손실험을 거쳐 정리되었다.

☑ 확인 Check! ○ △ ×

09 샤인(Schein)이 제시한 경력 닻의 내용으로 옳지 않은 것은?

① 전문역량 닻 – 일의 실제 내용에 주된 관심이 있으며 전문분야에 종사하기를 원한다.
② 관리역량 닻 – 특정 전문영역보다 관리직에 주된 관심이 있다.
③ 자율성·독립 닻 – 조직의 규칙과 제약조건에서 벗어나려는 데 주된 관심이 있으며 스스로 결정할 수 있는 경력을 선호한다.
④ 도전 닻 – 해결하기 어려운 문제나 극복 곤란한 장애를 해결하는 데 주된 관심이 있다.
⑤ 기업가 닻 – 타인을 돕는 직업에서 일함으로써 타인의 삶을 향상시키고 사회를 위해 봉사하는데 주된 관심이 있다.

☑ 확인 Check! ○ △ ×

10 JIT(Just In Time) 시스템의 특징으로 옳지 않은 것은?

① 푸쉬(push) 방식이다.
② 필요한 만큼의 자재만을 생산한다.
③ 공급자와 긴밀한 관계를 유지한다.
④ 가능한 한 소량 로트(lot) 크기를 사용하여 재고를 관리한다.
⑤ 생산지시와 자재이동을 가시적으로 통제하기 위한 방법으로 칸반(Kanban)을 사용한다.

☑ 확인 Check! ○ △ ×

11 통합적 마케팅 커뮤니케이션에 관한 설명 중 옳지 않은 것은?

① 강화광고는 기존 사용자에게 브랜드에 대한 확신과 만족도를 높여 준다.
② 가족 브랜딩(Family Branding)은 개별 브랜딩과는 달리 한 제품을 촉진하면 나머지 제품도 촉진된다는 이점이 있다.
③ 촉진에서 풀(Pull) 정책은 제품에 대한 강한 수요를 유발할 목적으로 광고나 판매촉진 등을 활용하는 정책이다.
④ Pr은 조직의 이해관계자들에게 호의적인 인상을 심어주기 위하여 홍보, 후원, 이벤트, 웹사이트 등을 사용하는 커뮤니케이션 방법이다.
⑤ 버즈(Buzz) 마케팅은 소비자에게 메시지를 빨리 전파할 수 있게 이메일이나 모바일을 통하여 메시지를 공유한다.

☑ 확인 Check! ○ △ ×

12 **전형적인 제품수명주기(PLC)에 관한 설명으로 옳지 않은 것은?**

① 도입기, 성장기, 성숙기, 쇠퇴기의 4단계로 나누어진다.
② 성장기에는 제품선호형 광고에서 정보제공형 광고로 전환한다.
③ 도입기에는 제품인지도를 높이기 위해 광고비가 많이 소요된다.
④ 성숙기에는 제품의 매출성장률이 점차적으로 둔화되기 시작한다.
⑤ 쇠퇴기에는 제품에 대해 유지전략, 수확전략, 철수전략 등을 고려할 수 있다.

☑ 확인 Check! ○ △ ×

13 **A사가 프린터를 저렴하게 판매한 후, 그 프린터의 토너를 비싼 가격으로 결정하는 방법은?**

① 종속제품 가격결정(Captive Product Pricing)
② 묶음 가격결정(Bundle Pricing)
③ 단수 가격결정(Odd Pricing)
④ 침투 가격결정(Penetration Pricing)
⑤ 스키밍 가격결정(Skimming Pricing)

☑ 확인 Check! ○ △ ×

14 **종업원 선발을 위한 면접에 관한 설명으로 옳은 것은?**

① 비구조화 면접은 표준화된 질문지를 사용한다.
② 집단 면접의 경우 맥락효과(Context Effect)가 발생할 수 있다.
③ 면접의 신뢰성과 타당성을 높이기 위해 면접내용 개발 단계에서 면접관이나 경영진을 배제한다.
④ 위원회 면접은 한 명의 면접자가 여러 명의 피면접자를 평가하는 방식이다.
⑤ 스트레스 면접은 여러 시기에 걸쳐 여러 사람이 면접하는 방식이다.

PART 4

☑ 확인 Check! ○ △ ×

15 **신주 발행을 통한 주식배당을 실시할 경우 재무 상태에 미치는 영향으로 옳은 것은?**

	현금	자본금	자본총계	이익잉여금
①	일정	증가	증가	증가
②	감소	증가	증가	감소
③	감소	일정	일정	감소
④	일정	증가	일정	감소
⑤	일정	일정	증가	증가

☑ 확인 Check! ○ △ ✕

16 주식회사의 설립방법에는 발기설립과 모집설립이 있다. 두 방법의 차이를 비교한 것으로 옳지 못한 것은?

	구분	발기설립	모집설립
①	기능	소규모 회사 설립에 용이	대규모 자본 조달에 유리
②	주식의 인수	주식의 총수를 발기인이 인수	발기인 우선인수 후 나머지 주주모집
③	인수 방식	단순한 서면주의	법정기재사항이 있는 주식청약서에 의함
④	납입의 해태	일반원칙(채무불이행)에 속한다.	실권절차가 있음
⑤	설립경과조사	이사와 감사가 조사하여 창립총회에 보고	이사와 감사가 조사하여 발기인에 보고

☑ 확인 Check! ○ △ ✕

17 다음 글이 설명하는 경제 용어는?

> 소액주주권 보호 및 기업지배구조 개선을 위한 제도로, 2명 이상의 이사를 선임할 때 주당 이사수와 동일한 수의 의결권을 부여하는 것이다. 3명의 이사를 선출할 때 1주를 가진 주주의 의결권은 3주가 된다는 계산이다. 소액주주들도 의결권을 하나에 집중시키면 자신들이 원하는 이사를 뽑을 수 있다는 장점이 있다.

① 황금주 제도
② 차등의결권제도
③ 전자투표제
④ 집중투표제
⑤ 섀도 보팅

☑ 확인 Check! ○ △ ✕

18 다음 빈칸에 공통으로 들어갈 단어는?

> 통계청은 최근 조사 자료를 근거로 한, 사회환경의 변화에 맞춰 등장한 신소비계층인 (　　　)를 발표하고, 이들이 밀집한 지역을 지도 위에 각종 관련 통계와 함께 보여 주는 (　　　) 지리정보 시스템(GIS) 서비스를 시작하였다.

① 컨슈머
② 블루슈머
③ 크리슈머
④ 블랙컨슈머
⑤ 스마트컨슈머

☑ 확인 Check! ○ △ ✕

19 생산제품의 판매가치와 인건비와의 관계에서 배분액을 계산하는 집단성과급제는?

① 순응임금제
② 물가연동제
③ 스캔론 플랜
④ 럭커 플랜
⑤ 시간급

☑ 확인 Check! ○△✕

20 경영정보시스템 관련 용어에 대한 설명으로 옳은 것은?

① 데이터베이스관리시스템은 비즈니스 수행에 필요한 일상적인 거래를 처리하는 정보시스템이다.
② 전문가시스템은 일반적인 업무를 지원하는 정보시스템이다.
③ 전사적 자원관리시스템은 공급자와 공급기업을 연계하여 활용하는 정보시스템이다.
④ 의사결정지원시스템은 데이터를 저장하고 관리하는 정보시스템이다.
⑤ 중역정보시스템은 최고경영자층이 전략적인 의사결정을 하도록 도와주는 정보시스템이다.

☑ 확인 Check! ○△✕

21 유형자산의 감가상각에 관한 설명으로 옳지 않은 것은?

① 감가상각방법은 해당 자산에 내재되어 있는 미래 경제적 효익이 소비되는 형태를 반영한다.
② 유형자산에 내재된 미래 경제적 효익이 다른 자산을 생산하는 데 사용되는 경우 유형자산의 감가상각액은 해당 자산의 원가의 일부가 된다.
③ 정액법의 경우 자산이 가동되지 않거나 유휴상태가 되면 감가상각이 완전히 이루어지기 전이라도 감가상각을 중단해야 한다.
④ 원가모형과 재평가모형 중 하나를 선택하여 유형자산의 분류별로 동일하게 적용한다.
⑤ 기중 취득한 자산은 특별히 제시된 경우를 제외하고는 월할상각이 타당한 것으로 간주한다.

☑ 확인 Check! ○△✕

22 채권은 원금과 일정한 이자를 받을 권리가 있는 유가증권을 의미한다. 이러한 채권을 보유함으로 인해 발생하는 위험 중 거래 일방이 일시적인 자금부족으로 정해진 결제시점에 결제의무를 이행하지 못함으로써 거래 상대방의 자금조달계획 등에 악영향을 미치게 되는 위험을 무엇이라고 하는가?

① 재투자수익률 위험
② 수의상환위험
③ 유동성 위험
④ 채무불이행 위험
⑤ 인플레이션 위험

☑ 확인 Check! ○△✕

23 다음 중 시간가치를 고려한 투자안의 평가방법은?

가. 순현재가치(NPV)법
나. 회수기간법
다. 회계적 이익률(ARR)법
라. 평균이익률법
마. 내부수익률(IRR)법

① 가, 다
② 가, 마
③ 나, 라
④ 나, 마
⑤ 다, 라

☑ 확인 Check! ○ △ ×

24 인사고과에 관한 설명으로 옳지 않은 것은?

① 인사고과란 종업원의 능력과 업적을 평가하여 그가 보유하고 있는 현재적 및 잠재적 유용성을 조직적으로 파악하는 방법이다.
② 인사고과의 수용성은 종업원이 인사고과 결과가 정당하다고 느끼는 정도이다.
③ 인사고과의 타당성은 고과내용이 고과목적을 얼마나 잘 반영하고 있느냐에 관한 것이다.
④ 현혹효과(Halo Effect)는 피고과자의 어느 한 면을 기준으로 다른 것까지 함께 평가하는 경향을 말한다.
⑤ 대비오차(Contrast Errors)는 피고과자의 능력을 실제보다 높게 평가하는 경향을 말한다.

☑ 확인 Check! ○ △ ×

25 BCG 매트릭스에서 시간 흐름에 따른 사업단위(SBU)의 수명주기를 순서대로 나열한 것은?

① 별 → 현금젖소 → 개 → 물음표
② 물음표 → 별 → 현금젖소 → 개
③ 현금젖소 → 개 → 별 → 물음표
④ 개 → 물음표 → 현금젖소 → 별
⑤ 물음표 → 현금젖소 → 별 → 개

☑ 확인 Check! ○ △ ×

26 다음 설명의 빈칸에 들어갈 벤치마킹 유형으로 올바른 것은?

> • (　　　　　　　)은 경쟁회사의 강점과 약점을 파악하여 성공적인 대응전략을 수립하는 방법이다. 이 방법은 특정 고객의 요구를 확인하고 상대적인 업무 수준이 평가되기 때문에 업무개선의 우선순위를 정하는데 도움을 준다.
> • (　　　　　　　)은 생산방식과 배달방식 등에 초점을 맞춘다. 그리고 이를 통하여 경쟁회사에 대한 경쟁력을 확보할 수 있다.

① 내부 벤치마킹　　② 경쟁기업 벤치마킹
③ 산업 벤치마킹　　④ 선두그룹 벤치마킹
⑤ 선택적 벤치마킹

☑ 확인 Check! ○ △ ×

27 직무분석에 관한 설명으로 옳지 않은 것은?

① 직무분석은 직무와 관련된 정보를 수집・정리하는 활동이다.
② 직무분석을 통해 얻어진 정보는 전반적인 인적자원관리 활동의 기초자료로 활용된다.
③ 직무분석을 통해 직무기술서와 직무명세서가 작성된다.
④ 직무기술서는 직무를 수행하는 데 필요한 인적요건을 중심으로 작성된다.
⑤ 직무평가는 직무분석을 기초로 이루어진다.

☑ 확인 Check! ○ △ ✕

28 표적시장에 관한 설명으로 옳지 않은 것은?

① 단일표적시장에는 집중적 마케팅전략을 구사한다.
② 다수표적시장에는 순환적 마케팅전략을 구사한다.
③ 통합표적시장에는 역세분화 마케팅전략을 구사한다.
④ 인적, 물적, 기술적 자원이 부족한 기업은 보통 집중적 마케팅전략을 구사한다.
⑤ 세분시장 평가 시에는 세분시장의 매력도, 기업의 목표와 자원 등을 고려해야 한다.

☑ 확인 Check! ○ △ ✕

29 재무비율 분석을 분류할 때 활동성비율, 안정성비율, 수익성비율의 순서로 알맞은 것은?

① 토빈의 Q 비율 – 유동비율 – 순이익증가율
② 매출액증가율 – 유동비율 – 재고자산회전율
③ 재고자산회전율 – 주가순자산비율 – 매출액순이익률
④ 주가수익비율 – 납입자본회전율 – 배당성향
⑤ 재고자산회전율 – 자기자본비율 – 주당순이익

☑ 확인 Check! ○ △ ✕

30 A기업은 완전경쟁시장에서 노동만을 이용하여 구두를 생산하여 판매한다고 한다. 이 시장에서 구두 한 켤레의 가격과 임금은 각각 1만 원과 65만 원으로 결정되었다고 한다. 노동자의 수와 생산량이 아래와 같을 때 기업이 이윤을 극대화하기 위해서 고용하게 될 노동자 수는?

노동자 수(명)	구두 생산량(켤레)	노동자 수(명)	구두 생산량(켤레)
1	150	4	390
2	240	5	450
3	320	6	500

① 2명
② 3명
③ 4명
④ 5명
⑤ 6명

| 02 | 경제학

☑ 확인 Check! ○△×

01 공공재와 관련된 시장실패에 관한 설명으로 옳지 않은 것은?

① 순수공공재는 소비의 비배제성과 비경합성을 동시에 가지고 있다.
② 소비의 비배제성으로 인한 무임승차의 문제가 발생한다.
③ 긍정적 외부성이 존재하는 공공재의 생산을 민간에 맡길 때, 사회적 최적수준에 비해 과소생산된다.
④ 공공재의 경우에는 개인의 한계편익곡선을 수평으로 합하여 사회적 한계편익곡선을 도출한다.
⑤ 공공재의 최적생산을 위해서는 경제주체들의 공공재 편익을 사실대로 파악하여야 한다.

☑ 확인 Check! ○△×

02 다음 중 공공재의 특성에 대한 설명으로 적절한 것은?

① 한 사람의 소비가 다른 사람의 소비를 감소시킨다.
② 소비에 있어서 경합성 및 배제성의 원리가 작용한다.
③ 무임승차 문제로 과소 생산의 가능성이 있다.
④ 공공재는 민간이 생산, 공급할 수 없다.
⑤ 시장에 맡기면 사회적으로 적절한 수준보다 과대공급될 우려가 있다.

☑ 확인 Check! ○△×

03 인플레이션은 경제에 여러 영향을 끼치므로 통화당국은 과도한 인플레이션이 생기지 않도록 노력한다. 다음 중 인플레이션의 해악으로 보기 어려운 것은?

① 인플레이션은 기업의 가격조정 비용을 야기 시킨다.
② 기대한 인플레이션은 채무자와 채권자 사이에 부를 재분배시킨다.
③ 인플레이션은 상대가격을 혼란시켜 자원의 효율적 배분을 저해한다.
④ 인플레이션이 심하면 정상적인 거래를 방해해 거래를 감소시킨다.
⑤ 인플레이션이 심해지면 현금 보유를 줄이기 위해 노력하는 과정에서 비용이 발생한다.

☑ 확인 Check! ○△×

04 다음 중 자유재에 대한 설명으로 옳지 않은 것은?

① 희소성을 가지고 있지 않은 재화를 말한다.
② 공기와 햇빛을 대표적인 사례로 들 수 있다.
③ 시장가격이 형성되어 있지 않다.
④ 자유재에서 자유는 '아무런 대가 없이'의 의미를 나타낸다.
⑤ 시대나 환경이 변해도 자유재는 경제재로 바뀔 수 없다.

☑ 확인 Check! ○△✕

05 어느 마을에서는 사과가 오렌지보다 덜 귀하지만 사과의 가격이 오렌지의 가격보다 비싸다. 이로부터 추론할 수 있는 사실은?

① 이 마을에서는 오렌지가 사과보다 희소성이 더 높다.
② 이 마을 주민들이 비합리적인 선택을 한 결과이다.
③ 이 마을 주민들은 오렌지를 사과보다 선호한다.
④ 이 마을 주민들의 선호보다 공급의 크기에 의존하여 희소성이 나타난다.
⑤ 사과가 오렌지보다 영양분이 풍부하므로 더 중요하다.

☑ 확인 Check! ○△✕

06 밀턴 프리드만은 '공짜 점심은 없다(There is no such thing as a free lunch).'라는 말을 즐겨했다고 한다. 이 말을 설명할 수 있는 경제 원리는?

① 규모의 경제
② 긍정적 외부성
③ 기회비용
④ 수요공급의 원리
⑤ 한계효용 체감의 법칙

☑ 확인 Check! ○△✕

07 사유재산권이란 개인이 재산을 소유하고 그것을 자유의사에 따라 관리 · 사용 · 처분할 수 있는 권리를 의미하는 것으로 자본주의체제의 근간이 된다. 다음 중 이에 대한 설명으로 적절하지 않은 것은?

① 사유재산제도는 개인의 소유욕을 제도적으로 보장해 사회의 생산적 자원이 보존 · 유지 · 증식되게 만든다.
② 공정하고 투명한 생산체계와 건전한 소비를 정착시켜 소비자 주권을 확대한다.
③ 사회 구성원들이 사유재산제도를 통해 부를 나눠 갖게 되면 이에 기반을 두어 다양한 가치가 만들어지고 의사결정의 권력도 분산된다.
④ 사유재산권이 인정되지 않는 공유재의 경우 아껴 쓸 유인이 없어 결국 자원이 고갈되는 '공유지의 비극'이 발생한다.
⑤ 20세기에 들어오면서 차츰 생산수단, 특히 천연자원이나 독점적인 기업시설에 대한 사유재산권을 적당하게 제한하는 경향이 생기게 되었다.

확인 Check! ○ △ ×

08 다음은 경제학의 3대 문제를 언급한 것이다. 세 가지 경제 문제와 바르게 연결한 것을 고르면?

> 가. 어떤 재화를 얼마만큼 생산할 것인가?
> 나. 어떻게 생산할 것인가?
> 다. 누구를 위하여 생산할 것인가?

> Ⓐ 계획경제체제에서는 정부가 이 경제 문제를 결정한다.
> Ⓑ 분업과 특화의 확대는 이 경제 문제와 관련되어 있다.
> Ⓒ 소득세의 누진세율 적용, 사회복지제도는 이 경제 문제와 관련되어 있다.

① 가－Ⓐ, 나－Ⓑ, 다－Ⓒ
② 가－Ⓐ, 나－Ⓒ, 다－Ⓑ
③ 가－Ⓑ, 나－Ⓐ, 다－Ⓒ
④ 가－Ⓑ, 나－Ⓒ, 다－Ⓐ
⑤ 가－Ⓒ, 나－Ⓑ, 다－Ⓐ

확인 Check! ○ △ ×

09 시장에서 어떤 상품의 가격이 상승하면서 동시에 거래량이 증가하였다. 이러한 변화를 가져올 수 있는 요인은? (단, 이 재화는 정상재이다)

① 이 상품의 생산과 관련된 기술의 진보
② 이 상품과 보완관계에 있는 상품의 가격 하락
③ 이 상품과 대체관계에 있는 상품의 가격 하락
④ 이 상품을 주로 구매하는 소비자들의 소득 감소
⑤ 이 상품의 생산에 투입되는 노동자들의 임금 하락

확인 Check! ○ △ ×

10 다음과 같은 소비행태를 무엇이라고 하는가?

> • 특정 상품에 대한 대중의 소비가 증가할수록 그 상품에 대한 소비를 감소시킨다.
> • 속물효과라고도 한다.

① 스놉효과
② 밴드웨건 효과
③ 스톡홀름 증후군
④ 스필오버 효과
⑤ 트리클 다운

☑ 확인 Check! ○△✕

11 상품 A의 가격을 10% 인상하였더니 상품 A의 판매량이 5% 감소하였다면 다음 중 옳은 설명은?

① 공급의 가격 탄력성은 1이다.
② 공급의 가격 탄력성은 1보다 크다.
③ 공급의 가격 탄력성이 1보다 작다.
④ 수요의 가격 탄력성이 1보다 크다.
⑤ 수요의 가격 탄력성이 1보다 작다.

☑ 확인 Check! ○△✕

12 A아파트 상가 내부에 위치한 음식점이 식사가격을 인상하자 매출도 증가하였다고 한다. 다음 중 매출액 증가의 요인을 모두 고른 것은?

> 가. 아파트 주변 음식점의 식사가격이 더 큰 폭으로 상승하였다.
> 나. 아파트 단지를 추가적으로 건설하여 새로운 입주자들이 늘어났다.
> 다. 아파트 상가 내 음식점 이용자의 가격탄력성이 크다.
> 라. 아파트 주민들의 소득이 증가하였다.

① 가, 나
② 가, 라
③ 나, 다
④ 가, 나, 라
⑤ 나, 다, 라

☑ 확인 Check! ○△✕

13 소비자잉여와 생산자잉여에 대한 다음 설명 중 옳지 않은 것은?

① 소비자잉여는 소비자의 선호 체계에 의존한다.
② 완전경쟁일 때보다 기업이 가격차별을 실시할 경우 소비자잉여가 줄어든다.
③ 완전경쟁시장에서는 소비자잉여와 생산자잉여의 합인 사회적 잉여가 극대화된다.
④ 독점시장의 시장가격은 완전경쟁시장의 가격보다 높게 형성되지만 소비자잉여는 줄어들지 않는다.
⑤ 소비자잉여는 어떤 상품에 소비자가 최대한으로 지급할 용의가 있는 가격에서 실제 지급한 가격을 차감한 차액이다.

☑ 확인 Check! ○△✕

14 최저가격제에 대한 옳은 설명을 모두 고른 것은?

> 가. 수요자를 보호하기 위한 제도이다.
> 나. 최저임금은 최저가격제의 한 사례이다.
> 다. 정부가 최저가격을 설정할 때 시장가격보다 높게 설정해야 실효성이 있다.
> 라. 정부가 경쟁시장에 실효성이 있는 최저가격제를 도입하면 그 재화에 대한 초과수요가 발생한다.
> 마. 아파트 분양가격, 임대료 등을 통제하기 위해 사용되는 규제방법이다.

① 가, 나
② 나, 다
③ 라, 마
④ 가, 다, 라
⑤ 나, 다, 마

☑ 확인 Check! ○△✕

15 최저임금이 오를 때 실업이 가장 많이 증가하는 노동자 유형은?

① 노동에 대한 수요가 탄력적인 비숙련노동자
② 노동에 대한 수요가 탄력적인 숙련노동자
③ 노동에 대한 수요가 비탄력적인 비숙련노동자
④ 노동에 대한 수요가 비탄력적인 숙련노동자
⑤ 노동에 대한 수요가 탄력적인 비숙련노동자와 숙련노동자

☑ 확인 Check! ○△✕

16 정상재들에 대한 무차별곡선의 설명으로 틀린 것은?

① 소비자에게 같은 수준의 효용을 주는 상품묶음의 집합을 그림으로 나타낸 것이다.
② 원점에서 멀어질수록 더 높은 효용수준을 나타낸다.
③ 기수적 효용 개념에 입각하여 소비자의 선택행위를 분석하는 것이다.
④ 무차별곡선들을 모아 놓은 것을 무차별지도라고 부른다.
⑤ 무차별곡선과 예산제약선을 이용하여 소비자균형을 설명한다.

☑ 확인 Check! ○△✕

17 초기 노동자 10명이 생산에 참여할 때 1인당 평균생산량은 30단위였다. 노동자를 한 사람 더 고용하여 생산하니 1인당 평균생산량은 28단위로 줄었다. 이 경우 새로 고용된 노동자의 한계생산량은 얼마인가?

① 2
② 8
③ 10
④ 28
⑤ 30

☑ 확인 Check! ○△✕

18 시장구조에 대한 다음 설명 중 옳지 않은 것은?

① 과점시장에서 기업은 이윤극대화를 위해 비가격 경쟁을 치열하게 한다.
② 과점시장에서 가격은 신축적으로 변화하지 못한다.
③ 독점적 경쟁시장은 기업들의 제품 차별화와 관련이 깊다.
④ 완전경쟁시장의 장기균형상태에서 기술능력이 동일한 기업들의 초과이윤은 0이다.
⑤ 완전경쟁시장에서는 시장의 진입과 퇴출이 자유롭기 때문에 기업들은 가격을 자유롭게 결정할 수 있다.

☑ 확인 Check! ○△✕

19 소득이 높았을 때 굳어진 소비 성향이, 소득이 낮아져도 변하지 않는 현상을 말하는 경제용어는?

① 관성 효과
② 의존효과
③ 도플러 효과
④ 밴드웨건 효과
⑤ 레버리지 효과

☑ 확인 Check! ○△✕

20 물가상승이 통제를 벗어난 상태에서 수백 퍼센트의 인플레이션율을 기록하는 상황을 말하는 경제용어는?

① 보틀넥인플레이션
② 하이퍼인플레이션
③ 디맨드풀인플레이션
④ 디스인플레이션
⑤ 디노미네이션

☑ 확인 Check! ○△✕

21 경제성장에 관한 일반적인 설명 중 옳은 것을 모두 고르면?

가. 인구증가율이 높은 나라일수록 1인당 소득이 낮은 경향이 있다.
나. 저축률이 높은 나라일수록 1인당 소득이 낮은 경향이 있다.
다. 1인당 소득은 국제적 차이를 설명하는 데 인적 자본과 물적 자본 못지않게 중요하다.
라. 개발도상국과 선진국 간의 1인당 소득격차는 줄어드는 추세를 보인다.

① 가, 나
② 가, 다
③ 나, 다
④ 나, 라
⑤ 다, 라

☑ 확인 Check! ○△✕

22 다음은 불평등지수에 대한 설명이다. 괄호 ㉮~㉰에 들어갈 내용으로 적절한 것은?

- 지니계수가 (㉮)수록, 소득불평등 정도가 크다.
- 십분위분배율이 (㉯)수록, 소득불평등 정도가 크다.
- 앳킨슨지수가 (㉰)수록, 소득불평등 정도가 크다.

	㉮	㉯	㉰
①	클	클	클
②	클	클	작을
③	클	작을	클
④	작을	클	클
⑤	작을	클	작을

PART 4

☑ 확인 Check! ○ △ ✕

23 다음 중 빈칸에 들어갈 내용으로 옳은 것은?

> 여가가 정상재인 상황에서 임금이 상승할 경우 (ㄱ)효과보다 (ㄴ)효과가 더 크다면 노동공급은 임금상승에도 불구하고 감소하게 된다. 만약 (ㄷ)의 기회비용 상승에 반응하여 (ㄷ)의 총사용량을 줄인다면, 노동공급곡선은 정(+)의 기울기를 가지게 된다.

	ㄱ	ㄴ	ㄷ
①	대체	소득	여가
②	대체	소득	노동
③	소득	대체	여가
④	소득	대체	노동
⑤	가격	소득	여가

☑ 확인 Check! ○ △ ✕

24 노동시장에 관한 설명으로 옳은 것을 모두 고른 것은?

> ㄱ. 완전경쟁 노동시장이 수요 독점화되면 고용은 줄어든다.
> ㄴ. 단기 노동수요곡선은 장기 노동수요곡선보다 임금의 변화에 비탄력적이다.
> ㄷ. 채용비용이 존재할 때 숙련 노동수요곡선은 미숙련 노동수요곡선보다 임금의 변화에 더 탄력적이다.

① ㄱ
② ㄷ
③ ㄱ, ㄴ
④ ㄴ, ㄷ
⑤ ㄱ, ㄴ, ㄷ

☑ 확인 Check! ○ △ ✕

25 국민경제 전체의 물가압력을 측정하는 지수로 사용되며, 통화량 목표설정에 있어서도 기준 물가상승률로 사용되는 것은?

① 소비자물가지수(CPI)
② 생산자물가지수(PPI)
③ 기업경기실사지수(BSI)
④ GDP 디플레이터(Deflator)
⑤ 구매력평가지수(Purchasing Power Parities)

☑ 확인 Check! ○ △ ✕

26 경기침체기에 경기를 부양하기 위해 취하였던 통화 공급, 감세 등과 같은 완화정책이나 과도하게 풀린 자금을 경제회복의 조짐이 있는 상황에서 도로 거두어들이는 경제정책은?

① 출구전략
② 통화 스와프
③ 입구전략
④ 긴축재정정책
⑤ 확대재정정책

☑ 확인 Check! ○△×

27 국제 원자재 가격이 상승하면 우리나라 경상수지, 경제성장, 실업에 어떤 영향을 미치는지 순서대로 바르게 나열한 것은?

① 개선 – 촉진 – 증가
② 개선 – 촉진 – 감소
③ 악화 – 촉진 – 증가
④ 악화 – 둔화 – 증가
⑤ 악화 – 둔화 – 감소

☑ 확인 Check! ○△×

28 다음 중 국내총생산(GDP)이 증가하는 경우가 아닌 것은?

① 국세청이 세무조사를 강화함에 따라 탈세규모가 줄어들었다.
② 자동차 제조기업에서 판매되지 않은 재고증가분이 발생하였다.
③ 맞벌이 부부 자녀의 놀이방 위탁이 증가하였다.
④ 자가 보유주택의 귀속임대료가 상승하였다.
⑤ 금융구조조정이 성공적으로 마무리되어 은행들의 주가가 급등하였다.

☑ 확인 Check! ○△×

29 다음에서 설명하는 정책에 대한 내용으로 옳지 않은 것은?

> 중앙은행의 정책으로 금리 인하를 통한 경기부양 효과가 한계에 다다랐을 때 중앙은행이 국채매입 등을 통해 유동성을 시중에 직접 푸는 정책을 뜻한다.

① 경기후퇴를 막음으로써 시장의 자신감을 향상시킨다.
② 디플레이션을 초래할 수 있다.
③ 수출 증대의 효과가 있다.
④ 유동성을 무제한으로 공급하는 것이다.
⑤ 중앙은행은 이율을 낮추지 않고 돈의 흐름을 늘릴 수 있다.

☑ 확인 Check! ○△×

30 실업에 관한 설명으로 옳은 것을 모두 고른 것은?

> ㄱ. 실업급여의 확대는 탐색적 실업을 증가시킬 수 있다.
> ㄴ. 일자리에 대한 정보가 많아질수록 자연실업률은 낮아질 수 있다.
> ㄷ. 구직단념자(Discouraged Worker)는 비경제활동인구로 분류된다.

① ㄱ
② ㄱ, ㄴ
③ ㄱ, ㄴ, ㄷ
④ ㄴ
⑤ ㄴ, ㄷ

제3회

직무수행능력평가

실전모의고사(기술직)

정답 및 해설 p. 102

시험시간 : (   ) / 30분   맞힌 개수 : (   ) / 30문항

| 01 | 전기

확인 Check! ○ △ ×

01 어떤 전지에서 5A의 전류가 10분간 흘렀다면, 이 전지에서 나온 전기량은?

① 0.83C
② 50C
③ 250C
④ 3,000C
⑤ 5,000C

확인 Check! ○ △ ×

02 용량을 변화시킬 수 있는 콘덴서는?

① 바리콘
② 마일러 콘덴서
③ 전해 콘덴서
④ 세라믹 콘덴서
⑤ 플라스틱 콘덴서

확인 Check! ○ △ ×

03 동일한 용량의 콘덴서 5개를 병렬로 접속하였을 때의 합성 용량을 C_P라고 하고, 5개를 직렬로 접속하였을 때의 합성 용량을 C_S라 할 때, C_P와 C_S의 관계는?

① $C_P = 5C_S$
② $C_P = 10C_S$
③ $C_P = 25C_S$
④ $C_P = 50C_S$
⑤ $C_P = 60C_S$

확인 Check! ○ △ ×

04 자기 인덕턴스에 축적되는 에너지에 대한 설명으로 가장 옳은 것은?

① 자기 인덕턴스 및 전류에 비례한다.
② 자기 인덕턴스 및 전류에 반비례한다.
③ 자기 인덕턴스에 비례하고, 전류의 제곱에 비례한다.
④ 자기 인덕턴스에 반비례하고 전류의 제곱에 반비례한다.
⑤ 자기 인덕턴스에 반비례하고, 전류의 제곱에 비례한다.

확인 Check! ○ △ ×

05 플레밍의 왼손 법칙에서 엄지손가락이 나타내는 것은?

① 자장
② 전류
③ 힘
④ 기전력
⑤ 자속밀도

확인 Check! ○ △ ×

06 공기 중에서 자속밀도 $2\mathrm{Wb/m^2}$의 평등 자계 내에 5A의 전류가 흐르고 있는 길이 60cm의 직선 도체를 자계의 방향에 대하여 60°의 각을 이루도록 놓았을 때, 이 도체에 작용하는 힘은?

① 약 1.7N
② 약 3.2N
③ 약 5.2N
④ 약 6.4N
⑤ 약 8.6N

확인 Check! ○ △ ×

07 직류 전동기의 규약 효율은 어떤 식으로 표시된 식에 의하여 구하여진 값인가?

① $\eta=\frac{\text{출력}}{\text{입력}}\times100\%$
② $\eta=\frac{\text{출력}}{\text{출력}+\text{손실}}\times100\%$
③ $\eta=\frac{\text{입력}-\text{손실}}{\text{입력}}\times100\%$
④ $\eta=\frac{\text{입력}}{\text{출력}+\text{손실}}\times100\%$
⑤ $\eta=\frac{\text{입력}+\text{손실}}{\text{손실}}\times100\%$

확인 Check! ○ △ ×

08 다음 중 각주파수 $\omega=100\pi$[rad/s]일 때, 주파수 f[Hz]는?

① 50Hz
② 60Hz
③ 150Hz
④ 300Hz
⑤ 360Hz

확인 Check! ○ △ ×

09 $v=V_m\sin(\omega t+30°)$[V], $i=I_m\sin(\omega t-30°)$[A]일 때 전압을 기준으로 하면 전류의 위상차는?

① 60° 뒤진다.
② 60° 앞선다.
③ 30° 뒤진다.
④ 30° 앞선다.
⑤ 동일하다.

☑ 확인 Check! ○△×

10 다음 중 전기저항 25Ω에 50V의 사인파 전압을 가할 때 전류의 순시값은?(단, 각속도 $\omega = 377$[rad/sec])

① 2sin377t[A]
② $2\sqrt{2}$ sin377t[A]
③ 4sin377t[A]
④ $4\sqrt{2}$ sin377t[A]
⑤ 6sin377t[A]

☑ 확인 Check! ○△×

11 전기자 지름 0.2m의 직류 발전기가 1.5kW의 출력에서 1,800rpm으로 회전하고 있을 때, 전기자 주변속도는 약 몇 m/s인가?

① 9.42m/s
② 18.84m/s
③ 21.43m/s
④ 34.32m/s
⑤ 42.86m/s

☑ 확인 Check! ○△×

12 전기기계의 철심을 성층하는 가장 적절한 이유는?

① 기계손을 적게 하기 위하여
② 표유부하손을 적게 하기 위하여
③ 히스테리시스손을 적게 하기 위하여
④ 와류손을 적게 하기 위하여
⑤ 유전체손을 적게 하기 위하여

☑ 확인 Check! ○△×

13 동기 발전기에서 전기자 전류가 무부하 유도 기전력보다 $\frac{\pi}{2}$[rad] 앞서 있는 경우에 나타나는 전기자 반작용은?

① 증자 작용
② 감자 작용
③ 교차 자화 작용
④ 횡축 반작용
⑤ 자기여자 작용

☑ 확인 Check! ○△×

14 정격 전압 220V의 동기 발전기를 무부하 운전하였을 때, 단자 전압이 253V이었다. 이 발전기의 전압 변동률은?

① 13%
② 15%
③ 20%
④ 33%
⑤ 36%

☑ 확인 Check! ○ △ ✕

15 다음 중 우리나라에서 3상 유도 전동기의 최고속도는 몇 rpm인가?

① 3,600rpm ② 3,000rpm
③ 1,800rpm ④ 1,500rpm
⑤ 1,200rpm

☑ 확인 Check! ○ △ ✕

16 단상 반파 정류 회로의 전원 전압 200V, 부하 저항이 10Ω이면 부하 전류는 약 몇 A인가?

① 4A ② 9A
③ 13A ④ 18A
⑤ 20A

☑ 확인 Check! ○ △ ✕

17 옥내에 시설하는 사용전압이 400V 이상인 저압의 이동전선은 0.6/1kV EP 고무절연 클로로프렌 캡타이어 케이블로서 단면적이 몇 mm^2 이상이어야 하는가?

① $0.5mm^2$ ② $0.6mm^2$
③ $0.75mm^2$ ④ $1mm^2$
⑤ $5mm^2$

☑ 확인 Check! ○ △ ✕

18 애자 사용 공사에 의한 저압 옥내 배선에서 일반적으로 전선 상호 간의 간격은 몇 cm 이상이어야 하는가?

① 2.5cm ② 6cm
③ 25cm ④ 40cm
⑤ 55cm

PART 4

☑ 확인 Check! ○ △ ✕

19 정격 전류가 30A인 저압 전로의 과전류 차단기를 배선용 차단기로 사용하는 경우 정격 전류의 2배의 전류가 통과하였을 경우 몇 분 이내에 자동적으로 동작하여야 하는가?

① 1분 ② 2분
③ 60분 ④ 90분
⑤ 120분

☑ 확인 Check! ○ △ ✕

20 기전력 120V, 내부저항(r)이 15Ω인 전원이 있다. 여기에 부하저항(R)을 연결하여 얻을 수 있는 최대전력은?

① 100W ② 140W
③ 200W ④ 240W
⑤ 300W

☑ 확인 Check! ○△×

21 과전류 차단기로 저압 전로에 사용하는 배선용 차단기가 정격 전류 30A 이하일 때, 정격 전류의 1.25배 전류를 통한 경우 몇 분 안에 자동으로 동작되어야 하는가?

① 2분
② 10분
③ 20분
④ 40분
⑤ 60분

☑ 확인 Check! ○△×

22 일반적으로 분기회로의 개폐기 및 과전류 차단기는 저압 옥내 간선과의 분기점에서 전선의 길이가 몇 m 이하의 곳에 시설하여야 하는가?

① 3m
② 4m
③ 5m
④ 8m
⑤ 9m

☑ 확인 Check! ○△×

23 전동기에 공급하는 간선의 굵기는 그 간선에 접속하는 전동기의 정격 전류의 합계가 50A를 초과하는 경우 그 정격 전류 합계의 몇 배 이상의 허용 전류를 갖는 전선을 사용하여야 하는가?

① 1.1배
② 1.25배
③ 1.3배
④ 2.0배
⑤ 2.5배

☑ 확인 Check! ○△×

24 일반적으로 가공전선로의 지지물에 취급자가 오르고 내리는 데 사용하는 발판 볼트 등은 지표상 몇 m 미만에 시설하여서는 아니 되는가?

① 0.75m
② 1.2m
③ 1.8m
④ 2.0m
⑤ 2.4m

☑ 확인 Check! ○△×

25 권수 300회의 코일에 6A의 전류가 흘러서 0.05Wb의 자속이 코일을 지난다고 하면, 이 코일의 자체 인덕턴스는 몇 H인가?

① 0.25H
② 0.35H
③ 2.5H
④ 3.5H
⑤ 4.5H

☑ 확인 Check! ○△✕

26 $C_1 = 5\mu F$, $C_2 = 10\mu F$의 콘덴서를 직렬로 접속하고 직류 30V를 가했을 때 C_1 양단의 전압[V]은?

① 5V
② 10V
③ 20V
④ 30V
⑤ 40V

☑ 확인 Check! ○△✕

27 3상 교류회로의 선간전압이 13,200V, 선전류가 800A, 역률 80% 부하의 소비전력은 약 몇 MW인가?

① 4.88MW
② 8.45MW
③ 14.63MW
④ 18.85MW
⑤ 25.34MW

☑ 확인 Check! ○△✕

28 200V, 2kW의 전열선 2개를 같은 전압에서 직렬로 접속한 경우의 전력은 병렬로 접속한 경우의 전력보다 어떻게 되는가?

① $\frac{1}{2}$로 줄어든다.
② $\frac{1}{4}$로 줄어든다.
③ $\frac{1}{8}$로 줄어든다.
④ 2배로 증가된다.
⑤ 4배로 증가된다.

☑ 확인 Check! ○△✕

29 1차 전압 6,300V, 2차 전압 210V, 주파수 60Hz의 변압기가 있다. 이 변압기의 권수비는?

① 30
② 40
③ 50
④ 60
⑤ 70

☑ 확인 Check! ○△✕

30 동기전동기를 송전선의 전압 조정 및 역률 개선에 사용하는 것을 무엇이라 하는가?

① 댐퍼
② 동기이탈
③ 제동권선
④ 동기조상기
⑤ 유도전동기

| 02 | 기계

☑ 확인 Check! ○ △ ×

01 **SM35C, SC350으로 표현된 재료규격의 설명으로 옳지 않은 것은?**

① SM35C에서 SM은 기계구조용 탄소강재라는 것이다.
② SM35C에서 35C는 탄소함유량이 3.5%라는 것이다.
③ SC350에서 SC는 탄소강 주강품이라는 것이다.
④ SC350에서 350은 인장강도 350N/mm^2 이상을 나타낸다.
⑤ SM35C의 경우 평균 탄소량을 나타내는 숫자를 S(Steel)와 C(Carbon) 사이에 써서 표시한다.

☑ 확인 Check! ○ △ ×

02 **제품과 같은 모양의 모형을 양초나 합성수지로 만든 후 내화재료로 도포하여 가열경화시키는 주조방법은?**

① 셸몰드법
② 다이캐스팅
③ 원심주조법
④ 풀몰드법
⑤ 인베스트먼트주조법

☑ 확인 Check! ○ △ ×

03 **절삭가공에서 공구수명을 판정하는 방법으로 옳지 않은 것은?**

① 공구날의 마모가 일정량에 달했을 때
② 절삭저항이 절삭개시 때와 비교해 급격히 증가하였을 때
③ 절삭가공 직후 가공표면에 반점이 나타날 때
④ 가공물의 온도가 일정하게 유지될 때
⑤ 가공물의 완성치수 변화가 일정량에 달했을 때

☑ 확인 Check! ○ △ ×

04 **사각나사의 축방향하중이 Q, 마찰각이 p, 리드각이 α일 때 사각나사가 저절로 풀리는 조건은?**

① $Q\tan(p+\alpha)>0$
② $Q\tan(p+\alpha)<0$
③ $Q\tan(p-\alpha)<0$
④ $Q\tan(p-\alpha)>0$
⑤ $Q\tan(p-\alpha)=0$

☑ 확인 Check! ○ △ ×

05 **직각인 두 축 간에 운동을 전달하고, 잇수가 같은 한 쌍의 원추형 기어는?**

① 스퍼기어
② 마이터기어
③ 나사기어
④ 헬리컬기어
⑤ 평기어

☑ 확인 Check! ○ △ ✕

06 **펀치(Punch)와 다이(Die)를 이용하여 판금재료로부터 제품의 외형을 따내는 작업은?**

① 블랭킹(Blanking)
② 피어싱(Piercing)
③ 트리밍(Trimming)
④ 플랜징(Flanging)
⑤ 스탬핑(Stamping)

☑ 확인 Check! ○ △ ✕

07 **측정기에 대한 설명으로 옳은 것은?**

① 버니어캘리퍼스가 마이크로미터보다 측정 정밀도가 높다.
② 사인바(Sine Bar)는 공작물의 내경을 측정한다.
③ 다이얼게이지(Dial Gage)는 각도측정기이다.
④ 스트레이트에지(Straight Edge)는 평면도의 측정에 사용된다.
⑤ 마이크로미터(Micrometer)는 0.1mm단위까지만 측정 가능하다.

☑ 확인 Check! ○ △ ✕

08 **브레이크블록이 확장되면서 원통형 회전체의 내부에 접촉하여 제동되는 브레이크는?**

① 블록브레이크
② 밴드브레이크
③ 나사브레이크
④ 원판브레이크
⑤ 드럼브레이크

PART 4

☑ 확인 Check! ○ △ ✕

09 **컴퓨터에 의한 통합 제조라는 의미로 제조부문, 기술부문 등의 제조시스템과 경영시스템을 통합 운영하는 생산시스템의 용어로 옳은 것은?**

① CAM(Computer Aided Manufacturing)
② FMS(Flexible Manufacturing System)
③ CIM(Computer Integrated Manufacturing)
④ FA(Factory Automation)
⑤ TQM(Total Quality Management)

☑ 확인 Check! ○ △ ✕

10 **다음 중 큰 회전력을 전달할 수 있는 기계요소 순으로 나열된 것은?**

① 안장키> 경사키> 스플라인> 평키
② 스플라인> 경사키> 평키> 안장키
③ 안장키> 평키> 경사키> 스플라인
④ 스플라인> 평키> 경사키> 안장키
③ 안장키> 경사키> 평키> 스플라인

☑ 확인 Check! ○ △ ×

11 유압작동유의 점도가 지나치게 높을 때 발생하는 현상이 아닌 것은?

① 기기류의 작동이 불활성이 된다.
② 압력유지가 곤란하게 된다.
③ 유동저항이 커져 에너지손실이 증대한다.
④ 유압유 내부 마찰이 증대하고 온도가 상승된다.
⑤ 캐비테이션(공동현상)이 발생한다.

☑ 확인 Check! ○ △ ×

12 가솔린기관과 디젤기관에 대한 비교 설명으로 옳지 않은 것은?

① 가솔린기관은 압축비가 디젤기관보다 일반적으로 크다.
② 디젤기관은 혼합기형성에서 공기만 압축한 후 연료를 분사한다.
③ 열효율은 디젤기관이 가솔린기관보다 상대적으로 크다.
④ 디젤기관이 저속성능이 좋고 회전력도 우수하다.
⑤ 연소실 형상은 가솔린기관이 디젤기관보다 간단하다.

☑ 확인 Check! ○ △ ×

13 연강용 아크용접봉에서 그 규격을 나타낼 때, E4301에서 43이 의미하는 것은?

① 피복제의 종류
② 용착금속의 최저인장강도
③ 용접자세
④ 아크용접 시의 사용전류
⑤ 전기용접봉의 종류

☑ 확인 Check! ○ △ ×

14 홈이 깊게 가공되어 축의 강도가 약해지는 결점이 있으나 가공하기 쉽고, 60mm 이하의 작은 축에 사용되며, 특히 테이퍼축에 사용하면 편리한 키는?

① 평행키
② 경사키
③ 반달키
④ 평키
⑤ 새들키

☑ 확인 Check! ○ △ ×

15 강의 열처리에서 생기는 조직 중 가장 경도가 높은 것은?

① 펄라이트(Pearlite)
② 소르바이트(Sorbite)
③ 마텐자이트(Martensite)
④ 트루스타이트(Troostite)
⑤ 페라이트(Ferrite)

☑ 확인 Check! ○△×

16 철판에 전류를 통전하며 외력을 이용하여 용접하는 방법은?

① 마찰용접
② 플래시용접
③ 서브머지드 아크용접
④ 전자빔용접
⑤ 테르밋용접

☑ 확인 Check! ○△×

17 금속의 파괴현상 중 하나인 크리프(Creep)현상에 대한 설명으로 적절한 것은?

① 응력이 증가하여 재료의 항복점을 지났을 때 일어나는 파괴현상
② 반복응력이 장시간 가해졌을 때 일어나는 파괴현상
③ 응력과 온도가 일정한 상태에서 시간이 지남에 따라 변형이 연속적으로 진행되는 현상
④ 균열이 진전되어 소성변형 없이 빠르게 파괴되는 현상
⑤ 외력이 증가할 때, 시간이 흐름에 따라 재료의 변형이 증대하는 현상

☑ 확인 Check! ○△×

18 보일러 효율을 향상시키는 부속장치인 절탄기(Econo-mizer)에 대한 설명으로 옳은 것은?

① 연도에 흐르는 연소가스의 열을 이용하여 급수를 예열하는 장치이다.
② 석탄을 잘게 부수는 장치이다.
③ 연도에 흐르는 연소가스의 열을 이용하여 연소실에 들어가는 공기를 예열하는 장치이다.
④ 연도에 흐르는 연소가스의 열을 이용하여 고온의 증기를 만드는 장치이다.
⑤ 절탄기를 이용하여 굴뚝에서 배출되는 열량의 대부분을 회수할 수 있다.

☑ 확인 Check! ○△×

19 클러치를 설계할 때 유의할 사항으로 옳지 않은 것은?

① 균형상태가 양호하도록 하여야 한다.
② 관성력을 크게 하여 회전 시 토크변동을 작게 한다.
③ 단속을 원활히 할 수 있도록 한다.
④ 마찰열에 대하여 내열성이 좋아야 한다.
⑤ 회전부분의 평형이 좋아야 한다.

☑ 확인 Check! ○ △ ×

20 특정한 온도영역에서 이전의 입자들을 대신하여 변형이 없는 새로운 입자가 형성되는 재결정에 대한 설명으로 가장 부적절한 것은?

① 재결정온도는 일반적으로 약 1시간 안에 95% 이상 재결정이 이루어지는 온도로 정의한다.
② 금속의 용융온도를 절대온도 T_m이라 할 때 재결정온도는 대략 $0.3 \sim 0.5\,T_m$ 범위에 있다.
③ 재결정은 금속의 연성을 증가시키고 강도를 저하시킨다.
④ 냉간가공도가 클수록 재결정온도는 높아진다.
⑤ 결정입자의 크기가 작을수록 재결정온도는 낮아진다.

☑ 확인 Check! ○ △ ×

21 산화철분말과 알루미늄분말의 혼합물을 이용하는 용접 방법은?

① 플러그용접
② 스터드용접
③ TIG용접
④ 테르밋용접
⑤ 전자빔용접

☑ 확인 Check! ○ △ ×

22 알루미늄재료의 특징에 대한 설명으로 옳지 않은 것은?

① 열과 전기가 잘 통한다.
② 전연성이 좋은 성질을 가지고 있다.
③ 공기 중에서 산화가 계속 일어나는 성질을 가지고 있다.
④ 같은 부피이면 강보다 가볍다.
⑤ 염산이나 황산 등의 무기산에 잘 부식된다.

☑ 확인 Check! ○ △ ×

23 공작물을 양극으로 하고 공구를 음극으로 하여 전기화학적 작용으로 공작물을 전기분해시켜 원하는 부분을 제거하는 가공공정은?

① 전해가공
② 방전가공
③ 전자빔가공
④ 초음파가공
⑤ 호닝가공

☑ 확인 Check! ○ △ ✕

24 다음 중 옳지 않은 것은?

① 아공석강의 서랭조직은 페라이트(Ferrite)와 펄라이트(Pearlite)의 혼합조직이다.
② 공석강의 서랭조직은 페라이트로 변태종료 후 온도가 내려가도 조직의 변화는 거의 일어나지 않는다.
③ 과공석강의 서랭조직은 펄라이트와 시멘타이트(Ce-mentite)의 혼합조직이다.
④ 시멘타이트는 철과 탄소의 금속간 화합물이다.
⑤ 탄소강에서 Mo 또는 Ni를 첨가하면 오스테나이트 조직이 생긴다.

☑ 확인 Check! ○ △ ✕

25 재결정온도에 대한 설명으로 옳은 것은?

① 1시간 안에 완전하게 재결정이 이루어지는 온도
② 재결정이 시작되는 온도
③ 시간에 상관없이 재결정이 완결되는 온도
④ 재결정이 완료되어 결정립성장이 시작되는 온도
⑤ 가공도가 클수록 낮아지는 온도

☑ 확인 Check! ○ △ ✕

26 잔류응력(Residual Stress)에 대한 설명으로 옳지 않은 것은?

① 변형 후 외력을 제거한 상태에서 소재에 남아 있는 응력을 말한다.
② 물체 내의 온도구배에 의해서도 발생할 수 있다.
③ 잔류응력은 추가적인 소성변형에 의해서도 감소될 수 있다.
④ 표면의 인장잔류응력은 소재의 피로수명을 향상시킨다.
⑤ 변태로 인해 생기는 응력은 표면에는 인장력이 나타나고 내부에는 압축 잔류 응력이 발생한다.

☑ 확인 Check! ○ △ ✕

27 키(Key)에 대한 설명으로 옳지 않은 것은?

① 축과 보스(풀리, 기어)를 결합하는 기계요소이다.
② 원주방향과 축방향 모두를 고정할 수 있지만 축방향은 고정하지 않아 축을 따라 미끄럼운동을 할 수도 있다.
③ 축방향으로 평행한 평행형이 있고 구배진 테이퍼형이 있다.
④ 키홈은 깊이가 깊어서 응력집중이 일어나지 않는 좋은 체결기구이다.
⑤ 주로 경강(硬鋼)으로 만들며, 일반적으로 키의 윗면에 1/100 정도의 기울기를 두어 쐐기와 같은 작용을 하게 한다.

☑ 확인 Check! ○△✕

28 구성인선(Built-up Edge)에 대한 설명으로 옳지 않은 것은?

① 구성인선은 일반적으로 연성재료에서 많이 발생한다.
② 구성인선은 공구 윗면경사면에 윤활을 하면 줄일 수 있다.
③ 구성인선에 의해 절삭된 가공면은 거칠게 된다.
④ 구성인선은 절삭속도를 느리게 하면 방지할 수 있다.
⑤ 구성인선은 절삭깊이를 작게 하여 방지할 수 있다.

☑ 확인 Check! ○△✕

29 딥드로잉된 컵의 두께를 더욱 균일하게 만들기 위한 후 속공정은?

① 엠보싱 ② 코이닝
③ 랜싱 ④ 허빙
⑤ 아이어닝

☑ 확인 Check! ○△✕

30 다음 설명에 해당하는 현상은?

성형품의 냉각이 비교적 높은 부분에서 발생하는 성형 수축으로 표면에 나타나는 오목한 부분의 결함을 말한다. 이를 제거하기 위해서는 성형품의 두께를 균일하게 하고, 스프루, 러너, 게이트를 크게 하여 금형 내의 압력이 균일하도록 하며, 성형온도를 낮게 억제한다. 두께가 두꺼운 위치에 게이트를 설치하여 성형온도를 낮게 억제한다.

① 플래시현상 ② 싱크마크현상
③ 플로마크현상 ④ 제팅현상
⑤ 웰드마크현상

2021년 공개채용

합격의 공식 시대에듀

공기업

직업기초능력평가 + 직무수행능력평가

NCS

BASIC 통합편

정답 및 해설

고졸(일반계/특성화/마이스터고)

& 무기계약직 채용

※ 구매혜택 : 무료 동영상 강의 + NCS 영역별 전략 무료특강 + NCS 대표유형 분석자료

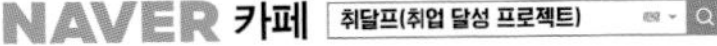

공기업

직업기초능력평가+직무수행능력평가

NCS

BASIC 통합편

Add+ 고졸채용 최신기출복원문제

정답 및 해설

최신기출복원문제 정답 및 해설

01	02	03	04	05	06	07	08	09	10	11	12	13	14	15	16	17	18	19	20
③	⑤	②	②	①	③	①	③	②	④	⑤	②	④	①	③	③	④	②	③	⑤
21	22	23	24	25	26	27	28	29	30	31	32	33	34	35	36	37	38	39	40
①	③	①	③	②	③	⑤	②	⑤	①	①	③	①	⑤	④	①	④	②	⑤	①
41	42	43	44	45	46	47	48	49	50	51	52	53	54	55	56	57	58	59	60
②	②	③	③	②	④	④	②	②	⑤	⑤	⑤	③	⑤	⑤	④	④	③	④	③

01 정답 ③

땀이나 침에 소량의 HIV가 들어있다는 내용을 통해 인체의 체액 내에서 HIV가 생존할 수 있음을 알 수 있다. 따라서 음식에 들어간 HIV는 생존할 수 없으나, 인체의 체액 내에 들어간 HIV는 생존할 수 있다.

오답분석

① 에이즈는 HIV가 체내에 침입하여 면역 기능을 저하시키는 감염병이므로 후천성 질환에 해당한다.
② HIV에 감염될 경우 항체의 형성 여부와 관계없이 별다른 증상이 나타나지 않는다.
④ 악수와 같은 일상적인 신체 접촉으로는 에이즈에 감염되지 않는다.
⑤ 의학의 발달로 인해 새로운 치료제가 계속해서 개발되고 있으나, 이는 에이즈의 증상을 개선할 수 있을 뿐 현재 완치할 수 있는 치료제가 개발되었는지는 제시문을 통해 알 수 없다.

02 정답 ⑤

제시문에서는 에이즈에 대한 사람들의 잘못된 편견과 오해에 관해 이야기하고 있으며, 〈보기〉에서는 이러한 에이즈에 대한 사람들의 잘못된 인식을 미디어를 통해 간접 경험된 낙인으로 보고 있다. 따라서 글쓴이가 주장할 내용으로는 미디어에 대한 검증적인 시각이 필요하다는 내용의 ⑤가 가장 적절하다.

03 정답 ②

가옥(家屋)은 집을 의미하는 한자어이므로 ㉠과 ㉡의 관계는 동일한 의미를 지니는 한자어와 고유어의 관계이다. ②의 수확(收穫)은 익은 농작물을 거두어들이는 것 또는 거두어들인 농작물의 의미를 가지므로 벼는 수확의 대상이 될 뿐 수확과 동일한 의미를 지니지 않는다.

04 정답 ②

㉡에는 고르거나 가지런하지 않고 차별이 있음을 의미하는 '차등(差等)'이 사용되어야 한다.
• 차등(次等) : 다음가는 등급

오답분석

① 자생력(自生力) : 스스로 살길을 찾아 살아나가는 능력이나 힘
③ 엄선(嚴選) : 엄격하고 공정하게 가리어 뽑음
④ 도출(導出) : 판단이나 결론 따위를 이끌어 냄
⑤ 지속적(持續的) : 어떤 상태가 오래 계속되는

05 정답 ①

㉠ 함량(含量) : 물질이 어떤 성분을 포함하고 있는 분량
㉡ 성분(成分) : 유기적인 통일체를 이루고 있는 것의 한 부분
㉢ 원료(原料) : 어떤 물건을 만드는 데 들어가는 재료
㉣ 함유(含有) : 물질이 어떤 성분을 포함하고 있음

오답분석

- 분량(分量) : 수효, 무게 따위의 많고 적음이나 부피의 크고 작은 정도
- 성질(性質) : 사물이나 현상이 가지고 있는 고유의 특성
- 원천(源泉) : 사물의 근원
- 내재(內在) : 어떤 사물이나 범위의 안에 들어 있음. 또는 그런 존재

06 정답 ③

A ~ E회사의 사용 언어를 정리하면 다음과 같다.

구분	한국어	중국어	영어	일본어	러시아어
A	○	○	○	○	
B		○			○
C	○		○		
D				○	○
E		○	○		○

사용하는 언어 중 공통되는 언어가 없는 B와 C회사, C와 D회사는 서로 언어가 통하지 않는다. 따라서 언어가 통하지 않는 회사끼리 연결된 선택지는 ③이다.

오답분석

① 중국어
② 한국어, 영어
④ 중국어, 러시아어
⑤ 러시아어

07 정답 ①

먼저 두 번째 조건에 따라 D는 가장 먼저인 월요일에 야근을 하고, 세 번째 조건에 따라 C는 목요일에 야근을 한다. 남은 요일에는 첫 번째 조건에 따라 E, B가 각각 화요일, 수요일에 야근을 하고, A가 가장 마지막으로 금요일에 야근을 한다.

월요일	화요일	수요일	목요일	금요일
D	E	B	C	A

따라서 가장 마지막에 야근을 하는 팀원은 A이다.

08 정답 ③

머신러닝알고리즘의 문서정리 건수는 수열 점화식으로 나타낼 수 있다. 7월 29일이 첫 번째 날로 10건이 진행되고 30일은 29일에 정리한 양의 2배보다 10건 더 진행했으므로 2×10+10=30건이 된다. 30일부터 전날 정리한 양의 2배보다 10건 더 문서를 정리하는 건수를 점화식으로 나타내면 $a_{n+1}=2a_n+10$, $a_1=10$이다. 점화식을 정리하면, $a_{n+1}=2a_n+10 \rightarrow a_{n+1}+10=2(a_n+10)$이고, 수열 (a_n+10)의 공비는 2, 첫째항은 $(a_1+10)=10+10=20$인 등비수열이다. 일반항(a_n)을 구하면 $a_n=(20\times 2^{n-1})-10$이 되고, 7월 29일이 첫째항 a_1이므로 8월 4일은 7번째 항이 된다. 따라서 8월 4일에 머신러닝알고리즘이 문서정리한 건수는 $a_7=20\times 2^{7-1}-10=20\times 64-10=1{,}280-10=1{,}270$건이다.

09 정답 ②

A사원이 콘퍼런스에 제시간에 도착하지 못할 확률은 공항버스를 못타거나 비행기를 놓치거나 시외버스를 못 탔을 때의 확률을 모두 더한 값으로, 여사건을 이용하여 풀면 전체에서 A사원이 콘퍼런스에 도착할 확률을 빼준다. 따라서 A사원이 콘퍼런스에 제시간에 도착하지 못할 확률은 $[1-(0.95\times 0.88\times 0.92)]\times 100=23.088\%$, 즉 23%(∵ 소수점 이하 버림)이다.

10 정답 ④

선택 1 ~ 4의 3가지 변인 적용에 따른 독감 여부를 정리하면 다음과 같다.

구분	수분섭취	영양섭취	예방접종	독감 여부
선택 1	○	×	×	×
선택 2	×	○	○	×
선택 3	○	○	○	×
선택 4	○	○	×	○

ㄴ. 선택 1, 4를 비교해 보면 수분섭취와 예방접종의 차이는 없으나, 영양섭취에서 차이가 있음을 알 수 있다. 이때, 영양섭취를 한 선택 4와 달리 영양섭취를 하지 않은 선택 1에서 독감에 걸리지 않았으므로 영양섭취를 하지 않아 독감에 걸리지 않았을 것으로 추정할 수 있다.

ㄹ. 선택 3, 4를 비교해 보면 수분섭취와 영양섭취의 차이는 없으나, 예방접종에서 차이가 있음을 알 수 있다. 이때, 예방접종을 하지 않은 선택 4와 달리 예방접종을 한 선택 3에서 독감에 걸리지 않았으므로 예방접종을 하면 독감에 걸리지 않는 것으로 추정할 수 있다.

오답분석

ㄱ. 선택 1, 2를 비교해 보면 수분섭취 여부와 관계없이 모두 독감에 걸리지 않았으므로 수분섭취와 독감의 상관관계는 알 수 없다.

ㄷ. 선택 2, 4를 비교해 보면 수분섭취와 예방접종에서 차이가 있음을 알 수 있다. 따라서 독감에 걸리는 원인을 예방접종 한 가지로만 볼 수 없다. 게다가 예방접종을 한 선택 2에서 독감에 걸리지 않았으므로 예방접종을 하여 독감에 걸렸을 것이라는 추정은 옳지 않다.

11 정답 ⑤

최대 10일을 유급으로 사용할 수 있기 때문에 모두 사용하여도 통상임금에 변화는 없다.

오답분석

① 다태아가 아니면 최대 90일 중 출산 이후 45일 이상의 기간이 보장되어야 하기 때문에 50일 전에 사용할 수 없다.
② 같은 자녀에 대해 부부 동시 육아휴직이 가능하다.
③ 가족 돌봄 휴직에서 자녀 양육 사유 중 손자녀가 해당되므로 신청할 수 있다.
④ 하루 1시간까지 통상임금이고 그 외의 시간은 80%를 받는다. 하루 최대 5시간 주 25시간까지 가능하기 때문에 100%를 받는 시간은 5시간, 80%를 받는 시간은 20시간이다. 따라서 최대 5×10,000+20×8,000=210,000원을 지원받을 수 있다.

12 정답 ②

- ㉠ : 남편의 출산 전후 휴가는 최대 10일까지 사용할 수 있다.
- ㉡ : 육아기 근로시간 단축은 육아 휴직을 포함하여 최대 2년까지 가능하므로 총 22개월을 신청할 수 있다.
- ㉢ : 남편은 출산한 날로부터 90일 이내에 청구해야 하므로 63일을 이내에 청구해야 한다.
- ㉣ : 출산 전후 휴가 중 통상임금의 100%가 지급되기 때문에 100만 원을 받을 수 있다.

따라서 ㉠～㉣에 들어갈 수의 총합은 10+22+63+100=195이다.

13 정답 ④

1시간 동안 만들 수 있는 상품의 개수는 $\frac{1\times60\times60}{15}=240$개이다. 안정성 검사와 기능 검사를 동시에 받는 상품은 12와 9의 최소공배수인 3×3×4=36번째 상품마다 시행된다. 따라서 1시간 동안 240÷36=6.66…, 총 6개 상품이 안정성 검사와 기능 검사를 동시에 받는다.

14 정답 ①

세 번째 조건에서 중앙값이 28세이고, 최빈값이 32세라고 했으므로 신입사원 5명 중 2명은 28세보다 어리고, 28세보다 많은 사람 2명은 모두 32세가 되어야 한다. 또한 두 번째 조건에서 신입사원 나이의 총합은 28.8×5=144세라 하였으므로, 27세 이하인 2명의 나이 합은 144−(28+32+32)=52세가 된다. 그러므로 2명의 나이는 (27세, 25세), (26세, 26세)가 가능하지만 최빈값이 32세이기 때문에 26세는 불가능하다. 따라서 28세보다 어린 2명은 25세와 27세이며, 가장 어린 사람과 가장 나이가 많은 사람의 나이 차는 32−25=7세이다.

15 정답 ③

김 대리는 자신이 직접 하청 업체 사장에게 요청하여 220만 원 상당의 금품을 수수하였으므로 징계양정기준에 따라 파면 처분을 받게 된다.

오답분석

① 제25조 제1항에 따르면 임직원은 명목에 관계없이 동일인으로부터 1회에 100만 원을 초과하는 금품을 받을 수 없다. 김 대리는 220만 원 상당의 금품을 수수하였으므로 임직원 행동강령을 위반하여 위반 기준에 따라 처벌을 받게 된다.

② 김 대리는 금품을 수수한 후 위법·부당한 처분을 하지 않았으나, 220만 원 상당의 금품을 수수하였으므로 파면 처분을 받게 된다.
④ 임직원행동강령에는 금품을 수수한 임직원에 대한 처분만 제시하고 있을 뿐, 금품을 제공한 자에 대한 처분은 나타나 있지 않으므로 이 사장에 대한 처분은 알 수 없다.
⑤ 제52조 제1항에 따르면 임직원의 강령 위반 사실을 알게 되었을 때에는 누구든지 국민위원회에 신고할 수 있으며, 제51조 제1항에 따라 행동강령책임자와의 상담은 자신의 행위에 대한 강령의 위반 여부를 분명히 알 수 없을 때 이루어진다.

16 정답 ③

전결이란 행정기관의 장으로부터 업무의 내용에 따라 결재권을 위임받은 자가 행하는 결재를 말하며, 결재권자가 결재할 수 없을 때 그 직무를 대리하는 자가 행하는 결재는 대결에 해당한다.

오답분석

① 의사결정이 지연되거나 결재 과정이 형식적인 확인 절차에 그치는 등 결재의 역기능을 해소하기 위해 안건에 따라서는 상위자가 직접 기안하거나 처리지침을 지시할 수 있다.
② 일반적으로 해당 행정기관의 장의 결재를 받아야 하나, 보조 기관의 명의로 발신하는 문서는 그 보조 기관의 결재를 받아야 한다.
④ 대결한 문서 중 내용이 중요하다고 판단되는 문서는 결재권자에게 사후에 보고하여야 한다.
⑤ 결재받은 문서의 일부분을 삭제하거나 수정할 때에는 수정한 내용대로 재작성하여 결재를 받아 시행하여야 한다.

17 정답 ④

일반직 3급의 경우 승진 소요 최저 연수가 3년 이상이지만, 제28조 제2항에 따라 본부 각 국장, 부설기관장 또는 소속기관장의 추천을 받은 자는 승진 대상자에 포함될 수 있으므로 D씨는 승진 대상자에 해당한다.

오답분석

① 직무상 질병으로 휴직한 기간은 승진 소요 기간에 산입되지만, 일반직 2급의 경우 승진 소요 최저 연수가 4년 이상이므로 A씨는 승진 대상자에 해당하지 않는다.
② 출제연구직 3급의 승진 소요 최저 연수는 3년 이상이므로 이를 충족하지만, 현재 휴직 중에 있는 경우 제30조 제1항 제1호에 따라 승진 대상자에 해당하지 않는다.
③ 제30조 제1항 제2호에 따라 공금 횡령으로 감봉 처분을 받은 직원은 집행 완료일로부터 18개월이 지나지 않으면 승진 임용될 수 없다.
⑤ 징계처분의 집행이 완료된 날로부터 이미 8개월이 지나 승진임용 제한 대상에 해당하지 않으나, 승진임용 제한 기간은 승진 소요 기간에 포함되지 않으므로 2년 이상의 승진 소요 최저 연수를 충족하지 못한다.

18 정답 ②

선택근무제는 시차출퇴근제와 달리 1일 8시간이라는 근로시간에 구애받지 않고 주당 40시간의 범위 내에서 1일 근무시간을 자율적으로 조정할 수 있으므로 주당 40시간의 근무시간만 충족한다면 주5일 근무가 아닌 형태의 근무도 가능하다.

오답분석

① 시차출퇴근제는 주5일, 1일 8시간, 주당 40시간이라는 기존의 소정근로시간을 준수해야 하므로 반드시 하루 8시간의 근무 형태로 운영되어야 한다.
③ 재량근무제 적용이 가능한 업무는 법으로 규정되어 있으므로 규정된 업무 외에는 근로자와 합의하여도 재량근무제를 실시할 수 없다.
④ 원격근무제는 재량근무제와 달리 적용 가능한 직무의 제한을 두지 않으므로 현장 업무를 신속하게 처리할 수 있다는 이동형 원격근무제의 장점에 따라 이동형 원격근무제를 운영할 수 있다.
⑤ 일주일 중 일부만 재택근무를 하는 수시형 재택근무에 해당한다.

19 정답 ③

〈보기〉의 보도자료에서는 국가직무능력표준(NCS)에 대하여 이야기하고 있으므로 NCS 관련 업무를 담당하는 국가직무능력표준원과 관련이 있음을 알 수 있다. 특히 새롭게 개발·개선된 국가직무능력표준(NCS)이 확정·고시되었다는 내용에 따라 국가직무능력표준원에서도 NCS 개발과 개선 관련의 업무를 담당하는 NCS개발개선부가 관여하고 있음을 알 수 있다.

오답분석

① 주로 국가기술자격사업과 관련된 업무를 담당한다.
② 주로 NCS 활용 컨설팅과 관련된 업무를 담당한다.
④ 주로 직업능력개발사업과 관련된 업무를 담당한다.
⑤ 주로 국가전문자격사업과 관련된 업무를 담당한다.

20 정답 ⑤

전화를 처음 발명한 사람으로 알려진 알렉산더 그레이엄 벨이 전화에 대한 특허를 받았음을 이야기하는 (라) 문단이 첫 번째 문단으로 적절하며, 다음으로 벨이 특허를 받은 뒤 치열한 소송전이 이어졌다는 (다) 문단이 오는 것이 적절하다. 이후 벨은 그레이와의 소송에서 무혐의 처분을 받으며 마침내 전화기의 발명자는 벨이라는 판결이 났다는 (나) 문단과 지금도 벨의 전화 시스템이 세계 통신망에 뿌리를 내리고 있다는 (가) 문단이 차례로 오는 것이 적절하다.

21 정답 ①

누가 먼저 전화를 발명했는지에 대한 치열한 소송이 있었지만, (나) 문단의 1887년 전화의 최초 발명자는 벨이라는 판결에 따라 법적으로 전화를 처음으로 발명한 사람은 벨임을 알 수 있다.

오답분석

② 벨과 그레이는 1876년 2월 14일 같은 날 특허를 신청했으며, 누가 먼저 제출했는지는 글을 통해 알 수 없다.
③ 무치는 1871년 전화에 대한 임시특허만 신청하였을 뿐, 정식 특허로 신청하지 못하였다.
④ 벨이 만들어낸 전화 시스템은 현재 세계 통신망에 뿌리를 내리고 있다.
⑤ 소송 결과 그레이가 전화의 가능성을 처음 인지하긴 하였으나, 전화를 완성하기 위한 후속 조치를 취하지 않았다고 판단되었다.

22 정답 ③

빈칸 앞 문장에서 변혁적 리더는 구성원의 욕구 수준을 상위 수준으로 끌어올린다고 하였으므로 구성원에게서 기대되었던 성과만을 얻어내는 거래적 리더십을 발휘하는 리더와 달리 변혁적 리더는 구성원에게서 보다 더 높은 성과를 얻어낼 수 있을 것임을 추론해볼 수 있다. 따라서 빈칸에 들어갈 내용으로는 '기대 이상의 성과를 얻어낼 수 있다.'는 ③이 가장 적절하다.

23 정답 ①

합리적 사고와 이성에 호소하는 거래적 리더십과 달리 변혁적 리더십은 감정과 정서에 호소하는 측면이 크다. 따라서 변혁적 리더십을 발휘하는 변혁적 리더는 구성원의 합리적 사고와 이성이 아닌 감정과 정서에 호소한다.

24 정답 ③

• 간헐적(間歇的) : 얼마 동안의 시간 간격을 두고 되풀이하여 일어나는
• 이따금 : 얼마쯤씩 있다가 가끔

오답분석

① 근근이 : 어렵사리 겨우
② 자못 : 생각보다 매우
④ 빈번히 : 번거로울 정도로 도수(度數)가 잦게
⑤ 흔히 : 보통보다 더 자주 있거나 일어나서 쉽게 접할 수 있게

25 정답 ②

연 1회 전환이 가능하므로 다음 해에 월 임대료를 임대보증금으로 전환할 수 있다.
1년 동안 A대학생이 내는 임대료는 500,000×12=6,000,000원이고, 이 금액에서 최대 56%까지 보증금으로 전환이 가능하므로 6,000,000×0.56=3,360,000원을 보증금으로 바꿀 수 있다. 보증금에 전환이율 6.72%를 적용하여 환산한 환산보증금은 3,360,000÷0.0672=50,000,000원이 된다. 즉, 월세를 최대로 낮췄을 때의 월세는 500,000×(1−0.56)=220,000원이며, 보증금은 환산보증금 5천만 원을 추가하여 8천만 원이 된다.

26 정답 ③

엘리베이터 적재용량이 305kg이고, H사원이 타기 전 60kg의 J사원이 80kg의 사무용품을 싣고 타 있는 상태이기 때문에 남은 적재용량은 305−140=165kg이다. H사원의 몸무게가 50kg이므로 165−50=115k만큼의 A4용지를 실을 수 있다.
따라서 A4용지 한 박스가 10kg이기 때문에 115÷10=11.5, 11박스의 A4용지를 가지고 엘리베이터를 탈 수 있다.

27 정답 ⑤

각 사진별로 개수에 따른 총 용량을 구하면 다음과 같다.

- 반명함 : 150×8,000=1,200,000KB
- 신분증 : 180×6,000=1,080,000KB
- 여권 : 200×7,500=1,500,000KB
- 단체사진 : 250×5,000=1,250,000KB

사진 용량의 단위를 MB로 전환하면 다음과 같다.

- 반명함 : 1,200,000÷1,000=1,200MB
- 신분증 : 1,080,000÷1,000=1,080MB
- 여권 : 1,500,000÷1,000=1,500MB
- 단체사진 : 1,250,000÷1,000=1,250MB

따라서 모든 사진의 용량을 더하면 1,200+1,080+1,500+1,250=5,030MB이고, 5,030MB는 5.03GB이므로 필요한 USB 최소 용량은 5GB이다.

28 정답 ②

제시문은 한국인 하루 평균 수면 시간과 수면의 질에 대한 글로, 짧은 수면 시간으로 현대인 대부분이 수면 부족에 시달리며, 낮은 수면의 질로 다양한 합병증이 발생할 수 있음을 설명하고 있다. 그러나 '수면 마취제의 부작용'에 대한 내용은 언급되어 있지 않으므로 ②는 글의 주제로 적절하지 않다.

29 정답 ⑤

십의 자리 수를 x, 일의 자리 수를 y라고 하면 다음과 같은 방정식을 세울 수 있다.

$10x+y=(x+y)\times8 \rightarrow 2x-7y=0$ … ㉠

$10x+y=x+10y+45 \rightarrow x-y=5$ … ㉡

㉠, ㉡을 연립하면 $x=7$, $y=2$이므로, 이 자연수는 72이다.

30 정답 ①

제시문과 ①의 '보다'는 '눈으로 대상의 존재나 형태적 특징을 알다.'는 의미이다.

오답분석

② 상대편의 형편 따위를 헤아리다.
③ 눈으로 대상을 즐기거나 감상하다.
④ 맡아서 보살피거나 지키다.
⑤ 음식 맛이나 간을 알기 위하여 시험 삼아 조금 먹다.

31 정답 ①

- 어긋나다 : 방향이 비껴서 서로 만나지 못하다.
- 배치하다 : 서로 반대로 되어 어그러지거나 어긋나다.

오답분석

② 도치하다 : 차례나 위치 따위를 서로 뒤바꾸다.
③ 대두하다 : 어떤 세력이나 현상이 새롭게 나타나다.
④ 전도하다 : 거꾸로 되거나 거꾸로 하다.
⑤ 발생하다 : 어떤 일이나 사물이 생겨나다.

32 정답 ③

직전 시험에 감독으로 파견된 사람은 다음 시험에 감독관을 할 수 없으므로 10월 19일에 가능한 감독관 인원은 총 인력 인원에서 10월 12일에 참관한 인원을 빼면 된다. 따라서 19일에 감독관으로 가능한 최대 인원은 (358+1,103+676)−(24+48+46)=2,137−118=2,019명이다.

33 정답 ①

건설업체에서 외국인근로자 신규 1명을 고용하고자 도입위탁과 취업교육을 신청할 때, 도입위탁 신규 60,000원과 건설업 취업교육 224,000원이 든다. 따라서 총 수수료는 60,000+224,000=284,000원이다.

오답분석

② 근로자 도입위탁 신청의 신규 입국자 수수료는 1인당 60,000원이고, 취업교육은 1인당 210,000원이므로 총 비용은 (60,000×2)+(210,000×2)=540,000원이다.
③ 외국인 신규 입국자 2명을 민간 대행기관에 각종신청 대행 업무를 맡기려고 할 때, 입국 전·후 행정 대행료 61,000원씩을 내야한다. 따라서 A씨는 총 61,000×2=122,000원을 지불할 것이다.
④ 제조업에 종사하는 D씨는 공단에 위탁업무를 맡겼다고 했으므로 근로자 도입위탁과 취업교육 비용을 모두 지불해야 한다. 1명은 재입국자이고, 2명은 신규 입국자이므로 총 비용은 (60,000×2+119,000)+(195,000×3)=824,000원이다.
⑤ 서비스업체에서 신규 입국 근로자 1명의 필수 및 선택 대행 업무를 모두 신청했을 때 총 비용은 60,000+195,000+61,000+72,000=388,000원이다.

34 정답 ⑤

한국콘텐츠진흥원이 시행하는 종목은 3가지이고, 한국원자력안전기술원도 3가지로 같다. 한국콘텐츠진흥원보다 적은 종목을 시행하는 기관은 '한국인터넷진흥원, 영화진흥위원회'이다.

오답분석

① 한국방송통신전파진흥원에서 시행하는 기술자격시험 종목은 16가지로 가장 많다.

시행기관	기술자격시험 종목 수(가지)
대한상공회의소	15
한국방송통신전파진흥원	16
한국광해관리공단	7
한국원자력안전기술원	3
한국인터넷진흥원	2
한국콘텐츠진흥원	3
영화진흥위원회	2

② 한국광해관리공단이 시행하는 기술자격시험 종목은 7가지이다.
③ 위탁 시행기관 중 수탁 시작 연도가 가장 늦은 곳은 2013년도인 '영화진흥위원회'이다.
④ 산업기사 자격시험을 시행하는 기관은 '한국방송통신전파진흥원, 한국광해관리공단, 한국인터넷진흥원, 영화진흥위원회'로 총 4곳이다.

35 정답 ④

대답별로 선택한 직원 수에 따른 원점수와 가중치 적용 점수는 다음과 같다.

구분	전혀 아니다	아니다	보통이다	그렇다	매우 그렇다
원점수	21×1=21점	18×2=36점	32×3=96점	19×4=76점	10×5=50점
가중치 적용 점수	21×0.2=4.2점	36×0.4=14.4점	96×0.6=57.6점	76×0.8=60.8점	50×1.0=50점

따라서 10명의 직원이 선택한 설문지의 가중치를 적용한 점수의 평균은 $\frac{4.2+14.4+57.6+60.8+50}{10}=18.7$점이다.

36 정답 ①

전국기능경기대회 메달 및 상별 각 점수는 다음과 같다.

구분	금메달	은메달	동메달	최우수상	우수상	장려상
총 개수(개)	40	31	15	41	26	56
개수 당 점수(점)	3,200÷40=80	2,170÷31=70	900÷15=60	1,640÷41=40	780÷26=30	1,120÷56=20

따라서 합계를 모든 지역 총 개수로 나누면 금메달은 80점, 은메달은 70점, 동메달은 60점임을 알 수 있다.

오답분석

② 경상도가 획득한 메달 및 상의 총 개수는 4+8+12=24개이며, 가장 많은 지역은 13+1+22=36개인 경기도이다.
③ 표를 참고하면 전국기능경기대회 결과표에서 동메달이 아닌 장려상이 56개로 가장 많다.
④ 울산에서 획득한 메달 및 상의 총점은 (3×80)+(7×30)+(18×20)=810점이다.
⑤ 장려상을 획득한 지역은 대구, 울산, 경기도이며, 세 지역 중 금·은·동메달 총 개수가 가장 적은 지역은 금메달만 2개인 대구이다.

37 정답 ④

모든 채널의 만족도가 4.0점 이상인 평가 항목은 없다.

오답분석

① 실생활 정보에 도움을 주는 프로그램의 척도는 내용 항목에서 알 수 있으므로 채널 중 WORK TV가 4.2점으로 만족도가 가장 높다.
② 가중치를 적용한 두 채널의 만족도 점수를 구하면 다음과 같다.
- 연합뉴스 TV : (3.5×0.3)+(3.4×0.2)+(4.5×0.1)+(3.4×0.4)=3.54점
- JOBS : (3.8×0.3)+(3.0×0.2)+(3.1×0.1)+(3.2×0.4)=3.33점

따라서 JOBS는 연합뉴스 TV보다 3.54−3.33=0.21점 낮다.
③ 가중치는 전체 집단에서 개별 구성요소가 차지하는 중요도를 수치화한 값을 말한다. 따라서 만족도 평가 항목의 중요도를 가중치의 크기로 비교하면 '편의성 – 유익성 – 내용 – 진행' 순서로 중요하다.
⑤ 직업방송 관련 채널 만족도 점수가 가장 높은 두 채널은 EBS(3.94점), 방송대학 TV(3.68점)이다.
- WORK TV : (3.4×0.3)+(4.2×0.2)+(3.5×0.1)+(3.1×0.4)=3.45점
- 연합뉴스 TV : (3.5×0.3)+(3.4×0.2)+(4.5×0.1)+(3.4×0.4)=3.54점
- 방송대학 TV : (3.5×0.3)+(3.0×0.2)+(4.3×0.1)+(4.0×0.4)=3.68점
- JOBS : (3.8×0.3)+(3.0×0.2)+(3.1×0.1)+(3.2×0.4)=3.33점
- EBS : (3.8×0.3)+(4.1×0.2)+(3.8×0.1)+(4.0×0.4)=3.94점

38 정답 ②

남성 실기시험 응시자가 가장 많은 분야는 건축 분야(15,888명)이고, 남성 필기시험 응시자가 가장 많은 분야는 토목 분야(8,180명)이다.

오답분석

① 필기시험 전체 합격률이 실기시험 전체 합격률보다 높은 직무분야는 디자인 분야와 영사 분야이다.
③ 여성 필기시험 응시자가 남성보다 많은 분야는 디자인 분야이며, 실기시험 응시자도 여성이 더 많다.
④ 건축 분야의 여성 실기시험 합격률은 토목 분야의 남성 실기시험 합격률보다 75.6−70.5=5.1%p 낮다.
⑤ 영사 분야는 필기·실기시험 전체 신청자와 응시자가 동일하므로 응시율이 100%이다.

39 정답 ⑤

29일은 전 직원이 외부출장을 갈 수 있다.

오답분석

① 9일에 시행되는 경영지도사 시험은 전문자격시험으로 두 번째 조건에 따라 책임자 한 명은 있어야 한다. 따라서 다음날인 10일에 직원 모두 출장은 불가능하다.
② 17일은 전문자격시험에 해당되는 기술행정사 합격자 발표일이며, 네 번째 조건에 따라 합격자 발표일에 담당자는 사무실에 대기해야 한다.
③ 19일은 토요일이며, 일곱 번째 조건에 따라 출장은 주중에만 갈 수 있다.
④ 23일은 기술행정사 시험 접수일로 세 번째 조건에 따라 원서 접수일에는 외부출장을 갈 수 없다.

40 정답 ①

기본급은 180만 원이며, 시간외근무는 10시간이므로 시간외수당 공식에 대입하면 다음과 같다.

시간외수당=1,800,000×$\frac{10}{200}$×1.5=135,000원

따라서 주 사원이 10월에 받는 시간외수당은 135,000원이다.

41 정답 ②

글로벌경쟁지원단은 글로벌숙련기술진흥원이 아닌 국제인력본부 산하에 있다.

오답분석

① 공단의 부설기관으로는 국가직무능력표준원과 글로벌숙련기술진흥원이 있다.
③ 이사장 산하에 있는 비서실과 달리 감사실은 이사장으로부터 독립되어 있다.
④ 기술자격출제실 산하의 부서는 총 6개로 공단의 조직 중 가장 많은 부서가 속해 있다.
⑤ 국제인력본부 산하의 외국인력국과 해외취업국은 각각 외국인의 국내취업과 자국민의 해외취업 관련 업무를 담당한다.

42 정답 ②

8일부터 9일까지 양일간 개최된 고용허가제 기념행사에서 외국인 근로자 한마당 행사와 콘퍼런스는 8일에 진행되었으며, 토론회는 9일에 진행되었다.

오답분석

① 고용허가제는 2004년 처음 시행되어 올해(2019년)로 15주년을 맞이하였다.
③ 고용허가제를 통해 한 해 평균 5만여 명이 국내에 들어와 2019년 현재 27만여 명의 외국인 근로자가 국내 산업 전반에 종사하고 있다.
④ 공단은 중소기업의 고용안정과 생산성 향상을 위해 지속적으로 노력해왔으며, 외국인 근로자의 인권 보호에도 적극 힘써왔다.
⑤ 공단은 중소기업의 고용안정과 생산성 향상을 위해 외국인 근로자의 한국어 및 기능・직무능력을 종합평가하는 선발포인트제를 도입하였다.

43 정답 ③

외국인 건강보험 가입자도 대한민국 국민과 동일하게 입원, 외래진료, 중증질환, 건강검진 등의 건강보험 혜택을 받을 수 있다.

오답분석

① 유학생의 경우 입국하여 외국인 등록을 한 날에 건강보험에 가입된다.
② 같은 체류지(거소지)에 배우자와 함께 거주하여 가족 단위로 보험료 납부를 원하는 경우에는 가족관계를 확인할 수 있는 서류를 지참하여 방문 신청해야 한다.
④ 보험료를 미납할 경우 건강보험 혜택 제한, 체류 허가 제한 등의 불이익이 발생할 수 있다.
⑤ 매월 25일까지 다음 달 보험료를 납부하여야 하며, 미납된 경우 기한을 정하여 독촉하고, 그래도 납부하지 않으면 소득, 재산, 예금 등을 압류하여 강제로 징수한다.

44 정답 ③

블라인드 채용은 NCS(국가직무능력표준)를 활용하여 NCS에 제시된 직무별 능력단위 세부내용과 능력단위 요소의 K・S・A를 기반으로 평가요소를 도출한다.

45 정답 ②

B대리는 하청업체 직원에게 본인이 사용할 목적의 금품을 요구하였다. 이는 우월적 지위를 이용하여 금품 또는 향응 제공 등을 강요하는 '사적 이익 요구'의 갑질에 해당한다.

오답분석

① A부장은 법령, 규칙, 조례 등을 위반하지 않고 절차에 따라 해고를 통보하였으며, 이는 자신의 이익 추구와도 관계되지 않으므로 갑질 사례에 해당하지 않는다.
③ C부장은 특정인에게 혜택을 준 것이 아니라 개인 사정을 고려하여 한 사원을 배려한 것이므로 갑질 사례에 해당하지 않는다.
④ D과장의 발언은 유 사원의 외모와 신체 비하나 비인격적인 언행으로 볼 수 없다. 따라서 갑질 사례에 해당하지 않는다.
⑤ E차장의 업무 협조 요청은 갑작스러운 전산시스템의 오류로 인한 것으로 정당한 사유 없이 불필요한 업무를 지시했다고 볼 수 없다. 따라서 갑질 사례에 해당하지 않는다.

46 정답 ④

다섯 번째 조건에 따라 C항공사는 제일 앞번호인 1번 부스에 위치하며, 세 번째 조건에 따라 G면세점과 H면세점은 양 끝에 위치한다. 이때 네 번째 조건에서 H면세점 반대편에는 E여행사가 위치한다고 하였으므로 5번 부스에는 H면세점이 올 수 없다. 따라서 5번 부스에는 G면세점이 위치한다. 또한 첫 번째 조건에 따라 같은 종류의 업체는 같은 라인에 위치할 수 없으므로 H면세점은 G면세점과 다른 라인인 4번 부스에 위치하고, 4번 부스 반대편인 8번 부스에는 E여행사가, 4번 부스 바로 옆인 3번 부스에는 F여행사가 위치한다. 나머지 〈조건〉에 따라 부스의 위치를 정리하면 다음과 같다.

1) 경우 1

C항공사	A호텔	F여행사	H면세점
복도			
G면세점	B호텔	D항공사	E여행사

2) 경우 2

C항공사	B호텔	F여행사	H면세점
복도			
G면세점	A호텔	D항공사	E여행사

따라서 항상 참이 되는 것은 ④이다.

47 정답 ④

국가직무능력표준은 이미 국가기술자격에 도입되어 평가내용에 혁신적 변화를 가져왔다. 이번 방안의 주요 과제로는 국가직무능력표준 개발 개선 방식 고도화, 국가기술자격과의 연계 강화 등이 있다.

48 정답 ②

훈련시간은 훈련실시신고 변경 불가사항에 해당하므로 변경예정일과 관계없이 승인요청이나 신고를 통한 변경이 불가능하다.

오답분석

①·④ 변경예정일 4일 전까지 변경 승인을 요청할 수 있다.
③ 변경예정일 전일까지 변경 신고를 할 수 있다.
⑤ 변경예정일 전일까지 변경 승인을 요청할 수 있다.

49 정답 ②

ㄱ. 인증기관과 실제 운영기관이 일치하지 않는 ⓑ에 해당한다.
ㄴ. 동일한 훈련과정임에도 불구하고 국비 지원생에게는 일반 훈련생보다 더 많은 훈련비를 받아 운영하였으므로 ⓓ에 해당한다.
ㄷ. 정해진 시간표를 준수하지 않고 임의로 훈련내용을 변경하였으므로 ⓒ에 해당한다.
ㄹ. 훈련생의 출결을 대리로 처리하여 훈련비를 부정 수급하였으므로 ⓐ에 해당한다.

50 정답 ⑤

2개 이상의 능력단위를 1개의 능력단위로 통합하는 것은 NCS 개선의 '능력단위 통합·분할' 유형에 해당된다.

51 정답 ⑤

ㄷ. 정부의 최저임금 정책은 임금 분배 개선에 영향을 주었다. 정부의 일자리사업, 근로시간 단축, 일생활 균형 문화의 확산 등이 단기간 근로자 수 증가에 영향을 미쳤다.
ㅁ. 인구 고령화는 단시간 근로 증가·장시간 근로 개선, 40대 노동자 감소·60대 노동자 증가에 영향을 미쳤다.

52 정답 ⑤

이번 법률 제정을 통해 일학습병행 과정 참여 근로자는 소정의 훈련을 거치고 외부평가에 합격하면 국가자격에 해당하는 자격을 취득할 수 있다. 또한, 경과 규정을 통해 종전의 일학습병행을 이수한 경우에도 자격을 취득할 수 있도록 하였다.

53 정답 ③

제4항에 따르면 행동강령책임자는 지시를 취소하거나 변경할 필요가 있다고 인정되면 소속기관의 장에게 보고하여야 한다. 단, 상급자가 스스로 그 지시를 취소하거나 변경하였을 때에는 소속기관의 장에게 보고하지 아니할 수 있다. 따라서 해당 지시 내용을 반드시 보고하여야 하는 것은 아니다.

오답분석

① 제1항, 제6항
② 제3항
④·⑤ 제5항

54 정답 ⑤

i) 거리비용
25km까지는 기본요금이 부과되고 이후 초과 거리에 대해서는 기본요금에 50%가 가산된 비용을 지불해야 한다. 그러므로 K과장이 지불해야할 거리비용은 $25\times50+10\times50\times(1+0.5)=1,250+750=2,000$달러이다.

ii) 화물비용
이삿짐 화물비용은 $1m^3$당 25달러이므로 K과장이 지불해야할 화물비용은 $60\times25=1,500$달러이다.

따라서 K과장의 이사비용은 $2,000+1,500=3,500$달러임을 알 수 있다.

55 정답 ⑤

영업부서와 마케팅부서에서 S등급과 C등급에 배정되는 인원은 모두 같고, 영업부서의 A등급과 B등급의 인원이 마케팅부서보다 2명씩 적다. 따라서 두 부서의 총 상여금액 차이는 $(420\times2)+(330\times2)=1,500$만 원이므로 옳지 않다.

오답분석

①·③ 마케팅부서와 영업부서의 등급별 배정인원은 다음과 같다.

(단위 : 명)

구분	S	A	B	C
마케팅부서	2	5	6	2
영업부서	2	3	4	2

② A등급 상여금은 B등급 상여금보다 $\frac{420-330}{330}\times100\fallingdotseq27.3\%$ 많다.

④ 마케팅부서 15명에게 지급되는 총 금액은 $(500\times2)+(420\times5)+(330\times6)+(290\times2)=5,660$만 원이다.

56 정답 ④

A대리가 맞힌 문제를 x개, 틀린 문제는 $(20-x)$개라고 가정하여 얻은 점수에 대한 식은 다음과 같다.

$5x-3(20-x)=60 \rightarrow 8x=120 \rightarrow x=15$

따라서 A대리가 맞힌 문제의 수는 15개이다.

57 정답 ④

모듈러 로봇은 외부 자극에 대한 반응이 제대로 작동되지 않는 부분을 다른 모듈로 교체하거나 제거하는 작업을 통해 스스로 치유할 수 있는 것이 특징이다.

58 정답 ③

남자 직원은 〈조건〉에서 B등급 이상인 호텔을 선호한다고 하였으므로, K·M·W호텔이 이에 해당한다. M호텔은 2인실이 없으므로 제외되며, K·W호텔 숙박비와 식비(조식1, 중식2, 석식1)는 다음과 같다.

- K호텔 : $17\times3+1\times3\times6=69$만 원
- W호텔 : $15\times3+0.75\times4\times6=63$만 원

따라서 가장 저렴한 W호텔에서 숙박하며, 비용은 63만 원이다.

여자 직원도 B등급 이상인 호텔을 선호한다고 했으므로 K·M·H호텔 중 M호텔은 2인실이 없으므로 제외되며, K·H호텔 중에서 역과 가장 가까운 K호텔에 숙박한다.

따라서 K호텔의 비용은 $17\times2+1\times3\times4=46$만 원이다.

59 정답 ④

고용노동부는 일자리사업 개선을 위해 성과평가 결과에 따라 성과가 좋은 사업의 예산은 늘리고, 성과가 낮은 사업의 예산은 줄이는 것을 원칙으로 평가결과를 예산에 반영한다.

60 정답 ③

- 재호 : 통상적인 출장비용 집행의 경우, 위임전결규칙 제10조 제3항 제2호의 '객관적으로 인정하는 요금에 의하여 통상적으로 집행하는 사항'이라고 볼 수 있다. 따라서 제10조 제3항에 따라 전결권자가 부재중이라면 전결권자의 상위자가 아닌 차하위자가 전결할 수 있다.
- 인현 : 위임전결규칙 제10조 제4항에 따르면 위임전결사항에 해당되더라도 중요하다고 인정되는 사항은 이사장에게 보고하여야 한다.

오답분석

- 정원 : 위임전결규칙 제10조 제2항 제3호에 따르면 ○○업무에 대한 전결권자인 A본부장이 상위자의 결재가 필요하다고 인정하는 경우, 이사장의 결재를 받아야 한다. 따라서 옳은 설명이다.
- 성원 : 사무관리규칙 제13조 제2항에 따르면 위임전결사항이라 하더라도 교재의 검정에 관한 문서는 이사장 명의로 발신하여야 하므로 전결권자의 명의로 발신할 수 없다.

CHAPTER 02 직무수행능력평가

최신기출복원문제 정답 및 해설

| 01 | 경영학

01	02	03	04	05	06	07	08	09	10										
②	④	④	②	③	①	②	①	②	⑤										

01 정답 ②

진입장벽이 높다는 것은 곧 잠재적 경쟁기업의 진입위협이 낮음을 의미한다. 잠재적 경쟁기업의 진입위협이 낮다면, 매력적인 산업으로 평가된다.

오답분석

① 기존 기업 간의 경쟁강도가 약하다면 매력적인 산업이다.
③ 대체재의 위협이 작다면 매력적인 산업이다.
④ 공급자의 교섭력이 낮다면 매력적인 산업이다.
⑤ 구매자의 교섭력이 낮다면 매력적인 산업이다.

02 정답 ④

시장세분화 변수는 크게 고객 행동변수와 고객 특성변수로 구분된다. 그리고 고객 특성변수는 다시 인구통계적 변수와 심리분석적 변수로 구분된다. '가족생활주기'는 인구통계적 변수에, '라이프스타일'은 심리분석적 변수에 포함된다.

오답분석

'사용상황', '상표 애호도', '추구하는 편익', '사용량', '고객생애가치' 등은 모두 시장세분화와 관련된 고객 행동변수에 포함된다.

03 정답 ④

기업이 글로벌 전략을 수행하면 외국 현지법인과의 커뮤니케이션 비용이 증가하고 외국의 법률이나 제도 개편 등 기업 운영 상 리스크에 대한 본사 차원의 대응 역량이 더욱 요구되므로, 경영상의 효율성은 오히려 낮아질 수 있다.

오답분석

① 글로벌 전략을 통해 대량생산을 통한 원가절감, 즉 규모의 경제를 이룰 수 있다.
② 글로벌 전략을 통해 세계 시장에서 외국 기업들과의 긴밀한 협력이 가능하다.
③ 외국의 무역장벽이 높으면, 국내 생산 제품을 수출하는 것보다 글로벌 전략을 통해 외국에 직접 진출하는 것이 효과적일 수 있다.
⑤ 글로벌 전략을 통해 국내보다 상대적으로 인건비가 저렴한 국가의 노동력을 고용하여 원가를 절감할 수 있다.

04 정답 ②

대리인 문제와 관련된 비용에는 감시비용, 확증비용, 잔여손실이 있다. 감시비용이란 주주들이 경영자를 감시하는 데 사용하는 비용으로 성과급 제도, 사외이사, 주식옵션, 외부회계감사 등의 제도 운영에 들어가는 직·간접적인 비용이 모두 포함된다.

05 정답 ③

수직적 통합에는 원료를 공급하는 기업이 생산기업을 통합하는 전방 통합과 유통기업이 생산기업을 통합하거나 생산기업이 원재료 공급기업을 통합하는 후방 통합이 있다. 수직적 통합은 원료 독점을 통한 경쟁자 배제, 원료 부문에서의 수익, 원료부터 제품까지의 기술적 일관성 등의 장점이 있다.

오답분석

①·② 동일 업종의 기업이 동등한 조건하에서 합병·제휴하는 수평적 통합의 장점에 해당한다.
④ 대규모 구조조정은 수직적 통합의 이유와 관련이 없다.

06 정답 ①

기계적 조직은 공식화 정도가 높고, 유기적 조직은 공식화 정도가 낮다.

기계적 조직과 유기적 조직의 일반적 특징

구분	전문화	공식화	집권화
기계적 조직	고	고	고
유기적 조직	저	저	저

07 정답 ②

$$[\text{최적주문횟수(EOQ)}]=\sqrt{\frac{2\times(\text{주문당 소요비용})\times(\text{연간 수요량})}{(\text{연간단위 재고비용})}} \rightarrow \sqrt{\frac{2\times 50{,}000\times 100}{25{,}000}}=20\text{대}$$

08 정답 ①

커크패트릭의 교육 훈련 평가 모형

- 1단계 반응평가 : 학습자, 교육자 등을 대상으로 교육 프로그램에 대한 만족도 평가
- 2단계 학습평가 : 교육 훈련에서 교육 훈련을 통해 무엇을 배웠는지 평가
- 3단계 행동평가 : 교육 훈련 후 직무로 돌아온 학습자의 행동 변화 평가
- 4단계 결과평가 : 교육 훈련의 결과로 나타나는 효과에 대한 평가

09 정답 ②

시계열 분해법은 20세기 초 경제학자들의 경기변동 예측 시도에서 발전한 것으로, 시계열을 구성하는 성분들이 결정적이고 서로 독립적이라는 가정에 기반한 이론이다.

시계열 분해 구성요소

- 불규칙 성분(Irregular Component)
- 체계적 성분(Systematic Component)
  - 추세 성분(Trend Component)
  - 계절 성분(Seasonal Component)
  - 순환 성분(Cyclical Component)

10 정답 ⑤

브랜드 구성요소

- 브랜드 네임 : 브랜드 이미지를 인식시키는 핵심 요소
- 심벌과 로고 : 기호화된 모양이나 색 등의 시각 정보
- 캐릭터 : 기업이나 상품 등을 강조하기 위해 브랜드를 의인화한 것
- 슬로건 : 기업의 구체적 시장 전략에 사용되는 문장
- 패키지 : 1차 기능(상품의 보호, 유통 등), 2차 기능(상품 정보 제공, 브랜드 이미지 전달)

| 02 | 경제학

01	02	03	04	05	06	07	08	09	10										
①	②	④	②	①	③	④	⑤	①	②										

01 정답 ①

가격상한제는 정부가 목적을 가지고 시장가격보다 낮은 가격으로 상한선을 정하는 것으로 아파트 분양가 상한제, 대출 최고 이자율 제한 등이 있다.

오답분석

② 가격상한제에서는 규제 가격이 시장가격보다 낮으므로 초과 수요가 발생하게 되고 거래량이 줄어들어 자중후생손실이 발생한다.
③·④ 최저가격제에 대한 설명이다.

02 정답 ②

일반적으로 외부효과는 시장에 의해 자율적으로 통제되기가 쉽지 않기 때문에 정부가 개입하여 해결하지만, 코즈의 정리(Coase Theorem)에 따르면 외부효과의 영향을 받는 모든 경제주체들이 협상을 통해 이해관계를 조절할 수 있다면 정부개입 없이도 외부효과의 비효율성을 해결할 수 있다.

03 정답 ④

한계저축성향은 추가소득 중 소비되지 않고 저축되는 비율로, 소득의 변화분에 대한 저축의 변화 비율로 나타낸다.

04 정답 ②

오쿤의 법칙에 따르면 경기 회복기에는 고용의 증가 속도보다 국민총생산의 증가 속도가 더 크고, 불황기에는 고용의 감소 속도보다 국민총생산의 감소 속도가 더 크다. 구체적으로 실업률이 1% 늘어날 때마다 국민총생산은 2.5%의 비율로 줄어드는데, 이와 같은 실업률과 국민총생산의 밀접한 관계를 오쿤의 법칙이라 한다.

오답분석

① 왈라스 법칙(Walars' law)
③ 엥겔의 법칙(Engel's law)
④ 슈바베의 법칙(Schwabe's law)
⑤ 그레샴의 법칙(Gresham's Law)

05 정답 ①

가치의 역설은 사용가치가 높은 재화가 더 낮은 교환가치를 가지는 역설적인 현상으로, 희소가치가 높은 다이아몬드의 한계효용이 물의 한계효용보다 크기 때문에 다이아몬드의 가격이 물의 가격보다 비싸다고 설명한다.

오답분석

② 물은 필수재이고, 다이아몬드는 사치재이다.
③ 같은 물이라 해도 장소나 상황 등에 따라 가격이 달라질 수 있으므로 항상 다이아몬드보다 가격이 낮다고 할 수 없다.
④·⑤ 상품의 가격은 총효용이 아닌 한계효용에 의해 결정되며, 한계효용이 높아지면 상품의 가격도 비싸진다.

06 정답 ③

소국의 수입관세 부과 시 국내가격은 상승하고 생산량은 증가한다. 그에 따라 생산자잉여도 증가하게 된다.

오답분석

① 부과한 관세만큼 국내가격이 상승하게 된다.
② 국내가격이 상승하므로 소비량은 감소하게 된다.
④ 수입관세 부과 시 정부는 관세수입을 얻고, 관세 부과로 인한 가격 조정에 따른 사회적 후생손실이 발생한다.
⑤ 소국은 국제 시장에서의 가격설정능력이 없다. 따라서 관세를 부과해도 교역조건은 변화하지 않는다. → 대국의 경우 수입관세 부과 시 교역조건이 개선된다.

07 정답 ④

수요, 공급곡선의 일반적인 형태란, 우하향하는 수요곡선과 우상향하는 공급곡선을 의미한다. 공급곡선이 상방으로 이동하면, 생산량(Q)이 감소하고 가격(P)이 상승한다.

오답분석

① 수요곡선이 하방으로 이동하면 생산량이 감소하고 가격도 하락한다.
② 공급곡선이 하방으로 이동하면 생산량이 증가하고 가격이 하락한다.
③ 수요곡선이 상방으로 이동하면 생산량이 증가하고 가격도 상승한다.
⑤ 수요곡선과 공급곡선이 모두 하방으로 이동하면 가격은 하락한다. 이때 생산량은 두 곡선의 하방이동폭에 따라서 증가할 수도, 불변일 수도, 감소할 수도 있다.

08 정답 ⑤

생산가능곡선 내부의 점은 비효율적인 생산점, 선상의 점은 효율적인 생산점, 외부의 점은 현재 능력으로는 생산을 달성할 수 없는 점을 뜻한다. 현재 실업이 발생하고 있다는 것은 비효율적인 생산점에 있음을 의미한다. 따라서 실업의 감소는 생산가능곡선 내부의 점에서 생산가능곡선상의 점으로의 이동에 해당한다.

오답분석

① 생산가능곡선은 일반적으로 우하향하고, 원점에 오목한 형태를 가진다.
② 생산가능곡선상의 점들은 모두 생산측면의 파레토 효율을 만족한다.
③ 생산가능곡선의 접선의 기울기는 한계변환율(MRT)을 의미한다. X재를 가로축, Y재를 세로축에 표기할 때 MRT_{XY}는 'X재 한 단위를 생산하기 위해 포기해야 하는 Y재의 수량', 즉 X재 생산의 기회비용을 뜻한다.
④ 기술의 진보는 생산가능곡선을 바깥쪽으로 이동시킨다. X재 생산에서 기술진보가 발생하면 생산가능곡선이 X재 방향으로 확장된다. 이것은 생산가능곡선의 기울기가 감소하는 것이고, X재 생산의 기회비용이 감소함을 뜻한다.

09 정답 ①

정부지출에 따른 효과가 크게 나타나기 위해서는 승수효과가 커져야 한다. 승수효과란 확대재정정책에 따른 소득의 증가로 인해 소비지출이 늘어나게 되어 총수요가 추가적으로 증가하는 현상을 말한다. 즉, 한계소비성향이 높을수록 승수효과는 커진다. 한계소비성향이 높다는 것은 한계저축성향이 낮다는 것과 동일한 의미이다.

10 정답 ②

고정환율제도에서는 재정정책으로 IS곡선이 오른쪽으로 이동하면서 대내균형이 우상방으로 이동하나, 국내이자율이 국제이자율보다 높아 해외자본이 유입된다. 이에 따라 환율하락을 방지하기 위하여 중앙은행이 개입하여 국내통화량을 증가시킴으로써 LM곡선이 오른쪽으로 이동하게 되고 결국 새로운 균형에서는 국민소득이 증가하게 된다.

변동환율제도와 고정환율제도에서의 확장적 재정정책 효과

변동환율제도	고정환율제도
국민소득 불변	국민소득 증가
소비, 투자 불변	소비 증가, 투자 불변
환율하락에 따른 경상수지 적자 발생	국민소득 증가에 따른 수입증가로 인한 경상수지 악화(적자 발생 불확실)

03 전기

01	02	03	04	05	06	07	08	09	10
②	③	⑤	⑤	④	⑤	④	②	④	②

01 정답 ②

수지식(가지식) 방식은 전압 변동이 크고 정전 범위가 넓다.

오답분석

① 환상식(루프) 방식은 전류 통로에 대한 융통성이 있어 전압 강하 및 전력 손실이 수지식보다 적다.
③ 뱅킹 방식은 전압 강하 및 전력 손실, 플리커 현상 등을 감소시킨다.
④·⑤ 망상식(네트워크) 방식은 무정전 공급이 가능하나, 네트워크 변압기나 네트워크 프로텍터 설치에 따른 설비비가 비싸다. 대형 빌딩가와 같은 고밀도 부하 밀집 지역에 적합한 방식이다.

02 정답 ③

침투 깊이는 주파수, 도전율, 투자율에 반비례하고, 침투 깊이가 작을수록 전류가 도선 표피에 많이 흐르고, 표피 효과가 커진다.

03 정답 ⑤

CV는 가교 폴리에틸렌 절연 비닐 시스 케이블의 약호이다. 동심중성선 수밀형 전력케이블의 약호는 CN-CV-W이다.

04 정답 ⑤

전압변동률(ϵ)$=\dfrac{V_{20}-V_{2n}}{V_{2n}}\times 100$ (V_{20}=무부하 시 2차 전압, V_{2n}=정격 부하 시 2차 전압) → 전압변동률$=\dfrac{500-200}{200}\times 100=150\%$

05 정답 ④

비율차동계전기, 차동계전기, 반한시 과전류계전기 등은 발전기나 변압기의 내부 고장에 대한 보호용으로 사용된다.

오답분석

①·② 단락보호용
③·⑤ 지락보호용

06 정답 ⑤

나트륨 등은 형광등과 같이 안정기를 사용해야 하며, 점등 후 20 ~ 30분이 경과해야 충분한 빛을 낼 수 있다.

오답분석

① 나트륨 등은 50nm에 가까운 황색 광선을 낸다.
② 나트륨 등은 나트륨 증기의 방전을 이용하여 빛을 낸다.
③ 백열전구의 광량은 1W당 10 ~ 16lm이지만, 나트륨 등의 광량은 1W당 80 ~ 150lm이므로 나트륨 등의 효율이 더 높다.
④ 나트륨 등은 안개 속에서도 빛을 잘 투과하므로 터널이나 도로의 조명으로 많이 사용된다.

07 정답 ④

지지물 종류에 따른 경간

- 목주, A종 철주 또는 A종 철근 콘크리트주 : 150m 이하
- B종 철주 또는 B종 철근 콘크리트주 : 250m 이하
- 철탑 : 600m 이하

08 정답 ②

전선의 구성 재료에 따른 고유저항 값은 경동선 $\dfrac{1}{55}\Omega\text{mm}^2/\text{m}$, 연동선 $\dfrac{1}{58}\Omega\text{mm}^2/\text{m}$, 경알루미늄연선 $\dfrac{1}{35}\Omega\text{mm}^2/\text{m}$이다.

09 정답 ④

전기 분극은 변위성 분극(전자 분극, 이온 분극)과 방향성 분극(배향 분극)으로 구분된다.

오답분석

① 이온 분극 : 외부 전기장에 의해 양이온과 음이온의 위치가 변화하여 쌍극자를 만드는 분극
② 배향 분극 : 물질에 전기장을 가했을 때, 분자의 영구 쌍극자가 전기장의 방향으로 배향하려는 것에 기인해서 나타나는 분극
③ 전자 분극 : 외부 전기장을 가하였을 때, 핵에 대하여 전자가 변위함으로써 발생하는 분극

10 정답 ②

$P=\dfrac{E_1^2}{2x_s}\sin\delta_s$ (x : 동기 리액턴스)이므로 $P=\dfrac{(2,000)^2}{2\times 10}\sin 30°=100\text{kW}$

| 04 | 기계

01	02	03	04	05	06	07	08	09	10										
③	①	③	①	②	④	①	④	④	⑤										

01 정답 ③

냉동 사이클이란 냉매가 냉동기 안에서 증발 – 압축 – 응축 – 팽창의 상태 변화를 반복하면서 열을 저온부에서 고온부로 운반하는 냉각 작용을 말한다.

오답분석

① 카르노 사이클은 열기관의 이상적인 사이클로, 열전달은 등온과정에서만 이루어지고 일의 전달은 등온과 단열과정에서 모두 발생할 수 있다.
② 랭킨 사이클의 효율은 보일러의 압력을 높일 때, 복수기의 압력을 낮출 때, 터빈의 입구온도를 높일 때 높아진다.
④ 이원 냉동 사이클은 저온과 고온부에서 각각의 사이클을 행하는 2개의 냉동기를 하나로 조합한 사이클로, −60℃ 이하의 저온을 얻고자 할 때 적합하다.

02 정답 ①

봉 재료가 축 방향의 인장하중을 받으면 길이가 늘어나지만 직경은 줄어들게 되는데, 이러한 축 방향 변형률에 대한 직경 방향 변형률의 비를 푸아송의 비라고 한다.

• 푸아송의 비, $\nu = \dfrac{1}{m(\text{푸아송 수})} = \dfrac{\varepsilon'[\text{가로(횡) 변형률}]}{\varepsilon[\text{세로(종) 변형률}]} = \dfrac{\frac{\delta}{d}}{\frac{\lambda}{l}} = \dfrac{\delta l}{d\lambda}$

• 단면적 변화율$= \dfrac{\Delta A(\text{단면적 변화량})}{A(\text{처음 단면적})} = 2\nu\varepsilon$

$\Delta A = 2\times 0.5\varepsilon \times A = \varepsilon A$

03 정답 ③

응력집중이란 단면이 급격히 변화하는 부분에서 힘의 흐름이 심하게 변화할 때 발생하는 현상으로, 이를 완화하려면 단이 진 부분의 곡률반지름을 크게 하거나 단면을 완만하게 변화시켜야 한다.
응력집중계수(k)는 단면부의 평균응력에 대한 최대응력의 비율로 구할 수 있으며, 계수 값은 재질을 고려하지 않고 노치부의 존재 여부나 급격한 단면변화와 같이 재료의 형상변화에 큰 영향을 받는다.

04 정답 ①

열역학 제0법칙은 물체 A와 B가 다른 물체 C와 각각 열평형을 이루었다면 A와 B도 열평형을 이룬다는 법칙으로, 물체 A, B가 각각 물체 C와 온도가 같을 때 물체 A와 B의 온도도 같다는 온도계의 원리를 말한다.

오답분석

② 열역학 제1법칙 : 고립된 계의 총 내부에너지는 일정하다는 에너지 보존의 법칙을 말한다.
③ 열역학 제2법칙 : 엔트로피(무질서 정도)는 0 이상의 값을 가지도록 물질의 방향이 움직이며, 일 효율이 100%인 기관은 없다.
④ 열역학 제3법칙 : 시스템을 절대온도 0K에 이르게 하는 방법은 없다.

05 정답 ②

브레이턴 사이클은 고온열원・저온열원・압축기 및 터빈으로 구성되는 기체의 표준사이클로, 흡입된 공기는 압축기에서 고압으로 압축된 후 연소실로 보내지고, 연소실을 거치면서 고온・고압으로 만들어진 가스는 터빈을 회전시킨 후 대기 중으로 배출된다.

오답분석

① 랭킨 사이클(Rankine Cycle)
③ 오토 사이클(Otto Cycle)
④ 사바테 사이클(Sabathé Cycle)

06 정답 ④

벤투리 미터는 관수로 내의 유량을 측정하기 위한 장치로, 관수로의 일부에 단면을 변화시킨 관을 부착하고, 여기를 통과하는 물의 수압 변화로부터 유량을 구한다.

오답분석

① 로터미터(Rotameter)
② 마노미터(Manometer)
③ 마이크로미터(Micrometer)

07 정답 ①

수격현상은 관내를 흐르는 유체의 유속이 급히 바뀌면 유체의 운동에너지가 압력에너지로 변하면서 관내압력이 비정상적으로 상승하여 배관이나 펌프에 손상을 주는 현상이다. 송출량과 송출압력이 주기적으로 변하는 현상은 맥동현상이다.

맥동현상(Surging; 서징현상)

펌프 운전 중 압력계의 눈금이 주기적이며 큰 진폭으로 흔들림과 동시에 토출량도 변하면서 흡입과 토출배관에서 주기적으로 진동과 소음을 동반하는 현상이며 영어로는 서징(Surging)현상이라고 한다.

캐비테이션(Cavitation; 공동현상)

유동하는 유체의 속도변화에 의해 압력이 낮아지면 포화증기압도 함께 낮아지면서 유체 속에 녹아 있던 기체가 분리되어 유체 내부에 기포가 발생하는 현상으로 이 기포가 관 벽이나 날개에 부딪치면서 소음과 진동이 발생하는 현상이다. 유체의 증기압보다 낮은 압력이 발생하는 펌프 주위에서 주로 발생한다.

08 정답 ④

원형봉의 늘어난 길이인 변형량(δ)을 구하면 다음과 같다.

$$\delta=\frac{PL}{AE}=\frac{100\times10^3\times3}{0.01\times300\times10^9} \rightarrow \delta=\frac{3\times10^5}{3\times10^9}$$

$\therefore\ \delta=0.0001\text{m}$

09 정답 ④

강(Steel)은 철과 탄소 기반의 합금으로, 탄소함유량이 증가함에 따라 성질이 달라진다. 탄소함유량이 증가하면 경도, 항복점, 인장강도는 증가하고, 충격치와 인성은 감소한다.

탄소함유량 증가에 따른 강(Steel)의 특성

- 경도 증가
- 취성 증가
- 항복점 증가
- 충격치 감소
- 인장강도 증가
- 인성 및 연신율 감소

10 정답 ⑤

슈퍼피니싱은 공작물의 표면에 입도가 고운 숫돌을 가벼운 압력으로 맞붙여 누른 후 진폭이 작은 진동을 주면서 공작물을 회전시켜 공작물의 표면을 다듬질하는 방법으로, 연마가공법의 하나이다. 드릴링, 보링, 선삭, 밀링은 절삭가공법에 해당한다.

오답분석

① 드릴링(Drilling) : 드릴로 구멍을 뚫는 작업
② 보링(Boring) : 공작물에 이미 뚫려 있는 구멍을 보링 바이트를 사용하여 정확한 치수로 깎아서 넓히는 작업
③ 선삭(Lathe Turning) : 선반 등의 공작 기계에 절삭 공구를 사용하여 제품을 절삭하는 방법
④ 밀링(Milling) : 밀링 머신의 밀링 커터를 사용하여 공작물을 절삭하는 가공법

PART 1

직업기초능력평가

정답 및 해설

CHAPTER 01 의사소통능력
CHAPTER 02 수리능력
CHAPTER 03 문제해결능력
CHAPTER 04 자기개발능력
CHAPTER 05 자원관리능력
CHAPTER 06 대인관계능력
CHAPTER 07 정보능력
CHAPTER 08 기술능력
CHAPTER 09 조직이해능력
CHAPTER 10 직업윤리

기출예상문제 정답 및 해설

01	02	03	04	05	06	07	08	09	10
④	①	①	③	④	②	⑤	④	①	④
11	12	13	14	15	16	17	18	19	20
⑤	③	③	①	③	④	②	⑤	③	⑤
21	22	23	24	25	26	27	28	29	30
④	①	④	⑤	②	③	③	②	④	⑤

01 정답 ④

D부장이 C과장에게 업무를 위임했으므로, C과장이 결재하는 것은 맞다. 결재 시에는 전결 표시를 해주어야 하므로, '전결 C과장'으로 해야 한다.

02 정답 ①

다음과 같이 작성되어야 한다.

시 대 교 육 그 룹 사
수신자 : 시대교육, 시대고시기획, 평생교육원
(경유)
제목 : 2020년도 우수직원 봉사단 편성
1. 서무 1033-2340(2019. 11. 10.)과 관련입니다.
2. 2020년도 우수직원을 대상으로 봉사단을 편성하고자 하오니, 회사에 재직 중인 직원 중 통솔력이 있고 책임감이 투철한 사원을 다음 사항을 참고로 선별하여 2019. 12. 10.까지 통보해 주시기 바랍니다.
– 다음 –
가. 참가범위
1) 시대교육 : 1～2년 차 직원 중 희망자
2) 시대고시기획 : 2년 차 직원 중 희망자
3) 평생교육원 : 2～3년 차 직원 중 희망자
나. 아울러 지난해에 참가했던 책임자와 직원은 제외시켜 주시기 바라며, 지난해 참가 직원 명단을 첨부하니 참고하시기 바랍니다.
첨부 : 2019년도 참가 직원 명단 1부. 끝.
시 대 교 육 그 룹 사 장

03 정답 ①

매뉴얼(Manual)이란 사용설명서로, 특정 제품이나 시스템을 이용하기 위한 절차 및 방법 등을 상세하게 밝혀 사용자에게 도움을 제공하는 문서이다.

04 정답 ③

우선 아랍에미리트는 해외 EPS센터가 없으므로 제외한다. 또한 한국기업이 100개 이상 진출해 있어야 한다는 두 번째 조건으로 인도네시아와 중국으로 후보를 좁힐 수 있다. 치안에 대한 상황은 둘 다 제시되지 않았으니 현재 취업실태를 이해해 골라야 한다. '우리나라 사람들의 해외취업을 위한 박람회'이므로 성공적인 박람회 개최를 위해선 취업까지 이어지는 것이 중요하다. 중국의 경우, 청년 실업률은 높지만 경쟁력 부분에서 현지 기업의 80% 이상이 우리나라 사람을 고용하기를 원하므로, 중국 청년 실업률과는 별개로 우리나라 사람들의 취업이 쉽게 이루어질 수 있음을 알 수 있다. 따라서 중국이 적절하다.

05 정답 ④

자료는 연중 계획된 이벤트를 표로 정리하여 보여주고 있다. 따라서 ④가 자료의 제목으로 적절하다.

06 정답 ②

6월의 주제는 '음악'이므로 통기타 연주회가 주제와 맞지 않다는 말은 적절하지 않다.

07 정답 ⑤

기사문을 살펴보면 최저임금 인상으로 인상에 따른 금액을 회사가 고스란히 부담을 해야 하나 정부가 일자리 안정자금을 지원해주어 사업주의 부담을 덜 수 있다는 내용이다. 따라서 이러한 일자리 안정자금이 모든 기업의 해결책이 될 수 없다고 주장하는 ⑤가 비판의 내용으로 가장 적절하다.

오답분석

① 기사문은 소상공인에 대한 정부의 일자리 안정자금 지원에 관한 내용으로 일자리 안정자금 제도 자체에 대한 비판은 기사문에 대한 비판으로 적절하지 않다.
②·③·④ 최저임금제도의 문제점에 대해 비판하고 있다.

08 정답 ④

㉠ 고객 데이터 수치는 시트 제목을 '상반기 고객 데이터 수치'라고 적고 함수를 사용해 평균을 내야 하기 때문에 스프레드 시트가 적절하다.
㉣ 고객 마케팅 관련 설명문은 줄글로 자간과 본문 서체를 설정해 작성하라고 하였으니, 워드가 적절하다.
㉤ 마케팅 사례를 다양한 효과를 사용해 발표해야 한다고 했으니, PPT를 이용한 효과 사용이 적절하다.

09 정답 ①

기사는 국민권익위원회 주관 2015년도 공공기관 청렴도 평가결과 국민건강보험공단이 1등급인 '매우 우수기관'으로 선정되었다는 내용이다.

10 정답 ④

대외적으로 청렴성에 대해 홍보한 것이 아니라, 지역사회 시민단체, 소비자단체와의 교류를 통하여 지속적으로 공단 서비스에 대한 문제점을 청취하였다.

11 정답 ⑤

제시된 자료의 내용은 애플의 주가가 하락하여 위험하다는 내용인데, 제목의 화살표는 '↑'이기 때문에 제목과 글의 내용이 다르다는 조언이 적절하다.

오답분석

① 자료의 제목은 자료의 내용을 유추할 수 있도록 구체적이어야 한다.
② 자료에 나타난 정보를 한 눈에 확인할 수 있는 그래프는 그대로 두는 것이 낫다.
③ 문장마다 문단을 나누기 보다는 내용이 달라질 때 나누는 것이 좋다.
④ 기존의 첨부파일 제목만으로도 첨부파일의 내용을 유추할 수 있다.

12 정답 ③

기초생활 보장제도의 대상자 선정 기준과 비교를 해보면, C씨는 중소도시에 살고 있고, 부양의무자가 없다. 여기까지는 기초생활 보장제도 대상에 해당하지만, 주거용 재산이 98백만 원이므로, 기초생활 보장제도를 보장받을 수 없다. 부양의무자가 없는 사람의 경우, 소득 인정액은 133만 원 이하이고, 중소도시에 사는 경우, 재산은 최대액이 91백만 원인데, C씨는 주거용 재산이 98백만 원이기 때문이다.

오답분석

① A씨는 컨테이너에 사는 비정형거주자이므로 좋은 이웃들 사업을 보장받을 수 있다.
② B씨의 집은 복합적 욕구를 가진 저소득 위기 가정이므로 희망복지지원단 통합사례 관리사업을 보장받을 수 있다.
④ D씨는 부양의무자가 없는 중증질환자로 7개월의 치료가 필요하므로 대상 요건에 해당하고, 최저생계비의 110% 소득이므로 소득 기준도 차상위 본인부담 경감 대상자 지원 사업의 보장을 받을 수 있는 조건이다.
⑤ E씨는 농어촌 지역에 살고 있으며, 화재로 인한 피해로 긴급복지지원 대상자의 요건에 해당한다. 또한 최저생계비가 120%로 소득요건을 충족하며, 재산 6천만 원과 금융재산 1백만 원으로 재산요건도 충족한다.

13 정답 ③

원활한 의사소통을 위해서는 상대방의 이야기를 끝까지 경청하는 자세가 필요하다. 하지만 A팀장은 상대방의 이야기가 끝나기도 전에 이야기를 가로막으며, 자신의 이야기만 하는 태도를 보이고 있다. 그러므로 A팀장이 가져야 할 경청 방법은 상대방의 말을 가로막지 않는 것이다.

14 정답 ①

제2항에 따르면 정보공개 구술청구서는 청구인이 아닌 담당 직원이 작성하며, 담당 직원뿐만 아니라 청구인도 함께 기명날인하거나 서명하여야 한다.

오답분석

② 제4항 제2호
③ 제5항 제1호
④ 제6항 제2호
⑤ 제7항 제1호

15 정답 ③

팀장이 귀하에게 지시한 업무를 처리하기 위해 필요한 능력은 문서이해능력이다. 문서이해능력이란, 문서를 읽고 이해할 수 있는 능력으로 도표・수・기호 등을 이해할 수 있어야 다양한 방식의 업무처리가 가능하다.

16 정답 ④

'개방적'의 사전적 의미는 '태도나 생각 따위가 거리낌 없이 열려 있는 상태'이다. ④와 같이 '(부정적으로) 지나치게 꼼꼼하다.'는 오히려 '개방적'의 의미와 정반대의 의미이다.

17 정답 ②

상사는 해당 장소까지 안내할 고객의 범위를 '노인 및 임산부 등 노약자 고객'으로 한정하고 있다.

18 정답 ⑤

조사 '–로써'는 '~을 가지고', '~으로 인하여'라는 의미이고, '–로서'는 '지위', '신분' 등의 의미이다. 따라서 '도모함으로써'가 올바른 표현이다.

19 정답 ③

핵심인력이 만기공제금 수령 시 소득세의 50%를 감면해 주는 제도가 2015년 세법개정(안)에 반영된다는 내용을 마지막 문장에서 확인할 수 있다.

오답분석

① 5년간 매월 일정금액을 공동으로 적립하고 만기까지 재직할 경우, 공동적립금을 지급받을 수 있다.
② 공제부금은 기업주와 핵심인력이 공동으로 5년 동안 적립해야 한다.
④ 핵심인력은 매달 최소 10만 원 이상, 기업은 매달 최소 20만 원 이상 적립가능하다.
⑤ 내일채움공제 가입기업은 공제 납입금에 대해 최소 31%, 최대 63%의 절세혜택을 받을 수 있다.

20 정답 ⑤

퇴직 예정일이 2011년인 경우 정년 연장기간은 1년, 2012년인 경우 1년 6개월, 2013년 이후인 경우 2년으로 2012년과 2013년은 모두 정년 연장기간이 1년 이상이다.

오답분석

① 임금피크제 선택 시 정년은 58세에서 60세로 연장된다.
② 임금피크제 적용 대상은 전 직원이다.
③ 만 57세와 만 59세의 임금감액률 차이는 25%이다.
④ 상위직급의 경우, 직무급을 통해 수행직위・업무를 보상한다.

21 정답 ④

김 부장에게 임금피크제가 적용되는 시기는 2018년 3월이므로, 2018년 1월과 2월은 800만 원으로, 3월부터 12월까지는 피크임금 대비 90%인 720만 원으로 계산하면 된다. 따라서 김 부장의 2018년 연봉은 8,800만 원이다.

22 정답 ①

두 번째 문단에서 지방자치단체와 시민단체, 기업 등을 중심으로 감정노동자 보호를 위한 대안들이 나오고 있다고 했으므로, 이들의 무관심이 업무 환경을 더욱 악화시킨다는 설명은 옳지 않다.

오답분석

② 감정노동자의 80%가 인격 모독과 욕설 등을 경험했다고 했으므로 옳은 설명이다.
③ 우울증이 심한 경우, 불안장애증상이나 공황장애 등의 질환으로 발전할 수 있다고 했으므로 옳은 설명이다.
④ '산업재해보상보험법 시행령 및 시행규칙 개정안'이 여전히 계류 중인 상황을 설명하며, 우리 사회의 노력이 많이 부족하다고 했으므로 옳은 설명이다.
⑤ 서비스업의 특성상 질병의 인과관계를 밝히기 어렵다는 것을 악용해 기업들이 '산업재해보상보험법 시행령 및 시행규칙 개정안'을 반대한다고 했으므로 옳은 설명이다.

23 정답 ④

(라)의 앞부분에서는 녹조 현상에 따른 조류의 문제점을 설명하였으나, (라)의 뒷부분에서는 녹조의 원인이 되는 조류가 생태계 유지에 중요한 역할을 담당하고 있다고 설명한다. 즉, (라)의 뒤에서는 앞의 내용과 달리 녹조의 긍정적인 면을 설명하고 있으므로 '녹조가 무조건 나쁜 것은 아니다.'라는 〈보기〉의 문장은 (라)에 들어가는 것이 가장 적절하다.

24 정답 ⑤

두 번째 문단을 살펴보면 '스마트 안전 귀가' 앱 서비스는 사용자가 설정한 목적지까지의 이동 정보를 보호자에게 주기적으로 전송한다고 설명하고 있다.

오답분석

① 무료로 다운받아 이용할 수 있다.
② 어린이와 청소년 외에도 노인이나 여성도 사용할 수 있다.
③ 긴급 상황이 발생했을 때, 긴급 신고 버튼을 눌러야 보호자에게 자동으로 연락이 간다.
④ 별도 가입 절차가 없고, 개인 정보를 수집하지 않으므로 정보 유출에 대한 우려는 없다.

25 정답 ②

특별점검은 안전행정부·교육부·식약처·경찰청이 협동해서 안전 취약 분야에 대해 실시하는 것이므로 옳은 설명이다.

오답분석

① 식품 분야에서 집중적인 점검이 진행되는 곳은 학교 급식소·식재료 공급업체·학교 매점이므로, 학교 앞에서 파는 떡볶이는 단속 대상에 포함되지 않는다.
③ 옥외 광고물 분야에서 노후 간판 및 선정적 유해 광고물에 대한 점검 구역을 통학로 주변으로 제한한다고 명시돼 있으므로, 번화가에 있는 점포들은 점검 대상에 포함되지 않는다.
④ 특별사법경찰 제도란, 전문 지식이 있는 일반 경찰이 특별사법경찰 업무를 맡는 것이 아니라, 전문 지식에 정통한 담당 행정 공무원이 사법 경찰관의 역할을 하는 것이다.
⑤ 어린이 통학차량 운전자의 준수 의무는 특별한 구역에 한정되는 것이 아니므로 옳지 않다.

26 정답 ③

약관 제14조 제2항에서 재화 등의 수령일로부터 '30일 이내'에 환급, 반품 및 교환을 요구할 수 있다고 명시돼 있다. 그러나 선택지에는 '1개월 이내'라고 설명하고 있는데, 1개월은 28일, 29일, 30일, 31일 등 여러 기간으로 해석될 수 있으므로 정확한 설명이라고 보기가 어렵다.

오답분석

① 제13조(배송)에서 만약 회사의 고의·과실로 약정 배송기간을 초과한 경우에는 그로 인한 이용자의 손해를 배상한다고 명시되어 있다.
② 제14조 제1항의 각 호에서 이용자가 반품이나 교환을 요청할 수 없는 경우를 명시하고 있다.
④ 제14조 제2항의 각 호에서 파본이나 오발송 시 반품 규정에 대해 명시하고 있다.
⑤ 제14조 제10항에서 배송준비중 상태의 취소처리 규정에 대해 명시하고 있다.

27 정답 ③

③과 같은 응대는 고객에게 책임을 묻는 듯한 느낌을 줄 수 있다. 특히, 정확하지 않은 상태에서 고객에게 책임을 전가하는 행동은 고객의 불만을 키울 수 있으므로 고객의 잘못을 따지기보다 어떻게 해결할지를 신속하게 판단해 안내하는 것이 중요하다.

28 정답 ②

'주요 넘어짐 위험에 따른 관리 방법'에 따르면 바닥 청소 후에는 바닥이 잠시 축축할 수 있으므로, 이를 경고할 수 있는 적당한 표시를 한 뒤, 대안으로 우회로를 만들어야 한다. 그러므로 경고판을 설치하고 통행을 금지한다는 것은 적절하지 못하다.

29 정답 ④

중요한 내용을 글의 앞에서 먼저 언급하면(두괄식) 끝에 두는 것보다(미괄식) 내용 전달에 더 효과적이다.

30 정답 ⑤

인천국제공항공사가 사회적 가치 실현의 일환으로 장애인 바리스타가 운영하는 카페를 인천국제공항 내 오픈했다는 내용이 기사의 주요 내용이다. 따라서 연중무휴와 합리적 가격만을 드러내는 ⑤는 기사의 제목으로 가장 적절하지 않다.

기출예상문제 정답 및 해설

01	02	03	04	05	06	07	08	09	10	11	12	13	14	15	16	17	18	19	20
②	②	③	①	④	③	③	④	⑤	②	④	⑤	②	④	②	④	④	④	③	④
21	22	23	24	25	26	27	28	29	30										
③	①	⑤	③	③	②	⑤	⑤	⑤	⑤										

01 정답 ②

	a	
b		c

라고 할 때, $(c\div a)\times4=b$이다.

$(?\div24)\times4=1$이므로 $?=6$이다.

02 정답 ②

홀수 번째 자리에서는 -2, 짝수 번째 자리에서는 $+2$의 규칙을 가졌다.
따라서 빈칸에는 36이 들어간다.

03 정답 ③

미생물은 4시간마다 3배씩 증식하므로, 현재 270,000개의 미생물은 8시간 전보다 $3\times3=9$배나 증식된 상태이다. 그러므로 8시간 전의 미생물 수는 $270{,}000\div9=30{,}000$개이다.

04 정답 ①

A가 합격할 확률은 $\frac{1}{3}$이고, B가 합격할 확률은 $\frac{3}{5}$이다.
따라서 A, B 둘 다 합격할 확률은 $\frac{1}{3}\times\frac{3}{5}=\frac{3}{15}=\frac{1}{5}=20\%$이다.

05 정답 ④

한국과 캘리포니아의 시차가 17시간으로 서울이 더 빠르기 때문에 캘리포니아에서 현지 시각으로 11일 오후 5시는 서울 기준으로 12일 오전 10시이다.

06 정답 ③

전체 작업의 양을 1이라 하자.
A가 일하는 속도는 $\frac{1}{15}$, B는 $\frac{1}{20}$이다.
A 혼자 5일 동안 작업한 일의 양은 $\frac{1}{15}\times5=\frac{1}{3}$이므로, A와 B가 함께 나머지 작업을 한 기간을 x일이라 하면 $\left(\frac{1}{15}+\frac{1}{20}\right)\times x=\frac{2}{3}$이다.
따라서 $x\fallingdotseq5.71$이므로 6일이 걸린다.

07 정답 ③

총 420km를 주행하였고, 영업용 차량은 리터당 12km를 주행하므로 $420\div12=35$L를 사용하였다.

08 정답 ④

문제의 조건을 식으로 표현하면 아래와 같다.

$10,000\times(1+0.01\times x)(1-0.01\times x)=10,000\times(1-0.09)$

$\rightarrow 1^2-(0.01\times x)^2=1-0.09$

$\rightarrow (0.01\times x)^2=0.09$

$\rightarrow 0.01\times x=\sqrt{0.09}=0.3$

$\therefore x=30$

09 정답 ⑤

주머니 속 동전들을 더하여 500원을 만들 수 있는 경우를 나열하면 다음과 같다.

- 100원 5개
- 100원 4개+50원 2개
- 100원 4개+50원 1개+10원 5개
- 100원 3개+50원 4개
- 100원 3개+50원 3개+10원 5개
- 100원 2개+50원 5개+10원 5개

따라서 총 6가지이다.

10 정답 ②

참석인원을 x명이라 하면, 사은품을 4개씩 나누어 주면 사은품의 개수는 $4x+6$개가 된다.

그리고 사은품을 5개씩 나누어 주면 3명이 못 받고, 1명은 5개보다 적게 받으므로 사은품의 개수는 $5(x-4)+1$ 이상 $5(x-4)+4$ 이하이다.

두 조건을 결합하면 $5(x-4)+1\le 4x+6\le 5(x-4)+4$로 정리된다.

따라서 x는 $22\le x\le 25$의 범위를 가지므로 참석인원은 적어도 22명이다.

11 정답 ④

숫자를 180도 뒤집어 읽으면 된다. 61과 18을 뒤집으면, 19와 81이므로 두 수의 합이 100이다.

따라서 99와 98을 뒤집으면 66과 86이므로 152이다.

12 정답 ⑤

10잔 이상의 음료 또는 음식을 구입하면 음료 2잔을 무료로 제공받을 수 있다. 커피를 못 마시는 두 사람을 위해 NON-COFFEE 종류 중 4,500원 이하의 가격인 그린티라떼 두 잔을 무료로 제공받고, 나머지 10명 중 4명은 가장 저렴한 아메리카노를 주문한다(3,500×4=14,000원). 이때, 2인에 1개씩 음료에 곁들일 음식을 주문한다고 했으므로 나머지 6명은 베이글과 아메리카노 세트를 시키고 10% 할인을 받으면 7,000×0.9×6=37,800원이다. 따라서 총 금액은 14,000+37,800=51,800원이므로, 남는 돈은 240,000−51,800=188,200원이다.

13 정답 ②

먼저 1명이 받을 명함을 제작하는 비용이 얼마인지를 구한다.

- 국문 명함
  130장 : 일반종이 50장+고급종이 50장+일반종이 30장
  제작비=10,000+10,000×1.1+2,500×3=28,500원
- 영문 명함
  70장 : 일반종이 50장+일반종이 20장
  제작비=15,000+3,500×2=22,000원

즉, 1인 명함 200장 제작비용은 50,500원이다.

따라서 총 명함제작비(808,000원)를 1인당 명함제작비(50,500원)로 나누면, 신입사원이 총 16명이라는 것을 알 수 있다.

14 정답 ④

인천에서 샌프란시스코까지 비행시간은 10시간 25분이므로, 샌프란시스코 도착시간에서 거슬러 올라가면 샌프란시스코 시각으로 00:10에 출발한 것이 된다. 또한 한국과 샌프란시스코의 시차는 16시간이며, 한국이 빠르기 때문에 한국 시각으로 16:10에 출발한 것이 된다. 하지만 비행기 티켓팅을 위해 출발 한 시간 전에 인천공항에 도착해야 하므로 15:10까지는 공항에 도착해야 한다.

15 정답 ②

우선 C지역의 위치는 두 경우를 생각할 수 있다. A지역의 왼쪽과 A지역과 B지역 사이에 위치하는 경우이다.

C지역이 어느 위치에 있든 K사원은 C지역까지 $\frac{200}{80}$=2시간 30분이 걸린다.

Q사원은 K사원보다 2시간 30분 더 오래 걸리기 때문에 5시간이 걸린다.

C지역이 A지역의 왼쪽에 위치하면 Q사원은 C지역까지 $\frac{700}{5}$=140km/h의 속력으로 간다.

C지역이 A지역과 B지역 사이에 위치하면 Q사원은 C지역까지 $\frac{300}{5}$=60km/h의 속력으로 간다.

따라서 Q사원의 차량 속력은 100km/h 이하이므로, 60km/h이다.

16 정답 ④

각 고속버스의 배차간격이 12분, 18분, 24분이므로 10시에 동시 출발한 이후, 다시 동시에 출발하는 시간은 최소공배수 개념으로 도출할 수 있다.

```
6) 12  18  24
2)  2   3   4  → 6×2×3×2=72
    1   3   2
```

즉, 3개의 시로 가는 고속버스가 10시를 기준으로 72분마다 동시에 출발한다. 그러므로 11시 12분, 12시 24분에 출발하는 고속버스를 이용할 수 있다. 1시간 전이 10시라고 하였으므로, 현재시간은 11시이고, 회사에서 고속버스 터미널까지 이동시간이 20분이 걸리므로 12시 24분 고속버스를 이용하는 것이 적절하다. 화물 택배 의뢰 업무가 20분이 걸린다고 했으므로, 최소한 12시 4분 전까지는 도착해야 한다.

17 정답 ④

퇴근시간대인 16:00 ~ 20:00에 30 ~ 40대의 누락된 유동인구 비율을 찾아낸 뒤, 100,000명을 곱하여 설문조사 대상인원 수를 산출하면 된다. 우측 및 하단의 소계 및 주변 수치를 통해서 다음과 같이 빈 공간을 먼저 채운다.

구분	10대	20대	30대	40대	50대	60대	70대	소계
08:00 ~ 12:00	1	1	3	4	1	0	1	11
12:00 ~ 16:00	0	2	3	4	3	1	0	13
16:00 ~ 20:00	4	3	10	11	2	1	1	32
20:00 ~ 24:00	5	6	14	13	4	2	0	44
소계	10	12	30	32	10	4	2	100

위 결과를 토대로 30 ~ 40대 직장인의 퇴근시간대 유동인구 비율은 10+11=21%임을 확인할 수 있다.

따라서 100,000×0.21=21,000명이므로 설문지는 21,000장을 준비해야 한다.

18 정답 ④

1일 평균임금을 x원이라 놓고, 퇴직금 산정공식을 이용하여 계산하면

1,900={30x×(5×365)}÷365

→ 1,900=150x

→ x ≒ 13만 원(∵ 천의 자리에서 올림)

1일 평균임금이 13만 원이므로 甲의 평균 연봉을 계산하면 13×365=4,745만 원이다.

19 정답 ③

첫 식사와 마지막 식사를 제외한 예산은 603,600−(9,000×14+8,000×16)=349,600원

→ 349,600÷(14+16+16)=7,600원

따라서 예산 내에서 가능한 메뉴 중 가장 비싼 메뉴는 스파게티이다.

20 정답 ④

입사예정인 신입사원은 총 600명이므로 볼펜 600개와 스케줄러 600권이 필요하다.
A, B, C 세 업체 모두 스케줄러의 구매가격에 따라 특가상품 해당 여부를 판단할 수 있으므로 스케줄러의 가격을 먼저 계산한다.

- A도매업체 : 25×6=150만 원
- B도매업체 : 135만 원
- C도매업체 : 65×2=130만 원

즉, 세 업체 모두 특가상품 구매 조건을 충족하였으므로 특가상품을 포함해 볼펜의 구입가격을 구하면

- A도매업체 : 25.5(볼펜 300개 특가)+(13×2)=51.5만 원
- B도매업체 : 48(볼펜 600개 특가)
- C도매업체 : 23.5(볼펜 300개 특가)+(8×3)=47.5만 원

따라서 업체당 전체 구입가격을 구하면 다음과 같다.

- A도매업체 : 150+51.5=201.5만 원
- B도매업체 : 135+48=183만 원
- C도매업체 : 130+47.5=177.5만 원

즉, 가장 저렴하게 구입할 수 있는 업체는 C도매업체이며, 구입가격은 177.5만 원이다.

21 정답 ③

국방부의 국가연구개발사업 집행 금액의 비중은 0.2%로 그대로이나, 금액은 증가하였으므로 2017년의 총 집행 금액이 더 큼을 알 수 있다. 다른 부처의 금액의 비중도 비중은 같으나 금액이 증가하였음을 자료를 통해 알 수 있다.

오답분석

① 산업통상자원부와 농림축산식품부의 집행 금액은 모두 2017년에 전년 대비 증가하였고, 2018년에는 전년 대비 감소하였다.
② 한 해 동안 집행한 국가연구개발사업 금액이 가장 큰 부처는 2017년과 2018년 모두 미래창조과학부로 동일하다.
④ 해양수산부의 국가연구개발사업 집행 금액은 2016년부터 2018년까지 매년 환경부의 2배에 미치지 못하였음을 알 수 있다.
⑤ 2018년 보건복지부의 국가연구개발사업 집행 금액은 5,191억 원으로, 2016년 4,508억 원 대비 $\frac{5,191-4,508}{4,508}\times100≒15.2\%$ 증가하였다.

22 정답 ①

ㄱ. 2014년 이후 지방의 국가연구개발사업 집행 금액이 대전광역시를 추월한 첫해는 2016년으로, 이때의 수도권의 국가연구개발사업 집행 금액의 비중은 40.2%이므로 옳은 설명이다.

오답분석

ㄴ. 문화체육관광부의 경우, 2018년에 전년 대비 $\frac{821-772}{772}\times100≒6.3\%$, 지방의 경우 $\frac{63,190-60,452}{60,452}\times100≒4.5\%$로 둘 다 10% 미만의 증가율을 보인다.
ㄷ. 수도권의 국가연구개발사업 집행 금액은 2017년에 2014년 대비 $\frac{66,771-64,635}{64,635}\times100≒3.30\%$으로, 약 3% 증가하였으므로 틀린 설명이다.

23 정답 ⑤

각 사원의 일일업무량을 a, b, c, d, e라고 하자. 먼저 E사원이 30일 동안 진행한 업무량은 $30e=5,280$이므로 $e=176$이다.
D사원과 E사원의 일일업무량 총합은 C사원의 일일업무량에 258을 더한 것과 같으므로 $d+e=c+258$이고 여기에 $e=176$을 대입하여 정리하면 $d-c=82$ … ㉠이다.
C사원이 이틀 동안 일한 것과 D사원이 8일 동안 일한 업무량의 합은 996이라 하였으므로
$2c+8d=996$ … ㉡이 된다.
㉠과 ㉡을 연립하여 계산하면 $d=116$, $c=34$이다.
B사원의 일일업무량은 D사원 일일업무량의 $\frac{1}{4}$이므로 $b=29$, A사원의 일일업무량은 B사원의 일일업무량보다 5만큼 적으므로 $a=24$가 된다.
따라서 A, B, C, D, E사원의 일일업무량의 총합은 24+29+34+116+176=379이다.

24 정답 ③

• K자재 : 2,000×20+1,200×70+1,500×100+2,700×5=287,500원
• L자재 : 2,200×20+1,200×70+1,500×100+2,500×5=290,500원
• H자재 : 2,000×20+1,000×70+1,600×100+2,600×5=283,000원
• D자재 : 2,200×20+1,100×70+1,500×100+2,500×5=283,500원
• A자재 : 2,200×20+1,100×70+1,600×100+2,700×5=294,500원

따라서 가장 저렴한 H자재에 주문할 것이다.

25 정답 ③

제일 저렴한 H자재와 그 다음으로 저렴한 D자재는 500원 차이이고, 바닥재는 D자재가 H자재보다 100원 저렴하므로 D자재가 H자재보다 저렴해지려면 바닥재 주문량을 11roll 이상 주문해야 한다. 따라서 여전히 H자재가 가장 저렴하다.

26 정답 ②

D사원은 4박 5일을 묵으니, 총 숙박비는 수+목+금+토를 계산한 USD 540이다. 총 숙박비의 20%를 예치금으로 지불해야하므로 예치금은 540×0.2=USD 108이다. 일요일은 체크아웃을 하는 날이므로 숙박비가 들지 않는다.

27 정답 ⑤

D사원의 출발일은 호텔 체크인 당일이다. 체크인 당일 취소 시 환불이 불가능하므로 D사원은 환불받을 수 없다.

28 정답 ⑤

팀장의 요구조건에 부합하는 결과를 주어진 표에서 필요한 정보를 찾아 검토하면 된다. 요구조건은
1) 영유아 인구가 많은 곳
2) 향후 5년간 지속적인 수요증가 등
두 가지이며, 두 가지 조건을 모두 충족하는 지역을 선정하면 된다.
1) 주어진 표에서 영유아 인구수를 구하면 다음과 같다.
   ※ 영유아 인구수=총 인구수×영유아 비중
   • A지역 : 3,460,000×0.03=103,800명
   • B지역 : 2,470,000×0.05=123,500명
   • C지역 : 2,710,000×0.04=108,400명
   • D지역 : 1,090,000×0.11=119,900명
   따라서 B－D－C－A 순으로 영유아 인구수가 많은 것을 알 수 있다.
2) 향후 5년간 영유아 변동률을 보았을 때, A지역은 1년 차, 3년 차에 감소하였고, B지역은 3～5년 차 동안 감소하는 것을 확인할 수 있다. 따라서 지속적으로 수요가 증가하는 지역은 C지역, D지역이다.
   특히, C지역의 5년간 성장률은 5%이며, D지역의 5년간 성장률은 7%이므로 D지역이 상대적으로 우선한다.
   • C지역 : {1×(1+0.005)×(1+0.007)×(1+0.01)×(1+0.013)×(1+0.015)－1}×100≒5%
   • D지역 : {1×(1+0.01)×(1+0.012)×(1+0.01)×(1+0.015)×(1+0.017)－1}×100≒7%

따라서 위 1), 2) 조건을 모두 고려했을 때, D지역이 유아용품 판매직영점을 설치하는 데 가장 적절한 지역이 된다.

오답분석

① 총 인구수로 판단하는 것은 주어진 조건과 무관하므로 적절하지 않다.
② 단순히 영유아 비율이 높다고 해서 영유아 인구수가 많은 것은 아니므로 조건에 부합하지 않는다.
③ 영유아 인구수는 B지역이 가장 많지만 향후 5년 동안 변동률이 감소하는 추세이므로 적절하지 않다.
④ 향후 5년간 영유아 인구 증가율이 가장 높은 곳은 D지역이다.
   • A지역 : {1×(1－0.005)×(1+0.01)×(1－0.022)×(1+0.02)×(1+0.04)－1}×100≒4%
   • B지역 : {1×(1+0.005)×(1+0.001)×(1－0.02)×(1－0.03)×(1－0.05)－1}×100≒－9%

29 정답 ⑤

2018년 대비 2016년 항공 화물 수송량 변동비율은 $\frac{3,209-3,327}{3,327}\times100 \fallingdotseq -3.547\%$이다.

따라서 4% 미만으로 감소했으므로 옳지 못한 해석이다.

오답분석

① 2014년부터 2018년 항공 여객 수송량 평균은 $\frac{35,341+33,514+40,061+42,649+47,703}{5} \fallingdotseq 39,854$천 명이다.

② 주어진 표에서 분담률을 비교하면 여객수송은 항공이 절대적인 비중을 차지하고, 화물수송은 해운이 절대적인 비중을 차지한다.

③ 총 수송량은 해운과 항공의 수송량의 합으로 구할 수 있으며, 여객과 화물의 총 수송량은 2015년부터 꾸준히 증가하고 있다.

④ 2018년 대비 2015년 해운 여객 수송량 변동비율은 $\frac{2,881-2,089}{2,089}\times100 \fallingdotseq 37.913\%$이므로, 37% 이상 증가했다.

30 정답 ⑤

ㄱ. 면적이 넓은 유형의 주택일수록 공사완료 후 미분양된 민간부문 주택이 많은 지역은 인천, 경기 이렇게 두 곳 뿐이다. 따라서 옳은 설명이다.

ㄴ. 부산의 공사완료 후 미분양된 민간부문 주택 중 면적이 $60 \sim 85\text{m}^2$에 해당하는 주택이 차지하는 비중은 $\frac{179}{395}\times100 \fallingdotseq 45.3\%$로, 면적이 85m^2를 초과하는 주택이 차지하는 비중인 $\frac{133}{395}\times100 \fallingdotseq 33.7\%$보다 10%p 이상 더 높으므로 옳은 설명이다.

TIP 두 주택의 차이 179−133=46가구로 부산 전체 395가구의 10%인 39.5가구보다 크므로 10%p 이상 차이 난다.

ㄷ. 면적이 60m^2 미만인 공사완료 후 미분양된 민간부문 주택 수 대비 면적이 $60 \sim 85\text{m}^2$에 해당하는 공사완료 후 미분양된 민간부문 주택 수의 비율은 광주는 $\frac{27}{16}\times100 \fallingdotseq 168.8\%$이고, 울산은 $\frac{56}{38}\times100 \fallingdotseq 147.4\%$이므로 광주가 더 높다.

CHAPTER 03 문제해결능력 기출예상문제 정답 및 해설

01	02	03	04	05	06	07	08	09	10	11	12	13	14	15	16	17	18	19	20
④	④	③	③	①	④	①	②	⑤	④	⑤	②	③	⑤	⑤	⑤	④	②	②	①
21	22	23	24	25	26	27	28	29	30										
④	③	③	⑤	①	③	④	③	②	③										

01 정답 ④

먼저 층이 결정된 부서를 배치하고, 나머지 부서가 배치될 층을 결정해야 한다. 변경 사항에서 연구팀은 기존 5층보다 아래층으로 내려가고, 영업팀은 기존 6층보다 아래층으로 내려간다. 또한 생산팀은 연구팀보다 위층에 배치돼야 하지만 인사팀과의 사이에는 하나의 부서만 가능하므로 6층에 총무팀을 기준으로 5층 또는 7층 배치가 가능하다. 따라서 다음과 같이 4가지의 경우가 나올 수 있다.

구분	경우 1	경우 2	경우 3	경우 4
7층	인사팀	인사팀	생산팀	생산팀
6층	총무팀	총무팀	총무팀	총무팀
5층	생산팀	생산팀	인사팀	인사팀
4층	탕비실	탕비실	탕비실	탕비실
3층	연구팀	영업팀	연구팀	영업팀
2층	전산팀	전산팀	전산팀	전산팀
1층	영업팀	연구팀	영업팀	연구팀

따라서 어느 경우에도 생산팀은 3층에 배치될 수 없다.

02 정답 ④

12시 방향에 서울을 기준점으로 하고 시계방향으로 돌면 '서울 – 대구 – 춘천 – 경인 – 부산 – 광주 – 대전 – 속초'이다. 따라서 경인과 마주보고 있는 지역은 속초이다.

03 정답 ③

주어진 조건에 따르면 가장 오랜 시간 동안 사업 교육을 진행하는 A와 부장보다 길게 교육을 진행하는 B는 부장이 될 수 없으므로 C가 부장임을 알 수 있다. 이때, 다섯 번째 조건에 따라 C부장은 교육 시간이 가장 짧은 인사 교육을 담당하는 것을 알 수 있다. 따라서 바르게 연결된 것은 ③이다.

04 정답 ③

제시된 조건을 정리하면 다음과 같은 경우가 나온다. 단, C부서는 B부서 뒤에 식사하기로 했으므로 첫 번째 순서에서 제외된다.

• 식사 순서별 위치 가능한 부서명
  – 첫 번째 : B부서, D부서(A, C부서 ×)
  – 두 번째 : A부서, C부서, D부서(B부서 ×)
  – 세 번째 : A부서, B부서, D부서(C부서 ×)
  – 네 번째 : A부서, C부서(B, D부서 ×)

• 식사 순서 경우의 수
  – B부서 → A부서 → D부서 → C부서
  – B부서 → C부서 → D부서 → A부서
  – B부서 → D부서 → A부서 → C부서
  – D부서 → A부서 → B부서 → C부서

B부서가 가장 먼저 식사하는 경우를 살펴보면 A부서가 맨 마지막에 식사를 하는 경우가 존재한다. 따라서 항상 C부서가 맨 마지막에 식사한다는 설명은 틀렸다.

PART 1

05 정답 ①

첫 번째, 두 번째 조건을 통해 1층에는 로비, 8층에는 행정지원부가 있다는 것을 알 수 있다. 또한 마지막 조건을 통해 보험급여부는 5층에 위치한다는 것(8층 – 3층)을 알 수 있다. 이를 기초로 하여 나머지 조건을 고려하면 다음과 같은 결과를 얻을 수 있다.

8층	←	행정지원부
7층	←	장기요양부
6층	←	건강관리부
5층	←	보험급여부
4층	←	징수부
3층	←	자격부
2층	←	고객상담부
1층	←	로비

따라서 고객상담부는 2층에 있다.

06 정답 ④

다음과 같이 달력을 통해서 확인해보면 정확하게 파악할 수 있다.

일	월	화	수	목	금	토
	1	2	3	4	5	6
7	8	9	10	11	12	13
14	15	16	17	18	19	20
21	22	23	24	25	26	27
28	29	30				

1) 금연교육은 매주 화요일(2, 9, 16, 30)에만 가능하다.
2) 성교육은 첫 주 4, 5일에만 가능하다.
3) 금주교육은 위 일정을 제외한 3, (10, 11), (17, 18)일 중 3일을 선택한다.

07 정답 ①

최 대리는 2점짜리 문제를 김 대리가 맞힌 개수만큼 맞혔으므로 8개, 즉 16점을 획득했다. 최 대리가 맞힌 3점짜리와 5점짜리 문제를 합하면 38−16=22점이 나와야 한다. 3점과 5점의 합으로 22가 나오기 위해서는 3점짜리는 4문제, 5점짜리는 2문제를 맞혀야 한다.
따라서 최 대리가 맞힌 문제의 총 개수는 8(2점짜리)+4(3점짜리)+2(5점짜리)=14개이다.

08 정답 ②

4월은 30일까지 있으므로 조건에 따라 달력에 표시를 해보면 다음과 같다.

월	화	수	목	금	토	일
1	2 팀장	3 팀장	4 팀장	5	6	7
8	9	10 과장 B	11 과장 B	12 과장 B	13	14
15 과장 B	16 과장 B	17 과장 C	18 과장 C	19	20	21
22 (X)	23 (X)	24 (X)	25 (X)	26 세미나	27	28
29	30					

따라서 5일 동안 연속으로 참석할 수 있는 날은 4월 5일부터 9일까지이므로 A대리의 연수 마지막 날짜는 9일이 된다.

09 정답 ⑤

11월은 한 달이 30일이라는 점을 이용하여야 문제를 정확히 풀 수 있다. 조건에 따르면 점검관 A는 휴일 없이 근무하므로 30일을 모두 방문할 수 있다. 또한 각각 방문일 수의 대소관계를 정리하면 '성동전력지사<마포용산지사<강북성북지사'이다.
A는 각 지사를 최소 한 번 방문하여야하므로, 총 30일 중 성동전력지사를 1번, 그리고 성동전력지사보다 더 많이 방문해야 하는 마포용산지사를 2번 방문하고, 나머지 27번을 모두 강북성북지사를 방문할 수 있었을 것이다.

오답분석

① 대소관계를 지키면서 A는 성동전력지사 1번, 마포용산지사 14번, 강북성북지사를 15번 방문할 수 있다. 따라서 마포용산지사를 최대 14번 방문할 수 있었을 것이다.
② A가 강북성북지사를 방문하는 횟수는 최소 11번이므로 옳지 않다.
③ A가 11월에 휴가를 2일 사용하였다면 11월에 지사를 방문가능한 일수는 28일이다. 성동전력지사를 1번, 마포용산지사를 13번, 강북성북지사를 14번 방문하는 경우가 가능하므로 마포용산지사를 최대 13번 방문할 수 있었을 것이다.
④ B는 A가 성동전력지사를 방문하는 날에만 동행하였으며, A가 성동전력지사를 가장 많이 방문하는 경우는 성동전력지사 9번, 마포용산지사 10번, 강북성북지사를 11번 방문하는 경우이므로 11월 한 달 동안 A와 많아야 9번 동행하였을 것이다.

TIP 최대횟수를 구할 때는 극단적인 경우를 가정하면 답을 도출하기 쉽다.

10 정답 ④

규정상 주어진 처리기간은 24시간이다. 그 기간 내 처리하지 못할 경우에는 민원자에게 중간답변을 한 후 48시간으로 연장할 수 있다. 연장한 기간 내에도 처리하기 어려운 사항일 경우, 1회에 한하여 본사 총괄부서장의 승인 하에 48시간을 추가 연장할 수 있다. 따라서 해당 민원은 늦어도 48+48=96시간=4일 이내 처리해야 한다. 그러므로 7월 18일에 접수된 민원은 늦어도 7월 22일까지는 처리가 완료돼야 한다.

11 정답 ⑤

A사원이 ◇◇카드를 가입한 이후로 사용한 금액을 토대로 카드사용액을 5개 항목으로 구분하여 매월 마일리지 적립액을 구해야 하지만, 매월 각 항목별 카드사용액이 1,500원 및 1,000원으로 나누어 떨어지는 값이므로 각 항목별로 9개월 결제금액을 모두 합한 뒤 각 항목별 카드사용액으로 나누어 마일리지를 구하도록 한다.

• 엔터테인먼트
  - 9개월 결제금액 : 3,270천 원
  - 마일리지 적립액 : 3,270÷1.5×40=87,200마일리지
• 여행
  - 9개월 결제금액 : 870천 원
  - 마일리지 적립액 : 870÷1.5×25=14,500마일리지
• 생활
  - 9개월 결제금액 : 4,900천 원
  - 마일리지 적립액 : 4,900÷1×15=73,500마일리지
• 쇼핑
  - 9개월 결제금액 : 2,950천 원
  - 마일리지 적립액 : 2,950÷1×10=29,500마일리지
• 기타
  - 9개월 결제금액 : 1,200천 원
  - 마일리지 적립액 : 1,200÷1×5=6,000마일리지

따라서 총 적립한 마일리지는 87,200+14,500+73,500+29,500+6,000=210,700마일리지이다.
A사원은 왕복으로 다녀올 예정이므로 편도 공제액의 2배를 기준으로 하고, 사용 후 마일리지가 최소로 남도록 하면 비즈니스 등급으로 미주, 대양주, 유럽을 210,000마일리지로 다녀올 수 있다. 따라서 선택지 중에서 대양주에 속하는 시드니를 다녀올 수 있다.

12 정답 ②

전기압력밥솥의 경우에는 고객의 고의나 과실로 인한 고장이 아니고 정상적인 사용상태에서 발생된 하자이므로 무상수리를 받을 수 있다.

13 정답 ③

품질보증기간이 지났지만, 부품보유기간 내 부품을 보유하고 있지 않아 고객에게 피해가 발생된 경우에는 구매가에서 정액감가상각한 잔여금액에 구매가의 5%를 가산하여 환급하도록 규정하고 있다.

• 정액감가상각액 : 240,000÷6×5=200,000원
• 잔여금액 : 240,000−200,000=40,000원
• 구매가의 5% : 240,000×0.05=12,000원

따라서 환급액은 40,000+12,000=52,000원이다.

14 정답 ⑤

'좋은 자세로 공부한다.'를 A, '허리의 통증이 약해진다.'를 B, '공부를 오래 한다.'를 C, '성적이 올라간다.'를 D라고 하면, 첫 번째 명제는 ~B → ~A, 두 번째 명제는 C → D, 네 번째 명제는 ~D → ~A이므로 네 번째 명제가 도출되기 위해서는 세 번째 명제에 ~C → ~B가 필요하다. 따라서 대우 명제인 ⑤가 답이 된다.

15 정답 ⑤

모든 1과 사원은 가장 실적이 많은 2과 사원보다 실적이 많고, 3과 사원 중 일부는 가장 실적이 많은 2과 사원보다 실적이 적다. 따라서 3과 사원 중 일부는 모든 1과 사원보다 실적이 적다.

16 정답 ⑤

월요일에 먹는 영양제에는 비타민 B와 칼슘, 마그네슘일 수 있으나, 마그네슘의 경우 비타민 D보다 늦게 먹고, 비타민 B보다는 먼저 먹어야 하므로 월요일에 먹는 영양제로 마그네슘과 비타민 B 둘 다 불가능하다. 따라서 K씨가 월요일에 먹는 영양제는 칼슘이 된다. 또한 비타민 B는 화요일 또는 금요일에 먹을 수 있으나, 화요일에 먹게 될 경우 마그네슘을 비타민 B보다 먼저 먹을 수 없게 되므로 비타민 B는 금요일에 먹는다. 나머지 조건에 따라 K씨가 요일별로 먹는 영양제를 정리하면 다음과 같다.

월	화	수	목	금
칼슘	비타민 C	비타민 D	마그네슘	비타민 B

따라서 회사원 K씨가 월요일에는 칼슘, 금요일에는 비타민 B를 먹는 것을 알 수 있다.

17 정답 ④

주어진 조건에서 적어도 한 사람은 반대를 한다고 하였으므로, 한 명씩 반대한다고 가정하고 접근한다.

- A가 반대한다고 가정하는 경우
  첫 번째 조건에 의해 C는 찬성하고 E는 반대한다. 네 번째 조건에 의해 E가 반대하면 B도 반대한다. 이것은 두 번째 조건에서 B가 반대하면 A가 찬성하는 것과 모순되므로 A는 찬성한다.
- B가 반대한다고 가정하는 경우
  두 번째 조건에 의해 A는 찬성하고 D는 반대한다. 세 번째 조건에 의해 D가 반대하면 C도 반대한다. 이것은 첫 번째 조건과 모순되므로 B는 찬성한다.

두 경우에서의 결론과 네 번째 조건의 대우(B가 찬성하면 E도 찬성한다)를 함께 고려하면 E도 찬성함을 알 수 있다. 그리고 첫 번째 조건의 대우(E가 찬성하거나 C가 반대하면, A와 D는 모두 찬성한다)에 의해 D도 찬성한다. 따라서 C를 제외한 A, B, D, E 모두 찬성한다.

18 정답 ②

문제해결과정

문제 인식 → 문제 도출 → 원인 분석 → 해결안 개발 → 실행 및 평가

19 정답 ②

설정형 문제는 앞으로 어떻게 할 것인가 하는 문제를 의미한다. 설정형 문제는 지금까지 해오던 것과 전혀 관계없이 미래 지향적으로 새로운 과제 또는 목표를 설정함에 따라 발생하는 문제로서, 목표 지향적 문제라고 할 수 있다. 문제 해결에 많은 창조적인 노력이 요구되어 창조적 문제라고 하기도 한다.

오답분석

① 발생형 문제 : 우리가 바로 직면하고 걱정하고 해결하기 위해 고민하는 문제를 의미한다. 문제의 원인이 내재되어 있기 때문에 원인 지향적인 문제라고도 한다.
③ 잠재형 문제 : 드러나지 않았으나 방치해 두면 불량이 발생하는 문제를 의미한다.
④ 탐색형 문제 : 현재 상황을 개선하거나 효율을 높이기 위한 문제를 의미한다. 문제를 방치하면 뒤에 큰 손실이 따르거나 결국 해결할 수 없는 문제로 나타나게 된다.
⑤ 원상회복형 문제 : 과거의 상태를 이상적인 상태로 여기고 현재의 상태를 과거의 상태로 회복하고자 하는 문제 유형을 의미한다.

20 정답 ①

고객이 250kWh를 사용했다면 기본요금 구간 중 3단계인 1,600원이 적용되므로 적절한 설명이다. 그러나 전력량요금은 각 단계별로 다음과 같이 적용된다.

- 1단계 : 100×60.7=6,070원
- 2단계 : 100×125.9=12,590원
- 3단계 : 50×187.9=9,395원

따라서 전력량요금은 6,070+12,590+9,395=28,055원이다. 그러므로 고객에게 전력량요금이 28,055원이라고 안내해야 한다.

기타 전기요금 계산

• 기본요금 : 1,600원
• 전력량요금 : 28,055원
• 복지할인요금 : 8,000원
• 전기요금계 : 1,600+28,055−8,000=21,655원
• 부가가치세(원 단위 미만 4사5입) : 21,655×0.1=2,166원
• 전력산업기반기금(10원 미만 절사) : 21,655×0.037=800원
• 청구금액(10원 미만 절사) : 21,655+2,166+800=24,620원

21 정답 ④

A고객에게 청구될 전기요금은 다음과 같은 순서로 계산되며 청구금액은 8,430원이다.

• 기본요금 : 910원
• 전력량요금 : 8,588원
  – 1단계 : 100×60.7=6,070원
  – 2단계 : 20×125.9=2,518원
• 복지할인요금 : 2,080원
  – 차상위계층 : 2,000원 감액
  – 자동이체 할인 : 8,000×0.01=80원
• 전기요금계 : 910+8,588−2,080=7,418원
• 부가가치세(원 단위 미만 4사5입) : 7,418×0.1=742원
• 전력산업기반기금(10원 미만 절사) : 7,418×0.037=270원
• 청구금액(10원 미만 절사) : 7,418+742+270=8,430원

22 정답 ③

예금을 중도해지할 경우에는 최초 가입 시 설정된 기본금리+우대금리가 아닌 중도해지이율이 적용된다. B고객은 해당 예금상품을 1년 동안 보유했으므로 중도해지이율 중 18개월 미만에 해당되어 기본금리의 30%가 적용된다.
따라서 1,000,000×(1+0.03×0.3)=1,009,000원을 환급받는다.

23 정답 ③

문제에 대한 원인을 물어 근본 원인을 도출하는 5Why의 사고법으로 문제를 접근한다. 최근 팀 내의 실적이 감소하고 있는 문제는 고객과의 PB서비스 계약 건수가 감소하고 있기 때문이며, 이는 절대적인 고객 수가 감소하였기 때문이다. PB서비스를 찾는 고객 수가 감소한 것은 재무설계 제안서가 미흡하여 고객이 만족하지 못했기 때문이며, 이는 재무설계 제안서를 작성하기 위한 은행의 금융상품의 다양성이 부족했기 때문이다. 금융상품의 다양성이 부족한 것은 고객이 무엇을 원하는지 파악하기 위한 정보수집의 부족에서 비롯된 것이다. 따라서 최종적인 근본 원인은 고객정보의 수집 부족으로 볼 수 있다.

24 정답 ⑤

각 펀드의 총점을 통해 비교 결과를 유추하면 다음과 같다.

• A펀드 : 한 번은 우수(5점), 한 번은 우수 아님(2점)
• B펀드 : 한 번은 우수(5점), 한 번은 우수 아님(2점)
• C펀드 : 두 번 모두 우수 아님(2점+2점)
• D펀드 : 두 번 모두 우수(5점+5점)

각 펀드의 비교 대상은 다른 펀드 중 두 개이며, 총 4번의 비교를 했다고 하였으므로 다음과 같은 경우를 고려할 수 있다.

i)

A		B		C		D	
B	D	A	C	B	D	A	C
5	2	2	5	2	2	5	5

표의 결과를 정리하면 D>A>B, A>B>C, B·D>C, D>A·C이므로 D>A>B>C이다.

ii)

A		B		C		D	
B	C	A	D	A	D	C	B
2	5	5	2	2	2	5	5

표의 결과를 정리하면 B>A>C, D>B>A, A·D>C, D>C·B이므로 D>B>A>C이다.

iii)

A		B		C		D	
D	C	C	D	A	B	A	B
2	5	5	2	2	2	5	5

표의 결과를 정리하면 D>A>C, D>B>C, A·B>C, D>A·B이므로 D>A·B>C이다.

ㄱ. 세 가지 경우에서 모두 D펀드는 C펀드보다 우수하다.

ㄴ. 세 가지 경우에서 모두 B펀드보다 D펀드가 우수하다.

ㄱ. 마지막 경우에서 A펀드와 B펀드의 우열을 가릴 수 있으면 A ~ D까지 우열순위를 매길 수 있다.

25 정답 ①

VM팀은 경영기획관리부서에서 함께 관리한다고 했으므로 4층이 아닌 5층에 배정된다. 4층에는 디자인, 마케팅, 영업기획, 영업관리팀이 속한다.

26 정답 ③

VM팀은 5층에 있으므로 첫 번째 번호는 5, VM을 한글로 변환하면 '비주얼 마케팅'이므로 'ㅂ'에 해당하는 자리는 3, 대리에 부여되는 번호도 3이므로 VM팀의 H대리의 내선번호는 00-533이다.

총무팀은 6층에 있으므로 첫 번째 번호는 6, 'ㅊ'에 해당하는 자리는 4, 사원에 부여되는 번호도 4이므로 총무팀 A사원의 내선번호는 00-644이다.

27 정답 ④

WO전략은 약점을 극복함으로써 기회를 활용할 수 있도록 내부 약점을 보완해 좀 더 효과적으로 시장 기회를 추구한다. 따라서 바로 옆에 유명한 프랜차이즈 레스토랑이 생겼다는 사실을 이용하여 홍보가 미흡한 점을 보완할 수 있도록 레스토랑과 제휴하여 레스토랑 내에 홍보물을 비치하는 방법이 적절하다.

28 정답 ③

해결해야 할 전략 과제란 취약한 부분에 대해 보완해야 할 과제를 말한다. 따라서 이미 우수한 고객서비스 부문을 강화한다는 것은 전략 과제로 삼기에 적절하지 않다.

오답분석

① 해외 판매망이 취약하다고 분석되었으므로 중국시장의 판매유통망을 구축하는 전략 과제를 세우는 것은 적절하다.

② 중국시장에서 ○○○제품의 구매 방식이 대부분 온라인으로 이루어지는 데 반해, 자사의 온라인 구매시스템은 미흡하기 때문에 온라인 구매시스템을 강화한다는 전략 과제는 적절하다.

④ ○○○제품에 대해 중국기업들 간의 가격 경쟁이 치열하다는 것은 제품의 가격이 내려가고 있다는 의미인데, 자사는 생산원가가 높다는 약점이 있다. 그러므로 원가 절감을 통한 가격경쟁력 강화 전략은 적절하다.

⑤ 중국시장에서 인간공학이 적용된 제품을 지향하고 있으므로 인간공학을 기반으로 한 제품 개발을 강화하는 것은 적절한 전략 과제이다.

29 정답 ②

대화 내용에서 각자 연차 및 교육 일정을 정리하면 다음과 같다.

10월 달력						
일요일	월요일	화요일	수요일	목요일	금요일	토요일
	1	2 사원 B 연차	3 개천절	4	5	6
7	8	9 한글날	10 과장 A 연차	11 대리 B 교육	12 대리 B 교육	13
14	15 사원 A 연차	16	17 대리 B 연차	18 대리 A 교육	19 대리 A 교육	20
21	22	23	24 대리 A 연차	25	26	27
28	29 워크샵	30 워크샵	31			

달력에서 바로 확인 가능한 사실은 세 번째 주에 3명의 직원이 연차 및 교육을 신청했다는 것이다. 그러나 대리 A와 사원 A가 먼저 신청했으므로 대리 B가 옳지 않음을 알 수 있고, 대리 A의 말에서 자신이 교육받는 주에 다른 사람 2명 신청 가능할거 같다고 한 것은 네 번째 조건에 어긋난다. 따라서 옳지 않은 말을 한 직원은 대리 A와 대리 B임을 알 수 있다.

30 정답 ③

신입사원이 서류를 제출해야 할 장소는 창문을 등지고 기둥에서 왼쪽으로 돈 뒤 오른쪽에 위치한 C이다.

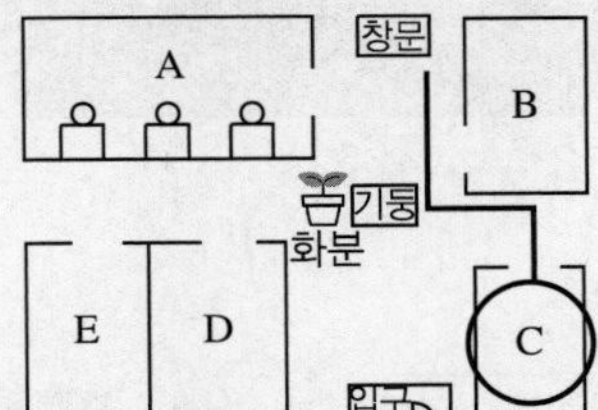

기출예상문제 정답 및 해설

01	02	03	04	05	06	07	08	09	10
①	②	②	④	④	③	①	③	③	③
11	12	13	14	15	16	17	18	19	20
②	①	③	③	⑤	⑤	③	⑤	①	④

01 정답 ①

자아인식은 자신의 직업 흥미, 적성, 장단점을 분석하고 인식하는 것이다. 자기개발의 첫 단계로 표준화된 검사 척도를 이용하여 자아를 인식한다. 자아를 인식한 후, 자기관리 단계에서 비전과 목표 수립이 이루어진다.

02 정답 ②

자기관리 단계

1. 비전 및 목표 정립
2. 과제 발견
3. 일정 수립
4. 수행
5. 반성 및 피드백

03 정답 ②

자기개발은 자아인식, 자기관리, 경력개발의 세 과정으로 구성돼 있다. 이 중 자기관리란 목표를 성취하기 위해 자신의 행동 및 업무수행을 관리하고 조정하는 것을 말한다. 자신에 대한 이해를 바탕으로 비전과 목표를 수립하고, 피드백 과정을 통해 부족한 점을 고쳐 나가도록 한다.

오답분석

① 자아인식이란 자신의 흥미, 적성, 특성 등을 이해하고 자기정체감을 확고히 하는 것을 말한다.
③ 자기비판은 자기개발의 구성요소에 해당되지 않는다.
④ 경력개발이란 자신의 진로에 대해 단계적 목표를 설정하고 목표 성취에 필요한 역량을 개발해 나가는 능력을 말한다.
⑤ 자기반성은 자기개발의 구성요소에 해당되지 않는다.

04 정답 ④

성찰을 하면 다른 일에 필요한 노하우를 축적하거나 지속적으로 성장할 수 있는 기회를 제공받을 수 있다. 또한 현재 저지른 실수에 대한 원인을 파악하고 다시는 같은 실수를 반복하지 않으므로써 다른 사람에게 신뢰감을 주는 효과도 있다. 지속적인 성찰은 창의적인 사고를 가능하게 하기도 한다. 물론 처음부터 실수를 하지 않으면 좋겠지만 성찰을 통해 반복적인 실수를 하지 않는 것이 성찰의 목적에 더욱 가깝다. 따라서 '처음부터 실수하지 않는 것이 가장 중요하다.'는 답변은 성찰을 설명한 내용으로 적절하지 않다.

05 정답 ④

장·단기를 구분하는 기준은 개인에 따라 중요한 생애전환기(결혼, 취직, 이직 등)를 기준으로 바뀔 수도 있으나 보통 장기목표는 5～20년 뒤를 설계하며, 단기목표는 1～3년 정도의 목표를 의미한다.

06 정답 ③

경력개발 단계는 직업 선택, 조직 입사, 경력 초기, 경력 중기, 경력 말기의 다섯 단계로 이루어져 있다. 분위기에 적응하고 자신의 입지를 확고히 다지며, 승진하는 데 많은 관심을 가지는 시기는 경력 초기에 해당한다.

오답분석

① 직업 선택 단계는 자신에게 적합한 직업이 무엇인지 탐색하고, 이를 선택한 후 필요한 능력을 키우는 과정이다.
② 조직 입사 단계는 자신의 환경과 특성을 고려해 직무를 선택하는 과정이다.
④ 경력 중기는 자신이 그동안 성취한 것을 재평가하고 생산성을 그대로 유지하는 과정이다. 직업 및 조직에서 어느 정도 입지를 굳히게 되어 더 이상 수직적인 승진 가능성이 적은 경력 정체 시기에 이르게 되며, 새로운 환경 변화에 직면해 생산성 유지에 어려움을 겪기도 한다.
⑤ 경력 말기는 조직의 생산적인 기여자로 남고 자신의 가치를 지속적으로 유지하기 위해 노력하며, 동시에 퇴직을 고려하는 단계이다.

07 정답 ①

자기개발은 자아인식, 자기관리, 경력개발의 세 가지 단계를 유기적으로 거치면서 이루어진다. 자신을 돌아보는 시간은 자기개발 단계 중 자아인식에 해당한다. 다른 사람들과 소통하며 내가 모르던 나를 파악하는 행동이 자아인식에 해당하는 내용이다.

오답분석

② 역할 모델을 설정하는 것은 자기관리에 해당하는 내용이다.
③ 회사와 팀의 업무 지침을 따르는 것은 자기관리에 해당하는 내용이다.
④ 업무 수행평가를 높이기 위해 고려하는 사항이므로 자기관리에 해당하는 내용이다.
⑤ 직무정보를 탐색하고 경력에 대한 구체적인 전략을 세우는 등 경력개발 계획을 수립하는 것은 경력개발에 해당하는 내용이다.

08 정답 ③

자기개발을 방해하는 장애요인은 다음과 같다.

- 우리의 욕구와 감정이 작용하기 때문이다.
- 제한적으로 사고하기 때문이다.
- 문화적인 장애에 부딪히기 때문이다.
- 자기개발 방법을 잘 모르기 때문이다.

H의 자기개발을 방해하는 장애요인은 욕구와 감정이다. 이와 비슷한 사례는 회식과 과음으로 인해 자기개발을 못한 C이다.

09 정답 ③

자기개발은 자아인식, 자기관리, 경력개발로 나누어진다. ③은 자기관리에 해당하고 ①·②·④·⑤는 경력개발에 해당한다.

10 정답 ③

업무수행 성과를 높이기 위해서는 회사와 팀의 지침에 따라 업무를 처리해야 한다.

11 정답 ②

일의 우선순위를 파악하기 위해서는 먼저 중요도와 긴급성을 파악해야 한다. 즉, 중요도와 긴급성이 높은 일부터 처리해야 한다. 그러므로 업무 리스트 중에서 가장 먼저 해야 할 일은 내일 있을 당직 근무자 확인이다. 그 다음 영업1팀의 비품 주문 → 신입사원 면접 날짜 확인 → 인사총무팀 회식 장소 예약 확인 → 회사창립기념일 행사 준비 순으로 진행하면 된다.

12 정답 ①

〈보기〉의 P씨는 경력 중기에 해당하는 위치에 있다. 경력 중기는 자신이 그동안 성취한 것을 재평가하고, 생산성을 그대로 유지하는 단계이다. 그러나 경력 중기에 이르면 직업 및 조직에서 어느 정도 입지를 굳히게 되어 더 이상 수직적인 승진 가능성이 적은 경력 정체 시기에 이르게 되며, 새로운 환경의 변화(과학기술, 관리방법의 변화 등)에 직면하게 되어 생산성을 유지하는 데 어려움을 겪기도 한다. 또한 개인적으로 현 직업이나 라이프스타일에 대한 불만을 느끼며, 매일의 반복적인 일상에 따분함을 느끼기도 한다.

오답분석

② 직업 선택의 단계에 해당한다.
③ 조직 입사의 단계에 해당한다.
④ 경력 말기의 단계에 해당한다.
⑤ 경력 초기의 단계에 해당한다.

13 정답 ③

단기 목표뿐만 아니라 중·장기 목표도 함께 세워야 체계적이고 효과적인 개발계획을 세울 수 있다.

오답분석

④ 회사 내에는 개인이 외부에서 얻는 것보다 더 풍부한 자원과 기술력이 많이 있기 때문에 업무시간 외로 경력개발을 하는 것보다 업무시간에 업무와 함께 경력개발을 하는 것이 효과적이다.

14 정답 ③

자기개발 계획을 세울 때에는 구체적인 방법으로 계획해야 한다. 애매모호한 방법으로 계획하게 되면 어떻게 해야 하는지 명확하게 알 수 없으므로 중간에 적당히 하게 되거나, 효율적이지 못하게 자신의 노력을 낭비하게 된다. 따라서 자신이 수행해야 할 자기개발 방법을 명확하고 구체적으로 수립하면 노력을 집중적이고 효율적으로 할 수 있고, 이에 대한 진행 과정도 손쉽게 파악할 수 있다.

15 정답 ⑤

자기개발 목표와 일상생활이 일치되어 있으면 자기개발에 도움이 된다.

자기개발 계획 수립의 장애요인

- 자기정보의 부족 : 자신의 흥미, 장점, 가치, 라이프스타일을 충분히 이해하지 못함
- 내부 작업정보의 부족 : 회사 내의 경력기회 및 직무 가능성에 대해 충분히 알지 못함
- 외부 작업정보의 부족 : 다른 직업이나 회사 밖의 기회에 대해 충분히 알지 못함
- 의사결정 시 자신감의 부족 : 자기개발에 관련된 결정을 내릴 때 자신감 부족
- 일상생활의 요구사항 : 개인의 자기개발 목표와 일상생활(예 가정) 간 갈등
- 주변상황의 제약 : 재정적 문제, 연령, 시간 등

16 정답 ⑤

자기관리 절차에 따라 U대리가 해야 할 행동은 반성 및 피드백이다. 중국어 학원이라는 수행 과제에 대해 반성 및 피드백을 한 뒤, 다음 일정에 반영하여 동일한 실수를 반복하지 않도록 해야 한다.

오답분석

① 우선순위에 따라 구체적인 일정을 세우는 단계이다.
② 자신이 수행할 역할을 도출하고 활동목표를 세우며 우선순위를 정하는 단계이다.
③ 계획한 일정을 바르게 수행한다.
④ 비전과 목적 정립은 일을 수행하기 전 수행 방향을 정하고 목적을 세우는 첫 번째 단계이다.

17 정답 ③

비슷한 일은 하나씩 처리하는 것보다 묶어서 하는 것이 더 효율적이다.

18 정답 ⑤

자아효능감이 높은 사람은 낮은 사람에 비해 어려운 목표를 설정하며, 도전적인 과제가 주어졌을 경우 쉽게 포기하지 않고 더 많은 노력을 한다. 실패했을 경우에도 실패의 원인을 노력이나 능력 부족보다는 외부 상황으로 보는 경향이 높다. 반대로 자아효능감이 낮은 사람은 어려운 목표는 쉽게 포기하거나 도전하지 않으려 하며, 실패했을 경우 실패의 원인을 자신의 노력이나 능력 부족으로 보는 경향이 있다.

19 정답 ①

우리의 사고는 주관적이고 제한적이기 때문에 자신의 장점과 단점을 객관적으로 파악하는 데 어려움이 있다.

자기개발을 방해하는 장애요인

- 우리의 욕구와 감정이 작용하기 때문 : 매슬로우(A. H. Maslow)는 자기실현의 욕구는 최상의 욕구로서 기본적인 욕구들이 충족된 다음에야 추구될 수 있다고 하였다.
- 제한적으로 사고하기 때문 : 제한적 사고는 자신의 장단점을 객관적으로 파악하는 데 장애요인으로 작용한다.
- 문화적 장애 때문 : 우리는 현재 익숙해 있는 일과 환경을 지속하려는 습성이 있어서 새로운 자기개발의 한계에 직면하게 된다.
- 자기개발 방법을 모르기 때문 : 사람들은 자기개발을 하려고 해도 어디서 어떻게 자기개발을 할 수 있는지 방법을 모르는 경우가 많다.

20 정답 ④

J대리가 자기개발에 어려움을 겪게 되는 이유는 너무 제한적인 사고를 하기 때문이다. 사람들은 자신이 한 행동에 대하여 자기합리화하려는 경향이 있으며, 자신의 주장과 반대되는 주장에 대해서는 무의식적으로 배척하게 된다. 또한 스스로 만든 인식의 틀 안에서 사고하여 어떤 선입견이 작용하게 되면, 다음의 사고 과정도 편향되게 된다. 이러한 제한적인 사고는 자신의 장단점을 객관적으로 파악하는 데 장애요인으로 작용하여 자기개발의 방향 설정을 방해한다. 따라서 D의 조언이 가장 타당하다.

기출예상문제 정답 및 해설

01	02	03	04	05	06	07	08	09	10	11	12	13	14	15	16	17	18	19	20
④	④	②	④	②	⑤	②	③	⑤	②	④	①	⑤	②	④	⑤	④	⑤	②	④
21	22	23	24	25	26	27	28	29	30										
②	④	④	④	②	①	①	①	③	①										

01 정답 ④

세미나 준비 정보에 따라 각 프로그램별 정보 및 이용료를 최소화할 수 있는 강의실을 정리하면 다음과 같다.

구분	교육정책설명회	교육기반인프라 입찰설명회
참석인원	52명	22명
진행시간	1시간 30분×2=3시간	2시간
대관시간	3시간 20분 (휴식시간 포함)	2시간
이용료 최소 강의실	대강의실 (백두실)	중강의실 (한라실, 지리실 중 하나)

대강의실 대관에 있어서, 오전 3시간을 초과하므로 할인금액이 아니라 전일대관이용료를 지불해야 한다. 가장 금액이 비싸지만 수용인원에 맞춰 대여할 수밖에 없다. 또한 교육기반인프라 입찰설명회는 $40m^2$ 이상의 면적이 필요하므로 소강의실이 아닌 중강의실을 대관하여야 한다. 따라서 A대리는 교육정책설명회는 대강의실, 교육기반인프라 입찰설명회는 중강의실을 대여할 것이다.

02 정답 ④

세미나 준비 정보에 따라 공청회가 추가되었을 때, 이용료를 최소화할 수 있는 강의실을 정리하면 다음과 같다.

구분	교육정책설명회	교육기반인프라 입찰설명회	교육위원회 공청회
참석인원	52명	22명	25명
진행시간	1시간 30분×2=3시간	2시간	2시간
대관시간	3시간 20분 (휴식시간 포함, 오전+오후)	2시간 (오후)	2시간 (오전)
이용료 최소 강의실	대강의실	중강의실	중강의실
이용료	150,000원	40,000원	40,000원

따라서 강의실 대여에 드는 총 이용료는 150,000+40,000+40,000=230,000원이다.

03 정답 ②

조건에 따라 가중치를 고려하여 각 차량별 구매점수를 산출하면 다음과 같다.

구분	구매점수
A차량	7+6+4+6×2=29점
B차량	8+6+5+8×2=35점
C차량	6+5+9+5×2=30점
D차량	4+8+5+9×2=35점
E차량	5+7+7+3×2=25점

구매점수가 가장 높은 차량은 35점인 B차량과 D차량이며, 두 차량 중 디자인 점수가 더 높은 차량은 B이다.
따라서 박 주임이 구입할 차량은 B차량임을 알 수 있다.

04 정답 ④

라벨지와 받침대, 블루투스 마우스 가격을 차례대로 계산하면 18,000×2+24,000+27,000×5=195,000원이다. 그리고 블루투스 마우스를 3개 이상 구매하면 건전지 3SET를 무료로 증정하기 때문에 AAA건전지는 2개만 더 구매하면 된다.
따라서 총 주문 금액은 195,000+4,000×2=203,000원이다.

05 정답 ②

라벨지는 91mm로 변경 시 SET당 5%를 가산하기 때문에 가격은 18,000×(1+0.05)×4=75,600원, 3단 받침대의 가격은 1단 받침대에 2,000원을 추가하므로 (24,000+2,000)×2=52,000원이다. 그리고 블루투스 마우스의 가격은 27,000×3=81,000원이고 마우스 3개 이상 구매 시 AAA건전지 3SET가 사은품으로 오기 때문에 따로 주문하지 않는다. 마지막으로 탁상용 문서수동세단기 가격 36,000원을 더해 총 주문 금액을 계산하면 75,600+52,000+81,000+36,000=244,600원이다.

06 정답 ⑤

직원들의 초과근무 일정을 정리하면 다음과 같다.

월	화	수	목	금	토	일
김혜정 정해리 정지원	이지호 이승기 최명진	김재건 신혜선	박주환 신혜선 정지원 김우석 이상엽	김혜정 김유미 차지수	이설희 임유진 김유미	임유진 한예리 이상엽

목요일의 경우 초과 근무자가 5명임을 알 수 있다. 그중 이상엽 직원의 초과근무시간을 계산해 보면 목요일 6시간과 일요일 3시간이므로 6+3×1.5=10.5시간이 나온다. 따라서 목요일에 초과근무 예정인 이상엽 직원의 요일과 시간을 수정해야 한다.

07 정답 ②

㉠ 뉴욕행 비행기는 한국에서 6월 6일 22시 20분에 출발하고, 13시간 40분 동안 비행하기 때문에 현지에 도착하는 시간은 6월 7일 12시이다. 한국 시간은 뉴욕보다 16시간이 빠르므로 현지 도착 시간은 6월 6일 20시이다.
㉡ 런던행 비행기는 한국에서 6월 13일 18시 15분에 출발하고, 12시간 15분 동안 비행하기 때문에 현지에 6월 14일 6시 30분에 도착한다. 한국 시간이 런던보다 8시간이 빠르므로, 현지에 도착하는 시간은 6월 13일 22시 30분이 된다.

08 정답 ③

A조와 겹치지 않는 프로그램으로 조건에 맞춰 일정을 짜면 다음과 같다.

- 최소 18시간을 이수하여야 하므로, 소요시간이 긴 프로그램부터 고려한다.
- 토론은 첫째 날에만 가능한 수업이므로 이후 B조의 일정에서 제외한다.
- 첫째 날 : 토론을 제외하고 리더십 교육(5시간), 팀워크(4시간) 순으로 소요시간이 길지만 리더십 교육은 비상대응역량 교육을 수강해야 이수할 수 있으므로 팀워크(4시간)를 첫째 날 오후에 배치한다.
- 둘째 날 : 리더십 교육을 위해서는 비상대응역량 교육이 필요하다. 따라서 오전에는 비상대응역량 교육을, 오후에는 리더십 교육을 배치한다.
- 셋째 날 : 나머지 프로그램 중 소요시간이 3시간인 원전과정1, 2를 순서대로 배치한다.
- 넷째 날 : B조는 어학 프로그램을 반드시 이수한다는 조건에 맞춰 어학을 배치한다.

구분		첫째 날		둘째 날		셋째 날		넷째 날	
		오전	오후	오전	오후	오전	오후	오전	오후
A조	프로그램	공항 도착	토론	원전 과정1	팀워크	비상대응 역량교육	리더십 교육		
	시간	×	5	3	4	2	5		
B조	프로그램	공항 도착	팀워크	비상대응 역량교육	리더십 교육	원전 과정1	원전 과정2	어학	
	시간	×	4	2	5	3	3	1	

따라서 B조의 총 연수 기간은 3박 4일이다.

09 정답 ⑤

한국 → 필리핀	4일	6일	9일	16일	20일	22일
	×	×	×	○	○	○
필리핀 → 한국	8일	11일	19일	23일	25일	26일
	×	×	×	○	○	×

- 08번 문제의 결과를 바탕으로 B조의 연수기간은 총 3박 4일이다. 5일과 9일은 회사 행사로 인해 연수에 참가하지 못하므로 해당일자가 연수기간에 포함되는 출국일인 4, 6, 9일은 불가능하다. 따라서 출국일은 16, 20, 22일이 가능하다.
- 제외된 출국일로 인해 귀국일에 해당하지 않는 8일, 11일을 제외한다.
- 귀국 다음 날 연수 과정을 정리해 상사에게 보고해야 하므로 귀국 다음날이 평일이 아닌 금요일, 토요일은 제외해야 한다. 따라서 19, 26일을 제외한다.
- 20 ~ 23일과 22 ~ 25일 모두 가능하지만 마지막 날 어학 프로그램이 오전 10시에 끝나므로 23일 오전 10시 비행기를 탈 수 없다.

따라서 22 ~ 25일이 적절하다.

10 정답 ②

A부서의 수리 요청 내역별 수리요금을 구하면 다음과 같다.

- RAM 8GB 교체
  - 수량 : 15개(∵ 교체 12개, 추가설치 3개)
  - 개당 교체・설치비용 : 8,000+96,000=104,000원

  ∴ 104,000×15=1,560,000원
- SSD 250GB 추가설치
  - 수량 : 5개
  - 개당 설치비용 : 9,000+110,000=119,000원

  ∴ 119,000×5=595,000원
- 프로그램 설치
  - 수량 : 3D그래픽 프로그램 10개, 문서작성 프로그램 10개
  - 문서작성 프로그램 개당 설치비용 : 6,000원
  - 3D그래픽 프로그램 개당 설치비용 : 6,000+1,000=7,000원

  ∴ (6,000×10)+(7,000×10)=130,000원

11 정답 ④

B부서의 수리 요청 내역별 수리비용은 다음과 같다.

- HDD 1TB 교체
  - 개당 교체비용 : 8,000+50,000=58,000원
  - 수량 : 4개
  - 개당 백업비용 : 100,000원

  ∴ (100,000+58,000)×4=632,000원
- HDD 포맷・배드섹터 수리
  - 개당 수리비용 : 10,000원
  - 수량 : 15개

  ∴ 10,000×15=150,000원
- 바이러스 치료 및 백신 설치
  - 개당 치료・설치비용 : 10,000원
  - 수량 : 6개

  ∴ 10,000×6=60,000원

따라서 B부서에 청구되어야 할 수리비용은 632,000+150,000+60,000=842,000원이다.

12 정답 ①

- 진단 시간 : 2시간
- 데이터 복구 소요 시간 : $\frac{270}{7.5}$=36시간

즉, 데이터 복구하는 데 걸리는 총시간은 2+36=38시간=1일 14시간이다.

2일 차에 데이터 복구가 완료되고 다음날 직접 배송하므로 Y사원이 U과장에게 안내할 기간은 3일이다.

13 정답 ⑤

가격, 조명도, A/S 등의 요건이 주어진 조건에 모두 부합한다.

오답분석

① 예산이 150만 원이라고 했으므로 예산을 초과하였다.
② 신속한 A/S가 조건이므로 해외 A/S만 가능하여 적절하지 않다.
③ 조명도가 5,000lx 미만이므로 적절하지 않다.
④ 가격과 조명도도 적절하고 특이사항도 문제없지만 가격이 저렴한 제품을 우선으로 한다고 하였으므로 E가 적절하다.

14 정답 ②

X산지와 Y산지의 배추의 재배원가에 대하여 각 유통과정에 따른 판매가격을 계산하면 다음과 같다.

구분	X산지	Y산지
재배원가	1,000원	1,500원
산지 → 경매인	1,000원×(1+0.2)=1,200원	1,500원×(1+0.1)=1,650원
경매인 → 도매상인	1,200원×(1+0.25)=1,500원	1,500원×(1+0.1)=1,815원
도매상인 → 마트	1,500원×(1+0.3)=1,950원	1,815원×(1+0.1)=1,996.5≒1,997원

따라서 X산지에서 재배한 배추를 구매하는 것이 좋으며, 최종적으로 A마트에서 얻는 수익은 3,000−1,950=1,050원이다.

15 정답 ④

- A고객의 상품값 : [전복(1kg)]+[블루베리(600g)]+[고구마(200g)]+[사과(10개)]+[오렌지(8개)]+[우유(1L)]
  =50,000+(6×1,200)+(2×5,000)+(2×10,000)+12,000+3,000=102,200원
- B고객의 상품값 : [블루베리(200g)]+[오렌지(8개)]+[S우유(1L)]+[소갈비(600g)]+[생닭(1마리)]
  =(2×1,200)+12,000+(3,000−200)+20,000+9,000=46,200원
- A고객의 총액 : (상품값)+(배송비)+(신선포장비)=102,200+3,000+1,500=106,700원(∵ 봉투는 배송 시 무료 제공)
- B고객의 총액 : (상품값)+(생닭 손질비)+(봉투 2개)=0.95×(46,200+1,000+2×100)=45,030원(∵ S카드 결제 시 5% 할인 적용)

16 정답 ⑤

3월은 계절별 시간대가 봄·가을철에 속한다. 하루에 저압으로 20kW씩 충전한다고 할 때, 각 일정의 업무시간 중 충전 가능 시간을 살펴보면 다음과 같다.

일자	충전 시간대	시간대별 부하	충전요금(원)	렌트비(원)
3월 14일(월)	8 ~ 9시	경부하	58.7×20kW+2,390=3,564	50,000
3월 15일(화)	20 ~ 21시	중간부하	70.5×20kW+2,390=3,800	45,000
3월 16일(수)	8 ~ 9시	경부하	58.7×20kW+2,390=3,564	50,000
3월 17일(목)	14 ~ 15시	최대부하	75.4×20kW+2,390=3,898	45,000
3월 18일(금)	14 ~ 15시	최대부하	75.4×20kW+2,390=3,898	45,000
3월 19일(토)	20 ~ 21시	중간부하	70.5×20kW+2,390=3,800	50,000

해당하는 전력요금에 기본요금을 더해 충전요금을 계산하고 렌트 비용은 해당인원 수에 맞춰 계산한다.
이때, 5일 이상 연속으로 이용 시 렌트비의 10%가 할인되므로 285,000×0.9=256,500원이다.
∴ 3,564+3,800+3,564+3,898+3,898+3,800+256,500=279,024원

17 정답 ④

문제에서 제시한 조건을 정리하면 다음과 같다.

- 최소비용으로 가능한 많은 인원 채용
- 급여는 희망임금으로 지급
- 6개월 이상 근무하되, 주말 근무시간은 협의가능
- 지원자들은 주말 이틀 중 하루만 출근하길 원함
- 하루 1회 출근만 가능

위 조건을 모두 고려하여 근무스케줄을 작성해보면 총 5명의 직원을 채용할 수 있다.

<table>
<tr><th>시간</th><th>토요일</th><th>일요일</th></tr>
<tr><td>11 ~ 12</td><td rowspan="7">최지홍(7,000원)
3시간</td><td rowspan="4">박소다(7,500원)
3시간</td></tr>
<tr><td>12 ~ 13</td></tr>
<tr><td>13 ~ 14</td></tr>
<tr><td>14 ~ 15</td></tr>
<tr><td>15 ~ 16</td><td rowspan="5">우병지(7,000원)
3시간</td></tr>
<tr><td>16 ~ 17</td></tr>
<tr><td>17 ~ 18</td></tr>
<tr><td>18 ~ 19</td><td rowspan="4">한승희(7,500원)
2시간</td></tr>
<tr><td>19 ~ 20</td></tr>
<tr><td>20 ~ 21</td><td rowspan="2">김래완(8,000원)
2시간</td></tr>
<tr><td>21 ~ 22</td></tr>
</table>

※ 김병우 지원자의 경우에는 희망근무기간이 4개월이므로 채용하지 못한다.

18 정답 ⑤

A사원은 B차장과 함께 가기 때문에 차장 기준의 식비를 받게 된다. 또한 출장기간은 출국일(11월 3일 화요일)부터 입국일(11월 8일 일요일)까지 총 6일이다. 출장국인 바르셀로나는 갑지(유럽)에 해당되기 때문에 B차장은 (1일당 일비 60×6일)+(1끼당 식비 50×10끼)이며, A사원은 (1일당 일비 40×6일)+(1끼당 식비 50×10끼)으로 계산한다. 따라서 A사원은 740, B차장은 860이다.

19 정답 ②

- 양면 스캔 가능 여부 – Q・T・G스캐너
- 카드 크기부터 계약서 크기 스캔 지원 – G스캐너
- 50매 이상 연속 스캔 가능 여부 – Q・G스캐너
- A/S 1년 이상 보장 – Q・T・G스캐너
- 예산 4,200,000원까지 가능 – Q・T・G스캐너
- 기울기 자동 보정 여부 – Q・T・G스캐너

요구하는 기능에 모두 부합하는 G스캐너가 가장 우선시되고, 그 다음은 Q스캐너, 그리고 T스캐너로 순위가 결정된다.

20 정답 ④

제시된 문제에서 순위가 가장 높은 스캐너는 G스캐너이다.

G스캐너의 스캔 속도는 80장/분이기 때문에 80장을 스캔할 때는 $\frac{80장}{80장/분}=1분=60초$이고,

240장은 $\frac{240장}{80장/분}=3분=180초$, 480장은 $\frac{480장}{80장/분}=6분=360초$가 걸린다.

21 정답 ②

26일은 첫 번째 조건에 따라 비가 오는 날이므로 A사원은 커피류를 마신다. 또한, 두 번째 조건에 따라 평균기온은 27℃로 26℃ 이상이므로 큰 컵으로 마시고, 세 번째 조건에 따라 카페라테를 마신다.

22 정답 ④

24일은 비가 오지 않는 화요일이며, 평균기온은 28℃이므로 A사원은 밀크티 큰 컵을 마신다. 그리고 23일은 맑은 날이고 26℃이므로, A사원은 자몽에이드 큰 컵을 마셨을 것이다. 그러므로 B사원에게는 자몽에이드 큰 컵을 사 줄 것이다.
따라서 A사원이 지불할 금액은 9,500원(=4,800+4,700)이다.

23 정답 ④

기타의 자격조건에 부합하는 사람을 찾아보면, 1963년 이전 출생자로 신용부서에서 24년간 근무하였고, 채용공고일을 기준으로 퇴직일로부터 2년을 초과하지 않은 홍도경 지원자가 가장 적합하다.

오답분석

① 퇴직일로부터 최근 3년 이내 1개월 감봉 처분을 받았다.
②·③ 신용부문 근무경력이 없다.
⑤ 채용공고일 기준 퇴직일로부터 2년을 초과하였다.

24 정답 ④

각 제품군별 지급해야 할 보관료는 다음과 같다.
- A제품군 : 300×0.01=3억 원
- B제품군 : 2,000×20,000=4천만 원
- C제품군 : 500×80,000=4천만 원

따라서 K기업이 보관료로 지급해야 할 총 금액은 3억 8천만 원(=3억+4천만+4천만)이다.

25 정답 ②

9일은 ㅁㅁ기술사 필기시험일이지만 중복이 가능하므로 5월 7 ~ 9일이 ○○기능사 실기시험 날짜로 가장 적절하다.

오답분석

① 3일에는 공단 체육대회가 있다.
③ 14 ~ 16일 동안에는 △△산업기사 실기시험이 있다.
④·⑤ 24 ~ 29일 동안은 시험장 보수공사로 불가능하다.

26 정답 ①

지불한 70만 원 중 40만 원을 현금결제하였으므로 40만 원에 대해서 현금영수증을 발급 의무가 발생하고, 이에 따른 현금영수증 미발급으로 인한 과태료와 신고 포상금을 계산하면 다음과 같다.
- 과태료 : 40만×0.5=20만 원
- 신고 포상금 : 20만×0.2=4만 원

따라서 현금영수증 미발급으로 인한 신고 포상금은 4만 원이다.

27 정답 ①

문제의 업주는 B씨가 현금영수증 발급을 원하지 않아서 지정코드로 자진 발급했고, 이러한 경우는 현금영수증 발급으로 인정하므로 현금영수증 발급 의무 위반은 발생하지 않았다. 따라서 B씨는 신고 포상금을 받을 수 없다.

28 정답 ①

- 최단시간으로 가는 방법 : 이동수단별 속도는 택시 2km/min, 지하철 1km/min, 버스 $\frac{2}{3}$km/min이므로 택시가 가장 빠르다.
  즉, 택시만 이용하는 경우 총 5개 구간을 거쳐 10km(=2×5)를 이동해야 하므로 2,000(기본요금)+100×4(추가요금)=2,400원이 든다.
- 최소비용으로 가는 방법 : 이동수단별 요금은 기본요금이 가장 저렴하고 추가요금이 없는 버스가 가장 경제적이다.
  즉, 최소비용으로 가는 방법은 환승하지 않고 버스만 이용하는 경우로 비용은 기본요금인 500원만 든다.

따라서 두 비용의 차이는 1,900원(=2,400−500)이다.

29 정답 ③

- 공단 – B지점(4km) : 버스로 이동하므로 6분(=3×2)이 소요된다.
- 환승시간 : 2분이 소요된다.
- B지점 – 시청(6km) : 택시로 이동하므로 3분(=1×3)이 소요된다.
- 회의장 이동시간 : 2분이 소요된다.

즉, 공단에서 회의장까지 이동하는데 소요되는 시간은 총 13분(=6+2+3+2)이다. 이때, 회의장에 도착한 후의 상황에 대한 기회비용이 발생하지 않기 위해서는 회의 시작 시간으로부터 13분 전인 13시 47분에 출발해야 비용을 최소화할 수 있다.

30 정답 ①

- 을의 비용 : 버스 6분(=3×2), 환승 2분, 지하철 6분(=2×3), 회의장까지 이동 2분으로 16분이 소요되므로 회의장에서 8분 대기한다.
  즉, 500+800(=400×2)+0+1,600(=200×8)=2,900원의 비용이 든다.
- 병의 비용 : 택시 3분(=1×3), 환승 2분, 버스 6분(=2×3), 회의장까지 이동 2분으로 13분이 소요되므로 회의장에서 3분 대기한다.
  즉, 2,200(=2,000+100×2)+800(=400×2)+500+600(=200×3)=4,100원의 비용이 든다.

따라서 을과 병의 비용 차는 4,100−2,900=1,200원이다.

CHAPTER 06
대인관계능력

기출예상문제 정답 및 해설

01	02	03	04	05	06	07	08	09	10	11	12	13	14	15	16	17	18	19	20
③	④	②	④	②	①	③	②	③	③	③	①	④	④	②	②	③	④	⑤	⑤

01 정답 ③

오답분석

㉡ 인간관계에서의 커다란 손실은 사소한 것으로부터 비롯되기 때문에 사소한 일에 대한 관심을 두는 것은 매우 중요하다.
㉣ 거의 모든 대인관계에서 나타나는 어려움은 역할과 목표에 대한 갈등과 애매한 기대 때문에 발생한다. 신뢰의 예입은 처음부터 기대를 분명히 해야 가능하다.

대인관계능력 향상 방안

• 상대방에 대한 이해심
• 사소한 일에 대한 관심
• 약속의 이행
• 기대의 명확화
• 언행일치
• 진지한 사과

02 정답 ④

계획을 세울 때, 흔히 저지르기 쉬운 실수 중 하나는 너무 많은 시간을 소비하는 것이다. 계획은 완벽히 세우기 어렵고 설사 완벽하게 세웠더라도 실천하지 못하면 무용지물이다. 계획이 완벽해야 한다는 부담감을 버리고 실제로 해나가면서 수정될 수 있음을 염두에 두는 것이 좋다.

03 정답 ②

3단계는 상대방의 입장을 파악하는 단계이다. 자기 생각을 말한 뒤 A씨의 견해를 물으며 상대방의 입장을 파악하려는 ②가 3단계에 해당하는 대화로 가장 적절하다.

04 정답 ④

서비스업에 종사하다 보면 난처한 요구를 하는 고객을 종종 만나기 마련이다. 특히 판매 가격이 정해져 있는 프랜차이즈 매장에서 "가격을 조금만 깎아달라."는 고객의 요구는 매우 난감하다. 하지만 이러한 고객의 요구를 모두 들어주다 보면 더욱 곤란한 상황이 발생할 수 있다. 그러므로 왜 고객에게 가격을 깎아줄 수 없는지 친절하게 설명하면서 불쾌하지 않도록 고객을 설득할 필요가 있다.

05 정답 ②

오답분석

① 관련 없는 팀원들 앞에서 좋지 않은 이야기를 할 필요는 없다.
③ 당사자인 B사원과 이야기해 사실관계를 파악하는 것이 우선이다.
④ B사원에 대해 좋지 않은 이야기를 퍼트리는 것은 적절하지 않다.
⑤ 자신의 아이디어를 폐기하는 소심한 행동은 보이지 않는 게 좋다.

06 정답 ①

팀장에게 현재 자신의 문제점을 이야기하며 함께 해결책을 찾아보는 것이 가장 바람직하다.

PART 1

오답분석

② 팀원들과 멀어지려고 하는 자세는 좋지 않다.
③ 경력직으로 이직한 상황에서 부서 이동은 힘들다.
④ 이직한 지 3주밖에 되지 않았으므로 조금 더 노력하려고 해야 한다.
⑤ 다른 팀원들과 함께 하지 못하면 업무 진행에 차질이 있을 수 있다.

07 정답 ③

오답분석

① 갈등이 항상 부정적인 결과만을 초래하는 것은 아니다.
② 갈등을 해결하려면 대화와 협상으로 의견일치에 초점을 맞춰야 한다.
④ 어떤 경우에 있어서는 직접적인 해결보다 일단 갈등상황에서 벗어나는 회피전략이 효과적일 수 있다.
⑤ 갈등이나 의견의 불일치는 불가피하다. 아무리 관리가 잘 되고 있는 조직이라 할지라도, 많은 사람들이 섞여있는 조직은 언제나 갈등이 일어날 소지를 가지고 있다.

08 정답 ②

조직 생활의 경직된 구조에 적응하지 못하는 친구에게 그냥 참으라고 하거나, 빨리 적응하라고 다그치는 식의 답변은 근본적인 해결책이 될 수 없다. 업무 특성상 불가피하다는 점을 언급해준다면, 조직 생활에 대한 불만을 해소하고 타협점을 마련하는 데 도움이 될 것이다.

09 정답 ③

상사의 업무 요구가 있을 때는 적절한 균형을 유지하며 우선순위를 정해 의사결정을 하는 태도가 필요하다.

10 정답 ③

고객이 제기한 민원이 반복적으로 발생하지 않도록 조치하기 위해서 자신의 개인 업무노트에 기록해 두는 것보다 민원사례를 전 직원에게 공유하는 것이 더 적절하다.

11 정답 ③

팀장의 지시에 전혀 불만을 표출하지 않거나 어떠한 지시를 내리더라도 무조건 따르는 태도보다는 적절히 자신의 생각을 드러내는 것이 팀의 미래에 더 긍정적일 수 있다.

12 정답 ①

물류담당이사 A가 창고를 반드시 4억 원에 매입해야만 하는 상황이라면 필요한 전략은 협력전략이다. 협력전략은 협상 당사자들 모두의 이익을 추구하는 'I Win-You Win 전략'으로서 협동과 통합으로 문제를 해결하고자 하는 협력적 문제 해결 전략이다.

13 정답 ④

사례에서처럼 쌍방간에 합의 가능영역이 존재하지 않는 경우에는 협력전략이 필요하다. 협력전략이란, 가격 외 다른 거래조건들을 추가하여 가격의 갈등 소지를 줄여 합의에 도달하는 것이다. 예컨대, 4억 원에 협상을 하되 부가적으로 매도자에게 5천만 원 이상의 이득이 될 수 있는 가격 이외의 대안을 찾아내어 제시하는 것이다.

14 정답 ④

전화를 다른 부서로 연결할 때 양해를 구하지 않았으며, 다른 부서의 사람이 전화를 받을 수 있는 상황인지를 사전에 확인하지 않았다.

15 정답 ②

B가 신입직원의 잘한 점을 칭찬하지 않고 못한 점만을 과장하여 지적한 점은 신입직원의 사기를 저하시킬 수 있고, 신입직원과의 보이지 않는 벽이 생길 수 있으므로 좋은 대인관계능력을 가졌다고 볼 수 없다. F는 대인관계에서 진심이 아닌 테크닉을 가장 중시하고 있으므로 좋은 대인관계능력을 가진 사람으로 보기 어렵다. 인간관계를 형성할 때 가장 중요한 요소는 무엇을 말하느냐, 어떻게 행동하느냐보다 사람됨이다.

16 정답 ②

효과적인 팀의 핵심적인 특징

- 팀의 사명과 목표를 명확하게 기술한다.
- 창조적으로 운영된다.
- 결과에 초점을 맞춘다.
- 역할과 책임을 명료화한다.
- 조직화가 잘 되어 있다.
- 개인의 강점을 활용한다.
- 리더십 역량을 공유하며 구성원 상호 간에 지원을 아끼지 않는다.
- 팀 풍토를 발전시킨다.
- 의견의 불일치를 건설적으로 해결한다.
- 개방적으로 의사소통한다.
- 객관적인 결정을 내린다.
- 팀 자체의 효과성을 평가한다.

17 정답 ③

'썩은 사과의 법칙'에 따르면, 먼저 직원 A에게 문제 상황과 기대하는 바를 분명히 전한 뒤, 스스로 변화할 기회를 주어야 한다.

18 정답 ④

스스로 하는 일이 없고, 제 몫의 업무를 제대로 수행하지 못하는 A사원은 수동형에 가깝다고 볼 수 있다.

멤버십의 유형

구분	자아상	동료 및 리더의 시각	조직에 대한 자신의 느낌
소외형	• 자립적인 사람 • 일부러 반대의견 제시 • 조직의 양심	• 냉소적 • 부정적 • 고집이 셈	• 자신을 인정해주지 않음 • 적절한 보상이 없음 • 불공정하고 문제가 있음
순응형	• 기쁜 마음으로 과업 수행 • 팀플레이를 함 • 리더나 조직을 믿고 헌신함	• 아이디어가 없음 • 인기 없는 일은 하지 않음 • 조직을 위해 자신과 가족의 요구를 양보함	• 기존 질서를 따르는 것이 중요 • 리더의 의견을 거스르는 것은 어려운 일임 • 획일적인 태도 및 행동에 익숙함
실무형	• 조직의 운영방침에 민감 • 사건을 균형 잡힌 시각으로 봄 • 규정과 규칙에 따라 행동함	• 개인의 이익을 극대화하기 위한 흥정에 능함 • 적당한 열의와 평범한 수완으로 업무 수행	• 규정준수를 강조 • 명령과 계획의 빈번한 변경 • 리더와 부하 간의 비인간적 풍토
수동형	• 판단, 사고를 리더에게 의존 • 지시가 있어야 행동	• 지시를 받지 않고 스스로 하는 일이 없음 • 제 몫을 하지 못함 • 업무 수행에는 감독이 필요	• 조직이 나의 아이디어를 원치 않음 • 노력과 공헌을 해도 아무 소용이 없음 • 리더는 항상 자기 마음대로 함
주도형	• 우리가 추구하는 유형, 모범형 • 독립적 · 혁신적 사고 • 적극적 참여와 실천		

19 정답 ⑤

추후 고객에게 연락하여 고객이 약속 날짜 전에 옷을 받았는지 확인을 해야 하며, 확인 후 배송 착오에 대해 다시 사과를 해야 한다.

오답분석

① '화내시는 점 충분히 이해한다.'고 답변하며 공감표시를 나타내었다.
② 배송 착오에 대해 '정말 죄송합니다.'와 같이 사과표시를 하였다.
③ '최대한 빠른 시일 내로 교환해드리겠다.'고 말하며 해결약속을 하였다.
④ 구매 내역과 재고 확인을 통해 정보를 파악하였다.

20 정답 ⑤

MOT(Moments Of Truth)에는 곱셈법칙이 작용하여 고객이 여러 번의 결정적 순간에서 단 한 명에게 0점의 서비스를 받는다면 모든 서비스가 0이 되어버린다.

CHAPTER 07 정보능력

기출예상문제 정답 및 해설

01	02	03	04	05	06	07	08	09	10
③	②	⑤	①	④	①	⑤	①	③	⑤
11	12	13	14	15	16	17	18	19	20
②	③	①	④	③	⑤	②	②	④	⑤
21	22	23	24	25	26	27	28	29	30
②	①	⑤	④	②	①	④	④	①	④

01 정답 ③

주어진 메일 내용에서 검색기록 삭제 시, 기존에 체크되어 있는 항목 외에도 모든 항목을 체크하라고 되어 있으나, 괄호 안에 '즐겨찾기 웹 사이트 데이터 보존 부분은 체크 해제할 것'이라고 명시되어 있으므로 모든 항목을 체크하는 행동은 적절하지 못하다.

02 정답 ②

ㄱ. 공용 서버 안의 모든 바이러스를 치료한 후에 접속하는 모든 컴퓨터를 대상으로 바이러스 검사를 하고 치료해야 한다.
ㄷ. 쿠키는 공용으로 사용하는 PC로 인터넷에 접속했을 때 개인 정보 유출을 방지하기 위해 삭제한다.

오답분석

ㄴ. 다운로드 받은 감염된 파일을 모두 실행하면 바이러스가 더욱 확산된다.
ㄹ. 바이러스 치료에 대한 조치사항과는 무관한 내용이다.

03 정답 ⑤

㉮ 소프트웨어는 사원 데이터 파일을 일원화시키고, 이를 활용하는 모든 응용프로그램이 유기적으로 데이터를 관리하도록 하는 프로그램이다. 이를 통해 각 응용 프로그램 간에 독립성이 향상되며, 원래의 데이터를 일원화하는 효과를 볼 수 있다.

04 정답 ①

주어진 자료에 의하면 B회사는 사내 도서관을 관리하기 위하여 도서의 명칭과 저자, 출판일, 출판사 등의 정보를 목록화하고 있고, 이러한 관리방법은 필요한 내용을 손쉽게 검색하여 찾을 수 있다는 장점이 있다. 이는 정보관리방법 중 '목록을 활용한 정보관리'에 해당한다.

05 정답 ④

비교적 가까운 거리에 흩어져 있는 컴퓨터들을 서로 연결하여 여러 가지 서비스를 제공하는 네트워크는 근거리 통신망에 해당한다. 근거리 통신망의 작업 결과를 공유하기 위해서는 네트워크상의 작업 그룹명을 동일하게 하여야 가능하다.

06 정답 ①

- 양쪽 정렬 : 〈자료 2〉의 문단 모양이 양쪽으로 가지런하게 맞춰졌음을 볼 때, 양쪽 정렬 기능을 활용했음을 알 수 있다.
- 음영 : 〈자료 2〉의 첫 번째 문장에서 '금기란 어떤 대상을 꺼리거나 피하는 행위'에 음영이 들어가 있음을 확인할 수 있다.
- 그림 : 〈자료 2〉의 글 하단에 여러 사람이 대화를 하고 있는 그림이 들어가 있음을 확인할 수 있다.
- 도형 : 〈자료 2〉의 첫 번째 문장 위에 별 모양의 도형 2개가 들어가 있음을 확인할 수 있다.

07 정답 ⑤

한글 2014에 삽입 가능한 동영상 파일의 파일 형식은 mpg, avi, asf, wmv, mp4 등이 있으며, tif는 고화질과 큰 사이즈의 사진을 뽑거나 인쇄를 할 때 사용하기 적합한 이미지 파일 형식이다.

08 정답 ①

엑셀 자동필터 설정 단축키는 [Ctrl]+[Shift]+[L]이다.

오답분석

② 백분율 적용
③ 테두리 적용
④ 현재 시간 나타내기
⑤ 셀 서식

09 정답 ③

RIGHT는 오른쪽에서부터 문자를 추출하는 함수이다. RIGHT(문자열,추출할 문자 수)이므로 「RIGHT(A3,4)」가 옳다.

10 정답 ⑤

엑셀에서 곱하기는 *로 쓴다.

11 정답 ②

오답분석

①·③ AVERAGE는 평균을 구할 때 쓰는 함수식이다.

12 정답 ③

[Ctrl]+[I]는 텍스트를 기울임꼴로 만든다. 텍스트에 밑줄을 긋는 단축키는 [Ctrl]+[U]이다.

13 정답 ①

[Ctrl] 버튼과 [Shift] 버튼을 누른 후 화살표를 누르면 도형의 높이와 너비를 미세하게 조절할 수 있다.

14 정답 ④

④는 가운데 맞춤 실행 시 나타나는 모습이다.

15 정답 ③

비밀번호 자동 저장에 관련된 공문이므로 자동 저장 기능을 삭제하기 위한 화면을 공문에 첨부해야 한다. 비밀번호 자동 저장 기능 삭제는 [인터넷 옵션] – [내용] 탭에 들어가 '자동 완성 설정'의 '양식에 사용할 사용자 이름과 암호'란의 체크를 해제하면 된다.

16 정답 ⑤

폴더 [속성]에서 [공유] 탭을 선택하고 '암호 보호' 항목의 [네트워크 및 공유센터]에서 '암호 보호 공유 끄기'를 선택하면 공유폴더 접속 시 별도의 암호입력창이 뜨지 않는다.

17 정답 ②

비프음이 길게 1번, 짧게 1번 울릴 때는 메인보드의 오류이므로 메인보드를 교체하거나 A/S 점검을 해야 한다.

18 정답 ②

오답분석

①·⑤ 콤마(,)와 언더바(_)는 허용 문자가 아니므로 인정되지 않는다.
③·④ 하이픈(–)으로 시작하거나 끝나지 않아야 한다.

19 정답 ④

검색하려는 단어를 모두 포함하는 연산자는 AND이며 기호로는 '*, &'가 사용된다. 그리고 특정 단어를 포함하지 않도록 하는 연산자는 NOT이며 기호로는 '–, !'를 사용한다.

20 정답 ⑤

디스크 조각 모음을 실행하여 단편화를 제거하는 작업은 컴퓨터를 최적화시켜서 컴퓨터의 속도와 성능을 개선시키는 것이다. 따라서 하드디스크 인식 문제와는 관련이 없는 작업이다.

21 정답 ②

프린터는 한 대의 PC에 여러 대의 프린터를 로컬로 설치할 수 있다. 여러 대의 프린터를 설치하더라도 소프트웨어가 올바르게 설치되어 있다면, 프린터 간 충돌이나 오작동이 발생하지는 않는다.

22 정답 ①

결과표의 빈 셀에 「COUNTIF(참조 영역, 찾는 값)」을 입력하면 된다. 결과표의 '문항 1'행에 각 셀에 「COUNTIF (〈설문 응답표〉 '문항 1'열, 응답번호)」를 입력 후, '문항 1'행을 드래그 해서 아래로 내리면 값이 채워진다.

23 정답 ⑤

각 등급을 보면 성별, 나이, 지역, 민원횟수는 모두 다르지만 업무 부분이 같다.

24 정답 ④

연령은 세 번째, 네 번째 자리수로 확인할 수 있다. 민원 접수번호를 연령대별로 구분하면 다음과 같다.

구분	10대	20대	30대	40대	50대
1등급	–	3	4	5	3
2등급	–	2	4	6	3
3등급	–	1	5	5	4
4등급	1	1	5	4	4
5등급	1	1	4	5	4
6등급	2	3	2	3	5
총계	4	11	24	28	23

따라서 40대가 가장 많은 민원을 접수하였다.

25 정답 ②

- 2등급 : 0120770902, 0120660202, 0230220502, 0250660502, 0240330602, 0230220402, 0240440402, 0230110102, 0240770202, 0230330502, 0250440502, 0240110502, 0250331002, 0240770402
  → 민원횟수는 01 ~ 09까지 가능함
- 4등급 : 0210330104, 0120880204, 0230220804, 0150660704, 0240220704, 0230550404, 0240440304, 0230110904, 0104330204, 0230550504, 0250330504, 0160220604, 0250330404, 0240770404
  → 지역은 11 ~ 77까지 있으며, 나이는 10 ~ 50까지 있음

26 정답 ①

오답분석

② 입사확정번호는 2000년 이후 입사자부터 적용되므로 1998년도 입사자인 L부장은 사원번호를 알 수 없다.
③ 연수 취소는 가능하나 취소 후에 차수 연수는 듣지 못하기 때문에 적절하지 않다.
④ D사원의 연수 일정은 2018년 3월 10일이다. 일정 변경은 연수 시작 7일 전까지 가능하므로 6일 전인 3월 4일에는 일정 변경 신청을 할 수 없다.
⑤ E과장의 사원번호 중 입사연도에 해당하는 앞자리 두 개가 09이므로 2009년에 입사한 것을 알 수 있다.

27 정답 ④

C와 G는 부서코드가 틀렸고 이와 함께 오류번호도 틀렸다. C는 마케팅 부서이므로 1325573, G는 지원 부서이므로 1620379가 올바른 사원번호이다.

F는 오류번호가 틀렸다. 오류번호 연산법에 따라 사원번호를 더하면 1+7+1+5+5+6=25이며, 20보다 크고 30보다 작으므로 25−20=5이다. 따라서 1715565가 올바른 사원번호이다.

28 정답 ④

Index 뒤의 문자 SOPENTY와 File 뒤의 문자 ATONEMP에서 일치하는 알파벳의 개수를 확인하면, O, P, E, N, T로 총 5개가 일치하는 것을 알 수 있다. 따라서 판단 기준에 따라 Final Code는 Nugre이다.

29 정답 ①

- 1 ~ 3번 자리=국가식별코드 : 770(콜롬비아)
- 4 ~ 7번 자리=제조업체 : 1648(농심)
- 8 ~ 12번 자리=상품품목 : 64064(스낵류)
- 13번 자리=판독검증용 기호(난수) : 2

30 정답 ④

8 ~ 12번 자리는 상품품목으로 64078이므로 통조림 제품이다.

오답분석

② 앞의 3자리는 국가식별코드로 692는 중국이다.
③ 13번 자리 숫자는 난수로 일정한 규칙이 없다.

정답 및 해설

01	02	03	04	05	06	07	08	09	10
②	④	④	⑤	④	①	②	⑤	④	③
11	12	13	14	15	16	17	18	19	20
③	④	⑤	③	④	①	⑤	④	⑤	②

01 정답 ②

주어진 기사를 살펴보면 기계가 작동 중인 상태에서 청소나 정비를 하던 도중 발생된 사건과 추락방지망 등 안전장치 설치를 하지 않아 발생된 사건에 대해 다루고 있다. 즉, 안전 수칙을 제대로 준수하지 않아 발생된 산업재해라고 볼 수 있다. 따라서 기사에서 다룬 산업재해의 원인은 '안전 수칙의 미준수'이다.

02 정답 ④

산업안전 보건법에서는 근로자가 업무에 관계되는 건설물·설비·원재료·가스·증기·분진 등에 의하거나, 직업과 관련된 기타 업무에 의하여 사망 또는 부상하거나 질병에 걸리게 되는 것을 산업재해로 정의하고 있다. 따라서 휴가 중에 교통사고로 인하여 부상당한 것은 산업재해로 볼 수 없다.

03 정답 ④

건설 등 프로젝트를 진행할 때는 환경 훼손이 발생되지 않도록 계획을 수립하고 진행하는 것이 중요하다. 따라서 환경 영향 평가는 사전에 계획·평가해야 사후에 발생하는 오염 등을 예방할 수 있으므로, 중간보고내용 중 환경에 대해 사후 평가 방식을 취한다는 것(㉢)은 적절하지 못하다.

04 정답 ⑤

아웃소싱 등 외부 협력업체와 공동으로 업무를 진행하는 경우에는 프로젝트를 효율적으로 어떻게 관리하면 완성도 높은 프로젝트를 이끌어 낼 수 있는지 고민하여야 한다. 가·나·다·라·마는 모두 아웃소싱과 관련하여 성공적인 프로젝트를 진행할 수 있는 노하우에 해당한다.

05 정답 ④

사용 중인 공유기의 IP주소가 http://190.275.2.3로 HI-804A의 IP주소와 동일할 경우 HI-804A 공유기가 아닌 사용 중인 공유기의 IP주소를 다른 IP주소로 변경하여야 한다.

06 정답 ①

PC와 분리한 외장형 모뎀을 인터넷 케이블로 HI-804A의 INTERNET 포트인 1번 또는 2번 포트에 연결한다. 그리고 LAN 케이블로 PC를 HI-804A의 LAN 포트인 3번 또는 4번 포트에 연결한다. 따라서 공유기가 바르게 설치된 것은 ①이다.

오답분석

② 외장형 모뎀은 INTERNET 포트인 2번 포트에 맞게 연결되었으나, PC는 5번 포트가 아닌 3번 또는 4번 포트에 연결되어야 한다.
③·④·⑤ 외장형 모뎀과 PC는 별도의 케이블로 직접 서로 연결되지 않고, HI-804A의 INTERNET 포트와 LAN 포트를 통해 연결된다.

07 정답 ②

제품사양에 따르면 '에듀프렌드'는 내장 500GB, 외장 500GB로 총 1TB의 메모리를 지원하고 있다. 1TB까지 저장이 가능하므로 500GB를 초과하더라도 추가로 저장할 수 있다.

오답분석

① 학습자 관리 기능으로 인적사항을 등록할 수 있다.
③ 교사 스케줄링 기능으로 일정을 등록할 수 있고, 중요한 일정은 알람을 설정할 수 있다.
④ GPS를 지원하여 학습자 방문지와의 거리 및 시간 정보와 경로를 탐색할 수 있다.
⑤ 커뮤니티에 접속해 공지사항을 확인할 수 있다.

08 정답 ⑤

주의사항에 따르면 기기에 색을 칠하거나 도료를 입히면 안 되며, 이를 지키지 않을 경우 제품손상이 발생할 수 있다. 그러나 ⑤와 같이 기기가 아닌 보호 커버 위에 매직펜으로 이름을 쓰는 것은 제품손상과 관계없다.

오답분석

① 출력 커넥터에 허용되는 헤드셋 또는 이어폰을 사용해야 한다.
② 자성을 이용한 제품을 가까이 두어서는 안 된다.
③ 물 또는 빗물에 던지거나 담그는 것은 고장의 원인이 될 수 있다.
④ 기기를 떨어뜨리는 것은 고장의 원인이 될 수 있다.

09 정답 ④

주의사항에서 유산소 운동의 효과를 가져올 수 있는 운동시간에 대해 안내된 바가 없으므로 ④는 안내문의 내용으로 적절하지 않다.

10 정답 ③

볼트와 너트 체결부분이 느슨해지면 제품에서 소음이 발생할 수 있으므로 모든 부분을 다시 조여주어야 한다.

11 정답 ③

가정에 있을 경우 전력수급 비상단계를 신속하게 극복하기 위해 가전기기들의 전원을 차단하거나 사용을 중지하는 것이 필요하나, 4번 항목에 따르면 안전, 보안 등을 위한 최소한의 조명까지 소등할 필요는 없다.

오답분석

① 가정에 있을 경우, TV, 라디오 등을 통해 재난상황을 파악하여 대처하라고 하였으므로, 전력수급 비상단계 발생 시 대중매체를 통해 재난상황에 대한 정보를 파악할 수 있다는 것을 알 수 있다.
② 사무실에 있을 경우 즉시 사용이 필요하지 않은 사무기기의 전원을 차단하여야 한다.
④ 공장에서는 비상발전기의 가동을 점검하여 가동을 준비해야 한다.
⑤ 전력수급 비상단계가 발생할 경우, 컴퓨터, 프린터 등 긴급하지 않은 모든 사무기기의 전원을 차단하여야 하므로 한동안 사무실의 업무가 중단될 수 있다.

12 정답 ④

ㄴ. 사무실에서의 행동요령에 따르면 본사의 중앙보안시스템은 긴급한 설비로 볼 수 있다. 따라서 3번 항목의 예외에 해당하므로 중앙보안시스템의 전원을 차단한 이 주임의 행동은 적절하지 않다고 볼 수 있다.
ㄹ. 상가에서의 행동요령에 따르면 식재료의 부패와 관련 없는 가전제품의 가동을 중지하거나 조정하도록 설명되어 있다. 하지만 최 사장은 횟감을 포함한 식재료를 보관 중인 모든 냉동고의 전원을 차단하였으므로 적절하지 못하다.

오답분석

ㄱ. 집에 있던 중 세탁기 사용을 중지하고 실내조명을 최소화한 것은 행동요령에 따른 것으로 적절한 행동이다.
ㄷ. 공장에 있던 중 공장 내부 조명밝기를 최소화한 박 주임의 행동은 적절하다.

13 정답 ⑤

⑤의 로고는 저작물을 변경하거나 저작물을 이용한 2차적 저작물 제작을 금지한다는 의미이다.

14 정답 ③

기술능력이 뛰어난 사람은 한계가 주어지더라도 문제를 잘 해결할 줄 아는 사람이다. 그러므로 기술능력이 뛰어난 신입사원을 평가하는 항목에서 아무런 제약이 없을 때의 가능성을 묻는 ③과 같은 질문은 적절하지 않다.

기술능력이 뛰어난 사람

- 실질적 해결을 필요로 하는 문제를 인식할 줄 아는 사람
- 인식한 문제를 위해 여러 해결책을 개발할 줄 아는 사람
- 문제 해결을 위해 지식이나 자원 등의 사항들을 선택하여 적용할 줄 아는 사람
- 한계가 주어지거나 자원이 제한적이더라도 일할 줄 아는 사람
- 효용적으로 기술적 해결이 가능한 사람
- 다양한 상황 속에서도 기술적 체계와 도구를 사용하고 배울 줄 아는 사람

15 정답 ④

두 사람이 이야기하고 있는 것은 LMS(Learning Management System)로 온라인을 통해 학생들의 성적과 진도, 출결석 등 학사전반에 관한 사항을 관리하는 시스템을 뜻한다. 학교는 물론 기업과 공공기관에도 적용된다. 기업의 경우, 인터넷을 활용한 교육 콘텐츠 제작은 물론 전사적 자원관리(ERP)나 지식관리시스템(KMS)·인사관리시스템과 연동하는 솔루션으로 사용되어 비용을 적게 들이면서도 사내교육을 활성화시키고 있다.

오답분석

① OJT(On the Job Traning) : 조직 안에서 피교육자인 종업원이 직무에 종사하며 받는 교육훈련방법이다. 업무수행의 중단 없이 업무에 필요한 지식·기술·능력·태도를 교육·훈련할 수 있고, 직장 상사나 선배로부터 교육이 진행되기 때문에 교육자와 피교육자 사이에 친밀감이 조성되며 비교적 짧은 시간 내에 조직에 필요한 교육·훈련이 이루어진다는 장점이 있다. 반면, 지도자의 높은 자질이 요구되며 교육·훈련의 내용이 체계화되기 어렵다는 단점이 있다.
② JIT(Just In Time) : 적기공급생산으로, 재고를 남기지 않고 제품을 공급하는 생산방식을 말한다. 낭비를 줄이고 자원을 절약하자는 생각에서 출발하고 있으며 재고감소, 생산성 향상, 불량품 감소 등의 효과를 거둘 수 있다.
③ e-Learning : 전자 매체를 통한 학습 시스템으로, 이러닝은 다음과 같은 장점이 있다. 첫째, 인터넷만 연결돼 있다면 학습이 가능하기 때문에 시·공간적 제약이 없다. 둘째, 개개인의 요구에 맞게 맞춤 학습이 가능하다. 셋째, 다양한 멀티미디어를 이용한 학습이 가능하다. 넷째, 인터넷 공간을 통해 상호작용이 자유롭게 이루어질 수 있다. 다섯째, 일반 도서에 비해 새로운 내용을 업데이트하기가 비교적 용이하기 때문에 교육에 소모되는 비용을 절약할 수 있다. 반면, 교수자와 학습자 또는 동료들 간의 유대감이 적고, 중도 탈락율이 높으며 현장중심의 실무 교육이 힘들다는 단점이 있다.
⑤ Orientation : 새로운 직무 및 작업을 시작하기에 앞서 기본적인 진행방식, 운영방법 등을 설명하는 것을 말한다.

16 정답 ①

상품 진열 방법이나 코디 등은 제품진열 매뉴얼에 따라 진행되는 사항이므로, 해당 기업을 벤치마킹하기 위해서는 제품진열 매뉴얼을 전격적으로 교체해야 할 것이다.

17 정답 ⑤

지속가능한 발전(Sustainable Development)이란, 지구촌의 현재와 미래를 모두 고려하는 개념으로서 환경보호 중심의 발전을 그 목적으로 삼는다.

지속가능한 기술(Sustainable Technology)은 이러한 지속가능한 발전을 가능하게 하는 기술이라 할 수 있다. 고갈되는 에너지보다는 태양에너지같이 고갈되지 않는 에너지를 활용하여 낭비적 소비 형태를 지양하고자 하며, 기술적 효용만이 아닌 환경 효용(Eco-Efficiency)도 추구한다. 자원의 소비에 관심을 가지는 만큼 자원이 생산적인 방식으로 사용되고 있는지도 주의를 기울여야 하는 기술이다.

C. 자원의 재생산뿐 아니라 얼마나 생산적인 방식으로 사용되는지도 고려해야 한다.
D. 캐나다 정부가 지원하는 토양 청정화 기술은 지속가능한 기술로서, 기술적 효용뿐 아니라 환경 효용까지 추구하는 기술이다.

오답분석

A. 고갈되는 에너지를 활용하는 것이 아니라 고갈되지 않는 자연 에너지를 활용한다.
B. 미래 세대와 현재 세대 모두의 발전과 환경적 상황을 고려해야 한다.

18 정답 ④

상황에서 언급된 신기술은 활용도나 응용 가능성이 높지만 비용이 다소 높고 타사에서 이미 비슷한 기술이 완성단계에 있는 상태다. 하지만 신기술의 응용 가능성은 높다고 했으므로, 기술의 수명 주기까지 고려한다면 신기술을 좀 더 보완해 비용을 다소 낮추면서 차단효과가 높은 기술을 개발하는 것이 바람직하다. 그러므로 비용이나 수명 주기를 전혀 고려하지 않은 ④가 가장 적절하지 않은 의견이다.

19 정답 ⑤

러시아는 AN 13D 제품이 적절하다. 이는 AN 20E 제품의 정격전류가 러시아 표준 규격의 정격전류 범위보다 높기 때문이다.

20 정답 ②

②는 성과차이 분석에 대한 설명이다. 개선계획 수립은 성과차이에 대한 원인 분석을 진행하고 개선을 위한 성과목표를 결정하며, 성과목표를 달성하기 위한 개선계획을 수립하는 것이다.

벤치마킹의 주요 단계

1. 범위 결정 : 벤치마킹이 필요한 상세 분야를 정의하고 목표와 범위를 결정하며 벤치마킹을 수행할 인력들을 결정
2. 측정범위 결정 : 상세분야에 대한 측정항목을 결정하고, 측정항목이 벤치마킹의 목표를 달성하는 데 적정한가를 검토
3. 대상 결정 : 비교분석의 대상이 되는 기업・기관들을 결정하고, 대상 후보별 벤치마킹 수행의 타당성을 검토하여 최종적인 대상 및 대상별 수행방식을 결정
4. 벤치마킹 : 직접 또는 간접적인 벤치마킹을 진행
5. 성과차이 분석 : 벤치마킹 결과를 바탕으로 성과차이를 측정항목별로 분석
6. 개선계획 수립 : 성과차이에 대한 원인 분석을 진행하고 개선을 위한 성과목표를 결정하며, 성과목표를 달성하기 위한 개선계획을 수립
7. 변화 관리 : 개선목표 달성을 위한 변화사항을 지속적으로 관리하고, 개선 후 변화사항과 예상했던 변화사항을 비교

CHAPTER 09
조직이해능력

기출예상문제 정답 및 해설

01	02	03	04	05	06	07	08	09	10
③	④	①	②	③	②	①	②	⑤	③
11	12	13	14	15	16	17	18	19	20
③	②	③	①	③	③	④	②	④	④

01 정답 ③

마케팅기획본부는 해외마케팅기획팀과 마케팅기획팀으로 구성된다고 했으므로 옳지 않다.

오답분석

①·② 마케팅본부의 마케팅기획팀과 해외사업본부의 해외마케팅기획팀을 통합해 마케팅기획본부가 신설된다고 했으므로 옳다.
④ 해외사업본부의 해외사업 1팀과 해외사업 2팀을 해외영업팀으로 통합하고 마케팅본부로 이동한다고 했으므로 옳다.
⑤ 구매·총무팀에서 구매팀과 총무팀이 분리되고 총무팀과 재경팀 통합 후 재무팀이 신설된다고 했으므로 옳다.

02 정답 ④

부서 명칭만 듣고도 대략 어떤 업무를 담당하는지 알고 있어야 한다. 인사팀의 주요 업무는 근태관리·채용관리·인사관리 등이 있다. 인사기록카드 작성은 인사팀의 업무인 인사관리에 해당하는 부분이므로, 인사팀에 제출하는 것이 올바르다. 한편, 총무팀은 회사의 재무와 관련된 전반적 업무를 총괄한다. 회사의 부서 구성을 보았을 때, 비품 구매는 총무팀의 소관 업무로 보는 것이 올바르다.

03 정답 ①

두 건의 문서는 같은 거래처로 발송될 것이지만, 두 건의 내용이 지나치게 다르므로 별도로 작성하여 별도의 봉투에 넣어 발송하는 것이 바람직하다.

04 정답 ②

ㄱ. 사무관리규칙 제7조 2항에 따르면, 문서는 수신자에게 도달됨으로써 그 효력이 발생한다. 따라서 ㅁㅁ사업의 즉시시행을 지시하는 문서는 8월 12일부터 유효하므로, 8월 10일이 사업시작시점이 될 수 없다. 해당사업의 시행은 빨라도 문서 수신일인 8월 12일부터이므로 사업기간은 8월 12일 혹은 그 이후 실제 사업이 시작된 날부터 기산해야 한다. 제7조 1항에 따르면 김 부장의 결재는 문서 자체가 성립하도록 하는 효력은 갖지만, 문서내용상의 효력은 발생하지 않는다.
ㄹ. 사무관리규칙 제30조 1항에 따르면 보조기관이 서명하여 발신할 수 있는 문서는 보조기관 상호간에 발신하는 문서의 시행문이다. 그러나 김 대리가 보내는 문서는 대외기관인 한국전력공사에 발신하는 문서이므로 보조기관이 아닌 이사장의 서명을 첨부하여 발신하여야 한다.

오답분석

ㄴ. 사무관리규칙 제25조에 따르면 언론기관에 보도자료를 제공하는 경우, 담당부서 담당자 연락처를 기재하여야 한다. 따라서 해당 자료의 담당자인 미래전략팀 이 주임의 연락처를 기재한 김 주임의 행동은 올바른 행동이다.
ㄷ. 사무관리규칙 제13조 1항에 따르면 대외 기관인 수자원공자에 발신하는 문서는 이사장 명의로 발신하여야하지만, 단서조항에 따라 권한을 위임받은 최 부장은 자신의 명의로 문서를 발신할 수 있다.

05 정답 ③

재호 : 통상적인 출장비용 집행의 경우, 위임전결규칙 제10조 3항 2호의 '객관적으로 인정하는 요금에 의하여 통상적으로 집행하는 사항'이라고 볼 수 있다. 따라서 제10조 3항에 따라 전결권자가 부재중이라면 전결권자의 상위자가 아닌 차하위자가 전결할 수 있다.
인현 : 위임전결규칙 제10조 4항에 따르면 위임전결사항에 해당되더라도 중요하다고 인정되는 사항은 이사장에게 보고하여야 한다.

오답분석

정원 : 위임전결규칙 제10조 2항 3호에 따르면 ㅇㅇ업무에 대한 전결권자인 A본부장이 상위자의 결재가 필요하다고 인정하는 경우, 이사장의 결재를 받아야 한다. 따라서 옳은 설명이다.
성원 : 사무관리규칙 제13조 2항에 따르면 위임전결사항이라 하더라도 교재의 검정에 관한 문서는 이사장 명의로 발신하여야 하므로 전결권자의 명의로 발신할 수 없다.

06 정답 ②

그림에 나타난 기업의 경영구조는 기능별 조직 형태에 프로젝트팀 조직을 결합한 매트릭스 구조로, 구성원은 종적으로는 생산, 판매 등의 기능조직의 일원이 됨과 동시에 횡적으로는 프로젝트 A·B·C의 일원이 되어 두 조직에 중복적으로 소속된다. 이러한 매트릭스 구조는 주로 소수의 제품라인을 가진 중소규모의 조직에 적합하므로 ②는 적절하지 않다.

오답분석

매트릭스 구조는 ①·③·⑤와 같은 장점을 지니며, ④와 같이 제품관리자와 기능별 관리자의 이원화된 명령구조를 갖는다.

07 정답 ①

국가와 지방자치단체는 사회 속에서 사람·자원 및 하위 체제의 통제·조정에 관한 기능을 수행하는 관리적·정치적 조직에 속한다.

오답분석

② 호혜조직 : 조직으로부터 혜택을 받는 주요 수혜자가 조직의 구성원인 조직으로 노동조합, 정당 등이 이에 해당된다.
③ 체제유지목적 조직 : 교육·문화 등의 활동을 통해 사회의 문화 체제를 계승·발전시키려는 조직으로 교육기관·문화단체 등이 이에 해당된다.

④ 봉사조직 : 일반 대중이 조직의 1차적 수혜자로, 이들을 대상으로 서비스를 제공한다. 학교, 병원 등이 이에 해당된다.
⑤ 경제적 조직 : 사회에서 경제적 생산과 배분의 역할을 하는 조직으로 기업체 등이 이에 해당된다.

08 정답 ②

기계적 조직은 부서간의 업무가 명확하게 구분되어 있는 모습을 볼 수 있으며, 유기적 조직은 부서간의 업무가 주로 팀 중심으로 구성되어 활발한 의사소통과 상호이해를 중심으로 이루어진다. 따라서 ②는 적절하지 않다.

09 정답 ⑤

㉢은 규범적 조직으로 이 조직의 구성원들은 보상과 관계없이 당연히 조직에 순응해야 한다고 생각하여 조직에 헌신적으로 참여한다. 이와 달리 공리적 조직(㉡)의 구성원들은 대부분이 보수・상여금 등에 대하여 이해득실을 따져 조직에 참여한다. 즉, ⑤는 공리적 조직에 대한 설명이다.

10 정답 ③

경영은 경영목적, 인적자원, 자금, 전략의 4요소로 구성된다.
ㄱ. 경영목적
ㄴ. 인적자원
ㅁ. 자금
ㅂ. 경영전략

오답분석

ㄷ. 마케팅
ㄹ. 회계

11 정답 ③

오답분석

① 만장일치 : 회의 장소에 모인 모든 사람이 같은 의견에 도달하는 방법
② 다수결 : 회의에서 많은 구성원이 찬성하는 의안을 선정하는 방법
④ 의사결정나무 : 의사결정에서 나무의 가지를 가지고 목표와 상황과의 상호 관련성을 나타내어 최종적인 의사결정을 하는 불확실한 상황 하의 의사결정 분석 방법
⑤ 델파이 기법 : 여러 전문가의 의견을 되풀이해 모으고, 교환하고, 발전시켜 미래를 예측하는 질적 예측 방법

12 정답 ②

㉣ 한식 뷔페의 O(기회)로 볼 수 있다.

SWOT 분석
기업이 내부 환경과 외부 환경을 분석하는 것
• S(Strength, 강점) : 내부 분석 중 유리한 것
• W(Weakness, 약점) : 내부 분석 중 불리한 것
• O(Opportunity, 기회) : 외부 분석 중 유리한 것
• T(Threat, 위협) : 외부 분석 중 불리한 것

13 정답 ③

제품 특성상 테이크 아웃이 불가능했던 위협 요소를 피하기 위해 버거의 사이즈를 줄이는 대신 무료로 사이드 메뉴를 제공하는 것은 독창적인 아이템을 활용하면서도 위협 요소를 보완하는 전략으로 적절하다.

오답분석

① 해당 상점의 강점은 주변 외식업 상권과 차별화된 아이템 선정이다. 그러므로 주변 상권에서 이미 판매하고 있는 상품을 벤치마킹해 판매하는 것은 강점을 활용하는 전략으로 적절하지 않다.
② 높은 단가 재료를 낮추기 위해 유기농 채소와 유기농이 아닌 채소를 함께 사용하는 것은 웰빙을 추구하는 소비 행태가 확산되고 있는 기회를 활용하지 못하는 전략이므로 적절하지 않다.
④ 커스터마이징 형식의 고객 주문 서비스 및 주문 즉시 조리하는 방식은 해당 상점의 강점이다. 약점을 보완하기 위해 강점을 모두 활용하지 못하는 전략이므로 적절하지 않다.
⑤ 커스터마이징 주문 시 치즈의 종류를 다양하게 선택할 수 있게 하는 것은 커스터마이징 주문이라는 강점으로 '치즈 제품을 선호하는 여성 고객들의 니즈'라는 기회를 활용하는 방법이므로 SO전략이다.

14 정답 ①

직장은 일을 하는 물리적 장소임과 동시에 업무 처리의 만족감 또는 좌절감 등을 느끼는 심리적 장소이기도 하다. 그러므로 회사의 목표와 자신의 가치관 사이에서 오는 차이가 크다면, 그 심리적 스트레스를 감당하기가 너무 버거울 것이다. 조직은 조직 생활에 잘 적응하는 사람을 기본적으로 선호하지만 그 다음으로 원하는 것은 '그 과정이 능동적인가' 하는 점이다. 그러므로 ①과 같이 자신과 다른 회사의 가치관까지 수긍한다고 밝힌 A지원자는 회사에 채용될 사원으로서 가장 적절하지 않다고 볼 수 있다.

15 정답 ③

직장에 소속된 개인은 회사의 이윤창출 등 회사 공동의 목표를 위해 동료와 상호작용을 해나가는 구성원으로, 조직의 구성원은 서로 협력하여 공동의 목표를 향해 노력해야 한다. 그러므로 업무를 뚜렷하게 나눠 독립적으로 일을 처리하기보다는 유기적으로 소통하고 부족한 부분을 채워가며 업무를 진행하는 것이 조직의 성격과 어울린다고 볼 수 있다. 그러므로 ③이 가장 적절하지 않다.

16 정답 ③

제시된 사례의 쟁점은 재고 처리이며, 여기서 A씨는 W사에 대하여 경쟁전략(강압전략)을 사용하고 있다. 강압전략은 'Win-Lose' 전략이다. 즉, 내가 승리하기 위해서 당신은 희생되어야 한다는 전략인 'I Win, You Lose' 전략이다. 명시적 또는 묵시적으로 강압적 위협이나 강압적 설득, 처벌 등의 방법으로 상대방을 굴복시키거나 순응시킨다. 자신의 주장을 확실하게 상대방에게 제시하고 상대방에게 이를 수용하지 않으면 보복이 있을 것이며 협상이 결렬될 것이라는 등의 위협을 가하는 것이다. 즉, 강압전략은 일방적인 의사소통으로 일방적인 양보를 받아내려는 것이다.

17 정답 ④

외부경영활동은 조직 외부에서 이루어지는 활동임을 볼 때, 기업의 경우 주로 시장에서 이루어지는 활동으로 볼 수 있다. 마케팅 활동은 시장에서 상품 혹은 용역을 소비자에게 유통시키는 데 관련된 대외적 이윤추구 활동이므로 외부경영활동으로 볼 수 있다. ①・②・③・⑤는 모두 인사관리에 해당되는 활동으로 내부경영활동이다.

18 정답 ②

제시된 모든 시간대에 전 직원의 스케줄이 비어있지 않다. 그렇다면 업무의 우선순위를 파악하여 바꿀 수 있는 스케줄을 파악하여야 한다. 10:00 ~ 11:00의 사원의 비품 신청은 타 업무에 비해 우선순위가 낮다.

오답분석

① 오전 부서장 회의는 부서의 상급자들과 상위 부서장들의 회의이며, 또한 그날의 업무를 파악하고 분배하는 자리이므로 편성하기 어렵다.
③·④ 해당 시간에 예정된 업무는 해당 인원의 단독 업무가 아니므로 단독으로 변경해 편성하기 어렵다.
⑤ 16시 이후의 부장과 차장의 스케줄을 보면 각각 상급자에게 업무보고가 예정되어 있다. 이러한 업무보고가 되기 위해서는 과장 이하의 일일 업무 결산이 마무리되어야 하므로 편성하기 어렵다.

19 정답 ④

문제 발생의 원인은 회의내용에서 알 수 있는 내용이다.

오답분석

① 회의에 참가한 인원이 6명일 뿐 조직의 인원은 회의록으로 알 수 없다.
② 회의 참석자는 생산팀 2명, 연구팀 2명, 마케팅팀 2명으로 총 6명이다.
③ 마케팅팀에서 제품을 전격 회수하고 연구팀에서 유해성분을 조사하기로 했다.
⑤ 연구팀에서 유해성분을 조사하기로 결정했을 뿐 결과는 알 수 없다.

20 정답 ④

회의 후 가장 먼저 해야 할 일은 '주문 물량이 급격히 증가한 일주일 동안 생산된 제품 파악'이다. 문제의 제품이 전부 회수돼야 포장재질 및 인쇄된 잉크 유해성분을 조사한 뒤 적절한 조치가 가능해지기 때문이다.

CHAPTER 10 직업윤리

기출예상문제 정답 및 해설

01	02	03	04	05	06	07	08	09	10
④	②	③	②	⑤	⑤	⑤	⑤	④	①
11	12	13	14	15					
③	⑤	③	③	②					

01 정답 ④

팔은 안으로 굽는다는 속담은 공과 사를 구분하지 못한 것으로 올바른 직업윤리라고 할 수 없다.

02 정답 ②

㉠ 악수는 오른손으로 하는 것이 원칙이다.
㉣ 오른손에 가방을 들고 있다면 악수에 대비해서 왼손으로 바꿔 든다.

03 정답 ③

㉡ 직위가 낮은 사람을 윗사람에게 먼저 소개한 다음에 윗사람을 아랫사람에게 소개해야 한다.
㉣ 천천히 그리고 명확하게 말해야 한다.

04 정답 ②

A는 직업에 대한 사회적 역할과 책무를 충실히 수행하는 책임의식의 태도를 지니고 있으며, B는 자신이 맡은 일이 사회와 기업을 성장시키는 데 중요하다고 생각하는 직분의식의 태도를 지니고 있다.

오답분석

- 봉사의식 : 직업을 통해 다른 사람과 공동체에 봉사하는 정신을 갖추고 실천하는 태도
- 소명의식 : 자신의 일은 하늘에 의해 맡겨진 것이라 생각하는 태도
- 천직의식 : 자신의 일이 능력과 적성에 꼭 맞다 여기고 열성을 가지고 성실히 임하는 태도
- 전문가의식 : 자신이 맡은 일의 분야에 대한 지식과 교육을 밑바탕으로 일을 성실히 하는 태도

05 정답 ⑤

제3장 제2항에 따르면 자유경쟁의 원칙에 따라 시장경제질서를 존중하고, 경쟁사와는 상호 존중을 기반으로 선의의 경쟁을 추구하여야 한다. 따라서 회사의 이익을 좇기 위해 경쟁사에 대해 수단과 방법을 가리지 않는 공격적인 마케팅을 기획하는 E사원의 사례는 윤리헌장에 어긋난다.

오답분석

① 제2장 제1항
② 제5장 제1항, 제3항
③ 제3장 제3항
④ 제6장 제3항

06 정답 ⑤

명함은 선 자세로 교환하는 것이 예의이다.

오답분석

① 아랫사람이 손윗사람에게 먼저 건네는 것이 예의이다.
② 방문한 곳에서는 상대방보다 먼저 명함을 건네도록 한다.
③ 명함을 테이블 위에 놓고서 손으로 밀어 건네는 것은 예의가 아니므로 두 손으로 건네도록 한다.
④ 명함을 내밀 때는 정중하게 인사를 하고 나서 회사명과 이름을 밝힌다.

07 정답 ⑤

명함을 받으면 그대로 집어넣지 말고 명함에 관해서 한두 마디 대화를 건네 보는 것이 예의이며, 상대가 보는 앞에서 즉시 명함꽂이에 꽂는다든가 아무 데나 방치해 두는 것은 실례이다.

08 정답 ⑤

정은 중요한 업무를 앞두고 있음에도 불구하고 쓰러진 할머니를 외면하지 않겠다는 대답을 통해 바람직한 윤리적 태도를 보여주었다. 무의 대답에서는 입사 이후에도 자신의 직무와 관련된 능력을 연마하겠다는 바람직한 직업관과 태도를 볼 수 있다. 따라서 면접관의 질문에 대해 적절한 대답을 한 지원자는 정과 무이다.

오답분석

- 갑 : 직업을 보수를 받기 위한 수단으로만 보는 그릇된 직업관을 지니고 있다. 또한 선호하지 않는 일에 대해 물었는데 다른 대답을 하고 있다.
- 을 : 직업은 일정한 수입을 얻는 것이므로 보수와 관계없는 자원봉사를 직업으로 볼 수 없다.
- 병 : 직업은 일정 기간 계속 수행되어야 한다는 계속성을 지닌다. 1개월 아르바이트는 이러한 계속성을 지니지 못하므로 직업으로 볼 수 없다.

09 정답 ④

노트북에 관한 정보가 없다는 점을 악용해 최고급 사양의 전문가용 노트북을 추천한다거나, 값비싼 신제품을 추천하는 등의 태도는 적절하지 않다. 노트북을 직접 사용하는 고객이 대학생이라는 점을 고려해 적당한 사양과 가격의 제품을 추천하는 것이 가장 적절한 행동이다.

10 정답 ①

고객접점 서비스(MOT; Moments Of Truth)란 고객과 서비스 요원 사이에서 약 15초 동안의 짧은 순간에 이루어지는 서비스로서 고객은 매장에 들어서서 구매를 결정하기까지 여러 번의 '진실의 순간' 또는 '결정적 순간'을 경험한다.

11 정답 ③

명함을 받았을 때는 명함의 내용을 한 번 읽어보고, 구기거나 낙서하지 않는 것이 예의이다.

12 정답 ⑤

양성평등기본법 제3조 제2호에 따르면, 성희롱의 법적 정의는 지위를 이용하거나 업무 등과 관련하여 성적 언동 등으로 상대방에게 성적 굴욕감 및 혐오감을 느끼게 하는 행위나 상대방이 성적 언동이나 그 밖의 요구 등에 따르지 아니하였다는 이유로 고용상의 불이익을 주는 행위이다. 그러므로 상대방에게 성적 수치심을 일으킨 ⑤가 성희롱 예방 수칙에 어긋난다고 볼 수 있다.

13 정답 ③

지문은 직장 내 성희롱 문제에 대한 전근대적인 인식의 전환이 가장 시급함을 말해주는 사례이다. 성희롱은 '친밀감의 표시' 또는 '전혀 성적인 의도 없이' 한 행동이었더라도, 상대방이 '성적 수치심이나 굴욕감을 느꼈느냐, 아니냐'를 중요한 기준으로 삼는다.

A부장에게 성희롱의 목적이 없다는 사실을 전 직원이 알고 있는 상황임을 전제하고 있으므로, 관계 기관에 바로 신고하기보다 우선 A부장에게 성희롱에 대한 인식을 환기시켜주는 것이 더 바람직하다.

14 정답 ③

③의 경우 사회적으로 수용 가능하며 어떤 성적인 상황을 포함하지 않았으므로 성희롱으로 보기 어렵다.

15 정답 ②

전화응대 매뉴얼 3번에 해당하며, 전화 당겨 받기 후 상대에게 당겨 받은 이유를 설명하였기에 적절하다.

오답분석

① 전화응대 매뉴얼 1번에 맞게 소속과 이름을 밝힌다.
③ 전화응대 매뉴얼 4번에 맞게 친절하게 응대한다.
④ 전화응대 매뉴얼 7번에 맞게 시간 지체가 없도록 펜과 메모지를 항상 준비해 둔다.
⑤ 전화응대 매뉴얼 6번에 맞게 메모 내용을 다시 한 번 확인한다.

MEMO

I wish you the best of luck!

2 PART

직무수행능력평가

정답 및 해설

CHAPTER 01 사무직 직무수행능력평가

CHAPTER 02 기술직 직무수행능력평가

기출예상문제 정답 및 해설

| 01 | 경영학

01	02	03	04	05	06	07	08	09	10	11	12	13	14	15	16	17	18	19	20
③	①	④	①	①	①	③	④	①	④	①	③	③	②	②	①	①	④	②	②
21	22	23	24	25	26	27	28	29	30										
④	④	①	④	⑤	③	③	⑤	④	⑤										

01 정답 ③

유한책임회사는 2012년 개정된 상법에 도입된 회사의 형태이다. 내부관계에 관하여는 정관이나 상법에 다른 규정이 없으면 합명회사에 관한 규정을 준용한다. 신속하고 유연하며 탄력적인 지배구조를 가지고 있고, 출자자가 직접 경영에 참여할 수 있다. 또한 각 사원이 출자금액만을 한도로 책임지므로 초기 상용화에 어려움을 겪는 청년 벤처 창업에 적합하다.

02 정답 ①

신사업전략(앤소프의 시장확장그리드)

구분	기존제품	신제품
기존시장	시장침투 전략	제품개발 전략
신시장	시장개발 전략	다각화 전략

03 정답 ④

수요의 가격탄력성이 높다는 것은 가격의 변화에 따라 수요량이 쉽게 변할 수 있다는 의미이다. 구매자들이 대체품의 가격을 쉽게 비교할 수 있을 때에는 대체품의 가격에 따라 수요량이 쉽게 변할 수 있다.

04 정답 ①

직무분석의 결과물 가운데 직무수행요건 즉 기능, 능력, 자격 등에 초점을 맞추고 있는 것은 직무명세서이다.

05 정답 ①

기능 조직(Functional Structure)은 기능별 전문화의 원칙에 따라 공통의 전문지식과 기능을 지닌 부서단위로 묶는 조직구조를 의미한다.

06 정답 ①

오답분석

다. 기업의 조직구조가 전략에 영향을 미치는 것이 아니라 조직의 전략이 정해지면 그에 맞는 조직구조를 선택하므로, 조직의 전략이 조직구조에 영향을 미친다.

라. 대량생산 기술을 사용하는 조직은 기계적 조직구조에 가깝게 설계해야 한다. 기계적 조직구조는 효율성을 강조하며 고도의 전문화, 명확한 부서화, 좁은 감독의 범위, 높은 공식화, 하향식 의사소통의 특징을 갖는다. 반면 유기적 조직구조는 유연성을 강조하며 적응성이 높고 환경변화에 빠르게 적응하는 것을 강조한다.

07 정답 ③

메릭식 복률성과급은 표준작업량의 83%와 100%선을 기준으로 하여 83% 미만의 성과자들에게는 낮은 임률을 적용하지만 83~100% 사이의 성과자들에게는 표준임금률을 약간 상회하는 수준을, 100% 이상의 성과자들에게는 더 높은 수준의 임률을 제공하여 중간정도의 목표를 달성하는 종업원을 배려하고 있다(3단계 임금구조).

08 정답 ④

기업의 경영진을 보호하여 적대적 M&A를 방어하기 위한 수단 중 하나인 황금낙하산 제도에 대한 설명이다. M&A의 방어 수단으로는 포이즌필, 백기사, 황금낙하산, 왕관의 보석 등이 있으며, M&A의 공격 수단으로는 그린메일, 곰의 포옹, 새벽의 기습 등이 있다.

09 정답 ①

자본증가는 대변 항목이다.

10 정답 ④

기업의 현재 가치가 실제 가치보다 상대적으로 저평가되어 주당 순이익에 비해 주가가 낮은 주식을 가치주라고 한다. 가치주는 현재의 가치보다 낮은 가격에서 거래된다는 점에서, 미래의 성장에 대한 기대로 인하여 현재의 가치보다 높은 가격에 거래되는 성장주와는 다르다. 또한 성장주에 비하여 주가의 변동이 완만하여 안정적 성향의 투자자들이 선호한다. 황금주는 보유한 주식의 수량이나 비율에 관계없이, 극단적으로는 단 1주만 가지고 있더라도 적대적 M&A 등 기업의 주요한 경영 사안에 대하여 거부권을 행사할 수 있는 권리를 가진 주식을 말한다.

11 정답 ①

JIT(적시생산시스템)은 무재고 생산방식 또는 도요타 생산방식이라고도 하며, 필요한 것을 필요한 만큼 필요한 때에 만드는 생산방식을 의미한다.

12 정답 ③

법정복리후생이란 국민건강보험, 산재보험, 고용보험, 국민연금 등을 말한다.

13 정답 ③

오답분석

① 전시효과 : 개인의 소비행동이 사회의 영향을 받아 타인의 소비행동을 모방하려는 소비성향
② 플라시보 효과 : 약효가 전혀 없는 가짜 약을 진짜 약으로 속여, 환자에게 복용토록 했을 때 환자의 병세가 호전되는 효과
④ 베블런 효과 : 과시욕구 때문에 재화의 가격이 비쌀수록 수요가 늘어나는 수요증대 효과
⑤ 데킬라 효과 : 한 국가의 금융・통화 위기가 주변의 다른 국가로 급속히 확산되는 현상을 의미한다.

14 정답 ②

합법적 권력, 강제적 권력, 보상적 권력, 준거적 권력, 전문적 권력

15 정답 ②

합자회사는 무한책임사원과 유한책임사원으로 조직한다.

오답분석

① 합명회사는 인적 신뢰관계를 바탕으로 한 소수인의 공동기업 형태로, 무한책임사원으로만 조직된 회사이다.
③ 유한회사는 균등액의 출자로써 성립하는 자본에 대한 출자의무만을 부담할 뿐, 회사 채권자에 대하여는 아무런 책임을 지지 아니하는 유한책임사원으로 구성된 회사이다.
④ 주식회사는 자기가 인수한 주식의 금액을 한도로 회사에 대하여 출자를 할 뿐 회사 채권자에 대하여는 전혀 책임을 지지 아니하는 주주만으로 구성된 회사를 말한다.
⑤ 자영회사는 상법상의 기업형태가 아니다.

16 정답 ①

기업이 마케팅 목표 달성을 위해 사용하는 광고, 인적판매, 판매촉진, PR(Public Relations)과 같은 활동의 조합을 촉진믹스라 한다.

17 정답 ①

무한책임사원에 대한 설명이다. 유한책임사원은 회사의 채무에 대하여 회사채권자에게 출자가액 한도에서만 책임을 지는 사원이다.

18 정답 ④

재고자산이란 판매를 위해서 보유하거나 보관중인 자산을 말한다.

19 정답 ②

감사의견의 종류

- 적정의견 : 재무제표의 모든 항목이 적절히 작성되어 기업회계기준에 일치하고 불확실한 사실이 없는 경우
- 한정의견 : 회계처리방법과 재무제표 표시방법 중 일부가 기업회계에 위배되거나, 재무제표의 항목에서 합리적인 증거를 모두 얻지는 못하는 경우
- 의견거절 : 감사의견을 형성하는 데 필요한 합리적 증거물을 얻지 못하여 재무제표 전체에 대한 의견표명이 불가능한 경우 또는 기업존립에 관계될 정도의 객관적 사항이 특히 중대한 경우나 감사의 독립성이 결여되어 있는 경우
- 부적정의견 : 재무제표가 전체적으로 합리적으로 기재되지 못하고 왜곡 표시되어 무의미하다고 인정되는 경우

20 정답 ②

오답분석

① 표면이자율이 낮을수록 현재로부터 가까운 시점에 발생하는 현금흐름의 비중이 상대적으로 낮아지고 현재로부터 먼 시점에 발생하는 현금흐름의 비중이 상대적으로 높아지므로, 이자율 변동에 따른 가격변동률이 크게 나타난다.
③ 채권가격은 시장이자율과 역의 관계이므로 시장이자율이 상승하면 채권가격은 하락하고, 시장이자율이 하락하면 채권가격은 상승한다.
④ 만기가 정해진 상태에서 이자율 하락으로 인한 채권가격 상승폭이 이자율의 상승으로 인한 채권가격 하락폭보다 크다.
⑤ 다른 조건이 동일하다면, 만기가 길어질수록 일정한 이자율 변동에 따른 채권가격 변동폭이 커진다.

21 정답 ④

필요인식 → 정보탐색 → 대안평가 → 구매 → 구매 후 행동

22 정답 ④

중역정보시스템(EIS) : 그래픽과 통신을 통해 기업의 고위 경영자들의 비구조화된 의사결정을 지원하도록 설계된 전략적 수준의 정보시스템

오답분석

① 전사적 자원관리(ERP) : 기업의 중심적 활동에 속하는 원자재, 생산, 판매, 인사, 회계 등의 업무를 통합·관리해주는 소프트웨어 패키지로서 전사적 경영자원의 체계적 관리를 통한 생산성 향상을 그 목표로 함
② 전자문서교환(EDI) : 기업 서류를 서로 합의된 통신 표준에 따라 컴퓨터 간에 교환하는 정보전달방식
③ 판매시점관리시스템(POS) : 금전등록기와 컴퓨터 단말기의 기능을 결합한 시스템으로 매상금액을 정산해 줄 뿐만 아니라 동시에 소매경영에 필요한 각종정보와 자료를 수집·처리해 주는 시스템
⑤ 거래처리시스템(TPS) : 거래업무나 보고서 등의 출력 등을 도와주는 정보시스템

23 정답 ①

채권수익률과 채권가격은 역의 관계로 채권수익률이 하락하면 회사채 가격은 상승한다. 따라서 채권 매수자는 채권수익률이 높을 때 매수하고 매도자는 채권수익률이 낮을 때 매도하는 것이 유리하다.

24 정답 ④

오답분석

① 통일교섭 : 전국적 또는 지역적인 산업별 또는 직종별의 노조와 이에 대응하는 전국적 또는 지역적인 사용자단체와의 교섭방식
② 공동교섭 : 기업단위노조가 행하는 기업별 교섭에 있어서 상부단체인 조합이 공동으로 참가하여 교섭하는 방식
③ 집단교섭 : 몇 개의 기업별노조 또는 기업단위노조가 집단화하여 공동으로 이에 대응하는 사용자 측의 집단과 교섭하는 방식
⑤ 기업별교섭 : 특정기업 또는 사업장 단위로 조직된 독립된 조합이 단체교섭의 당사자가 되어 당해 기업주 또는 사업주와 교섭하는 방식

25 정답 ⑤

예측타당도 : 검사를 먼저 실시하고 이후 준거를 측정하여 두 점수간의 상관계수를 구하는 방법

오답분석

① 신뢰도 : 검사가 측정하고자 하는 것을 얼마나 일관성있게 측정하였는지를 나타내는 지표
② 대비효과 : 연속으로 평가되는 두 대상간의 평가점수 차이가 실제보다 더 크게 나타날 때를 지칭함
③ 현재타당도 : 검사와 준거를 동시에 측정하여 두 점수간의 상관계수를 구하는 방법
④ 내용타당도 : 검사의 문항들이 측정하고자 하는 내용 영역을 얼마나 정확하게 측정하는지를 나타내는 지표

26 정답 ③

포괄손익계산서는 일정기간 동안의 기업의 경영성과에 대한 재무적 정보를 제공하는 재무보고서이다. 법인세비용은 판매비와 관리비에 해당하지 않는 독립적인 구성항목이다.

27 정답 ③

오답분석

① 호감득실이론 : 자신을 처음부터 계속 좋아해주던 사람보다 자신을 싫어하다가 좋아하는 사람을 더 좋아하게 되고, 반대로 자신을 처음부터 계속 싫어하던 사람보다 자신을 좋아하다가 싫어하는 사람을 더 싫어하게 된다고 주장하는 이론
② 사회교환이론 : 두 사람의 인간관계에서 비용과 보상을 주고받는 과정을 사회교환과정이라 하고 보상에서 비용을 제한 결과에 따라 그 관계의 존속여부가 결정된다는 이론
④ 기대–불일치이론 : 1981년 올리버(Oliver)에 의해 제시된 이론으로, 성과가 기대보다 높아 긍정적 불일치가 발생하면 만족하고, 성과가 기대보다 낮아 부정적 불일치가 발생하면 불만족을 가져온다는 이론
⑤ 인지불협화이론 : 페스팅거(Festinger)가 주장한 이론으로 사람들이 자신의 태도와 행동이 일치하지 않을 때 인간은 불편한 긴장을 경험한다고 제안한 이론

PART 2

28 정답 ⑤

차별화 전략이란 경쟁제품과 구별되는 특성을 강조하면서 자기 제품을 포지셔닝하는 전략을 말한다. 차별화 전략을 펴려면 고품질, 탁월한 서비스, 혁신적 디자인, 기술력, 브랜드 이미지 등 무엇으로든 해당 산업에서 다른 경쟁기업들과 차별화하면 된다. 단, 차별화에 드는 비용을 감당하고도 남을 만큼 제품이나 서비스의 판매가격 면에서 프리미엄을 인정받을 수 있어야 한다.

29 정답 ④

주식회사 설립 시 작성해야 하는 정관에는 절대적 기재사항, 상대적 기재사항, 임의적 기재사항이 있다. 반드시 기재해야만 하는 절대적 기재사항의 경우 기재가 누락되거나 적법하게 기재되지 않은 경우 정관 자체가 무효가 된다. 절대적 기재사항에는 목적, 상호, 발행할(예정) 주식 총수, 1주의 금액, 설립 시 발행 주식 수, 본점의 소재지, 회사가 공고를 하는 방법, 발기인의 성명·주민등록번호 및 주소의 8가지가 있다. 상대적 기재사항은 반드시 기재하여야 하는 것은 아니나 정관에 기재하지 아니하면 법률 효력이 없는 사항을 말한다. 임의적 기재사항은 단순히 기재하는 사항이다.

30 정답 ⑤

전문경영인제도란 기업의 소유자가 아닌 사람이 경영 관리에 관한 전문적 기능을 가지고 기업을 지배, 운영하는 활동을 담당하는 역할을 하게하는 제도이다. 조직구성원들의 경영참여와 직접적인 관련이 있는 제도는 아니다.

오답분석

① 분임조란 직장 또는 공장에서 만들어진 제일선 감독자와 작업자들로 구성된 적은 인원의 집단으로, 이 집단은 각각의 조장을 중심으로 현장에서 일어나는 여러 가지 품질문제를 선택하여 자주적으로 관리·개선활동을 한다.
② 제안제도란 작업수행 및 기타 필요한 여러 개선안을 일반 종업원이 제안하도록 하여 우수한 안에 대하여는 적당한 보상을 하는 제도이다. 이를 통해 기업은 경영상의 실익을 얻고 종업원은 창의력과 근로의욕을 높이며 경영참가의 취지가 있다.
③ 성과배분제도란 노사가 합의한 목표이상의 경영성과를 실현했을 경우 노사간에 합의한 방식에 따라 초과달성분을 사후적으로 배분하는 보상제도이다.
④ 종업원지주제도란 종업원이 자기가 소속하고 있는 회사의 주식을 소유함을 말하는 것으로, 종업원으로 하여금 경영에 대한 관심과 자극을 줄 수 있으며 종업원이 맡은 바 업무에 충실할 수 있도록 자극을 줄 수 있다.

| 02 | 경제학

01	02	03	04	05	06	07	08	09	10	11	12	13	14	15	16	17	18	19	20
④	②	④	①	⑤	①	⑤	④	④	②	④	②	④	④	①	④	⑤	④	①	③
21	22	23	24	25	26	27	28	29	30										
④	①	⑤	④	④	③	⑤	②	①	②										

01 정답 ④

최적오염배출량은 0이 아니라 오염배출에 따른 한계편익과 한계비용이 일치하는 수준에서 결정된다. 또한 외부성은 자원배분의 비효율성을 초래하므로 부정적 외부성과 긍정적 외부성이 모두 작을수록 좋다. 한편, 다수 경제주체의 경제활동은 다수의 다른 경제주체들에게 영향을 미칠 수 있으므로 외부성 문제도 다수의 경제주체 간에 발생할 수 있다. 또한 일반적으로 정부의 개입이 없다면 공공재는 과소 공급된다.

02 정답 ②

역선택이란 감추어진 특성의 상황에서 정보 수준이 낮은 측이 사전적으로 바람직하지 않은 상대방을 만날 가능성이 높아지는 현상을 의미한다. 반면, 도덕적 해이는 감추어진 행동의 상황에서 어떤 거래 이후에 정보를 가진 측이 바람직하지 않은 행동을 하는 현상을 의미한다.

03 정답 ④

중고차 시장에서 차량의 성능을 알지 못하는 구매자들이 평균적인 품질을 기준으로 가격을 지불하려고 할 경우 좋은 차를 가진 판매자는 차를 팔 수 없거나, 굳이 팔려고 하면 자기 차의 품질에 해당하는 가격보다 더 낮은 가격을 받을 수밖에 없다. 그러므로 정보를 많이 갖고 있는 사람이 정보를 덜 가진 사람에 비해 항상 피해 규모가 작은 것은 아니다.

04 정답 ①

공급자에게 조세가 부과되더라도 일부는 소비자에게 전가되므로 소비자도 조세의 일부를 부담하게 된다.

05 정답 ⑤

양의 외부성으로 인한 과소생산 문제는 보조금을 통해 내부화시킴으로써 해결할 수 있다.

06 정답 ①

코즈 정리에 의하면 재산권이 누구에게 주어지는지는 자원배분의 효율성에 아무런 영향을 미치지 않는다. 코즈의 정리(Coase's Theorem)란 민간 경제주체들이 자원 배분 과정에서 비용을 치르지 않고 협상할 수 있다면, 외부효과로 인해 초래되는 비효율성을 시장 스스로 해결할 수 있다는 것이다. 이 정리는 정부가 외부성 문제에 직접 개입하기보다는 당사자 간 협상이 원활히 진행될 수 있도록 제도적·행정적 뒷받침을 해 주는 역할에 한정되어야 한다고 본다. 하지만 협상 비용의 과다, 외부성 측정문제, 거래당사자의 모호성, 정보 비대칭성, 협상능력 차이 등의 현실적 한계가 존재한다.

07 정답 ⑤

A와 B는 경합성이 있는 재화이다. 경합성이란 한 사람이 소비하면 다른 사람이 소비에 제한을 받는 속성을 말한다. 경합성과 배제성을 기준으로 크게 네부분으로 구분하면 C는 자연독점, D는 공공재, A는 사적 재화, B는 공유자원을 의미한다. 무임승차란 어떤 사람이 어떤 재화를 소비하여 이득을 보았음에도 불구하고 이에 대한 대가 지불이 일어나지 않는 행위를 뜻한다. 공공재와 공유자원은 모두 배제성이 없기 때문에 무임승차의 문제가 나타난다.

08 정답 ④

나. 수요자도 공급자도 많은 경쟁시장에서는 가격이 경직적이지 않다.
라. 경쟁시장에 참가하는 사람들은 가격을 주어진 것으로 생각한다.

09 정답 ④

독점기업은 시장지배력을 갖고 있으므로 원하는 수준으로 가격을 설정할 수 있으나 독점기업이 가격을 결정하면 몇 단위의 재화를 구입할 것인지는 소비자가 결정하는 것이므로 독점기업이 가격과 판매량을 모두 원하는 수준으로 결정할 수 있는 것은 아니다.

10 정답 ②

우리나라는 1997년 담합 행위 방지 대책으로 가장 먼저 자진 신고하는 기업에 과징금을 면제하거나 감면해주는 리니언시(Leniency) 제도를 도입하였다. 게임이론에 나오는 '죄수의 딜레마'를 현실 경제에 적용한 대표적인 사례이다.

11 정답 ④

보상적 임금격차는 노동강도의 차이, 작업환경의 차이, 교육·훈련비용의 차이 등에 따라 발생하는 임금격차를 말한다. 성별 임금격차는 보상적 임금격차가 아니라 차별의 일종이다.

12 정답 ②

대리인의 직장 이동이 자유로울수록 대리인은 고용주가 원하는 수준만큼 일하지 않으므로 주인-대리인 문제가 커질 수 있다.

13 정답 ④

오답분석

가. 여가, 자원봉사 등의 활동은 생산활동이 아니므로 GDP에 포함되지 않는다.
다. GDP는 마약밀수 등의 지하경제를 반영하지 못하는 한계점이 있다.

14 정답 ④

고전학파는 모든 가격변수가 완전 신축적으로 움직여서 경제가 완전고용에 도달할 수 있다고 주장하였으나 케인즈는 단기적으로 가격과 임금이 하방경직적이기 때문에 완전고용을 달성하기 어렵다고 주장한다. 즉, 케인즈는 경제가 불황일 때 임금이 하락하면 고용이 증가해야 하지만 그렇지 못하기 때문에 정부가 공공지출을 확대해 수요와 투자를 늘려가면서 유효수요를 창조해야 한다고 주장한다.

15 정답 ①

총수요는 가계소비, 기업투자, 정부지출, 순수출의 합으로 구성된다. 소득이 높을수록 가계소비의 크기가 커지고, 이자율이 낮을수록 기업투자의 크기가 커지므로 총수요가 증가하게 된다.

16 정답 ④

피구효과란 경제 불황이 발생하여 물가가 하락하면 민간이 보유한 화폐의 구매력이 증가하므로 실질적인 부가 증가하는 효과가 발생하고, 실질부가 증가하면서 소비도 증가하여 IS곡선이 오른쪽으로 이동하는 효과를 말한다. 즉, 피구효과는 IS곡선의 기울기가 아닌 IS곡선 자체의 이동을 가져오는 효과이다.

17 정답 ⑤

총공급곡선의 기울기가 매우 크다면 확대적인 정책을 실시하더라도 실질GDP는 거의 증가하지 않고 물가만 상승한다. 그러므로 총공급곡선의 기울기가 급경사라면 재정정책과 통화정책의 효과는 별로 없다.

18 정답 ④

인플레이션은 구두창 비용, 메뉴비용, 자원배분의 왜곡, 조세왜곡 등의 사회적 비용을 발생시켜 경제에 비효율성을 초래한다. 특히 예상하지 못한 인플레이션은 소득의 자의적인 재분배를 가져와 채무자와 실물자산소유자가 채권자와 화폐자산소유자에 비해 유리하게 만든다. 인플레이션으로 인한 사회적 비용 중 구두창 비용이란 인플레이션으로 인해 화폐가치가 하락한 상황에서 화폐보유의 기회비용이 상승하는 것을 나타내는 용어이다. 이는 사람들이 화폐보유를 줄이게 되면 금융기관을 자주 방문해야 하므로 거래비용이 증가하게 되는 것을 의미한다. 메뉴비용이란 물가가 상승할 때 물가 상승에 맞추어 기업들이 생산하는 재화나 서비스의 판매 가격을 조정하는 데 지출되는 비용을 의미한다. 또한 예상하지 못한 인플레이션이 발생하면 기업들은 노동의 수요를 증가시키고, 노동의 수요가 증가하게 되면 일시적으로 생산량과 고용량이 증가하게 된다. 하지만 인플레이션으로 총요소생산성이 상승하는 것은 어려운 일이다.

19 정답 ①

인플레이션이 발생하면 화폐자산의 명목가치는 불변하나 실질가치는 하락한다. 또한 실물자산의 명목가치는 상승하고 실질가치는 불변한다.

20 정답 ③

구조적 실업이란 경제구조의 변화로 노동수요 구조가 변함에 따라 발생하는 실업을 말한다. 예를 들어 사양 산업에 속해 일자리를 잃은 노동자나, 최저임금제 실시로 일자리가 부족해져서 발생한 실업이 구조적 실업에 해당된다.

오답분석

① 계절적 실업이란 수요의 계절적 변화에 따라 발생하는 실업을 의미한다.
② 기술적 실업이란 기술이 진보함에 따라 노동이 기계로 대체되어 발생하는 실업을 의미한다.
④ 마찰적 실업이란 노동시장의 정보가 불완전하여 노동자들이 구직하는 과정에서 발생하는 실업을 의미한다.
⑤ 경기적 실업이란 경기침체로 인한 총수요의 부족으로 발생하는 실업을 의미한다.

21 정답 ④

경제활동인구란 일할 능력과 일할 의사가 있는 인구이므로 실망노동자의 경우에는 일할 능력은 있지만 일할 의사가 없으므로 비경제활동인구이다. 일자리를 구하는 중인 주부는 경제활동인구 중 실업자에 포함되며 취업한 장애인, 일시적으로 휴직한 취업자, 부모가 운영하는 식당에서 유급으로 일한 대학생은 취업자에 해당하므로 경제활동인구에 포함된다.

22 정답 ①

임금피크제란 워크셰어링(Work Sharing) 형태의 일종으로 근로자가 일정 연령에 이르면 정년까지 고용을 보장하는 조건으로 근로자의 능력에 따라 임금을 삭감하는 제도이다.
현재 미국・유럽・일본 등 선진국에서는 이미 도입하여 시행중이며, 우리나라에도 일부 금융회사를 중심으로 차차 도입되고 있다. 임금피크제의 유형에는 정년보장형, 정년연장형, 고용연장형이 있다. 또한 임금피크제를 시행하면 사용자측에서는 인건비 부담을 늘리지 않고 고용을 보장해줄 수 있고, 근로자 측에서도 정년 연장에 따른 고용 보장 효과가 있다는 장점을 가지고 있는 제도이다.

23 정답 ⑤

경기부양을 위해 확장적 재정정책을 과도하게 실행하면 국가의 부채가 증가하여 극심한 재정적자로 정부의 신인도가 하락할 우려가 있으며, 재정적자는 빚을 미래 세대에게 물려주는 결과를 가져온다. 또한 확장적 재정정책은 물가를 상승시키고 통화가치를 하락시키며, 정부의 국채 대량 발행은 이자율 상승을 가져온다.

24 정답 ④

학습효과(R&D)모형은 의도적인 교육투자가 아니라 통상적인 생산과정에서 나타나는 학습효과의 중요성을 강조하는 모형이다. 의도적인 교육투자를 강조하는 모형은 인적자본모형이다.

25 정답 ④

A국에서 해외 유학생과 외국인 관광객이 증가하면 달러 공급이 늘어나 A국 화폐의 가치가 상승하므로 환율은 하락한다. 환율이 하락하면 수출은 줄고, 수입은 늘어나서 경상수지가 악화될 것이다. 반면 B국에서는 해외 투자의 증가와 외국인 투자자들이 자금을 회수하므로 달러 수요가 늘어나 B국 화폐의 가치는 하락한다. 즉, B국의 환율은 상승하여 수출이 증가하고 수입은 감소한다.

26 정답 ③

유동성 함정이란 가계나 기업 등의 경제 주체들이 돈을 시장에 내놓지 않는 상황, 즉 시장에 현금이 많은데도 기업의 생산, 투자와 가계의 소비가 늘지 않아 경기가 나아지지 않고 마치 경제가 함정(Trap)에 빠진 것처럼 보이는 상황을 의미한다.

27 정답 ⑤

공공부조란 빈곤자・장애자・노령자 등 사회적으로 보호해야 할 자에게 최소한의 인간다운 생활을 할 수 있도록 국가가 원조해주는 사회보장제도를 말한다. 수급권자의 근로의욕을 저하시키고 수치심을 유발할 수 있다는 단점이 있다.

28 정답 ②

과거에는 국민총생산(GNP)이 소득지표로 사용되었으나 수출품과 수입품의 가격변화에 따른 실질소득의 변화를 제대로 반영하지 못했기 때문에 현재는 국민총소득(GNI)을 소득지표로 사용한다.
반면, 명목GNP는 명목GDP에 국외순수취요소소득을 더하여 계산하는데, 명목GDP는 당해연도 생산량에 다 당해연도의 가격을 곱하여 계산하므로 수출품과 수입품의 가격변화에 따른 실질소득 변화가 모두 반영된다. 즉, 명목으로 GDP를 집계하면 교역조건변화에 따른 실질무역손익이 0이 된다. 따라서 명목GNP는 명목GNI와 동일하다.

29 정답 ①

우상향하는 총공급곡선이 왼쪽으로 이동하는 경우는 부정적인 공급충격이 발생하는 경우이다. 따라서 임금이 상승하는 경우 기업의 입장에서는 부정적인 공급충격이므로 총공급곡선이 왼쪽으로 이동하게 된다. ②·③·④는 총수요곡선을 오른쪽으로 이동시키는 요인이며, ⑤는 총공급곡선을 오른쪽으로 이동시키는 요인에 해당한다.

30 정답 ②

소비자물가지수는 통계청에서, GDP 디플레이터 및 생산자물가지수는 한국은행에서 작성한다.

PART 2

CHAPTER 02 기술직

기출예상문제 정답 및 해설

| 01 | 전기

01	02	03	04	05	06	07	08	09	10	11	12	13	14	15	16	17	18	19	20
①	②	③	②	⑤	②	⑤	②	④	②	③	②	①	①	④	③	③	④	③	③
21	22	23	24	25	26	27	28	29	30										
④	①	④	①	④	③	③	①	③	③										

01 정답 ①

같은 종류의 전하는 척력이 작용하며, 다른 종류의 전하는 인력이 작용한다.

02 정답 ②

μ(마이크로)는 10^{-6}으로 1F=1,000,000μF이다. 따라서 0.001F=1,000μF이다.

03 정답 ③

병렬 합성 정전용량 : $C_T = C_1 + C_2 + C_3 = 3+4+5 = 12\mu F$

04 정답 ②

전기력선은 도체표면에 수직이고, 도체 내부에는 존재하지 않는다.

오답분석

전기력선의 밀도는 전기장의 크기와 같고, 전기력선 방향도 전기장 방향과 같다. 또한 양전하에서 음전하로 이동하며, 전위가 높은 곳에서 낮은 곳으로 향한다.

05 정답 ⑤

전기력선은 도체표면에 수직으로 출입하므로 등전위면과 직각으로 교차한다.

06 정답 ②

패러데이 법칙에서 유도되는 전압(기전력)은 $e = N\frac{d\varnothing}{dt}$ [V]로 자속 변화량과 권수에 비례함을 알 수 있다.

07 정답 ⑤

파형의 각주파수는 $\omega = 2\pi f$이므로 주파수는 $f = \frac{\omega}{2\pi} = \frac{120\pi}{2\pi} = 60Hz$이다.

08 정답 ②

회전자가 1초에 30회전을 하면 주파수는 f=30Hz이다. 따라서 각속도(각주파수)는 $\omega = 2\pi f = 2\pi \times 30Hz = 60\pi$[rad/s]이다.

09 정답 ④

교류는 직류와 달리 전압과 전류의 곱이 반드시 전력이 되지는 않는다. 따라서 위상차를 이용한 역률까지 곱해야 전력을 구할 수 있는데 여기서 역률은 $\cos\theta$를 의미한다.

10 정답 ②

$t=0$일 때, 순시값으로의 전압과 전류는 다음과 같다.

• 전압 : $e=100\sin(377t+\frac{\pi}{3})=100\sin(377\times0+\frac{\pi}{3})=100\sin\frac{\pi}{3}=50\sqrt{3}\,\mathrm{V}$

• 전류 : $I=\frac{V}{R}=\frac{50\sqrt{3}}{10}=5\sqrt{3}\,\mathrm{A}$

11 정답 ③

발전기의 유기 기전력 $E=\frac{PZ}{60a}\varnothing N$[V]이다.

P(극수)=6, Z(도체수)=220, $\varnothing$(자속수)=0.01Wb, a(파권 병렬회로수)=2, N(회전수)=1,500rpm을 대입하면

유기 기전력은 $E=\frac{6\times220}{60\times2}\times0.01\times1,500=165$V이다.

12 정답 ②

철심을 규소 강판으로 성층하는 주된 이유는 철손을 감소시키기 위함이며, 철손은 맴돌이전류손과 히스테리시스손의 합을 말한다.

13 정답 ①

전기자 반작용으로 인해 자속 감소, 전기적 중성축 이동, 정류자 편간의 불꽃 섬락 발생이 일어난다. 이에 따라 유기 기전력 감소도 생기지만 절연 내력의 저하는 전기자 반작용의 영향이 아니다.

14 정답 ①

분당 동기속도 $N_s=\frac{120f}{P}$ 식을 이용하여 극수(P)를 구하면, $\mathrm{P}=\frac{120f}{N_s}=\frac{120\times60}{900}=8$극이다.

15 정답 ④

분당 동기속도(회전수)는 $\mathrm{N}_s=\frac{120f}{P}=\frac{120\times50\mathrm{Hz}}{10}=600$rpm이다.

16 정답 ③

전기자 반작용에서 감자작용이 발생할 경우 지상 전류 상태에서 리액턴스는 증가하여 유도되는 전류가 주자속을 감소시킨다.

17 정답 ③

병렬 운전 조건은 기전력의 크기, 위상, 주파수, 파형, 상회전 방향(3상)이 같아야 한다.

18 정답 ④

1극의 전기각 $a=\pi$이며, 1극의 홈 수는 $\frac{(\text{홈수})}{(\text{극수})}=\frac{36}{4}=9$이다. 따라서 홈 간격의 전기각은 $\frac{\pi}{9}=\frac{180°}{9}=20°$임을 알 수 있다.

19 정답 ③

소형은 5 ~ 10%의 슬립이며, 중대형은 2.5 ~ 5% 슬립을 사용한다.

20 정답 ③

정회전 슬립은 $s=\frac{N_s-N}{N_s}$이며, N_s는 동기속도, N은 회전자속도이다$\left(s=\frac{N_s-N}{N_s}=1-\frac{N}{N_s} \rightarrow \frac{N}{N_s}=1-s\right)$.

역회전 슬립은 회전자속도 N에 $-N$을 대입하여 구하면 $s'=\frac{N_s-(-N)}{N_s}=\frac{N_s+N}{N_s}=1+\frac{N}{N_s}=1+(1-s)=2-s$이다.

21 정답 ④

슬립 $s=\frac{N_s-N}{N_s}=\frac{1,200-1,176}{1,200}=0.02$이므로 2%이다.

22 정답 ①

㉠ 1차 환산 전압 : $V_1=\frac{N_1}{N_2}V_2=a\times V_2=2\times 100=200\text{V}$

㉡ 1차 환산 임피던스 : $Z_1=a^2\times Z_2=4\times 20=80\,\Omega$

23 정답 ④

'여자 전류'는 자속을 발생시키기 위해 무부하일 때 흐르는 1차측의 전류이다.

24 정답 ①

역률 $\cos\theta$가 1이면 $\sin\theta$는 0이다. 따라서 전압 변동률은 $\varepsilon=p\cos\theta+q\sin\theta=1.8\times 1+2\times 0=1.8\%$임을 알 수 있다.

25 정답 ④

3상 전파 정류 회로의 직류 전압은 $E_d=1.35E$[V]이다. E_d는 평균 전압이고, E는 실효 전압을 나타내므로 문제에서 출력 전압의 평균 전압값은 1.35V[V]임을 알 수 있다.

26 정답 ③

교류에서 저압은 600V 이하를 말한다.

27 정답 ③

나전선 상호를 접속하는 경우 일반적으로 전선의 세기(인장하중)를 20% 이상 감소시키지 아니한다.

28 정답 ①

병렬로 사용하는 전선의 굵기는 동선 50mm^2 이상, 알루미늄은 70mm^2 이상으로 하고, 전선은 같은 도체・재료・길이・굵기의 것을 사용한다.

29 정답 ③

가로등, 경기장, 공장, 아파트 단지 등의 일반조명을 위하여 시설하는 고압 방전등의 효율은 70lm/W 이상이어야 한다.

30 정답 ③

제어회로 등의 배선에 사용하는 전선만을 넣는 경우 덕트 내부 단면적의 50% 이하여야 한다.

| 02 | 기계

01	02	03	04	05	06	07	08	09	10	11	12	13	14	15	16	17	18	19	20
④	②	②	④	①	②	③	③	⑤	④	④	⑤	②	①	①	④	③	②	①	③
21	22	23	24	25	26	27	28	29	30										
④	①	①	③	②	④	③	②	①	④										

01 정답 ④

강(Steel)은 철과 탄소를 기반으로 하는 합금으로 탄소함유량이 증가함에 따라 성질이 달라진다. 탄소함유량이 증가하면 경도, 항복점, 인장강도는 증가하고, 충격치와 인성은 감소한다.

02 정답 ②

GC300의 GC는 회주철의 약자이며, 300은 최저인장강도[N/mm^2]를 나타낸다.

03 정답 ②

피로한도는 내구한도라고도 하며, 재료가 반복 하중을 받아도 끊어지지 않는 한계에서의 응력 최댓값을 말한다. 따라서 인장-압축시험으로 피로한도를 평가한다.

04 정답 ④

유압장치는 구조가 간단하고 원격조작이 가능하며, 파스칼 원리를 이용하여 작은 힘으로 큰 힘을 얻는 것에 용이하다. 또한 제어하기 쉽고 공압에 비해 출력의 응답속도가 빠르다.

05 정답 ①

공기정압베어링은 일반 구름베어링처럼 볼이나 롤러를 사용하지 않고, 압축공기의 압력만을 이용한다.

06 정답 ②

인성(Toughness)이란 재료의 파괴가 일어나기 전까지 재료의 에너지 흡수력을 말한다.

07 정답 ③

응력집중이란 단면이 급격히 변화하는 부분에서 힘의 흐름이 심하게 변화할 때 발생하는 현상을 말하며, 이를 완화하려면 단이 진 부분의 곡률반지름을 크게 하거나 단면을 완만하게 변화시킨다.

응력집중계수(k)는 단면부의 평균응력에 대한 최대응력 비율로 구할 수 있으며, 계수 값은 재질을 고려하지 않고 노치부의 존재여부나 급격한 단면변화와 같이 재료의 형상변화에 큰 영향을 받는다.

08 정답 ③

다이캐스팅(Die Casting)이란 용융금속을 금형(다이)에 고속으로 충진한 뒤 응고 시까지 고압을 계속 가해 주어 주물을 얻는 주조법이다.

다이캐스팅 주조법의 특징

- 영구주형을 사용한다.
- 비철금속의 주조에 적용한다.
- 고온 체임버식과 저온 체임버식으로 나뉜다.
- 냉각속도가 빨라서 생산속도가 빠르다.
- 용융금속이 응고될 때까지 압력을 가한다.

PART 2

오답분석

① 스퀴즈캐스팅(Squeeze Casting) : 단조가공과 주조를 혼합한 주조법으로 먼저 용탕을 주형에 주입한 후 금형으로 압력을 가하여 제품에 기공이 없애고 기계적 성질을 좋게 한다.
② 원심 주조법(Centrifugal Casting) : 고속 회전하는 사형이나 금형주형에 용탕을 주입한 후 약 300~3,000rpm으로 회전시키면 원심력에 의해 주형의 내벽에 용탕이 압착된 상태에서 응고시켜 주물을 얻는 주조법이다.
④ 인베스트먼트 주조법(Investment Casting) : 제품과 동일한 형상의 모형을 왁스(양초)나 파라핀으로 만든 다음 그 주변을 슬러리상태의 내화재료로 도포한다. 그리고 가열하면 주형은 경화되면서 왁스로 만들어진 내부 모형이 용융되어 밖으로 빠지고 주형이 완성되는 주조법이다.
⑤ 일렉트로 슬래그 주조법(Electro Slag Casting) : 일렉트로 슬래그 용접(ESW)의 용해 현상을 이용한 용융 금속 생성과 주조 현상을 이용한 국부적 금속 응고 현상을 차례로 연속하는 성형 방법이다.

09 정답 ⑤

관용나사의 나사산 각도는 55°이다.

오답분석

① 인치계(TW) 사다리꼴나사 : 29°
② 미터계(TM) 사다리꼴나사 : 30°
③ 아메리카 나사 : 60°
④ 미터보통나사 : 60°

10 정답 ④

냉간가공을 하면 결정립의 변형으로 인한 단류선이 형성되고, 전위의 집적으로 인한 가공경화, 가공 시 불균질한 응력을 받아 잔류응력이 발생한다. 풀림효과에 의한 연성, 인성, 연신율도 감소한다.

11 정답 ④

플래시(Flash)현상이 나타난 성형불량에 대한 대책이다.

오답분석

① 플로마크(Flow Mark)현상 : 딥드로잉가공에서 나타나는 외관결함으로 제품표면에 성형재료의 줄무늬가 생기는 현상이다.
② 싱크마크(Sink Mark)현상 : 냉각속도가 큰 부분의 표면에 오목한 형상이 발생하는 불량이다. 이 결함을 제거하려면 성형품의 두께와 러너와 게이트를 크게 하여 금형 내의 압력을 균일하게 한다.
③ 웰드마크(Weld Mark)현상 : 플라스틱 성형 시 흐르는 재료들의 합류점에서 재료의 융착이 불완전하여 나타나는 줄무늬 불량이다.
⑤ 스프링백(Spring Back)현상 : 소성(塑性) 재료의 굽힘 가공에서 재료를 굽힌 다음 압력을 제거하면 원상으로 회복되려는 탄력 작용으로 굽힘량이 감소되는 현상을 말한다.

12 정답 ⑤

연성파괴는 소성변형을 수반하면서 서서히 끊어지므로 균열도 매우 천천히 진행되면서 갑작스럽게 파괴된다. 또한 취성파괴에 비해 덜 위험하고, 컵–원뿔 파괴(Cup and Cone Fracture)현상이 나타난다.

13 정답 ②

밀링머신과 평면연삭기는 모두 테이블에 공작물을 고정시킨 후 이 테이블에 이송운동을 주면서 주축에서 장착된 커터와 연삭숫돌을 회전시켜 공작물을 절삭하는 공작기계이다.

오답분석

• 선반 : 공작물은 고정 후 회전, 절삭공구는 직선이송으로 공작물을 절삭한다.
• 드릴링머신 : 공작물은 고정, 절삭공구는 회전 및 직선이송으로 공작물을 절삭한다.

14 정답 ①

환경경영체제에 관한 국제표준화기구(ISO; International Organization for Standardization)의 통칭으로, 기업 활동 전반에 걸친 환경경영체제를 평가하여 객관적으로 인증하는 시스템을 'ISO 14000'이라 한다.

오답분석

② ISO 9004 : 품질경영시스템이 국제표준화기구(ISO)가 제정한 ISO 9001의 기반으로 성과개선지침을 추가하여 경영에 적용하고 있음을 인증하는 시스템이다.
③ ISO 9001 : 제품 및 서비스에 이르는 전 생산 과정에 걸친 품질보증 체계를 의미한다.
④ ISO 9000 : 각 기업에 맞는 품질시스템을 수립하여 제3의 인증기관으로부터 자사 품질시스템의 적합성과 실행상태를 평가받아, 고객에게 신뢰할 수 있는 제품과 서비스를 공급하는 체제(System)를 갖추어 운영하고 있음을 인증하는 시스템이다.
⑤ ISO 8402 : 품질경영과 품질보증관련 개념과 용어 정리에 관한 국제표준규격이다.

15 정답 ①

액체호닝은 물과 혼합한 연마제를 압축공기를 이용하여 노즐로 고속으로 분사시켜 공작물의 표면을 곱게 다듬는 가공법이다.

오답분석

② 래핑 : 랩(Lap)과 공작물의 다듬질할 면 사이에 랩제를 넣고 압력으로 누르면서 연삭작용으로 표면을 깎아내어 다듬는 가공법이다.
③ 호닝 : 드릴링, 보링, 리밍 등으로 1차 가공한 재료를 더욱 정밀하게 연삭하는 가공법이다.
④ 슈퍼피니싱 : 입도와 결합도가 작은 숫돌을 낮은 압력으로 공작물에 접촉하고 가볍게 누르면서 진동으로 왕복운동하면서 공작물을 회전시켜 제품의 표면을 평평하게 다듬질하는 가공법이다.
⑤ 숏 피닝 : 숏이라고 하는 강제(鋼製)를 피가공품 표면에 20~50m/sec 속도로 다수 투사(投射)하는 냉간 가공법이다.

16 정답 ④

질화법은 제품을 질화처리한 후 열처리가 필요 없으나, 침탄법은 침탄 후에도 추가 열처리가 필요하다.

침탄법과 질화법의 특징

특성	침탄법	질화법
경도	질화법보다 낮다.	침탄법보다 높다.
수정여부	침탄 후 수정 가능하다.	불가능하다.
처리시간	짧다.	길다.
열처리	침탄 후 열처리가 필요하다.	질화 후 열처리가 불필요하다.
변형	변형이 크다.	변형이 작다.
취성	질화층보다 여리지 않다.	질화층이 여리다.
경화층	질화법에 비해 깊다.	침탄법에 비해 얇다.
가열온도	질화법보다 높다.	낮다.

17 정답 ③

CBN공구라고도 불리는 입방정 질화붕소(Cubic Boron Nitride)는 다이아몬드와 비슷한 성질을 가지고 있으며, 내열성과 내마모성이 뛰어나 철계금속이나 내열합금의 절삭에 사용한다.

오답분석

① 세라믹 : 무기질의 비금속재료를 고온(1,200℃)에서 소결한 것이다.
② 초경합금 : 고속, 고온절삭에서 높은 경도를 유지할 수 있는 공구재료로 WC, TiC, TaC 분말에 Co를 첨가하여 만든다. 그러나 진동이나 충격을 받으면 쉽게 깨지는 재료이다.
④ 고속도강 : W(18%), Cr(4%), V(1%)이 합금되어 약 600℃까지 견딜 수 있다. 탄소강보다 2배의 절삭속도로 가공이 가능하며, 강력 절삭바이트나 밀링커터에 사용된다.
⑤ 특수강 : 탄소량이 많은 특수용도의 고탄소강과 탄소 이외에 합금원소를 가해서 강의 특성을 개량한 합금강을 합친 것이다.

18 정답 ②

라이저(압탕구)는 응고 중 수축으로 인해 용탕의 부족분을 보충하기 위한 용탕 추가 저장소이다.

오답분석

① 게이트(주입구) : 탕도에서 용탕이 주형 안으로 들어가는 부분이다.
③ 탕구 : 주입컵을 통과한 용탕이 수직으로 자유 낙하하여 흐르는 첫 번째 통로이다.
④ 탕도(Runner) : 용탕이 탕구로부터 주형입구인 주입구까지 용탕을 보내는 수평부분이다.
⑤ 주형틀 : 주조 작업에서 주형을 만들 때 주위를 둘러싸서 주물사를 잘 보호하여 안전하게 하는 목제(木製) 또는 금속제의 틀을 가리킨다.

19 정답 ①

코일스프링 하나의 스프링상수를 1로 가정하고, 직렬 또는 병렬로 연결할 때 각각의 전체 스프링상수를 구하면 다음과 같다.

• 직렬연결

$$k=\frac{1}{\frac{1}{k_1}+\frac{1}{k_2}}=\frac{1}{1+1}=\frac{1}{2}=0.5$$

• 병렬연결

$k=k_1+k_2=1+1=2$

따라서 직렬 스프링상수는 병렬 스프링상수의 $\frac{0.5}{2}=\frac{1}{4}$ 배가 된다.

20 정답 ③

유압회로에서 회로 내 압력이 설정치 이상이 되면 그 압력에 의해 밸브가 열려 압력을 일정하게 유지시키는 역할을 하는 밸브는 릴리프 밸브로 안전 밸브 같은 역할을 한다.

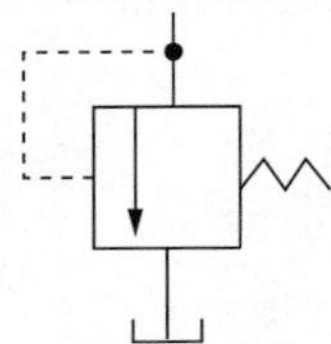

오답분석

① 시퀀스 밸브(Sequence Valve) : 정해진 순서에 따라 작동시키는 밸브로 기계의 정해진 순서를 조정하는 밸브이다.
② 유량제어 밸브(Flow Control Valve) : 유압회로 내에서 단면적의 변화를 통해서 유체가 흐르는 양을 제어하는 밸브이다.
④ 감압 밸브(Pressure Reducing Valve) : 액체의 압력이 사용 목적보다 높으면 사용하는 밸브로 압력을 낮춘 후 일정하게 유지시켜주는 밸브이다.
⑤ 체크 밸브(Check Valve) : 액체의 역류를 방지하기 위해 한쪽 방향으로만 흐르게 하는 밸브이다.

21 정답 ④

4행정 사이클기관이 2행정 사이클기관보다 행정길이가 더 길기 때문에 체적효율이 더 높다.
2행정 사이클기관은 매회전마다 폭발하여 동일배기량일 경우 출력이 크고, 회전력이 균일하다. 또한 마력당 기관중량이 가벼우며 밸브기구가 필요 없어 구조가 간단하다.

22 정답 ①

철과 탄소의 합금인 탄소강(SM30C)은 냉간가공할 경우 인성, 연성 연신율이 감소한다. 냉간가공한 재료는 수축에 의한 변형이 없고, 가공온도와 상온과의 온도차가 적으며, 가공경화로 강도, 경도, 항복점은 증가한다.

23 정답 ①

스피닝(Spinning)은 탄소강 판재로 국그릇이나 알루미늄 주방용품을 소량 생산할 때 사용하는 가공법(원뿔형 용기 또는 용기의 입구를 오므라들게 만드는 가공법)으로 보통 선반과 작업 방법이 비슷하다.

오답분석

② 컬링(Curling) : 얇은 판재나 드로잉 가공한 용기의 테두리를 프레스나 선반 등으로 둥그렇게 굽히는 가공법이다.
③ 비딩(Beeding) : 판재의 편편한 부분에 다이를 이용해 일정하게 생긴 줄 모양으로 돌기부를 만드는 가공법이다.
④ 플랜징(Flanging) : 금속판재의 모서리를 굽혀 테두리를 만드는 가공법이다.
⑤ 벌징(Bulging) : 금형(金型) 내에 삽입된 원통형 용기 또는 관에 높은 압력을 가하여, 용기 또는 관의 일부를 팽창시켜 성형하는 방법으로 아가리가 작고 몸통이 큰 용기의 제작에 사용된다.

24 정답 ③

만네스만가공은 속이 찬 빌릿이나 봉재에 1,200℃의 열을 가한 후 2개의 롤러에 재료를 물려 넣으면 재료 내부의 인장력이 중심부분에 구멍을 만드는데, 이 구멍에 심봉으로 원하는 크기의 강관을 제조하는 가공법이다.

오답분석

① 프레스가공 : 프레스기계를 이용하여 펀치나 다이로 판재에 인장이나 압축, 전단, 굽힘응력을 가해서 원하는 형상의 제품을 만드는 가공법이다.
② 전조가공 : 재료와 공구(롤)를 양쪽에 함께 회전시켜 재료 내부나 외부에 각인하는 특수압연법이다.
④ 드로잉가공 : 편평한 철판을 금형 위에 올려놓고 펀치로 눌러 다이의 내부로 철판이 들어가게 함으로써 이음매 없는 중공의 용기를 만드는 가공법이다.
⑤ 전해가공 : 금속재료의 전기화학적 용해를 할때, 그 진행을 방해하는 양극 생성물인 금속산화물막이 생기는데, 이를 제거하면서 가공하는 것이다.

25 정답 ②

한계게이지는 허용할 수 있는 부품의 오차범위인 최대 · 최소를 설정하고 제품의 치수가 그 범위에 드는지 검사하는 기기이다.

오답분석

① 블록게이지 : 길이 측정의 표준이 되는 측정기기로 공장용 측정기들 중에서 가장 정확한 기기이다.
③ 간극게이지 : 작은 틈새나 간극을 측정하는 기기로 필러게이지라고도 불린다.
④ 다이얼게이지 : 측정자의 직선 또는 원호운동을 기계적으로 확대하여 그 움직임을 회전 지침으로 변환시켜 눈금을 읽을 수 있도록 한 측정기이다.
⑤ 센터게이지 : 선반으로 나사를 절삭할 때 나사 절삭 바이트의 날끝각을 조사하거나 바이트를 바르게 부착하는데 사용하는 게이지이며, 또한 공작품의 중심 위치의 좋고 나쁨을 검사하는 게이지를 가리키기도 한다.

26 정답 ④

가솔린기관의 노킹현상은 연소 후반부에 미연소가스의 급격한 자기연소에 의한 충격파가 실린더 내부의 금속을 타격하는 현상으로, 노킹이 발생하면 실린더 내의 압력이 급상승하며 이는 출력 저하의 원인이 되므로 옥탄가가 높은 연료를 사용해야 한다.

27 정답 ③

일렉트로 슬래그용접(Electro Slag Welding)은 용융관 슬래그와 용융 금속이 용접부에서 흘러나오지 않게 둘러싸고, 주로 용융 슬래그의 저항 열로 용접봉과 모재를 용융시켜 용접하는 방법이다.

오답분석

고상용접은 모재를 용융시키지 않고 기계적으로 접합면에 열과 압력을 동시에 가하여 원자와 원자를 밀착시켜 접합시키는 용접법이다. 종류에는 확산용접, 마찰용접, 폭발용접, 초음파용접이 있다.

28 정답 ②

표면의 가공정밀도가 높은 순서 '래핑가공 – 슈퍼피니싱 – 호닝가공 – 일반 연삭가공' 순으로 우수하다.

29 정답 ①

눈메움이나 눈무딤 발생 시 절삭성 향상을 위해 연삭숫돌표면의 숫돌 입자를 제거하고, 새로운 절삭날을 숫돌표면에 생성시켜 절삭성을 회복시키는 작업을 드레싱이라고 하며, 이때 사용하는 공구를 드레서라고 한다.

오답분석

② 폴리싱 : 알루미나 등의 연마입자가 부착된 연마벨트로 제품표면의 이물질을 제거하여 제품의 표면을 매끈하게 만든다.
③ · ④ 연삭액의 교환 및 연삭속도의 변경 : 눈메움이나 눈무딤의 발생을 방지하기 위한 작업이다.
⑤ 에칭 : 반도체 제작공정에서 포토 레지스트에 피복되어 있지 않은 산화막을 제거하는 공정이다.

30 정답 ④

절삭성이란 재료가 쉽게 절삭되는 정도를 말하는데, 절삭력이 작거나 공구수명이 길어지고 가공 정밀도가 우수한 것은 모두 절삭성이 좋음을 의미한다. 또한 칩이 공구의 날 끝에 달라붙은 열단형 칩과 같이 나올 경우 수거하기 어렵기 때문에 'ㄹ'도 절삭성이 좋은 것을 의미한다.

PART

실전모의고사

정답 및 해설

제1회 직업기초능력평가 실전모의고사

제2회 직무수행능력평가 실전모의고사(사무직)

제3회 직무수행능력평가 실전모의고사(기술직)

제1회 실전모의고사 정답 및 해설

직업기초능력평가

01	02	03	04	05	06	07	08	09	10	11	12	13	14	15	16	17	18	19	20
①	③	②	④	②	③	③	③	④	③	④	③	⑤	①	③	③	④	④	②	③
21	22	23	24	25	26	27	28	29	30	31	32	33	34	35	36	37	38	39	40
④	②	⑤	④	④	③	①	③	⑤	②	⑤	③	⑤	⑤	⑤	④	①	②	⑤	④
41	42	43	44	45	46	47	48	49	50	51	52	53	54	55	56	57	58	59	60
②	①	④	②	①	③	②	⑤	⑤	①	②	④	④	④	③	⑤	②	①	④	④

01 정답 ①

전달하고자 하는 핵심 내용을 문서의 앞에 제시하는 것(두괄식)이 의미 전달에 효과적이다.

02 정답 ③

조언을 구하는 사람에게 자신이 줄 수 있는 도움을 주는 것은 좋지만, 그 정도에는 한계가 있어야 한다. 어떤 사람들은 다른 사람의 문제를 본인이 다 해결해 주려고 말끝마다 끼어드는데, 오히려 이는 상대방에게 전혀 도움이 되지 않는다. 문제 해결의 주체는 결국 당사자인데 상대의 의사표현 자체를 방해하기 때문이다.

03 정답 ②

에너지 신산업분야 4개 기업이 에너지 데이터 공유 시범사업을 추진하기로 업무협약을 체결한 것은 산업통상자원부가 아니라 한국전력공사이다.

04 정답 ④

열거의 뜻을 표시하는 의존명사는 띄어 써야 하므로 '보일러 등'으로 표기하는 것이 맞다. 따라서 잘못된 수정이다.

05 정답 ②

주제에서 요구한 것은 고령화 사회 대비를 위한 정책을 추진하기 위한 것이다. 고령 인구의 증가 원인을 분석해야 하지만, 이를 성별로 분석할 필요는 없다.

06 정답 ③

2019년 산업재해현황 분석에서 산업재해의 원인을 살펴보면, 작업 지시 부적당, 인원 배치 부적당, 작업 준비 불충분, 안전 수칙 미제정, 안전 관리 조직의 결함 등이 제시되어 있다. 이는 내부조직의 관리소홀로 발생된 것으로 산업재해의 기본적인 원인 중 작업 관리상 원인에 해당된다.

07 정답 ③

K공사에서 거래처까지의 거리를 $x$km라고 하자.

속도에 따른 도착 시간의 차이는 6분이므로, $\frac{x}{40}-\frac{x}{50}=\frac{6}{60}$이다.

따라서 $x=20$이다.

08 정답 ③

60명의 신입사원 중 60%가 지사로 간다면, 지사로 가는 인원은 36명이다. 그 중 남성과 여성의 비율이 2:1이므로, 지사로 가는 남성은 24명이다.

09 정답 ④

세로로 총계에서 나머지 수를 빼면 괄호 안의 각 수치들을 구할 수 있다.
(ㄹ) : 145−21−28−17−30−20=29

오답분석

① (ㄱ) - 866
② (ㄴ) - 73
③ (ㄷ) - 202
⑤ (ㅁ) - 566

10 정답 ③

ㄴ. 2017년 고덕 차량기지의 안전체험 건수 대비 인원수는 $\frac{633}{33}\fallingdotseq 19.2$로, 도봉 차량기지의 안전체험 건수 대비 인원수인 $\frac{432}{24}=18$보다 크다.
ㄷ. 2016년부터 2018년까지 고덕 차량기지의 안전체험 건수와 인원수는 둘 다 계속 감소하는 것으로 동일함을 알 수 있다.

오답분석

ㄱ. 2019년에 방화 차량기지 견학 안전체험 건수는 2018년과 동일한 29건이므로 틀린 설명이다.
ㄹ. 신내 차량기지의 안전체험 인원수는 2019년에 385명이다. 이는 692명인 2015년의 약 56%로, 인원수는 50% 미만의 감소율로 감소하였음을 알 수 있다.

11 정답 ④

감정과 욕구를 인정하지 않기 때문에 자기개발에 차질이 생기는 것이 아니라, 자기개발에 대한 의지보다 감정과 욕구에 순응하기 때문에 자기개발 실천이 제대로 되지 않는 것이다. 영어공부를 위해서 학원에 등록했는데 몸이 아프거나 놀고 싶으면 그 감정과 욕구대로 함으로써 계획을 실천하지 못하는 경우가 많은 것이 그 예이다.

12 정답 ③

C업체가 참일 경우, 나머지 미국과 서부지역에 2개씩 설비를 다른 업체가 맡아야한다. 이때, 두 번째 정보 B업체의 설비 구축지역은 거짓이 되고, 첫 번째 정보에서 A업체가 맡게 되면 4개의 설비를 구축해야 하므로 A업체의 설비 구축 계획은 참이 된다. 따라서 '장 대리'의 말은 참이 됨을 알 수 있다.

오답분석

- 이 사원 : A업체가 참일 경우에서 A업체가 설비 3개만 맡는다고 할 때, B 또는 C업체가 5개의 설비를 맡아야 하므로 나머지 정보는 거짓이 된다. 하지만 A업체가 B업체와 같은 곳의 설비 4개를 맡는다고 할 때, B업체는 참이 될 수 있으므로 옳지 않다.
- 김 주임 : B업체가 거짓일 경우에 만약 6개의 설비를 맡는다고 하면, A업체는 나머지 2개를 맡게 되므로 거짓이 될 수 있다. 또한 B업체가 참일 경우, 똑같은 곳의 설비 하나씩 4개를 A업체가 구축해야 하므로 참이 될 수 있다. 따라서 이 사원의 말은 옳지 않다.

13 정답 ⑤

윈도우에서 현재 사용하고 있는 창을 닫을 때는 〈Ctrl〉+〈W〉를 눌러야 한다.

14 정답 ①

주의사항 ②에 적절한 설명은 ④이고, 주의사항 ④에 적절한 설명은 ②이다. 주의사항 ③에 적절한 설명은 ⑤이고, 주의사항 ⑤에 적절한 설명은 ③이다.

15 정답 ③

명함을 받았을 때 다른 이야기가 아닌 받은 명함에 대해서 모르는 글자나 궁금한 점을 물어보는 것은 예의에 어긋나는 것이 아니다.

16 정답 ③

상대방의 이야기를 들을 때, 자신의 경험과 연결 지어 생각해보면 이해와 집중에 더 도움이 된다.

17 정답 ④

제시된 조건을 정리하면 E → B → F → G → D → C → A의 순서로 계약이 체결됐다. 따라서 다섯 번째로 체결한 계약은 D이다.

18 정답 ④

화물차 대수를 x대라고 한다면 다음과 같은 식을 세울 수 있다.
$100x+80=$(총 제품수량)
$120(x-1)+100\geq$(총 제품수량)
두 식을 연결하면 $120(x-1)+100\geq 100x+80 \rightarrow x\geq 5$이므로 최소 5대의 화물차를 보유하고 있음을 알 수 있다.

19 정답 ②

(하루 1인당 고용비)=(1인당 수당)+(산재보험료)+(고용보험료)
=50,000+50,000×0.00504+50,000×0.013
=50,000+252+650=50,902원
(하루에 고용할 수 있는 인원 수)={(본예산)+(예비비)} / (하루 1인당 고용비)
=600,000/50,902
≒11.8
따라서 하루 동안 고용할 수 있는 최대 인원은 11명이다.

20 정답 ③

여섯 번째 단계에 따라 해결 방안을 확인한 후에는 혼자서 해결하는 것이 아닌 책임을 분할함으로써 다 같이 협동하여 실행해야 한다.

오답분석

① 두 번째 단계에 해당되는 내용이다.
② 네 번째 단계에 해당되는 내용이다.
④ 첫 번째 단계에 해당되는 내용이다.
⑤ 세 번째 단계에 해당되는 내용이다.

21 정답 ④

현재 사용 중인 활성창만 클립보드에 복사하려면 〈Alt〉+〈Print Screen〉 키를 눌러야 한다.

22 정답 ②

MOD 함수는 어떤 숫자를 특정 숫자로 나누었을 때 나오는 나머지를 알려주는 함수이다. 사례와 같이 짝수 혹은 홀수를 구분할 때에도 사용할 수 있는 함수이다.

오답분석

① SUMIF 함수는 조건에 맞는 셀의 값들의 합을 알려주는 함수이다.
③ INT 함수는 실수의 소수점 이하를 제거하고 정수로 변경할 때 사용하는 함수이다.
④ NOW 함수는 현재의 날짜와 시간을 알려주는 함수이며, 인수는 필요로 하지 않는다.
⑤ VLOOKUP 함수는 특정 범위의 첫 번째 열에 입력된 값을 이용하여 다른 열에 있는 값을 찾을 때 사용하는 함수이다.

23 정답 ⑤

모스크바에서의 체류시간을 구하기 위해서는 모스크바에 도착하는 시간과 모스크바에서 런던으로 출발하는 시간을 알아야 한다. 우선 각국의 시차를 알아보면, 러시아는 한국보다 6시간이 느리고(GMT+3−GMT+9), 영국보다는 3시간이 빠르다(GMT+3−GMT+0). 이를 참고하여 모스크바의 도착 및 출발시간을 구하면 다음과 같다.

- 모스크바 도착시간 : 7/14 09:00(한국 기준)+09:30(비행시간)−06:00(시차)=7/14 12:30(러시아 기준)
- 모스크바 출발시간(런던행) : 7/14 18:30(영국 기준)−4:00(비행시간)+03:00(시차)=7/14 17:30(러시아 기준)

∴ 모스크바에서는 총 5시간(12:30~17:30)을 체류한다.

24 정답 ④

강압전략에 대한 설명이다. A사에 필요한 기술을 확보한 B사에게 대기업인 점을 내세워 공격적으로 설득하는 것은 적절하지 않은 설득방법이다.

오답분석

① See – Feel – Change 전략으로 A사의 주장을 믿지 않는 B사를 설득시키기에 적절한 전략이다.
② 호혜관계 형성 전략으로 서로에게 도움을 주고받을 수 있는 점을 설명하여 D사를 설득시키는 적절한 전략이다.
③ 사회적 입증 전략으로 A사의 주장을 믿지 못하는 B사를 설득시키는 적절한 전략이다.
⑤ 협력전략의 전술 중 하나로 C사의 사업전망을 믿지 못하는 D사에게 공동 평가를 통해 신뢰를 형성시킬 수 있는 적절한 전략이다.

25 정답 ④

발전소 CCS 설비에서 포집한 이산화탄소를 온실에 주입하여 작물의 광합성 촉진 및 생장속도를 가속화하였으며 이는 결국 이산화탄소 배출 절감을 의미한다.

오답분석

① 에코팜 사업은 발전소의 냉각수가 아니라 온배수와 이산화탄소를 활용한 스마트 시스템 온실을 개발하는 사업이다.
② 온배수, 석탄재, 이산화탄소는 발전소에서 생산되는 주된 에너지가 아니다. 발전소에서 에너지를 생산한 뒤 잉여 되는 부산물로서 폐자원이다.
③ 온배수의 열을 이용하여 온실의 에너지를 86%까지 절감하였고, 발전소의 석탄재를 비닐하우스 부지정리에 활용하여 폐기물의 자원화에 기여하였다.
⑤ LPG 인수기지가 아니라 LNG 인수기지에 LNG 기화·공급을 위한 열원으로 온배수를 활용하였다.

26 정답 ③

'부동산/임대업' 분야를 살펴보면, 주민번호 보유율이 높은 반면 암호화 적용 예정이 없다고 응답한 비율도 높아 취약분야로 볼 수 있다. 다만, 가장 취약한 분야는 주민번호 보유율이 86.6%이고, 적용 예정이 없다고 응답한 비율이 75%인 '금융/보험업'이다.

오답분석

① 주민번호 보유율이 가장 낮은 업종은 46.2%인 '협회/단체'이다.
② 50인 미만 업체 중 주민번호를 보유하고 있다고 응답한 업체는 $946\times68.4\%+657\times70.6\%\fallingdotseq1,111$곳으로 1,000곳이 넘는다.
④ 주민번호를 보유한 전체 업체 수는 $2,000\times69.8\%=1,396$곳이며, 그중 비암호화 업체는 $1,396\times50\%=698$곳이다. 암호화 적용 예정을 응답한 비율은 40.8%이므로 업체 수는 $698\times40.8\%\fallingdotseq285$곳이다. 따라서 300곳을 넘지 않는다.
⑤ '전기/가스업'은 72.7%, '보건/복지'는 71.8%로 암호화 적용 의사가 있다고 응답하였다.

27 정답 ①

2012년 화재로 발생한 사망자 수는 2011년도 사망자 수보다 4% 증가했으므로 $827\times1.04\fallingdotseq860$명이다.

2013년 부상자 수는 2012년 부상자 수의 80%이므로 2012년 부상자 수를 a라고 하면, $a\times0.8=811$명 → $a=\frac{811}{0.8}\fallingdotseq1,014$명임을 알 수 있다.

따라서 2012년에 발생한 인명피해자 수는 $860+1,014=1,874$명이다.

28 정답 ③

2012 ~ 2018년 동안 전년 대비 화재발생 건수 증감률은 다음과 같다.

- 2012년 : $\frac{44,373-41,863}{41,863}\times100\fallingdotseq6.0\%$
- 2013년 : $\frac{41,774-44,373}{44,373}\times100\fallingdotseq-5.9\%$
- 2014년 : $\frac{44,281-41,774}{41,774}\times100\fallingdotseq6.0\%$
- 2015년 : $\frac{46,790-44,281}{44,281}\times100\fallingdotseq5.7\%$
- 2016년 : $\frac{44,265-46,790}{46,790}\times100\fallingdotseq-5.4\%$
- 2017년 : $\frac{41,693-44,265}{44,265}\times100\fallingdotseq-5.8\%$
- 2018년 : $\frac{44,278-41,693}{41,693}\times100\fallingdotseq6.2\%$

따라서 증감률을 절댓값으로 비교하면 2018년도 전년 대비 화재발생 건수 증가율이 6.2%로 가장 크다.

오답분석

① 2012 ~ 2018년까지 인명피해자 수와 전년 대비 증감인원은 다음과 같다.

(단위 : 명)

구분	사망자 수	부상자 수	인명피해자 수	전년 대비 증감인원
2011년	827	964	1,791	
2012년	860	1,014	1,874	1,874−1,791=83
2013년	899	811	1,710	1,710−1,874=−164
2014년	841	1,028	1,869	1,869−1,710=159
2015년	936	1,245	2,181	2,181−1,869=312
2016년	747	1,343	2,090	2,090−2,181=−91
2017년	929	1,268	2,197	2,197−2,090=107
2018년	774	1,250	2,024	2,024−2,197=−173
총계	6,813	8,923	15,736	

전년 대비 인명피해자 수가 가장 크게 감소한 연도는 2018년도로 173명이다.

② 총 인명피해자 수의 50%는 15,736×0.5=7,868명으로 총 부상자 수 8,923명보다 적으므로 옳은 설명이다.

④ 2012 ~ 2018년까지 화재발생 건수의 전년 대비 증감건수는 다음과 같이 2,500건 이상 변화폭이 있음을 알 수 있다.

- 2012년 : 44,373−41,863=2,510건
- 2013년 : 41,774−44,373=−2,599건
- 2014년 : 44,281−41,774=2,507건
- 2015년 : 46,790−44,281=2,509건
- 2016년 : 44,265−46,790=−2,525건
- 2017년 : 41,693−44,265=−2,572건
- 2018년 : 44,278−41,693=2,585건

⑤ 2016년 사망자 수는 전년도 대비 감소율 $\frac{747-936}{936}\times 100 \fallingdotseq -20.2\%$로 20% 이상 감소하였다.

29 정답 ⑤

공정별 긴급작업 시 줄어든 속도를 구하면 다음과 같다.

구분	줄어든 속도
A공정	2주
B공정	5주
C공정	3주
D공정	2주
E공정	1주
F공정	1주
G공정	3주

최대로 공정기간을 줄여야 하므로 2・3번째 조건에 맞게 고르면 10가지가 가능하다.

(A, C, E), (A, C, F), (A, C, G), (A, D, F), (A, D, G), (A, E, G)

(B, D, F), (B, D, G), (B, E, G)

(C, E, G)

10가지 공정에서 마지막 조건에 맞지 않는 공정(B, D, G), (B, E, G)을 제외하면 8가지이다.

따라서 8가지 중 최대로 줄일 수 있는 공정기간은 (A, C, G)와 (B, D, F)로 8주임을 알 수 있다.

30 정답 ②

고객이 불편을 겪었고 그것에 대한 불만을 표현했다면, 문제점을 인정하고 불편에 대한 사과를 해야 하는 것은 당연하다. 그러나 고객이 지적한 문제라고 해서 무조건 다 인정하고 사과해야 하는 것은 아니다. 명확히 잘못된 부분에 대해서 정중한 태도로 진심으로 인정하고 사과하는 것이 적절한 고객 응대 방법이다.

31 정답 ⑤

ROUND 함수는 지정한 자릿수를 반올림하는 함수이다. 함수식에서 '−1'의 의미는 일의 자리를 뜻하며 '−2'는 십의 자리를 뜻한다. 여기서 '−' 기호를 빼면 소수점 자리로 인식한다. 실무에서 금액과 관련된 데이터를 처리할 때 유용하게 활용된다.

오답분석

① MAX 함수는 지정된 범위 내에서 최댓값을 찾는 함수이다.
② MODE 함수는 지정된 범위 내에서 최빈값을 찾는 함수이다.
③ LARGE 함수는 지정된 범위 내에서 몇 번째 큰 값을 찾는 함수이다.
④ COUNTIF 함수는 특정 값이 몇 개가 있는지 세어주는 함수이다.

32 정답 ③

전자레인지를 사용하면서 불꽃이 튀는 경우와 조리 상태에 만족하지 않을 때 확인해야 할 사항에 사무실, 전자레인지의 전압을 확인해야 한다는 내용은 명시되어 있지 않다.

33 정답 ⑤

ㄱ. '강점-위협' 전략은 강점으로 위협을 회피하거나 최소화하는 전략이다. 기술개발을 통해 연비를 개선하는 것은 막대한 R&D역량이라는 강점으로 휘발유의 부족 및 가격의 급등이라는 위협을 회피하거나 최소화하는 전략에 해당하므로 적절하다.

ㄹ. '약점-위협' 전략은 약점을 보완하여 위협을 회피하거나 최소화하는 전략이다. 생산설비에 막대한 투자를 했기 때문에 차량모델 변경의 어려움이라는 약점이 있는데, 레저용 차량 전반에 대한 수요 침체 및 다른 회사들과의 경쟁이 심화되고 있으므로 생산량 감축을 고려할 수 있다.

ㅁ. '약점-기회' 전략은 약점을 보완하여 기회를 살리는 전략이다. 생산 공장을 한 곳만 가지고 있다는 약점이 있지만 새로운 해외시장이 출현하고 있는 기회를 살려서 국내 다른 지역이나 해외에 공장들을 분산 설립할 수 있을 것이다.

ㅂ. '강점-위협' 전략은 강점으로 위협을 회피하거나 최소화하는 전략이다. 막대한 R&D역량이라는 강점을 이용하여 휘발유의 부족 및 가격의 급등이라는 위협을 회피하거나 최소화하기 위해 경유용 레저 차량 생산을 고려할 수 있다.

34 정답 ⑤

5W1H의 Why에 해당하는 정보는 제품 시연회의 필요성과 관계있으므로, 공사의 환경안전정책 및 지하철 환경개선 노력 홍보 및 시민고객과의 소통 등이 적절하다.

5WIH

- Who : 누가 적격인가?
- Why : 왜 그것이 필요한가?
- What : 그 목적은 무엇인가?
- Where : 어디서 하는 것이 좋은가?
- When : 언제 하는 것이 좋은가?
- How : 어떤 방법이 좋은가?

35 정답 ⑤

- 지연 중 A/C 정비가 차지하는 비율 : $\frac{117}{2,986}\times 100 \fallingdotseq 4$(∵ 소수점 이하 첫째 자리에서 반올림)
- 결항 중 기상이 차지하는 비율 : $\frac{17}{70}\times 100 \fallingdotseq 24$(∵ 소수점 이하 첫째 자리에서 반올림)

$\therefore \frac{4}{24}=\frac{1}{6}$

오답분석

① $17\times 5=85<118$이므로 올바르지 않다. $118\div 17\fallingdotseq 7$이다(∵ 소수점 이하 첫째 자리에서 반올림).
② 기타를 제외하고 지연이 발생한 원인 중 가장 높은 비중을 차지하고 있는 것은 A/C 접속이며, 결항이 발생한 원인 중 가장 높은 비중을 차지하고 있는 것은 기상이다.
③ 9월 동안 운항된 전체 비행기 수를 알 수 없으므로 구할 수 없다.
④ 기상 원인으로 지연 및 결항된 비행기는 모두 135편이다. 하지만 이 비행기가 모두 같은 날 지연 및 결항이 되었을 수도 있고, 모두 다른 날 지연 및 결항되었을 수도 있으므로 제시된 자료만으로는 날씨를 예측할 수 없다.

36 정답 ④

제4사분면은 중요하지 않고 긴급하지 않은 업무로 시간낭비거리가 해당되는 것은 맞으나, 고객의 불시방문은 긴급한 업무로 간주된다.

37 정답 ①

문제에 따르면 연차별 예산범위를 만족시키면서 6년 내에 모든 지부의 전산시스템을 교체할 수 있는 경우는 다음과 같다.

구분	1년 차	2년 차	3년 차	4년 차	5년 차	6년 차
수도권	○	○	○	○		
전남권		○	○			
충북권	○					
경남권				○	○	○
경북권					○	○
사용할 예산(억 원)	26+5=31	26+10=36	26+10=36	26+17=43	17+9=26	17+9=26
사용가능 예산(억 원)	32	40	38	44	28	26

ㄱ. 6년 내에 모든 지부의 전산시스템 교체를 위해서는 수도권 지부는 1년 차에 시작하여야 하므로 옳은 설명이다.

ㄴ. 전남권 교체 작업은 수도권의 교체 기간을 벗어나 다른 시기에 이루어질 수 없다.

오답분석

ㄷ. 충북권의 교체작업을 6년 차에 시작한다면 경북권을 6년 차에 교체할 수 없게 되고, 다른 기간에 경북권의 교체를 실시한다면 예산범위를 초과하는 연차가 생긴다.

ㄹ. 위의 표에 따르면, 충북권은 경남권이 아니라 수도권과 동시에 진행되므로 옳지 않은 설명이다.

38 정답 ②

문제에 따르면 연차별 예산범위를 만족시키면서 6년 내에 모든 지부의 전산시스템을 교체할 수 있는 경우는 다음과 같다.

구분	1년 차	2년 차	3년 차	4년 차	5년 차	6년 차
수도권			○	○	○	○
전남권				○	○	
충북권			○			
경남권	○	○	○			
경북권	○	○				
사용할 예산(억 원)	17+9=26	17+9=26	26+5+17=48	26+10=36	26+10=36	26
사용가능 예산(억 원)	32	40	38	44	28	26

수도권 교체를 1년 차 혹은 2년 차에 시작하면 기한 내에 경남권을 실시할 수 없다.

따라서 수도권 교체를 3년 차에 시작하고, 예산을 고려하여 경남권을 1년 차에 시작하도록 배치한다. 그러면 2년 차에 남은 잔여 예산은 9억 원이므로 2년 차에 경북권을 배치할 수 있다. 3년 차에는 경남권과 수도권이 겹치는데, 둘의 필요 예산만 합하여도 43억 원이 된다. 따라서 잔여 예산은 7억 원이므로 경북권을 배치할 수 없다. 따라서 1년 차와 2년 차에 경북권 교체를 실시한다. 그러면 6년 차 중 잔여예산을 고려하였을 때 전남권을 배치할 수 있는 기간은 4년 차와 5년 차뿐이다. 따라서 충북권의 전산시스템 교체가 시행될 수 있는 연차는 3년 차뿐이다.

39 정답 ⑤

각 조건들을 논리기호에 따라 나타내어 간소화하면 다음과 같다.

- 기획지원부 → ~통계개발부
- 해외기술부, 전략기획실, 인재개발부 중 2곳 이상
- 비서실 → ~전략기획실
- 인재개발부 → 통계개발부
- 대외협력부, 비서실 중 1곳
- 비서실

마지막 조건에 따르면 비서실은 선정되며, 세 번째 조건에 따라 전략기획실은 선정되지 않는다. 그러면 두 번째 조건에 따라 해외기술부와 인재개발부는 반드시 선정되어야 하며, 인재개발부가 선정되면 네 번째 조건에 따라 통계개발부도 선정된다. 첫 번째 조건의 대우는 '통계개발부 → ~기획지원부'이므로 기획지원부는 선정되지 않으며, 다섯 번째 조건에 따라 대외협력부는 선정되지 않는다.

따라서 국제협력사업 10주년을 맞아 행사에 참여할 부서로 선정된 곳은 비서실, 인재개발부, 해외기술부, 통계개발부이므로 ⑤가 옳지 않은 설명이다.

40 정답 ④

삽입 상태가 아닌 수정 상태일 때만 〈Space Bar〉는 오른쪽으로 이동하면서 한 문자씩 삭제한다.

41 정답 ②

발전소 3개를 더 건설하면 150×3=450만kW가 증가하여 총공급전력량은 8,600+450=9,050만kW가 된다. 전기요금을 3% 인상하면, 최대전력수요는 3% 감소하므로 최대전력수요는 7,300×(1−0.03)=7,081만kW가 된다. 따라서 전력예비율을 구하면 $\frac{9,050-7,081}{7,081}$ ≒ 27.81%로 정책목표인 30%에 미치지 않으므로 적합하지 않은 정책 대안이다.

오답분석

① • 총공급전력량=8,600+150=8,750만kW
  • 최대전력수요=7,300×(1−0.1)=6,570만kW
  • 전력예비율= $\frac{8,750-6,570}{6,570}$ ×100≒33.18%

③ • 총공급전력량=8,600+150×6=9,500만kW
  • 최대전력수요=7,300×(1−0.01)=7,227만kW
  • 전력예비율= $\frac{9,500-7,227}{7,227}$ ×100≒31.45%

④ • 총공급전력량=8,600+150×8=9,800만kW
  • 최대전력수요=7,300만kW
  • 전력예비율= $\frac{9,800-7,300}{7,300}$ ×100≒34.25%

⑤ • 총공급전력량=8,600만kW
  • 최대전력수요=7,300×(1−0.12)=6,424만kW
  • 전력예비율= $\frac{8,600-6,424}{6,424}$ ×100≒33.87%

42 정답 ①

대학장학회에서 10명에게 주는 총 장학금은 450×8+500×2=4,600만 원이며, 문화상품권 구매처별 할인율과 비고사항을 고려하여 실제 지불금액을 구하면 다음과 같다.

구분	금액
A온라인	3,200,000×0.92+4,000=2,948,000원
B온라인	3,000,000×0.94+200,000+4,000+700×10=3,031,000원
C오프라인	3,200,000×0.95=3,040,000원
D오프라인	3,000,000×0.96+200,000+5,000=3,085,000원

따라서 A온라인에서 2,948,000원으로 구매하는 것이 가장 저렴하게 구매할 수 있는 방법이며, 대학장학회에서 장학금과 부상에 사용한 총액은 46,000,000+2,948,000=48,948,000원임을 알 수 있다.

43 정답 ④

첫 번째 조건에서 오만 원권 또는 십만 원권으로 구매한다고 하였는데 모든 구매처는 오만 원권을 판매하므로 첫 번째 조건은 4곳 모두 만족한다. 그러나 두 번째 조건에서 직접 방문은 어려우므로 'C오프라인'에서 구매하지 못한다. 따라서 A·B·D 세 곳을 비교할 때, 구매처별 지불 금액에서 택배비와 포장비를 제외한 금액은 다음과 같다.

구분	택배비 및 포장비 제외 금액	할인받은 금액
A온라인	2,948,000−4,000=2,944,000원	3,200,000−2,944,000=256,000원
B온라인	3,031,000−4,000−7,000=3,020,000원	3,200,000−3,020,000=180,000원
D오프라인	3,085,000−5,000=3,080,000원	3,200,000−3,080,000=120,000원

따라서 최소한의 비용으로 구매할 수 있는 곳은 A온라인이며, 할인 금액은 256,000원이다.

44 정답 ②

각국에서 출발한 직원들이 국내(대한민국)에 도착하는 시간을 계산하기 위해서는 먼저 시차를 구해야 한다. 동일시점에서의 각국의 현지시간을 살펴보면 국내의 시간이 가장 빠르다는 점을 알 수 있다. 즉, 국내의 현지시간을 기준으로 각국의 현지시간을 빼면 시차를 구할 수 있다. 시차는 계산편의상 24시 기준으로 한다.

구분	계산식	시차
대한민국 ~ 독일	6일 06:20−5일 23:20	7시간
대한민국 ~ 인도	6일 06:20−6일 02:50	3시간 30분
대한민국 ~ 미국	6일 06:20−5일 16:20	14시간

각국의 직원들이 국내에 도착하는 시간은 출발지 기준 이륙시간에서 비행시간과 시차를 더하여 구할 수 있다. 계산 편의상 24시 기준으로 한다.

구분	계산식	대한민국 도착시간
독일	6일 16:20+11:30+7:00	7일 10:50
인도	6일 22:10+08:30+3:30	7일 10:10
미국	6일 07:40+13:00+14:00	7일 10:40

따라서 인도에서 출발하는 직원이 가장 먼저 도착하고, 미국, 독일 순서임을 알 수 있다.

45 정답 ①

한글 맞춤법에 따르면 성과 이름은 붙여 써야 하지만 '남궁민'의 경우, '남/궁민'인지 남궁/민'인지 혼동될 염려가 있으므로, 성과 이름을 분명히 구분할 필요가 있을 때에는 띄어 쓸 수 있다.

46 정답 ③

통지서의 주의사항 1과 2를 보면, 운전면허 취소 통지를 받은 날부터 15일 이내에 면허증을 반납해야 하며, 운전면허증을 반납하지 않더라도 결정된 행정처분에 따라 정지처분은 집행된다.

오답분석

① 제20조 제1항
② 통지서 주의사항 3
④ 제20조 제2항
⑤ 제20조 제4항

47 정답 ②

7/11 ~ 7/13 오전(09:00)은 A, B, C사원이 모두 모일 수 있는 시간대이며, 또한 예약현황을 살펴볼 때 예약신청이 가능한 시간대이다.

오답분석

① 다목적실 예약현황에 따르면, 7/4 ~ 7/6 3일 동안 오전(09:00)에는 예약이 가능하다. 다만, 다목적실 운영방침 중 사용일로부터 1주일 전에 신청해야 한다는 점을 고려할 때, 7/4 ~ 7/6 기간을 신청할 수 없다. 그 이유는 다목적실 예약현황표의 update 날짜가 '2016.06.29'인 것을 보아 B사원이 예약할 당시는 6월 30일 이후라는 점을 알 수 있기 때문이다.
③ 다목적실 예약현황에 따르면, 7/12 ~ 7/14 오후(13:00)에 예약은 가능하나, C사원이 참석할 수 없는 시간대이다.
④ 다목적실 예약현황에 따르면, 7/15 ~ 7/19 오전(09:00)에 예약이 가능하고 A, B, C사원이 모두 참여할 수 있는 시간대이나, 주말이 껴있어 연속해서 매일 연습할 수 없다.
⑤ 다목적실 예약현황에 따르면, 7/18 ~ 7/20 오후(16:00)에 예약은 가능하나, C사원이 참석할 수 없는 시간대이다.

48 정답 ⑤

제6항에 따르면 납부 기한을 연장받으려면 대통령령이 아닌 보건복지부령으로 정하는 바에 따라 시청이 아닌 건강보험공단에 납부 기한의 연장을 신청하여야 한다.

오답분석

① 제4항에 따르면 연금보험료를 자동 계좌이체의 방법으로 낼 경우 연금보험료 감액이나 재산상의 이익을 제공받을 수 있다.
② 제1항에 따르면 농업에 종사하는 자는 신청에 의하여 분기별 연금보험료를 해당 분기의 다음 달 10일까지 낼 수 있다.
③ · ④ 제5항에 따르면 고지서의 송달이 지연될 경우 납부 기한으로부터 1개월 범위에서 납부 기한을 연장할 수 있다.

49 정답 ⑤

실용신안・디자인은 2017년보다 2018년에 심판청구・심판처리건수가 적고, 심판처리기간은 모든 분야에서 2017년보다 2018년이 짧다.

오답분석

① 표를 통해 쉽게 확인할 수 있다.
② 2017년과 2018년에는 심판처리건수가 더 많았다.
③ 실용신안의 심판청구건수와 심판처리건수가 이에 해당한다.
④ 2015년에는 5.9개월, 2018년에는 10.2개월이므로, 증가율은 $\{(10.2-5.9)\div5.9\}\times100\fallingdotseq72.9\%$이다.

50 정답 ①

2015년부터 2018년까지 상표에 대한 심판청구건수의 총합은 22,073건이고, 같은 기간 동안의 상표에 대한 심판처리건수의 총합은 22,632건이므로, 차이는 22,632−22,073=559건이다.

51 정답 ②

올바른 사용법을 보면 바닥에 깔아서 사용할 때 맨바닥에 까는 것보다 카펫을 깔고 그 위에 전기요를 놓고 사용하면 열 손실이 적어 경제적이라고 나와 있다. 즉, 보온 효과를 근거로 권장하는 것이지 맨바닥에 깔아서 쓰면 안 된다는 의미는 아니다.

52 정답 ④

노선별 건설비용과 사회손실비용은 다음과 같이 구할수 있다.

- 건설비용 : 각 구간 길이×1km당 건설비용
  - A노선 : 1×1,000+0.5×200+8.5×100=1,950억 원
  - B노선 : 20×100=2,000억 원
  - C노선 : 0.5×1,000+1×200+13.5×100=2,050억 원
- 사회손실비용 : 노선 길이$\times\frac{1,000}{10}\times$연간 평균 차량 통행량×유지 연수
  - A노선 : $10\times\frac{1,000}{10}\times$2백만 대×15=300억 원
  - B노선 : $20\times\frac{1,000}{10}\times$2백만 대×15=600억 원
  - C노선 : $15\times\frac{1,000}{10}\times$2백만 대×15=450억 원
- 건설비용과 사회손실비용을 고려한 각 노선별 비용 비교
  - A노선 : 1,950+300=2,250억 원
  - B노선 : 2,000+600=2,600억 원
  - C노선 : 2,050+450=2,500억 원

∴ A노선이 가장 적은 비용이 들어가므로 C노선이 적합하다는 ④는 적절하지 않다.

오답분석

① 건설비용만을 비교했을 때, A노선은 1,950억 원, B노선은 2,000억 원, C노선은 2,050억 원의 비용이 발생한다. 따라서 A노선이 최적의 대안이다.
② 사회손실비용은 노선의 길이를 제외한 나머지 조건들은 고정된 값이다. 따라서 노선의 길이가 가장 긴 B노선의 사회손실비용이 가장 크다.
③ 노선별 환경손실비용을 산출하면 다음과 같다.
  - A노선 비용 : 15×15=225억 원
  - B노선 비용 : 5×15=75억 원
  - C노선 비용 : 10×15=150억 원

  따라서 A노선의 환경손실비용은 B노선의 225÷75=3배이다.
⑤ 노선별 건설비용과 환경・사회손실비용을 모두 고려한 비용은 다음과 같다.
  - A노선 비용 : 1,950+225+300=2,475억 원
  - B노선 비용 : 2,000+75+600=2,675억 원
  - C노선 비용 : 2,050+150+450=2,650억 원

  따라서 A노선과 B노선의 비용 차이는 2,675−2,475=200억 원이다.

53 정답 ④

말하지 않아도 상대방이 이해할 것이라는 선입견과 고정관념이 의사소통의 저해 요인이 되고 있다.

54 정답 ④

협상의 단계에 따라 보기를 배열하면, '간접적인 방법으로 협상의사를 전달(협상시작 단계) → 적극적으로 자기주장 제시(상호이해 단계) → 분할과 통합 기법을 활용하여 이해관계 분석(실질이해 단계) → 협상 안건마다 대안 평가(해결대안 단계) → 합의문 작성(합의문서 단계)'의 순서임을 알 수 있다.

55 정답 ③

인터넷 익스플로러의 기본검색 공급자는 [도구]의 [추가 기능 관리(M)]에서 변경할 수 있다. 먼저 [추가 기능 관리(M)]를 클릭한다. 그다음 [검색 공급자(S)] 탭에서 하단에 위치한 [추가 검색 공급자 찾기(F)]를 클릭해 원하는 검색 공급자를 추가하여 사용하면 된다.

56 정답 ⑤

D대리의 청렴도 점수를 a점이라 하고 승진심사 평점을 계산하면,

D대리의 승진심사 평점 : $60\times0.3+70\times0.3+48\times0.25+a\times0.15=63.6$점 → $a\times0.15=63.6-51$ → $a=\frac{12.6}{0.15}=84$

따라서 D대리의 청렴도 점수는 84점이다.

57 정답 ②

B과장의 승진심사 평점 : $80\times0.3+72\times0.3+78\times0.25+70\times0.15=75.6$점

따라서 B과장이 승진후보에 오르기 위해서는 4.4점(=80−75.6)이 더 필요하다.

58 정답 ①

근로기준법 개정안에 따라 시행된 직장 내 괴롭힘 금지법에 따르면 집단으로 따돌림을 한다거나 회식을 강요하는 것, 특정 근로자의 근태를 지나치게 감시하는 것 등의 행위 모두 직장 내 괴롭힘 행위에 해당된다. ①은 직장에서의 지위 또는 관계 우위를 이용한 것으로 보기 어려우므로 직장 내 괴롭힘 사례에 해당하지 않는다.

59 정답 ④

[틀 고정] 기능은 선택한 셀을 기준으로 좌측과 상단의 모든 셀을 고정하게 된다. 따라서 A열과 1행을 고정하기 위해서는 [B2] 셀을 클릭한 후 틀 고정을 해야 한다.

60 정답 ④

각각의 물품별로 현재 재고량과 전년도 동월 보유량을 비교하여 구매가 필요한 제품의 수량을 파악하면 '문구세트 6개, 키보드 17개, 마우스 2개, 포스트잇 1개'이다. 따라서 구입해야 하는 총액은 제품별 단가에 수량을 곱하면 $(6\times12,000)+(17\times27,100)+(2\times22,000)+(1\times10,000)=$ 586,700원이다.

제2회
직무수행능력평가

실전모의고사(사무직) 정답 및 해설

| 01 | 경영학

01	02	03	04	05	06	07	08	09	10	11	12	13	14	15	16	17	18	19	20
③	①	②	②	⑤	③	①	⑤	⑤	①	⑤	②	①	②	④	⑤	④	②	③	⑤
21	22	23	24	25	26	27	28	29	30										
③	③	②	⑤	②	②	④	②	⑤	③										

01 정답 ③

균형성과표(BSC)는 재무관점, 고객관점, 내부 프로세스관점, 학습 및 성장관점 등의 4가지로 성과를 측정한다.

02 정답 ①

재무상태표 등식은 '자산=부채+자본'이다.

03 정답 ②

재무제표 작성을 주목적으로 하는 것은 재무회계이다.

관리회계의 개념과 특징

관리회계란 기업 내부의 이해관계자인 경영자가 관리적 의사결정을 하는 데 유용한 정보를 제공하는 것을 목적으로 하는 회계학의 한 분야이다.

구분	관리회계	재무회계
목적	기업내부이해관계자의 의사결정을 위한 정보제공	기업외부이해관계자의 의사결정을 위한 정보제공
보고대상	경영진 중심	주주, 채권자, 소비자 등
준거기준과 보고수단	특별한 기준 없음	각종 회계기준
특징	미래와 관련된 회계정보	과거와 관련된 회계정보

04 정답 ②

자원의존이론에 대한 설명이다. 조직이 생존하기 위해서는 환경으로부터 전략적으로 자원을 획득하고 적극적으로 환경에 대처한다는 이론이다.

오답분석

① 제도화 이론 : 조직의 생존을 위해 이해관계자들로부터 정당성을 얻는 것이 중요하며, 조직들이 서로 모방하기 때문에 동일 산업 내의 조직형태 및 경영관행 등이 유사성을 보인다는 이론
③ 조직군 생태학 이론 : 환경에 따른 조직들의 형태와 그 존재 및 소멸 이유를 설명하는 이론
④ 거래비용 이론 : 기업의 조직이나 형태는 기업의 거래비용을 절약하는 방향으로 결정된다는 이론
⑤ 학습조직 이론 : 기업은 조직원이 학습할 수 있도록 환경을 제공하고 그 학습결과에 따라 지속적으로 조직을 변화시킨다는 이론

05 정답 ⑤

재고자산회전율은 매출액을 평균재고자산으로 나누어 산출한다. 재고자산회전율이 산업평균보다 낮은 경우 재고자산이 산업평균보다 많기 때문에 재고부족으로 인한 기회비용은 나타나지 않는다.

06 정답 ③

기초자산의 가격이 권리행사가격보다 높아질 가능성이 커질수록 콜옵션 가격이 높아진다. 따라서 콜옵션은 기초자산의 가격이 높을수록 유리하다.

07 정답 ①

오답분석

② 사회심리적 세분화는 사회계층, 준거집단, 라이프 스타일, 개성 등으로 시장을 나누는 것이다.
③ 시장표적화는 포지셔닝할 고객을 정하는 단계이다.
④ 시장포지셔닝은 소비자들의 마음속에 자사제품의 바람직한 위치를 형성하기 위하여 제품 효익을 개발하고 커뮤니케이션 하는 활동을 의미한다.
⑤ 행동적 세분화는 구매자의 사용상황, 사용경험, 상표 애호도 등으로 시장을 나누는 것이다.

08 정답 ⑤

인간관계론은 과학적 관리법의 비인간적 합리성과 기계적 도구관에 대한 반발로 인해 발생한 조직이론으로 조직 내의 인간적 요인을 조직의 주요 관심사로 여겼다. 심리요인을 중시하고, 비공식조직이 공식조직보다 생산성 향상에 더 중요한 역할을 한다고 생각했다.

09 정답 ⑤

샤인(Schein)의 경력 닻 모형

- 닻Ⅰ : 관리적 능력 – 복잡한 경영문제 분석, 해결 선호
- 닻Ⅱ : 전문능력 – 일 자체에 흥미, 승진거절, 일반적 관리와 기업정치 싫어함
- 닻Ⅲ : 안전성 – 직무안전성과 장기적 경력에 의해 동기부여됨, 지리적 재배치 싫어함, 조직가치와 규범에 순응
- 닻Ⅳ : 창의성 – 자기사업 시작을 선호, 소규모의 유망기업 선호
- 닻Ⅴ : 자율성/독립성 – 조직의 제약으로부터 벗어나고자 함, 자신의 일을 스스로 하고자 함, 대기업과 공무원 회피

10 정답 ①

적시생산 시스템(JIT; Just In Time)

JIT 시스템은 무재고 생산방식 또는 도요타 생산방식이라고도 하며 필요한 것을 필요한 양만큼 필요한 때에 만드는 생산방식으로 설명된다. 재고가 생산의 비능률을 유발하는 원인이기 때문에 이를 없애야 한다는 사고방식에 의해 생겨난 기법이다. 고품질, 저원가, 다양화를 목표로 한 철저한 낭비제거 사상을 수주로부터 생산, 납품에 이르기까지 적용하는 것으로 풀(Pull) 시스템을 도입하고 있다.

11 정답 ⑤

버즈 마케팅은 소비자들이 자발적으로 상품 및 서비스에 대한 긍정적인 소문을 내도록 하는 마케팅 기법이다.

12 정답 ②

성장기에는 신제품을 인지시키기 위한 정보제공형 광고에서 제품선호형 광고로 전환한다.

13 정답 ①

주제품과 함께 사용되어야 하는 종속제품을 높은 가격으로 책정하여 마진을 보장하는 전략을 종속제품 가격결정이라고 한다.

오답분석

② 묶음 가격결정 : 몇 개의 제품들을 하나로 묶어서 할인된 가격으로 판매하는 전략이다.
③ 단수 가격결정 : 제품 가격의 끝자리를 단수로 표시하여 소비자들이 제품의 가격이 저렴하다고 느껴 구매하도록 하는 가격 전략이다.
④ 침투 가격결정 : 빠른 시일 내에 시장에 깊숙이 침투하기 위해, 신제품의 최초가격을 낮게 설정하는 전략이다.
⑤ 스키밍 가격결정 : 신제품이 시장에 진출할 때 가격을 높게 책정한 후 점차적으로 그 가격을 내리는 전략이다.

14 정답 ②

오답분석

① 비구조화 면접은 자유질문으로 구성이 되어있으며, 표준화된 질문지를 사용하는 것은 구조화 면접이다.
③ 면접내용 개발 단계에서 면접관이나 경영진을 참여하게 함으로써 조직에 필요한 역량 등을 질문에 반영하여 면접의 신뢰성과 타당성을 높인다.
④ 위원회 면접은 3명 이상의 면접자가 1명의 피면접자를 평가하는 방식이다.
⑤ 스트레스 면접이란 피면접자들이 스트레스에 어떻게 대응하는 지를 보는 것으로서 여러 시기에 걸쳐 여러 사람이 면접하는 방식은 아니다.

15 정답 ④

신주 발행을 통해 주식을 배당하는 경우 현금은 변동이 없으며 잉여금이 감소하고 자본금은 증가한다. 이익잉여금이 자본금으로 바뀌는 것이므로 자본총계에는 아무런 변화가 없다. 주식배당의 목적은 배당지급에 소요되는 자금을 사내에 유보하여 외부 유출을 막고, 이익배당을 한 것과 동일한 효과를 올리는 것이다.

16 정답 ⑤

발기설립이란 설립 시 주식의 전부를 발기인만이 인수하여 설립하는 것을 말하고, 모집설립이란 설립 시 주식의 일부를 발기인이 우선 인수하고 주주를 모집하여 그 나머지를 인수하게 하는 설립방법을 의미한다. 이사와 감사는 취임 후 지체 없이 회사의 설립에 관한 모든 사항이 법령 또는 정관의 규정에 위반되지 않는지의 여부를 조사하여야 하는데 발기설립의 경우 이를 발기인에게 보고하고, 모집설립의 경우 창립총회에 보고한다.

17 정답 ④

집중투표제는 2명 이상의 이사 선임 시 주주는 1주마다 선임예정 이사와 같은 수의 의결권을 가지며(의결권=보유주식 수×이사후보의 수), 이 의결권을 후보자 한 사람 또는 몇 명에게 집중적으로 행사하여 득표수에 따라 차례로 이사를 선임하게 되는 제도이다. 각 후보마다 별도로 한 표씩 주어지는 경우 지분이 많은 대주주가 절대적으로 유리했으나, 집중투표제가 도입되면 소수주주도 의결권을 하나에 집중시켜 자신들이 원하는 이사를 뽑을 수 있는 장점이 있는 것이다.

18 정답 ②

블루슈머란 블루오션(Blue Ocean)과 컨슈머(Consumer)의 합성어로 경쟁자가 없는 시장의 새로운 소비자 그룹을 뜻한다. 통계청은 최근 조사 자료를 근거로 사회 환경의 변화에 맞춰 등장한 신소비계층인 블루슈머를 발표하고, 이들이 밀집한 지역을 지도 위에 각종 관련 통계와 함께 보여 주는 블루슈머 지리정보 시스템(GIS) 서비스를 시작하였다.

19 정답 ③

오답분석

① 순응임금제란 기존의 제반조건이 변할 때 거기에 순응하여 임금률도 자동적으로 변동, 조정되도록 하는 제도이다.
② 물가연동제란 물가변동에 따라 임금을 올리거나 내리는 임금지불제도이다.
④ 럭커 플랜은 생산부가가치의 증대를 목표로 노사가 협력하여 얻은 생산성 향상의 결과물을 럭커 표준이라는 일정분배율에 따라서 노사 간에 적정하게 배분하는 방법이다.
⑤ 시간급이란 작업의 양과 질에 관계없이 근로시간을 기준으로 임금을 산정하여 지불하는 방식이다.

20 정답 ⑤

오답분석

① 데이터베이스관리시스템은 데이터의 중복성을 최소화하면서 조직에서의 다양한 정보요구를 충족시킬 수 있도록 상호 관련된 데이터를 모아놓은 데이터의 통합된 집합체이다.
② 전문가시스템은 특정 전문분야에서 전문가의 축적된 경험과 전문지식을 시스템화하여 의사결정을 지원하거나 자동화하는 정보시스템이다.
③ 전사적 자원관리시스템은 구매, 생산, 판매, 회계, 인사 등 기업의 모든 인적·물적 자원을 효율적으로 관리하여 기업의 경쟁력을 강화시켜주는 통합정보시스템이다.
④ 의사결정지원시스템은 경영관리자의 의사결정을 도와주는 시스템이다.

21 정답 ③

감가상각은 자산이 매각예정자산으로 분류되는 날과 자산이 제거되는 날 중 이른 날에 중지해야 한다. 그러므로 유형자산이 가동되지 않거나 유휴상태가 되더라도 감가상각이 완전히 이루어지기 전까지는 감가상각을 중단하지 않는다. 그러나 유형자산의 사용 정도에 따라 감가상각을 하는 생산량비례법의 경우 생산활동이 이루어지지 않을 때 감가상각액을 인식하지 않을 수 있다.

22 정답 ③

유동성 위험은 투자자의 입장에서 어떤 유가증권을 가치손실을 입지 않고 쉽게 사고 팔 수 있는 능력의 여부를 말하며, 즉 자산의 유동성이 부족하여 일시적인 자금부족으로 대외지급에 문제가 생길 가능성을 의미한다. 재투자수익률의 위험은 이자율의 변동에 따라 재투자수익률이 변동함으로 인해 발생하는 불확실성의 위험을 의미한다. 수의상환가격이란 채권이 발행자의 선택에 따라 만기 이전에 채권발행시 정해진 가격으로 상환되는 경우의 상환가격을 의미하는데, 발행회사가 금리수준을 하락한 경우 수의상환가격으로 채권을 매입하고 낮은 수익률로 또 다른 채권을 발행하면 투자자들 입장에서는 투자손실이 발생하기 쉽다. 인플레이션은 화폐가치가 하락하여 일반 물가수준이 지속적으로 상승하는 현상을 말한다.

23 정답 ②

시간가치를 고려한 투자안 평가방법은 순현재가치법과 내부수익률법이다.

24 정답 ⑤

대비오차(Contrast Errors)는 대조효과라고도 하며, 연속적으로 평가되는 두 피고과자 간의 평가점수 차이가 실제보다 더 큰 것으로 고과자가 느끼게 되는 오류를 말한다. 면접 시 우수한 후보의 바로 뒷 순서에 면접을 보는 평범한 후보가 중간 이하의 평가점수를 받는 경우가 바로 그 예라고 할 수 있다.

25 정답 ②

사업단위(SBU) 수명주기
물음표(도입기, 개발사업) → 별(성장기, 성장사업) → 현금젖소(성숙기, 수익창출원) → 개(쇠퇴기, 사양사업)

26 정답 ②

오답분석

① 내부 벤치마킹 : 기업 내부의 부문 간 또는 관련회사 사이의 벤치마킹으로서 현재의 업무를 개선하기 위한 것이며, 외부 벤치마킹을 하기 위한 사전단계이다.
③ 산업 벤치마킹 : 산업 벤치마킹은 경쟁기업과의 비교가 아니라 산업에 속해 있는 전체 기업을 대상으로 하기 때문에 그 범위가 매우 넓다.
④ 선두그룹 벤치마킹 : 새롭고 혁신적인 업무방식을 추구하는 기업을 비교대상으로 한다. 이것은 단순히 경쟁에 대처하는 것이 아니라 혁신적인 방법을 모색하는 것을 목표로 한다.

27 정답 ④

직무기술서는 직무수행과 관련된 과업 및 직무행동을 직무요건 중심으로 기술한 양식이다.

구분	직무기술서	직무명세서
개념	직무수행과 관련된 과업 및 직무 행동을 직무요건 중심으로 기술한 양식	특정 직무를 수행하기 위해 요구되는 지식, 기능, 육체적 정신적 능력 등 인적 요건을 중심으로 기술한 양식
포함내용	• 직무 명칭, 직무코드, 소속 직군, 직렬 • 직급(직무등급), 직무의 책임과 권한 • 직무를 이루고 있는 구체적 과업의 종류 및 내용 등	• 요구되는 교육 수준 • 요구되는 지식, 기능, 기술, 경험 • 요구되는 정신적, 육체적 능력 • 인정 및 적성, 가치, 태도 등
작성요건	명확성, 단순성, 완전성, 일관성	

28 정답 ②

다수표적시장에서는 그 시장에 맞는 마케팅 전략을 수립, 개발, 홍보할 수 있는 차별적 마케팅 전략을 구사한다.

29 정답 ⑤

활동성비율은 분자에 매출액이 고정되고 분모에 무엇이 오느냐에 따라 종류가 나뉜다. 재고자산회전율은 매출액/재고자산으로 해당 재고자산이 당좌자산으로 변화하는 속도를 나타낸다. 안정성비율은 장기지급능력을 측정하는 분석 도구로서 자기자본비율은 총자산 중 자기자본이 차지하는 비중으로 재무구조의 건전성을 판단하는 자료이다. 수익성비율 중 주당순이익은 1주당 이익을 얼마나 창출했는지를 판단하여 수익에 대한 주주의 몫을 파악할 수 있다.

30 정답 ③

노동자 한 명을 더 고용했을 때 추가적으로 발생하는 수입인 한계생산가치는 요소의 한계생산에 산출물의 시장가격을 곱하여 구한다. 4번째 노동자의 한계생산가치는 70켤레×1만 원=70만 원이 되어 임금보다 높으므로 고용을 하는 것이 기업에게 유리하다. 그러나 5번째 노동자의 한계생산가치는 60켤레×1만 원=60만 원이 되어 임금보다 작으므로 고용하지 말아야 한다.

| 02 | 경제학

01	02	03	04	05	06	07	08	09	10	11	12	13	14	15	16	17	18	19	20
④	③	②	⑤	①	③	②	①	②	①	⑤	④	④	②	①	③	②	⑤	①	②
21	22	23	24	25	26	27	28	29	30										
②	③	①	③	④	①	④	⑤	②	③										

01 정답 ④

공공재의 경우에는 개인의 한계편익곡선을 수직으로 합하여 사회적 한계편익곡선을 도출한다. 이때 개인의 한계편익곡선을 수직으로 합하는 이유는 소비에 있어서의 비경합성 때문이다.

02 정답 ③

공공재란 재화와 서비스에 대한 비용을 지불하지 않더라도 모든 사람이 공동으로 이용할 수 있는 재화 또는 서비스를 말한다. 공공재는 비경합성과 비배제성을 동시에 가지고 있다. 공공재의 비배제성 성질에 따르면 재화와 서비스에 대한 비용을 지불하지 않더라도 공공재의 이익을 얻을 수 있는 '무임승차의 문제'가 발생한다. 한편, 공공재라도 민간이 생산, 공급할 수 있다.

03 정답 ②

인플레이션은 경제에 여러 가지 비용을 야기시킨다. 인플레이션은 화폐의 실질가치를 떨어뜨리므로 현금보유를 줄이도록 만들고(구두창 비용) 재화 가격이 자주 변동돼 가격조정 비용(메뉴비용)이 든다. 또한 상대가격의 가변성이 커지기 때문에 자원배분의 왜곡을 초래할 수 있다. 화폐의 가치가 하락했을 때 금융자산(현금, 채권 등)을 가진 사람과 채권자는 손해를 보는 반면 실물자산을 가진 사람과 채무자는 이익을 얻는 채무자와 채권자 사이 부의 재분배 효과는 예상치 못한 인플레이션에 따른 비용이다.

04 정답 ⑤

자유재는 시대나 환경에 따라 경제재로 바뀔 수 있다. 예를 들어 과거에는 맑은 공기와 물이 자유재였지만 환경이 오염되면서 깨끗한 공기와 물의 부족으로 두 재화는 점차 시장에서 가격이 형성되고 거래되는 경제재가 되고 있다.

05 정답 ①

이 마을 사람들은 오렌지보다 사과를 더 선호한다. 재화의 희소성은 절대적인 양이 부족함을 의미하는 것이 아니라 욕망에 비해 상대적으로 부족하다는 의미이다.

06 정답 ③

'공짜 점심은 없다.'라는 의미는 무엇을 얻고자 하면 보통 그 대가로 무엇인가를 포기해야 한다는 뜻으로 해석할 수 있다. 즉, 어떠한 선택에는 반드시 포기하게 되는 다른 가치가 존재한다는 의미이다. 시간이나 자금의 사용은 다른 활동에의 시간 사용, 다른 서비스나 재화의 구매를 불가능하게 만들어 기회비용을 유발한다. 정부의 예산배정, 여러 투자상품 중 특정 상품의 선택, 경기활성화와 물가안정 사이의 상충관계 등이 기회비용의 사례가 될 수 있다.

07 정답 ②

누구나 사용할 수 있는 공유재산은 누구의 재화도 아니라는 인식으로 인해 제대로 보존·유지되지 못하는 반면, 사유재산제도는 개인의 소유욕을 제도적으로 보장하여 사회의 생산적 자원이 보존·유지·증식되도록 한다. 또한 부의 분산에 기반하여 다양한 가치가 만들어지고 의사결정의 권력도 분산된다. 소비자 주권은 소비자들이 어떤 물건을 얼마나 사느냐에 따라 기업들이 생산하는 물건의 종류와 수량이 정해지고, 이에 따라 사회적 자원배분이 결정된다는 의미이다. 즉, 자본주의체제에서는 무엇을 생산할 것인가가 소비자들의 선택에 달려 있다는 의미이므로 사유재산제도와는 직접적 연관이 없다.

08 정답 ①

가. 계획경제체제는 정부의 계획과 통제에 의해서 경제문제를 해결한다.
나. 생산방식과 관련된 문제이므로 생산방식 중 하나인 Ⓑ의 분업 및 특화와 관련이 있다.
다. 소득분배에 관한 문제로, 소득세의 누진세율 적용 및 사회복지제도 등을 통하여 생산된 재화와 서비스 배분에 수정을 가할 수 있다는 점에서 Ⓒ와 관련이 있다.

09 정답 ②

어떤 상품이 정상재인 경우 이 재화의 수요가 증가하면 수요곡선 자체를 오른쪽으로 이동시켜 재화의 가격이 상승하면서 동시에 거래량이 증가한다. 소비자의 소득 증가, 대체재의 가격 상승, 보완재의 가격 하락, 미래 재화가격 상승 예상, 소비자의 선호 증가 등이 수요를 증가시키는 요인이 될 수 있다. 한편, 생산기술의 진보, 생산요소의 가격 하락, 생산자의 수 증가, 조세 감소 등은 공급의 증가요인으로 공급곡선을 오른쪽으로 이동시킨다.

10 정답 ①

오답분석

② 밴드웨건 효과란 대중들의 어떤 상품에 대한 소비가 증가하면 이에 편승하여 다른 사람들도 그 상품에 대한 수요를 증가시키는 현상을 말하며, 유행을 추종하는 소비심리에 기인한다.
③ 스톡홀름 증후군(Stockholm Syndrome)이란 인질이 범인에게 동조하고 감화되는 비이성적인 심리 현상을 말한다.
④ 스필오버 효과란 어떤 요소의 생산활동이 그 요소의 생산성 외에 다른 요소의 생산성을 증가시켜 경제 전체의 생산성을 올리는 효과를 말한다.
⑤ 트리클 다운이란 대기업의 성장을 촉진하면 중장기적으로 중소기업과 소비자에게도 혜택이 돌아가 총체적으로 경기가 활성화된다는 경제 이론을 말한다.

11 정답 ⑤

수요의 가격탄력성이란 어떤 재화의 가격이 변할 때 그 재화의 수요량이 얼마나 변하는지를 나타내는 지표이다. 수요의 가격탄력성은 수요량의 변화율을 가격의 변화율로 나누고 음의 부호(−)를 부가하여 구할 수 있으며, 이 값이 1보다 큰 경우를 '탄력적'이라고 하고 가격 변화에 수요량이 민감하게 변한다는 것을 의미한다. 이 문제에서 가격 변화율은 10%, 제품 판매량은 5% 감소하였으므로 수요의 가격 탄력성은 $\frac{5\%}{10\%}=0.5$이다.

12 정답 ④

오답분석

다. 수요의 가격탄력성이 크면 가격 인상률보다 수요 감소율이 더 커서 매출은 감소하게 된다.

13 정답 ④

독점시장의 시장가격은 완전경쟁시장의 가격보다 높게 형성되므로 소비자잉여는 줄어든다.

14 정답 ②

오답분석

가. 최저가격제란 공급자를 보호하기 위하여 시장가격보다 높은 수준에서 최저가격을 설정하는 규제를 말한다.
라. 최저가격제를 실시하면 소비자의 지불가격이 높아져 소비자는 소비량을 감소시키기 때문에 초과공급이 발생하고 실업, 재고누적 등의 부작용이 발생한다.
마. 아파트 분양가격, 임대료, 금리, 공공요금 등을 통제하기 위해 사용되는 규제방법은 최고가격제이다.

15 정답 ①

숙련노동자의 균형임금은 최저임금보다 높기 때문에 최저임금이 인상되더라도 숙련노동자들은 영향을 받지 않는다. 이에 비해 최저임금이 인상되면 균형임금이 최저임금보다 낮은 비숙련노동자의 고용은 감소하게 된다. 노동수요가 탄력적일수록 최저임금 인상 시 비숙련노동자의 고용량이 크게 감소한다.

16 정답 ③

무차별곡선이론에서는 기수적 효용이 아니라 서수적 효용을 가정한다.

17 정답 ②

노동자수가 10명일 때 1인당 평균생산량이 30단위이므로 총생산량은 300단위(=10×30)이다. 노동자가 11명일 때 1인당 평균생산량이 28단위이므로 총생산량은 308(=11×28)이다. 그러므로 11번째 노동자의 한계생산량은 8단위이다.

18 정답 ⑤

완전경쟁시장은 같은 상품을 취급하는 수많은 공급자와 수요자로 구성되어 있기 때문에 기업들은 시장가격을 수용할 뿐 결정하지는 못한다.

19 정답 ①

관성 효과가 작용하면 소득이 감소하여 경기가 후퇴할 때 소비 성향이 일시에 상승한다.

20 정답 ②

하이퍼인플레이션에 대한 설명이다.

인플레이션의 종류

- 하이퍼인플레이션 : 인플레이션의 범위를 초과하여 경제학적 통제를 벗어난 인플레이션으로, 최근 짐바브웨의 사례가 해당
- 스태그플레이션 : 경기침체기에서의 인플레이션으로, 저성장 고물가의 상태
- 애그플레이션 : 농산물 상품의 가격 급등으로 일반 물가도 덩달아 상승하는 현상
- 디노미네이션 : 화폐 가치에 대한 변동 없이 화폐 액면단위를 낮추는 것
- 보틀넥인플레이션 : 생산요소(노동・토지・자본)의 일부가 부족하여, 생산의 증가속도가 수요의 증가속도를 따르지 못해 발생하는 물가상승
- 디맨드풀인플레이션 : 초과수요로 인하여 일어나는 인플레이션
- 디스인플레이션 : 인플레이션을 극복하기 위해 통화증발을 억제하고 재정・금융긴축을 주축으로 하는 경제조정정책

21 정답 ②

오답분석

나. 저축률이 높은 나라일수록 1인당 소득은 높은 경향이 있다.
라. 칼도우의 정형화된 사실에 따르면 개발도상국과 선진국 간의 1인당 소득격차는 확대된다.

22 정답 ③

십분위분배율은 0과 2 사이의 값을 갖고, 그 값이 작을수록 소득분배가 불평등함을 나타낸다. 이에 비해 지니계수와 앳킨슨지수는 모두 0과 1 사이의 값을 갖고, 그 값이 클수록 소득분배가 불평등함을 나타낸다.

23 정답 ①

임금이 일정수준 이상으로 상승으로 실질소득이 증가하여 여가는 늘리고 근로시간을 줄이려는 소득효과가 대체효과보다 커지면 노동공급은 감소한다. 임금이 상승함에 따라 여가의 기회비용이 증가하여 여가는 줄이고 근로시간을 늘리려는 대체효과가 소득효과보다 커지게 되면 노동공급이 증가하여 노동공급곡선은 정(+)의 기울기를 가지게 된다.

24 정답 ③

오답분석

ㄷ. 채용비용이 존재할 때는 숙련 노동수요곡선보다 미숙련 노동수요곡선이 임금의 변화에 더 탄력적이다.

25 정답 ④

GDP 디플레이터(Deflator)는 명목GDP와 실질GDP 간의 비율로서 국민경제 전체의 물가압력을 측정하는 지수로 사용되며, 통화량 목표설정에 있어서도 기준 물가상승률로 사용된다.

26 정답 ①

출구전략 : 경제에서는 경기를 부양하기 위하여 취하였던 각종 완화정책을 정상화하는 것을 말한다. 경기가 침체되면 기준 금리를 내리거나 재정지출을 확대하여 유동성 공급을 늘리는 조치를 취해 경기가 회복되는 과정에서 유동성이 과도하게 공급되면 물가가 상승하고 인플레이션을 초래할 수 있다. 따라서 경제에 미칠 후유증을 최소화하면서 재정 건전성을 강화해나가는 것을 출구전략이라 한다.

오답분석

② 통화 스와프 : 두 나라가 자국통화를 상대국 통화와 맞교환하는 방식으로, 외환위기가 발생하면 자국통화를 상대국에게 맡기고 외국통화를 단기 차입하는 중앙은행 간 신용계약이다.

27 정답 ④

국제유가 등 국제 원자재 가격이 상승하면 수입가격 상승으로 경상수지가 악화되고, 경제성장이 둔화되며, 실업도 증가하게 된다.

28 정답 ⑤

주가상승은 당해연도의 생산액 증가와는 무관하므로 주가가 상승하더라도 GDP는 변하지 않는다.

29 정답 ②

양적완화

- 금리중시 통화정책을 시행하는 중앙은행이 정책금리가 0%에 근접하거나, 혹은 다른 이유로 시장경제의 흐름을 정책금리로 제어할 수 없는 이른바 유동성 저하 상황하에서 유동성을 충분히 공급함으로써 중앙은행의 거래량을 확대하는 정책이다.
- 수출 증대의 효과가 있는 반면 인플레이션을 초래할 수도 있다.
- 자국의 경제에는 소기의 목적을 달성하더라도 타국의 경제에 영향을 미쳐 자산 가격을 급등시킬 수도 있다.

PART 3

30 정답 ③

ㄱ. 실업급여의 확대는 실업자의 구직기간이 길어져 탐색적 실업이 증가한다.
ㄴ. 마찰적 실업과 구조적 실업만 있는 경우의 실업률을 자연실업률이라 한다. 일자리에 대한 정보가 많아지면 탐색적 실업이 줄어들어 자연실업률은 낮아질 수 있다.
ㄷ. 비경제활동인구는 만 15세가 넘은 인구 중 취업자와 실업자에 포함되지 않는 사람을 말한다.

제3회 직무수행능력평가

실전모의고사(기술직) 정답 및 해설

| 01 | 전기

01	02	03	04	05	06	07	08	09	10	11	12	13	14	15	16	17	18	19	20
④	①	③	③	③	③	③	①	①	②	②	④	①	②	①	②	③	②	②	④
21	22	23	24	25	26	27	28	29	30										
⑤	①	①	③	③	③	③	②	①	④										

01 정답 ④

1A의 전류가 1분간 흐를 때 도체에 통과하는 전기량은 60C이다. 따라서 5A가 10분간 흘렀다면 전지에서 나온 전기량은 5C/s×60s/min×10min=3,000C이다.

02 정답 ①

용량을 변화시킬 수 있는 콘덴서는 '가변 콘덴서'로 '바리콘(공기 가변 콘덴서)'이 이에 속한다.

오답분석

마일러 콘덴서, 전해 콘덴서, 세라믹 콘덴서, 플라스틱 콘텐서는 용량을 바꿀 수 없는 '고정 콘덴서'이다.

03 정답 ③

- 동일한 용량의 병렬 합성 용량 : $C_P = C+C+C+C+C = 5C$[F]
- 동일한 용량의 직렬 합성 용량 : $C_S = \dfrac{1}{\frac{1}{C}+\frac{1}{C}+\frac{1}{C}+\frac{1}{C}+\frac{1}{C}} = \dfrac{C}{5}$[F]

따라서 C_P가 C_S의 25배이므로 $C_P = 25C_S$임을 알 수 있다.

04 정답 ③

자기 인덕턴스에 축적되는 에너지는 $W = \frac{1}{2}LI^2$[J]로 자기 인덕턴스(L)에 비례하고, 전류(I)의 제곱에 비례한다.

05 정답 ③

전동기 원리와 관련 있는 법칙으로 엄지는 힘(F), 검지는 자속밀도(B), 중지는 전류(I)를 나타낸다.

06 정답 ③

도체에 작용하는 자기력은 $F = BIl\sin\theta = 2\times5\times0.6\times\sin60° = 5.196 \fallingdotseq 5.2$N이다.

07 정답 ③

규약 효율

$\eta = \dfrac{\text{출력}}{\text{출력}+\text{손실}} \times 100\%$ ⇒ 발전기

$\eta = \dfrac{\text{입력}-\text{손실}}{\text{입력}} \times 100\%$ ⇒ 전동기

08 정답 ①

각주파수 $\omega=2\pi f$ → 주파수 $f=\frac{\omega}{2\pi}=\frac{100\pi}{2\pi}=50\text{Hz}$

09 정답 ①

전류가 전압보다 위상이 -60° 차이가 나므로 전류는 전압보다 60° 뒤진다.

10 정답 ②

50V의 사인파 전압의 전류 실횻값은 $I=\frac{V}{R}=\frac{50}{25}=2\text{A}$이며, 전류의 순시값은 최댓값 전류에 사인파를 적용시킨 값으로 $i=2\sqrt{2}\sin\omega t=2\sqrt{2}\sin 377t[\text{A}]$이다.

11 정답 ②

주변속도는 $\nu=\pi D\frac{N}{60}[\text{m/s}]$이다. 따라서 D(전기자 지름)$=0.2\text{m}$, N(회전수)$=1,800\text{rpm}$을 대입하면 주변속도는 $\nu=\pi\times0.2\times\frac{1,800}{60}=3.14\times6=18.84\text{m/s}$이다.

12 정답 ④

철심을 얇게 여러 층으로 쌓는 이유는 와류손(맴돌이전류손) 감소를 위해서이다.

13 정답 ①

전류가 전압보다 90° 앞선 경우는 진상 전류 상태로 증자 작용이 일어난다.

14 정답 ②

전압 변동률은 $\varepsilon=\frac{V_0-V_n}{V_n}\times100=\frac{253-220}{220}\times100=15\%$이다. V_0는 무부하 전압이며, V_n은 정격 전압을 뜻한다.

15 정답 ①

우리나라는 60Hz를 사용주파수로 하며, 3상 유도 전동기의 최고속도를 위해 극수는 가장 낮은 2극으로 대입하면 속도 $N=\frac{120f}{P}=\frac{120\times60}{2}=3,600\text{rpm}$임을 알 수 있다.

16 정답 ②

단상 반파 정류 회로의 직류 전압은 $E_d=0.45\text{E[V]}$로 $0.45\times200=90\text{V}$이다. 따라서 부하 전류는 $I=\frac{V}{R}=\frac{90}{10}=9\text{A}$임을 알 수 있다.

17 정답 ③

저압의 이동전선은 0.6/1kV EP 고무절연 클로로프렌 캡타이어 케이블은 공칭 단면적 0.75mm^2 이상이어야 한다.

18 정답 ②

애자 사용 배선(저압 옥내 배선)에서 전선 상호 간의 간격은 6cm 이상이어야 한다.

PART 3

19 정답 ②

정격 전류가 30A 이하인 저압 전로의 과전류 차단기를 배선용 차단기로 사용하는 경우 정격 전류의 2배의 전류가 통과하였을 경우 2분 이내에 자동으로 동작되어야 한다.

20 정답 ④

내부저항과 외부저항이 같을 때 전력은 최댓값을 갖는다. 또한, 두 저항이 같은 값이라면 각각의 전압 V_1은 $\frac{V}{2}$인 60V로 분배된다. 따라서 부하저항(R)에서 얻을 수 있는 최대전력은 $P=\frac{V_1^2}{R}=\frac{60^2}{15}=240\text{W}$임을 알 수 있다.

21 정답 ⑤

과전류 차단기로 저압 전로에 사용하는 배선용 차단기는 정격 전류 30A 이하일 때 정격 전류의 1.25배 전류를 통한 경우 60분 안에 자동으로 동작되어야 한다.

22 정답 ①

저압 옥내 간선과의 분기점에서 전선의 길이가 3m 이하인 곳에 개폐기 및 과전류 차단기를 시설해야 한다.

23 정답 ①

전동기의 정격 전류의 합계가 50A를 초과하는 경우 그 정격 전류 합계의 1.1배인 것을 사용한다.

24 정답 ③

일반적으로 가공전선로의 지지물에 취급자가 오르고 내리는 데 사용하는 발판 볼트 등은 지표상 1.8m 미만에 시설할 수 없다.

25 정답 ③

자체 인덕턴스 공식 $\text{L}=\frac{N\varnothing}{I}$[H]에 대입하면 $\text{L}=\frac{300\times 0.05\text{Wb}}{6\text{A}}=2.5\text{H}$이다.

26 정답 ③

콘덴서 직렬연결에서 합성 정전용량 $\text{C}=\frac{C_1\times C_2}{C_1+C_2}$이며, 각 콘덴서에 있는 전하량은 $\text{Q}=\text{C}_1\text{V}_1=\text{C}_2\text{V}_2=\text{CV}$이다. 따라서 $\text{V}_1=\frac{Q}{C_1}=\frac{CV}{C_1}=\frac{C_1\times C_2}{C_1+C_2}\times\frac{V}{C_1}=\frac{C_2\times V}{C_1+C_2}=\frac{10\mu\text{F}\times 30\text{V}}{5\mu\text{F}+10\mu\text{F}}=20\text{V}$임을 알 수 있다.

27 정답 ③

3상 교류회로의 소비전력 $\text{P}=\sqrt{3}\,\text{VI}\cos\theta$[W]이다. 따라서 $\text{P}=\sqrt{3}\times 13{,}200\text{V}\times 800\text{A}\times 0.8 \fallingdotseq 1{,}463{,}237\text{W}$로 약 14.63MW임을 알 수 있다.

28 정답 ②

전력은 $\text{P}=\frac{V^2}{R}$으로 저항의 반비례한다. 직렬일 때의 전체 저항은 2R이고, 병렬일 때의 전체 저항은 $\frac{R}{2}$이므로 직렬 전체 저항은 병렬 전체저항의 4배이다. 따라서 직렬일 때 전력은 병렬일 때의 전력보다 $\frac{1}{4}$로 줄어든다.

29 정답 ①

권수비는 $a=\frac{N_1}{N_2}=\frac{V_1}{V_2}=\frac{6,300}{210}=30$이다.

30 정답 ④

동기전동기를 무부하 운전하고 그 계자전류를 조정하면 역률이 0에 가까운 전기자전류의 크기를 바꿀 수 있는데, 이것을 이용해서 회로로부터 얻는 진상 또는 지상 무효전력을 조정하여 역률 조정에 사용되는 것은 '동기조상기'이다.

오답분석

① 댐퍼 : 진동 에너지를 흡수하는 장치로 제진기, 흡진기라고도 함
③ 제동권선 : 동기기 자극편의 전기자에 상대하는 면의 슬롯 안에 설치한 권선
⑤ 유도전동기 : 고정자에 교류 전압을 가하여 전자 유도로써 회전자에 전류를 흘려 회전력을 생기게 하는 교류 전동기

| 02 | 기계

01	02	03	04	05	06	07	08	09	10	11	12	13	14	15	16	17	18	19	20
②	⑤	④	③	②	①	④	⑤	③	②	②	①	②	③	③	②	③	①	②	④
21	22	23	24	25	26	27	28	29	30										
④	③	①	②	①	④	④	④	⑤	②										

01 정답 ②

SM35C는 기계구조용 탄소강재이고, 평균탄소함유량이 0.35(0.32~0.38)%임을 나타내는 KS기호이다.
SC350은 탄소강 주강품이면서 인장강도 350N/mm^2 이상을 나타낸다.

02 정답 ⑤

인베스트먼트주조법 : 제품과 동일한 형상의 모형을 왁스(양초)나 파라핀으로 만든 다음 그 주변을 슬러리상태의 내화재료로 도포한다. 그리고 가열하면 주형은 경화되면서 왁스로 만들어진 내부 모형이 용융되어 밖으로 빠지고 주형이 완성되는 주조법이다.

오답분석

① 셸몰드법 : 금속모형을 대략 240~280℃로 가열한 후, 모형 위에 박리제인 규소수지를 바른다. 규사와 열경화성 합성수지를 배합한 주형재에 잠기게 하여 주형을 제작하는 주조법이다.
② 다이캐스팅법 : 용융금속을 금형에 고속으로 주입한 뒤 응고될 때까지 고압을 가해 주물을 얻는 주조법이다. 또한 주형을 영구적으로 사용할 수 있고 주입 시간이 매우 짧아서 생산속도가 빨라 대량생산에 적합하다.
③ 원심주조법 : 고속으로 회전하는 사형이나 금형주형에 용탕을 주입한 후 회전시켜 작용하는 원심력이 주형의 내벽에 용탕이 압착된 상태에서 응고시키는 주조법이다.
④ 풀몰드법 : 모형에 발포 폴리스티렌을 사용하고 주형 모래로 이 모형을 감싸서 굳히므로 주형에 분할면이 생기지 않으며, 코어는 미리 주형 속에 고정시켜 놓고 연소하여 모형 공동 속에 남는 것은 극히 적으며, 거의 쇳물과 모형이 교체되듯이 쇳물 주입이 이루어지는 것이 특징으로 하는 주조법이다.

03 정답 ④

절삭하는 과정에서 마찰열이 발생하여 열에 의해 온도가 증가하므로 가공물의 온도가 일정하게 유지할 때는 공구수명의 판정기준과 거리가 멀다. 공구수명이 다 되었음을 판정하는 방법은 공구날의 마모가 일정량에 달했을 때, 절삭저항이 절삭개시 때와 비교해 급격히 증가했을 경우, 적삭가공 직후 가공표면에 반점이 나타났을 경우와 가공물의 완성치수 변화가 일정량에 도달했을 때이다.

04 정답 ③

나사를 푸는 힘 $P'=Q\tan(p-\alpha)$에서
- P'가 0보다 크면, $p-\alpha>0$이므로 나사를 풀 때 힘이 든다. 따라서 나사는 풀리지 않는다.
- P'가 0이면, $p-\alpha=0$이므로 나사가 풀리다가 정지한다. 따라서 나사는 풀리지 않는다.
- P'가 0보다 작으면, $p-\alpha<0$이므로 나사를 풀 때 힘이 안 든다. 따라서 나사는 스스로 풀린다.

05 정답 ②

직각인 두 축 간에 운동을 전달하고, 잇수가 같은 한 쌍의 베벨기어의 일종은 '마이터기어'라고 한다.

오답분석

① 스퍼기어 : 평행을 이루는 두 축을 연결하는 기어 장치
③ 나사기어 : 나사형으로 톱니를 절삭한 기어
④ 헬리컬기어 : 기어 축의 중심선에 대해 각을 형성하고 있는 기어
⑤ 평기어 : 가장 대표적인 기어이며, 축과 나란히 톱니가 절삭되어 있는 기어

06 정답 ①

프레스가공의 일종으로 펀치와 다이를 이용해서 판금할 재료로부터 제품의 외형을 따내는 작업은 블랭킹(Blanking)이라 한다.

오답분석

② 피어싱(Piercing) : 재료에 펀치로 구멍을 뚫거나 작은 구멍에 펀치를 이용하여 구멍을 넓히는 가공법이다.
③ 트리밍(Trimming) : 제품치수보다 크게 만드는 드로잉가공 후 기존의 제품치수에 맞게 재료를 절단하는 작업으로 트리밍용 별도의 다이가 필요하다.
④ 플랜징(Flanging) : 금속판재의 모서리를 굽혀 테두리를 만드는 가공법이다.
⑤ 스탬핑(Stamping) : 요철이 가공된 상형과 하형 사이에 판금을 넣고 충격적인 압력을 가하여 판금 표면에 요철의 형상을 찍어내는 가공법이다.

07 정답 ④

스트레이트에지(Straight Edge)는 평면도를 측정하는 기기이다.

오답분석

① 마이크로미터가 버니어캘리퍼스보다 측정할 때 더 정밀하다.
② 사인바(Sine Bar)는 삼각법을 이용하여 공작물의 각도를 측정한다.
③ 다이얼게이지(Dial Gage)는 변화 변위를 톱니바퀴로 정밀하게 측정하는 비교측정기이다.
⑤ 마이크로미터(Micrometer)는 0.01mm단위까지 측정 가능하다.

08 정답 ⑤

드럼브레이크는 바퀴와 함께 회전하는 브레이크드럼의 안쪽에 마찰재인 초승달 모양의 브레이크패드(슈)를 밀착시켜 제동시키는 장치이다.

오답분석

① 블록브레이크 : 마찰브레이크에 속하며 브레이크드럼에 브레이크블록을 밀어 넣어 제동시키는 장치이다.
② 밴드브레이크 : 마찰브레이크의 일종으로 브레이크드럼의 바깥 둘레에 강철 밴드를 감아 밴드와 브레이크드럼 사이에 마찰력으로 제동력을 얻는 장치이다.
③ 나사브레이크 : 나사의 체결력을 브레이크에 이용한 자동 하중 브레이크이다.
④ 원판브레이크(디스크브레이크) : 압축식 브레이크의 일종으로, 바퀴와 함께 회전하는 디스크에 패드를 압착시켜 제동력을 얻어 회전을 멈추는 장치이다.

09 정답 ③

컴퓨터에 의한 통합 제조라는 의미로 제조부문, 기술부문 등의 제조시스템과 경영시스템을 통합 운영하는 생산 시스템을 CIM(CIMS; Computer Integrated Manufacturing System)이라 한다.

오답분석

① CAM(Computer Aided Manufacturing) : 컴퓨터를 이용한 생산 시스템으로 생산과 제조분야에서 사용되며, CAD에서 얻은 설계로부터 종합적인 생산순서와 규모를 계획해서 CNC공작기계의 가공프로그램을 자동으로 수행한다.
② FMS(Flexible Manufacturing System) : 유연생산시스템으로 하나의 생산공정에서 다양한 제품을 동시에 제조할 수 있는 생산자동화시스템으로 다품종 소량생산을 가능하게 한다.
④ FA(Factory Automation) : 공장자동화라고 하며 생산계획부터 부품가공, 조립, 제품출하 등을 파악할 수 있는 시스템을 갖춘 생산공정자동화시스템이다.
⑤ TQM(Total Quality Management) : 전사적 품질경영으로서 제품 및 서비스의 품질을 향상시켜 장기적인 경쟁우위를 확보하기 위해 기존의 조직문화와 경영관행을 재구축하는 것이다.

10 정답 ②

키의 전달강도가 큰 순서는 '스플라인>경사키>평키>안장키(새들키)'이다.

11 정답 ②

유압작동유의 점도가 높을 때 발생하는 현상은 유압기기의 작동이 불활성화되고, 내부 마찰이 커져 온도가 상승한다. 또한 유동저항이 커져 에너지 손실이 커지며, 압력유지는 유압작동유의 점도가 낮아지면 곤란하게 되는 것이다.

12 정답 ①

가솔린기관과 디젤기관의 대조표는 다음과 같다.

구분	가솔린기관	디젤기관
점화방식	전기불꽃점화	압축착화
최대압력	30~35kg/cm^2	65~70kg/cm^2
열효율	작다.	크다.
압축비	6 ~ 11 : 1	15 ~ 22 : 1
연소실 형상	간단하다.	복잡하다.
연료공급	기화기 또는 인젝터	분사펌프, 분사노즐
진동 및 소음	작다.	크다.
출력당 중량	작다.	크다.

따라서 가솔린기관은 압축비가 디젤기관보다 일반적으로 작다.

13 정답 ②

연강용 피복아크용접봉의 규격 E4301(일미나이트계 용접봉)이 나타내는 뜻은 다음과 같다.

E	43	01
Electrode(전기용접봉)	용착금속의 최소인장강도(단위 : kgf/mm^2)	피복제의 계통(종류) (일미나이트계)

14 정답 ③

반달키는 홈이 깊게 가공되어 축의 강도가 약해지는 결점이 있으나 가공하기 쉽고, 60mm 이하의 작은 축에 사용되며, 특히 테이퍼축에 사용하기 편리하다.

오답분석

① 평행키 : 상하의 면이 평행인 묻힘키이다.

② 경사키 : 보통 $\frac{1}{100}$ 기울기를 가진 키이다.

④ 평키 : 축에 키의 폭만큼 편평하게 만들어 보스에 만든 홈에 사용한다.

⑤ 새들키 : 보스에만 홈을 파고 축에는 홈을 파지 않고 끼울 수 있는 단면의 키를 말한다.

15 정답 ③

강의 열처리 조직의 경도 순서는 '페라이트<펄라이트<소르바이트<트루스타이트<마텐자이트'로 높아진다.
참고로 강의 열처리조직 중 철(Fe)에 탄소(C)가 6.67%rk 함유된 시멘타이트 조직의 경도가 가장 높다.

16 정답 ②

플래시용접(플래시 버트용접)은 철판에 전류를 통전한 후 외력을 가해 용접하는 방법 중 하나이다.

17 정답 ③

크리프(Creep)시험은 고온에서 재료에 일정 크기의 하중을 작용시키면 시간에 따라 변형이 증가하는 현상을 알아보는 것으로, 온도에 따른 재료의 특성인 크리프한계를 결정하거나 예측하기 위한 시험법이다.

18 정답 ①

절탄기는 폐열을 회수하여 보일러의 연도에 흐르는 연소가스의 열을 이용하여 급수를 예열하는 장치로 보일러의 효율을 향상시킨다.

19 정답 ②

클러치 설계 시 유의사항은 균형상태가 양호해야 하고, 관성력이 작고 과열되지 않아야 하며, 마찰열에 대한 내열성도 좋아야 한다. 그리고 단속을 원활히 할 수 있도록 한다.

20 정답 ④

재결정의 특징으로 가공도가 클수록, 가열시간이 길수록, 냉간가공도가 커질수록 재결정온도는 낮아진다. 강도가 약해지고 연성은 증가한다. 일반적으로 약 1시간 안에 95% 이상 재결정이 이루어지는 온도로 정의되며, 금속의 용융온도를 절대온도 T_m이라 할 때 재결정온도는 대략 $0.3 \sim 0.5\,T_m$ 범위에 있다.

21 정답 ④

테르밋용접은 알루미늄분말과 산화철을 혼합하여 산화철이 환원되어 생긴 철이 테르밋제를 만든 후 약 2,800℃의 열이 발생되면서 용접용 강이 만들어지게 되는데, 이 강을 용접부에 주입하면서 용접하는 용접법이다.

오답분석

① 플러그용접 : 위아래로 겹쳐진 판을 접합할 때 사용하는 용접법으로 위에 놓인 판의 한쪽에 구멍을 뚫고 그 구멍 안의 바닥부터 용접하여 용가재로 구멍을 채워 다른쪽 부재와 용접하는 용접법이다.
② 스터드용접 : 점용접의 일종으로 봉재나 볼트와 같은 스터드(막대)를 판이나 프레임과 같은 구조재에 직접 심는 능률적인 용접법이다.
③ TIG용접 : Tungsten(텅스텐) 재질의 전극봉으로 아크를 발생시킨 후 모재와 같은 성분의 용가재를 녹여가며 용접하는 특수용접법이다.
⑤ 전자빔용접 : 전자빔용접은 고진공 중에서 고속도로 가속된 전자 즉, 전자빔을 접합부에 대어 그 충격발열을 이용하여 행하는 용융 용접방법이다.

22 정답 ③

알루미늄은 비중은 2.7이며 강(7.85)보다 가볍고, 열과 전기전도성, 전연성이 좋다. 또한 내식성 및 가공성이 양호하다. 따라서 내식성이 좋아 공기 중에서 산화가 잘 일어나지 않는다.

23 정답 ①

전해가공은 공작물을 양극으로 하고 공구를 음극에 연결하면 전기화학적 작용으로 공작물이 전기분해되어 원하는 부분을 제거하는 가공법이다.

오답분석

② 방전가공(EDM) : 절연성의 가공액 내에서 전극과 공작물 사이에서 일어나는 불꽃방전에 의하여 재료를 조금씩 용해시켜 원하는 형상의 제품을 얻는 가공법이다.
③ 전자빔가공 : 진공 속에서 고밀도의 전자빔을 용접물에 고속으로 조사시키면 물체에 국부적으로 고열을 발생시켜 구멍이나 절단하는 방법이다. 주로 전자빔용접으로 불린다.
④ 초음파가공 : 공구와 공작물 사이에 연삭입자와 공작액을 섞은 혼합액을 넣고 초음파진동을 주면 공구가 반복적으로 충격을 가하여 공작물의 구멍, 연삭, 절단 등을 행하는 가공법이다.
⑤ 호닝가공 : 기름 숫돌 다듬질 가공의 일종으로서 혼(Hone)이라는 기름 숫돌을 장착한 공구를 사용하여 구멍의 내면을 재빨리 정밀 연마하는 가공법을 말한다.

24 정답 ②

순철에 0.8%의 C가 합금된 공석강을 서랭(서서히 냉각)시키면 페라이트가 아닌 펄라이트조직이 나온다.

오답분석

① 아공석강은 순철에 0.02 ~ 0.8%의 C가 합금된 강이다.
③ 과공석강은 순철에 0.8 ~ 2%의 C가 합금된 강이다.
④ 시멘타이트는 순철에 6.67%의 C가 합금(금속간 화합물)된 재료로 표시는 Fe_3C로 한다.
⑤ 탄소강에서는 어떤 방법이든 급속하게 냉각시켜도 오스테나이트만의 조직은 이룰 수가 없으나 Mo 또는 Ni를 첨가하면 쉽게 오스테나이트 조직이 생긴다.

25 정답 ①

재결정은 특정한 온도에서 이전의 입자들과 다른 변형 없는 새로운 입자가 형성되는 현상이다.
재결정의 특징으로 가공도가 클수록, 가열시간이 길수록, 냉간가공도가 커질수록 재결정온도는 낮아진다. 강도가 약해지고 연성은 증가한다. 일반적으로 재결정온도는 약 1시간 안에 95% 이상 재결정이 이루어지는 온도로 정의되며, 금속의 용융온도를 절대온도 T_m이라 할 때 재결정온도는 대략 $0.3 \sim 0.5\,T_m$ 범위에 있다.

26 정답 ④

재료의 내부나 표면에 어떤 잔류응력이 남았다면 그 재료의 피로수명은 감소한다.
잔유응력은 변형 후 외력을 제거한 상태에서 소재에 남아있는 응력을 뜻하며, 물체 내의 온도구배에 의해 발생가능하고, 추가적인 소성변형에 의해 감소될 수도 있다.

27 정답 ④

키홈의 깊이가 깊어질수록 축의 직경은 작아지므로[직경이 작아지면 받는 힘(압력)은 커진다] 응력집중이 더 잘 일어나서 파손의 우려가 커져 좋은 체결기구가 될 수 없다.

28 정답 ④

구성인선(Built-up Edge)은 재질이 연하고 공구재료와 친화력이 큰 재료를 절삭가공할 때, 칩과 공구의 윗면 사이의 경사면에 발생되는 높은 압력과 마찰열로 인해 칩의 일부가 공구의 날 끝에 달라붙어 마치 절삭날과 같이 공작물을 절삭하는 현상이다.
구성인선을 방지하기 위해서 절삭깊이를 작게 하고, 절삭속도는 빠르게 하며, 윤활성이 높은 절삭유를 사용하고 마찰계수가 작고 피가공물과 친화력도 작은 절삭공구를 사용한다.

29 정답 ⑤

아이어닝(Ironing)은 딥드로잉된 컵 두께를 균일하게 감소시키는 프레스가공법이다. 제품용기의 길이를 보다 길게 만들 수 있지만 지나친 가공은 제품을 파단시킨다.

오답분석

① 엠보싱(Embossing) : 요철이 서로 반대로 되어 있는 상하 한 쌍의 다이(Die)로 얇은 판금에 여러 가지 모양의 형상을 찍어내는 가공법이다.
② 코이닝(Coining) : 펀치와 다이 표면에 새겨진 모양을 판재에 각인하는 프레스가공법으로 압인가공으로도 불린다.
③ 랜싱(Lancing) : 판재의 일부분만 남기고 절단하는 프레스가공법이다.
④ 허빙(Hubbing) : 특정 형상으로 경화시킨 펀치로 판재의 표면을 압입하여 공동부를 만드는 프레스가공법이다.

30 정답 ②

싱크마크현상에 대한 내용이다.

오답분석

① 플래시현상 : 금형의 주입부 이외의 부분에서 용융된 플라스틱이 흘러나와 고화되거나 경화된 얇은 조각의 수지가 생기는 불량현상으로 금형의 접합부에서 발생하는 성형불량이다. 금형자체의 밀착성을 크게 하기 위해 체결력을 높여 예방한다.
③ 플로마크현상 : 딥드로잉가공에서 성형품의 측면에 나타나는 외관결함으로 성형재료의 표면에 유선 모양의 무늬가 있는 불량현상이다.
④ 제팅현상 : 게이트에서 공동부에 분사된 수지가 광택과 색상의 차이를 일으켜 성형품의 표면에 꾸불거리는 모양으로 나타나는 불량이다.
⑤ 웰드마크현상 : 열가소성 수지나 고무를 사출 또는 압출하여 성형할 때 수지의 둘 이상의 흐름이 완전히 융합되지 않은 경우에 생기는 줄무늬의 얼룩이 나타나는 불량현상이다.

성 명

지원 분야

문제지 형별기재란	
(　　　)형	Ⓐ Ⓑ

수 험 번 호						
⓪	⓪	⓪	⓪	⓪	⓪	⓪
①	①	①	①	①	①	①
②	②	②	②	②	②	②
③	③	③	③	③	③	③
④	④	④	④	④	④	④
⑤	⑤	⑤	⑤	⑤	⑤	⑤
⑥	⑥	⑥	⑥	⑥	⑥	⑥
⑦	⑦	⑦	⑦	⑦	⑦	⑦
⑧	⑧	⑧	⑧	⑧	⑧	⑧
⑨	⑨	⑨	⑨	⑨	⑨	⑨

감독위원 확인
인

NCS 직업기초능력평가 답안카드

1	①	②	③	④	⑤	21	①	②	③	④	⑤	41	①	②	③	④	⑤
2	①	②	③	④	⑤	22	①	②	③	④	⑤	42	①	②	③	④	⑤
3	①	②	③	④	⑤	23	①	②	③	④	⑤	43	①	②	③	④	⑤
4	①	②	③	④	⑤	24	①	②	③	④	⑤	44	①	②	③	④	⑤
5	①	②	③	④	⑤	25	①	②	③	④	⑤	45	①	②	③	④	⑤
6	①	②	③	④	⑤	26	①	②	③	④	⑤	46	①	②	③	④	⑤
7	①	②	③	④	⑤	27	①	②	③	④	⑤	47	①	②	③	④	⑤
8	①	②	③	④	⑤	28	①	②	③	④	⑤	48	①	②	③	④	⑤
9	①	②	③	④	⑤	29	①	②	③	④	⑤	49	①	②	③	④	⑤
10	①	②	③	④	⑤	30	①	②	③	④	⑤	50	①	②	③	④	⑤
11	①	②	③	④	⑤	31	①	②	③	④	⑤	51	①	②	③	④	⑤
12	①	②	③	④	⑤	32	①	②	③	④	⑤	52	①	②	③	④	⑤
13	①	②	③	④	⑤	33	①	②	③	④	⑤	53	①	②	③	④	⑤
14	①	②	③	④	⑤	34	①	②	③	④	⑤	54	①	②	③	④	⑤
15	①	②	③	④	⑤	35	①	②	③	④	⑤	55	①	②	③	④	⑤
16	①	②	③	④	⑤	36	①	②	③	④	⑤	56	①	②	③	④	⑤
17	①	②	③	④	⑤	37	①	②	③	④	⑤	57	①	②	③	④	⑤
18	①	②	③	④	⑤	38	①	②	③	④	⑤	58	①	②	③	④	⑤
19	①	②	③	④	⑤	39	①	②	③	④	⑤	59	①	②	③	④	⑤
20	①	②	③	④	⑤	40	①	②	③	④	⑤	60	①	②	③	④	⑤

※ 본 답안지는 마킹연습용 모의 답안지입니다.

〈절취선〉

NCS 직업기초능력평가 답안카드

성 명

지원 분야

문제지 형별기재란	
(　　　)형	Ⓐ Ⓑ

수 험 번 호						
⓪	⓪	⓪	⓪	⓪	⓪	⓪
①	①	①	①	①	①	①
②	②	②	②	②	②	②
③	③	③	③	③	③	③
④	④	④	④	④	④	④
⑤	⑤	⑤	⑤	⑤	⑤	⑤
⑥	⑥	⑥	⑥	⑥	⑥	⑥
⑦	⑦	⑦	⑦	⑦	⑦	⑦
⑧	⑧	⑧	⑧	⑧	⑧	⑧
⑨	⑨	⑨	⑨	⑨	⑨	⑨

감독위원 확인
㊞ 인

1	①	②	③	④	⑤	21	①	②	③	④	⑤	41	①	②	③	④	⑤
2	①	②	③	④	⑤	22	①	②	③	④	⑤	42	①	②	③	④	⑤
3	①	②	③	④	⑤	23	①	②	③	④	⑤	43	①	②	③	④	⑤
4	①	②	③	④	⑤	24	①	②	③	④	⑤	44	①	②	③	④	⑤
5	①	②	③	④	⑤	25	①	②	③	④	⑤	45	①	②	③	④	⑤
6	①	②	③	④	⑤	26	①	②	③	④	⑤	46	①	②	③	④	⑤
7	①	②	③	④	⑤	27	①	②	③	④	⑤	47	①	②	③	④	⑤
8	①	②	③	④	⑤	28	①	②	③	④	⑤	48	①	②	③	④	⑤
9	①	②	③	④	⑤	29	①	②	③	④	⑤	49	①	②	③	④	⑤
10	①	②	③	④	⑤	30	①	②	③	④	⑤	50	①	②	③	④	⑤
11	①	②	③	④	⑤	31	①	②	③	④	⑤	51	①	②	③	④	⑤
12	①	②	③	④	⑤	32	①	②	③	④	⑤	52	①	②	③	④	⑤
13	①	②	③	④	⑤	33	①	②	③	④	⑤	53	①	②	③	④	⑤
14	①	②	③	④	⑤	34	①	②	③	④	⑤	54	①	②	③	④	⑤
15	①	②	③	④	⑤	35	①	②	③	④	⑤	55	①	②	③	④	⑤
16	①	②	③	④	⑤	36	①	②	③	④	⑤	56	①	②	③	④	⑤
17	①	②	③	④	⑤	37	①	②	③	④	⑤	57	①	②	③	④	⑤
18	①	②	③	④	⑤	38	①	②	③	④	⑤	58	①	②	③	④	⑤
19	①	②	③	④	⑤	39	①	②	③	④	⑤	59	①	②	③	④	⑤
20	①	②	③	④	⑤	40	①	②	③	④	⑤	60	①	②	③	④	⑤

※ 본 답안지는 마킹연습용 모의 답안지입니다.

성 명

지원 분야

문제지 형별기재란	
(　　)형	Ⓐ Ⓑ

수 험 번 호						
⓪	⓪	⓪	⓪	⓪	⓪	⓪
①	①	①	①	①	①	①
②	②	②	②	②	②	②
③	③	③	③	③	③	③
④	④	④	④	④	④	④
⑤	⑤	⑤	⑤	⑤	⑤	⑤
⑥	⑥	⑥	⑥	⑥	⑥	⑥
⑦	⑦	⑦	⑦	⑦	⑦	⑦
⑧	⑧	⑧	⑧	⑧	⑧	⑧
⑨	⑨	⑨	⑨	⑨	⑨	⑨

감독위원 확인
㊞ 인

NCS 직업기초능력평가 답안카드

1	①	②	③	④	⑤	21	①	②	③	④	⑤	41	①	②	③	④	⑤
2	①	②	③	④	⑤	22	①	②	③	④	⑤	42	①	②	③	④	⑤
3	①	②	③	④	⑤	23	①	②	③	④	⑤	43	①	②	③	④	⑤
4	①	②	③	④	⑤	24	①	②	③	④	⑤	44	①	②	③	④	⑤
5	①	②	③	④	⑤	25	①	②	③	④	⑤	45	①	②	③	④	⑤
6	①	②	③	④	⑤	26	①	②	③	④	⑤	46	①	②	③	④	⑤
7	①	②	③	④	⑤	27	①	②	③	④	⑤	47	①	②	③	④	⑤
8	①	②	③	④	⑤	28	①	②	③	④	⑤	48	①	②	③	④	⑤
9	①	②	③	④	⑤	29	①	②	③	④	⑤	49	①	②	③	④	⑤
10	①	②	③	④	⑤	30	①	②	③	④	⑤	50	①	②	③	④	⑤
11	①	②	③	④	⑤	31	①	②	③	④	⑤	51	①	②	③	④	⑤
12	①	②	③	④	⑤	32	①	②	③	④	⑤	52	①	②	③	④	⑤
13	①	②	③	④	⑤	33	①	②	③	④	⑤	53	①	②	③	④	⑤
14	①	②	③	④	⑤	34	①	②	③	④	⑤	54	①	②	③	④	⑤
15	①	②	③	④	⑤	35	①	②	③	④	⑤	55	①	②	③	④	⑤
16	①	②	③	④	⑤	36	①	②	③	④	⑤	56	①	②	③	④	⑤
17	①	②	③	④	⑤	37	①	②	③	④	⑤	57	①	②	③	④	⑤
18	①	②	③	④	⑤	38	①	②	③	④	⑤	58	①	②	③	④	⑤
19	①	②	③	④	⑤	39	①	②	③	④	⑤	59	①	②	③	④	⑤
20	①	②	③	④	⑤	40	①	②	③	④	⑤	60	①	②	③	④	⑤

※ 본 답안지는 마킹연습용 모의 답안지입니다.

〈절취선〉

NCS 직업기초능력평가 답안카드

성 명

지원 분야

문제지 형별기재란	
(　　　)형	Ⓐ Ⓑ

수험번호						
⓪	⓪	⓪	⓪	⓪	⓪	⓪
①	①	①	①	①	①	①
②	②	②	②	②	②	②
③	③	③	③	③	③	③
④	④	④	④	④	④	④
⑤	⑤	⑤	⑤	⑤	⑤	⑤
⑥	⑥	⑥	⑥	⑥	⑥	⑥
⑦	⑦	⑦	⑦	⑦	⑦	⑦
⑧	⑧	⑧	⑧	⑧	⑧	⑧
⑨	⑨	⑨	⑨	⑨	⑨	⑨

감독위원 확인
㉑ 인

1	①	②	③	④	⑤	21	①	②	③	④	⑤	41	①	②	③	④	⑤
2	①	②	③	④	⑤	22	①	②	③	④	⑤	42	①	②	③	④	⑤
3	①	②	③	④	⑤	23	①	②	③	④	⑤	43	①	②	③	④	⑤
4	①	②	③	④	⑤	24	①	②	③	④	⑤	44	①	②	③	④	⑤
5	①	②	③	④	⑤	25	①	②	③	④	⑤	45	①	②	③	④	⑤
6	①	②	③	④	⑤	26	①	②	③	④	⑤	46	①	②	③	④	⑤
7	①	②	③	④	⑤	27	①	②	③	④	⑤	47	①	②	③	④	⑤
8	①	②	③	④	⑤	28	①	②	③	④	⑤	48	①	②	③	④	⑤
9	①	②	③	④	⑤	29	①	②	③	④	⑤	49	①	②	③	④	⑤
10	①	②	③	④	⑤	30	①	②	③	④	⑤	50	①	②	③	④	⑤
11	①	②	③	④	⑤	31	①	②	③	④	⑤	51	①	②	③	④	⑤
12	①	②	③	④	⑤	32	①	②	③	④	⑤	52	①	②	③	④	⑤
13	①	②	③	④	⑤	33	①	②	③	④	⑤	53	①	②	③	④	⑤
14	①	②	③	④	⑤	34	①	②	③	④	⑤	54	①	②	③	④	⑤
15	①	②	③	④	⑤	35	①	②	③	④	⑤	55	①	②	③	④	⑤
16	①	②	③	④	⑤	36	①	②	③	④	⑤	56	①	②	③	④	⑤
17	①	②	③	④	⑤	37	①	②	③	④	⑤	57	①	②	③	④	⑤
18	①	②	③	④	⑤	38	①	②	③	④	⑤	58	①	②	③	④	⑤
19	①	②	③	④	⑤	39	①	②	③	④	⑤	59	①	②	③	④	⑤
20	①	②	③	④	⑤	40	①	②	③	④	⑤	60	①	②	③	④	⑤

※ 본 답안지는 마킹연습용 모의 답안지입니다.

NCS 직업기초능력평가 답안카드

성 명

지원 분야

문제지 형별기재란	
(　　)형	Ⓐ Ⓑ

수 험 번 호						
⓪	⓪	⓪	⓪	⓪	⓪	⓪
①	①	①	①	①	①	①
②	②	②	②	②	②	②
③	③	③	③	③	③	③
④	④	④	④	④	④	④
⑤	⑤	⑤	⑤	⑤	⑤	⑤
⑥	⑥	⑥	⑥	⑥	⑥	⑥
⑦	⑦	⑦	⑦	⑦	⑦	⑦
⑧	⑧	⑧	⑧	⑧	⑧	⑧
⑨	⑨	⑨	⑨	⑨	⑨	⑨

감독위원 확인
㊞

1	① ② ③ ④ ⑤	21	① ② ③ ④ ⑤	41	① ② ③ ④ ⑤
2	① ② ③ ④ ⑤	22	① ② ③ ④ ⑤	42	① ② ③ ④ ⑤
3	① ② ③ ④ ⑤	23	① ② ③ ④ ⑤	43	① ② ③ ④ ⑤
4	① ② ③ ④ ⑤	24	① ② ③ ④ ⑤	44	① ② ③ ④ ⑤
5	① ② ③ ④ ⑤	25	① ② ③ ④ ⑤	45	① ② ③ ④ ⑤
6	① ② ③ ④ ⑤	26	① ② ③ ④ ⑤	46	① ② ③ ④ ⑤
7	① ② ③ ④ ⑤	27	① ② ③ ④ ⑤	47	① ② ③ ④ ⑤
8	① ② ③ ④ ⑤	28	① ② ③ ④ ⑤	48	① ② ③ ④ ⑤
9	① ② ③ ④ ⑤	29	① ② ③ ④ ⑤	49	① ② ③ ④ ⑤
10	① ② ③ ④ ⑤	30	① ② ③ ④ ⑤	50	① ② ③ ④ ⑤
11	① ② ③ ④ ⑤	31	① ② ③ ④ ⑤	51	① ② ③ ④ ⑤
12	① ② ③ ④ ⑤	32	① ② ③ ④ ⑤	52	① ② ③ ④ ⑤
13	① ② ③ ④ ⑤	33	① ② ③ ④ ⑤	53	① ② ③ ④ ⑤
14	① ② ③ ④ ⑤	34	① ② ③ ④ ⑤	54	① ② ③ ④ ⑤
15	① ② ③ ④ ⑤	35	① ② ③ ④ ⑤	55	① ② ③ ④ ⑤
16	① ② ③ ④ ⑤	36	① ② ③ ④ ⑤	56	① ② ③ ④ ⑤
17	① ② ③ ④ ⑤	37	① ② ③ ④ ⑤	57	① ② ③ ④ ⑤
18	① ② ③ ④ ⑤	38	① ② ③ ④ ⑤	58	① ② ③ ④ ⑤
19	① ② ③ ④ ⑤	39	① ② ③ ④ ⑤	59	① ② ③ ④ ⑤
20	① ② ③ ④ ⑤	40	① ② ③ ④ ⑤	60	① ② ③ ④ ⑤

※ 본 답안지는 마킹연습용 모의 답안지입니다.

〈절취선〉

NCS 직업기초능력평가 답안카드

성 명

지원 분야

문제지 형별기재란	
(　　)형	Ⓐ Ⓑ

수험번호						
⓪	⓪	⓪	⓪	⓪	⓪	⓪
①	①	①	①	①	①	①
②	②	②	②	②	②	②
③	③	③	③	③	③	③
④	④	④	④	④	④	④
⑤	⑤	⑤	⑤	⑤	⑤	⑤
⑥	⑥	⑥	⑥	⑥	⑥	⑥
⑦	⑦	⑦	⑦	⑦	⑦	⑦
⑧	⑧	⑧	⑧	⑧	⑧	⑧
⑨	⑨	⑨	⑨	⑨	⑨	⑨

감독위원 확인
㉦ 인

번호	답	번호	답	번호	답
1	① ② ③ ④ ⑤	21	① ② ③ ④ ⑤	41	① ② ③ ④ ⑤
2	① ② ③ ④ ⑤	22	① ② ③ ④ ⑤	42	① ② ③ ④ ⑤
3	① ② ③ ④ ⑤	23	① ② ③ ④ ⑤	43	① ② ③ ④ ⑤
4	① ② ③ ④ ⑤	24	① ② ③ ④ ⑤	44	① ② ③ ④ ⑤
5	① ② ③ ④ ⑤	25	① ② ③ ④ ⑤	45	① ② ③ ④ ⑤
6	① ② ③ ④ ⑤	26	① ② ③ ④ ⑤	46	① ② ③ ④ ⑤
7	① ② ③ ④ ⑤	27	① ② ③ ④ ⑤	47	① ② ③ ④ ⑤
8	① ② ③ ④ ⑤	28	① ② ③ ④ ⑤	48	① ② ③ ④ ⑤
9	① ② ③ ④ ⑤	29	① ② ③ ④ ⑤	49	① ② ③ ④ ⑤
10	① ② ③ ④ ⑤	30	① ② ③ ④ ⑤	50	① ② ③ ④ ⑤
11	① ② ③ ④ ⑤	31	① ② ③ ④ ⑤	51	① ② ③ ④ ⑤
12	① ② ③ ④ ⑤	32	① ② ③ ④ ⑤	52	① ② ③ ④ ⑤
13	① ② ③ ④ ⑤	33	① ② ③ ④ ⑤	53	① ② ③ ④ ⑤
14	① ② ③ ④ ⑤	34	① ② ③ ④ ⑤	54	① ② ③ ④ ⑤
15	① ② ③ ④ ⑤	35	① ② ③ ④ ⑤	55	① ② ③ ④ ⑤
16	① ② ③ ④ ⑤	36	① ② ③ ④ ⑤	56	① ② ③ ④ ⑤
17	① ② ③ ④ ⑤	37	① ② ③ ④ ⑤	57	① ② ③ ④ ⑤
18	① ② ③ ④ ⑤	38	① ② ③ ④ ⑤	58	① ② ③ ④ ⑤
19	① ② ③ ④ ⑤	39	① ② ③ ④ ⑤	59	① ② ③ ④ ⑤
20	① ② ③ ④ ⑤	40	① ② ③ ④ ⑤	60	① ② ③ ④ ⑤

※ 본 답안지는 마킹연습용 모의 답안지입니다.

NCS 직무수행능력평가 답안카드

성 명

지원 분야

문제지 형별기재란	
(　　　)형	Ⓐ Ⓑ

수 험 번 호						
⓪	⓪	⓪	⓪	⓪	⓪	⓪
①	①	①	①	①	①	①
②	②	②	②	②	②	②
③	③	③	③	③	③	③
④	④	④	④	④	④	④
⑤	⑤	⑤	⑤	⑤	⑤	⑤
⑥	⑥	⑥	⑥	⑥	⑥	⑥
⑦	⑦	⑦	⑦	⑦	⑦	⑦
⑧	⑧	⑧	⑧	⑧	⑧	⑧
⑨	⑨	⑨	⑨	⑨	⑨	⑨

감독위원 확인
㊞

1	①	②	③	④	⑤	21	①	②	③	④	⑤	41	①	②	③	④	⑤
2	①	②	③	④	⑤	22	①	②	③	④	⑤	42	①	②	③	④	⑤
3	①	②	③	④	⑤	23	①	②	③	④	⑤	43	①	②	③	④	⑤
4	①	②	③	④	⑤	24	①	②	③	④	⑤	44	①	②	③	④	⑤
5	①	②	③	④	⑤	25	①	②	③	④	⑤	45	①	②	③	④	⑤
6	①	②	③	④	⑤	26	①	②	③	④	⑤	46	①	②	③	④	⑤
7	①	②	③	④	⑤	27	①	②	③	④	⑤	47	①	②	③	④	⑤
8	①	②	③	④	⑤	28	①	②	③	④	⑤	48	①	②	③	④	⑤
9	①	②	③	④	⑤	29	①	②	③	④	⑤	49	①	②	③	④	⑤
10	①	②	③	④	⑤	30	①	②	③	④	⑤	50	①	②	③	④	⑤
11	①	②	③	④	⑤	31	①	②	③	④	⑤	51	①	②	③	④	⑤
12	①	②	③	④	⑤	32	①	②	③	④	⑤	52	①	②	③	④	⑤
13	①	②	③	④	⑤	33	①	②	③	④	⑤	53	①	②	③	④	⑤
14	①	②	③	④	⑤	34	①	②	③	④	⑤	54	①	②	③	④	⑤
15	①	②	③	④	⑤	35	①	②	③	④	⑤	55	①	②	③	④	⑤
16	①	②	③	④	⑤	36	①	②	③	④	⑤	56	①	②	③	④	⑤
17	①	②	③	④	⑤	37	①	②	③	④	⑤	57	①	②	③	④	⑤
18	①	②	③	④	⑤	38	①	②	③	④	⑤	58	①	②	③	④	⑤
19	①	②	③	④	⑤	39	①	②	③	④	⑤	59	①	②	③	④	⑤
20	①	②	③	④	⑤	40	①	②	③	④	⑤	60	①	②	③	④	⑤

※ 본 답안지는 마킹연습용 모의 답안지입니다.

〈절취선〉

NCS 직무수행능력평가 답안카드

성 명

지원 분야

문제지 형별기재란	
( )형	Ⓐ Ⓑ

수 험 번 호						
⓪	⓪	⓪	⓪	⓪	⓪	⓪
①	①	①	①	①	①	①
②	②	②	②	②	②	②
③	③	③	③	③	③	③
④	④	④	④	④	④	④
⑤	⑤	⑤	⑤	⑤	⑤	⑤
⑥	⑥	⑥	⑥	⑥	⑥	⑥
⑦	⑦	⑦	⑦	⑦	⑦	⑦
⑧	⑧	⑧	⑧	⑧	⑧	⑧
⑨	⑨	⑨	⑨	⑨	⑨	⑨

감독위원 확인
㊞

번호	답	번호	답	번호	답
1	① ② ③ ④ ⑤	21	① ② ③ ④ ⑤	41	① ② ③ ④ ⑤
2	① ② ③ ④ ⑤	22	① ② ③ ④ ⑤	42	① ② ③ ④ ⑤
3	① ② ③ ④ ⑤	23	① ② ③ ④ ⑤	43	① ② ③ ④ ⑤
4	① ② ③ ④ ⑤	24	① ② ③ ④ ⑤	44	① ② ③ ④ ⑤
5	① ② ③ ④ ⑤	25	① ② ③ ④ ⑤	45	① ② ③ ④ ⑤
6	① ② ③ ④ ⑤	26	① ② ③ ④ ⑤	46	① ② ③ ④ ⑤
7	① ② ③ ④ ⑤	27	① ② ③ ④ ⑤	47	① ② ③ ④ ⑤
8	① ② ③ ④ ⑤	28	① ② ③ ④ ⑤	48	① ② ③ ④ ⑤
9	① ② ③ ④ ⑤	29	① ② ③ ④ ⑤	49	① ② ③ ④ ⑤
10	① ② ③ ④ ⑤	30	① ② ③ ④ ⑤	50	① ② ③ ④ ⑤
11	① ② ③ ④ ⑤	31	① ② ③ ④ ⑤	51	① ② ③ ④ ⑤
12	① ② ③ ④ ⑤	32	① ② ③ ④ ⑤	52	① ② ③ ④ ⑤
13	① ② ③ ④ ⑤	33	① ② ③ ④ ⑤	53	① ② ③ ④ ⑤
14	① ② ③ ④ ⑤	34	① ② ③ ④ ⑤	54	① ② ③ ④ ⑤
15	① ② ③ ④ ⑤	35	① ② ③ ④ ⑤	55	① ② ③ ④ ⑤
16	① ② ③ ④ ⑤	36	① ② ③ ④ ⑤	56	① ② ③ ④ ⑤
17	① ② ③ ④ ⑤	37	① ② ③ ④ ⑤	57	① ② ③ ④ ⑤
18	① ② ③ ④ ⑤	38	① ② ③ ④ ⑤	58	① ② ③ ④ ⑤
19	① ② ③ ④ ⑤	39	① ② ③ ④ ⑤	59	① ② ③ ④ ⑤
20	① ② ③ ④ ⑤	40	① ② ③ ④ ⑤	60	① ② ③ ④ ⑤

※ 본 답안지는 마킹연습용 모의 답안지입니다.

좋은 책을 만드는 길 독자님과 함께하겠습니다.

도서나 동영상에 궁금한 점, 아쉬운 점, 만족스러운 점이
있으시다면 어떤 의견이라도 말씀해 주세요.
시대고시기획은 독자님의 의견을 모아 더 좋은 책으로 보답하겠습니다.

www.sidaegosi.com

2021 최신판 공기업 NCS 직업기초능력평가 + 직무수행능력평가 BASIC
통합편 고졸(일반계/특성화/마이스터고)&무기계약직 채용

개정5판2쇄 발행	2021년 04월 30일 (인쇄 2021년 01월 04일)
초 판 발 행	2015년 07월 20일 (인쇄 2015년 06월 16일)
발 행 인	박영일
책 임 편 집	이해욱
저 자	NCS직무능력연구소
편 집 진 행	이민지
표지디자인	손가인
편집디자인	배선화 · 곽은슬
발 행 처	(주)시대고시기획
출 판 등 록	제10-1521호
주 소	서울시 마포구 큰우물로 75 [도화동 538 성지B/D] 9F
전 화	1600-3600
팩 스	02-701-8823
홈 페 이 지	www.sidaegosi.com
I S B N	979-11-254-8750-0 (13320)
정 가	20,000원

공기업

직업기초능력평가+직무수행능력평가

NCS

BASIC 통합편

공기업

직업기초능력평가+직무수행능력평가

NCS

BASIC 통합편

정답 및 해설